Joachim Wieland (Hrsg.)
Kommunalsteuern und -abgaben

Veröffentlichungen der Deutschen
Steuerjuristischen Gesellschaft e.V.

DStJG Band 35

Kommunalsteuern und -abgaben

36. Jahrestagung
der Deutschen Steuerjuristischen Gesellschaft e.V.
Speyer, 19. und 20. September 2011

Herausgegeben im Auftrag der
Deutschen Steuerjuristischen Gesellschaft e.V.

von

Prof. Dr. Joachim Wieland, LL.M.
Deutsche Universität
für Verwaltungswissenschaften
Speyer

2012

Verlag
Dr. Otto Schmidt
Köln

Zitierempfehlung
Verf., DStJG 35 (2012), S. ...

*Bibliografische Information
der Deutschen Nationalbibliothek*

Die Deutsche Nationalbibliothek verzeichnet diese
Publikation in der Deutschen Nationalbibliografie;
detaillierte bibliografische Daten sind im Internet
über http://dnb.d-nb.de abrufbar.

Verlag Dr. Otto Schmidt KG
Gustav-Heinemann-Ufer 58, 50968 Köln
Tel. 02 21/9 37 38-01, Fax 02 21/9 37 38-943
info@otto-schmidt.de
www.otto-schmidt.de

ISBN 978-3-504-62037-0

©2012 by Verlag Dr. Otto Schmidt KG, Köln

Das Werk einschließlich aller seiner Teile ist
urheberrechtlich geschützt. Jede Verwertung, die nicht
ausdrücklich vom Urheberrechtsgesetz zugelassen ist,
bedarf der vorherigen Zustimmung des Verlages. Das
gilt insbesondere für Vervielfältigungen, Bearbeitungen,
Übersetzungen, Mikroverfilmungen und die Einspeicherung und Verarbeitung in elektronischen Systemen.

Das verwendete Papier ist aus chlorfrei gebleichten
Rohstoffen hergestellt, holz- und säurefrei, alterungsbeständig und umweltfreundlich.

Satz: A. Quednau, Haan
Druck und Verarbeitung: Kösel, Krugzell
Printed in Germany

Inhalt*

	Seite

Prof. Dr. Roman Seer, Ruhr-Universität Bochum
Kommunalsteuern und -abgaben – Einführung und Rechtfertigung des Themas 1

Prof. Dr. Christian Waldhoff, Humboldt-Universität zu Berlin
Das Finanzsystem der Kommunen aus rechtlicher Sicht: Steuern, Abgaben und Finanzausgleich 11
   I. Einleitung – Der vierfache Anknüpfungspunkt des Themas Steuern/Abgaben und Kommunen 11
   II. Stellung der Kommunen im Staatsaufbau und daraus resultierende finanzverfassungsrechtliche Spielräume 17
   III. Finanzautonomie als zentraler Bestimmungsgrund für das kommunale Finanzsystem 20
   IV. Sieben grundsätzliche Zielkonflikte des kommunalen Finanzsystems 24
   V. Der begrenzte Wille zur Autonomie als rechtssystematische Schwachstelle und politische Glaubwürdigkeitslücke 33

Prof. Dr. Markus Achatz, Johannes Kepler Universität Linz
Das Finanzsystem der Kommunen im Rechtsvergleich 35
   I. Einleitung 35
   II. Zur Funktion der Rechtsvergleichung kommunaler Finanzsysteme 36
   III. Zur Finanzautonomie der Kommunen 39
   IV. Ausgleichsmechanismen 51
   V. Schlussbemerkung 58

Prof. Dr. Lars P. Feld und Dipl.-Vw. Benedikt Fritz, Universität Freiburg und Walter Eucken Institut
Das Finanzsystem der Kommunen aus ökonomischer Sicht 61
   I. Einleitung 61
   II. Die Finanzsituation der deutschen Kommunen 62
   III. Kriterien für eine gute Gemeindesteuer 67
   IV. Gewerbesteuer 69
   V. Grundsteuer 78
   VI. Implikationen für das kommunale Besteuerungssystem 83

Diskussion 85

---

* Ausführliche Inhaltsverzeichnisse jeweils zu Beginn der Beiträge.

Prof. Dr. Rainer Wernsmann, Universität Passau
Möglichkeiten und Grenzen der gemeindlichen Steuerautonomie:
Steuererfindungsrechte sowie örtliche Aufwand- und Verbrauch-
steuern 95
    I. Einleitung 95
   II. Steuerautonomie und Steuererfindungsrechte 96
  III. Örtliche Verbrauch- und Aufwandsteuern 99
  IV. Zusammenfassung 115

Prof. Dr. Hans-Günter Henneke, Geschäftsführendes
Präsidialmitglied des Deutschen Landkreistages, Honorarprofessor
Universität Osnabrück
Möglichkeiten und Grenzen der kommunalen Steuerautonomie
(Steuerfindungs- und -hebesatzrechte, örtliche Verbrauch- und
Aufwandsteuern) 117
    I. System der Kommunalfinanzierung 118
   II. Verfassungsrechtliche Selbstverwaltungsgarantie für
       Gemeinden und Kreise mit finanzverfassungsrechtlicher
       Flankierung 124
  III. Kommunalabgabengesetze und Spezialgesetze 142
  IV. Entwicklungen bei einzelnen Verbrauch- und Aufwandsteuern 144
   V. Resümee 156

Prof. Dr. Joachim Wieland, LL.M. (Cantab) Deutsche Universität
für Verwaltungswissenschaften, Speyer
Gebühren, Beiträge und Sonderabgaben im System der
Kommunalfinanzierung 159
     I. Einführung 159
    II. Krise der Kommunalfinanzen und ihre Ursachen 160
   III. Bedeutung der Gegenleistungsabgaben für die Kommunal-
       finanzen 162
   IV. Arten der Gegenleistungsabgaben 163
    V. Rechtsrahmen für Gegenleistungsabgaben 165
   VI. Maßstäbe der Abgabenerhebung 166
  VII. Lenkungsabgaben 168
VIII. Leistungsfähigkeit 169
   IX. Abgaben und Entgelte 170
    X. Ausgewählte Abgaben 171
   XI. Ergebnis 172

Diskussion 174

Dr. Frank Roser, Rechtsanwalt, Wirtschaftsprüfer, Steuerberater, Hamburg
Kritische Bestandsaufnahme der Gewerbesteuer 189
   I. Gewerbesteuer heute – Bedeutung und Aktualität 189
   II. Ausgangspunkt einer kritischen Bestandsaufnahme 190
   III. Einzelaspekte einer (kritischen) Bestandsaufnahme 201
   IV. Ergebnis und Schlussfolgerungen 216

Steuerberater Bernd-Peter Bier, Leverkusen
Die Gewerbesteuer aus Sicht der Unternehmen 219
   I. Einleitung 219
   II. Finanzwirtschaftliche Bedeutung der Gewerbesteuer 221
   III. Die Gewerbesteuer im EU-Vergleich 225
   IV. Ausgewählte Problembereiche der Gewerbesteuer 226
   V. Steuerwettbewerb im Inland 244
   VI. Ausblick 246

Prof. Dr. Arndt Schmehl, Universität Hamburg
Kritische Bestandsaufnahme der Grundsteuer 249
   I. Einleitung 250
   II. Die Grundsteuer in der Kritik – eine Einordnung 251
   III. Die Stellung der Grundsteuer im System der Einnahmen-
      erzielung 257
   IV. Rechtsideen und Rechtswirklichkeit der gegenwärtigen
      deutschen Grundsteuer 259
   V. Grundsteuern in ausländischen Steuerordnungen 272
   VI. Eine neue oder jedenfalls erneuerte Grundsteuer 279
   VII. Fazit 291

Diskussion 292

Prof. Dr. Joachim Lang, Universität zu Köln
Bestandsaufnahme der kommunalsteuerlichen Reformmodelle 307
   I. Einleitung 307
   II. Prinzipien der Kommunalsteuerreform 309
   III. Modelle zum Umbau der Gewerbesteuer 311
   IV. Modelle zur Reform der Grundsteuer 315
   V. Modelle einer umfassenden Reform des Kommunalsteuerrechts 319
   VI. Resümee 323

Podiumsdiskussion zur Kommunalsteuerreform 325

Prof. Dr. Joachim Wieland, LL.M. (Cantab),
Deutsche Universität für Verwaltungswissenschaften Speyer
Kommunale Steuern und kommunale Finanznot – Resümee 355
    I. Zum Thema der Tagung 355
   II. Das kommunale Finanzsystem 355
  III. Kommunale Finanzsysteme im Rechtsvergleich 358
  IV. Steuerautonomie 359
   V. Kommunale Gegenleistungsabgaben 361
  VI. Gewerbesteuer 361
 VII. Grundsteuer 363
VIII. Kommunalsteuerreform 365
  IX. Schlussbetrachtung 366

Prof. Dr. Rainer Hüttemann, Rheinische Friedrich-Wilhelms-
Universität Bonn
Laudatio – aus Anlass der Verleihung des Albert-Hensel-Preises
2011 an Dr. Christoph Moes 367

Deutsche Steuerjuristische Gesellschaft e.V.
    Satzung 371
    Vorstand und Wissenschaftlicher Beirat 372
    Teilnehmerverzeichnis 373

Stichwortverzeichnis 379

Kommunalsteuern und -abgaben –
Einführung und Rechtfertigung des Themas

Prof. Dr. *Roman Seer*
Ruhr-Universität Bochum

Meine sehr geehrten Damen und Herren, ich begrüße Sie ganz herzlich zur 36. Jahrestagung der Deutschen Steuerjuristischen Gesellschaft, die ich hiermit eröffne. Mein Dank gilt zunächst der Deutschen Hochschule für Verwaltungswissenschaften, stellvertretend meinem Kollegen *Joachim Wieland*, der sich um die Organisation und Vorbereitung dieser Tagung verdient gemacht hat.

Ich bin vor einigen Tagen gefragt worden, warum wir uns dem diesjährigen Thema überhaupt noch widmen. Die Gemeindefinanzkommission mit ihrer Arbeitsgruppe „Kommunalsteuern" sei gescheitert[1]. Die Beharrungskräfte der kommunalen Spitzenverbände seien einfach zu stark, um zu einer echten Reform der Kommunalsteuern zu gelangen. Ich habe bereits Zweifel, ob dieser skeptisch-resignierende Befund angesichts der teilweise dramatischen finanziellen Lage nicht weniger Kommunen stimmt. So hat die Finanznot Kommunen dazu gezwungen, das ursprünglich zur kurzzeitigen Überbrückung von Liquiditätsengpässen gedachte Instrument der Kassenkredite zur dauerhaften Finanzierung laufender Ausgaben zu missbrauchen[2]. Darin spiegelt sich weniger das Ergebnis selbstverschuldeter Misswirtschaft wider, sondern oft eine handfeste Notlage, in die besonders solche Städte geraten sind, die aufgrund ihrer Bevölkerungsstruktur dramatisch gestiegene Sozialleistungen tragen müssen[3]. Zwar will der Bund zukünftig die Ausgaben für die Grundsicherung im Alter und bei Erwerbsminderung übernehmen[4]. Dadurch hat sich aber weder das Bedürfnis nach noch die Diskussion um eine Reform der Kommunalsteuern erledigt. Jedenfalls bleibt für eine steuerwissenschaftlich ambitionierte Gesellschaft, wie wir es sind, die Aufgabe, die Kommunalsteuern einer umfassenden kritischen Prüfung zu unterziehen.

---

1 Zu dem Ergebnis s. BMF, Gemeindefinanzkommission – Ausgangslage und Ergebnisse, Monatsbericht August 2011, S. 39, 48 ff.
2 S. Bericht des BMF (Fn. 1), 39, 42 f., mit einer Statistik zu der Entwicklung der einzelnen Bundesländer; ausf. *K. Herrmann*, Kommunal Kassenkredite – Missbrauchsgefahr und Reformvorschläge, Karl-Bräuer-Institut des Bundes der Steuerzahler, Bd. 108, 2011, 29 ff.
3 Zur Entwicklung kommunaler Sozialausgaben s. Deutscher Städtetag, Sozialleistungen der Städte in Not, 2010, 8 ff., mit den drei Kostenblöcken Grundsicherung für Arbeitssuchende (SGB II), Jugendhilfe (SGB VIII) und Sozialhilfe (SGB XII).
4 S. Bericht des BMF (Fn. 1), 39, 49.

Dabei darf sich unser Augenmerk nicht einfach tunnelblickartig auf die Frage nach dem Fortbestand der Gewerbesteuer beschränken. Die Kommunen finanzieren sich nicht allein aus der Gewerbesteuer. Nach Abzug der an Bund und Länder zu entrichtenden Gewerbesteuerumlage[5] machte die Gewerbesteuer im Jahr 2010 in den alten Bundesländern 18,2%, in den neuen Bundesländern nur 11,7% der kommunalen Verwaltungshaushalte (einschließlich der Kreditaufnahmen) aus[6]. In etwa gleicher Höhe verhielten sich zusammengenommen die nach Art. 106 Abs. 5, 5a GG von Bund und Ländern an die Kommunen auszukehrenden Anteile an der Einkommen- und Umsatzsteuer[7]. Die eher statisch-kontinuierlich fließende Grundsteuer deckte 2010 in den alten Bundesländern immerhin 6,6% (in den neuen Bundesländern 5,1%) der Einnahmen der Kommunen ab.

Mögen einem Steuerrechtler die Grundstrukturen des Bund-Länder-Finanzausgleichs noch halbwegs geläufig sein, bleiben die landesspezifischen Systeme des kommunalen Finanzausgleichs ein Buch mit sieben Siegeln. Wer sich mit den Kommunalfinanzen beschäftigt, darf dieses Feld aber nicht links liegen lassen. Der bundesverfassungsrechtliche Anker für den kommunalen Finanzausgleich findet sich in Art. 106 Abs. 7 Satz 1 GG, wonach die Länder von ihrem Gesamtaufkommen der *Gemeinschaftsteuern* den Gemeinden und Gemeindeverbänden insgesamt einen von der Landesgesetzgebung zu bestimmenden Hundertsatz zuzuweisen haben. Im Übrigen legt es Art. 106 Abs. 7 Satz 2 GG in ihr Ermessen, ob und in welchem Umfang sie die Kommunen auch an den *Landessteuern* beteiligen. Als Ausdruck der finanziellen Verantwortung der Länder für ihre Kommunen verpflichten die Landesverfassungen (so z.B. Art. 79 S. 2 LVerf NW) die Länder ganz überwiegend, im Rahmen ihrer finanziellen Leistungsfähigkeit einen *übergemeindlichen Finanzausgleich* durchzuführen. Der kommunale Finanzausgleich ist ein *Komplementärsystem* zu den originären Finanzquellen der Kommunen. Er soll die kommunale Finanzmasse aufstocken und dadurch den Kommunen eine angemessene und ihren Aufgaben entsprechende Finanzausstattung sichern (sog. *Fiskalfunktion*)[8]. Daneben soll er das sich aus den Unzulänglichkeiten des kommunalen Steuersystems er-

---

5 Eingeführt durch das sog. Gemeindefinanzreformgesetz v. 8.9.1969, BGBl. I 1587 (i.d.F. der Bekanntmachung v. 10.3.2009, BGBl. I 502: § 6 GFRG), auf der Grundlage des durch das Finanzreformgesetz v. 12.5.1969, BGBl. I 359, eingeführten Art. 106 Abs. 6 S. 4 GG; zum Hintergrund der Gewerbesteuerumlage instruktiv *M. Wohltmann* in Henneke/Pünder/Waldhoff (Hrsg.), Recht der Kommunalfinanzen, 2006, § 9 Rz. 18 ff.
6 S. BMF, Eckdaten zur Entwicklung und Struktur der Kommunalfinanzen 2001–2010, Stand April 2011, 1.
7 BMF (Fn. 6), 1, in 2010: Einkommensteuer 15,9%, Umsatzsteuer 2,1% (alte Bundesländer); Einkommensteuer 8,1%, Umsatzsteuer 1,9% (neue Bundesländer).
8 *K.-A. Schwarz* in v. Mangoldt/Klein/Starck, 6. Aufl., Bd. 3, 2010, Art. 106 Abs. 5–7 GG Rz. 143; *M. Tröger*, Reform der Gewerbesteuer und Finanzausgleich, Diss. Würzburg, 2007, 56; krit. *H. Zimmermann*, Kommunalfinanzen, 2. Aufl. 2009, 213 f.

gebende *interkommunale Wohlstandsgefälle* tendenziell abmildern[9]. Interkommunal bestehende *strukturbedingte* – nicht dagegen autonom zu verantwortende – Unterschiede der Finanzkraft auf der Einnahmenseite sollen reduziert werden (sog. *redistributive Funktion*)[10]. Dabei kommt es – anders als beim Länderfinanzausgleich zwischen den Bundesländern – zu keiner direkten Umverteilung zwischen den Kommunen. Vielmehr leisten die Länder an die Kommunen Zuweisungen, die man in allgemeine und zweckgebundene Zuweisungen unterteilen kann. Im Jahre 2010 beliefen sich die allgemeinen Zuweisungen der alten Bundesländer auf 19,3%, die der neuen Bundesländer sogar auf 36,9% der Gesamteinnahmen der Kommunen[11]. Diese sog. *Schlüsselzuweisungen* bilden das Herzstück des kommunalen Finanzausgleichs. Für sie wird eine den Finanzbedarf typisierende Bedarfsmesszahl mit einer Steuerkraftmesszahl verglichen, um so die jeweils ausgleichsfähige, strukturelle Unterdeckung zu ermitteln[12].

Dieser kurze Einblick soll zur Illustration dessen genügen, was beim Thema der Kommunalsteuern außerhalb der uns geläufigen Frage der Gewerbesteuer zu bewältigen ist. Mein Bonner Kollege *Christian Waldhoff* wird gleich im Anschluss das kommunale Finanzsystem aus rechtswissenschaftlicher Sicht unter die Lupe nehmen. Dieser Blickwinkel ist bei einer so komplexen, ökonomisch geprägten Materie zu erweitern. Wir sind deshalb glücklich, den Freiburger Kollegen und Direktor des Walter-Eucken-Instituts *Lars P. Feld* für eine ökonomische Analyse des kommunalen Finanzsystems gewonnen zu haben. *Lars P. Feld* ist seit Januar einer der fünf Wirtschaftsweisen und beschäftigt sich dort mit der Finanzpolitik. Zugleich ist er auch stellvertretender Vorsitzender des Wissenschaftlichen Beirats beim BMF.

Seit Beginn der 90er Jahre des vergangenen Jahrhunderts hat sich die österreichische Steuerpolitik von den überkommenen deutschen Vorbildern signifikant emanzipiert. Nach der Übernahme des deutschen Steuerrechts im Jahre 1938 war die Gewerbesteuer in Österreich ebenfalls als Gewerbeertrag-, Gewerbekapital- und Lohnsummensteuer ausgestaltet. 1993 hat Österreich die Gewerbesteuer durch die *Kommunalsteuer* ersetzt, die allein auf in österreichischen Betriebstätten erwirtschafteten Arbeitslöhnen lastet[13]. Nach § 9 öKommStG beträgt die Kommunalsteuer 3% der Summe dieser Arbeitslöhne. Da Arbeitslöhne nicht nur von Gewerbetreibenden

---

9 *H.-G. Henneke* in Henneke/Pünder/Waldhoff (Fn. 5), § 25 Rz. 6; *H. Zimmermann* (Fn. 8), 210 ff.
10 *H.-G. Henneke* in Henneke/Pünder/Waldhoff (Fn. 5), § 25 Rz. 6; *M. Tröger* (Fn. 8), 56; *H. Zimmermann* (Fn. 8), 210 ff.
11 BMF (Fn. 6), 1.
12 Zu den Grundzügen der Schlüsselzuweisungen s. *H.-G. Henneke* in Henneke/Pünder/Waldhoff (Fn. 5), § 25 Rz. 20 ff.; *H. Zimmermann* (Fn. 8), 237 ff.; am Beispiel des Freistaats Bayern s. *M. Tröger* (Fn. 8), 59 ff.
13 Kommunalsteuergesetz 1993, BGBl. Nr. 819, S. 6903, 6942.

gezahlt werden, hat sich der Kreis der Steuerpflichtigen deutlich ausgedehnt. Auch ist die schlichte Anknüpfung an den Arbeitslohn einfacher und konjunkturunabhängiger als die frühere Gewerbesteuer. Nachteilig erscheint allerdings, dass der Faktor Arbeit zusätzlich zur Lohnsteuer durch eine weitere Steuer belastet wird. Nicht nur insoweit dürfen wir fragen: „Was kann der deutsche Steuergesetzgeber von Österreich lernen – und was nicht?"[14] Mein Linzer Kollege *Markus Achatz* wird uns in seinem auch die Verhältnisse der Schweiz und Frankreichs einbeziehenden rechtsvergleichenden Vortrag darauf weiterführende Antworten geben!

Die in Art. 105 Abs. 2a GG der ausschließlichen Landesgesetzgebung vorbehaltenen örtlichen Verbrauch- und Aufwandsteuern fallen von ihrem Aufkommen her betrachtet kaum ins Gewicht. Der Anteil der örtlichen Verbrauch- und Aufwandsteuern an den steuerlichen Gesamteinnahmen der Gemeinden beträgt nicht einmal 1 % der gesamten Steuereinnahmen[15]. Deswegen werden sie auch gern als „Bagatellsteuern" oder „kleine Gemeindesteuern" verniedlicht[16]. Für den subjektiv Betroffenen ist eine solche Steuer im Einzelfall aber alles andere als eine Bagatelle. Der Einfallsreichtum der Kommunen, an welche die Länder ihre Gesetzgebungskompetenz delegiert haben (s. etwa Art. 79 Satz 1 LVerf NW), kennt kaum Grenzen. Sie werden dazu durch die Rechtsprechung ermuntert, die sie weitgehend ungehindert gewähren lässt. Der Sündenfall liegt schon einige Jahrzehnte zurück in der Grundentscheidung des BVerfG zur *Zweitwohnungsteuer*[17]. Diese war zunächst als eine Art kommunale Luxussteuer in Fremdenverkehrsgebieten gedacht. Mittlerweile erheben sie auch Großstädte von auswärtigen Berufstätigen, die einen doppelten Haushalt führen müssen, und von Studenten, die auswärts studieren. Für zulässig hält die Rechtsprechung sie sogar in den sog. „Kinderzimmerfällen", in denen Studierende mit Hauptwohnsitz noch am Wohnsitz ihrer Eltern gemeldet sind und am Studienort eine „Zweitwohnung" (ggf. in einem Studentenwohnheim) unterhalten[18]. Damit erweist sich die Zweitwohnungsteuer als eine anachronis-

---

14 Fragestellung von *R. Niermann* in Rautenberg (Hrsg.), Sächsische Steuertagung 2007, 2008, 45, 52 ff.
15 S. Statistik von *H.-G. Henneke*, in diesem Band S. 117 (118); *A. Kasper*, Das Gemeindesteuersystem der Bundesrepublik Deutschland, VR 2005, 109, 114, spricht von weniger als 2 %; *C. Waldhoff*, Örtliche Verbrauch- und Aufwandsteuern, in Henneke/Pünder/Waldhoff (Fn. 5), § 13 Rz. 1, sogar von unrealistischen 4–5 %.
16 S. etwa *R. Borell/V. Stern*, Die Bagatellsteuern, Karl-Bräuer-Institut des Bundes der Steuerzahler, Heft 45, 1980; *H.-W. Bayer*, Die Kleinen Gemeindesteuern, in Püttner (Hrsg.), Handbuch der kommunalen Wissenschaft und Praxis, Bd. 6, 2. Aufl. 1985, § 116; *K.-U. Rhein*, Die kleinen kommunalen Steuern, 1997.
17 BVerfG v. 6.12.1983 – 2 BvR 1275/79, BVerfGE 65, 325.
18 So BVerwG v. 17.9.2008 – 9 C 14/07, NVwZ 2009, 532; BVerwG v. 13.5.2009 – 9 C 7/08, BVerwG NVwZ 2009, 1437 (1438); BFH v. 17.2.2010 – II R 5/08, BStBl. II 2010, 889 (890) Tz. 14 ff.; gebilligt durch BVerfG v. 17.2.2010 – 1 BvR 529/09, NVwZ 2010, 1022 (1023 ff.) (Kammerbeschluss).

tische *Mobilitätssteuer*, die überflüssigerweise die berufliche Aus- und Fortbildung behindert und mit einer Besteuerung nach wirtschaftlicher Leistungsfähigkeit nichts zu tun hat[19]. Durch die großzügige, maßstab- und prinzipienlose Rechtsprechung ermutigt, führen Kommunen nun *Bettensteuern* ein (manche Kommunen nennen sie auch verschleiernd „Kulturförderabgaben"), die Hotelübernachtungen belasten[20]. Es ist offenbar nicht mehr weit, die „Fenstersteuer" als „örtliche Aufwandsteuer" zu reaktivieren[21]. Das Sammelsurium willkürlicher örtlicher Steuern eignet sich eher für eine Steuerglosse als für eine ernsthafte rechtsdogmatische Auseinandersetzung[22]. Umso dankbarer bin ich, dass sich mein Passauer Kollege *Rainer Wernsmann* und der Hauptgeschäftsführer des Deutschen Landkreistages *Hans-Günter Henneke* der gemeindlichen Steuerautonomie und dem Steuerfindungsrecht sowohl aus wissenschaftlicher als auch praktischer Sicht annehmen werden.

Die Grundlagenarbeit wäre unvollständig, wenn wir uns auf die Kommunal*steuern* beschränken würden. Die Frage „*Gebührenstaat* statt Steuerstaat?"[23] werfen gerade die kommunalen Dienstleistungen im Bereich der sog. Daseinsvorsorge auf. Gemeindeordnungen und Kommunalabgabengesetze der Länder (z. B. § 77 Abs. 2 Nr. 2 GO NW, § 3 Abs. 2 Satz 1 KAG NW) erklären *Vorzugslasten*[24] gegenüber den Gemeindesteuern sogar für grundsätzlich vorrangig. Gleichwohl füllen diese aber nur zu ca. 10 % den kommunalen Verwaltungshaushalt[25]. Da ein Großteil der kommunalen Leistungen Sozialleistungen an Bedürftige sind, versagt insoweit das Instrument der Vorzugslast. Darüber hinaus verleihen kommunale Leistungen nicht immer einen individuell zu- und abrechenbaren Vorteil. Zwar hat das BVerwG das *Subsidiaritätsprinzip* als einen Rechtssatz grundsätzlich anerkannt. Gleichzeitig hat es aber einen einklagbaren Anspruch eines Gewerbetreibenden auf Senkung des gemeindlichen Gewerbesteuerhebesatzes, der sich auf eine unzureichende Ausschöpfung vorrangiger Einnahmequel-

---

19 Ebenfalls krit. *H.-J. Kanzler*, NWB 2011, 1459 (1464 f.); ausf. *S. B. Buchmaier*, Bundesstaatliche, verfassungs- und europarechtliche Aspekte der Zweitwohnungsteuer, Diss. Berlin, 2010, 179 ff.
20 Zuletzt gebilligt durch OVG Rheinland-Pfalz v. 17.5.2011 – 6 C 11337/10, DVBl. 2011, 1039 (1040); mit Recht krit. *M. Rutemöller*, DStZ 2011, 246.
21 Sie wurden etwa in Frankreich und England noch bis in das 19. Jahrhundert hinein erhoben.
22 Eine vernichtende Kritik an dem Sammelsurium der kommunalen Verbrauch- und Aufwandsteuern äußert insb. *K. Tipke*, Die Steuerrechtsordnung, Bd. II, 2. Aufl. 2003, 1124 ff.
23 S. dazu *C. Gramm*, Vom Steuerstaat zum gebührenfinanzierten Dienstleistungsstaat, Der Staat, Bd. 36 (1997), 267, 268 f.; *U. Sacksofsky/J. Wieland* (Hrsg.), Vom Steuerstaat zum Gebührenstaat, 2000, passim.
24 S. dazu etwa *M. Kaufmann* und *M. Arndt* in Henneke/Pünder/Waldhoff (Fn. 5), §§ 15, 16; *U. Lichtenfeld*, *F. Schulte*; *H. Wiesemann*, *C. Brüning*, in Driehaus (Hrsg.), Kommunalabgabenrecht, Kommentierungen der §§ 4 ff. KAG NW (Stand März 2012).
25 Lt. BMF (Fn. 6), 1, in 2010 10,7 % (alte Bundesländer), 8,2 % (neue Bundesländer).

len stützte, zurückgewiesen[26]. Die Stellung der Vorzugslasten im System der Kommunalfinanzen wird mein hiesiger Kollege *Joachim Wieland* zum Schluss des heutigen Tages eingehend behandeln.

Im Zentrum des zweiten Tages werden morgen *Gewerbe-* und *Grundsteuer* stehen. Es ist bemerkenswert, wie sehr sich das BVerfG bisher bei der Prüfung dieser beiden Steuern zurückgehalten hat. Hierin liegt eine auffällige Diskrepanz gegenüber der Entfaltung gleichheitsrechtlicher Maßstäbe bei der Einkommensteuer. In seinem Beschluss vom 15.1.2008 hat das BVerfG die Gewerbesteuer in ihrer Ausgrenzung der freien Berufe und Land- und Forstwirte als (noch) *willkürfrei* gerechtfertigt[27]. Unter Anführung freiberufsspezifischer außersteuerrechtlicher Regelungen meint das Gericht, freie Berufe nach wie vor typologisch von Gewerbebetrieben, die ihren Ertrag durch einen zusätzlichen Einsatz von Kapital und Arbeitnehmern steigern könnten, abgrenzen zu können. Dazu bemüht es sogar wieder das *Äquivalenzprinzip*, wonach die Gewerbesteuer als pauschaler Ausgleich für die besonderen Infrastrukturlasten, die durch die Ansiedlung von Gewerbebetrieben verursacht würden, gerechtfertigt sei[28]. Mich vermögen die umfangreichen Ausführungen des BVerfG nicht zu überzeugen[29]. Das Äquivalenzprinzip ist ein systemtragendes Prinzip im Recht der Vorzugslasten[30]. Im Bereich des Steuerrechts taugt es dagegen allenfalls zur allgemeinen Steuerrechtfertigung[31] und grenzüberschreitenden Verteilung von Steuerhoheiten[32], nicht aber zur Rechtfertigung einzelner Steuerarten und schon gar nicht zur Bestimmung der Bemessungsgrundlage einer Steuer. Dies gilt auch und gerade für die Gewerbesteuer. Die *Sonder*belastung der Gewerbetreibenden lässt sich weder kosten- noch nutzentheoretisch auf das Äquivalenzprinzip stützen[33]. Freiberufliche Dienstleistungsunternehmen haben von gemeindlichen Infrastrukturleistungen keinen geringeren Nut-

---

26 BVerwG v. 11.6.1993 – 8 C 32/90, KStZ 1993, 193 (194).
27 S. BVerfG v. 15.1.2008 – 1 BvL 2/04, BVerfGE 120, 1 (29 ff.); zuvor bereits BVerfG v. 13.5.1969 – 1 BvR 25/65, BVerfGE 26, 1 (8); BVerfG v. 25.10.1977 – 1 BvR 15/75, BVerfGE 46, 224 (233, 239 f.).
28 BVerfG v. 15.1.2008 (Fn. 27), 37 ff.
29 Überzeugend dagegen der Vorlagebeschluss des Niedersächsischen FG v. 21.4.2004 und 14.4.2005 – 4 K 317/91, EFG 2004, 1065; 2005, 1417; s. auch Kritik am BVerfG-Beschl. von *T. Keß*, FR 2008, 829 ff.
30 S. auch *A. Schmehl*, Das Äquivalenzprinzip im Recht der Staatsfinanzen, Habil. Gießen, 2003, 117 ff., der zutreffend das Benutzungsgebührenrecht als das dem Äquivalenzprinzip unterliegende Referenzgebiet behandelt.
31 *S. K. Tipke*, Die Steuerrechtsordnung, Bd. I, 2. Aufl., Köln 2000, 228–234.
32 Zur nutzentheoretischen Aufteilung von Besteuerungshoheiten im internationalen Steuerrecht s. *K. Vogel*, Die Besteuerung von Auslandseinkünften, DStJG Bd. 8, 1985, 3 (22 ff.).
33 *J. Hey*, Kommunale Einkommen- und Körperschaftsteuer, StuW 2002, 314 (319 f.); *J. Hey*, Vom Nutzen des Nutzenprinzips für die Gestaltung der Steuerrechtsordnung, in Festschrift für J. Lang, Köln 2010, 133 (152 ff.).

zen als Gewerbetreibende. Den größten Nutzen aus der kommunalen Infrastruktur ziehen typischerweise vielmehr die in der Kommune jeweils lebenden Einwohner.

Nachdem das BVerfG der Gewerbesteuer damit aber wohl auf unabsehbare Zeit seinen verfassungsrechtlichen Segen erteilt hat, liegt es am Gesetzgeber, eine Kommunalsteuerreform einzuleiten. Er ist in den letzten zwei Jahrzehnten nicht völlig untätig geblieben. 1998 wurde die als Substanzsteuer wirkende Gewerbekapitalsteuer abgeschafft[34] und ab 2001 die pauschale Steuerermäßigung bei der Einkommensteuer zugunsten belasteter Gewerbetreibender in § 35 EStG eingeführt[35]. Die Senkung des Körperschaftsteuertarifs auf 15 % fiel zulasten des Steueraufkommens von Bund und Ländern in der Unternehmensteuerreform 2008 hoch aus, um die Gewerbesteuer ungeschmälert zu belassen und durch Ausweitung der Fremdfinanzierungshinzurechnungen sowie Einführung einer sog. Zinsschranke sogar zu revitalisieren[36]. Nach dieser Absicherung der Gewerbesteuer positioniert sich der Deutsche Städtetag bewusst gegen Reformvorschläge mit dem Slogan „Die Gewerbesteuer – eine gute Gemeindesteuer"![37]. Der Gewerbesteuerkommentator[38] *Frank Roser* wird durch eine kritische Bestandsaufnahme der Richtigkeit dieser These auf den Grund gehen. Was für einige Städte „gut" sein mag, muss für die betroffenen Unternehmen noch lange nicht „gut" sein. Deshalb wird der Leiter der Steuerabteilung der Bayer AG *Bernd-Peter Bier* in seinem Co-Referat die Gewerbesteuer aus Sicht der Unternehmen beleuchten.

Weniger eingehend hat sich das BVerfG bisher mit der *Grundsteuer* beschäftigt. In ihrer derzeitigen Ausgestaltung ist sie eine Steuer auf den Vermögensbestand im Sinne einer Sollertragsteuer (*besondere Vermögensteuer*)[39]. Als sog. *Realsteuer* besteuert sie den aus dem realen, lokal verorteten Vermögensgegenstand „Grundbesitz" fließenden Ertrag ohne Berücksichtigung der Lebensverhältnisse des Eigentümers. In einem Kammerbeschluss hat das BVerfG die Grundsteuer vor nicht allzu langer Zeit noch unter Hinweis auf ihre Nennung in Art. 106 Abs. 6 GG ihrer Art und Struktur nach verfassungsrechtlich gebilligt[40]. Jedoch führt die für die Grundsteuer nach wie vor maßgebende sog. Einheitsbewertung auch innerhalb des Grundvermögens zu mannigfaltigen, gleichheitswidrigen Wert-

---

34 Gesetz zur Fortsetzung der Unternehmensteuerreform v. 29.10.1997, BGBl. I 2590.
35 Steuersenkungsgesetz v. 23.10.2000, BGBl. I 1433.
36 Unternehmensteuerreformgesetz v. 14.8.2007, BGBl. I 1912.
37 Deutscher Städtetag, Die Gewerbesteuer – eine gute Gemeindesteuer, Fakten und Analysen, 2010.
38 *Lenski/Steinberg*, GewSt-Kommentar, Stand August 2011.
39 *R. Seer* in Tipke/Lang, Steuerrecht, 20. Aufl., Köln 2010, § 13 Rz. 201.
40 BVerfG v. 18.2.2009 – 1 BvR 1334/07, NJW 2009, 1868 f.

verzerrungen[41]. Dies hat nun auch der BFH erkannt und fordert eine umfassende Neubewertung des Grundvermögens[42]. Außerdem sind m. E. die in dem Einheitswertbeschluss zur Vermögensteuer vom BVerfG formulierten Grundsätze[43] existenzsichernder Besteuerung für die Grundsteuer als Sollertragsteuer nicht minder relevant. In diesem Licht ist die uneingeschränkte Besteuerung von Wohngebäuden, Ein- und Zweifamilienhäusern kaum zu rechtfertigen[44]. Diese Hinweise mögen genügen, um das Bedürfnis nach einer kritischen Bestandsaufnahme der althergebrachten Grundsteuer durch meinen Hamburger Kollegen *Arndt Schmehl* zu begründen.

Damit sind wir bei den vielfältigen Vorschlägen zur Kommunalsteuerreform, die mittlerweile auf dem Tisch liegen. Kaum jemand hat sich in der Vergangenheit so intensiv mit Steuerreform-Entwürfen beschäftigt wie *Joachim Lang*. Seine Arbeiten hierzu sind Legion. Zuletzt hat er die Lenkungsgruppe der „Kommission Steuergesetzbuch" unter dem Dach der Stiftung Marktwirtschaft geleitet. Das dort entwickelte sog. Vier-Säulen-Modell zur Reform der Kommunalsteuern beruht wesentlich auf einer Idee *Joachim Langs*[45]. Auf der Grundlage seiner breiten Erfahrung wird er uns morgen die einschlägigen Reformmodelle vor- und gegenüberstellen. Ohne seinem Referat vorgreifen zu wollen, und ohne Anspruch auf Vollständigkeit, seien hier als Alternativen zur derzeitigen Gewerbesteuer genannt:

- Wertschöpfungsteuer[46],
- kommunaler Zuschlag auf Einkommen- und Körperschaftsteuer[47],
- kommunale Gemeindewirtschaftsteuer[48],
- rechtsformunabhängige Unternehmensteuer[49],
- kommunale Einkommensteuer (Bürgersteuer)[50],

---

41 *R. Seer* in Tipke/Lang (Fn. 39), § 13 Rz. 210 m. w. N.
42 BFH v. 30.6.2010 – II R 60/08, BStBl. II 2010, 897 (900 f.), Tz. 20 ff.
43 BVerfG v. 22.6.1995 – 2 BvL 37/91, BVerfGE 93, 121 (137 ff.).
44 S. auch *P. Kirchhof*, Bundessteuergesetzbuch, Reformentwurf, Heidelberg 2011, § 2 Rz. 35.
45 Kommission Steuergesetzbuch der Stiftung Marktwirtschaft, Steuerpolitisches Programm, 2006, 40 ff.
46 Vorschlag des Wissenschaftlichen Beirats beim Bundesministerium der Finanzen, Gutachten zur Reform der Gemeindesteuern in der Bundesrepublik Deutschland, BMF-Schriftenreihe, Heft 31, 1982; Sachverständigenrat zur Begutachtung der gesamtwirtschaftlichen Entwicklung, Jahresgutachten 1984/85, Ziff. 420, 470; Jahresgutachten 1989/90, Ziff. 342 ff.; Jahresgutachten 1995/96, Ziff. 346 ff. (im Jahresgutachten 2001/02, Ziff. 380 ff., aber verworfen).
47 Bundesverband der Deutschen Industrie (BDI)/Verband der Chemischen Industrie (VCI), Verfassungskonforme Reform der Gewerbesteuer, 2001; *H. O. Solms*, Berliner Entwurf der FDP, 2005, 29 f.; *P. Kirchhof* (Fn. 44), §§ 65 f., mit Kommentierung.
48 S. Gesetzentwurf der Bundesregierung zur Reform der Gewerbesteuer v. 8.9.2003, BT-Drucks. 15/1517, 11.
49 Kommission Steuergesetzbuch der Stiftung Marktwirtschaft (Fn. 45), 40, 43 ff.
50 Kommission Steuergesetzbuch der Stiftung Marktwirtschaft (Fn. 45), 40, 42 f.

Einführung und Rechtfertigung des Themas

- stärkere Beteiligung der Kommunen an der Umsatzsteuer[51],
- Beteiligung der Kommunen am Lohnsteueraufkommen[52].

Derzeit beschäftigen sich gleich mehrere Länderarbeitsgruppen mit einer *Reform der Grundsteuer*. Da die Länder der Forderung nach Abschaffung der Grundsteuer[53] aus fiskalischen Gründen nicht nachgeben werden, geht es um deren verfassungskonforme Ausgestaltung. Es werden derzeit folgende Modelle in den Länderfinanzverwaltungen diskutiert:[54]

- Boden- und Gebäudesteuer nach Verkehrswerten,
- wertunabhängige Besteuerung nach Nutzflächen,
- Kombination einer wertorientierten Boden- mit einer wertunabhängigen Gebäudesteuer.

Die Tagung soll morgen eine Podiumsdiskussion abschließen, welche unter meiner Moderation die Reformfragen zum Gegenstand haben wird. Neben den Referenten *Bernd-Peter Bier, Lars P. Feld* und *Joachim Lang* werden das Podium der Oberbürgermeister der Stadt Kiel *Torsten Albig* und der Leiter der Kommunalabteilung im Niedersächsischen Innenministerium Ministerialdirigent *Bernd Häusler* komplettieren. *Torsten Albig*, der über große praktische Erfahrungen sowohl als Abteilungsleiter im BMF als auch als früherer Stadtkämmerer verfügt, hat sich bisher für die Beibehaltung der Gewerbesteuer ausgesprochen. *Bernd Häusler* war maßgeblich an der Entwicklung des am Beispiel Niedersachsens durchgerechneten sog. *Niedersächsischen Modells*[55] beteiligt. Es baut auf dem *Vier-Säulen-Modell* der Stiftung Marktwirtschaft auf und war Gegenstand der Beratungen der Gemeindefinanzreformkommission. Es dürfte also für Spannung bis zum Schluss der diesjährigen Tagung gesorgt sein.

---

51 *H. O. Solms*, Berliner Entwurf der FDP, 2005, 29.
52 Kommission Steuergesetzbuch der Stiftung Marktwirtschaft (Fn. 45), 40, 43 ff.
53 So etwa *P. Kirchhof* (Fn. 44), § 2 Rz. 36: stattdessen nur eine kommunale Zuschlagsteuer.
54 S. etwa *J. Becker*, BB 2011, 535 ff.; *I. Krause/M. Grootens*, Novellierung der Grundsteuer, NWB-EV 2011, 231 ff.
55 Dazu ausführlich *M. Zwick/S. Dittrich/W. Schwabbacher/N. Zifonun-Kopp*, Bericht v. 25.1.2011 zur gemeindescharfen Quantifizierung des „Niedersächsischen Modells zur Gemeindefinanzreform" für das Jahr 2006.

Das Finanzsystem der Kommunen aus rechtlicher Sicht: Steuern, Abgaben und Finanzausgleich

Prof. Dr. *Christian Waldhoff*
Humboldt-Universität zu Berlin

Inhaltsübersicht

I. Einleitung – Der vierfache Anknüpfungspunkt des Themas Steuern/Abgaben und Kommunen
  1. Kommunale Steuern/Abgaben
  2. Ertragsbeteiligung der Kommunen an Steuern anderer Ebenen
  3. Einfluss der Kommunen auf die Steuerrechtsetzung und die Steuererhebung
  4. Besteuerung der Kommunen
II. Stellung der Kommunen im Staatsaufbau und daraus resultierende finanzverfassungsrechtliche Spielräume
III. Finanzautonomie als zentraler Bestimmungsgrund für das kommunale Finanzsystem
  1. Das traditionelle Konzept kommunaler Finanzautonomie
  2. Kommunale Finanzautonomie als Finanzverantwortung: die juristische Reformulierung politischer und ökonomischer Postulate vor dem verfassungsrechtlichen Demokratieprinzip
  3. Das Unionsrecht als Test für wirkliche Autonomie

IV. Sieben grundsätzliche Zielkonflikte des kommunalen Finanzsystems
  1. Kommunale Finanzautonomie versus Finanzierungssicherheit und Nivellierungen durch den kommunalen Finanzausgleich
  2. Kommunale Gestaltungsmöglichkeiten versus Steuervereinfachung
  3. Finanz-demokratische Transparenz versus Misch- und Kooperationselemente im kommunalen Finanzsystem
  4. Kommunaler Abgabenwettbewerb versus Gleichheitserwartungen in der Fläche
  5. Staatliche Aufgabenzuweisung versus finanzielle Mindestausstattung der Kommunen
  6. Finanzautonomie versus Kommunalaufsicht
  7. Abgabenrechtfertigung: Steuern versus Vorzugslasten
V. Der begrenzte Wille zur Autonomie als rechtssystematische Schwachstelle und politische Glaubwürdigkeitslücke

I. Einleitung – Der vierfache Anknüpfungspunkt des Themas Steuern/Abgaben und Kommunen

Die kommunale Finanzmisere ist sprichwörtlich[1]. Auch in Zeiten von Hochkonjunktur ist etwa in Nordrhein-Westfalen die Mehrheit der Kommunen unter finanzaufsichtlicher Kuratel, d. h. ihrer Finanzautonomie ganz

---

1 Vgl. zur aktuellen gemeindlichen Finanzlage insgesamt Gemeindefinanzbericht 2011, Der Städtetag 5/2011.

oder teilweise – etwa durch Haushaltssicherungskonzepte – beraubt[2]. Schon das deutet darauf hin, dass hier ein strukturelles Problem vorliegt und es sich nicht um die Massierung von Fällen von punktuellem Politikversagen handeln dürfte. Durch das per Grundgesetzänderung eingeführte Verbot des Durchgriffs des Bundesgesetzgebers auf die Kommunen[3] ist zumindest für die Zukunft das Problem des Auseinanderfallens von Veranlassung von Aufgaben und Kostentragung zwar entschärft, die überkommene Aufgabenlast der Städte und Gemeinden scheint freilich derart hoch zu sein, dass in bedenklicher Weise – wiederum in Nordrhein-Westfalen – der Kassenkredit zum Regelfinanzierungsinstitut zu mutieren droht[4]. Für die auf dieser Tagung besonders interessierenden Kommunalabgaben finden sich – wie die Presse vermeldet – mittlerweile teilweise skurrile Formen: Gegenüber der Bonner „Verrichtungsteuer" für mobile oder immobile Dienstleistungen im Prostitutionsgewerbe ist die Kölner Bettensteuer[5] noch vergleichsweise harmlos und konventionell (um nur zwei Beispiele aus meiner räumlichen Umgebung zu nennen). Die Finanzkrise scheint die Phantasie der Kommunen in der Findung neuer Abgaben zu beflügeln[6].

Das einleitende Referat hat die Aufgabe, das kommunale Finanzsystem aus juristischer und rechtspolitischer Sicht zu entfalten und für die nachfolgenden Referate aufzubereiten. Dabei werden die Steuern und die sonstigen Abgaben im Vordergrund stehen. Fragen des kommunalen Finanzausgleichs werden nur insoweit behandelt, als sie für das Verständnis und die Funktionsweise der Einnahmen vonnöten sind[7]. Auch das wichtige Feld der Kreditaufnahme, insbesondere im Zusammenhang mit der Schuldenbremse, bleibt ausgeklammert[8].

---

2 Dazu jetzt *Faber*, Die Kommunen zwischen Finanzautonomie und staatlicher Aufsicht, im Erscheinen.
3 Art. 84 Abs. 1 Satz 7; 85 Abs. 1 Satz 2 GG, eingefügt im Rahmen der Föderalismusreform I, Gesetz zur Änderung des Grundgesetzes v. 28.8.2006, BGBl. I, S. 2034.
4 *Kuban*, Mehr als 40 Milliarden Euro Kassenkredite! Der Städtetag 5/2011, 1; *Anton/Diemert*, Gemeindefinanzbericht 2011 im Detail: Weniger Defizite – aber die Strukturkrise bleibt, ebd., S. 11 (39).
5 Die „Kulturförderabgabe" auf Beherbergungsdienstleistungen wurde durch Urt. des VG Köln v. 6.7.2011 – 24 K 2736/10, dem Grunde nach bestätigt; die Berufung zum OVG wurde zugelassen.
6 Der Spitzenaufsatz des aktuellen Hefts der Kommunalen Steuerzeitschrift: *Rauscher/Rauber*, Nochmals: Zur Zulässigkeit der Einführung einer Pferdesteuer auf kommunaler Ebene, KStZ 2011, 161; die Stadt Essen hatte die Einführung einer „Solariumssteuer" erwogen.
7 Vgl. als Überblicksdarstellungen etwa *Henneke*, Die Kommunen in der Finanzverfassung des Bundes und der Länder, 4. Aufl. 2008, S. 303 ff.; *Henneke*, Grundstrukturen des kommunalen Finanzausgleichs, in Henneke/Pünder/Waldhoff (Fn. 7), § 25; *Wohltmann*, Bemessung und Ausstattung des kommunalen Finanzausgleichs: Methodische Vorgaben in den Ländern, Jahrbuch für öffentliche Finanzen 2011, S. 481; ökonomische Analyse durch *Zimmermann*, Kommunalfinanzen, 2. Aufl. 2009, S. 207 ff.
8 Vor Einfügung der Schuldenbremse *Knop*, Verschuldung im Mehrebenensystem, 2008, S. 169 ff.

Im Folgenden wird zunächst die vierfache Beziehung zwischen Kommunen einerseits, Steuern und sonstigen Abgaben andererseits entfaltet werden. Anschließend ist die Kongruenz zwischen der Stellung der Kommunen im Staatsaufbau und ihrer finanzverfassungsrechtlichen Position in Erinnerung zu rufen (unter II.). Für mein Referat wird die Finanzautonomie juristisch die zentrale Bestimmungsgröße sein. Diese gilt es freilich erst einmal zu rekonstruieren, verengen sich Rechtsprechung und Lehre doch gerade in dieser Frage in charakteristischer Weise (unter III.). Dies mündet alles in sieben Zielkonflikte des kommunalen Finanzsystems, vorrangig der kommunalen Steuern und Abgaben, die das Tableau für die Diskussion der konkreten Steuern und Abgaben und damit der weiteren Referate bilden können (unter IV.). Schon die Redeweise von Zielkonflikten zeigt, dass ich kaum abschließende Lösungen anbieten werde, sondern die Wechselbezüglichkeit in der juristischen und rechtspolitischen Argumentation um kommunale Steuern und Abgaben rationalisieren möchte. Mehr kann und soll dieses Einleitungsreferat nicht leisten.

Die These im Zusammenhang mit den vier Anknüpfungspunkten zwischen Kommunen und Steuern lautet, dass erst die Wechselbezüglichkeit zwischen diesen vier Punkten die juristische Konstruktion, vor allem jedoch das rechtspolitische Verhalten der Kommunen in Relation zu Abgaben verstehen lässt.

1. Kommunale Steuern/Abgaben

Ausgangspunkt sind die Steuern und sonstigen Abgaben, welche die Kommunen nicht nur selbst erheben, sondern auch selbst gestalten können[9]. Die örtlichen Verbrauch- und Aufwandsteuern stellen nach Art. 105 Abs. 2a GG die einzigen sich in der ausschließlichen Landeskompetenz befindlichen Steuern dar[10] – freilich mit der Option, die Einzelausgestaltung an die Gemeinden weiterzugeben, wie dies regelmäßig durch die Kommunalabgabengesetze oder durch Spezialgesetze geschehen ist[11]. Damit eröffnet sich den Gemeinden Gestaltungspotenzial, das auf der Einnahmenseite größer ist als das ihrer Muttergemeinwesen, der Länder. Diese Gestaltungsmöglichkeiten setzen sich in den nichtsteuerlichen Abgaben, d.h. vorrangig in Gebühren und Beiträgen fort, spielen diese doch als „Verwaltungspreise" auf der unteren Verwaltungsebene im Kontakt mit dem Bürger als Ver-

---

9 Dabei darf freilich nicht übersehen werden, dass der Einnahmeeffekt der örtlichen Verbrauch- und Aufwandsteuern denkbar gering ist, vgl. *Zimmermann*, Kommunalfinanzen (Fn. 7), S. 118, 182 (mit Aufschlüsselung nach Steuerarten); durchaus kritische ökonomische Analyse ebd., S. 183.
10 Zu den Gestaltungsmöglichkeiten der Länder *Wernsmann*, Die Einnahmenautonomie der Länder, Jahrbuch für öffentliche Finanzen 2011, S. 417.
11 *Waldhoff*, Örtliche Verbrauch- und Aufwandsteuern, in Henneke/Pünder/Waldhoff (Fn. 7), § 13 Rz. 3 ff.

waltungsadressaten eine ungleich größere Rolle als in der Bundes- oder Landesverwaltung. Davon sind wiederum die bundesrechtlich geregelten Steuern mit kommunaler Gestaltungsmöglichkeit (regelmäßig Hebesatzrechte[12]) zu unterscheiden: die Gewerbesteuer und die Grundsteuer.

2. Ertragsbeteiligung der Kommunen an Steuern anderer Ebenen

Von beachtlicher Ertragsrelevanz ist die Beteiligung der Kommunen an zentral gesetzten und erhobenen Steuern, d.h. vorrangig an zwei Gemeinschaftsteuern (Einkommensteuer und Umsatzsteuer, Art. 106 Abs. 5 und Abs. 5a GG)[13]. Wie noch zu zeigen sein wird, befriedigen solche Ertragsbeteiligungen freilich nur einen Teil dessen, was man sinnvollerweise als kommunale Finanzautonomie bezeichnen kann, indem Finanzmittel für eine mehr oder weniger autonome Sachpolitik zur Verfügung gestellt werden. Das für den Einkommensteueranteil nach dem Grundgesetz mögliche Hebesatzrecht (Art. 106 Abs. 5 Satz 3 GG) ist nie verwirklicht worden[14] – m.E. ein symptomatischer Befund in Bezug auf Gestaltungswillen und Gestaltungschancen in unserem Zusammenhang.

3. Einfluss der Kommunen auf die Steuerrechtsetzung und die Steuererhebung

Als Gestaltungs- bzw. Ertragsberechtigte wirken die Kommunen, vorrangig über die kommunalen Spitzenverbände[15], in kaum zu überschätzender Weise an übergeordneten Steuerrechtsetzungsprozessen mit[16]. Dass die Gewerbesteuer praktisch nie gegen die Interessen bestimmter, einer eher atypischen Interessenlage unterfallender Städte, reformiert werden konnte, ist kein Zufall. Rückkopplungen von der „Verwaltungsfront" zur Rechtsetzungsebene sind notwendig; wenn freilich das Korrektiv zentraler Regelvorgabe (im Verhältnis zur örtlichen Gestaltungsmöglichkeit) konterkariert wird, droht ein Funktionsmechanismus beschädigt zu werden.

---

12 *Schnorr*, Das Hebesatzrecht der Gemeinden, Diss. iur. Münster 1973.
13 Vgl. *Schwarz*, Die Beteiligung der Kommunen an der Einkommen- und Umsatzsteuer, in Henneke/Pünder/Waldhoff (Fn. 7), § 12; *Müller*, Die Beteiligung der Gemeinden an den Gemeinschaftsteuern, 2010; bei Gesamteinnahmen von 174 Mrd. Euro und Steuereinnahmen von 64 Mrd. Euro machte der Einkommensteueranteil 2010 23 Mrd. Euro, der Umsatzsteueranteil 3,2 Mrd. Euro aus; Quelle: Gemeindefinanzbericht 2011, Der Städtetag 5/2011, 11, Übersicht 4.
14 *Hidien*, in Dolzer/Kahl/Waldhoff/Graßhof (Hrsg.), Bonner Kommentar zum Grundgesetz, Loseblattsammlung, Stand des Gesamtwerks: 153. Lfg. August 2011, Art. 106 GG Rz. 1044 ff.
15 Vgl. etwa *Henneke*, Die kommunalen Spitzenverbände, 2005.
16 Freilich ohne am verfassungsrechtlich vorgegebenen Gesetzgebungsverfahren mit Organqualität teilnehmen zu können; damit haben die Kommunen – zumindest der Theorie nach – nicht die Position, welche die Länder über Art. 105 Abs. 3 GG an übergeordneter Steuerrechtsetzung haben.

4. Besteuerung der Kommunen

Das Thema kann nicht abschließend erfasst werden, ohne einen kurzen Blick auf die Besteuerung der Kommunen selbst zu lenken[17]. Während die Besteuerung kommunaler Eigengesellschaften grundsätzlich keinen Besonderheiten unterliegt, ist schon der Zweck der Besteuerung von Eigenbetrieben unklar und umstritten. Es ist das Verdienst *Rainer Hüttemanns*, hier für nachhaltige Klarheit gesorgt zu haben: Nur die Kombination der Herstellung von Wettbewerbsneutralität der Besteuerung *und* dem Bestreben, nicht den bundesstaatlichen Finanzausgleich zu manipulieren, führt zu sachgerechten Ergebnissen[18]. Die vielleicht größte praktische Bedeutung besitzt das Problem des sog. kommunalen steuerlichen Querverbunds, d.h. der Verlustverrechnung zwischen verschiedenen kommunalen Eigenbetrieben[19]. Darauf wird im Zusammenhang mit dem Postulat der Finanztransparenz zurückzukommen sein.

Die unionsrechtlichen Vorgaben für Kommunalsteuern und Kommunalabgaben sind demgegenüber eher schwach ausgeprägt. Zwar werden Diskriminierungen hinsichtlich der Ausgestaltung von Zweitwohnungsteuern diskutiert[20], und auf etwaige Friktionen zwischen kommunaler Finanzautonomie und Beihilfenregime werde ich noch zurückzukommen. Letztlich verhindert jedoch die örtliche Radizierung und damit verbunden der von vornherein eingeschränkte grenzüberschreitende Bezug eine ähnliche Intensität der europarechtlichen Überlagerung wie bei den nationalen Ertragsteuern oder gar den harmonisierten Verbrauchsteuern.

Eine Präzisierung zur Abgrenzung von kommunaler Ebene und Selbstverwaltung sei noch gestattet: Die *kommunale* ist von der sog. *funktionalen* Selbstverwaltung strikt zu trennen[21]. Während erstere sich in eine gestufte demokratische Ordnung nahtlos einfügt, da das „Gemeindevolk" die Allgemeinheit ähnlich repräsentiert wie das Staatsvolk, es sich – wie es das BVerfG in den Entscheidungen zum kommunalen Ausländerwahlrecht herausgestellt hat[22] – insoweit um einen territorial radizierten Ausschnitt aus

---

17 Vgl. etwa *Reimer*, Die Besteuerung kommunaler Betätigungen, in Henneke/Pünder/Waldhoff (Fn. 7), § 23; *Seibold-Freund*, Besteuerung von Kommunen, 2008.
18 *Hüttemann*, Die Besteuerung der öffentlichen Hand, 2002, S. 5 ff.
19 *Hüttemann*, Die Besteuerung der öffentlichen Hand (Fn. 18), S. 105 ff.; *Seibold-Freund*, Besteuerung von Kommunen (Fn. 17), Rz. 23 f.; zur aktuellen Problematik als Überblick *Westermann/Prechtl*, Der steuerliche Querverbund – das BMF-Schreiben vom 12. November 2009 und Kernpunkte der Neuregelung, KStZ 2010, 149 m.w.N.; ausführlich *Bott* in Ernst & Young, Körperschaftsteuergesetz. Kommentar, Loseblattsammlung, Stand des Gesamtwerks: 83. Lfg. September 2011, § 4 KStG Rz. 140 ff.
20 Vgl. *Wollenschläger*, Kommunalabgabenrecht unter europäischem Einfluss: Die Zweitwohnungsteuer auf dem Prüfstand des Gemeinschaftsrechts, NVwZ 2008, 506 m.w.N.
21 *Waldhoff*, Satzungsautonomie und Abgabenerhebung, in FS für Klaus Vogel, 2000, S. 495 (502 ff.).
22 BVerfGE 83, 37 (53 ff.); 60 (71 ff.).

dem Staatsvolk handelt, bestehen im Bereich der funktionalen Selbstverwaltung von vornherein die Gefahren der Interessenpolitik. Dies ist mit Schwankungen – von der Facharztentscheidung[23] bis zur Wasserverbandsentscheidung[24] – in der Verfassungsjudikatur berücksichtigt worden.

Innerhalb der kommunalen Familie konzentriere ich mich auf die Gemeinden, lasse die Kreise außen vor, da diese im Steuer- und Abgabenbereich keine Finanzkompetenzen besitzen[25].

Die erwähnten vier Punkte stellen den rechtlichen und rechtspolitischen Rahmen für unser Thema dar. Hinzu kommen freilich weitere Faktoren, wie politische Mehrheitsverhältnisse im Mehrebenensystem, die lobbyistische Unterfütterung der jeweiligen Positionen, Diskussionszusammenhänge, die zu „Paketlösungen" führen, die Analyse unterschiedlicher Interessen *innerhalb* der „kommunalen Familie" u. Ä. Was bedeutet das für das Tagungsthema insgesamt? Auch in der Analyse der kommunalen Einnahmen zeigt sich ein zunehmend bewusster werdendes Desiderat der deutschen Steuerdiskussion: Wir diskutieren zu sehr über Reform*inhalte* im Vergleich zu den *Bedingungen von Reformen*[26]. Das dürfte angesichts der Unreformierbarkeit von Kommunalsteuern – ich erwähne nur die leidige Gewerbesteuerreform – auf der Hand liegen. Gerade an dieser Reform könnte gezeigt werden, dass eine einseitige Perspektive – etwa allein aus dem Blickwinkel des Unternehmenssteuerrechts – kaum weiterführt. Einzubeziehen sind aber nicht nur die verfassungsrechtliche Absicherung kommunaler Finanzautonomie, sondern vor allem auch die rechtspolitischen Bedingungen in dem oben skizzierten Geflecht der Bezugspunkte zwischen Kommunen und Steuern, für Reformen. Anders ausgedrückt: Gerade die Kommunalsteuerprobleme zeigen die Dringlichkeit einer – dann notwendigerweise interdisziplinären – „Theorie der Steuerreform". Das sollte nicht allein den Politologen und Finanzwissenschaftlern überlassen werden.

Im Folgenden wird zunächst die institutionell-kompetenzielle Seite der Stellung der Gemeinden in der Finanzverfassung beleuchtet werden (unter II.), um dann mit der kommunalen Finanzautonomie den zentralen inhaltlichen Bestimmungsgrund zu entfalten (unter III.).

---

23 BVerfGE 33, 125.
24 BVerfGE 107, 59.
25 *Henneke*, Besonderheiten der Einnahmen der Kreise und umlagefinanzierten Verbände, in Henneke/Pünder/Waldhoff (Fn. 7), § 14 Rz. 1; aus ökonomischer Sicht *Zimmermann*, Kommunalfinanzen (Fn. 7), S. 185 f.
26 Vgl. jedoch etwa *Schön*, Steuerpolitik 2008 – Das Ende der Illusionen? Beihefter zu DStR 2008 Heft 17, S. 10.

II. Stellung der Kommunen im Staatsaufbau und daraus resultierende finanzverfassungsrechtliche Spielräume

Spielräume und Reformperspektiven für die kommunalen Steuern und Abgaben setzen zunächst eine präzise Verortung der Kommunen im gestuften Staatsaufbau, insbesondere in der bundesstaatlichen Finanzverfassung voraus. Die Kommunen sind nach heutigem verfassungsrechtlichem Verständnis Teil des Staates[27]. Sie ordnen sich als Träger kommunaler Selbstverwaltung (Art. 28 Abs. 2 GG) nahtlos in die staatliche Binnenorganisation ein und üben Staatsgewalt aus, die folglich demokratisch legitimiert sein muss (Art. 20 Abs. 2 GG)[28]. Die Gleichsetzung der kommunalen mit der sog. funktionalen Selbstverwaltung wäre weder mit dem organisatorischen Staatsaufbau noch mit den demokratischen Legitimationsanforderungen des Grundgesetzes vereinbar[29].

Die deutsche bundesstaatliche Doktrin geht von einem zweistufigen Staatsaufbau aus: Dem Bund als zentraler Ebene werden die Länder als Gliedstaaten gegenübergestellt. Gleichwohl bilden die Städte und Gemeinden sowie die Landkreise eine eigene *Verwaltungs*ebene. Zweistufiger Staatsaufbau und drei- oder mehrstufiger Verwaltungsaufbau sind zu unterscheiden. Nicht zuletzt daraus resultiert die eigentümliche „Doppelrolle"[30], in der sich die mit Selbstverwaltungsrecht ausgestatteten Kommunalkörperschaften in der grundgesetzlichen Verfassungsordnung befinden: Einerseits erweisen sie sich als Teil der *administrativen* Dezentralisation, andererseits prägen sie den *Staatsaufbau* politisch-demokratisch[31]. Das BVerfG hat dar-

---

27 *Schmidt-Aßmann/Röhl*, Kommunalrecht, in Schmidt-Aßmann/Schoch (Hrsg.), Besonderes Verwaltungsrecht, 14. Aufl. 2008, Rz. 8; *Dreier*, in Dreier (Hrsg.), Grundgesetz. Kommentar, Bd. 2, 2. Aufl. 2006, Art. 28 GG Rz. 85.
28 BVerfGE 8, 122 (132); 38, 258 (270); 61, 82 (103); 73, 118 (191); 83, 37 (54); Isensee, Idee und Gestalt des Föderalismus im Grundgesetz, in Isensee/Kirchhof (Hrsg.), Handbuch des Staatsrechts der Bundesrepublik Deutschland, Bd. 6, 3. Aufl. 2008, § 126 Rz. 174 ff.; *Püttner*, Kommunale Selbstverwaltung, ebd., § 144 Rz. 9; *Schmidt-Aßmann*, Die Garantie der kommunalen Selbstverwaltung, in FG 50 Jahre Bundesverfassungsgericht, Bd. 2, 2001, S. 803 (805 f.). Diese Feststellung ist das Ergebnis eines langen Entwicklungsprozesses: Unter den Reformen des *Freiherrn vom Stein* wurden die Gemeinden als Selbstorganisation von Teilen der Gesellschaft verstanden; noch unter der Weimarer Reichsverfassung war die verfassungsrechtliche Garantie kommunaler Selbstverwaltung (Art. 127 WRV) im Grundrechtsabschnitt festgeschrieben. Solche Vorstellungen sind mit dem Grundgesetz endgültig überwunden.
29 Str., vgl. bereits Fn. 21 ff.; wie hier *Waldhoff*, Satzungsautonomie (Fn. 21), S. 495 ff.
30 *Schoch/Wieland*, Finanzierungsverantwortung für gesetzgeberisch veranlasste kommunale Aufgaben, 1995, S. 65; *Dreier* in Dreier (Fn. 27), Art. 28 GG Rz. 86; *Schoch*, Der verfassungsrechtliche Schutz der kommunalen Selbstverwaltung, Jura 2001, 121 (124); *Schmidt-Aßmann/Röhl*, Kommunalrecht (Fn. 27), Rz. 8.
31 Vgl. *Püttner*, Kommunale Selbstverwaltung (Fn. 28), Rz. 1.

aus die spezifische Funktion, welche die Gemeinden im Staatsaufbau erfüllen, entwickelt und umschrieben[32].

Die bundesstaatliche Finanzverfassung erwähnt in ihren Art. 104a-109 GG drei Gebietskörperschaften als Bezugssubjekte finanzverfassungsrechtlicher Hoheitsrechte: Bund, Länder und Gemeinden (einschließlich der Gemeindeverbände)[33]. Bund und Länder erweisen sich dabei als die Hauptadressaten der bundesstaatlichen Finanzverfassung. Die Gemeinden und Gemeindeverbände sind im Rahmen einer „gegliederten" oder „gestuften" Demokratie"[34] Teile der Länder, sie bilden keine dritte Staatsebene[35]. Der zehnte Abschnitt des Grundgesetzes geht von einer zweistufigen Finanzverfassung in Korrelation zu einem zweistufigen bundesstaatlichen Aufbau aus[36]. Die Gemeinden sind durch die Länder finanzverfassungsrechtlich mediatisiert. Die zahlreichen Erwähnungen der Gemeinden und Gemeindeverbände in den finanzverfassungsrechtlichen Vorschriften[37] widersprechen dem Dargelegten nicht: Art. 106 Abs. 9 GG rechnet ausdrücklich die Einnahmen und Ausgaben der Gemeinden und Gemeindeverbände den Ländern zu. Auch Art. 104b Abs. 1 Satz 1 GG weist in die gleiche Richtung: Die dort vorgesehenen Finanzhilfen des Bundes an die Kommunen werden diesen durch das jeweilige Land zugeleitet, um unmittelbare finanzverfassungsrechtliche Beziehungen zwischen Bund und Gemeinden zu ver-

---

32 BVerfGE 79, 127 (143 ff.).
33 Näher *Vogel/Waldhoff*, in Dolzer/Kahl/Waldhoff/Graßhof (Hrsg.), Bonner Kommentar zum Grundgesetz, Vorb. zu Art. 104a-115 GG Rz. 46 ff. (= *Vogel/Waldhoff*, Grundlagen des Finanzverfassungsrechts, 1999, Rz. 46 ff.). Hinzu kommen als Sonderfälle die Europäischen Union (Art. 106 Abs. 1 Nr. 7 GG) und – außerhalb des zehnten Grundgesetzabschnitts – die öffentlich-rechtlich organisierten Kirchen hinsichtlich der Kirchensteuer (Art. 140 GG i. V. m. Art. 137 Abs. 6 WRV).
34 *von Unruh*, Gebiet und Gebietskörperschaften als Organisationsgrundlage nach dem Grundgesetz der Bundesrepublik Deutschland, DVBl. 1975, 1 (2); *von Unruh*, Demokratie und kommunale Selbstverwaltung, DÖV 1986, 217 (219 f.); *Henneke*, Öffentliches Finanzwesen, Finanzverfassung, 2. Aufl. 2000, Rz. 828.
35 *Häde*, Finanzausgleich, 1996, S. 188; *Henneke*, Finanzverfassung (Fn. 34), Rz. 826.
36 *P. Kirchhof*, Die kommunale Finanzhoheit, in Püttner (Hrsg.), Handbuch der kommunalen Wissenschaft und Praxis, Bd. 6, 2. Aufl. 1985, S. 5; *Wendt*, Finanzhoheit und Finanzausgleich, in Isensee/Kirchhof (Fn. 28), § 139 Rz. 80; *Grawert*, Die Kommunen im Länderfinanzausgleich, 1989, S. 23 ff.; *Schwarz*, Finanzverfassung und kommunale Selbstverwaltung, 1996, S. 62 ff.
37 Art. 104b Abs. 1 Satz 1 GG – Finanzhilfen des Bundes für die Gemeinden; Art. 105 Abs. 3 GG – Zustimmungserfordernis des Bundesrats für Steuergesetze, deren Aufkommen den Gemeinden zufließt; Art. 106 Abs. 3 und Abs. 5 bis 9 GG – Ertragshoheit der Gemeinden; Art. 107 Abs. 2 Satz 1 Hs. 2 GG – Berücksichtigung der Finanzkraft und des Finanzbedarfs der Gemeinden beim horizontalen Finanzausgleich; Art. 108 Abs. 4 Satz 2, Abs. 5 bis 7 GG – Übertragungsmöglichkeit hinsichtlich der Steuerverwaltung durch die Gemeinden.

meiden[38]. Auch das BVerfG hat sich dieser Sichtweise angeschlossen[39]. Folge der Zweistufigkeit der bundesstaatlichen Finanzverfassung ist es, dass direkte finanzverfassungsrechtliche Beziehungen oder ein „Durchgriff" zwischen Bund und Gemeinden grundsätzlich nicht statthaft sind[40]. Art. 106 Abs. 8 GG stellt insofern eine Ausnahmevorschrift dar[41]. Die gelegentlich vertretene Gegenauffassung, welche die Gemeinden als eigenständige dritte Stufe der Finanzverfassung sieht[42], überzeugt nicht. Die Gemeinden werden weder durch eine Zusammenschau des verfassungsrechtlichen Prinzips der Volkssouveränität (Art. 20 Abs. 2 Satz 1 GG) mit dem zweiten Teil der Homogenitätsklausel des Art. 28 Abs. 1 Satz 2 GG als eigenständige bundesstaatliche Stufe ausgeformt, noch kann dies im Umkehrschluss aus Art. 106 Abs. 9 GG unter Betonung von dessen Charakter als rechtlicher Fiktion gefolgert werden. Insgesamt sind die Gemeinden also „weit davon entfernt …[,] in der Finanzverfassung als ‚vollwertige Partner' von Bund und Ländern zu erscheinen"[43]. Immerhin hat der Zweite Senat des BVerfG in seinem letzten Finanzausgleichsurteil vom 11.11.1999 unter Heranziehung auch des neuen Art. 28 Abs. 2 Satz 3 GG eine gewisse finanzverfassungsrechtliche Verselbständigung der Kommunen hergeleitet, welche die „bisherige Zweistufigkeit der Finanzverfassung" modifizierte[44]. Es bleibt abzuwarten, ob sich aus dieser Feststellung in der Zukunft Veränderungen werden herleiten lassen[45].

Mit dieser staatsorganisationsrechtlichen Verortung ist der kompetenzielle Rahmen für das Thema der Kommunalsteuern und Kommunalabgaben be-

---

38 *Thürer*, Bund und Gemeinden, 1986, S. 55 ff.; *Meis*, Verfassungsrechtliche Beziehungen zwischen Bund und Gemeinden, 1989, S. 96 ff.
39 BVerfGE 86, 148 (215): „Diese Bestimmungen erhalten ihren Sinn aus dem Zusammenhang der Finanzverfassung mit der staatsorganisationsrechtlichen Regelung, die das Grundgesetz vornimmt. Im Bundesstaat des Grundgesetzes stehen sich Bund und Länder und die Länder untereinander gegenüber; die Kommunen sind staatsorganisationsrechtlich den Ländern eingegliedert."
40 BVerfGE 26, 172 (181 f.); 41, 291 (313 f.); *Thürer*, Gemeinden (Fn. 38), S. 54; *Schoch/ Wieland*, Finanzierungsverantwortung (Fn. 30), S. 115 ff.; *Schoch*, Die Dogmatik zum finanzverfassungsrechtlichen Schutz der kommunalen Selbstverwaltung, AfK 2000, 225 (231).
41 *Grawert*, Gemeinden und Kreise vor den Aufgaben der Gegenwart, VVDStRL 36 (1978), S. 277 (302); *Thürer*, Gemeinden (Fn. 38), S. 60; *Meis*, Bund und Gemeinden (Fn. 38), S. 106 ff.
42 *Schmidt-Eichstaedt*, Bundesgesetze und Gemeinden, 1981, S. 123 ff.
43 *Thürer*, Gemeinden (Fn. 38), S. 26 f.; *Korioth*, Der Finanzausgleich zwischen Bund und Ländern, 1997, S. 41 f.
44 BVerfGE 101, 158 (230); vgl. zuvor bereits in diese Richtung *Pagenkopf*, Kommunalrecht, Bd. 2, 1976, S. 11.
45 Keine Änderung sieht *Scholz* in Maunz/Dürig, Grundgesetz, Kommentar, Art. 28 GG Rz. 84a. Ferner *Schoch/Wieland*, Finanzierungsverantwortung (Fn. 30), S. 79 ff.; *Nierhaus* in Sachs (Hrsg.), Grundgesetz, Kommentar, 5. Aufl. 2009, Art. 28 GG Rz. 86.

stimmt. Im Folgenden ist auf die inhaltlichen Bestimmungsgründe, die mit der Finanzautonomie zugleich die Legitimationsbasis darstellen, einzugehen.

III. Finanzautonomie als zentraler Bestimmungsgrund für das kommunale Finanzsystem

1. Das traditionelle Konzept kommunaler Finanzautonomie

Finanzautonomie wird in Deutschland traditionellerweise im Sinne einer ausreichenden Finanzausstattung zur autonomen Erfüllung von Sachaufgaben verstanden: Finanzautonomie als aufgabenadäquate, verfassungsrechtlich abgesicherte Finanzausstattung, die vornehmlich durch die Zuweisung von Ertragshoheit gewährleistet wird; oder kürzer: autonomiegerechte Finanzausstattung[46]. Finanzautonomie erweist sich dann als Verteilungsproblem am Gesamtfinanzaufkommen. Diese m. E. von vornherein verfehlte Verortung, die auf dem problematischen Gedanken der Entkoppelung von Sach- und Finanzpolitik basiert, existiert auf der hier interessierenden kommunalen Ebene von vornherein abgeschwächt, da die Gemeinden letztlich größere Gestaltungsspielräume auf der Einnahmenseite haben als etwa die – immerhin rhetorisch ihre „Staatsqualität" hochhaltenden[47] – Länder. Eine Verfassungsergänzung wie Art. 28 Abs. 2 Satz 3 GG verdeutlicht dies. Gleichwohl wird dieses abgeschwächt auch auf kommunaler Ebene dominierende traditionelle Übergewicht der Finanzausstattung gegenüber den finanziellen Gestaltungsmöglichkeiten dann zum Problem, wenn weitere Einnahmemöglichkeiten, wie die Verschuldung, aus guten Gründen verschlossen oder doch entscheidend verengt werden – Stichwort: die Anforderungen der Schuldenbremsen im Mehrebenensystem[48]. Eine ausreichende Finanzausstattung auf kommunaler Ebene mag ein finanzwirtschaftliches Korrelat für die zahlreichen Pflichtaufgaben der Gemeinden sein, bei denen sie zwar als Selbstverwaltungskörperschaften auftreten, jedoch staatliche Aufgaben dem Bürger gegenüber erfüllen. Für den eigentlichen Bereich autonomer Gestaltung ist er nicht adäquat. Die Kernthese meines Referats geht nun dahin, nicht bei einer traditionalen Entfaltung des Rechts der kommunalen Selbstverwaltung stehen zu bleiben, sondern die-

---

46 *P. Kirchhof*, Der Verfassungsauftrag zum Länderfinanzausgleich als Ergänzung fehlender und als Garant vorhandener Finanzautonomie, 1982, S. 5; *Volkmann*, Bundesstaat in der Krise?, DÖV 1998, 613 (615); *Schwarz*, Der Finanzausgleich als Ordnungsrahmen effektiver Aufgabenerfüllung, in Blanke/Schwanengel (Hrsg.), Zustand und Perspektiven des deutschen Bundesstaates, 2005, S. 107.
47 Kritisch *Möllers*, Staat als Argument, 2000, S. 350 ff.
48 Zur „Schuldenbremse" im Überblick statt vieler *Waldhoff/Dieterich*, Die Föderalismusreform II – Instrument zur Bewältigung der staatlichen Finanzkrise oder verfassungsrechtliches Placebo? ZG 2009, 97; zu den Wechselwirkungen zwischen den verschiedenen Ebenen vor der Föderalismusreform II *Knop*, Verschuldung (Fn. 8).

ses verfassungsrechtliche Grundprinzip wieder stärker legitimatorisch zu erklären und zu rekonstruieren[49].

2. Kommunale Finanzautonomie als Finanzverantwortung: die juristische Reformulierung politischer und ökonomischer Postulate vor dem verfassungsrechtlichen Demokratieprinzip

Einnahmen und Ausgaben sind auf sämtlichen staatlichen Ebenen durch das Gesamtdeckungsprinzip zwar zunächst weitgehend getrennt. Der Zusammenhang zwischen Nehmen und Geben wird dann jedoch politisch, manifestiert im Haushalt, hergestellt[50]. Das gilt für den Bund, für das Land und die Kommunen. Von Autonomie kann sinnvollerweise nur gesprochen werden, wenn diese politische Vermittlung auch zustandekommen kann. Nur so kann „Finanzverantwortung" hergestellt werden. Diese bildet den zentralen demokratischen Legitimationsmechanismus bei jeglicher Abgabenerhebung[51]. Verantwortungszusammenhänge bauen in der Demokratie – auch auf kommunaler Ebene – auf Zurechenbarkeit von Verantwortung auf[52]. Um die demokratische Rückkopplung sicherzustellen, müssen diese Verantwortlichkeiten dafür sichtbar, d. h. identifizierbar sein[53]. Auf die Finanzierung auch der Kommunen bezogen ist das nicht nur ein finanzpsychologisches Postulat zur Vermeidung von Abgabenwiderstand und damit zur Hebung der Steuermoral, sondern Kernbestandteil demokratischer Legitimationsstiftung. Kommunale Selbstverwaltung erfordert insofern die Kopplung und Rechtfertigung von Sach- *und* Finanzentscheidungen.

Dieser demokratische Zusammenhang wird von finanzwissenschaftlicher Seite als institutionelle oder fiskalische Äquivalenz, als Einheit von Kostenträgern und Nutznießern (sog. Steuer-Ausgaben-Mechanismus) beschrieben und positiv gewürdigt[54]. Er ist mit dem hier vorgetragenen Ansatz juris-

---

49 Insgesamt – vor allem auf Bund und Länder bezogen – *Waldhoff*, Finanzautonomie und Finanzverflechtung in gestuften Rechtsordnungen, VVDStRL 66 (2007), S. 216.
50 Zu dieser zentralen Haushaltsfunktion jetzt eindringlich BVerfG, Urt. v. 7.9.2011 – 2 BvR 987/10; 1485/10; 1099/10 – „EURO-Rettungsschirme", Rz. 122 f.; ferner *P. Kirchhof*, Die Steuerung des Verwaltungshandelns durch Haushaltsrecht und Haushaltskontrolle, NVwZ 1983, 505 ff.; *Heun*, Haushaltsrecht und Staatsleitung, 1989, S. 171 ff.; *Waldhoff*, Die Zwecksteuer, StuW 2002, 285 (299 f., 309 ff.) m. w. N.
51 Eingehender *Waldhoff*, Finanzautonomie (Fn. 49), S. 231 ff.
52 *Volkmann* (Fn. 46), S. 615; *Mehde*, Wettbewerb zwischen Staaten, 2005, S. 126.
53 *Di Fabio*, Das Recht offener Staaten, 1998, S. 45 ff.; *Oeter*, Integration und Subsidiarität im deutschen Bundesstaatsrecht, 1998, S. 581 f.; *Huber*, Deutschland in der Föderalismusfalle?, 2003, S. 15 f.
54 *Olson*, The Principle of „Fiscal Equivalence", American Economic Review 59 (1969), 479; *Eichenberger*, Der Zentralisierung Zähmung. Die Föderalismusdiskussion aus politisch-ökonomischer Perspektive, in Engel/Morlok (Hrsg.), Öffentliches Recht als ein Gegenstand ökonomischer Forschung, 1998, S. 157 (162 ff.); *Döhler*, Autonome

tisch reformuliert: Auch jenseits der stark vordringenden ökonomischen Analyse des Rechts fordern zwei Herangehensweisen in der Sache Ähnliches, vermag das Finanzrecht finanzwissenschaftliche Erkenntnisse in sein System zu integrieren.

Die hier vorgetragene Sichtweise von Finanzautonomie als Basis für die juristische Behandlung kommunaler Steuern und Abgaben wird durch zwei rechtsdogmatische Erwägungen im engeren Sinne gestützt. Bereits oben wurde auf den Unterschied zwischen funktionaler und kommunaler Selbstverwaltung hingewiesen. Während Erstere Probleme hinsichtlich der Einfügung in die demokratische Legitimationsstruktur der Verfassung bietet, wie sie am Beispiel der grundrechtlichen Gesetzesvorbehalte in der Facharztentscheidung bereits 1972 vorbildlich aufgedeckt wurden[55], ist die kommunale Selbstverwaltung nicht nur als institutionelle Garantie im Grundgesetz ausdrücklich erwähnt und damit gewollt und garantiert, sie erweist sich in ihrer demokratischen Legitimationsstruktur auch als repräsentative Demokratie im Kleinen. Vor allem bringen die hier entfalteten Gedanken jedoch mehrere Grundgesetzergänzungen zum Ausdruck: Durch die sog. Große Finanzreform 1969 wurde den Gemeinden das Hebesatzrecht für die Realsteuern gesichert und deren Ertragshoheit verfassungskräftig. Die Begründung dieses Verfassungsänderungsgesetzes bringt die Intention mustergültig zum Ausdruck, wenn ausgeführt wurde, sie diene der Sicherung des für eine eigenverantwortliche Selbstverwaltung unentbehrlichen Spannungsverhältnisses zwischen dem Streben nach einem möglichst hohen Niveau der öffentlichen Leistungen und einer möglichst niedrigen Steuerbelastung[56]. Rein klarstellender Natur war dann die Einfügung des heutigen Art. 28 Abs. 2 Satz 3 Halbsatz 1 GG, wonach die finanzielle Eigenverantwortung zur kommunalen Selbstverwaltung gehört[57]. Im Zuge der Abschaffung der Gewerbekapitalsteuer und der Einführung der Beteiligung der Kommunen an der Umsatzsteuer wurde noch ein zweiter Halbsatz ergänzt, der vor dem Wegfall des Objekts des wichtigsten Hebesatzrechtes schützt, einer „wirtschaftskraftbezogenen Steuerquelle"[58].

3. Das Unionsrecht als Test für wirkliche Autonomie

An dieser Stelle kann das Unionsrecht wichtige weitere Präzisierungen bringen[59]. Das europäische Beihilfenrecht befasst sich mit Steuervergünstigun-

---

Besteuerungsrechte für Gliedstaaten und Gemeinden in ausgewählten föderativen Finanzverfassungen, 2002, S. 62 ff.; auf die Kommunen bezogen *Zimmermann*, Kommunalfinanzen (Fn. 7), S. 19 ff.
55 BVerfGE 33, 125.
56 BT-Drs. V/2861, S. 39, Nr. 183.
57 Gesetz zur Änderung des Grundgesetzes v. 27.10.1994, BGBl. I, S. 3146.
58 Gesetz zur Änderung des Grundgesetzes v. 20.10.1997, BGBl. I, S. 2470.
59 Vgl. bereits *Waldhoff*, Finanzautonomie (Fn. 49), S. 227 ff.

gen inzwischen auch als Folge dezentralisierter Finanzkompetenzen, bisher vorwiegend im Bereich des sog. asymmetrischen Föderalismus (Azoren/Portugal[60]; Baskenland/Spanien[61]; Gibraltar/Vereinigtes Königreich[62])[63]. Das unionsrechtliche Problem besteht darin, dass einerseits die kompetenzielle Binnenstruktur der Mitgliedstaaten durch das Europarecht hingenommen werden muss, dass andererseits jedoch nicht zu rechtfertigende, wettbewerbsverzerrende Beihilfen auch in Form von Steuersubventionen den Gemeinsamen Markt bzw. Binnenmarkt empfindlich stören. Die Judikatur hat hier Kriterien entwickelt, wann eine Steuerdifferenzierung als Ausfluss wahrer Autonomie gerechtfertigt ist, wann sie eine verkappte unzulässige Beihilfe darstellt. Aus einer ganz anderen Sachlogik heraus – der funktionalen Sicherung des Gemeinsamen Marktes/Binnenmarktes – erhalten wir so Argumente, um wahre Autonomie zu erkennen. Wettbewerbsvor- oder -nachteile, die Unternehmen durch die unterschiedliche Steuerbelastung im Gemeinsamen Markt haben, stellen mangels nationalen Vergleichsmaßstabs[64] grundsätzlich keine unzulässigen Beihilfen dar[65], genauso wie die unterschiedliche Steuerbelastung als solche nicht diskriminierend oder beschränkend gegen Grundfreiheiten verstößt[66]. „Wirkliche Autono-

---

60 EuGH, Urt. v. 6.9.2006 – Rs. C-88/03, Slg. 2006, I-7115.
61 EuGH, Urt. v. 11.9.2008 – Rs. C-428/06, EutW 2008, 757.
62 EuGH, Urt. v. 15.11.2011 – verb. Rs. C-106/09 P und C-107/09 P.
63 Dazu insgesamt *Glaser*, Regionale Steuerautonomie im Fokus des EG-Beihilfenrecht, EuZW 2009, 363.
64 Schlussantrag Generalanwalt *Geelhoed* v. 20.10.2005 – Rs. C-88/03 – Portugiesische Republik/Kommission der Europäischen Gemeinschaften, Tz. 52 f., Slg. 2006, I-7115. Werden regionale Steuervergünstigungen von der Zentralregierung einseitig gewährt, ist demgegenüber das Beihilfenrecht stets relevant: Anwendungsfälle der Praxis der Gemeinschaft waren hier u. a. die Steuervergünstigungen für die neuen Länder in Deutschland (dazu etwa EuGH, Slg. 2000, I-6857 – Deutschland/Kommission; *Koschyk*, Steuervergünstigungen als Beihilfen nach Artikel 92 EG-Vertrag, 1999, S. 220 ff.; *Blumenberg/Lausterer*, Staatliche Beihilfen im Bereich der direkten Unternehmensbesteuerung, in FS für Albert Rädler, 1999, S. 1 [8 ff.]), sog. Coordination Centers in Belgien (dazu etwa *Koschyk*, a. a. O., S. 244 ff.; *Blumenberg/Lausterer*, a. a. O., S. 4 f.), das International Financial Service Center im Dubliner Hafen (*Koschyk*, a. a. O., S. 259 ff.; *Blumenberg/Lausterer*, a. a. O., S. 6 f.) oder Off-Shore-Geschäftszentren in Portugal, etwa auf Madeira (*Pausenberger/Schmidt*, IStR 1996, 415 ff.).
65 EuG, verb. Rs. T 346/99, T-347/99 und T-348/99, Slg. 2002, II-4259 – Territorio Histórico de Álava – Diputación Foral de Álava u. a./Kommission, Rn. 62; *Mehde*, Wettbewerb (Fn. 52), S. 243; nicht auf Steuern begrenzt *Koenig/Kühling*, Reform des EG-Beihilfenrechts aus der Perspektive des mitgliedstaatlichen Systemwettbewerbs, EuZW 1999, S. 517.
66 Vgl. etwa EuGH, Urt. v. 12.5.1998 – Rs. C-336/96, Slg. 1998, I-2793 – Gilly, Tz. 34; dazu *Cordewener*, Europäische Grundfreiheiten und nationales Steuerrecht, 2002, S. 590 ff.; Steuersatzunterschiede dürfen allerdings Ausländer im Inland nicht diskriminieren, EuGH, Urt. v. 12.6.2003 – Rs. C-234/01, Slg. 2003, I-5933 – Gerritse, Tz. 43 ff.; *Lehner*, Die Reform der Kapitaleinkommensbesteuerung im Rahmen des Verfassungs- und Europarechts, in Schön (Hrsg.), Einkommen aus Kapital (DStJG 30), 2007.

mie"⁶⁷ bedeute beihilfenrechtlich, dass keine Quersubventionierungen der zentralen Ebene die Folgen der niedrigeren Einnahmen für die autonome Gebietskörperschaft weitgehend ausgleichen, sondern von der beschließenden Gebietskörperschaft selbst getragen werden⁶⁸. Autonomie in diesem Sinne setzt auch hier Einnahmen und Ausgaben finanzwirtschaftlich zueinander in Beziehung und stellt einen Verantwortungszusammenhang für die Entscheidung auf der Einnahmenseite her.

Auf das deutsche Kommunalfinanzsystem bezogen bestehen hier freilich keine unmittelbaren unionsrechtlichen Gefahren. Zum einen ist diese Rechtsprechung, die am Beispiel von asymmetrischen Finanzsystemen entwickelt wurde, gar nicht unmittelbar einschlägig, denn das Hebesatzrecht etwa bei der Gewerbesteuer besteht in Deutschland ja gerade flächendeckend und damit in dem verwendeten Bild symmetrisch. Zum anderen ist der kommunale Finanzausgleich – soweit ich das überblicke – regelmäßig so konstruiert, dass nicht die realen, sondern fiktive Hebesätze in die Finanzkraftberechnung eingesetzt werden und damit der Autonomiespielraum zumindest teilweise erhalten bleibt.

IV. Sieben grundsätzliche Zielkonflikte des kommunalen Finanzsystems⁶⁹

1. Kommunale Finanzautonomie versus Finanzierungssicherheit und Nivellierungen durch den kommunalen Finanzausgleich

Die kommunale Praxis deutet darauf hin, dass den Kommunen oftmals stetige Einnahmen wichtiger als die hier entfalteten bestehenden oder zu schaffenden Gestaltungsmöglichkeiten auf der Einnahmenseite des Kommunalhaushalts sind. Finanzierungssicherheit ist angesichts eines auch in den Kommunalhaushalten beachtlichen fixen Blocks an Kosten – etwa für Personal – wichtig. Die Nivellierungen durch den kommunalen Finanzausgleich bewirken ein Übriges. Sicherlich dienen Finanzzuweisungen seitens der Länder auch dazu, die Kommunen als untere staatliche Verwaltungsstellen, die dem Bürger gegenüber zahlreiche Landes-, gelegentlich auch

---

67 Schlussantrag *Geelhoed* (Fn. 64), Tz. 54.
68 Schlussantrag *Geelhoed* (Fn. 64), Tz. 60: „Wenn ... der Beschluss der lokalen Körperschaft in wirklicher Autonomie ... gegenüber der Zentralregierung ergeht, so besteht kein logischer oder dogmatischer Grund für eine Unterscheidung zwischen symmetrischer Devolution von steuerlichen Befugnissen ... in dem sämtliche lokalen Körperschaften die gleichen autonomen steuerlichen Befugnisse haben ... und asymmetrischer Devolution von steuerlichen Befugnissen ... in dem nur einige, aber nicht alle lokalen Körperschaften autonome steuerliche Befugnisse haben".
69 Die Finanzwissenschaft als Teildisziplin der Volkswirtschaftslehre fragt demgegenüber nach einem „idealen" Finanz- bzw. Einnahmensystem, vgl. *Zimmermann*, Kommunalfinanzen (Fn. 7), S. 108 ff.; zu ökonomischen Zielkonflikten des kommunalen Finanzsystems ebd., S. 47.

Bundesgesetze vollziehen, für diese Verwaltungsaufgabe in Stand zu setzen. Der Rahmen des einleitenden Referats würde gesprengt, setzte ich mich hier auch noch mit der Problematik des kommunalen Finanzausgleichs vertieft auseinander[70]. Es muss nach der hier vertretenen Konzeption kommunaler Finanzautonomie freilich stets im Bewusstsein bleiben, dass Autonomie Unterschiede generiert, andernfalls kann sie sinnvollerweise nicht als Autonomie erfasst werden. Ohne dass dies unmittelbar Relevanz für die Beurteilung der Finanzautonomie der Städte und Gemeinden in Deutschland hätte, ist der Test des EuGH in Bezug auf das unionale Beihilfenregime, wie er diesen in den Entscheidungen zum asymmetrischen Finanzföderalismus in Portugal, Spanien und Großbritannien vorgenommen hat, aus einer ganz anderen Sachlogik kommend ein gutes Beispiel, wirkliche Autonomie von Verantwortungszusammenhänge verschleiernden Kooperationsmechanismen zu unterscheiden[71].

Im Übrigen können die gegenläufigen Ziele von Gestaltungsmacht und Finanzierungssicherheit auch bei den konkreten Einnahmen austariert werden. Die Grundgesetzänderung von 1998 überzeug hier: Einerseits wurden die Kommunen über Art. 106 Abs. 5a GG an der sehr stetigen Umsatzsteuer beteiligt, andererseits wurden über Art. 28 Abs. 2 Satz 3 Halbsatz 2 GG ihre Mitgestaltungsoptionen verfassungskräftig festgeschrieben. Die Verfassungsergänzung entbehrt mithin nicht einer inneren Logik.

2. Kommunale Gestaltungsmöglichkeiten versus Steuervereinfachung

Ein zweites Spannungsverhältnis besteht zwischen den Gestaltungsbedürfnissen auf kommunaler Ebene und dem Ziel der Steuervereinfachung[72]. Zugegeben: Ein Großteil der örtlichen Verbrauch- und Aufwandsteuern stellen – wie die von *Hermann-Wilfried Bayer* konsequent gebrauchte Bezeichnung „kleine Gemeindesteuern" verdeutlicht[73] – letztlich Bagatellabgaben dar („kommunale Bagatellsteuern"). Auf die Steuerbelastung des einzelnen Bürgers bezogen sind sie oftmals irrelevant (eine Ausnahme scheint sich bei der Zweitwohnungsteuer anzubahnen, die mit bis zu 20 % der Kaltmiete eine beträchtliche Höhe erreichen kann). So ist es kein Zufall, dass etwa *Klaus Tipke* in seiner Steuerrechtsordnung vehement für die Streichung zahlreicher, am besten aller dieser Kommunalsteuern plädiert[74]. Auch das ist freilich wiederum nur eine Seite der Medaille. Wie herausgearbeitet, befriedigen die über Art. 105 Abs. 2a GG i.V.m. den jeweiligen Kommunalabgabengesetzen kompetenziell abgesicherten Steuern im Kern

---

70 Vgl. die Nachweise oben Fn. 7.
71 S. oben unter III 3.
72 Insgesamt *Fischer* (Hrsg.), Steuervereinfachung (= DStJG 21), 1998; *Isensee*, Vom Beruf unserer Zeit für Steuervereinfachung, StuW 1994, 3.
73 *Bayer*, Die Kleinen Gemeindesteuern, in Püttner (Fn. 36), S. 156.
74 *Tipke*, Die Steuerrechtsordnung, Bd. 2, 2. Aufl. 2003, S. 1127 f.

die aus der richtig verstandenen Finanzautonomie fließenden Gestaltungsbedürfnisse der Gemeinden. In diesem Zusammenhang ist zentral, dass gerade die örtlichen Verbrauch- und Aufwandsteuern regelmäßig eher eine Lenkungs-, denn eine Finanzierungsfunktion haben. (Kampf-)Hundesteuer[75], Vergnügungsteuer auf Spielgeräte, abgestuft etwa für sog. Gewaltspielautomaten, und jetzt auch die sog. Verrichtungsteuer stellen die prominentesten Beispiele dar. Zwar mag sich in Grenzfällen die einzelne Kommune in dem Widerspruch zwischen Gefahrenabwehr und Fiskalinteresse verheddern, grundsätzlich sind derartige Gestaltungen freilich legitim. Die Gemeinden als die bürgernahen staatlichen Instanzen haben auf diesen Gebieten anerkennenswerte Bedürfnisse, zumal die örtliche Differenzierung hier eine Feinsteuerung ermöglicht, die bei zentralen Regelungen gar nicht möglich wäre.

Steuervereinfachung als grundsätzlich legitimes Ziel kann auf verschiedenen Ebenen ansetzen: bei ganzen Steuerarten wie innerhalb einer bestehenden Steuer. Die grundsätzliche Unterscheidung des BVerfG, dass der Steuergesetzgeber bei der Auswahl des Belastungsgrunds große Freiheit besitzt, bei der Durchführung der dadurch getroffenen Belastungsentscheidung jedoch verfassungsrechtlich stärker gebunden ist[76], gilt auch hier: Kompetenziell mögliche Steuern können kaum der Steuervereinfachung geopfert werden, zumal wenn sie – wie hier – einen weiteren Verfassungsauftrag (Finanzautonomie auf kommunaler Ebene) verwirklichen. Verkomplizierungen *innerhalb* bestehender Steuern zu vermeiden ist der richtige Ansatzpunkt für das Projekt der Steuervereinfachung. Das bedeutet zugleich, dass eher auf bundesrechtlich geregelte Verbrauchsteuern, denn auf örtliche Verbrauch- und Aufwandsteuern verzichtet werden sollte.

Zudem sind die meisten Kommunalsteuern bzw. die Beteiligungsrechte der Gemeinden an Steuern von vornherein bereits im Hinblick auf Steuervereinfachung konzipiert. Paradebeispiel bilden die Steuern mit kommunalen Hebesatzrechten – Gewerbe- und Grundsteuer. Die die Komplexität des Vollzugs determinierende Bemessungsgrundlage[77] ist bundeseinheitlich geregelt, die Gemeinden können das „politische" Element, den konkreten Steuersatz über die Bestimmung des kommunalen Hebesatzes mittels autonomer Satzung mitbestimmen. Damit ist die Trennung zwischen dem rechtsdogmatisch anspruchsvollen und komplexen Element der Bemessungsgrundlage einerseits, dem genuin „politischen" Element des Steuertarifs/Steuersatzes andererseits vollzogen. Das entspricht auch dem richtig

---

75 Vgl. aus der Judikatur nur etwa BVerwGE 110, 265; BVerwG, NVwZ 2005, 1325; BayVGH, NVwZ-RR 2007, 57; VGH Kassel, NVwZ 2007, 109.
76 BVerfGE 93, 121 (136); 107, 27 (47); 117, 1 (30); 122, 210 (230 f.) und ständige Rspr.
77 Zu diesen Teilelementen des Steuertatbestands allgemein *Waldhoff*, Struktur und Funktion des Steuertatbestands, in FS für Wolfgang Spindler, 2011, S. 853.

verstanden Grundkonzept von Steuerharmonisierung auf EU-Ebene[78] und ferner etwa dem Steuerharmonisierungsprojekt bei den direkten Steuern in der Schweiz[79].

Diese Funktionsteilung besteht bei den örtlichen Verbrauch- und Aufwandsteuern nicht. Freilich leisten hier die materiellen Gehalte der Kompetenzbegriffe Ähnliches[80]. Da diese Abgaben zudem auch vollständig kommunal, d. h. lokal verwaltet werden, ist die fehlende vollständige Identität der Steuerbemessungsgrundlage hinnehmbar.

Als Fazit bleibt festzuhalten: Die Kommunalabgaben scheiden als Schwerpunkt von Bemühungen um Steuervereinfachung aus.

3. Finanz-demokratische Transparenz versus Misch- und Kooperationselemente im kommunalen Finanzsystem

Entwickelt man Finanzautonomie – wie hier – legitimatorisch[81], dürfen die demokratischen Verantwortungszusammenhänge nicht verwischt werden. Das erfordert wiederum Transparenz, denn nur so kann der kontrollierende Wähler fundierte Entscheidungen treffen. Nun gehört es zu den Charakteristika der seit 1969 bestehenden bundesstaatlichen Finanzverfassung, dass die kooperativen Elemente überwiegen. Die Entkoppelung von Steuergesetzgebungs-, Steuerertrags-, Steuerverwaltungs- und Steuerrechtsprechungshoheit verunmöglicht es, klare Verantwortungsbeziehungen herzustellen. Wie bereits erwähnt sind nun die Autonomie- und damit Gestaltungsmöglichkeiten auf kommunaler Ebene größer als auf Landesebene. Doch auch hier findet eine Überlagerung durch Finanzzuweisungen über den kommunalen Finanzausgleich statt. Dadurch wird die Ertragshoheit weiter verunklart. Die Gewerbesteuerumlage[82] stellt das bekannteste Beispiel dar. Gerade weil die kommunale Ebene in Deutschland nicht als weitere staatliche Ebene konzipiert ist, verlöre sie ihre Legitimation, setzte sich ein solcher Trend fort. Die mit ihrer – freilich fraglichen[83] – Eigenstaatlich-

---

78 Dazu insgesamt statt vieler *Waldhoff* in Calliess/Ruffert (Hrsg.), EUV/AEUV, 4. Aufl. 2011, Art. 113 AEUV Rz. 27.
79 Dazu allgemein etwa *Cagianut*, Steuerharmonisierung in der Schweiz, StuW 1985, 408; *Vallender*, Steuerharmonisierung, ASA 61 (1992), 263; *Reich*, Gedanken zur Umsetzung des Steuerharmonisierungsgesetzes, ASA 62 (1994), 577; *Yersin*, Steuerharmonisierung und kantonales Recht, ASA 63 (1995), 97; *Waldhoff*, Verfassungsrechtliche Vorgaben für die Steuergesetzgebung im Vergleich Deutschland-Schweiz, 1997, S. 74 ff.
80 Näher *Waldhoff*, Satzungsautonomie (Fn. 49), S. 512 ff. in Anwendung auf örtliche Verbrauch- und Aufwandsteuern; kritisch *Kempen*, Entscheidungsanmerkung, JZ 1997, 843; allgemein zu den materiellen Gehalten der steuerlichen Kompetenzbegriffe m. w. N. *Waldhoff*, Verfassungsrechtliche Vorgaben (Fn. 79), S. 182 ff.
81 S. oben unter III; ausführlicher *Waldhoff*, Finanzautonomie (Fn. 49), S. 231 ff.
82 Zu dieser statt vieler *Wohltmann*, Gewerbesteuerumlage, in Henneke/Pünder/Waldhoff (Fn. 7), § 9.
83 S. oben Fn. 47.

keit kokettierenden Länder vermögen auch ohne Finanzverantwortung im engeren Sinne zu überleben, Kommunen als Selbstverwaltungskörperschaften sind auf wirkliche Finanzautonomie demgegenüber angewiesen.

Wie bereits erwähnt stellt die Zulässigkeit bzw. Gestaltung des kommunalen steuerlichen Querverbunds einen Test im Hinblick auf Transparenz und Finanzverantwortung im Bereich der auf dieser Tagung weitgehend ausgeklammerten Problematik der Besteuerung der Kommunen dar[84]. Für welche Lösung das hier stark gemachte Prinzip spricht, bedarf keiner weiteren Erläuterung.

4. Kommunaler Abgabenwettbewerb versus Gleichheitserwartungen in der Fläche

Der deutsche Föderalismus im Allgemeinen und der Finanzföderalismus im Besonderen erscheinen ausgesprochen differenzierungsfeindlich. Wirkliche oder vermeintliche Gleichheitserwartungen dominieren nicht nur die Diskussion um den Finanzausgleich, sondern auch kommunale Differenzierungen. Ein gleichheitsverfassungsrechtliches Problem liegt darin bekanntlich nicht, kann doch der Gleichheitssatz stets nur denselben Rechtsetzer binden[85]. Auch das Bemühen der Abwehr einer Ökonomisierung, d.h. des Wettbewerbselements verfehlt die Problematik: Die Ausnutzung von Kompetenzen, hier von Autonomie als Ausfluss von Selbstverwaltung, mag ökonomisch als eine besondere Form von Wettbewerb beschrieben werden; in der Sache liegt darin aus juristischer Perspektive jedoch zunächst das Gebrauchmachen von verfassungs- und einfachgesetzlich eingeräumten Kompetenzen. Anders gewendet: Autonomie führt zwangsläufig zu Wettbewerb, auch wenn das nicht das primäre Ziel sein sollte[86].

Die Entscheidung des BVerfG zum Mindesthebesatz bei der Gewerbesteuer vom Januar 2010 stellt hier die rechtliche Bewältigung dar: „Mit der wettbewerblichen Funktion der Gewährleistung des Hebesatzrechts können auch gesetzliche Bestimmungen vereinbar sein, die die Freiheit des Wettbewerbsverhaltens begrenzen, um den Wettbewerb in gemeinwohlverträglichen Bahnen zu halten. Eine Beschränkung der Hebesatzautonomie ist demnach mit Sinn und Zweck der verfassungsrechtlichen Gewährleistung dieser Autonomie nicht von vornherein unvereinbar."[87] Steuerwettbewerb als Ausfluss von Autonomie muss stets geregelt sein – das gilt auf europäischer ebenso wie auf kommunaler Ebene.

Nichtsdestotrotz muss ich festhalten: Der Sinn für Differenzierungen ist im Bewusstsein der Bevölkerung wie in der Politik auf kommunaler Ebene

---

84 S. oben unter I 4.
85 *Dürig* in Maunz/Dürig (Fn. 45), Art. 3 Abs. 1 GG Rz. 233 ff.
86 Näher *Waldhoff*, Finanzautonomie (Fn. 49), S. 252 ff.
87 BVerfGE 125, 141 (166 f.).

kaum ausgeprägter als im bundesstaatlichen Bereich und bleibt insgesamt defizitär. Die so leicht von der Zunge gehenden Postulate „einheitlicher" oder zumindest „gleichwertiger" Lebensverhältnisse verdecken hier regelmäßig die Probleme[88]. Welche fatalen Folgen verfehlte Einheitlichkeitserwartungen zeitigen können, sehen wir in dramatischer Weise in der aktuellen europäischen Verschuldungskrise.

5. Staatliche Aufgabenzuweisung versus finanzielle Mindestausstattung der Kommunen

Lange Zeit beherrschte die Diskussion um staatliche Aufgabenzuweisung ohne entsprechende Mittelausstattung die Problematik der kommunalen Finanzausstattung. Inzwischen sind in unterschiedlicher Form in allen Landesverfassungen Konnexitätsregeln eingeführt, die das betreffende Land zwingen, mit der Aufgabe auch entsprechende Mittel weiterzureichen[89]. Der Durchgriff des Bundes auf die Kommunen war damit noch nicht entschärft. Hier hatte eine halbherzige Rechtsprechungslinie des BVerfG[90] nicht für Klarheit sorgen können. Durch die Verfassungsergänzungen in der Föderalismusreform I wurden schließlich Art. 84 Abs. 1 Satz 7 und Art. 85 Abs. 1 Satz 2 GG eingefügt, wonach der direkte Bundesdurchgriff auf die Gemeinden und Gemeindeverbände untersagt ist. Die bisher schon übertragenen Aufgaben gelten freilich mit einer differenzierten Übergangsregelung fort, sodass sich das Verbot in der Sache als Erweiterungsverbot erweist[91]. Mag die Last aus der Vergangenheit auch erheblich sein, ist das Problem für die Zukunft zumindest teilentschärft.

6. Finanzautonomie versus Kommunalaufsicht

Auch für das Verhältnis zur Kommunalaufsicht muss es bei Stichworten bleiben. Die Selbstverwaltungsgarantie und damit auch die kommunale Finanzautonomie finden ihr Korrelat in der Rechtsaufsicht des Staates[92].

---

88 Eingehender *Waldhoff*, Verfassungsrechtliche Vorgaben (Fn. 79), S. 83 ff.; *Waldhoff*, Finanzautonomie (Fn. 49), S. 248 ff.; *Waldhoff*, Grundzüge des Finanzrechts des Grundgesetzes, in Isensee/Kirchhof (Hrsg.), Handbuch des Staatsrechts der Bundesrepublik Deutschland, Bd. 5, 3. Aufl. 2007, § 116 Rz. 77 ff.
89 Überblick etwa bei *Mückl*, Konnexitätsprinzip in der Verfassungsordnung von Bund und Ländern, in Henneke/Pünder/Waldhoff (Fn. 7), § 2; *Henneke*, Kommunale Finanzgarantien in der Rechtsprechung, ebd. § 24; aus ökonomischer Sicht *Zimmermann*, Kommunalfinanzen (Fn. 7), S. 79 ff.
90 Etwa BVerfGE 22, 180 (209 ff.); 77, 288 (299).
91 Näher *Henneke* in Schmidt-Bleibtreu/Hofmann/Hopfauf (Hrsg.), Kommentar zum Grundgesetz, 11. Aufl. 2008, Art. 84 GG Rz. 20 ff.
92 Vgl. etwa *Kahl*, Begriff, Funktionen und Konzepte von Kontrolle, in Hoffmann-Riem/Schmidt-Aßmann/Voßkuhle (Hrsg.), Grundlagen des Verwaltungsrechts, Bd. 3, 2009, § 47 Rz. 99 ff.; auf die Kommunalfinanzen bezogen jetzt *Faber*, Die Kommunen zwischen Finanzautonomie und staatlicher Aufsicht (Fn. 2).

Ermöglicht der Gesetzesvorbehalt in Art. 28 Abs. 2 GG und den korrespondierenden landesverfassungsrechtlichen Normen dem Gesetzgeber, den Rahmen der Autonomie zu bestimmen, sichert die Kommunalaufsicht die Kongruenz mit der staatlichen Gesamtordnung im Einzelfall.

Zwei Fälle aus jüngster Zeit mögen die Problematik illustrieren: Die Regierung von Oberbayern, bestätigt durch das VG München[93], hat der bayerischen Landeshauptstadt die Einführung einer sog. Bettensteuer untersagt: Für berufsbedingte Hotel-Aufenthalte dürfe diese nicht erhoben werden, da es sich insofern nicht um eine Aufwandsteuer handele, ein einheitlicher Steuersatz differenziere nicht genügend und verstoße gegen den steuerlichen Gleichheitssatz, und die Einbeziehung von Hotelübernachtungen in den ermäßigten Umsatzsteuersatz würde durch die Steuer konterkariert. Unabhängig von der juristischen Validität der Argumente – das Berufungsverfahren beim VGH ist anhängig – dürfte das Urteil des BVerwG vom 27.10.2010 bedeutsamer sein. Die Entscheidung betraf eine nordrhein-westfälische Gemeinde in einer „anhaltenden Haushaltsnotlage" mit nicht greifendem Haushaltssicherungskonzept, bei der die Kommunalaufsicht im Wege der Ersatzvornahme die Hebesätze für Gewerbe- und Grundsteuer heraufgesetzt hatte. Das BVerwG steckt die Spielräume der Kommunalaufsicht hier ab:

„Wegen der in Art. 28 II GG erfolgten verfassungsrechtlichen Gewährleistung der gemeindlichen Selbstverwaltung und kommunalen Finanzhoheit ist es daher grundsätzlich Aufgabe des Rates und der Verwaltung einer Gemeinde, alle notwendigen Maßnahmen sowohl auf der Ertrags- als auch auf der Aufwandsseite zu ergreifen, um den gesetzlich vorgegebenen Haushaltsausgleich zu erreichen. Innerhalb des den Gemeinden zustehenden Gestaltungsspielraums ist es der Kommunalaufsicht deshalb grundsätzlich untersagt, der Gemeinde im Fall eines unausgeglichenen Haushalts alternativlos vorzuschreiben, was sie zu tun hat. Auch wenn die Finanzlage sehr angespannt und unter Umständen selbst die Erfüllung der Pflichtaufgaben nicht mehr sichergestellt ist, liegt es innerhalb des Gestaltungsspielraums der Gemeinde, durch ihre demokratisch gewählten Organe zu entscheiden, wie die notwendige Reduzierung freiwilliger Leistungen und die Erzielung zusätzlicher Einnahmen (z. B. durch Abgaben und Steuern) erfolgen soll. ... Die kommunalaufsichtsbehörde ist jedoch unabhängig von der Frage einer aufgabenadäquaten Finanzausstattung der Gemeinde durch das Land bei sachgerechter Ausübung des ihr zustehenden Erschließungs- und Auswahlermessens im Rahmen der Rechtsaufsicht befugt, bei Nichterfüllung einer der Gemeinde obliegenden rechtlichen Verpflichtung einzugreifen und unter Beachtung des Verhältnismäßigkeitsgebots eine gegen diese Verpflichtung verstoßende Maßnahme zu beanstanden und aufzuheben. ... Weder Art. 28 II noch Art. 106 VI 2 GG i. V. mit § 6 I GewStG und § 25 I GrStG schließen eine Beanstandung der Senkung der Hebesätze für die Grund- und die Gewerbesteuer aus, wenn die betreffende Gemeinde sich in einer anhaltenden Haushaltsnotlage befindet und das von ihr vorgelegte – gesetzlich vorgeschriebene – Haushaltssicherungskonzept nicht erkennen lässt, wie der durch die Hebesatzsenkung unmittelbar bewirkte Einnahmeverlust hinreichend verlässlich ausgeglichen werden soll. In einer solchen Situation darf die betroffene Ge-

---

93 VG München, Urt. v. 30.6.2011 – M 10 K 10.5725; vgl. ferner „München: Fiskus im Schlafrock", in FAZ Nr. 162 v. 15.7.2011, S. 2.

meinde die Hebesätze nicht auf ein deutlich niedrigeres Niveau festsetzen, wenn ein Ausgleich des Einnahmeausfalls weder konkret in der Haushaltsplanung vorgesehen noch hinreichend konkret absehbar ist."[94]

7. Abgabenrechtfertigung: Steuern versus Vorzugslasten

Die theoretische Zentralfrage der Finanzierung der öffentlichen Hand ist die Entscheidung zwischen dem Leistungsfähigkeitsprinzip und dem Äquivalenzprinzip als Grundlage: Gemeinlast versus Vorzugslast, Steuern versus Gebühren u. Ä.[95] Allen Angriffen[96] zum Trotz: Das Steuerstaatsprinzip beherrscht nicht nur die verfassungsgerichtliche Judikatur, es ist auch weder theoretisch noch rechtsdogmatisch widerlegt. Steuerstaatlichkeit in diesem verfassungsrechtsdogmatischen Sinn bedeutet, dass nichtsteuerliche Abgaben einer besonderen Rechtfertigungslast unterliegen[97]. Die überkommenen kommunalen Vorzugslasten – Gebühren und Finanzbeiträge – halten einem solchen Test freilich regelmäßig stand. Auch hier werden die Besonderheiten der kommunalen Ebene als derjenigen Verwaltungsebene, welche die Hauptlast des Verwaltungsvollzugs dem Bürger gegenüber trägt, deutlich: Wer konkrete Verwaltungsleistungen erbringt, kann auch den „Verwaltungspreis"[98] dafür erheben. Welche dieser Leistungen derart „bepreist" werden und welche nicht, ist freilich – und darin liegt wiederum eine Kontrolle – Sache des Gesetzgebers, denn auch die Gebühren- und Beitragserhebung unterfällt selbstverständlich dem Vorbehalt des Gesetzes. Damit ist sie zunächst politisch zu entscheiden. Der Übergriff in die allgemeine Staatsfinanzierung, d. h. in den Bereich der Steuer wird dadurch abgewehrt, dass über die Gebührenprinzipien – Äquivalenz oder Kostendeckung – der kausale Bezug erhalten bleibt. Insofern ist auch die Entscheidung des Ersten Senats des BVerfG zu der sozialen Staffelung von Gebühren[99] richtig: Diese ist nur insofern statthaft, als dass noch keine Kostendeckung in Bezug auf die zu finanzierende Sachaufgabe erreicht wurde. Ein höherer Anteil an Abgaben, die dem Prinzip konkreter Äquivalenz folgen, ist somit auf der kommunalen Ebene grundsätzlich legitim.

Kommunalabgabenrechtlich herrschte lange und existiert teilweise auch heute noch eine steuerliche Subsidiaritätsklausel: Die Gemeinden sollen nur

---

94 BVerwG, NVwZ 2011, 424 (427 f.).
95 Überblick bei *Waldhoff*, Grundzüge (Fn. 88), Rz. 5; aus ökonomischer Sicht – auf die kommunale Ebene bezogen – wiederum *Zimmermann*, Kommunalfinanzen (Fn. 7), S. 121 ff.
96 Vgl. etwa *Sacksofsky*, Umweltschutz durch nichtsteuerliche Abgaben, 2000, S. 129 ff.; *Sacksofsky/Wieland* (Hrsg.), Vom Steuerstaat zum Gebührenstaat, 2004; *Arndt Schmehl*, Das Äquivalenzprinzip im Recht der Staatsfinanzierung, 2004; *Arndt Schmehl*, Dimensionen des Äquivalenzprinzips im Recht der Staatsfinanzierung, ZG 2005, 123.
97 BVerfGE 55, 274 (297 ff.); 93, 319 (342 ff.) und ständige Rspr.
98 *Leisner*, Verwaltungspreis – Verwaltungssteuer, in GS für Hans Peters, 1967, S. 730.
99 BVerfGE 97, 332 (344 ff.).

Steuern erheben dürfen, sofern die anderen Einnahmequellen bereits ausgeschöpft sind. In Anknüpfung an heute zumeist überholte historische Vorbilder normieren die meisten Gemeindeordnungen einen Vorrang von Entgelten für erbrachte Leistungen in Form von Gebühren und Beiträgen[100]. Mehrfach wird die Steuererhebung als nachrangig angesehen; sie soll nur zulässig sein, „soweit die sonstigen Einnahmen nicht ausreichen". Regelmäßig subsidiär ist auch die an spezielle Restriktionen gebundene Kreditaufnahme. In diesem Zusammenhang stellt sich die Frage nach einem etwaigen Rangverhältnis der verschiedenen Einnahmearten der Gemeinden. Der tatsächlichen Bedeutung entspricht solche Regelung schon lange nicht mehr[101]; das ist juristisch allerdings auch irrelevant[102]. Das BVerwG hat kommunalrechtliche Rangfolgen am Beispiel von § 63 Abs. 2 GO NW a. F. (jetzt: § 77 Abs. 2 GO NW) gebilligt, sie als Rechtssatz, nicht lediglich als Programmsatz qualifiziert, gleichzeitig den Gemeinden jedoch hinsichtlich des Grads der Ausschöpfung einzelner Abgaben oder Einnahmen einen gerichtlich nur eingeschränkt überprüfbaren Entscheidungsspielraum zugemessen. Auch darin verwirklicht sich ein Stück (Finanz-)Autonomie. Im Ergebnis wurde damit ein einklagbarer Anspruch eines Gewerbesteuerpflichtigen zurückgewiesen, der auf die Senkung des gemeindlichen Hebesatzes wegen mangelhafter Ausschöpfung vorrangiger Einnahmequellen geklagt hatte[103]. Eine anderslautende Entscheidung hätte zu einer Aufspaltung der kommunalen Finanzhoheit in einen individuell einklagbaren Teil und einen verbleibenden Teil geführt und die Finanzautonomie aus Sicht der Kommune letztlich geschwächt. Der in den einschlägigen Finanzvorschriften der Gemeindeordnungen zum Ausdruck kommende Subsidiaritätsgedanke hat somit keine unmittelbar individualschützende Funktion[104].

---

100 Vgl. nur § 78 Abs. 2 GO BW; Art. 61 Abs. 2 Nr. 1 GO Bay.; § 93 Abs. 2 Nr. 1 GO Hess.; § 83 Abs. 2 Nr. 1 GO Nds.; § 63 Abs. 2 Nr. 1 GO NW; § 94 Abs. 2 Nr. 1 GO RhPf.; § 83 Abs. 2 KSVG Saarl.; § 76 Abs. 2 GO SchlH; *Stober*, Kommunalrecht in der Bundesrepublik Deutschland, 3. Aufl. 1996, S. 302 f.
101 Vgl. nur *Schmidt-Jortzig/Makswit*, Handbuch des kommunalen Finanz- und Haushaltsrechts, 1991, Rz. 46.
102 Zutreffend *Stober*, Kommunalrecht (Fn. 100), S. 302 f.
103 BVerwG, DÖV 1993, 1093; Vorinstanz OVG Münster, NVwZ 1990, 393; vgl. in diesem Zusammenhang ferner VGH Kassel, NVwZ 1992, 807; OVG Koblenz, NVwZ 1986, 148; *Erlenkämper*, Entwicklungen im Kommunalrecht, NVwZ 1994, 440 (443); *Schmitt*, Inhalt, verfassungsrechtliche Stellung und Bedeutungsgehalt der kommunalen Finanzhoheit, 1996, S. 71 f.; *Winands*, Das Steuererfindungsrecht der Gemeinden, JuS 1986, 942 (948).
104 Vgl. auch *Stober*, Kommunalrecht (Fn. 100), S. 303.

V. Der begrenzte Wille zur Autonomie als rechtssystematische Schwachstelle und politische Glaubwürdigkeitslücke

Zum Abschluss möchte ich vier Thesen, die zugleich Leitlinien für die konkretisierenden Vorträge sein mögen, mit einem Ausblick verbinden:

1. Das Problem der Kommunalsteuern und -abgaben kann nicht allein aus steuerrechtlicher Sicht verhandelt werden; die Kompetenz- und Legitimationsfragen der kommunalen Selbstverwaltung sind stets miteinzubeziehen. Das bisherige stetige Scheitern entsprechender Reformen belegt dies.
2. Inhaltlicher Bestimmungsgrund kann nur eine legitimatorisch verstandene Finanzautonomie als Kernelement der kommunalen Selbstverwaltung sein.
3. Ökonomische Postulate können oftmals sehr viel einfacher juristisch reformuliert werden, als uns das bewusst ist: Die sog. institutionelle oder fiskalische Äquivalenz, der sog. Steuer-Ausgabemechanismus erscheinen so als „Finanzverantwortung" in anderem Gewand. Das bedeutet nicht, den Eigenstand der Steuerrechtswissenschaft preiszugeben. Für die kommunale Finanzautonomie konnte das exemplifiziert werden.
4. Manche steuerpolitischen Postulate – Steuervereinfachung; Abgrenzung zu Vorzugslasten; Lenkungsfunktionen von Abgaben u.a.m. – erfahren im kommunalen Kontext eine Akzentverschiebung.

Mein Ausblick ist nicht ganz so optimistisch, denn das Modell baut auf einen politischen Willen zur Autonomie. Dieser ist auf sämtlichen Ebenen leider eher begrenzt[105]. Der kommunalen Seite soll ins Stammbuch geschrieben sein, dass ihre legitimatorische Sonderstellung und damit manche Besonderheit und Privilegierung in ihrem Steuer- und Abgabengebaren gefährdet ist, wenn Autonomie nicht wirksam wahrgenommen wird, wenn man sich hinter Mischfinanzierungen, Kooperationen, Finanzzuweisungen usw. versteckt. Damit gefährdeten die Kommunen die Quellen der Legitimität, die ihr in jeder Hinsicht besonderes Finanzierungssystem stützt.

---

105 Vgl. bereits *Waldhoff*, Finanzautonomie (Fn. 49), S. 268; vgl. ferner allgemein jetzt auch etwa *Schneider*, Die Berliner Republik – Ein Bundesstaat ohne Föderalisten?, in FS für Roman Herzog, 2009, S. 451.

Das Finanzsystem der Kommunen im Rechtsvergleich

Prof. Dr. *Markus Achatz*
Johannes Kepler Universität Linz

Inhaltsübersicht

I. Einleitung
II. Zur Funktion der Rechtsvergleichung kommunaler Finanzsysteme
  1. Ausgangslage
  2. Die Europäische Charta der kommunalen Selbstverwaltung
  3. Zwischenergebnis
III. Zur Finanzautonomie der Kommunen
  1. Zur Ausgestaltung und zum Wesen der Finanzautonomie
  2. Kommunale Finanzautonomie in ausgewählten Rechtsordnungen
    a) Österreich
      aa) Verfassungsrechtlicher Rahmen
      bb) Die einzelnen Gemeindeabgaben
      cc) Bewertung
    b) Schweiz
      aa) Verfassungsrechtliche Grundlagen
      bb) Die einzelnen Gemeindeabgaben
      cc) Bewertung
    c) Frankreich
      aa) Verfassungsrechtliche Grundlagen
      bb) Lokale Abgaben mit Finanzautonomie
      cc) Bewertung
  3. Zwischenergebnis
IV. Ausgleichsmechanismen
  1. Vorbemerkung
  2. Österreich
    a) Primärer, sekundärer und tertiärer Finanzausgleich
    b) Bewertung
  3. Schweiz
    a) Neuer Finanzausgleich zwischen den Kantonen
    b) Gemeindefinanzausgleich
    c) Bewertung
V. Schlussbemerkung

I. Einleitung

Die Rechtsvergleichung nimmt in den Rechtswissenschaften eine zunehmend wichtige Funktion ein[1]. Sie wird heute jedenfalls in der Rechtspolitik praktiziert und dient dazu, die eigene Rechtsordnung besser zu verstehen und Alternativen für erkannte Defizite zu entwickeln. Aber auch in der Rechtsdogmatik spielt die Rechtsvergleichung eine nicht zu unterschätzen-

---

1 *David* (Hrsg.), International Encyclopedia of Comparative Law, Tübingen 1972; *Gutteridge*, Comparative Law: An Introduction to the Comparative Method of Legal Study and Research, Cambridge 1971; *Schlesinger/Baade/Damasha/Herzog*, Comparative Law, 6. Aufl., New York 1998; *Thuronyi*, Comparative Tax Law, The Hague 2003. – Im Besonderen zum Problem des Fiscal Federalism vgl. *Sacchetto*, Analysis of Fiscal Federalism from a Comparative Tax Law Perspective, in Bizioli/Sacchetto (Hrsg.), Tax Aspects of Fiscal Federalism, IBFD 2011, 1.

de Rolle, so etwa, wenn sich die Rechtsprechung des EuGH rechtserheblichen Fragen zum Unionsrecht durch Analyse der einzelstaatlichen europäischen Rechtsordnungen nähert. Rechtsvergleichung setzt aber keineswegs einen gemeinsamen supranationalen Rechtsraum voraus. Ein Blick in das angloamerikanische Schrifttum zeigt, dass die Rechtsvergleichung nahezu zu einer eigenständigen Wissenschaftsdisziplin geworden ist, die unterschiedlichste Methoden, Theorien und Prinzipien anwendet[2].

Im ersten Teil dieses Beitrags soll der Frage nachgegangen werden, inwieweit Rechtsvergleichung diese Funktionen für kommunale Finanzsysteme zu leisten vermag. Die Analyse wird zeigen, dass für die Charakterisierung kommunaler Finanzsysteme die Finanzautonomie der Kommunen und die Mechanismen zum Ausgleich zwischen Finanzkraft und Finanzbedarf eine zentrale Rolle spielen. Rechtsvergleichend sollen hierbei vor allem die kommunalen Finanzsysteme Österreichs und der Schweiz betrachtet werden.

II. Zur Funktion der Rechtsvergleichung kommunaler Finanzsysteme

1. Ausgangslage

Die Existenz lokaler Gebietskörperschaften basiert schlicht auf der Erkenntnis, dass es im Staat zahlreiche Funktionen gibt, die besser innerhalb einer örtlich lokalen Einrichtung und damit möglichst nahe am Bürger wahrgenommen werden. Diese Einsicht bedingt in allen Rechtsordnungen das Entstehen lokaler Einrichtungen mit mehr oder weniger ausgeprägter Kompetenz zur Selbstverwaltung, die in der Erfüllung der ihnen übertragenen Aufgaben mit zum Teil erheblichen Freiheiten ausgestattet sind.

Die Autonomiespielräume in der Aufgabenerfüllung setzen aber ein entsprechend entwickeltes kommunales Finanzsystem mit Spielräumen in der Finanzierung von Aufgaben voraus. Autonomie in der Aufgabenerfüllung verkommt nämlich zur Bedeutungslosigkeit, wenn sie nicht von Finanzautonomie begleitet ist. Es gilt der Grundsatz: „Wer zahlt, schafft an"[3]. Die Entfaltung des kommunalen Spielraums in der Aufgabenerfüllung setzt daher spiegelbildlich einen autonomen Spielraum für den Einsatz finanzieller Ressourcen voraus. Finanzautonomie ist damit im Rechtsvergleich ein zentrales Strukturelement kommunaler Finanzsysteme.

---

2 Vgl. etwa *Schlesinger/Baade/Damasha/Herzog* (Fn. 1).
3 *Ruppe*, Neuordnung der bundesstaatlichen Kompetenz – Teilbereich Finanzverfassung, in: Republik Österreich – BKA – Verfassungsdienst (Hrsg.), Neuordnung der Kompetenzverteilung in Österreich, 307 ff.; *Zimmermann*, Stärkung der regionalen und kommunalen Steuerautonomie – Kriterien und Ansatzpunkte, in Bauer/Schratzstaller (Hrsg.), Stärkung der subnationalen Steuerautonomie und intragovernmentale Transfers, Wien/Graz 2007, 21 ff.; *Sutter*, Mehr Abgabenautonomie für Länder und Gemeinden?, in Lienbacher/Wielinger (Hrsg.), Öffentliches Recht, Jahrbuch 2010, 145 ff.

Ferner kann als gemeinsames Strukturelement kommunaler Finanzsysteme der finanzielle Ausgleich mit dem Ziel ausreichender Bedarfsdeckung identifiziert werden. Dieser Ausgleich hat zum einen eine vertikale Dimension zwischen dem Staat und den Kommunen, in föderalen Staatsordnungen unter Einbeziehung der föderalen Gliedstaaten; darüber hinaus aber vor allem eine horizontale Dimension, wenn es darum geht, Unterschiede zwischen den Kommunen auszugleichen, die aus autonom erhobenen Einnahmen und vertikal zugewiesenen Mitteln resultieren.

Rechtsvergleichend betrachtet können somit in allen Staaten – ungeachtet dessen, ob sie föderal oder zentral organisiert sind – die Elemente der finanziellen Autonomie sowie des vertikalen und horizontalen Ausgleichs mit dem Ziel ausreichender Bedarfsdeckung als essentielle Strukturelemente kommunaler Finanzsysteme identifiziert werden.

2. Die Europäische Charta der kommunalen Selbstverwaltung

Einen gewissen rechtlichen Rahmen für einen Rechtsvergleich kommunaler Finanzsysteme innerhalb Europas bietet die Europäische Charta der kommunalen Selbstverwaltung. Sie ist ein völkerrechtlicher Vertrag aus dem Jahr 1985, der heute von allen Staaten Europas ratifiziert ist. Die Charta basiert auf der Ausgangsüberlegung, dass Gemeinden einer der Grundpfeiler jeder demokratischen Staatsform sind und dass das demokratische Recht des Bürgers auf Mitwirkung an der öffentlichen Verwaltung am direktesten auf lokaler Ebene ausgeübt werden kann. In ihrer Präambel weist die Europäische Charta der kommunalen Selbstverwaltung darauf hin, dass die Gemeindeautonomie einen wichtigen Beitrag zum Aufbau eines Europas darstellt, das auf den Grundsätzen der Demokratie und der Dezentralisierung der Macht gründet. Art. 2 verpflichtet daher die Vertragsstaaten, den Grundsatz der Gemeindeautonomie soweit wie möglich in der Verfassung anzuerkennen.

Für die Umsetzung der Gemeindeautonomie ist es nach der Präambel der Charta unter anderem auch erforderlich, dass die Gemeinden die zur Erfüllung ihres Auftrags erforderlichen Mittel besitzen. Art. 9 Z. 1 der Charta hält daher fest, dass die Gemeinden im Rahmen der nationalen Wirtschaftspolitik Anspruch auf ausreichende Eigenmittel haben, über die sie bei der Ausübung ihrer Kompetenzen frei verfügen können. Diese Finanzmittel müssen nach Z. 3 zumindest teilweise aus kommunalen Steuern und Abgaben stammen, deren Satz die Gemeinden im gesetzlichen Rahmen festlegen können. Z. 4 hält fest, dass die Finanzierungssysteme der Gemeinden ausreichend vielfältig und dynamisch gestaltet sein müssen, damit die Gemeinden so weit wie praktisch möglich in der Lage sind, mit der tatsächlichen Entwicklung der Kosten für die Ausübung ihrer Kompetenzen Schritt zu halten. Die Charta bestimmt ferner in Art. 9 Z. 5, dass der Schutz der finanziell schwächeren Gemeinden die Einführung eines Finanzausgleichsverfahrens oder gleichwertiger Maßnahmen erfordert, welche die Auswirkungen ungleicher Verteilung der möglichen Finanzierungsquellen und der Kosten von Lasten korrigieren sollen. Ausdrücklich wird darauf hingewiesen, dass derartige Verfahren oder Maßnahmen die Entscheidungsfreiheit der Gemeinden im eigenen Verantwortungsbereich nicht beeinträchtigen dürfen.

Diese Europäische Charta bindet die Vertragsstaaten allerdings nur insoweit, als sie nach einem festgelegten À-la-carte-System Bestimmungen der Charta akzeptieren. Die Bestimmung, dass die Gemeinden die Finanzierung zumindest teilweise aus kommunalen Steuern und Abgaben mit einem kommunalen Hebesatzrecht vornehmen sollen, gehört hierbei zu einem engeren Kreis von 14 Normen, aus dem mindestens 10 vom ratifizierenden Staat ausgewählt werden müssen. Eine feste Verpflichtung, diese spezielle Norm in die nationale Rechtsordnung zu übernehmen, besteht danach für die Staaten der europäischen Charta nicht. Gleiches gilt für die Regelung zum Finanzausgleich.

Auch wenn die Charta daher auf dem Boden der Überzeugung steht, dass die finanzielle Absicherung der Gemeindeautonomie zu einem anerkannten Grundpfeiler demokratischer Rechtsordnungen rechnet, besteht offensichtlich kein verbindlicher Minimalkonsens darüber, ob und wenn ja welche finanzverfassungsrechtlichen Normen zu ihrer Absicherung unabdingbar sind. Dafür können mehrere Gründe ins Treffen geführt werden: Zum einen sind Finanzsysteme immer in Verbindung mit der jeweils konkreten, regelmäßig verfassungsrechtlich determinierten Aufgabenorganisation zu sehen. Zum anderen sind kommunale Finanzsysteme als Teil der gesamtstaatlichen Finanzverfassung zu begreifen. Diese Ausgangslage setzt auch der Aussagekraft von Rechtsvergleichen kommender Finanzsysteme natürliche Grenzen.

3. Zwischenergebnis

Das Ziel eines Rechtsvergleichs kommunaler Finanzsysteme kann somit vor diesem Hintergrund nicht in der Prüfung der Abweichung oder Übereinstimmung einer nationalen Norm im Hinblick auf einen überstaatlich vorgegebenen Standard bestehen. Das Ziel eines Rechtsvergleichs beschränkt sich vielmehr auf eine Analyse von Strukturelementen kommunaler Finanzsysteme im Sinne einer Best Practice, dies mit dem Ziel zu analysieren, durch welche Modelle und Rechtsinstitute möglicherweise bestehende Defizite einer Rechtsordnung behoben werden können.

Als Strukturelemente werden für die weitere Analyse die Finanzautonomie und die Ausgleichsinstrumente betrachtet. Für jedes dieser Strukturelemente zeigt sich rechtsvergleichend eine erhebliche Bandbreite an Variationsmöglichkeiten, die zu höchst unterschiedlich ausgestalteten Systemen führen. Diese sind Ausdruck der jeweiligen nationalen Besonderheiten in der Organisation staatlicher Aufgaben, der historischen Entwicklung, wirtschaftlicher und soziale Ausgangslagen und der politischen Prozesse. Dementsprechend vorsichtig ist mit Aussagen, die aus solchen Rechtsvergleichen abgeleitet werden, umzugehen: Was sich in einem bestimmten nationalen Kontext aufgrund politischer, wirtschaftlicher oder sozialer Gegebenheiten als probate Problemlösung erwiesen hat, wird in aller Regel nicht als Patentlösung für andere Rechtsordnungen zu betrachten sein. Vor diesem Hintergrund beschränkt sich der folgende Rechtsvergleich kommunaler Finanzsysteme im Wesentlichen darauf, für ausgewählte Länder (Österreich, Schweiz) die essentiellen Strukturelemente des Systems, die die Finanzautonomie der Gemeinden und die Ausgleichsmechanismen betreffen, darzustellen und einer unter vorstehendem Vorbehalt stehenden Bewertung zu unterziehen.

III. Zur Finanzautonomie der Kommunen

1. Zur Ausgestaltung und zum Wesen der Finanzautonomie

Finanzautonomie wird in allen Rechtsordnungen als essentielle Grundlage kommunaler Finanzsysteme erkannt. Ihre Ausgestaltung erfolgt allerdings sehr unterschiedlich. So gibt es etwa Rechtsordnungen, wie etwa die französische oder britische, in denen bereits die freie Verfügbarkeit über vertikale Transferzahlungen als hinreichender Ausdruck der Finanzautonomie gesehen wird[4]. Die Finanzautonomie beschränkt sich in diesen Fällen lediglich darauf, Art und Höhe der betreffenden Ausgaben festzulegen. Eine materielle Finanzautonomie setzt darüber hinaus die kommunale Kompetenz zur Ausübung von Steuerhoheit voraus. Auch diese Kompetenz kann in unterschiedlicher Intensität ausgestaltet sein. Sie kann von der Entscheidung über die Erhebung einer zentral bereits festgelegten Abgabe dem Grunde und der Höhe nach bis hin zur Ausgestaltung der Abgabe selbst reichen. Die Abgabenautonomie kann beispielsweise eine – vergleichsweise schwache – Ausgestaltung erfahren, indem Kommunen das Recht erhalten, für eine zentral vorgegebene und verpflichtend einzuhebende Abgabe den Steuersatz (Hebesatz) innerhalb vorgegebener Grenzen festzulegen. Weit umfassender ist die Abgabenautonomie freilich in Rechtsordnungen, in denen Kommunen das Recht übertragen wird, innerhalb vorgegebener Grenzen selbständig Abgabentatbestände zu schaffen, somit für einen bestimmten Steuergegenstand Steuersubjekt, Befreiungen, Bemessungsgrund-

---

4 Vgl. *Beltrame/Oliva*, The European Experiences – France, in Bizioli/Sacchetto (Fn. 1), 489 ff. (497); *Eden*, The European Experiences – United Kingdom, in Bizioli/Sacchetto (Fn. 1), 548 ff.

lage und Steuersatz festzulegen und damit über das Ob und das Wie der Erhebung zu entscheiden[5].

Begreift man die materielle Finanzautonomie als ein fiskalökonomisches Bindeglied zwischen dem Bürger als Wähler und den politisch verantwortlichen Repräsentanten der jeweiligen Gebietskörperschaft[6], ist aus steuerwissenschaftlicher Sicht eine starke Ausgestaltung der Finanzautonomie zu fordern. Die These ist folgende: Je stärker die Korrelation zwischen den kommunalen Ausgaben und der kommunal induzierten Steuerbelastung für den Gemeindebürger spürbar ist, desto größer wird die Verantwortung des politischen Repräsentanten gegenüber seinem Wähler. Während die bloße Verfügungsberechtigung über Einnahmen zum Verlust der Verantwortlichkeit über Ausgaben führt und regelmäßig einen ansteigenden Bedarf nach zusätzlichen Zuschüssen auslöst, scheinen Systeme mit ausgeprägter materieller Finanzautonomie der Kommunen zu gewährleisten, dass das Streben kommunaler Repräsentanten nach Machterhalt zu Effizienz in der Mittelaufbringung und Mittelverwendung zwingt.

2. Kommunale Finanzautonomie in ausgewählten Rechtsordnungen

a) Österreich

aa) Verfassungsrechtlicher Rahmen

Kennzeichen der österreichischen Finanzverfassung ist, dass die Verteilung der Besteuerungsrechte zwischen Bund, Ländern und Gemeinden nicht durch den Verfassungsgesetzgeber, sondern durch den einfachen Bundesgesetzgeber im Rahmen eines regelmäßig befristet erlassenen einfachen Bundesgesetzes, dem sog. Finanzausgleichsgesetz (FAG), vorgenommen wird[7]. Formal erfolgt die Verteilung der Besteuerungsrechte derart, dass die konkreten Abgabengegenstände finanzverfassungsrechtlich vorgesehenen Abgabentypen zugeordnet werden, wobei der einfache Bundesgesetzgeber zwischen ausschließlichen und geteilten Abgaben wählen kann. Für die Finanzautonomie der Gemeinden von besonderem Interesse ist der Typus der ausschließlichen Gemeindeabgabe, das sind jene Abgaben, über deren Ertrag ausschließlich Gemeinden verfügungsberechtigt sind. Finanzverfassungsrechtlich können solche Abgaben durch den Bund, das jeweilige Land, aber auch durch die betreffende Gemeinde selbst geregelt werden. Die Gemeinden können materielles Abgabenrecht im Wege selbständiger Verordnungen erlassen, wenn sie hierzu vom Bund oder vom jeweiligen Land

---

5 Vgl. dazu die Rechtslage in Österreich unter 2. a).
6 Vgl. Fn. 3.
7 Vgl. *Doralt/Ruppe*, Steuerrecht II[6], Rz. 8 ff.

ermächtigt werden[8]. Ein Abgabenerfindungsrecht kommt den Gemeinden allerdings nicht zu.

Derartige Ermächtigungen werden vom Bund einfachgesetzlich im FAG vorgesehen[9]. In diesen Fällen kommt den Gemeinden das Recht zu, durch Beschluss der Gemeindevertretung materielles Steuerrecht zu schaffen. Eine landesgesetzliche Regelung ist im Fall einer bundesgesetzlichen Ermächtigung nicht erforderlich. Der Landesgesetzgeber ist allerdings an einer einheitlichen Regelung einer solchen Abgabe nicht gehindert, wobei er die bundesgesetzliche Ermächtigung konkretisieren, nicht aber einschränken darf[10]. Ausnahmen oder Befreiungen, die durch die Ermächtigung nicht gedeckt sind oder über das Übliche hinausgehen, können danach nicht Gegenstand einer landesgesetzlichen Regelung sein.

Der Bundesgesetzgeber legt im FAG[11] ferner fest, dass bestimmte Landes- und Gemeindeabgaben ausschließliche Gemeindeabgaben sind. In diesen Fällen bedarf die Erhebung durch die Gemeinde einer entsprechenden landesgesetzlichen Regelung. Diese kann in einer konkreten landesgesetzlichen Regelung, aber auch in einer landesgesetzlichen Ermächtigung der Gemeinden bestehen, diese Abgaben im Rahmen ihres freien Beschlussrechts auszuschreiben. Wird vom Landesgesetzgeber der Weg einer Ermächtigung gewählt, muss diese aber die wesentlichen Merkmale dieser Abgabe und insbesondere auch ihr zulässiges Höchstausmaß festlegen[12].

Bei der Verteilung der Besteuerungsrechte im Allgemeinen und auf Gemeinden im Besonderen bestehen für den Bund kaum Schranken. Inhaltlich unterliegen die Regelungen allerdings der Prüfung nach § 4 Finanzverfassungsgesetz (F-VG): Danach hat die Verteilung der Besteuerungsrechte in Übereinstimmung mit den Lasten der öffentlichen Verwaltung zu erfolgen und ist darauf Bedacht zu nehmen, dass die Grenzen der Leistungsfähigkeit der beteiligten Gebietskörperschaften nicht überschritten werden. Der VfGH versteht diese Norm als Konkretisierung des Gleichheitssatzes für das Gebiet des Finanzverfassungsrechtes und erkennt in der Vorschrift ein spezielles Sachlichkeitsgebot. Dementsprechend weit ist dieser Maßstab[13]. Fest steht jedoch, dass der einfache Bundesgesetzgeber diesen Grundsatz auch für die Verteilung der Besteuerungsrechte an Gemeinden zu beachten hat. Werden aufgrund der positiven Rechtsordnung Gemeinden mit besonderen Agenden betraut und unterscheiden sie sich deshalb von anderen

---

8 Vgl. dazu *Ruppe* in Korinek/Holoubek (Hrsg.), Österr. Bundesverfassungsrecht, F-VG (3. Lfg. 2000), § 7 Rz. 36 ff.; *Kofler* in Kneihs/Lienbacher (Hrsg.), Bundesverfassungsrecht, F-VG (7. Lfg. 2011), § 7 Rz. 31 ff.
9 Vgl. dazu § 15 FAG 2008, s. unten 2. a) bb).
10 *Ruppe* (Fn. 8), § 7 Rz. 44 f.
11 Vgl. dazu § 14 Abs. 2 FAG 2008.
12 Vgl. dazu Ruppe (Fn. 8), § 8 Rz. 30 ff.
13 Vgl. *Ruppe* (Fn. 8), § 4 Rz. 4 ff.; *Kofler* (Fn. 8), § 4 Rz. 5 ff.

Gemeinden typischerweise durch eine höhere Kostenbelastung, hat der Bundesgesetzgeber hierauf im Rahmen des Finanzausgleichs Bedacht zu nehmen[14].

Eine faktische Schranke besteht für den Bund ferner insofern, als er mit den am Finanzausgleich beteiligten Gebietskörperschaften vor Inangriffnahme steuerpolitischer Maßnahmen Verhandlungen zu führen hat, wenn diese für die anderen Gebietskörperschaften mit einem Ausfall von Steuern verknüpft sein können. Das gleiche gilt für Mehrbelastungen, die als Folge von Maßnahmen des Bundes für den Zweckaufwand der Gebietskörperschaften zu erwarten sind. Die finanzverfassungsrechtliche Ausgangslage bedingt, dass die Gemeinden neben den Ländern als gleichberechtigte Partner an diesen Verhandlungen teilnehmen und hierbei durch deren Interessensvertretungen, das sind der österreichische Städtebund und der österreichische Gemeindebund, vertreten werden. In der politischen Praxis liegt dem jeweiligen Finanzausgleichsgesetz auch tatsächlich eine Übereinkunft der Verhandlungspartner, also ein Paktum zugrunde. Dieses Paktum fließt als Vereinbarung regelmäßig in die jeweilige Legistik ein. Gerade weil der Finanzausgleich auf einer Verhandlungslösung basiert, hat der Regelungskomplex des Finanzausgleichs nach der Rechtsprechung des VfGH aufgrund des Sachlichkeitsgebotes die Vermutung der Richtigkeitsgewähr für sich. Einzelne Regelungen können danach nur dann zu einer Verletzung des Gleichheitssatzes führen, wenn sie zu anderen Bestimmungen in sachlich nicht rechtfertigbarem Widerspruch stehen oder die Partner im Rahmen der Finanzausgleichsverhandlungen von völlig verfehlten Prämissen ausgingen oder die artikulierte Interessenlage eines Partners geradezu willkürlich ignoriert oder missachtet wurde[15]. Aus der Vermutung der Richtigkeit kann aber nach der Rechtsprechung nicht geschlossen werden, dass es dem Bund verwehrt wäre, einseitige Änderungen des Finanzausgleichs vorzunehmen. Eine Verletzung des Gleichheitssatzes liegt in solchen Fällen vielmehr erst dann vor, wenn der Eingriff für die anderen Gebietskörperschaften überraschend erfolgt und einschneidend ist[16].

bb) Die einzelnen Gemeindeabgaben

Vor dem Hintergrund dieser verfassungsrechtlichen Ausgangslage finanzieren die Gemeinden in Österreich zurzeit im geltenden Finanzausgleich ihren eigenen Haushalt zu rund 20% mit ausschließlichen Gemeindeabgaben[17]. Entsprechend der finanzverfassungsrechtlichen Ausgangslage han-

---

14 VfSlg. 10.633/1985; *Ruppe* (Fn. 8), § 4 Rz. 4 ff.; *Kofler* (Fn. 8), § 4 Rz. 6.
15 VfSlg. 12.505/1990; s. auch VfSlg. 14.262/1995; VfSlg. 15.093/1998; VfSlg. 15.681/1999; VfSlg. 15.938/2000; VfSlg. 16.457/2002; VfSlg. 16.849/2003.
16 VfSlg. 12.505/1990; ebenso VfSlg. 15.039/1997.
17 Vgl. *Bröthaler*, Einnahmenautonomie auf der regionalen und kommunalen Ebene in Österreich, in Bauer/Schratzenstaller (Fn. 3), 32 ff. (57 f.).

delt es sich hierbei zum Teil um Abgaben, die aufgrund einer bundes- oder landesgesetzlichen Ermächtigung dem freien Beschlussrecht der Gemeinde unterliegen, zum Teil um bundesrechtlich oder landesrechtlich geregelte Abgaben, deren Aufkommen vom Bund oder dem jeweiligen Land ausschließlich den Gemeinden überlassen wird.

Zur wichtigsten Einnahmequelle aus ausschließlichen Gemeindeabgaben zählt die Kommunalsteuer[18]. Sie wird erhoben auf Arbeitslöhne, die vom Unternehmer an die Dienstnehmer einer im Inland gelegenen Betriebsstätte des Unternehmens gewährt werden. Sie hat sich aus der alten Lohnsummensteuer entwickelt und wurde 1993 anlässlich der Abschaffung der Gewerbeertragsteuer eingeführt, die Gewerbekapitalsteuer wurde schon zuvor 1986 abgeschafft[19]. Die Kommunalsteuer wird nicht nur von Gewerbebetrieben, sondern generell von Unternehmen im Sinne des UStG erhoben. Bemessungsgrundlage ist die Lohnsumme, der Steuersatz beträgt 3 %. Die Erhebung und Verwaltung der Kommunalsteuer obliegt den Gemeinden im eigenen Wirkungsbereich, Organe der Bundesverwaltung werden nur ausnahmsweise tätig (etwa im Zuge der Zerlegung oder Zuteilung der Bemessungsgrundlagen).

Die Kommunalsteuer ist keine freie Beschlussrechtsabgabe der Gemeinden. Für die Kommunalsteuer hat vielmehr der Bund die Grundsatzgesetzgebung nach § 7 Abs. 3 F-VG ausgeübt[20]. Die Er- und Einhebung der Kommunalsteuer liegt somit weder dem Grunde noch der Höhe nach im Ermessen der Gemeinde. Das Aufkommen der Kommunalsteuer betrug 2010 2,4 Mrd. Euro, das entspricht rd. 10 % der Gemeindehaushaltsmittel. Unter den ausschließlichen Gemeindeabgaben ist sie die Aufkommensstärkste.

Eine weitere wichtige ausschließliche Gemeindeabgabe ist die Grundsteuer[21]. Diese ist zwar ebenfalls bundesgesetzlich geregelt, ist aber anders als die Kommunalsteuer hinsichtlich der Festsetzung des Hebesatzes als freie Beschlussrechtsabgabe ausgestaltet. Ob die Grundsteuer erhoben werden soll und in welcher Höhe der mit 500 % gedeckelte Hebesatz ausgeschöpft werden soll, liegt somit im Ermessen der Gemeinde. Bemessungsgrundlage sind die Einheitswerte, die letztmalig vor bald 40 Jahren Gegenstand einer Hauptfeststellung waren. Die Einnahmen aus der Grundsteuer beliefen sich 2010 auf 600 Mio. Euro, das sind rd. 2,5 % der Gemeindehaushaltsmittel.

Eine zentrale Einnahmequelle der Gemeinden stellen ferner die sog. Benützungsgebühren dar. Sie liegen vollständig im freien Beschlussrecht der Ge-

---

18 S. BGBl. 1993/819 i. d. F. BGBl. I 2011/76.
19 Zur Rechtsentwicklung vgl. *Taucher*, Kommentar zum KommStG, Wien 1998, 2 ff.
20 Vgl. *Ruppe* (Fn. 8), § 7 Rz. 17.
21 S. BGBl. 1955/149 i. d. F. BGBl. I 2010/34.

meinde und werden erhoben für die Benützung von Gemeindeeinrichtungen und Gemeindeanlagen, die für Zwecke der öffentlichen Verwaltung betrieben werden[22]. Die Erhebung der Gebühr setzt ein förmliches, abgrenzbares, konkretes Benützungsverhältnis mit dem Abgabepflichtigen voraus[23], womit Infrastrukturinvestitionen wie etwa die Straßenerrichtungen nicht als Gegenstand eines Gebührenhaushaltes in Betracht kommen, wohl aber Wasserleitungsnetze, Kanalanlagen, Friedhöfe oder die Müllabfuhr[24]. Für die Benützungsgebühren gilt das Äquivalenzprinzip: Nach der bundesgesetzlichen Ermächtigung darf der mutmaßliche Jahresertrag der Gebühren das doppelte Jahreserfordernis für die Erhaltung und den Betrieb der Anlage sowie für die Verzinsung und Tilgung der Errichtungskosten unter Berücksichtigung einer der Art der Einrichtung der Anlage entsprechenden Lebensdauer nicht übersteigen[25]. Auf längere Sicht dürfen jedenfalls die Gesamteinnahmen aus dem Betrieb der Einrichtung die daraus entstehenden Kosten nicht übersteigen[26]. In seiner individuellen Dimension verlangt das Äquivalenzprinzip, dass ein sachgerechtes Verhältnis von Leistung und Gegenleistung auch aus der Sicht des einzelnen Nutzers bestehen muss[27]. Das Aufkommen aus Benützungsgebühren belief sich 2010 auf 1,9 Mrd. Euro, das sind rd. 7 % der Gemeindehaushaltsmittel.

Benützungsgebühren sind von den sog. Interessentenbeiträgen abzugrenzen. Bei diesen handelt es sich um Landes- und Gemeindeabgaben[28], die einer landesgesetzlichen Regelung bedürfen und für die die Länder die Ertragsverteilung festlegen. Nach dem FAG sind sie nicht zwingend als ausschließliche Gemeindeabgaben vorzusehen[29]. Während Benützungsgebühren nur in einem förmlichen Benützungsverhältnis entstehen können, sind Interessentenbeiträge darüber hinausgehende Beitragsleistungen zu einem finanziellen Aufwand für öffentliche Anlagen und Einrichtungen, die für

---

22 Vgl. dazu *Ruppe*, Finanzverfassungsrechtliche Aspekte der Finanzierungsinstrumente im Verkehrswesen, in Schönbäck (Hrsg), Neuordnung der Kompetenzen und Finanzierungsmöglichkeiten im Verkehrswesen Österreichs, Wien 1994, 69 ff. (105); *Ruppe*, Finanzierungsalternativen kommunaler Wirtschaftsverwaltung, in Krejci/Ruppe (Hrsg.), Rechtsfragen der kommunalen Wirtschaftsverwaltung, Wien 1992, 55 ff. (71).
23 S. VfSlg. 10947/1986.
24 Vgl. *Pfaundler*, Der Finanzausgleich in Österreich, Wien 1931, 57 f.
25 Vgl. § 15 Abs. 3 Z. 4 FAG 2008; dazu VfSlg. 16319/2001.
26 S. VfSlg. 11559/1987; 8847/1980 u. v. a.
27 Der Rechtsprechung ist hierbei bislang bei der Kostenzurechnung eine Differenzierung zwischen Gruppen von Nutzern etwa nach der Besiedelungsdichte bei Abwasserentsorgungsleistungen fremd, obwohl eine solche nach den unionsrechtlichen Vorgaben des Art. 9 WRRL (2000/60/EG) zwecks Wahrung des Verursacherprinzips geboten wäre; vgl. dazu *Taucher*, Unionsrechtliche Vorgaben bei Kommunalabgaben, Hrvatska; Komparativna Javna Uprava (Croatian and comparative public administration) 2011, 455 ff. (469 f.).
28 Vgl. § 14 Abs. 1 Z. 13 FAG 2008.
29 Vgl. § 14 Abs. 2 FAG 2008.

den Interessenten von Nutzen sind[30]. Grundgedanke dieser Abgabenform ist die Kostenbeteiligung. Anders als bei den Benützungsgebühren hat das Äquivalenzprinzip hier keine individuelle Dimension[31].

Daneben existiert eine weitere Zahl kleinerer ausschließlicher Gemeindeabgaben:

a) In das freie Beschlussrecht der Gemeinden hat der Bund gem. § 15 FAG 2008 die Lustbarkeitsabgaben (Vergnügungssteuern) ohne Zweckwidmung des Ertrages, die Abgabe für das Halten von Hunden, die Abgabe von freiwilligen Feilbietungen sowie die Abgaben für das Halten von Kfz in Kurzparkzonen übertragen.

b) Neben der Grundsteuer, der Kommunalsteuer, den Vergnügungssteuern, den Abgaben für das Halten von Tieren, den Benützungsgebühren und den Parkgebühren sind nach § 14 Abs. 2 FAG 2008 auch die Zweitwohnsitzabgaben, die Abgaben von freiwilligen Feilbietungen und die Gebrauchsabgaben als ausschließliche Gemeindeabgaben auszugestalten. Für diese Abgaben, die nicht in das freie Beschlussrecht der Gemeinden übertragen sind, kommt dem Land Abgabenhoheit zu, die Ertragshoheit liegt zur Gänze bei den Gemeinden. Die Ausschöpfung dieser Abgaben setzt somit eine landesgesetzliche Regelung voraus.

Aus diesen übrigen ausschließlichen Gemeindeabgaben werden 800 Mio. Euro, das sind rd. 4 % der Gemeindehaushaltsmittel, erlöst.

cc) Bewertung

Die Gemeinden finanzieren somit ihren Haushalt zu etwas mehr als 20 % mit ausschließlichen Gemeindeabgaben, deren Aufkommen zu 90 % auf die Kommunalsteuer, die Grundsteuer und Benützungsgebühren entfällt. Kommunalsteuer und Grundsteuer tragen mit 36,5 % zum Gesamtabgabenertrag der Gemeinden bei[32]. Die Finanzautonomie der Gemeinden muss heute vor dem Hintergrund gesehen werden, dass die Gemeindeaufgaben selbst einer hohen Wachstumsdynamik unterliegen. Die größten Ausgaben und Kosten entfallen im lokalen Nutzerkreis auf Bereiche, auf die gemäß der vorhersehbaren demografischen Entwicklung in den kommenden Jahren ein weiter massiv ansteigender Ausgabendruck zukommen wird: Kinderbetreuung, Bildung, soziale Sicherheit, Gesundheit, Pflege und Altenbetreuung. Dem steht ein Gemeindefinanzausgleich gegenüber, in dem die Steuerautonomie der Gemeinden wenig entwickelt ist. Die wichtigsten von den Gemeinden eingehobenen Steuern sind bundesgesetzlich geregelt und ent-

---

30 Vgl. *Ruppe*, Finanzierungsalternativen kommunaler Wirtschaftsverwaltung (Fn. 22), 79 ff.
31 Vgl. *Ruppe*, Finanzierungsalternativen kommunaler Wirtschaftsverwaltung (Fn. 22), 80 f.
32 Vgl. die Beiträge von *Bröthaler* und *Smekal*, beide in Bauer/Schratzenstaller (Fn. 3), 32 ff. und 80 ff.

halten kaum Möglichkeiten einer autonomen verstärkten Ausschöpfung. Ein gewisses Autonomiepotential bieten die Gebührenhaushalte, die zumindest in Teilbereichen ausbaufähig erscheinen.

Steuerpolitisch in Diskussion ist die Grundsteuer. Die letzte Hauptfeststellung liegt bald 40 Jahre zurück. Die Einheitswerte bilden die Verkehrswerte längst nicht mehr ab, das Aufkommen der Grundsteuer ist über die Jahre erodiert. Die Stadt Graz finanzierte noch 1958 18 % des Gemeindehaushaltes über die Grundsteuer, heute sind es weniger als 3 %[33]. Der VfGH hat die Grundsteuer ungeachtet der aufgrund der Einheitsbewertung festgestellten Unsachlichkeit der Erbschafts- und Schenkungssteuer[34] bestätigt, da der Eingriff angesichts der geringfügigen Belastung nicht in die verfassungsrechtlich bedeutsame Sphäre reicht[35]. Die Anhebung der Einheitswerte scheint ungeachtet dessen erforderlich, auch um regional unterschiedliche Entwicklungen, die seit der letzten Hauptfeststellung 1973 eingetreten sind, auszugleichen. Bislang fehlt es jedoch – wie generell in der Vermögensteuerdebatte – an einem politischen Konsens in der Regierungskoalition. Gegen eine Neubewertung werden vor allem die anfallenden Kosten der Verwaltung angeführt[36].

b) Schweiz

aa) Verfassungsrechtliche Grundlagen

In der Schweiz sind die Steuern, die der Bund erheben darf, in der Bundesverfassung nach dem System der Einzelermächtigung ausdrücklich festgelegt[37]. Dies erklärt sich historisch aus dem Umstand, dass die ursprüngliche Steuerhoheit in der Schweiz in den Händen der Kantone lag. Der Bund durfte seit jeher nur subsidiär Steuern erheben und dies nur in jenem Rahmen, der verfassungsrechtlich abgesteckt ist. Die dem Bund zugewiesenen Steuerobjekte sind in der Verfassung festgelegt, mit Höchststeuersätzen versehen und zeitlich begrenzt. Die Kompetenz des Bundes wird hier jeweils durch das Stimmvolk und die Kantone erneuert. Über die geltende Finanzordnung wurde im Jahr 2004 abgestimmt, sie gilt bis 2020.

Aufgrund der verfassungsrechtlichen Kompetenzlage kommt den Kantonen das Recht zu, alle Steuern zu erheben, die von der Bundesverfassung nicht zur ausschließlichen Erhebung dem Bund zugeordnet sind[38]. Es handelt sich hierbei um Steuern, die nach der Kompetenzlage von Kantonen neben

---

33 Vgl. *Kamper*, Reform der Grundsteuer – eine dringende Notwendigkeit, in politicum 105 (Steuerreform), 67 ff.
34 Vgl. VfGH v. 7.3.2007 – G54/06.
35 Vgl. VfGH v. 6.10.2010 – B298/10.
36 Zu den möglichen Reformkonzepten vgl. *Taucher*, Steuer auf Grund und Boden – Optionen für Österreich, in Bauer/Schratzenstaller (Fn. 3), 121 ff.
37 Vgl. *Reich*, Steuerrecht, Zürich 2009, 50 ff.
38 Vgl. *Reich* (Fn. 37), 51, 163 ff.

dem Bund erhoben werden (parallele Bundeskompetenz, z. B. bei den direkten Steuern), um Steuern, für die verfassungsrechtlich eine konkurrierende Kompetenz des Bundes vorgesehen ist, solange diese von ihm nicht ausgeübt wird, und schließlich um Steuern, für die keine Bundeskompetenz in der Verfassung vorgesehen ist (wie z. B. für die Vermögensteuern).

Die Steuererhebungskompetenz der Gemeinden ist eine von den Kantonen abgeleitete Steuerhoheit, deren Ausgestaltung durch den jeweiligen Kanton bestimmt wird[39]. Sie ist in den einzelnen Kantonen vielfach nicht im Verfassungsrang, sondern nur auf Gesetzesstufe verankert. Ein Steuererfindungsrecht haben Gemeinden nicht. Der durch den Kanton festgelegte Steuerkatalog an Gemeindeabgaben ist abschließend. Dabei kommen den Gemeinden regelmäßig Gestaltungsspielräume bei der Festlegung des Steuermaßes zu.

bb) Die einzelnen Gemeindeabgaben

Die Haupteinnahmequelle der Kantone bildet die allgemeine Einkommensteuer und Vermögensteuer der natürlichen Personen sowie die Gewinn- und Kapitalsteuer juristischer Personen[40]. Auf der gleichen Bemessungsgrundlage werden von Gemeinden allgemeine Einkommensteuern und Vermögensteuern eingehoben, wobei diese im Regelfall durch Anwendung eines Steuerfußes auf die Staatssteuer ermittelt werden. Im Allgemeinen sind die Gemeindesteuerfüße nicht durch Höchst- oder Mindestsätze eingegrenzt, wenngleich sich solche Begrenzungen aus dem innerkantonalen Finanzausgleich ergeben können. Im Kanton Zürich variiert etwa der Gemeindesteuerfuß zwischen 73 % und 123 % der Staatssteuer[41].

Im Übrigen hängt die Finanzautonomie der Gemeinden davon ab, in welchem Umfang der Kanton Abgaben den Gemeinden überlässt[42]. In Betracht kommen Grundstücks-Gewinnsteuern als eine spezielle Einkommensteuer auf den Gewinn aus der Veräußerung von unbeweglichen Vermögenswerten, periodische Liegenschaftssteuern als spezielle Vermögensteuer,

---

39 Vgl. *Reich* (Fn. 37), 163 ff.; *Rentzsch*, The European Experiences – The Swiss Confederation, in Bizioli/Sacchetto (Fn. 1), 223 ff.
40 Die selbstständige Besteuerung des Einkommens durch die Kantone führt zur Gefahr einer Doppelbesteuerung. Das Bundesverfassungsgesetz verbietet interkantonale Doppelbesteuerung und beauftragt den Bund, die erforderlichen Maßnahmen gegen die interkantonale Doppelbesteuerung zu treffen. Nach Art. 46 Abs. 2 aBV sollte die Bundesgesetzgebung die erforderlichen Bestimmungen zur Abwehr der interkantonalen Doppelbesteuerung treffen. Ein solches Gesetz ist jedoch bislang nicht erlassen worden. Zahlreiche Versuche sind an der Komplexität der Materie gescheitert. Die Grundsätze wurden viel mehr bislang durch die Gerichte entwickelt, wobei durch zahlreiche Urteile ein nahezu abschließendes Normensystem zur Beurteilung von Doppelbesteuerungsfragen worden ist. – Vgl. dazu *Reich* (Fn. 37), 52 f.
41 Vgl. *Reich* (Fn. 37), 395.
42 Zum Folgenden vgl. *Reich* (Fn. 37), 163 ff.

ferner Erbschaftsteuern, die zur Zeit in allen Kantonen mit Ausnahme des Kantons Schwyz erhoben werden, und Steuern auf Schenkungen, die bis auf die Kantone Schwyz und Luzern ebenfalls von sämtlichen Kantonen eingehoben werden. In zahlreichen Kantonen wird ferner die sog. Hand-Änderungssteuer, eine Rechtsverkehrsteuer auf die Veräußerung von im Kanton gelegenem unbeweglichen Vermögen, erhoben. Alle Kantone erheben ferner Motorfahrzeugsteuern. Daneben finden sich weitere im Regelfall betragsmäßig nicht allzu stark ins Gewicht fallende Steuern, wie z. B. Vergnügungs- oder Billetsteuern, Hundesteuern, Beherbergungs- und Kurtaxen sowie kantonale Spielbankenabgaben.

Konkret[43] behält sich etwa der Kanton Zürich die Erhebung der Erbschafts- und Schenkungsteuer und der Verkehrsabgaben vor. Die Gemeinden erheben daher neben der kommunalen Einkommen- und Vermögensteuer die Grundstücks-Gewinnsteuer, die Personalsteuer, eine geringe frankenmäßig bestimmte Steuer von jeder volljährigen oder erwerbstätigen Person, und die Hundesteuer. Daneben erheben die Gemeinden mit Seerettungsdienst eine Schiffsteuer. Die Hand-Änderungsteuer wurde im Kanton Zürich mit 1.1.2005 abgeschafft.

cc) Bewertung

Einkommen- und Vermögensteuer sind damit die zentralen kommunalen Steuerquellen. Die Finanzautonomie in diesem Bereich beschränkt sich zwar nur auf die Festlegung des Steuerfußes. Dessen ungeachtet wird allgemein davon ausgegangen, dass das Schweizer kommunale Finanzsystem erhebliche Effizienzpotentiale erschließt. Grund hierfür ist offenbar, dass aufgrund der spürbaren kommunalen Einkommensteuerbelastung letztlich der Gemeindebürger als Steuerzahler über das öffentliche Angebot entscheidet[44].

Wenngleich auch für das Schweizer kommunale Finanzsystem allgemein kritisch festgehalten wird, dass der Spielraum zur Festsetzung des Steuerfußes für die Kommunen im Ablauf der Zeit geringer geworden ist, weil auch der Anteil der festliegenden Aufgaben in den kommunalen Haushalten über die Jahre zugenommen hat, wird doch allgemein der Steuerwettbewerb mit als einer der entscheidenden Gründe für die vergleichsweise niedrige Abgabenquote der Schweiz betrachtet. Zum Teil wird aber auch kritisch angemerkt, dass der Steuerwettbewerb zu Steuerbelastungsunterschieden führt, die dahin gehend hinterfragt werden, ob sie im Sinne der nationalen Kohäsion noch akzeptiert werden können[45].

---

43 Vgl. *Reich* (Fn. 37), 169.
44 Vgl. *Kirchgässner*, Jüngere Entwicklungen der Finanzsysteme föderaler Staaten: Der „Neue Finanzausgleich" der Schweiz, in Bauer/Handler/Schratzenstaller (Hrsg.), Finanzmanagement im föderalen Staat, Wien/Graz 2006, 51 ff.
45 Vgl. *Kirchgässner* (Fn. 44), 56 ff.

c) Frankreich

aa) Verfassungsrechtliche Grundlagen

Die Finanzautonomie lokaler Körperschaften war in diesem zentralistisch unitarisch organisierten Staat lange Zeit ausschließlich durch Entscheidungen des französischen Verfassungsrates gewährleistet. Ausgehend vom Prinzip der Selbstverwaltung hielt der Verfassungsrat in einer Leitentscheidung des Jahres 1990[46] zusammenfassend fest, dass es Aufgabe des nationalen Gesetzgebers ist, die fundamentalen Grundsätze der Selbstverwaltung lokaler Gebietskörperschaften und damit ihre Kompetenzen sowie ihre Ressourcen zu regeln. Eine konkrete verfassungsgesetzliche Regelung hat die Finanzautonomie lokaler Körperschaften im Rahmen der Verfassungsreform des Jahres 2003 gefunden. Art. 72-2 der französischen Verfassung bestimmt, dass lokale Körperschaften über eigene Steuereinnahmen verfügen und die Übertragung der Kompetenzen zur Aufgabenerfüllung auf lokale Körperschaften voraussetzt, dass äquivalente Steuereinnahmen übertragen werden[47]. Diese können bestehen in einer gänzlichen oder teilweisen Überweisung von Steuereinnahmen aus einer bestimmten Abgabe; verfassungsrechtlich zulässig ist es aber auch, den Gemeinden innerhalb vorgegebener Grenzen die Ausgestaltung der Bemessungsgrundlage und die Festlegung der Steuersätze zu übertragen.

bb) Lokale Abgaben mit Finanzautonomie

Im kommunalen Finanzsystem Frankreichs spielen insbesondere vier staatlich geregelte Abgaben eine zentrale Rolle für die Finanzautonomie der Gemeinden. Es sind dies die Grundsteuern für bebaute und unbebaute Grundstücke (les taxes foncières), die Wohnungsabgabe (taxe d'habitation) und die Gewerbesteuer (contribution économique territoriale)[48]. Die grundstücksbezogenen Abgaben werden auf Basis eines Jahresmietwertes erhoben. Die Kommunen haben hinsichtlich dieser Abgaben innerhalb der gesetzlich vorgegebenen Grenzen das Recht, den Steuersatz zu fixieren und auch Befreiungen festzulegen. Letzteres gilt auch für die Gewerbesteuer, die im Jahr 2010 hinsichtlich der Bemessungsgrundlage eine Vereinfachung und Modernisierung erfahren hat. Die Bemessungsgrundlage der Gewerbesteuer setzt sich einerseits aus dem Jahresmietwert des unbeweglichen Betriebsvermögens und andererseits aus dem Mehrwert des Betriebs zusammen. Während der Steuersatz hinsichtlich des unbeweglichen Vermögens durch die lokalen Körperschaften festgesetzt wird, ist die mehrwertbezogene Abgabe mit 1,5 % des Mehrwerts nach Abzug eines Freibetrages von

---

46 Urteil des Conseil Constitutionnel (CC) Nr. 90-277 DC v. 25.7.1990.
47 Vgl. dazu *Beltrame/Oliva*, The European Experience – France, in Bizioli/Sacchetto (Fn. 1), 489 ff. (506 ff.).
48 Dazu und zum Folgenden *Beltrame/Oliva*, The European Experience – France, in Bizioli/Sacchetto (Fn. 1), 489 ff. (517).

152 000 Euro festlegt. Der Gesamtbetrag der Gewerbesteuer ist mit 3 % des während eines Steuerjahres geschaffenen Mehrwerts begrenzt.

cc) Bewertung

Generell kann konstatiert werden, dass die Finanzautonomie von Gemeinden im französischen kommunalen System über die letzten Jahrzehnte eine erhebliche Stärkung erfahren hat[49]. Betrachtet man den durchschnittlichen Anteil frei verfügbarer Steuereinnahmen, hat sich dieser gemessen am Gesamtbudget von 53,7 % im Jahr 2001 auf über 60 % im Jahr 2008 erhöht. Freilich ist auch festzustellen, dass die freie Verfügbarkeit die schwächste Ausprägung der Finanzautonomie darstellt. Schränkt man die Betrachtung auf die zuvor dargestellten vier Abgaben mit kommunalen Steuererhebungskompetenzen ein, tragen diese im Durchschnitt immerhin zu 35 % zum Gemeindehaushalt bei.[50]

Zulasten der kommunalen Finanzautonomie geht insbesondere, dass die Bemessungsgrundlage im Bereich des Grundvermögens extrem unterbewertet ist. An sich ist gesetzlich vorgesehen, dass die Jahresmietwerte alle drei Jahre angepasst und alle sechs Jahre neu festgesetzt werden. Stattdessen wurden jährliche Indexanpassungen verfügt, die aber keinesfalls die realistische Wertsteigerung abbilden. Die 1990 verfügte generelle Revision der Bewertung unbeweglichen Grundvermögens ist bis heute nicht umgesetzt[51].

3. Zwischenergebnis

Generell kritisch gesehen wird, dass die Finanzautonomie der Kommunen nicht hinreichend dynamisch ausgestaltet ist, um mit den wachsenden Aufgaben und Kostenbelastungen Schritt zu halten. Spielräume für eine Ausschöpfung neuer Steuerquellen bestehen kaum.

Ausbaufähig erscheinen neben der Steuerquelle des Grundvermögens allenfalls nach dem Äquivalenzprinzip gestaltete Gebührenhaushalte[52]. Nicht alle Gemeindedienstleistungen können allerdings durch Gebühren finanziert werden. Es sollte aber darüber nachgedacht werden, in welchen Bereichen die Steuerfinanzierung durch Gebührenfinanzierung ersetzt werden

---

49 Vgl. dazu *Beltrame/Oliva*, The European Experience – France, in Bizioli/Sacchetto (Fn. 1), 489 ff. (522 ff.).
50 Zu konstatieren ist hierbei insbesondere auch ein dynamisches Wachstum der Grundsteuern, die weniger auf eine Erhöhung der Steuersätze als vielmehr auf eine Ausweitung der Bemessungsgrundlage durch Gebäudeneubauten zurückzuführen ist und damit auch die wirtschaftliche Dynamik innerhalb der jeweiligen Kommune widerspiegelt.
51 Vgl. *Beltrame/Oliva*, The European Experiences – France, in Bizioli/Sacchetto (Fn. 1), 489 ff. (518).
52 So auch *Beltrame/Oliva*, The European Experiences – France, in Bizioli/Sacchetto (Fn. 1), 489 ff. (538).

könnte. Gebühren indizieren eine Verhältnismäßigkeit zwischen dem Wert einer erbrachten Leistung und der dafür vom Nutzer verlangten Gebühr. Die Berücksichtigung der Einkommensverhältnisse des Nutzers scheint in solchen Systemen keineswegs ausgeschlossen.

Die Ursachen für die Schwächen in der kommunalen Finanzautonomie liegen aber nur zum Teil im Abgabenrecht, wenn man etwa an die nicht volle Ausschöpfung der Steuerquelle des Grundvermögens denkt[53]. Die schwindende Finanzautonomie der Gemeinden dürfte daneben in weit stärkerem Maß Folge einer zunehmenden Überwälzung von Aufgaben durch Bund und Länder auf die Kommunen sein. Eine Stärkung der Finanzautonomie setzt damit im Vorfeld auch klare Regelungen betreffend die Verteilung von Aufgaben voraus[54].

Geht man von der These aus, dass ein hinreichendes Maß an Finanzautonomie eine Voraussetzung für effizienten Mitteleinsatz in kommunalen Finanzsystemen ist, zeigt eine Analyse vorstehend skizzierter Rechtsordnungen, dass bereits eine Hebesatzberechtigung auf die Einkommensteuerbemessungsgrundlage geeignet sein kann, dieses Ziel zu gewährleisten. Dies offenbar auch deshalb, weil die Einkommensteuer anders als eine Gewerbesteuer den Gemeindebürger als Wähler am unmittelbarsten trifft. Einschränkend ist freilich hinzufügen, dass dieser Befund vor dem Hintergrund der jeweiligen Staatsverfassung zu sehen ist. Diese schützt etwa in der Schweiz Kantone und unter deren Schirmherrschaft die Gemeinden offenbar weit stärker als in zentralistisch ausgestalteten föderalen Systemen vor kostenintensiven Ausgabenübertragungen durch den Staat.

IV. Ausgleichsmechanismen

1. Vorbemerkung

Wie bereits oben II. 1. angemerkt, besteht die Funktion der Finanzverfassung und des auf ihr aufbauenden Finanzausgleichs nicht nur in der vertikalen Verteilung der Finanzautonomie, sondern auch in einem Ausgleich der durch die Zuteilung von Steuerautonomie bedingten Disparitäten. Diesem Zweck dienen Maßnahmen, die darauf abzielen, ausgehend von einer

---

53 Die Zurückhaltung bei der Ausschöpfung dieser Steuerquelle ist wenig verständlich. Sicherlich kann die Zurückdrängung der Besteuerung von Vermögen steuerwissenschaftlich begründet werden, doch spricht vieles für eine Modernisierung der alten Grundsteuer unter Berücksichtigung von Leistungsfähigkeits- oder Lenkungsaspekten. So wäre es denkbar, Abschläge für Niedrigeinkommensbezieher und etwa Begünstigungen für energiesparende Objekte vorzusehen, wie dies zum Teil etwa in Großbritannien bereits praktiziert wird.
54 Vgl. *Schratzenstaller*, Resümee zum Workshop „Reform des Finanzausgleichs/öffentlichen Finanzmanagements – Internationale Erfahrungen und Reformperspektiven für Österreich", in Bauer/Handler/Schratzenstaller (Fn. 44), 167 ff.

primären Finanzkraft bedarfsgerecht die für die Aufgabenerfüllung erforderlichen Mittel zur Verfügung zu stellen. Die Aufgabe des Ausgleichs stellt sich zum einen vertikal, zum anderen vor allem aber horizontal zwischen Gebietskörperschaften derselben Ebene. Die Maßstäbe für diesen Ausgleich können einerseits an einem typisierenden oder konkreten Finanzbedarf festgemacht werden, der Ausgleich kann sich aber auch darauf beschränken, eine Angleichung in der Finanzkraft herbeizuführen, um Unterschiede in der Finanzkraft zu neutralisieren.

2. Österreich

a) Primärer, sekundärer und tertiärer Finanzausgleich

Der wesentliche Teil des Gemeindehaushalts wird durch Ertragsanteile an gemeinschaftlichen Bundesabgaben finanziert. Für die vertikale Oberverteilung zwischen Bund, Ländern und Gemeinden existierten in der Vergangenheit zahlreiche unterschiedliche Schlüssel, die im Rahmen des FAG 2008 – sieht man von drei Abgaben ab – ausgehend von den tatsächlichen Anteilen 2007 in einem einheitlichen Schlüssel zusammengeführt wurden. Nach diesem Schlüssel kommen dem Bund 67%, den Ländern 21% und den Gemeinden 12% des Abgabenaufkommens aus gemeinschaftlichen Bundesabgaben zu[55].

Betrachtet man den Gemeindeertragsanteil, wird dieser in weiterer Folge horizontal auf die Bundesländer verteilt, wobei die länderweise Aufteilung zum Teil nach der Volkszahl, zum Teil nach einer gewichteten Volkszahl, dem sog. abgestuften Bevölkerungsschlüssel erfolgt[56]. Diese länderweise ermittelten Gemeindeertragsanteile werden sodann in einem ersten Schritt um verschiedene Vorausanteile gekürzt[57] und der verbleibende Betrag, das sind immerhin 76%[58], wird sodann nach dem abgestuften Bevölkerungsschlüssel auf die Gemeinden eines Landes verteilt. Dieser Vervielfacher der Volkszahl steigt mit der Gemeindegrößenklasse vom Faktor 1,5 auf 2^{59} an. Die Festlegung des Schlüssels gehört zu einem der zentralen Verhandlungspunkte eines jeden Finanzausgleichs. In der Rechtsentwicklung hat sich das Spannungsverhältnis, also die Relation zwischen dem niedrigsten und dem höchsten Vervielfacher, seit dem Jahr 1948 von 1 zu 2,33 auf derzeit 1 zu 1,55 reduziert. Der VfGH hat den abgestuften Bevölkerungs-

---

55 Vgl. *Hüttner/Griebler/Huemer*, Das Finanzausgleichsgesetz 2008 – Gesetzestext mit Kommentar, in Bauer (Hrsg.), Finanzausgleich 2008: Ein Handbuch – mit Kommentar zum FAG 2008, Wien/Graz 2008, 89 ff. (125).
56 Vgl. § 9 Abs. 7 Z. 5 lit. b FAG 2008.
57 Vgl. § 11 Abs. 1 und 2 FAG 2008.
58 Vgl. *Bröthaler*, Entwicklung des österreichischen Finanzausgleichs 1948–2008, in Bauer (Fn. 55), 213 ff. (234 f.).
59 Vgl. § 9 Abs. 10 FAG 2008.

schlüssel schon mehrmals auf Vereinbarkeit mit dem Sachlichkeitsgebot des Art. 7 Bundes-Verfassungsgesetz (B-VG) geprüft[60]. Die unsachlichen Effekte, die an den Stufengrenzen aufgetreten sind (wertvoller Grenzbürger), hat der VfGH als verfassungskonform beurteilt, da sie auf einem Paktum beruhten[61]. Den zugleich vom VfGH in diesem Zusammenhang geäußerten kritischen Bedenken hat der Gesetzgeber des FAG 2008 durch Implementierung einer Einschleifregelung Rechnung getragen[62].

In weiterer Folge wird der Finanzausgleich der Gemeinden im Rahmen des sog. sekundären Finanzausgleichs durch Finanzzuweisungen, Bedarfszuweisungen und Zweckzuschüsse verändert. Anzuführen ist hier zunächst die sog. Landesumlage: Nach § 3 Abs. 2 F-VG sind die Länder berechtigt, ihren durch sonstige Einnahmen nicht gedeckten Bedarf durch Landesgesetz auf die Städte mit eigenem Statut, die Gemeinden oder ggf. die Gemeindeverbände umzulegen. Die Landesumlage ist im Grunde ein historisches Relikt[63]: Sie stellt eine Reaktion darauf dar, dass den Ländern mit dem Anschluss Österreichs alle Besteuerungsrechte, insbesondere die Grundsteuer, die Gewerbesteuer einschließlich der Lohnsummensteuer und die Getränkesteuer entzogen wurden und nach dem 2. Weltkrieg nicht wieder zurückgegeben worden waren. Als Ausgleich erhielten die Länder eine höhere Ertragsbeteiligung an den gemeinschaftlichen Bundesabgaben und eben das Recht, eine Landesumlage einzuheben. Die Obergrenze war ursprünglich bei 20 % festgelegt und liegt heute bei 7,6 % der Gemeindeertragsanteile an gemeinschaftlichen Bundesabgaben[64]. Sie wird nicht von allen Ländern in voller Höhe eingehoben, Niederösterreich etwa hat sie 1997 zur Gänze abgeschafft[65].

Die Gemeinden erhalten vom Bund einerseits Finanzzuweisungen zur Stärkung der Finanzkraft im Rahmen des sog. Gemeindekopfquotenausgleichs, mit dem Abweichungen von der Bundesdurchschnittskopfquote reduziert werden[66], für den Personennahverkehr[67], andererseits Zuschüsse für Theater und Pflichtschulgemeinden[68]. Eine umverteilende Funktion kommt ferner auch den Bedarfzuweisungen der Länder an die Gemeinden zu: Diese können zur Aufrechterhaltung oder zur Wiederherstellung des Gleichgewichts im Haushalt, zur Deckung außergewöhnlicher Erfordernisse oder zum Ausgleich von Härten gewährt werden. Ihre Vergabe erfolgt außerhalb des FAG durch die Länder in der Regel an Abgangsgemein-

---

60 Vgl. VfSlg. 9280/1981; VfSlg. 12505/1990; VfSlg. 15938/2000.
61 Vgl. VfSlg. 12505/1990.
62 Vgl. § 9 Abs. 11 FAG 2008.
63 Vgl. *Ruppe* (Fn. 8), § 3 Rz. 1; *Kofler* (Fn. 8), § 3 Rz. 5.
64 Vgl. § 5 FAG 2008.
65 Vgl. *Ruppe* (Fn. 8), § 3 Rz. 13.
66 Vgl. § 21 FAG 2008.
67 Vgl. § 20 FAG 2008.
68 Vgl. § 23 Abs. 1 und 3 FAG 2008.

den aus jenen 12,7 %, die aus den Gemeindeertragsanteilen als Vorausanteil für solche Zwecke ausgeschieden werden[69].

Nach der Verteilung der Ertragsanteile und der im FAG selbst geregelten Transfers werden Gemeinden im sog. tertiären Finanzausgleich durch Umlagen und Beiträge belastet, die der jeweilige Landesgesetzgeber als Finanzierungsbeteiligung für bestimmte Landesaufgaben vorsieht. Solche Finanzierungsbeteiligungen sind vor allem im Bereich der allgemeinen Sozialhilfe, der Behindertenhilfe, der Krankenanstalten und in vielen anderen Bereichen vorgesehen. Derartige Umlagen werden in der Regel nach dem Maßstab der Finanzkraft erhoben, womit die Aufgabenbelastung der jeweiligen Gemeinde unberücksichtigt bleibt[70].

b) Bewertung

Der Finanzausgleich für Gemeinden sieht sich in Österreich mit der Kritik konfrontiert, dass es ihm an ausreichender Aufgabenorientierung mangelt. Der abgestufte Bevölkerungsschlüssel vermag diese zweifelsfrei nicht zu gewährleisten[71]. Zudem werden die Vielzahl von Transfers, ihre Komplexität und die hiermit einhergehende Intransparenz unter Verlust an Autonomie in der Mittelverwendung beklagt. Mit dem FAG 2008 wurden zwar zahlreiche Transfers des sekundären Finanzausgleichs eliminiert und in die Verteilung der Ertragsanteile an gemeinschaftlichen Bundesabgaben integriert. Dennoch lässt die Transparenz zu wünschen übrig.

Eine enorme Belastung stellt für die Gemeinden der sog. tertiäre Finanzausgleich dar. In diesem tertiären Finanzausgleich kompensieren die Länder ihre geringe Mittelausstattung durch eine immer stärker werdende Beteiligung der Gemeinden an diversen Aufgaben. Jede Steigerung an Einnahmen im primären und sekundären Finanzausgleich wird dabei durch die Belastung im tertiären, nicht im FAG geregelten, Bereich weit übertroffen. Während etwa die Ertragsanteile von 2002 bis 2006 lediglich um 6,5 % und die Einnahmen der laufenden Gebarung insgesamt um 11,8 % gestiegen sind, verzeichnete im selben Zeitraum der Bereich soziale Wohlfahrt eine Ausgabensteigerung von 20,9 %[72]. Ein plastisches Beispiel für die Effekte des tertiären Finanzausgleichs bietet die Stadt Linz, die bereits 48 % der

---

69 Betrachtet man den sekundären Nettotransfer der Gemeinden, ist dieser durch die Landesumlage stark belastet und insgesamt knapp negativ (nicht berücksichtigt sind in diesem Zusammenhang die Bedarfszuweisungen, vgl. dazu *Bröthaler*, Entwicklung des österreichischen Finanzausgleichs 1948–2008, in Bauer (Fn. 55), 213 ff. (237).
70 Vgl. *Bröthaler*, Entwicklung des österreichischen Finanzausgleichs 1948–2008, und *Puchner/Weninger*, Der Finanzausgleich 2008 aus Sicht der Städte, sowie *Handler*, Reformbereiche des Gemeinde-Finanzausgleichs, jeweils in Bauer (Fn. 55), 215 f., 264 und 437.
71 Vgl. *Schweitzer*, Der Finanzausgleich 2008 aus Sicht der Arbeitnehmerinnen und Arbeitnehmer, in Bauer (Fn. 55), 287 ff. (295).
72 Kommunalkredit Austria, Gemeindefinanzbericht 2007, 67 ff.

Einnahmen aus Ertragsanteilen über Transfers an das Land überweist[73]. Zentraler denn je steht daher die Forderung nach einer Aufgabenreform und einer Stärkung der Einnahmenautonomie der subnationalen Gebietskörperschaften im Raum, mit dem Ziel, schrittweise Aufgaben-, Ausgaben- und Einnahmenverantwortung auf den unterschiedlichen staatlichen Ebenen zusammenzuführen.

3. Schweiz

a) Neuer Finanzausgleich zwischen den Kantonen

Die Schweiz hat in den letzten 13 Jahren beginnend mit der Verfassungsreform 1999 eine umfassende Föderalismusreform realisiert, als deren wesentliche Säule auch ein neuer Finanzausgleich konzipiert worden ist, der mit 1.1.2008 in Kraft getreten ist[74]. Ziel der Föderalismusreform war generell eine Erhöhung in der Effizienz und Bürgernähe der Aufgabenerfüllung, wobei durch eine umfassende Aufgabenreform und Aufgabenentflechtung gewährleistet werden soll, dass sich der Bund auf jene Kernaufgaben beschränken und konzentrieren kann, die von bundesweitem Interesse sind. Der neue Finanzausgleich soll dabei die Effizienz der Aufgabenerfüllung unterstützen. Im Kern zielte die Reform darauf ab, die im Zeitablauf größer gewordene Schere zwischen armen und reichen Kantonen zu schließen und die zahlreichen Ausgleichszahlungen und Transfers für zweckgebundene Einzelprojekte durch Pauschal- und Globalbeträge für Sonderlasten zu ersetzen. Letzteres wurde auch deshalb für erforderlich erachtet, da der alte Finanzausgleich mit dem System zweckgebundener Subventionen vielfach dazu führte, dass in den Kantonen Fehlallokationen erfolgten, indem primär die Erlangung von Subventionen und erst nachrangig die Projektverwirklichung angestrebt wurde.

Konkret sieht der Finanzausgleich zwischen den Kantonen einen Ressourcenausgleich und einen Lastenausgleich vor[75]. Mit dem Ressourcenausgleich erhalten ressourcenschwache Kantone vom Bund und den ressourcenstarken Kantonen finanzielle Mittel zur Verfügung gestellt, womit die finanzielle Leistungsfähigkeit der Kantone angeglichen werden soll. Zu diesem Zweck wird in einem ersten Schritt die finanzielle Leistungsfähigkeit der Kantone anhand der aggregierten Steuerbemessungsgrundlage aus dem steuerbaren Einkommen und dem steuerbaren Vermögen der natürlichen Personen sowie den Gewinnen der juristischen Personen ermittelt. Hieraus wird für jeden Kanton ein Ressourcenpotential pro Einwohner errechnet

---
73 Vgl. *Puchner/Weninger*, Der Finanzausgleich 2008 aus Sicht der Städte, in Bauer (Fn. 55), 263 ff. (265).
74 Vgl. dazu und zum Folgenden *Kirchgässner* (Fn. 44), 51 ff. (53); *Reich* (Fn. 37), 148 f.
75 Vgl. *Reich* (Fn. 37), 148 f.; *Kirchgässner* (Fn. 44), 56 ff.

und mit dem gesamt schweizerischen Durchschnittswert verglichen. Kantone, die über dem Mittel liegen, tragen verhältnismäßig zum Ressourcenausgleich bei, Kantone, die unterhalb des Mittelwerts liegen, erhalten entsprechende Zuweisungen. Im Jahr 2008 stellten die ressourcenstarken Kantone zusammen 1,26 Mrd. Franken für den Ausgleich zur Verfügung, zusätzlich steuerte der Bund im Rahmen des vertikalen Ressourcenausgleichs rd. 1,8 Mrd. Franken bei. In der Bundesverfassung ist verankert, dass der horizontale Ressourcenausgleich mindestens 2/3, höchstens aber 4/5 des vertikalen Ressourcenausgleichs betragen soll. Das Ausgabeverhalten der Kantone ist in dem Zusammenhang irrelevant, auch kommt es nicht darauf an, in welchem Ausmaß sie ihre Steuerquellen tatsächlich ausschöpfen[76].

Im Rahmen des sog. Lastenausgleichs werden sodann die bedeutendsten strukturell bedingten, von den Kantonen weitgehend unbeeinflussbaren Sonderlasten durch den Bund abgegolten. Zu unterscheiden ist ein geographisch-topographischer Lastenausgleich, der die Lasten von Höhenlagen, Siedlungsdichte und Steilheit des Gebiets berücksichtigt, und ein soziodemographischer Lastenausgleich, bei dem besondere Aufwendungen aufgrund der hohen Altersstruktur, Zahl an Ausländern, Sozialhilfeempfängern oder Arbeitslosen berücksichtigt wird. Im Rahmen des soziodemographischen Lastenausgleichs werden auch die Sonderlasten von Kernstädten berücksichtigt. Für beide Ausgleichsgefäße wurden vom Bund im Jahr 2008 jeweils 341 Mio. Franken zur Verfügung gestellt.

b) Gemeindefinanzausgleich

Die Strukturprinzipien des neuen Finanzausgleichs zwischen den Kantonen werden hierbei auch im Gemeindefinanzausgleich innerhalb des Kantons angewendet, dessen Regelung durch den jeweiligen Kanton erfolgt. Danach hat etwa der Kanton Zürich eine Reform des Finanzausgleichs ausgearbeitet, die mit 1.1.2012 in Kraft treten soll[77].

Der Gemeindefinanzausgleich des Kantons Zürich unterscheidet – wie der interkantonale Finanzausgleich – zwischen einem Ressourcenausgleich, der die Steuerkraftunterschiede zwischen Gemeinden abmildern soll, und einem Sonderlastenausgleich für besondere Aufwendungen. Der Ressourcenausgleich wird hierbei weitgehend durch Abschöpfungen der Ressourcen finanzstarker Gemeinden finanziert. Abgestellt wird wiederum nicht auf die tatsächliche Ausschöpfung der Steuerquelle, sondern auf das Ressourcenpotential. Übersteigt die Steuerkraft einer Gemeinde 110 % des kantonalen Durchschnitts, werden 70 % des Überhangs abgeschöpft. Zu-

---

76 Vgl. *Bauer/Mitterer*, Aufgabenorientierung im Finanzausgleich, in Bauer (Fn. 55), 323 ff. (334).
77 Vgl. www.refa.zh.ch.

gleich wird festgelegt, dass finanzschwache Gemeinden mindestens 95 % der durchschnittlichen Ressourcen zur Verfügung haben sollen. Die finanzstarken Gemeinden im Kanton Zürich tragen im Ausmaß von 267 Mio. Euro zu diesem Ressourcenausgleich bei.

Ein Sonderlastenausgleich ist dann vorgesehen, wenn in einem Aufgabenbereich erhebliche Ausgabenunterschiede auftreten, die auf äußere Umstände zurückzuführen sind, diese mit geeigneten Kennziffern erfassbar sind und die Ausgaben im Aufgabenbereich zu hohen Gesamtausgaben führen. Beispielsweise wird im Kanton Zürich ein demographischer Sonderlastenausgleich für den Bevölkerungsanteil der unter 20-Jährigen vorgesehen. Der Anspruch auf Ausgleich besteht dabei für politische Gemeinden, deren Bevölkerungsanteil an unter 20-Jährigen 110 % des kantonalen Durchschnitts übersteigt, wobei für jede Person über diesem Grenzwert ein Betrag von 12 000 Euro freigemacht wird. Der Sonderlastenausgleich wird damit begründet, dass große Teile der Gesamtausgaben einer Gemeinde in den Bereichen Jugendwohlfahrt, Kinderbetreuung und für ähnliche soziale Leistungen anfallen und Gemeinden mit einem hohen Anteil an Kindern und Jugendlichen in der Regel eine unterdurchschnittliche Steuerkraft haben. Vorgesehen ist ferner ein geographisch-topographischer Sonderlastenausgleich für feingliedrige Besiedelung und schwierige topographische Verhältnisse sowie ein individueller Sonderlastenausgleich für Sonderlasten, die durch die übrigen Instrumente nicht ausgeglichen werden können (wie z. B. etwa für Sturm- und Überschwemmungskatastrophen). Der Anspruch auf individuellen Sonderlastenausgleich besteht allerdings nur dann, wenn der Gemeindesteuerfuß als Folge der Sonderlast das 1,3-Fache des kantonalen Durchschnittssteuerfußes übersteigt. Ausgeglichen werden schließlich Zentrumslasten.

c) Bewertung

Im Schrifttum wird davon ausgegangen, dass es mit dem neuen Finanzausgleich gelungen ist, einerseits den Wettbewerbscharakter des schweizerischen Föderalismus zu erhalten und andererseits negative Auswirkungen des bisherigen Finanzausgleichs zu eliminieren[78]. Die Konstruktionsprinzipien entsprechen der föderalistischen Zielsetzung, wobei das Schweizer Modell sowohl das Ziel der Steigerung der Effizienz (somit das Allokationsziel) wie auch den Ausgleich kantonaler Unterschiede (Verteilungsziel) verfolgt. Hierbei kommt dem Ressourcenausgleich vorrangige Bedeutung zu. Die Verteilung der Finanzmittel im Rahmen des Lastenausgleichs erfolgt aber nach klar definierten Indikatoren. Grundsätzlich gibt es keine bundesweiten Vorgaben für den innerkantonalen Finanzausgleich und daher Kantone mit stärkerem und schwächerem Finanzausgleich. Es besteht allerdings ein allgemeiner Konsens dahingehend, dass sich das volle

---

78 Vgl. *Bauer/Mitterer* (Fn. 76), 339 f.

Effizienz- und Wirkungspotential des neuen Finanzausgleichs wohl nur dann entfalten kann, wenn die kantonalen Finanzausgleichssysteme eine ähnliche Stoßrichtung verfolgen, wie der interkantonale Finanzausgleich[79].

Hervorzuheben ist, dass der Großteil der Verteilung der Finanzausgleichsmasse auf die Angleichung der finanziellen Leistungsfähigkeit abzielt und sich dabei an der potenziellen Finanzkraft einer Region und nicht am Aufwand der konkreten Leistungserbringung orientiert. Lediglich im Rahmen des klar definierten Lastenausgleichs erfolgt die Verteilung anhand festgelegter bedarfsorientierter Indikatoren, die eine verstärkte Aufgabenwahrnehmung der benachteiligten Gebiete widerspiegeln sollen. Im interkantonalen Finanzausgleich beträgt die im Rahmen des Lastenausgleichs bewegte Finanzmasse nur 20 % der im Ressourcenausgleich bewegten Finanzmasse.

Hinzuweisen ist ferner auf den Härteausgleich[80]. Dieser kommt jenen Kantonen zugute, die durch die Einführung des neuen Finanzausgleichs schlechter gestellt wurden, die also im Rahmen der Transfers gemessen an den Zielen des neuen Finanzausgleichs in der Vergangenheit zu viel an Unterstützung erhalten haben. Der Härteausgleich gilt zunächst unverändert für acht Jahre und soll dann um 5 % pro Jahr reduziert werden. Der Härteausgleich besteht somit für eine Übergangszeit von 28 Jahren.

V. Schlussbemerkung

Ein Rechtsvergleich kommunaler Finanzsysteme muss im vorgegebenen Rahmen naturgemäß unvollständig bleiben. Auch methodisch muss die Leistungsfähigkeit eines solchen Rechtsvergleichs kritisch betrachtet werden. Ein Blick über die Grenzen zeigt aber ein Mehrfaches:

Das kommunale Finanzsystem ist nicht Selbstzweck, sondern Mittel zum Zweck, die Aufgabenerfüllung der Kommunen bestmöglich zu unterstützen. Historische Ausgangslagen, politische Rahmenbedingungen, wirtschaftliche, soziale und geographische Bezüge führen zu individuellen Konzepten, deren Übertragbarkeit in andere Rechtssysteme – wenn überhaupt, dann – nur bedingt in Betracht gezogen werden können.

Gemeinsam ist allerdings allen Rechtsordnungen, dass der effiziente Umgang mit Steuergeldern, der zukünftig mehr denn je eine unabdingbare Notwendigkeit darstellt, insbesondere auf der kommunalen Ebene ein den nationalen Erfordernissen angepasstes, ausreichendes Maß an finanzieller Autonomie und Ausgleichsmechanismen erfordert, die den Anreiz zum effizienten Ressourceneinsatz unterstützen.

---

79 Vgl. *Bauer/Mitterer* (Fn. 76), 334 f.
80 Vgl. dazu *Kirchgässner* (Fn. 41), 65.

Der politische Prozess, der zu neuen Lösungen führt, ist von einer hochgradigen Komplexität, was aufgrund des in der Vergangenheit fehlenden äußeren Handlungsdrucks oft zum statischen Verharren im bestehenden System geführt hat. Mit den budgetären Folgen der Wirtschafts- und Finanzkrise dürften sich hier die Voraussetzungen ändern. Dabei darf aber nicht übersehen werden, dass jede Änderung aufgrund bestehender Budgetzwänge langfristige Anpassungserfordernisse bedingt. Umso notwendiger und dem Steuerzahler geschuldet erscheint es daher, keinen Tag zu verlieren, die Behebung erkannter Defizite in Angriff zu nehmen.

Das Finanzsystem der Kommunen aus ökonomischer Sicht

Prof. Dr. *Lars P. Feld* und Dipl.-Vw. *Benedikt Fritz*
Universität Freiburg und Walter Eucken Institut

Inhaltsübersicht

I. Einleitung
II. Die Finanzsituation der deutschen Kommunen
III. Kriterien für eine gute Gemeindesteuer
IV. Gewerbesteuer
   1. Das Prüfmodell der Bundesregierung: ein Scheitern mit Ansage
   2. Alternative Reformvorschläge
     a) Wertschöpfungsorientierte Gemeindesteuern – Das Konzept des Kronberger Kreises
     b) Kommunale Hebesätze – Das Konzept der Stiftung Marktwirtschaft
   3. Die Vorschläge im Vergleich
   4. Quantitative Auswirkungen
V. Grundsteuer
   1. Arten der Grundsteuer
   2. Alternative Reformvorschläge im Vergleich
   3. Zum Verhältnis von Gewerbe- und Grundsteuer
VI. Implikationen für das kommunale Besteuerungssystem

I. Einleitung

Mit den Auswirkungen der Finanzkrise auf die kommunalen Haushalte schien die Reform der Gemeindefinanzen wieder auf die politische Agenda zu kommen. Sie galt als eines der zentralen Reformvorhaben von Bundesfinanzminister *Schäuble*. Die hierzu ins Leben gerufene Gemeindefinanzkommission konnte sich allerdings nur auf eine Übernahme der Kosten für Unterbringung und Heizung durch den Bund einigen. Das von der Bundesregierung als Alternative zur Gewerbesteuer vorgeschlagene Prüfmodell wurde abgelehnt. Die von vielen und seit langer Zeit angemahnte Reform unterblieb wieder einmal.

Da die kommunalen Finanzprobleme damit auch weiterhin fortbestehen und der Reformdruck eher zu- als abnehmen dürfte, werden im Folgenden mehrere Reformalternativen vorgestellt und ihre Vor- und Nachteile diskutiert. Im Kontext der Entwicklung der kommunalen Einnahmen-, Ausgaben- und Verschuldungssituation werden hierfür zunächst die Probleme der gegenwärtigen Ausgestaltung von Gewerbe- und Grundsteuer erläutert und die Gründe für das Scheitern der Gemeindefinanzkommission analysiert. Daran knüpft eine Betrachtung möglicher Reformalternativen der Gewerbesteuer an. Beispielhaft für die zwei prominentesten Alternativen, einer stärker wertschöpfungsorientierten Gewerbesteuer und einer Einführung von kommunalen Zuschlagsrechten auf die Einkommen- und Körperschaftsteuer, werden die Konzepte des Kronberger Kreises und der Kommission Steuergesetzbuch der Stiftung Marktwirtschaft näher untersucht.[1] Eine Analyse der Grundsteuer und möglicher Alternativen, von der reinen Bodenwertsteuer über eine Kombination aus Flächen- und Bodenwertsteuer bis hin zur Besteuerung auf Basis von Verkehrswerten, sowie eine Betrachtung zum Verhältnis von Gewerbe- und Grundsteuer schließen den Beitrag ab.

II. Die Finanzsituation der deutschen Kommunen

Die Bedeutung der Kommunen im Finanzgefüge der Bundesrepublik Deutschland unterliegt seit längerer Zeit dem Wandel. Nimmt man den Anteil der kommunalen Ausgaben an den Gesamtausgaben aller deutschen Gebietskörperschaften als Maßstab, so ist, mit einer Abnahme von ca. 5 v. H. zwischen 1991 und 2010 bei einem nahezu unveränderten Anteil der Länder und einer entsprechenden Zunahme des Anteils des Bundes,[2] ein relativer Bedeutungsverlust zu konstatieren. Gleichzeitig dehnt sich ihr Tätigkeitsfeld, durch eine vermehrte Verlagerung staatlicher Aufgaben auf die kommunale Ebene, aus. Betrachtet man die kommunale Ausgabenstruktur, wird dies in besonderem Maße deutlich. Neben den Personalausgaben und den Ausgaben für den laufenden Sachaufwand, die für etwas über die Hälfte der Ausgaben stehen, bilden die Ausgaben für Soziale Leistungen einen der größten Posten (Tabelle 1). Da ein erheblicher Teil dieser Ausgaben durch Landes- und Bundesgesetze vorgeprägt ist,[3] haben die Kommunen weniger Möglichkeiten, diese an ihre finanzielle Situation anzupassen.

---

1 S. dazu: Kronberger Kreis, Gute Gemeindesteuern, Stiftung Marktwirtschaft, Berlin 2003; Stiftung Marktwirtschaft, Kommission „Steuergesetzbuch", Steuerpolitisches Programm, Berlin 2006; sowie Stiftung Marktwirtschaft, Bericht der Arbeitsgruppe Kommunalfinanzen, Berlin 2006.
2 Quelle: Statistisches Bundesamt, Eigene Berechnungen.
3 Als eines von vielen Beispielen sei hier der gesetzliche Anspruch auf einen Krippenplatz für Kinder unter drei Jahren genannt, der von den Kommunen bis 2013 zu erfüllen ist. Für eine genauere Berechnung der bundesstaatlichen Vorprägung von Ausgaben der Länder s. *Helmut Seitz*, Die Bundesbestimmtheit der Länderausgaben, Unveröffentlichtes Manuskript, TU Dresden 2008.

Tabelle 1: Einnahmen und Ausgaben der Gemeinden 2003–2010 (in Mrd. Euro)

Arten	2003	2004	2005	2006	2007	2008	2009	2010
Personalausgaben	40,5	40,5	40,7	40,7	40,6	42,4	44,3	45,3
Laufender Sachaufwand	29,4	29,7	30,2	32,1	33,3	35,5	36,5	38,4
Soziale Leistungen	30,4	32,2	35,2	36,8	37,9	38,6	40,3	42,1
Sachinvestitionen	21,5	19,8	18,8	19,4	20,0	20,6	21,9	23,1
Sonstige Ausgaben	28,1	27,9	28,3	28,4	29,7	30,9	34,2	33,3
Bereinigte Ausgaben	149,9	150,1	153,2	157,4	161,5	168,0	177,2	182,2
Steuern, darunter	46,8	51,4	54,2	61,0	66,1	70,6	62,2	63,9
Gewerbesteuer (netto)	15,3	20,8	29,1	28,2	30,1	31,4	25,0	27,0
Grundsteuer A und B	8,6	8,8	9,1	9,4	9,3	9,4	9,5	9,6
Anteil an der LSt/ESt	19,8	18,6	18,6	20,2	22,9	25,9	23,7	23,0
Anteil an der USt	2,6	2,6	2,6	2,8	3,1	3,2	3,2	3,3
Laufende Zuweisungen[1)]	46,4	47,9	50,7	52,2	57,7	59,9	63,0	66,0
Entgelte, Gebühren	16,3	16,3	16,0	16,1	16,1	15,9	15,8	16,1
Sonstige Einnahmen	32,0	30,6	30,0	30,8	34,9	30,0	29,0	28,5
Bereinigte Einnahmen	141,5	146,2	150,9	160,1	169,7	176,4	170,0	174,5
Finanzierungssaldo	-8,4	-3,9	-2,3	2,7	8,2	8,4	-7,2	-7,7

Quelle: Statistisches Bundesamt, Eigene Berechnungen in Anlehnung an *Döring* 2003, [1)] laufende Übertragungen

Um dennoch gestalterisch tätig sein zu können, weichen viele Kommunen daher in die Verschuldung aus. Zwar entwickelt sich die Verschuldung der Kommunen im Durchschnitt weit weniger dramatisch als die Verschuldung von Bund und Ländern und bleibt mit ca. 5 v. H. des deutschen Bruttoinlandsprodukts (BIP) über den Zeitraum von 1970 bis 2010 nahezu konstant, doch verdeckt eine solche Durchschnittsbetrachtung die erhebliche Variation zwischen den Gemeinden. Betrachtet man die Kreditmarktschulden der Gemeinden getrennt nach Bundesländern und im Verhältnis zu deren Wertschöpfung, werden zunächst Disparitäten zwischen den Ländern deutlich. Während die kommunale Verschuldung in Baden-Württemberg mit 1,8 v. H. des BIP einen sehr niedrigen Wert aufweist, ist er in Sachsen-Anhalt mit 5,4 v. H. des BIP dreimal so hoch. Für sich genommen sind solche Werte bislang nicht als dramatisch anzusehen, insbesondere wenn man die durch die deutsche Wiedervereinigung bedingten Werte in den 1990er Jahren und deren weitgehend gelungene Rückführung betrachtet.

Betrachtet man allerdings die Kassenkredite als zusätzliches Verschuldungsinstrument, das eigentlich nur zur Überbrückung kurzfristiger Liquiditätsengpässe gedacht ist, so ändert sich das Bild nachhaltig.[4] Hauptsächlich in den alten Bundesländern, insbesondere in Nordrhein-Westfalen, ist spätes-

---

4 S. Lars P. Feld/Friedrich Heinemann/Benny Geys/Christoph Gröpl/Sebastian Hauptmeier/Alexander Kalb, Der kommunale Kassenkredit zwischen Liquiditätssicherung und Missbrauchsgefahr, Baden-Baden 2009.

tens seit Beginn des letzten Jahrzehnts ein rasanter Anstieg in der Nutzung dieses Verschuldungsinstruments zu beobachten. Durch ihre meist kurzfristige Struktur und hohen Kosten sind sie nicht als dauerhaftes Verschuldungsinstrument geeignet und bergen ein hohes Gefahrenpotential für die Tragfähigkeit der Schulden. Insbesondere in strukturschwachen bzw. dem Strukturwandel unterliegenden Regionen ist die Gefahr einer sich selbst verstärkenden Verschuldungsspirale daher nicht zu leugnen. Für den Großteil der übrigen Gemeinden scheint die Schuldenlast zum gegenwärtigen Zeitpunkt jedoch tragbar.

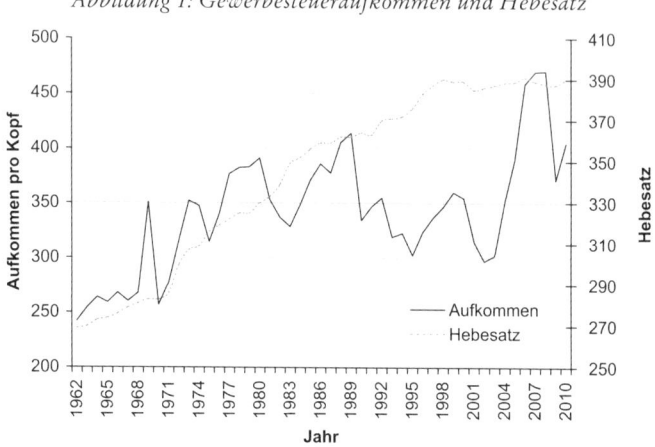

Abbildung 1: Gewerbesteueraufkommen und Hebesatz

Quelle: Statistisches Bundesamt, Eigene Berechnungen

Wie die Diskussion der Ausgaben- und Verschuldungssituation der Kommunen zeigt, ist die Ungleichheit zwischen den stetigen, im Umfang nur wenig zu beeinflussenden Ausgaben und der Schwankung der Einnahmen eine wesentliche Ursache für die gegenwärtige kommunale Finanzlage.[5] Die Struktur der Steuereinnahmen der Gemeinden verdeutlicht, dass die von den Gemeinden originär verwalteten Steuerquellen, die Gewerbe- und die Grundsteuer, deutlich mehr als die Hälfte der kommunalen Einnahmen ausmachen. Der Rest wird größtenteils durch den kommunalen Anteil an der Lohn- und Einkommensteuer und an der Umsatzsteuer erbracht. Kommunalsteuern, bei denen die Gemeinden ein exklusives Steuerfindungsrecht, wie z. B. die Hunde- oder Zweitwohnsitzsteuer, haben, sind in ihrem Aufkommen dagegen von nur marginaler Bedeutung. Es scheint daher sinn-

---

5 Die oft von interessierter Seite angeführte strukturelle Unterfinanzierung der Kommunen wird hier nicht weiter diskutiert. Eine Beantwortung dieser Frage kann im Kontext dieser Arbeit nicht geleistet werden. Sie ändert zudem nichts an den grundsätzlichen Schlussfolgerungen zur Reform des kommunalen Steuersystems.

voll, sowohl die Gewerbe- als auch die Grundsteuer einer genaueren Analyse bezüglich ihres Beitrags zur Generierung stetiger kommunaler Einnahmenströme zu unterziehen.

Betrachtet man das Aufkommen der Gewerbesteuer im Zeitablauf, so fällt die hohe Volatilität der Einnahmen ins Auge (Abbildung 1). Als Produkt aus Bemessungsgrundlage und Steuersatz ist das Aufkommen von zwei Faktoren abhängig, die für sich genommen als Ursachen für die Volatilität in Frage kommen. Der Hebesatz dürfte dafür jedoch kaum verantwortlich sein. Die im Zeitablauf kontinuierlich ansteigende Anspannung der Hebesätze hätte eher zu einer Verstetigung bzw. Erhöhung der Einnahmen führen müssen. Die Ursache für die Volatilität ist somit in der stetigen Veränderung der Bemessungsgrundlage zu suchen. Von den seit 1970 vorgenommenen sieben Änderungen[6] sind die Abschaffung der Lohnsummensteuer 1979 und der Gewerbekapitalsteuer 1997 hervorzuheben. Sie bewirkten eine Konzentration der Gewerbesteuer auf den Gewerbeertrag. Dieser setzt sich zum Großteil aus Unternehmensgewinnen zusammen, die naturgemäß im Konjunkturverlauf starken Schwankungen unterliegen. Die Verringerung der Bemessungsgrundlage durch die Einführung hoher Freibeträge für Einzelunternehmen und Personengesellschaften, welche die Gewerbesteuer zu einer Steuer für Mittel- und Großbetriebe degenerieren lässt,[7] trägt zusätzlich zu einer Erhöhung der Volatilität der Einnahmeströme bei. Die Gewerbesteuer wird dadurch zu einer schwer kalkulierbaren Einnahmequelle für die Gemeinden.

---

6 S. dazu Bundesministerium der Finanzen (BMF), Übersicht über die Steuerrechtsänderungen seit 1964/65, Referat IA 5, Berlin 2000.
7 S. dazu *Horst Zimmermann*, Kommunalfinanzen, Eine Einführung in die Finanzwissenschaftliche Analyse der kommunalen Finanzwissenschaft, Berlin 2009.

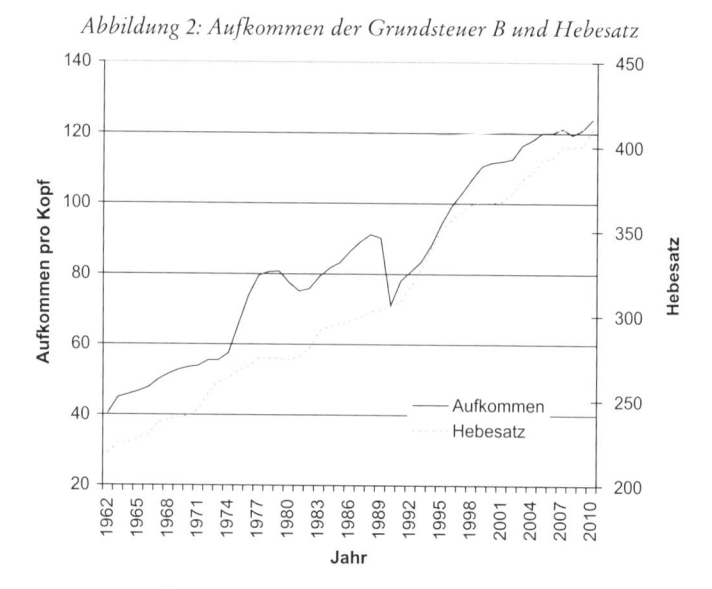

Abbildung 2: Aufkommen der Grundsteuer B und Hebesatz

Quelle: Statistisches Bundesamt, Eigene Berechnungen

Im Gegensatz zur Gewerbesteuer weist die Grundsteuer, die als Grundsteuer A auf Betriebe der Land- und Forstwirtschaft und als Grundsteuer B auf Grundvermögen erhoben wird, im Zeitablauf eine deutlich niedrigere Volatilität auf. Zwar schwankt dieses Aufkommen ebenso, aber mit deutlich geringerer Varianz. Am aktuellen Rand hat das Aufkommen sogar einen positiven Trend (Abbildung 2). Der Eigenheimerwerb der Baby-Boomer-Generation und ein Nachholbedarf an Wohnraum in den Neuen Ländern einhergehend mit einem allgemeinen Trend hin zu mehr Wohnraum pro Person ließen das Grundsteueraufkommen steigen. Die Nachhaltigkeit dieses Trends ist im Lichte des zunehmenden demographischen Wandels allerdings mehr als fraglich.[8] Die Anspannung der Hebesätze weist auf das eigentliche Problem der Grundsteuer hin: ihre Bemessungsgrundlage, die durch den so genannten Einheitswert ermittelt wird. Grundsätzlich soll dieser den Ertragswert des Grundes zum Bewertungsstichtag widerspiegeln. Aufgrund des hohen administrativen Aufwands, den die Feststellung der Einheitswerte verursacht, wurde vonseiten des Gesetzgebers seit Langem auf eine Aktualisierung dieser Werte verzichtet. Dies hat zur Folge, dass als Grundlage der Besteuerung in Westdeutschland die Einheitswerte

---

8 S. dazu *Michael Thöne*, Eine neue Grundsteuer – Nur Anhängsel einer Gemeindesteuerreform?, Finanzwissenschaftliche Diskussionsbeiträge Nr. 06-3, Finanzwissenschaftliches Forschungsinstitut an der Universität zu Köln 2006, S. 10.

von 1964 dienen, im Osten Deutschlands sogar diejenigen von 1935.[9] Allein diese Ungleichheit zwischen West- und Ostdeutschland lässt den Bedarf einer Grundsteuerreform erkennen. Zieht man noch den in den letzten 50 bis 75 Jahren vollzogenen Strukturwandel in Betracht, der eine massive Verschiebung in der Wertrelation von Grundstücken mit sich brachte, so wird der Bedarf noch dringender. Ähnliches wird bei einer näheren Betrachtung der Grundsteuer A deutlich, welche die Ertragskraft landwirtschaftlicher Flächen auf Basis wirtschaftlicher Merkmale von 1964 besteuert.[10]

III. Kriterien für eine gute Gemeindesteuer

Wie sich aus der Darstellung der gegenwärtigen Finanzsituation der Kommunen und der Struktur ihres Besteuerungssystems ableiten lässt, bedarf das kommunale Finanzierungssystem einer grundlegenden Reform. Bevor wir jedoch auf einzelne Vorschläge zu dessen Reform eingehen und diese bewerten, erscheint es zweckmäßig, zunächst darzulegen, welche Kriterien ein rationales kommunales Steuersystem erfüllen muss, um den spezifischen Bedürfnissen und Restriktionen der Gemeinden Rechnung zu tragen.

Bedeutsam ist, wie bei jeder Steuer, die fiskalische Ergiebigkeit. Nach Abzug der Erhebungs- und Entrichtungskosten sollte die Steuer einen angemessenen und stetigen Fluss von Einnahmen zur Finanzierung der kommunalen Aufgaben sichern. Da die kommunalen Ausgaben mindestens mit der Rate des Wirtschaftswachstums zunehmen, ist, um eine Aufgabenerfüllung auch langfristig sicherzustellen, auf eine proportionale Wachstumsreagibilität der Steuer zu achten, wobei zur Erhaltung der Stetigkeit der Einnahmen eine Konjunkturreagibilität weitgehend vermieden werden sollte.

Die durch Art. 28 Abs. 2 GG garantierte Selbstverwaltung der Gemeinden erfordert aus finanzwissenschaftlicher Sicht ein auf dem Äquivalenzprinzip und dem Grundsatz des Interessenausgleichs beruhendes Steuersystem.[11] Nur ein auf dem Prinzip der fiskalischen Äquivalenz beruhendes System garantiert, dass Steuerzahler und Nutzer lokaler öffentlich bereitgestellter Leistungen identisch sind. Lassen sich Zahler und Nutzer eindeutig identifizieren, so ist eine Finanzierung über Gebühren und Beiträge, analog der

---

9 Für Wohngrundstücke, deren Bebauung vor 1991 stattfand und für die keine Einheitswerte von 1935 vorliegen, wird eine Pauschale pro Quadratmeter Wohn-/Nutzfläche erhoben (Kronberger Kreis, 2003 [Fn. 1], S. 10).
10 So werden beispielsweise Abschläge für die Entfernung zum nächsten Verladebahnhof vorgenommen, selbst wenn dieser schon seit Jahrzehnten stillgelegt sein sollte (*Thöne* [Fn. 8], S. 7).
11 S. Wissenschaftlicher Beirat beim BMF, Gutachten zur Reform der Gemeindesteuern in der Bundesrepublik Deutschland, Bonn 1982, S. 32 ff.

Preisfindung auf privaten Märkten, geboten. Bei vielen lokalen öffentlichen Leistungen ist eine trennscharfe Zuordnung von Zahlern und Nutzern aber weder möglich noch sachgerecht. Es muss daher auf ein abgemildertes Prinzip, wie das der lokalen gruppenmäßigen Äquivalenz, ausgewichen werden. Hier werden die Steuerzahler einer Gemeinde als Gruppe aufgefasst, die mit ihren Steuerzahlungen die kommunalen Leistungen finanziert. Da dieser Ansatz eine Interessengleichheit aller Steuerzahler voraussetzt, die nur in den wenigsten Fällen gegeben ist, hat der Wissenschaftliche Beirat beim Bundesministerium (BMF) der Finanzen das Konzept des internen Interessenausgleichs vorgeschlagen.[12] Danach sollen diejenigen Gruppen, die vornehmlich von einer Leistung profitieren, auch maßgeblich zu deren Finanzierung beitragen. Von allen genutzte Leistungen sollen von allen finanziert werden. Einer übermäßigen Belastung einer Minderheit durch die Mehrheit, die dem Grundgedanken des Äquivalenzprinzips widersprechen würde, kann so vorgebeugt werden.

Äquivalenzprinzip und Grundsatz des Interessenausgleichs haben somit eine demokratietheoretische Dimension, die sehr bedeutsam ist. Wenn den Bürgern in ihren Kommunen die Kosten lokaler öffentlicher Leistungen in Form von lokalen Steuern unmittelbar angelastet werden, dann berücksichtigen sie die Kosten in ihrer Nachfrage nach lokalen Ausgaben. Je weniger die Kosten von den Bürgern anderer Kommunen übernommen werden, je weniger also Bund und Land zur Finanzierung lokaler öffentlicher Leistungen beitragen, umso eher können die Bürger ihre wahre Zahlungsbereitschaft zum Ausdruck bringen. Das Problem übermäßiger Ausgaben wird so korrigiert. Die Bürger werden dann bei Wahlen und Abstimmungen stärker auf die finanziellen Konsequenzen der Politik ihrer Gemeinde achten. Die Verantwortlichkeit politischer Entscheidungsträger gegenüber ihren Wählern für die durchgeführten Projekte und Initiativen steigt.

Aus dem in Art. 72 Abs. 2 GG formulierten Postulat der Herstellung gleichwertiger Lebensverhältnisse im Bundesgebiet lässt sich mit der Zielmarke einer möglichst geringen interkommunalen Streuung des Steueraufkommens ein weiteres Merkmal einer guten Gemeindesteuer ableiten. Eine zu stark divergierende Finanzausstattung der Kommunen würde diesem Ziel entgegenstehen. Eine nachträgliche Korrektur der Streuung durch einen Umverteilungsmechanismus, wie er im kommunalen Finanzausgleich existiert, kann aus finanzwissenschaftlicher Sicht eher als zweitbeste Lösung angesehen werden. Wenn nicht mehr alle Ausgaben durch eigene kommunale Einnahmen finanziert werden müssen, ist dies eine nicht triviale Verletzung des Äquivalenzprinzips. Ein Bezug der Gemeindesteuern zur lokalen Wirtschaftskraft mit einem Anreiz zur Pflege des lokalen Steuersubstrats wird damit vermindert.

---

12 S. Wissenschaftlicher Beirat beim BMF, Gutachten zur Reform der Gemeindesteuern, 1982 (Fn. 11), S. 32.

Dieser Bezug ist aus ökonomischer Sicht allerdings nicht zu gering zu schätzen. Entfällt er, so haben Kommunen keinen Anreiz, Anstrengungen zur Ansiedlung von Unternehmen auf sich zu nehmen. Sie werden im Gegensatz versuchen, alle die Wohnqualität beeinflussenden Faktoren zu minimieren, was zu einer ineffizienten Verteilung der ökonomischen Aktivitäten im Raum und zu unerwünschten Auswirkungen auf die Umwelt, wie eine verstärkte Zersiedelung der Landschaft oder eine starke Zunahme von Pendlerströmen, führen kann. Um solchen Ineffizienzen nicht Vorschub zu leisten, sollte ein kommunales Steuersystem so ausgestaltet sein, dass die Entscheidungen der Haushalte und Unternehmen nicht verzerrt werden und damit ein höchst mögliches Maß an Neutralität gewahrt wird.

Hierzu zählt nicht zuletzt auch das Gebot der Vermeidung einer Substanzbesteuerung. Eine aus dem Äquivalenzprinzip abgeleitete Substanzbesteuerung widerspricht dem Gebot der Neutralität fundamental, da die Gefahr, dass Unternehmen nur aufgrund von Steuerzahlungen aus dem Markt ausscheiden müssen, stark erhöht wird.

Vergleicht man die bestehende Ausgestaltung des kommunalen Besteuerungssystems mit der Gewerbe- und der Grundsteuer als ihren zentralen Säulen mit den obigen Kriterien, so wird schnell klar, dass diese das Gütesiegel einer guten Gemeindesteuer nicht verdienen. Sowohl in der politischen als auch in der wissenschaftlichen Diskussion werden daher seit langem Alternativen diskutiert, welche die Gewerbesteuer entsprechend anpassen bzw. ersetzen und die Bemessungsgrundlage der Grundsteuer aktualisieren wollen.[13] Diese Alternativen werden im Anschluss aufgezeigt und einer finanzwissenschaftlichen Bewertung unterzogen.

IV. Gewerbesteuer

1. Das Prüfmodell der Bundesregierung: ein Scheitern mit Ansage

Im Rahmen der Bemühungen zur Reform der Gewerbesteuer wurde am 24.2.2010 durch Kabinettsbeschluss eine Gemeindefinanzkommission eingesetzt mit dem Auftrag, Vorschläge zu einer Neuordnung der Gemeindefinanzierung zu erarbeiten. Explizites Ziel war es, einen aufkommens-

---

13 S. Wissenschaftlicher Beirat beim BMF, Gutachten zur gegenwärtigen Problematik der Gemeindefinanzen, in Der Wissenschaftliche Beirat beim BMF, Entschließungen, Stellungnahmen, Gutachten von 1949 bis 1973, Tübingen 1974, S. 154–221; Wissenschaftlicher Beirat beim BMF, Gutachten zum Gemeindesteuersystem und zur Gemeindesteuerreform in der Bundesrepublik Deutschland, in Der Wissenschaftliche Beirat beim BMF, Entschließungen, Stellungnahmen und Gutachten von 1949 bis 1973, Tübingen 1974, S. 400–435; Wissenschaftlicher Beirat beim BMF, Gutachten zur Reform der Gemeindesteuern (Fn. 11); *Thomas Döring/Lars P. Feld*, Reform der Gewerbesteuer: Wie es euch gefällt? – eine Nachlese, in Perspektiven der Wirtschaftspolitik 6, 2005, S. 207–232.

neutralen Ersatz der Gewerbesteuer durch einen höheren Anteil an der Umsatzsteuer und einen kommunalen Zuschlag auf die Einkommen- und Körperschaftsteuer mit eigenem Hebesatzrecht zu schaffen.[14] Im Laufe der Kommissionsarbeit wurde dieser Auftrag durch die Vorlage des so genannten „Prüfmodells" vonseiten der Bundesregierung weiter konkretisiert. Dieses beinhaltete, neben der Aufhebung des Gewerbesteuergesetzes und der damit einhergehenden Abschaffung sowohl der Gewerbesteuerumlage als auch der Anrechenbarkeit der Gewerbsteuer auf die Einkommensteuer, die Einführung eines mit Hebesatzrecht ausgestatteten Zuschlags der Gemeinden sowohl zur Körperschaft- als auch zur Einkommensteuer, wobei die Höhe des Zuschlags identisch sein soll. Um eine Zusatzbelastung der Steuerpflichtigen zu verhindern, sollte eine Absenkung des Einkommensteuertarifs um den Anteil der Gemeinden am Aufkommen in Höhe von 15 v. H. vorgenommen werden. Der Körperschaftsteuersatz wäre entsprechend anzupassen. Die Erhebung sollte durch die Wohn- bzw. Betriebsstättengemeinde, die ihr Hebesatzrecht autonom ausübt, erfolgen. Um Aufkommensneutralität zu gewährleisten, sollte ergänzend eine Anhebung des Umsatzsteueranteils der Gemeinden vorgesehen werden.[15]

Trotz der massiven finanziellen Probleme vieler Kommunen in der Vergangenheit, die am aktuellen Rand durch die konjunkturell bedingt anwachsenden Gewerbesteuereinnahmen verdeckt werden, konnte sich die Gemeindefinanzkommission nicht auf eine Reform auf Basis des Prüfmodells einigen. Der unbedingte Wille zum Erhalt der Gewerbesteuer aufseiten der kommunalen Spitzenverbände machte eine Einigung unmöglich.[16] Die Spitzenverbände schlugen stattdessen eine „Modernisierung der Gewerbesteuer" sowohl durch eine Ausweitung der Bemessungsgrundlage als auch durch eine Erweiterung des Kreises der Steuerpflichtigen vor. Dies wiesen die Vertreter des BMF als nicht akzeptabel zurück. Insbesondere die vorgesehene Verbreiterung der Bemessungsgrundlage durch die Hinzurechnung ertragsunabhängiger Elemente wie Zinsen, Mieten und Pachten,[17] die eine Substanzbesteuerung zur Folge hätte, wurde als nicht zielführend angesehen.[18]

---

14 S. BMF, Gemeindefinanzkommission – Ausgangslage und Ergebnisse, in Monatsbericht des BMF August 2011, S. 39–51.
15 S. Gemeindefinanzkommission, Zwischenbericht der Arbeitsgruppe Kommunalsteuern an die Gemeindefinanzkommission, BMF, Berlin 2010.
16 S. Deutscher Städtetag, Die Gewerbesteuer – eine gute Gemeindesteuer, Fakten und Analysen, Berlin 2010.
17 S. Deutscher Städtetag, Die Gewerbesteuer, 2010 (Fn. 16), S. 27.
18 Als Ergebnis der Gemeindefinanzkommission kann lediglich die Übernahme der Kosten für Unterbringung und Heizung durch den Bund festgehalten werden, die bezüglich ihrer finanzwissenschaftlichen Systematik zu begrüßen ist. Allerdings wurde dadurch, ohne ein Entgegenkommen vonseiten der Kommunen, Verhandlungsmasse aus der Hand gegeben, die für die Herbeiführung eines zielführenden Ergebnisses Verwen-

Nimmt man die Kriterien für eine gute Gemeindesteuer als Bewertungsmaßstab eines Reformvorschlages ernst, so ist die vehemente Ablehnung des Vorschlages der kommunalen Spitzenverbände vonseiten des BMF aus finanzwissenschaftlicher Sicht zu begrüßen. Allerdings ist das Prüfmodell der Bundesregierung ebenfalls kritisch zu bewerten. So erhöht die Einführung von Zuschlägen auf Einkommen- und Körperschaftsteuer zwar die Fühlbarkeit der Steuer und trägt auf diese Weise zur Stärkung der Bindung zwischen Kommune und Bürger bzw. Unternehmung bei. Da auf eine Differenzierung der Hebesätze zwischen Bürgern und Unternehmen verzichtet wird, ist der Bezug zu den in Anspruch genommenen Leistungen aber unvollständig. Ebenso kritisch ist die Erhöhung des Umsatzsteueranteils zu sehen. Durch die geringe Schwankung der Bemessungsgrundlage wird zwar eine Verstetigung der Einnahmen erreicht, in seiner Wirkung hat er aber den Charakter einer Zuweisung. Die Forderung des Äquivalenzprinzips nach einer, wenn auch nur losen, Beziehung von Steuer und öffentlicher Leistung ist auf diese Weise kaum erfüllbar.

2. Alternative Reformvorschläge

Trotz des Scheiterns der Gemeindefinanzkommission ist eine Reform des kommunalen Systems der Besteuerung weiterhin notwendig. Im Folgenden werden wir daher zwei in der finanzwissenschaftlichen Literatur vielfach diskutierte Reformalternativen vorstellen und diskutieren, inwiefern diese einen geeigneten Ersatz für die Gewerbesteuer darstellen. Dabei ist nicht zuletzt zu untersuchen, ob diese einen tragfähigen Kompromiss darstellen, der die in der Gemeindefinanzkommission verhärteten Fronten aufweichen kann.

Hierfür werden zunächst die wertschöpfungsorientierten Ansätze, welche die Ersetzung der Gewerbesteuer durch eine auf die kommunale Wertschöpfung bezogene neue Steuer anstreben, am Beispiel des Konzeptes des Kronberger Kreises diskutiert.[19] Demgegenüber werden die Ansätze, die auf bereits bestehenden Steuern aufsetzen, so genannten Annexsteuern, und daher, ähnlich dem Prüfmodell, für die Einführung kommunaler Hebesätze auf Unternehmens-, Lohn- und Einkommensteuer plädieren, gestellt. Exemplarisch hierfür wird der Vorschlag der Kommission „Steuergesetzbuch" der Stiftung Marktwirtschaft diskutiert.[20]

---

dung hätte finden können. Die von den kommunalen Spitzenverbänden verfolgte Strategie des Abnutzungskrieges lässt sich so nur schwer verhindern. S. *Alberto Alesina/ Allan Drazen*, Why are Stabilizations Delayed?, in American Economic Review 81 (1991, S. 1170–1188.
19 S. dazu Kronberger Kreis, 2003 (Fn. 1).
20 S. Stiftung Marktwirtschaft, 2006 (Fn. 1).

a) Wertschöpfungsorientierte Gemeindesteuern – Das Konzept des Kronberger Kreises

Der Kronberger Kreis schlägt in seiner Studie die Ersetzung der bestehenden Gewerbesteuer durch eine allgemeine Betriebssteuer vor. Ziel ist es, alle wirtschaftlich Tätigen, welche die Infrastruktur und die sonstigen Dienstleistungen einer Gemeinde in Anspruch nehmen, zur Finanzierung heranzuziehen. Hierzu gehören neben allen Gewerbetreibenden auch nicht auf Gewinnerzielung ausgerichtete Unternehmungen und sämtliche wirtschaftliche Aktivitäten der Gemeinde, insbesondere, wenn sie in Wettbewerb zu Privaten stehen, unabhängig von der Rechtsform.[21] Objekt der Betriebssteuer ist die in einer Gemeinde erwirtschaftete Wertschöpfung. Investitionen, die zur langfristigen Sicherung der Wertschöpfung beitragen und diese in Zukunft erhöhen, sind von der Besteuerung auszunehmen und dieser erst dann zu unterwerfen, wenn die Wertschöpfung tatsächlich erbracht wird.

Als die für die Ermittlung der Steuerschuld maßgebliche Bemessungsgrundlage gilt der Produktionswert eines Betriebes, der als „Summe der Beiträge zur Herstellung von Dienstleistungen und Waren"[22] definiert ist. Monetär lässt sich der Produktionswert als Differenz aus den Verkaufserlösen und allen Vorleistungen, inklusive Investitionen, ermitteln. Ist die Differenz nicht ermittelbar oder stellt sie kein adäquates Maß dar, da der Betrieb nicht auf Gewinnerzielung ausgerichtet ist, so dient als Bemessungsgrundlage die Bruttolohn- und Gehaltssumme zuzüglich der Lohnnebenkosten. Bei auf Gewinn ausgerichteten Unternehmungen, wie Banken und Versicherungen, wird die Bemessungsgrundlage noch um den kalkulatorischen Unternehmerlohn und den zinsbereinigten Gewinn erweitert. Erstreckt sich der Betrieb über mehrere Gemeinden, so ist der Teil der Bemessungsgrundlage, der in einer Gemeinde erwirtschaftet wird, unter Zuhilfenahme des Anteils an der Bruttolohn- und Gehaltssumme, dort zu radizieren. Aufgrund der Integration des kommunalen Steuersystems in das gesamtstaatliche Steuersystem ist eine Differenzierung der Bemessungsgrundlage zwischen den Gemeinden nicht vorgesehen.

Eine Differenzierung ist nur über die Festlegung der Höhe der Betriebssteuer, die jede Gemeinde autonom festlegen kann, möglich. Aufgrund der Konzeption der Betriebssteuer als Gegenleistung für kommunale Leistungen, deren Nutzer nicht eindeutig identifizierbar sind, ist die Höhe der Steuer für alle Steuerpflichtigen einheitlich festzulegen. Entspricht das Preis-Leistungs-Verhältnis einer Kommune, also die Relation der zu zahlenden Steuer zu den kommunalen Leistungen, den Vorstellungen eines Betriebes

---

21 Für eine detaillierte Auflistung s. Kronberger Kreis, 2003 (Fn. 1), S. 26.
22 S. Kronberger Kreis, 2003 (Fn. 1), S. 28.

nicht, so kann er der Besteuerung nur durch Umzug in eine andere Gemeinde, die seinen Vorstellungen besser entspricht, entgehen.

Nach dem Konzept des Kronberger Kreises tritt neben die Betriebssteuer als komplementäre kommunale Steuer eine allgemeine Bürgersteuer, die den kommunalen Anteil an der Einkommensteuer ersetzen soll. Besteuert werden soll die Summe aller Einkünfte, die den Bürgern nach Abzug der Werbungskosten und Betriebsausgaben zufließen. Auf eine Minderung um die sonst üblichen Freibeträge wird verzichtet. Die nach gegenwärtiger Regelung nicht durch das lokale Steuersystem erfassten Empfänger von Transfereinkommen werden ebenso mit einbezogen. Dies ist für die Kommunen ein Nullsummenspiel, da sie die Zahlungen durch eine Erhöhung der geleisteten Transfers vorschießen müssen. Durch die Einbeziehung in die Steuerzahlung soll die Bindung der Transferempfänger an die Gemeinde aber erhöht und ein Gefühl für die Kosten öffentlicher Leistungen vermittelt werden. Zu entrichten ist die Steuer am Ort des Erstwohnsitzes. Da hier der Lebensmittelpunkt der Bürger anzunehmen ist, wird hier die verstärkte Nutzung von lokalen öffentlichen Leistungen vermutet.

b) Kommunale Hebesätze – Das Konzept der Stiftung Marktwirtschaft
Im Rahmen des Entwurfs für eine grundsätzliche Reform des deutschen Steuerrechts entwickelte die hierfür eingesetzte Kommission „Steuergesetzbuch" einen Vorschlag zur Reform des kommunalen Steuersystems.[23] Im Gegensatz zum Kronberger Kreis lehnt die Kommission eine Wertschöpfungssteuer aus europarechtlichen Gründen und wegen der Gefahr einer Substanzbesteuerung ab und schlägt stattdessen eine Kombination aus kommunaler Unternehmensteuer mit lokalem Hebesatzrecht und einer Beteiligung der Kommunen am Lohnsteueraufkommen als Ersatz für die Gewerbesteuer vor. Subjekt der kommunalen Unternehmensteuer sind alle Unternehmen die auch der allgemeinen Unternehmensteuer unterliegen, was zu einer deutlichen Ausweitung der Zahl der Steuerpflichtigen führt. Als Bemessungsgrundlage dient der in einer Gemeinde erwirtschaftete Gewinn, wobei er um die transparenten Entnahmen gemindert wird, um eine Besteuerung der Gesellschafter durch die Einkommensteuer zu ermöglichen.[24] Der Hebesatz wird von jeder Kommune autonom erhoben.

Da eine am Gewinn ausgerichtete kommunale Unternehmensteuer allein für die Gemeinde eine aufgrund ihrer Volatilität im Konjunkturverlauf eher schwer zu kalkulierende Einnahmequelle ist, die von der Gemeinde bereitgestellten Leistungen aber einer kontinuierlichen Finanzierung bedürfen, wird ergänzend ein fixer Anteil an der von den Unternehmen in einer Gemeinde zu entrichtenden Lohnsteuer vorgeschlagen (2 v. H.). Die

---
23 S. Stiftung Marktwirtschaft, 2006 (Fn. 1).
24 S. Stiftung Marktwirtschaft, 2006 (Fn. 1), S. 12 f.

deutlich geringere Schwankungsbreite der Lohnsumme garantiert so ein Mindestmaß an Steuereinnahmen. Auch steigt dadurch der Anreiz für die Gemeinden, Unternehmen zu attrahieren. Ebenso werden nicht-gewinnorientierte Unternehmen zur Finanzierung der öffentlichen Leistungen herangezogen. Um die Unternehmen und den Faktor Arbeit nicht zusätzlich zu belasten, ist die lokal entrichtete Lohnsteuer von der Lohnsteuerschuld beim Finanzamt abziehbar. Aus diesem Grund wird auf ein kommunales Hebesatzrecht verzichtet.

Ähnlich dem Konzept des Kronberger Kreises tritt neben die Neugestaltung der Unternehmensbesteuerung eine Reform der Besteuerung der Bürger. Der 15 v. H. betragende Anteil der Gemeinden an der Einkommensteuer wird abgeschafft und durch eine Bürgersteuer mit Hebesatzrecht der Kommunen ersetzt. Um eine Übertragung der progressiven Struktur der Einkommensteuer auf die Bürgersteuer, die dem Äquivalenzprinzip widersprechen würde, zu vermeiden, wird das Hebesatzrecht nicht auf die Einkommensteuerschuld, sondern auf die Bemessungsgrundlage der Einkommensteuer ausgeübt. Da der Anteil der Gemeinden an der Einkommensteuer auf diese Weise wegfällt, ist es notwendig, dessen Tarifstruktur entsprechend anzupassen. Dies wird durch eine gleichmäßige Absenkung über den gesamten Tarif sichergestellt. Eine zusätzliche Belastung der Bürger wird so vermieden.[25] Die sich so ergebende proportionale Struktur der Bürgersteuer verringert darüber hinaus die Unterschiede in den Einnahmen der Gemeinden und trägt so zu ihrer gleichmäßigeren Verteilung bei.

3. Die Vorschläge im Vergleich

Vergleicht man die Vorschläge des Kronberger Kreises und der Kommission Steuergesetzbuch der Stiftung Marktwirtschaft mit der existierenden Gewerbesteuer, so fällt der Bedeutungszuwachs des Äquivalenzprinzips als Maßstab für die Besteuerung ins Auge. Eines der zentralen Kriterien einer guten Gemeindesteuer scheint somit von beiden erfüllt. Dies wird jedoch, insbesondere im Bereich der Unternehmensbesteuerung, auf unterschiedliche Weise erreicht. Mit der Konzentration auf die in einem Unternehmen geschaffene Wertschöpfung ist die Steuer als Abgeltung für kommunale Vorleistungen gedacht, ohne welche Wertschöpfung nicht, oder nicht in diesem Ausmaß, stattfinden kann.[26] Hierzu sind insbesondere kommunale Infrastruktur und Verwaltungsleistungen zu zählen. Dem Prinzip der gruppenmäßigen Äquivalenz bzw. des Interessenausgleichs wird somit

---

25 Nach den Berechnungen der Kommission Steuergesetzbuch ist eine Absenkung um ca. 4 v. H. notwendig.
26 Auf eine Diskussion der korrekten Erfassung unternehmerischer Wertschöpfung wird hier verzichtet, da alle möglichen Verfahren (additiv vs. subtraktiv) zum selben Ergebnis kommen sollten und sich maßgeblich nur im administrativen Aufwand unterscheiden. Für eine Diskussion der Verfahren s. Wissenschaftlicher Beirat, 1982 (Fn. 11), S. 65 ff.

Genüge getan. Ob die Konzentration auf die Wertschöpfung eine gleichmäßige Besteuerung der Unternehmen schaffen kann, wird allerdings von einigen Autoren bezweifelt.[27] In verschiedenen Branchen tätige Unternehmen können sich bei gleicher Wertschöpfung im Bedarf nach öffentlich bereitgestellten Leistungen stark unterscheiden. Ebenso können Unternehmen der gleichen Branche eine unterschiedliche lokale Wertschöpfung und damit eine unterschiedliche Inanspruchnahme kommunaler Leistungen aufweisen.[28] Darüber hinaus ist zu fragen, ob eine auf Überwälzung angelegte Steuer dem Äquivalenzgedanken überhaupt entsprechen kann. Eine Überwälzung auf die Endkundenpreise führt dazu, dass die Steuerlast letztendlich von Nichtansässigen getragen wird.[29] Zuletzt wird die allokative Neutralität der Steuer zunehmend bezweifelt, die eine Verzerrung im Einsatz der Produktionsfaktoren Kapital und Arbeit zur Folge hätte.[30]

Nimmt man die allgemeine Bürgersteuer, die als Komplement zu einer dem Äquivalenzgedanken entsprechenden Besteuerung vorgesehen ist, mit ins Kalkül, so führt die Wertschöpfungssteuer zu einer Doppelbelastung des Produktionsfaktors Arbeit,[31] da die Lohnsumme einen nicht unerheblichen Teil der Bemessungsgrundlage ausmacht. Zudem kann die Gefahr einer Substanzbesteuerung dann nicht ganz von der Hand gewiesen werden. Die Höhe der Wertschöpfung sagt per se noch nichts über den Ertrag aus. Ertragsschwache Unternehmen könnten daher gezwungen sein, ihre Steuerlast aus der Substanz zu begleichen.

Bezüglich der Streuung des Steueraufkommens ist bei einer Wertschöpfungssteuer aufgrund der geringen Veränderung des Kreises der Steuerpflichtigen im Vergleich zur Gewerbesteuer mit wenigen Veränderungen zu rechnen. Da die Steuer aber als Abgeltung für kommunale Leistungen, die als Vorleistungen in den Produktionsprozess eingehen, anzusehen ist, wäre dies hinzunehmen. Die Varianz des Aufkommens über die Zeit dürfte hingegen zurückgehen, da die Bemessungsgrundlage weniger starken Schwankungen unterworfen ist.

Zusätzlich zu den bereits diskutierten ökonomischen Problemen, die eine Wertschöpfungssteuer aufwirft, ist ihre Umsetzung auch aus politökonomischer Sicht fraglich. Eine vollkommen neue Bemessungsgrundlage, mit

---

27 S. *Ralf Maiterth*, Wertschöpfung- und Zuschlagsteuer: Gegensätzliche Kommunalsteuerkonzepte?, Wirtschaftsdienst 2004, 402–408.
28 Ist die Wertschöpfung aufgrund des Bezugs von Vorleistungen geringer, so geht mit einer geringeren Wertschöpfung sogar eine erhöhte Inanspruchnahme kommunaler Infrastruktur einher.
29 S. *Ralf Maiterth* (Fn. 27), Wirtschaftsdienst 2004, 402 (405).
30 S. *Hans Fehr/Wolfgang Wiegard*, Gesamtwirtschaftliche Wirkung einer Wertschöpfungssteuer, in Reinar Lüdeke/Wolfgang Scherf/Werner Steden (Hrsg.), Wirtschaftswissenschaft im Dienste der Verteilungs-, Geld- und Finanzpolitik, Festschrift für Alois Oberhauser zum 70. Geburtstag, Berlin 2000, S. 477–497.
31 S. *Thomas Döring/Lars P. Feld* (Fn. 13), S. 223.

der noch keinerlei administrative Erfahrungen gemacht wurden, taugt sicherlich wenig zur Beseitigung von Reformwiderständen.

Einem Zuschlagsystem, das auf einem bereits existierenden System aufbaut, sind hier bessere Chancen einzuräumen. Durch die Konzentration der Bemessungsgrundlage auf den Gewinn wird eine Besteuerung der betrieblichen Substanz vermieden. Der komplementär vorgesehene kommunale Anteil an der Lohnsteuer vermeidet dies ebenfalls und mindert die Volatilität der Steuereinnahmen, die bei einer allein auf den Gewinn ausgerichteten Besteuerung nicht besteht, erheblich. Voraussetzung hierfür ist allerdings, dass neben die Reform der kommunalen Besteuerung eine Reform der Lohnsteuer tritt, die eine Anrechnung der kommunalen Lohnsteuer vorsieht. Ist dies nicht der Fall, so resultiert daraus eine Substanzbesteuerung.

Die oft bei Zuschlagsmodellen kritisierten räumlichen Verteilungswirkungen des Steueraufkommens, die zu einer Verstärkung der Stadt-Umland-Problematik führen, werden durch die Bürgersteuer, die einen eigenständigen Hebesatz auf das Einkommen als Bemessungsgrundlage vorsieht, vermieden. Ein Heranziehen der Bürger zur Finanzierung erfüllt die Vorgaben sowohl des Äquivalenzprinzips als auch des Interessenausgleichs und stärkt die Verbindung zwischen Bürger und Kommune. Auch werden die Anreize der Kommunen zur Attrahierung von Unternehmen nicht verzerrt.

Vergleicht man die Auswirkungen der verschiedenen Reformvorschläge untereinander und mit der existierenden Gewerbesteuer, so ist aus finanzwissenschaftlicher Sicht der Vorschlag der Kommission Steuergesetzbuch der Stiftung Marktwirtschaft vorzuziehen. Allenfalls lässt sich kritisieren, dass Bürger- und Betriebsteuer als Annexsteuer auf einer Bemessungsgrundlage aufbauen, die nicht unbedingt den kommunalen Bedürfnissen entspricht. Aufgrund der einfachen Administrierbarkeit und der bereits existierenden Erfahrungen mit diesen Steuern vonseiten der Finanzverwaltung, die nur geringe Reformwiderstände erwarten lassen, ist dies aber hinnehmbar. Wie hoch die Widerstände gegen eine Reform der Lohnsteuer sind lässt sich schwer einschätzen. Die Notwendigkeit einer zusätzlichen Reform, ohne die der Vorschlag wenig Sinn macht, lässt die Aussichten auf eine erfolgreiche Umsetzung aber sicherlich nicht steigen.

4. Quantitative Auswirkungen

Zur Abschätzung der Auswirkungen des Konzeptes der Kommission Steuergesetzbuch hat das Statistische Bundesamt auf Initiative des Landes Niedersachsen eine Quantifizierung des Reformvorschlags vorgenommen.[32]

---

32 S. *Markus Zwick/Stefan Dittrich/Wolfram Schwabbacher/Natalie Zifonun-Kopp*, Bericht zur Quantifizierung des „Niedersächsischen Modells zur Gemeindefinanzreform" für das Jahr 2006, Statistisches Bundesamt, Wiesbaden 2011.

Auf Basis der zum Rechtsstand des Jahres 2006 fortgeschriebenen Daten der Bundesstatistiken zur Lohn-, Einkommen- und Gewerbesteuer aus 2004 wurde die Einnahmesituation für alle 1024 niedersächsischen Kommunen simuliert. Im Gegensatz zum ursprünglichen Konzept der Stiftung Marktwirtschaft verzichtet das simulierte „Niedersächsische Modell zur Gemeindefinanzreform" allerdings auf eine Reform der Grundsteuer, und der Gemeindeanteil an der Umsatzsteuer wird nicht verändert. Der kommunale Anteil an der Einkommensteuer wird dabei so simuliert, dass sich ohne Inanspruchnahme des Hebesatzrechts vonseiten der Gemeinde die Steuerlast für den Bürger nicht ändert. Die Gewährung eines Kinderfreibetrags bei der kommunalen Einkommensteuer sorgt sogar für eine Entlastung.[33] Um die Belastung von Bund und Ländern in Grenzen zu halten, wird abweichend vom ursprünglichen Konzept und als Ersatz für die entfallene Gewerbesteuerumlage die Hälfte der kommunalen Unternehmensteuer Bund (15 v.H.) und Land (35 v.H.) zugerechnet.[34]

Die Ergebnisse der Simulation zeichnen ein weitgehend positives Bild der Reform. So steigen die Einnahmen der Gemeinden im Durchschnitt um 7,3 v.H., wobei insbesondere die Gemeinden mit einer schwachen und mittleren Steuerkraft die Gewinner sind. Ihre Einnahmen steigen um 15,8 v.H. bzw. 13,0 v.H., wohingegen die Einnahmen der Kommunen mit starker Steuerkraft um 7,5 v.H. sinken. Die Einnahmen der kleinen Gemeinden mit einer Einwohnerzahl von 5 000 bis 10 000 steigen überdurchschnittlich um 12,4 v.H. Die der großen Gemeinden mit 50 000 bis 100 000 Einwohnern jedoch nur um 2,9 v.H. Auch steigen die Einnahmen von Umlandgemeinden und Gemeinden im ländlichen Raum mit 7,8 v.H. und 8,4 v.H. mehr als die der Kernstädte, deren Zuwachs 6,0 v.H. beträgt. Insgesamt können 854 der 1024 Gemeinden, also 87 v.H., ihre Einnahmesituation verbessern.[35] Die Mindereinnahmen von Bund und Land bewegen sich mit 316 Mio. Euro bzw. 187 Euro im Rahmen der Erwartungen.

Neben der allgemeinen Verbesserung der Einnahmesituation ist, als Effekt der Verbreiterung der Bemessungsgrundlage, eine gleichmäßigere Verteilung der Einnahmen auf die unterschiedlichen Quellen zu beobachten. So trägt die Lohnsteuer 26,8 v.H., die Grundsteuer 18,2 v.H., die kommunale Unternehmensteuer 16,7 v.H. und der kommunale Anteil an der Einkommensteuer 32,5 v.H. zu den Einnahmen bei. Im Vergleich zum gegenwärtigen Rechtsstand bedeutet dies eine leichte Erhöhung des Anteils der wirtschaftsbezogenen Steuern von 42,9 v.H. auf 43,6 v.H. Die von vielen Seiten befürchtete Verschiebung der Steuerlast hin zu den Bürgern tritt somit nicht ein. Dennoch ist eine Verstetigung der Einnahmen, aufgrund des ge-

---

33 S. *Michael Eilfort*, Anmerkungen zum „Niedersächsischen Modell zur Gemeindefinanzreform", Stiftung Marktwirtschaft, Berlin 2011.
34 S. *Zwick* et al., 2011 (Fn. 32), S. 4.
35 S. *Zwick* et al., 2011 (Fn. 32), S. 4.

ringen Anteils der volatilen kommunalen Unternehmensteuer, erreichbar. Zusätzlich wird die kommunale Eigenverantwortung durch eine Ausdehnung des Hebesatzrechts von 62,5 v. H. auf 67,5 v. H. der Steuereinnahmen gestärkt. Insgesamt erscheint das Konzept der Stiftung Marktwirtschaft als ein gangbarer Weg hin zu einem rationaleren kommunalen Steuersystem. Ohne eine Einbeziehung der Grundsteuer in die Reform, auf die im „Niedersächsischen Modell der Gemeindefinanzreform" verzichtet wird, bleibt sie jedoch unvollständig.

V. Grundsteuer

Wie der Überblick über die Finanzsituation bereits gezeigt hat, ist die zweite tragende Säule des kommunalen Besteuerungssystems stark reformbedürftig. Grund hierfür, ist, zumindest kurzfristig, nicht die Ertragssituation, sondern die sich aus der Bemessungsgrundlage ergebenden Ungerechtigkeiten und Unzulänglichkeiten, die dem Postulat eines rationalen Steuersystems Hohn sprechen. Im Folgenden sollen daher unterschiedliche Reformalternativen vorgestellt und einer finanzwissenschaftlichen Analyse unterzogen werden.

1. Arten der Grundsteuer

Bei der Besteuerung von Grund und Boden sind grundsätzlich zwei Ansätze denkbar, die sich in der Form der Bemessungsgrundlage unterscheiden. Zum einen ist die Besteuerung der Fläche denkbar, zum anderen die Besteuerung des der Immobilie innewohnenden ökonomischen Wertes. Die Wahl der Fläche als Bemessungsgrundlage hat den Vorteil der leichten Administrierbarkeit, da außer der Größe keinerlei Informationen für die Festlegung der Steuer notwendig ist. Ein Ausweichen vor der Steuer ist nicht möglich, da Grundstücke per definitionem immobil sind und ihre wahre Größe nicht verschleiert werden kann. Da aus der Größe der Fläche allein kaum Rückschlüsse auf die Nutzung kommunaler Leistungen gezogen werden können, eignet sie sich nur bedingt für eine Äquivalenzbesteuerung.[36] Eine Stärkung des Bandes zwischen Kommune und Bürger ist so nur bedingt möglich. Auch sinken die Anreize für die Kommunen, in attraktive Leistungen zu investieren, da sich dies nicht in ihrem Steueraufkommen niederschlägt.[37] Nimmt man anstatt der einfachen Fläche die Nutzung der Fläche zum Gegenstand der Besteuerung, so relativiert sich diese Problematik etwas. Da die Inanspruchnahme öffentlicher Leistungen mit

---

36 Zwar ist dies bei einigen kommunalen Leistungen denkbar, im Regelfall ist aber davon auszugehen, dass die Nutzung durch andere Faktoren determiniert wird.
37 Eine Anpassung des Steueraufkommens an geänderte Finanzierungserfordernisse der Kommunen über die Zeit, die allein schon durch die Existenz von Inflation notwendig wird, ist nur über die Anspannung der Hebesätze möglich.

der Nutzung variiert, können bei einer entsprechend differenzierten Besteuerung die Nutznießer zur Finanzierung herangezogen werden.[38] Gleichzeitig lassen sich auf diese Weise Anreize für einen effizienten Umgang mit Flächen setzen, um die Zersiedelung und Versiegelung der Landschaft zu minimieren.[39]

Wählt man hingegen den ökonomischen Wert eines Grundstücks bzw. dessen Ertrag als Bemessungsgrundlage, so lässt sich dieses Ziel nur noch durch einen allgemeinen Anreiz zur sparsamen Flächennutzung verfolgen. Die Anreizstruktur der Kommunen, in öffentliche Leistungen zu investieren, ändert sich jedoch fundamental. Geht man davon aus, dass sich Qualität und Menge öffentlicher Leistungen zusammen mit der Lage des Grundstücks in seinem Wert niederschlagen, es also zu einer Kapitalisierung in den Grundstückspreisen kommt,[40] dann hat die Veränderung kommunaler Leistungen eine Anpassung der Bemessungsgrundlage und damit eine entsprechende Veränderung des Steueraufkommens zur Folge. Die Reagibilität des politischen Prozesses gegenüber den Wünschen der Bürger wird auf diese Weise erhöht und dem Äquivalenzprinzip Rechnung getragen. Da öffentliche Leistungen, insbesondere Infrastrukturinvestitionen, sich unterschiedlich auf die Grundstückswerte auswirken, findet auf diese Weise ein Interessenausgleich statt. Steigt der Wert eines Grundstücks durch die Investition, so werden die Nutznießer über eine höhere Bodenwertsteuer verstärkt zu deren Finanzierung herangezogen.[41] Da nach allgemeiner Auffassung eine Bodensteuer langfristig nicht überwälzt werden kann,[42] kann eine reine Orientierung an der Bodenwertsteuer zu einer Verletzung des Äquivalenzprinzips führen. Ist der Besitzer des Grundstücks nicht in der Gemeinde ansässig, so zahlt er für Leistungen, die er nicht in Anspruch nimmt. Ebenso führt die mangelnde Überwälzbarkeit der Bodenwertsteuer dazu, dass die mit der Ansiedlung eines Haushalts oder Unternehmens entstehenden zusätzlichen Kosten, die Grenzballungskosten, nicht verur-

---

38 Die passgenaue Verbindung von Zahler und Nutzer ist allerdings sehr stark von der Differenzierung der Steuersätze abhängig.
39 Für eine Diskussion der Flächennutzungsteuer s. *Clemens Fuest/Michael Thöne*, Gemeindefinanzreform, Hintergründe, Defizite, Alternativen, FiFo-Berichte Nr. 1, Finanzwissenschaftliches Forschungsinstitut an der Universität zu Köln, 2005, S. 60 ff.
40 S. *Wallace E. Oates*, The Effects of Property Taxes and Local Public Spending on Property Values: An Empirical Study of Tax Capitalization and the Tiebout Hypothesis, Journal of Political Economy 77 (1969), 957–971; *Lars P. Feld*, Steuerwettbewerb und seine Auswirkungen auf Allokation und Distribution: Ein Überblick und eine empirische Analyse für die Schweiz, Tübingen 2000.
41 S. Wissenschaftlicher Beirat beim BMF, Stellungnahme zur Reform der Grundsteuer, Berlin 2010.
42 Einer Bodensteuer kann selbst durch Verkauf des Grundstücks nicht ausgewichen werden, da der Kaufpreis den Gegenwartswert der zukünftig zu erwartenden Erträge abbildet. Da eine Steuer die Erträge mindert, vermindert sich dadurch auch der Kaufpreis. S. *Stefan Homburg*, Allgemeine Steuerlehre, München 2010, S. 107 ff.

sachergerecht angelastet werden können. Aus diesen Gründen ist eine ergänzende Besteuerung von Wohngebäuden und Betriebsgrundstücken geboten.[43] Aufgrund der ungleichmäßigen Inanspruchnahme öffentlicher Leistungen durch Haushalte und Unternehmen sollte die Besteuerung entsprechend differenzierte Sätze vorsehen, deren Höhe jede Gemeinde autonom bestimmen kann. Eine Differenzierung der Steuersätze zwischen Bodenwert und Gebäudewert sollte hingegen vermieden werden, um die Gefahr einer sukzessiven Verschiebung der Steuerlast auf die Grundstückseigner zu verhindern.

Wird nun der Wert eines Grundstücks als Bemessungsgrundlage herangezogen, so stellt sich die Frage nach seiner korrekten Erfassung. Die gegenwärtig genutzte Methodik, beruhend auf den stark veralteten Einheitswerten, scheidet aus den oben genannten Gründen aus. Eine aktualisierte Festsetzung der Einheitswerte wird aufgrund des enormen administrativen Aufwands abgelehnt. Im Folgenden werden daher verschiedene Reformvorschläge und ihre Konzepte für eine Erneuerung der Bemessungsgrundlage diskutiert.

2. Alternative Reformvorschläge im Vergleich

Die Arbeitsgruppe „Grundsteuerreform" der Länder Baden-Württemberg, Bayern und Hessen schlägt in ihrem Konzept vor, den durch Multiplikation von Flächenbezugsgrößen und nutzungswertabhängigen Äquivalenzzahlen ermittelten Wert eines Grundstücks als Bemessungsgrundlage für die Grundsteuer heranzuziehen.[44] Eine solche Flächennutzungssteuer, deren primärer Vorteil in der einfachen Administrierbarkeit liegt, kann die einer Flächensteuer innewohnenden finanzwissenschaftlichen Probleme allerdings nicht lösen. Die Erfüllung des Äquivalenzprinzips und des Interessenausgleichs ist höchstens indirekt gegeben, und der stetige nominale Wertverlust, der „fiscal anti-drag"[45], macht sie zu einer wenig dauerergiebigen Steuerquelle. Nur eine ständige Anpassung der Äquivalenzzahlen könnte diesen Nachteil abmildern. Sie ist aber mit einem hohen administrativen und politischen Aufwand verbunden und daher eher unwahrscheinlich.

In dem vom Kronberger Kreis ausgearbeiteten Konzept zur Reform der Gemeindefinanzen soll die Grundsteuer B hingegen zu einer echten Bodenwertsteuer ausgebaut werden. Aufgrund des beträchtlichen Aufwands, der mit einer Ermittlung der Wohn- und Nutzflächen und damit des Ge-

---

43 S. Wissenschaftlicher Beirat beim BMF, 2010 (Fn. 41), S. 3.
44 Die Grundsteuer A wird ersatzlos gestrichen. S. Eckpunkte für eine vereinfachte Grundsteuer, Arbeitsgruppe der Länder Baden-Württemberg, Bayern und Hessen, 2010, S. 6.
45 Selbst bei nur 2 v. H. Inflation führt der fiscal anti-drag zu einer Halbierung des realen Wertes innerhalb von 35 Jahren (*Thöne*, 2006 [Fn. 8], S. 21).

bäudewertes verbunden ist, und dessen Anfälligkeit für Mobilisierungs- und Umverteilungsziele soll auf eine Einbeziehung von Gebäuden aber verzichtet werden.[46] Da die Problematik der mangelnden Überwälzbarkeit einer reinen Bodenwertsteuer den Autoren bewusst ist, plädieren sie für eine nur geringe Nutzung der Bemessungsgrundlage, um die Grundstückseigentümer nicht zu überlasten. Aus diesem Grund verneinen sie auch die Geeignetheit einer so gestalteten Grundsteuer für den kommunalen Wettbewerb und sehen kein kommunales Heberecht vor.[47] Inwiefern das Äquivalenzprinzip bei einer Ausklammerung der Gebäude verwirklicht werden kann, bleibt allerdings unklar. Der Verzicht auf ein Hebesatzrecht kann diese Unklarheit nicht beseitigen. Im Gegensatz verstärkt er die mangelnde Ausrichtung an der Äquivalenz zusätzlich.

Das Konzept der Kommission „Steuergesetzbuch" der Stiftung Marktwirtschaft vermeidet diese Unklarheit und sieht stattdessen eine Gebäudeflächen- und Bodenwertsteuer, wie sie von den Ländern Bayern und Rheinland Pfalz vorgeschlagen wurde.[48] Die Grundsteuer A wird ersatzlos gestrichen. Für die Ermittlung der Bodenwerte sind die Bodenrichtwerte maßgeblich, wodurch eine möglichst gute Approximation des wahren Bodenwertes erreicht werden soll. Schwankungen um den Bodenwert von +/- 30 v.H. werden dabei als noch akzeptabel angesehen. Da der Bodenrichtwert bereits durch die Gutachterausschüsse ermittelt wird, ist der zusätzliche administrative Aufwand nicht allzu hoch zu veranschlagen. In die Bemessungsgrundlage gehen die Richtwerte der unbebauten Grundstücke zu 100 v.H. und die der bebauten Grundstücke zu 70 v.H. ein. Bei der Bestimmung des Gebäudewertes wird auf eine Approximation des wahren Wertes verzichtet und auf eine nach Gruppen typisierende Abstufung zurückgegriffen. So soll lediglich eine Typisierung nach werthaltigen und weniger werthaltigen Gebäuden erfolgen. Hierfür wird zunächst zwischen gewerblicher und nicht-gewerblicher Nutzung unterschieden. Die gewerbliche Nutzung wird noch weiter nach Bürogebäuden, Fabrikations- und Lagerhallen sowie sonstiger gewerblicher Nutzung unterworfener Gebäude und nicht-gewerbliche Nutzung nach Ein-/Zweifamilienhäusern und Wohnanlagen differenziert.[49] Aus finanzwissenschaftlicher Sicht ist die Erweiterung der Bemessungsgrundlage um die Gebäudeflächen zu begrüßen. Allerdings leidet die Gebäudeflächensteuer, wie jede Flächensteuer, unter einem schleichenden Bedeutungsverlust. Inflationsbedingt steigt der Bodenwert im Laufe der Zeit an, während der nominal fixierte Gebäudewert kon-

---

46 S. Kronberger Kreis, 2003 (Fn. 1), S. 22.
47 S. Kronberger Kreis, 2003 Fn. 1), S. 23 f.
48 S. Bayern und Rheinland-Pfalz, Reform der Grundsteuer, Bericht des Bayerischen Staatsministers der Finanzen und des Ministers der Finanzen des Landes Rheinland-Pfalz an die Finanzministerkonferenz, 2004.
49 Zur Höhe der einzelnen Pauschalansätze s. Bayern und Rheinland-Pfalz, 2004 (Fn. 48), 32. Die Verwendung von Alterswertabschlägen unterbleibt.

stant bleibt. Langfristig gleicht sich somit die ökonomische Wirkung einer Kombination aus Gebäudeflächen- und Bodenwertsteuer der einer reinen Bodenwertsteuer mit den oben bereits diskutierten Problemen an. Zusätzlich bleibt die Verhinderung des Interessenausgleichs durch die an unterschiedlichen Nutzungstypen orientierte Festlegung der Bemessungsgrundlage bestehen. Die eigentlichen Nutzer öffentlicher Leistungen werden nur pauschaliert und in abnehmendem Maße zur Finanzierung herangezogen.

Der Vorschlag der von den Ländern Bremen, Berlin, Niedersachsen, Sachsen und Schleswig-Holstein unter der Federführung der Bremer Finanzsenatorin eingerichteten Arbeitsgruppe „Grundsteuer auf Basis von Verkehrswerten" versucht all diese Probleme zu vermeiden, indem neben dem Bodenwert auch der Gebäudewert zur Bestimmung der Bemessungsgrundlage herangezogen wird.[50] Da sich der Wert eines Grundstücks mit dem darauf befindlichen Gebäude nur zum Zeitpunkt des Verkaufs bestimmen lässt, ist für die Bestimmung der Bemessungsgrundlage ein geeignetes Verfahren anzuwenden, das diesen Wert zu jedem anderen Zeitpunkt approximiert.[51] Ein solch approximierter Wert kann als Verkehrswert bezeichnet werden. Zur Ermittlung des Verkehrswerts schlägt die Arbeitsgruppe das Vergleichswertverfahren vor. Bei diesem werden unter Zuhilfenahme statistischer Verfahren auf Grundlage vergleichbarer Verkaufsfälle die Verkehrswerte ermittelt. Alternativ könnten die Verkehrswerte auf Basis der gezahlten Mieten und Pachten, wie vom Wissenschaftlichen Beirat beim BMF empfohlen, ermittelt werden.[52] Die positiven Erfahrungen der Niederlande sprechen für das Vergleichswertverfahren. Erste Studien haben zudem gezeigt, dass der Schätzfehler des Verfahrens gegenüber dem wahren Verkaufswert im Rahmen der von den Gerichten tolerierten Spannbreite liegt, sodass von dieser Seite keine Einwände bestehen dürften.[53]

3. Zum Verhältnis von Gewerbe- und Grundsteuer

Abschließend bleibt das Verhältnis von Gewerbe- und Grundsteuer im System der kommunalen Besteuerung zu bestimmen.[54] Zwar sind die unterschiedlichen Konzepte auf eine aufkommensneutrale Wirkung hin abgestimmt, ob diese Annahme mit der Verleihung eines Hebesatzrechtes realistisch ist, bleibt allerdings fraglich.[55] Auch wird das geringe Aufkommen

---

50 S. Grundsteuer auf der Basis von Verkehrswerten, Machbarkeitsstudie, Bericht der Arbeitsgruppe „Grundsteuer auf der Basis von Verkehrswerten", Bremen 2010.
51 Nach gängiger Rechtsprechung ist eine Abweichung von bis zu 35 v. H. noch als zulässige Approximation anzusehen (Bremen, 2010 [Fn. 50], S. 21).
52 S. Wissenschaftlicher Beirat beim BMF, 2010 (Fn. 42), S. 4.
53 S. Bericht der Arbeitsgruppe „Grundsteuer ...", 2010 (Fn. 50), S. 28.
54 Die folgende Argumentation basiert hauptsächlich auf *Fuest/Thöne*, 2005 (Fn. 39).
55 Einzig der Kronberger Kreis verzichtet auf ein Hebesatzrecht.

der Grundsteuer oft mit ihrer veralteten Bemessungsgrundlage begründet, sodass ihre Änderung das Aufkommen stark steigen lassen würde.[56]

Betrachtet man die ökonomische Literatur zum Steuerwettbewerb, so spricht ebenfalls einiges für eine stärkere Gewichtung der Grundsteuer. Da langfristig eine Besteuerung mobiler Faktoren beschränkt möglich ist, ist eine stärkere Belastung der immobilen Faktoren zwangsläufig erforderlich. Eine stärkere Belastung des Produktionsfaktors Arbeit erscheint aus beschäftigungspolitischen Gründen nicht opportun. Auch ist dieser langfristig durchaus mobil. Bleiben als einzige immobile Bemessungsgrundlagen nur Grund und Boden übrig. Es ist daher nicht verwunderlich, dass diese in anderen Ländern in deutlich höherem Maße zur Finanzierung kommunaler Leistungen herangezogen werden.[57]

Will man das Äquivalenzprinzip der Besteuerung erhalten, so sind einer Anspannung der Grundsteuer Grenzen gesetzt.[58] Zudem sprechen verfassungsrechtliche Gründe für eine Begrenzung. Ebenso mindert eine höhere Grundsteuer die Reagibilität der kommunalen Politik gegenüber den Wünschen der Bürger. Da sie der Steuer nicht ausweichen können, müssen sie diese tragen, gleich ob ihnen das von der Gemeinde bereitgestellte Bündel öffentlicher Leistungen zusagt oder nicht.

Welches Gewicht die Grundsteuer im Rahmen der kommunalen Besteuerung haben soll, lässt sich daher nicht sagen. Eine höhere Gewichtung scheint langfristig aber möglich und angeraten.

VI. Implikationen für das kommunale Besteuerungssystem

Nach der Diskussion der unterschiedlichen Reformvorschläge bleibt die Frage, welches Arrangement vorzuziehen ist. Bezüglich des Ersatzes der Gewerbesteuer ist das Konzept der Kommission Steuergesetzbuch der Stiftung Marktwirtschaft aus finanzwirtschaftlicher Sicht zu präferieren. Die kommunalen Besteuerungsprinzipien werden weitgehend erfüllt, und die Gestaltung der Steuern als Annexsteuern an bereits bestehende Steuertatbestände ermöglicht eine einfache und schnelle Umsetzung, selbst wenn die Verbindung mit einer Reform der Unternehmensbesteuerung eine einfache Umsetzung behindert. Der Verzicht auf eine explizit den kommunalen Bedürfnissen entsprechende Bemessungsgrundlage ist zwar zu kritisie-

---

56 *Zimmermann* spricht in diesem Zusammenhang vom „schlafenden Riesen" Grundsteuer (*Zimmermann*, 2009 [Fn. 7], S. 159).
57 Der durchschnittliche Anteil der Grundsteuer (property tax) an den kommunalen Steuereinnahmen beträgt in der OECD 30 v. H., während er in Deutschland nur ca. 15 v. H. ausmacht.
58 Wo diese Grenze genau liegt, ist allerdings schwer zu prognostizieren. Die Steuerhöhe in anderen OECD-Staaten kann aber als eine erste Approximation angesehen werden.

ren, aber, aufgrund der anderen Vorteile, hinnehmbar. Auch sprechen die Modellrechnungen für Niedersachsen, auf Basis des „Niedersächsischen Modells der Gemeindefinanzreform", für eine Umsetzung. Eine Wertschöpfungssteuer, wie sie vom Kronberger Kreis vorgeschlagen wurde, ist wegen der Gefahr der Substanzbesteuerung und der mangelnden administrativen Erfahrung mit einer solchen Steuer kritisch zu beurteilen.

Für die Reform der Grundsteuer scheint das Modell des Wissenschaftlichen Beirats beim BMF vorzugswürdig. Durch die Einbeziehung der Gebäude in die Bemessungsgrundlage wird eine nutzenäquivalente Besteuerung sichergestellt und eine einseitige Belastung der Grundstückseigentümer verhindert. Die Ermittlung von Verkehrswerten auf Basis statistischer Verfahren könnte den ökonomischen Wert zudem zeitnah und mit geringem administrativem Aufwand abbilden. Alternative Konzepte, die eine Flächenbesteuerung anstreben, sind hingegen abzulehnen. Aufgrund des fiscal anti-drag, der inflationsbedingten Minderung des Flächenanteils an der Bemessungsgrundlage, degeneriert sie über die Zeit zu einer reinen Bodenwertsteuer mit der ihr innewohnenden problematischen Verteilung der Steuerlast. Auch können die Flächenkomponenten, durch ihren pauschalierenden Charakter, den ökonomischen Wert der Flächen nicht angemessen widerspiegeln.

Ob bei einer Reform des kommunalen Besteuerungssystems das Verhältnis von Grund- und Gewerbe-/Einkommensteuer verändert werden soll, kann a priori nicht gesagt werden. Die Tendenz zu einer stärkeren Belastung immobiler Faktoren als Folge des Steuerwettbewerbs spricht zwar für eine stärkere Gewichtung der Grundsteuer. Eine damit einhergehende Minderung der Reagibilität der kommunalen Politik gegenüber den Wünschen der Bürger setzt der Gewichtung allerdings Grenzen.

Diskussion

zu den Referaten von Prof. Dr. *Christian Waldhoff*,
Prof. Dr. *Markus Achatz* und Prof. Dr. *Lars P. Feld*

Leitung
Ministerialdirigent *Werner Widmann*

Prof. Dr. *Heinz-Jürgen Pezzer*

Ich habe eine Frage an alle drei Referenten. Wir beobachten in der Diskussion um die Gemeindebesteuerung seit vielen Jahren, dass die Gemeinden immer nur ein gewisses Stück weit mit diskutieren und irgendwann die Diskussion blockieren. Gemeinsam üben die Gemeinden über ihre Interessenverbände eine ungeheure politische Macht aus. Wir haben drei Arten von Körperschaften im Staatsaufbau: Bund, Länder und Gemeinden. Die Gemeinden nehmen eine Sonderstellung ein, indem sie zum Teil die Gesetzgebungsinitiative des gewählten Parlaments und der gewählten Regierung lahmlegen, wenn sie in den entscheidenden Momenten immer nein sagen. Kommt nicht damit den Gemeinden faktisch eine politische Macht zu, die ihnen im Staatsaufbau eigentlich gar nicht zukommen dürfte? Dies ist ein verfassungspolitisches und verfassungsrechtliches Problem. Wie könnte man dem beikommen?

Prof. Dr. *Hans-Günter Henneke*

Ich leite den Deutschen Landkreistag, bin also jetzt von Herrn *Pezzer* unmittelbar angegriffen worden. Der kommunale Bereich hat nie die Revolution des Verfassungsrechts ausgerufen und die Dreigliedrigkeit des Staatsaufbaus eingefordert; vielmehr entsteht das Verhinderungspotenzial im Gesetzgebungsverfahren selbst. Insofern stimmt es nicht, was Sie gesagt haben. Ich habe mehreren Gemeindefinanzreformkommissionen angehört. Dass Gesetzgebungsvorschläge, was die Reform der Einnahmeseite angeht, vonseiten des Bundes oder der Länder eingebracht worden und an den Kommunen gescheitert sind, trifft nicht zu. Entscheidungsreife Vorhaben hat es nie gegeben. Sie sind immer vor der Entscheidungsphase irgendwie zerbröselt. Von der Motivlage her sind dafür möglicherweise gewisse großstädtische Widerstände mit maßgeblich; darauf darf ich in der Sache heute Nachmittag noch näher eingehen. Es liegt aber im Gesetzgebungsverfahren nicht daran, dass die Kommunen Macht ausgeübt haben, die ihnen verfassungsrechtlich nicht zusteht. Vielmehr hat es weder in der Gemeindefinanzkommission der Regierungszeit von rot/grün noch in der jetzt gerade abgeschlossenen Gemeindefinanzkommission der schwarz-gelben Bundesregierung eine förmliche Gesetzgebungsinitiative der die Kommission einsetzenden Körperschaften gegeben. Insofern ergibt sich die Antwort aus sich selbst heraus.

Prof. Dr. *Christian Waldhoff*

Es wurde bereits gesagt, dass es sich nicht um ein verfassungsrechtsdogmatisch-kompetenzielles Problem handelt, denn die Gemeinden sind nicht unmittelbar an Gesetzgebungsprozessen auf Bundesebene beteiligt. Es handelt sich vielmehr um eine Frage der Interessenwahrnehmung der Gemeinden – im Grunde des Lobbyismus. Das BVerfG hat den Deutschen Bundestag in ganz anderem Zusammenhang aufgefordert, „standhaft" zu sein – ich denke an das Verfahren zum sog. Europäischen Haftbefehl, als es um europarechtliche Vorgaben ging. Aufgabe der Abgeordneten wäre es, sich gegen Interessenpositionen durchzusetzen. Das ist jedoch kein juristisches Problem im engeren Sinne, sodass ich mich mit einer rechtlichen Bewertung entsprechend schwertue.

Werner Widmann

Haben Sie aus Österreich etwas beizutragen, Herr Prof. *Achatz*, zur Rolle der österreichischen Kommunen?

Prof. Dr. *Markus Achatz*

Ich habe versucht, im Referat zu zeigen, dass die Gemeinden im Finanzausgleich und in den Finanzausgleichsverhandlungen verfassungsrechtlich neben Bund und Ländern als gleichberechtigte Partner zu sehen sind, natürlich mit der Dominanz des Bundes aufgrund seiner Kompetenz-Kompetenz, aber mit einer entsprechenden rechtlichen Absicherung auch der Interessen der Gemeinden: einerseits durch den finanzverfassungsrechtlichen Gleichheitssatz (§ 4 F-VG), andererseits durch die Wahrnehmung ihrer Interessen durch den österreichischen Gemeindebund und durch den österreichischen Städtebund in den Finanzausgleichsverhandlungen. Diese Einbeziehung ist kein rein faktisches Phänomen, sondern dafür besteht eine entsprechende Rechtsgrundlage. Und ich denke, dass die juristische Verankerung der Gemeinden und Städte im Finanzausgleich auch sehr wichtig ist, weil eben im Finanzausgleich tatsächlich vitale Interessen der Kommunen angesprochen sind. Eine Reform der Grundsteuer beispielsweise wird letztlich ohne Einbindung der Gemeinden und Städte nicht umsetzbar sein, und diese Beteiligung ist verfassungsrechtlich entsprechend vorgegeben und determiniert.

Prof. Dr. *Lars P. Feld*

Ich denke, dass das Problem, das wir vor uns haben, nicht so sehr im Hinblick auf den potenziell ungerechtfertigten Einfluss von Kommunen zurückgeführt werden kann. Es ist legitim, aus Sicht der Kommunen ihre Finanzsituation argumentativ in die Debatten einzubringen. Man wird sich schwertun, diesen Einfluss der Kommunen in irgendeiner Form zu reduzieren, weil ja alle Abgeordneten im Deutschen Bundestag genauso wie die Abgeordneten in Landtagen letztlich über ihre Wahlkreise kommunal verankert sind. Es wird dann immer schwierig sein, dies zu durchbrechen, d. h. diese politischen Einflussnahmen, die existieren. Die politischen Kanäle, die existieren, sind eigentlich nur sehr schwer zu verändern. Und es ist sicherlich auch legitim, dass, wenn man in der Vergangenheit als schwächstes Glied unter den Gebietskörperschaften immer wieder neue Aufgaben und neue Finanzierungslasten erhalten hat, man sich dann im Zeitablauf dagegen wehrt, dass auf der Einnahmenseite irgendetwas im großen Stil wegbricht. Was mich wesentlich stärker stört in den politischen Debatten, die wir in der Vergangenheit gehabt haben, ist, dass innerhalb des Lagers der kommunalen Spitzenverbände die großen Städte zu stark dominieren. Das ist das Problem. Und ich frage mich, warum das zustande kommt. Ich habe eine gewisse Erklärung dafür, bin aber gespannt, was Herr *Henneke* dazu heute Nachmittag sagt. Ich würde mir wünschen, dass diese Dominanz etwas zurückgeht.

Prof. Dr. *Johanna Hey*

Ich habe eine Frage zu den Zusammenhängen zwischen Finanzautonomie, fiskalischer Äquivalenz und der Finanzierungsverantwortung der Kommunen. Wir diskutieren ja eigentlich in einer gewissen Beglückungsphilosophie, wir wollen den Kommunen mehr Autonomie verschaffen. Das entspricht zwar den Forderungen der kommunalen Spitzenverbände, gleichzeitig hat sich aber gerade bei der letzten Reformdebatte doch herauskristallisiert, dass die Kommunen diese Autonomie fürchten. Sobald deutlich wird, dass Autonomie mit politischer Verantwortung verbunden ist, verstummen die Rufe nach mehr Autonomie. Dabei wird darauf hingewiesen, es gehe gar nicht darum, mit den Gemeindewählern über die Öffnungszeiten des kommunalen Schwimmbads zu diskutieren. Steuerautonomie wird zurückgewiesen, weil nur rund 15 % der Kommunalausgaben wirklich zur freien Entscheidung der Kommunen zur Verfügung stünden. Selbst wenn das stimmt, wäre es demokratietheoretisch richtig, diese 15 % mit sämtlichen Gemeindeeinwohnern zu diskutieren und nicht nur mit den Gewerbetreibenden. Das spräche dafür, die Kosten der freiwilligen Leistungen der Kommunen über einen offenen und variablen Einkommensteuerzuschlag sichtbar zu machen. Andererseits wären für den weitaus größeren Block der extern vorgegebenen Aufgaben feste Zuweisungen sinnvoll. Meine These ist, dass wir insofern von falschen Prämissen ausgehen, als Finanzautonomie eben mit Verantwortung verbunden ist, und dann wird nachvollziehbar, dass die Kommunen keine Verantwortung übernehmen wollen für Ausgaben, die sie nicht beeinflussen können.

Prof. Dr. *Lars P. Feld*

Also, ich fühle mich richtig verstanden, dass ich ja diesen politischen Konnex zwischen Geben und Nehmen stärken will durch das, was ich jetzt „Finanzverantwortung" genannt habe. Ich glaube nicht, dass sich das nur auf den freien Teil des Kommunalhaushalts auswirkt. Da wird natürlich, und das soll durchaus so sein, die Diskussion kommen: Brauchen wir die Festspielhalle oder brauchen wir sie nicht? Brauchen wir das Schwimmbad oder brauchen wir es nicht? Diese Diskussion soll gerade befeuert werden. Ebenfalls für den festliegenden Teil, etwa die Personalausgaben, führt dieser Prozess dazu, dass politischer Druck entsteht und günstigstenfalls effizientere Ergebnisse resultieren. Die Gemeinde muss sich also dafür rechtfertigen, warum sie wie viel Personal für welche Aufgaben braucht, wenn der Bürger das einigermaßen erkennen oder nachvollziehen kann oder zumindest einen Zusammenhang sieht.

Prof. Dr. *Markus Achatz*

Zum Diskussionsbeitrag von Frau Kollegin *Hey* darf ich festhalten, dass die österreichische Kommunalsteuer im engeren Sinn bundesgesetzlich festgelegt ist, aber sie ist eine ausschließliche Gemeindeabgabe, und ihre Erhebung liegt in der Hand der Gemeinden. Dies gibt den Gemeinden durchaus die Möglichkeit, letztlich diese Steuer auch als wirtschaftsstandortpolitisches Instrument zu nutzen. So werden etwa Betriebsansiedlungen von Gemeinden begünstigt, indem den Unternehmen bei Vorliegen bestimmter Voraussetzungen Nachsichten gewährt werden. Inwieweit derartige Praktiken im juristischen Rahmen liegen, ist hier nicht weiter auszuführen. Allerdings werden – und da gebe ich Ihnen recht – durch die bloße Verfügungsberechtigung die möglichen Autonomiepotenziale noch nicht voll ausgeschöpft. Und hier ist festzustellen, dass es den Gemeinden durchaus in sehr vielen Fällen nicht unrecht ist, ausschließliche Gemeindeabgaben mit bloßer Verfügungsberechtigung ohne echte Steuerautonomie zugeteilt zu bekommen. Das sieht man auch in der Grundsteuerdiskussion. Es gibt hier Vorschläge, die Bewertung des Grundbesitzes direkt den Gemeinden zuzuweisen. Das will aber kein Bürgermeister: Der Bürgermeister will es sich nicht mit seinen Gemeindebürgern verscherzen und daher nicht mit ihnen über deren Grundstückswerte diskutieren.

Prof. Dr. *Lars P. Feld*

Frau *Hey*, Sie haben eigentlich drei Aspekte angesprochen, die meines Erachtens wichtig sind. Der eine ist die Frage der Autonomie, und das beobachten wir quasi in allen Kommunen. Wir haben in der Rechtsvergleichung auch Frankreich gehört. Die französischen Bürgermeister haben sich massiv gegen eine zweite Welle der Dezentralisierung gewehrt, im Wesentlichen, weil sie keine Verantwortung übernehmen wollten für das, was an

Äquivalenz hinzukommen würde. Daher muss man nicht hoffen, dass man Unterstützung vonseiten der lokalen Entscheidungsträger bekommt. Gleichwohl ist es ökonomisch sinnvoll, die Autonomie der Kommunen zu stärken. Die Frage, wie sehr sie über ihre Ausgaben verfügen können, ist immer auch intertemporal zu stellen. Das heißt, wenn man den Personalbereich nimmt, der ja gern als unveränderbar angesehen wird, dann stimmt das sicherlich von einem Jahr aufs andere, aber schon in der mittleren Frist von fünf oder zehn Jahren besteht doch wesentlich größere Flexibilität. Deswegen würde ich jetzt nicht mit den 15 %, die häufig ins Feld geführt werden, haushalten wollen, sondern das schon ganz gern in der intertemporalen Betrachtungsweise abgestuft sehen. Der Sozialbereich ist sicherlich problematischer, aber da werden wir ja auch in Zukunft mit dem vorzeitig herausgegebenen Pfand für eine nicht durchgeführte kommunale Finanzreform eine gewisse Veränderung haben. Die Zuweisungen machen heute etwas mehr als ein Drittel der Einnahmen der Kommunen aus, wenn wir das Finanzierungsdefizit beiseitelassen. Danach folgen erst die Steuern, und auch die Gebühren und Beiträge sind mit 16 Mrd. in der letzten Statistik noch relativ hoch. Insofern sind die Steuern eigentlich der kleinere Teil. Denn wenn wir nun anstelle des heutigen Einkommensteueranteils ein lokales Hebesatzrecht oder ein lokales Zuschlagsrecht einführen, dann verändern wir an dieser Gewichtung ja nichts. Also insofern würde man dann doch einen bestimmten Teil an Ausgaben als variabel ansehen müssen, nämlich nicht nur den Teil, der von Jahr zu Jahr variabel ist, sondern auch in der mittleren Frist. Dafür sollten die entsprechenden Finanzierungsinstrumente zur Verfügung stehen.

Prof. Dr. *Roman Seer*

Im Grundlagenteil habe ich noch eine Frage zum Äquivalenzprinzip, weil es von allen angeführt worden ist. Verstehe ich Sie richtig, wie ich Sie gerne verstehen möchte: Es gibt ein Äquivalenzprinzip in dem Sinne, dass Steuern gerechtfertigt sind als solche, die möglichst nahe an die Steuerzahler als Empfänger kommunaler Leistungen anknüpfen? Also das heißt, dass die Gewerbesteuer zu verbreitern wäre, damit mehr Nutznießer kommunaler Leistungen aus der Wirtschaft auch zu Steuerzahlern werden und darüber hinaus durch eine Aktivierung eines Hebesatzrechts zur Einkommensteuer beispielsweise die jeweilige Einwohnerstärke fühlbar zur Stärkung der mittelbaren oder unmittelbaren Demokratie herangezogen wird. Oder meinen Sie das Äquivalenzprinzip auch in dem Sinne, dass es ausstrahlen soll auf die Ausgestaltung der Steuer? Da hätte ich Verständnisschwierigkeiten, zu sagen, wie kann der größere Nutzen, wenn jemand Leistungen der Kommune erhält, nun abgebildet werden in einer steuerlichen Bemessungsgrundlage? Da sind wir aber bei der Vorzugslast. Wie trennt sich das nun sauber ab?

Dr. *Simon Kempny*

Meine Frage richtet sich an Prof. *Waldhoff*. Wir haben ja im Laufe des Vormittags Lob für Zuschlagsmodelle gehört: von Herrn *Feld*, der sich insbesondere auf das Modell bezog, Körperschaft- und Einkommensteuerzuschlagsrechte für die Gemeinden einzuführen, von Ihnen den gedanklichen Ansatz, dass der Vorteil des Zuschlagsrechts, auch wenn Sie es ja vor allem auf die Grunderwerbsteuer bezogen haben, darin liege, dass man eine Trennung zwischen der dogmatisch bedeutsameren Ebene – Bemessungsgrundlage – und der politisch bedeutsameren Ebene – Tarif, Steuersatzhöhe – herbeiführen könne. Die eine könne auf der staatlichen Oberebene entwickelt und festgelegt, über die andere bei der politischen Verantwortlichkeit unten, auf Gemeindeebene entschieden werden. Die Frage ist: Greifen diese Argumente, besteht sozusagen der Charme dieser Funktionsteilung auch, wenn man über Einkommen- und Körperschaftsteuerzuschläge nachdenkt? Meiner Ansicht nach ist da die Bemessungsgrundlage nun wirklich nicht unpolitisch angesichts der vielen Elemente, die doch eher lenkender, subventiver oder welcher Natur auch immer sind. Brauchen wir nicht, unterstreicht Ihr Konzept nicht gerade das Bedürfnis nach einer Rechtsbereinigung in dem Sinne, dass solche Elemente aus der Bemessungsgrundlage herausgelöst und in den Tarif oder in Subventionsgesetze überführt werden?

Prof. Dr. *Susanne Sieker*

Herr *Waldhoff*, ich habe eine Frage zu Ihrem Katalog der Zielkonflikte. Müsste man den Katalog nicht um einen weiteren Konflikt ergänzen: den Zielkonflikt zwischen Finanzautonomie und Steuerwettbewerb? Diesen Punkt hat auch Herr *Feld* angesprochen, und er bewegt mich vor dem Hintergrund der steuerrechtlichen Situation in der Schweiz. Dort wird nämlich darüber diskutiert, ob es ein Doppelbesteuerungsabkommen auf nationaler Ebene geben sollte. Wenn es diesen Zielkonflikt gibt, stellt sich die zweite Frage: Soll es bei dem Steuerwettbewerb bleiben und es der jeweiligen Gemeinde überlassen sein, ob sie den Gewerbesteuerhebesatz genauso hoch oder niedrig festsetzt, wie die vielleicht reichere Nachbargemeinde, oder sollte es gesetzliche Abgrenzungsregelungen geben oder kann das Problem auf der Ebene des Finanzausgleichs gelöst werden, wie Herr *Achatz* es an dem Beispiel aus der Schweiz vorgeführt hat?

Prof. Dr. *Christian Waldhoff*

Ich darf die Fragen von hinten angehen und mit Frau *Sieker* beginnen, zu dem Verhältnis von Finanzautonomie und Steuerwettbewerb. Finanzautonomie hat zur Folge und dient dazu, Steuerwettbewerb überhaupt zu ermöglichen. Das kann unter bestimmten Bedingungen zu Übertreibungen führen, Finanzautonomie kann Steuerwettbewerb unter Umständen auch beeinträchtigen oder verhindern. Es handelt sich meines Erachtens somit letztlich um ein dialektisches Verhältnis. In meinem Referat hatte ich zwischen den Zeilen gesagt, dass Steuerwettbewerb für mich stets nur regulierter Wettbewerb sein kann. Das sagt auch die Entscheidung des BVerfG zum Gewerbesteuer-Mindesthebesatz; hier hätte ich mir auch noch etwas mehr Großzügigkeit seitens des Zweiten Senats vorstellen können – der Grundgedanke ist jedoch richtig. Entsprechendes gilt für Steuerwettbewerb auf europäischer Ebene. Regulierter Steuerwettbewerb führt zur Auflösung des angesprochenen Spannungsverhältnisses, ohne dass das dann schon eine wirklich konkrete Lösung wäre.

In der Schweiz haben wir in der Tat ein innerbundestaatliches Doppelbesteuerungsproblem, wohl auch zwischen den Gemeinden. Es gibt in der schweizerischen Bundesverfassung einen Auftrag, ein Bundesgesetz zur Beseitigung der innerbundesstaatlichen Doppelbesteuerung zu schaffen. Das ist meines Wissens bis heute nicht geschehen und wird durch bundesgerichtliche Rechtsprechung ersetzt.

Die Frage von Herrn *Kempny* ist sehr gut: Das Verhältnis der Funktionsteilung zwischen der Steuerbemessungsgrundlage einerseits, dem Steuertarif andererseits. Ich wollte nicht sagen, dass Fragen der Steuerbemessungsgrundlage immer unpolitisch seien, denn keine Rechtsfrage ist unpolitisch. Aber ich wollte doch betonen, dass Fragen des Steuersatzes in höherem Maße politische Implikationen enthalten. Vor diesem Hintergrund erscheint die Steuerbemessungsgrundlage dann als sehr viel technischere Angelegenheit, in der die Fragen der Steuerrechtsdogmatik eine zentrale Rolle spielen – auch wenn politische Erwägungen dadurch natürlich nicht abschließend verdrängt werden. Das politische Gestaltungselement ist demgegenüber sehr viel stärker der Steuertarif, der Steuersatz. Ein Modell von Zuschlags- oder Hebesatzrechten ist daher sehr gut geeignet, Rechtszersplitterung zu vermeiden, politische Gestaltung jedoch zu sichern.

Schließlich die Frage von Herrn *Seer* zur Bedeutung des Äquivalenzprinzips. Ich unterscheide immer zwischen genereller und konkreter Äquivalenz. Konkrete Äquivalenz treffen wir bei Gebühren und Beiträgen, also bei Kausalabgaben/Vorzugslasten. Demgegenüber ist die Steuer durch die generelle Äquivalenz gerechtfertigt, wenn sie sich als Entgelt für die Summe der staatlichen Leistung erweist, die nicht in konkreten Äquivalenzbeziehungen konkretisiert wird. Dann muss sich etwa auch die Gewerbesteuer einem Test der generellen Äquivalenz stellen; daraus kann sich Kritik an der Ausgestaltung der Bemessungsgrundlage ergeben. Mir hat etwa noch nie eingeleuchtet, warum Freiberufler weniger von den Leistungen einer Gemeinde profitieren sollen als Gewerbetreibende. Letztlich dürfte es sich um die anachronistische Annahme handeln, dass Freiberufler etwas „Besseres" seien, als gewerbliche Tätige. Der Arzt, der etwa einen Computertomographen anschafft, hat hohe Investitionen, höhere, als die meisten

Handwerksmeister. Letztlich dürfte es sich beim Ausschluss der Freiberufler von der Gewerbesteuer um eine ideologische Entscheidung handeln.

Prof. Dr. *Markus Achatz*

Zunächst kann ich nur bestätigen, dass die Schweizer Rechtslage vollkommen zutreffend wiedergegeben wurde, was die Doppelbesteuerungsproblematik betrifft, und in der Tat bestehen diese Probleme nicht nur interkantonal, sondern auch zwischen Kommunen desselben Kantons, und ganz komplex wird es, wenn es sich um Kommunen unterschiedlicher Kantone handelt. Festzuhalten ist, dass die Schweizer Rechtspraxis mit einer gehörigen Portion Pragmatismus am Werk ist, wenn es um die Aufteilung dieses Steuerkuchens geht. Ein Pragmatismus, der unserer Rechtsordnung in Österreich und auch jener in Deutschland nicht unbedingt eigen ist, wenn etwa Bemessungsgrundlagen im Verhältnis 40 zu 60 zwischen Wohnsitzgemeinde und der Betriebstättengemeinde aufgeteilt werden. Mit solchen Schlüsseln muss man aber wohl leben lernen, wenn Ländern und Kommunen ein Recht zur Einkommensbesteuerung eingeräumt würde. Kontraproduktiv wäre hingegen, das internationale Steuerrecht sozusagen national zu spiegeln und die gesamte Welt des internationalen Steuerrechts dann auch auf einmal im innerstaatlichen Bereich multipliziert zu sehen. Geht man dazu über, Zuschläge der Kommunen zur Einkommensteuer vorzusehen, muss auch das Problem der Doppelbesteuerung angesprochen und pragmatisch gelöst werden. Lässt man einen solchen Steuerwettbewerb zu, müssen für diesen aber auch Grenzen festgelegt werden. Denn eines zeigt die Schweizer Situation immer deutlicher, nämlich, dass durch einen nahezu ungezügelten Steuerwettbewerb auch zwischen den Kantonen ein gewisser Race to the Bottom stattfindet, der nicht erwünscht sein kann. So zum Beispiel, wenn einzelne Kantone in der Einkommensteuer degressive Sätze vorsehen, um entsprechend attraktiv für den Zuzug zu sein. Solche Beispiele zeigen, dass für einen kommunalen Steuerwettbewerb in der Einkommensteuer klar definierte Grenzen bestehen müssen.

Prof. Dr. *Lars P. Feld*

Ich würde einmal das, was es an Regeln zur kantonalen Steuerausscheidung gibt, die in gewisser Hinsicht Regelwerke für die Doppelbesteuerung sind und ähnlich, wie wir das jetzt auf europäischer Ebene diskutieren, im Sinne der Formelaufteilungen funktionieren, nicht so niedrig hängen. Es gibt zwar kein Bundesgesetz in der Schweiz, das den Status eines Doppelbesteuerungsabkommens, eines Regelwerks für Doppelbesteuerungsabkommen beanspruchen kann. Aber die Kantone haben ihre eigenen Regeln und das sogar bei unterschiedlichen Bemessungsgrundlagen, was dann am Ende zu einem gewissen Pragmatismus führt. Zugleich ist das Problem eher in den unterschiedlichen Bemessungsgrundlagen zu sehen. Das ist ja auch ein Problem, das in den USA besteht. Die Notwendigkeit, dafür ein Bundesgesetz zu haben, wird allein von daher im schweizerischen Kontext schwer zu beantworten sein, weil die Kantone dem Bund in der Hinsicht explizit die Kompetenz zuerkennen müssten, dass er das überhaupt regeln darf. Dies ist nicht einfach auf Basis des Steuerharmonisierungsgesetzes zu erreichen. Was den regulierten Wettbewerb anbetrifft, kann man sich darüber streiten, wie weit die Eingriffsmöglichkeiten bestehen sollten, um Mindeststeuersätze festzulegen. Was allerdings die Veränderungen der Bemessungsgrundlage anbetrifft, bin ich mit Herrn *Waldhoff* völlig konform, dass man gewisse Regeln benötigt, um Wucherungen und Auswüchse, die es in diesem Bereich geben kann, einzudämmen. Ich habe ursprünglich das schweizerische Steuerharmonisierungsgesetz so verstanden. Mittlerweile legt das Bundesgericht in Lausanne das Steuerharmonisierungsgesetz extensiver aus, was ursprünglich nicht beabsichtigt war, sodass es im Gegensatz zur ursprünglichen Intention tatsächlich zu einer materiellen Steuerharmonisierung führt. Man kann schon feststellen, wie eben kurz angedeutet, dass es bestimmte Auswüchse bei der Bemessungsgrundlage gibt. Man kann auch feststellen, dass der Finanzausgleich in alter Form es nicht geschafft hat, die Unterschiede in der Leistungsfähigkeit der Kantone irgendwie auszugleichen. Der Steuerwettbewerb hat aber dahin gehend keine negativen Auswirkungen gehabt. Er ist im Wesentlichen positiv zu beurteilen, wenn man nun nicht einfach nur Einzelbeispiele herausgreift, sondern die Effekte im Durchschnitt über die Zeit betrachtet. Ich kann nur jedem empfehlen, sich von *Georg von Schanz* das fünfbändige Werk „Die Steuern der Schweiz" von 1890 anzuschauen. Sie finden dort Phänomene beschrieben, die ganz genauso heute immer noch anzutreffen sind. In der Schweiz gibt es schließlich für eine weitergehende Steuerharmonisierung eine einfache Instanz. Die Bevölkerung muss entscheiden. Sie haben aber zuletzt eine materielle Steuerharmonisierung in Bausch und Bogen abgelehnt. Auf der Basis nun noch einmal eine weitere Steuerharmonisierung anzustreben, würde nun doch mindestens 10 bis 20 Jahre dauern, und darüber bin ich eigentlich nicht unglücklich. Noch die letzte Bemerkung zum Äquivalenzprinzip. Herr *Seer*, ich glaube, wir haben die gleiche Interpretation. Ich würde aus dem Äquivalenzprinzip nicht ableiten wollen, dass sich daraus bestimmte Vorgaben für die Bemessungsgrundlage ergeben. Ich habe die Seitenbemerkungen nur gemacht, um anzuerkennen, dass es solche Argumente gibt, aber nicht, dass ich die unterstreichen würde. Ich gehe davon aus, dass man das Äquivalenzprinzip nur zur Rechtfertigung dieser kommunalen Steuern verwenden kann, aber nicht darüber hinaus.

Möglichkeiten und Grenzen der gemeindlichen Steuerautonomie: Steuererfindungsrechte sowie örtliche Aufwand- und Verbrauchsteuern

Prof. Dr. *Rainer Wernsmann*
Universität Passau

Inhaltsübersicht

I. Einleitung
II. Steuerautonomie und Steuererfindungsrechte
  1. Steuererfindungsrechte und die Finanzverfassung
  2. Steuererfindungsrechte und die Garantie der kommunalen Selbstverwaltung
III. Örtliche Verbrauch- und Aufwandsteuern
  1. Kompetenzielle Grenzen
    a) „Steuer"
    b) „Aufwand-" und „Verbrauch-"Steuer
    c) Örtlichkeit
    d) Keine Gleichartigkeit
    e) Widerspruchsfreiheit der Rechtsordnung
  2. Grundrechtliche Grenzen bei der Auswahl des Steuergegenstands
  3. Grundrechtliche Grenzen bei der Ausgestaltung der Steuernorm
IV. Zusammenfassung

I. Einleitung

Die „großen", d.h. aufkommensstarken Gemeindesteuern sind die Gewerbesteuer und die Grundsteuer. Diese Steuern sind bundesgesetzlich geregelt, deren Aufkommen können die Gemeinden aber über ein verfassungsrechtlich garantiertes Hebesatzrecht (Art. 106 Abs. 6 Satz 2 GG) beeinflussen. Die Gewerbesteuer erbrachte im Jahr 2010 ein Gesamtaufkommen in Höhe von ca. 36 Mrd. Euro, die Grundsteuer ein Aufkommen in Höhe von ca. 11 Mrd. Euro.[1] Daneben treten die sog. Bagatellsteuern. Das sind die örtlichen Verbrauch- und Aufwandsteuern, deren Regelung das Grundgesetz nach Art. 105 Abs. 2a Satz 1 ausschließlich den Ländern zuweist, die das Gesetzgebungsrecht aber meist in ihren Kommunalabgabengesetzen auf die Gemeinden oder Gemeindeverbände übertragen haben.[2] Die aufkommensstärkste örtliche Aufwandsteuer war mit einem Aufkommen von ca. 377 Mio. Euro im Jahr 2010 die Vergnügungsteuer, gefolgt von der Hundesteuer mit einem Gesamtaufkommen von ca. 258 Mio. Euro, der

---

1 Quelle: Bundesministerium der Finanzen, Finanzbericht 2010, S. 283.
2 Z.B. Art. 3 BayKAG; § 3 KAG NRW.

Zweitwohnungsteuer mit ca. 94 Mio. Euro und der Jagd- und Fischereisteuer mit ca. 19 Mio. Euro.[3]

Im Folgenden wird untersucht, inwieweit den Gemeinden und Gemeindeverbänden ein allgemeines Steuererfindungsrecht auch hinsichtlich solcher Steuern zusteht, die keine örtlichen Verbrauch- und Aufwandsteuern sind (II.), und wieweit ihre Regelungsbefugnisse hinsichtlich der örtlichen Verbrauch- und Aufwandsteuern reichen (III.).

II. Steuerautonomie und Steuererfindungsrechte

1. Steuererfindungsrechte und die Finanzverfassung

Eine Steuer, deren Aufkommensverteilung das Grundgesetz nicht selbst (in seinem Art. 106 GG) regelt, ist von vornherein verfassungswidrig. Die h. M.[4] sieht die Aufzählung der Ertragszuweisung einzelner Steuern und Steuerarten mit Recht als abschließend an mit der Folge, dass Bund und Ländern keine Steuererfindungsrechte außerhalb der vom Grundgesetz genannten Steuern und Steuerarten zukommen. Gleiches muss dann auch für die Gemeinden und Gemeindeverbände gelten, die nur solche Steuern erheben dürfen, deren Regelung ihnen das Grundgesetz zuweist (wie die Hebesätze von Grund- und Gewerbesteuer) oder deren Regelung der an

---

3 Quelle: Statistisches Bundesamt. http://www.destatis.de/jetspeed/portal/cms/Sites/destatis/Internet/DE/Content/Publikationen/Fachveroeffentlichungen/FinanzenSteuern/Steuern/Steuerhaushalt/SteuerhaushaltJ2140400107004,property=file.pdf (dort auch zu Besonderheiten in Hessen und Rheinland-Pfalz hinsichtlich Getränkesteuer und Schankerlaubnissteuer).
4 BFHE 141, 369 (372); *Jachmann* in v. Mangoldt/Klein/Starck, 6. Aufl. 2010, Art. 105 GG Rz. 32; *Kube* in Epping/Hillgruber, 2009, Art. 105 GG Rz. 42 f.; *Müller-Franken* in Berliner Kommentar zum GG, Stand: 33. Lfg. Juli 2011, Art. 105 GG Rz. 206; *Maunz* in Maunz/Dürig, Stand: Januar 2011, Art. 105 GG Rz. 46; *Maurer*, Staatsrecht I, 6. Aufl. 2010, § 21 Rz. 26; *Pieroth* in Jarass/Pieroth, 11. Aufl. 2011, Art. 106 GG Rz. 2; *Schenke* in Sodan, 2009, Art. 105 GG Rz. 13; *Siekmann* in Sachs, 6. Aufl. 2011, vor Art. 104a GG Rz. 143 und Art. 105 GG Rz. 50; *Stern*, Staatsrecht II, 1980, S. 1118 ff.; *Vogel/Waldhoff* in Bonner Kommentar zum GG, Stand: 153. Lfg. August 2011, Vorbem. zu Art. 104a-115 GG Rz. 519; *Waldhoff* in Isensee/Kirchhof, Handbuch des Staatsrechts, Bd. V, 3. Aufl. 2007, § 116 Rz. 26; *Waldhoff*, Verfassungsrechtliche Vorgaben für die Steuergesetzgebung im Vergleich Deutschland – Schweiz, 1997, S. 186; *Wernsmann*, Verhaltenslenkung in einem rationalen Steuersystem, 2005, S. 324 ff.; *Wernsmann* in Hübschmann/Hepp/Spitaler, AO/FGO, Stand: 213. Lfg. Juli 2011, § 4 AO Rz. 382. Offenlassend BVerfGE 98, 83 (101). Vgl. auch bereits BVerfGE 49, 343 (354). Für ein unbegrenztes Steuererfindungsrecht hingegen *Fischer-Menshausen* in v. Münch/Kunig, Bd. III, 3. Aufl. 1996, Art. 105 GG Rz. 16; *Heun* in Dreier, Bd. III, 2. Aufl. 2008, Art. 106 Rz. 14; *Jarass*, Nichtsteuerliche Abgaben und lenkende Steuern unter dem Grundgesetz, 1999, S. 17 ff.; *Osterloh*, NVwZ 1991, 823 (827 f.); *Selmer*, Steuerinterventionismus und Verfassungsrecht, 1972, S. 144; *Söhn* in Festschrift für Stern, 1997, S. 587 (599 ff.); *Tipke*, Die Steuerrechtsordnung, Bd. III, 1993, S. 1088 ff., insbes. 1095; *Wendt* in Isensee/Kirchhof, Handbuch des Staatsrechts, Bd. VI, 3. Aufl. 2008, § 139 Rz. 29 f.

sich zuständige Rechtsträger an sie delegiert hat, wie das vielfach in den Kommunalabgabengesetzen der Länder hinsichtlich der örtlichen Verbrauch- und Aufwandsteuern im Sinne des Art. 105 Abs. 2a Satz 1 GG geschieht.[5] Eine solche Delegation ist verfassungsrechtlich zulässig.[6] Allerdings können Regelungskompetenzen nur insoweit delegiert werden, als der Delegierende selbst zuständig ist. Ermächtigt also das Kommunalabgabengesetz eines Landes die Kommunen allgemein zur Erhebung von Steuern[7], so ist das verfassungskonform dahin auszulegen, dass die Gemeinden nur solche Steuern regeln dürfen, deren Normierung das Grundgesetz ihnen entweder unmittelbar zuweist oder deren Normierung das Grundgesetz den Ländern zuweist, soweit diese ihre Regelungsbefugnis auf die Kommunen übertragen haben.

Die Finanzverfassung des Grundgesetzes enthält einen Numerus clausus der zulässigen Steuern oder Steuerarten. Sie ist auf Formenklarheit und Formenbindung angelegt.[8] Indem sie einen festen Rahmen vorgibt, fördert und entlastet sie den politischen Prozess.[9] Diese Funktion wäre infrage gestellt, wenn unklar wäre, wem das Aufkommen aus Steuern zufließen soll, die vom Grundgesetz nicht explizit vorgesehen sind. Zum Teil wird vorgeschlagen, dass bei Einführung einer dem Grundgesetz unbekannten Steuer durch den einfachen Gesetzgeber der *verfassungsändernde* Gesetzgeber aufgerufen sei, die entstandene Regelungslücke durch Ergänzung des Art. 106 GG zu schließen.[10] Indes kann der einfache Gesetzgeber den verfassungsändernden Gesetzgeber, der qualifizierte Mehrheiten in Bundestag und Bundesrat benötigt, nicht zu einer Änderung des rechtlichen Rahmens, der Spielregeln, zwingen. Damit würde das in Art. 79 Abs. 2 GG verankerte Erfordernis einer Zwei-Drittel-Mehrheit in Bundestag und Bundesrat unterlaufen.

Andere Gegner eines Numerus clausus wollen die Ertragshoheit einer von Art. 106 GG nicht erfassten Steuer demjenigen zuweisen, der sie erfindet.[11] Die Ertragszuständigkeit soll danach insoweit der Gesetzgebungskompetenz folgen. Freilich können zur Begründung dieser These nur historische Vergleiche, die Natur der Sache[12] oder der Vergleich mit nichtsteuerlichen

---

5 Vgl. z. B. Art. 3 Abs. 1 BayKAG; § 3 Abs. 1 Satz 1 KAG NRW. §§ 5, 6 KAG Rh-Pf differenzieren zwischen Gemeindesteuern und Kreissteuern.
6 BVerfGE 65, 325 (343); 98, 106 (123); *Stern*, Staatsrecht II, 1980, S. 1124; *Müller-Franken* in Berliner Kommentar (Fn. 4), Art. 105 GG Rz. 221; *Heintzen* in v. Münch/Kunig, GG III, 5. Aufl. 2003, Art. 105 GG Rz. 60.
7 Z. B. § 3 Abs. 1 Satz 1 KAG Bbg.: „Die Gemeinden können Steuern erheben."
8 BVerfGE 105, 185 (193 f.); 108, 1 (14).
9 BVerfGE 105, 185 (193 f.).
10 Insbesondere *Tipke*, Die Steuerrechtsordnung III, 1993, S. 1088 ff.
11 *Jarass*, Nichtsteuerliche Abgaben und lenkende Steuern unter dem Grundgesetz, 1999, S. 18; *Osterloh*, NVwZ 1991, 823 (828); *Söhn* in Festschrift für Stern, 1997, S. 587 (600 f.); *Wendt* in Isensee/Kirchhof, Bd. VI (Fn. 4), § 139 Rz. 30.
12 *Wendt* in Isensee/Kirchhof, Bd. VI (Fn. 4), § 139 Rz. 30.

Abgaben[13] angeführt werden. Das ist mit der Formenstrenge der Finanzverfassung, die die Spielregeln vorab festlegen muss, um den politischen Prozess entlasten zu können, nicht vereinbar. Der sorgfältigen Regelung der Ertragsverteilung ist zu entnehmen, dass die Verfassung die Verteilung des Steueraufkommens abschließend selbst vornehmen will.[14] Eine Lückenfüllung durch Analogieschlüsse oder teleologische Reduktionen ist im Finanzverfassungsrecht nicht zulässig.[15] Übrige Steuern im Sinne des Art. 105 Abs. 2 GG sind also nur solche Steuern, deren Ertrag das Grundgesetz selbst nach Art. 106 GG verteilt. Die Einführung einer dem Grundgesetz unbekannten Steuer setzt damit eine *vorherige* Verfassungsänderung voraus.

2. Steuererfindungsrechte und die Garantie der kommunalen Selbstverwaltung

Kennt der X. Abschnitt des Grundgesetzes, die Finanzverfassung, kein freies (unbegrenztes) Steuererfindungsrecht, so müssen neu einzuführende Steuern wie gegenwärtig z. B. die Übernachtungssteuern begrifflich den im Grundgesetz vorhandenen Steuerarten genügen. Typischerweise muss es sich bei diesen Steuern um örtliche Verbrauch- oder Aufwandsteuern im Sinne des Art. 105 Abs. 2a Satz 1 GG handeln. Aus der Garantie der kommunalen Selbstverwaltung nach Art. 28 Abs. 2 GG folgt nichts anderes.[16] Zwar ist dieser das Recht zum Erlass von Satzungen zu entnehmen. Indes ist die kommunale Steuersatzungshoheit durch die Bestimmungen der Finanzverfassung begrenzt, und Art. 105 GG sieht gerade kein freies Steuererfindungsrecht der Gemeinden vor.[17] Verfassungsrechtlich zugesichert ist den Gemeinden im Rahmen der Selbstverwaltungsgarantie allein eine ihnen „mit Hebesatzrecht zustehende wirtschaftskraftbezogene Steuerquelle" (Art. 28 Abs. 2 Satz 3 GG). Da die Grundsteuer nicht wirtschaftskraftbezogen ist, wäre ein ersatzloser Wegfall der Gewerbesteuer verfassungswidrig. Weitere Aussagen zur Steuerfinanzierung trifft die in Art. 28 Abs. 2 GG enthaltene Garantie der kommunalen Selbstverwaltung nicht. Und die in den Landesverfassungen enthaltenen Garantien der kommunalen Selbstverwaltung können den Gemeinden kein autonomes Steuererfindungsrecht einräumen, da diese die Kompetenzordnung des Grundgesetzes und damit Art. 105, 106 GG beachten müssen.

---

13 Vgl. *Jarass* (Fn. 11).
14 *Müller-Franken* in Berliner Kommentar (Fn. 4), Art. 105 Rz. 206 spricht von „Verfassungsvorbehalt".
15 BVerfGE 67, 256 (288 f.); 105, 185 (193 f.).
16 H. M.: *Lang* in Tipke/Lang, Steuerrecht, 20. Aufl. 2010, § 5 Rz. 11; *Müller-Franken* in Berliner Kommentar (Fn. 4), Art. 105 Rz. 245; *Siekmann* in Sachs (Fn. 4), Art. 105 Rz. 48.
17 *Stern*, Staatsrecht II, 1980, S. 1123 f.; *Wegner*, BayVBl. 2011, 261 (265).

III. Örtliche Verbrauch- und Aufwandsteuern

Haben die Gemeinden kein unbegrenztes Steuererfindungsrecht, so können sie ihre Steuereinnahmen allein über zwei Stellschrauben beeinflussen: Sie können die Hebesätze der Grund- und der Gewerbesteuer bestimmen, deren Aufkommen ihnen zufließt (Art. 106 Abs. 6 Satz 1 GG), und sie können – wenn und soweit die Länder ihre ausschließliche Regelungszuständigkeit nach Art. 105 Abs. 2a Satz 1 GG an die Gemeinden delegiert haben – örtliche Verbrauch- und Aufwandsteuern regeln. Deren Aufkommen fließt ebenfalls den Gemeinden oder nach Maßgabe der Landesgesetzgebung[18] den Gemeindeverbänden zu (Art. 106 Abs. 6 Satz 1 GG).[19]

Will eine Gemeinde eine örtliche Verbrauch- oder Aufwandsteuer einführen, so muss diese Steuer die kompetenziellen Grenzen des Art. 105 Abs. 2a Satz 1 GG (1.) sowie die grundrechtlichen (freiheits- und gleichheitsrechtlichen) Grenzen hinsichtlich Findung des Steuergegenstands und Ausgestaltung der Belastungsentscheidung (2., 3.) und ggf. die Einschränkungen, die der Landesgesetzgeber in seiner Delegationsentscheidung zugunsten der Kommunen vorsieht[20], einhalten.

1. Kompetenzielle Grenzen

Der Landesgesetzgeber kann die ihm vom Grundgesetz (Art. 105 Abs. 2a Satz 1 GG) verliehene ausschließliche Gesetzgebungskompetenz für örtliche Verbrauch- und Aufwandsteuern, die bundesgesetzlichen Steuern nicht gleichartig sind, an die Gemeinden und Gemeindeverbände delegieren. Die Gemeinden bzw. Gemeindeverbände sind dann zuständig, sofern die Voraussetzungen des Art. 105 Abs. 2a Satz 1 GG vorliegen.

a) „Steuer"

Nach allgemeinen Regeln muss zunächst eine Steuer vorliegen. Der Steuerbegriff des § 3 Abs. 1 AO bildet in seiner derzeitigen Fassung den verfas-

---

18 Vgl. z. B. § 6 Abs. 1 Satz 1 KAG Rh-Pf für die Jagdsteuer.
19 Offenkundig sinnlos wäre es, die Regelungskompetenz der Länder hinsichtlich solcher Steuern, die nicht den Gemeinden bzw. Gemeindeverbänden, sondern den Ländern zufließen, auf die kommunale Ebene zu übertragen. Daraus folgt die Unzulässigkeit einer solchen Übertragung. Vgl. zum Parallelproblem der Landesgesetze über Bundes- oder Gemeinschaftssteuern *Vogel/Walter* in Bonner Kommentar (Fn. 4), Art. 105 GG Rz. 77 a. E.
20 Vgl. z. B. § 3 Abs. 1 Satz 2 KAG Bbg: Verbot der Erhebung einer Jagdsteuer oder Jagderlaubnissteuer. Vgl. ferner Art. 3 Abs. 3 Satz 1 BayKAG: Zulässigkeit der Erhebung einer Zweitwohnungsteuer nur bei Überschreitung bestimmter Einkommensgrenzen; § 3 Abs. 1 Satz 3 KAG NRW: Unzulässigkeit der Erhebung einer Steuer auf die Erlangung der Erlaubnis, Gestattung oder Befugnis zum Betrieb eines Gaststättengewerbes.

sungsrechtlichen Steuerbegriff zutreffend ab.[21] Steuern sind danach Geldleistungen, die nicht eine Gegenleistung für eine besondere Leistung darstellen und von einem öffentlich-rechtlichen Gemeinwesen zur Erzielung von Einnahmen allen auferlegt werden, bei denen der Tatbestand zutrifft, an den das Gesetz die Leistungspflicht knüpft, wobei die Erzielung von Einnahmen Nebenzweck sein kann. Eine Steuer liegt nicht mehr vor, wenn die Norm nicht der Erzielung von Einnahmen dient, sondern der Erdrosselung – d. h. der vollständigen Unterbindung – des besteuerten Verhaltens.[22] D. h. die Steuernorm muss in nahezu jedem Fall zur Aufgabe des besteuerten Verhaltens führen, nicht nur bei einigen Steuerpflichtigen. Erbringt die Steuer nahezu ein Nullaufkommen, so ist das ein Indiz dafür, dass die in das Gewand einer Steuersatzung gekleidete Regelung nicht Einnahmen erbringen soll, sondern auf die völlige Unterbindung des Verhaltens zielen soll. Praktisch bedeutsam wurde das bei der Besteuerung von Kampfhunden.[23] Wirken die Regelungen vorgeblich steuerlicher Art erdrosselnd mit der Folge, dass es sich der Sache nach in Wahrheit um ein Verbot handelt, richten sich die Zuständigkeiten für die Normsetzung nach den Sachkompetenzen, nicht nach den Steuerkompetenzen. Selbst wenn Steuer- und Sachkompetenz sich zufällig in der Hand desselben Rechtsetzers vereinen sollten, fehlt dem Steuergesetzgeber für eine erdrosselnde „Steuer" die Regelungskompetenz. Der Grundsatz der Normenwahrheit verpflichtet den Gesetzgeber zu einer zutreffenden Etikettierung[24] und steht einem Formenmissbrauch entgegen.[25]

b) „Aufwand-" und „Verbrauch-"Steuer

Die Gemeinden dürfen des Weiteren nur Verbrauch- und Aufwandsteuern regeln. Verbrauchsteuern werden definiert als Warensteuern auf den Verbrauch vertretbarer Güter, die regelmäßig bei dem das Verbrauchsgut anbietenden Unternehmer erhoben werden, jedoch auf Überwälzung auf den Verbraucher angelegt sind.[26] Waren sind nur Gegenstände des Handelsverkehrs; keine handelsfähigen Güter sind Luft und Wind, weshalb kommunale Steuern auf die Nutzung des Windes verfassungswidrig sind. Ob die Überwälzung tatsächlich gelingt, eine Preiserhöhung am Markt also

---

21 *Drüen* in Tipke/Kruse, AO/FGO, Stand: 127. Lfg. Nov. 2011, § 3 AO Rz. 2; *Wernsmann* in Hübschmann/Hepp/Spitaler (Fn. 4), § 3 AO Rz. 35.
22 *Wernsmann*, NJW 2006, 1169 (1173); *Wernsmann* in Hübschmann/Hepp/Spitaler (Fn. 4), § 3 AO Rz. 122.
23 Ob eine Steuer erdrosselnd wirkt, ist nach der Rspr. eine Tatsachenfrage; vgl. zuletzt BVerwG v. 25.3.2010 – 9 B 74/09.
24 Vgl. BVerfGE 108, 1 (20) – Rückmeldegebühren Bad.-Württ.; *Wernsmann* in Hübschmann/Hepp/Spitaler (Fn. 4), § 3 AO Rz. 122 und § 4 AO Rz. 689 f.
25 BVerfGE 16, 147 (161); 38, 61 (81); *Wieland* in DStJG 24 (2001), S. 29 (32).
26 BVerfGE 98, 106 (123 f.); *Lang* in Tipke/Lang (Fn. 16), § 3 Rz. 48; *Voß* in DStJG 11 (1988), S. 261 (265 ff.).

durchsetzbar ist, spielt keine Rolle.[27] Verbrauchsteuern sind allein aus Praktikabilitätsgründen in aller Regel indirekte Steuern: Derjenige, der wirtschaftlich die Steuer tragen soll, und derjenige, der die Steuer rechtlich schuldet, sind nicht identisch.

Aufwandsteuern sind Steuern auf die in der Einkommensverwendung für den persönlichen Lebensbedarf zum Ausdruck kommende wirtschaftliche Leistungsfähigkeit.[28] Sie sind häufig als direkte Steuern ausgestaltet, d.h. derjenige, der die Steuer schuldet, soll grundsätzlich auch wirtschaftlich die Steuerlast tragen (z.B. Hundesteuer, Zweitwohnungsteuer). Es gibt aber auch Aufwandsteuern in Form indirekter Steuern, z.B. Vergnügungsteuern oder häufig die neuen Steuern auf Hotelübernachtungen. Als bundesgesetzlich geregelte Aufwandsteuer, deren Aufkommen seit 2009 dem Bund (und nicht mehr den Ländern) zufließt (Art. 106 Abs. 1 Nr. 3 GG), existiert die Kfz-Steuer.[29]

Steuern greifen auf wirtschaftliche Leistungsfähigkeit zu, die sich in drei Phasen manifestieren kann: im Hinzuerwerb von Vermögen, im Bestand des vorhandenen Eigentums und Vermögens und in der Verwendung von Vermögen.[30] Sowohl die Verbrauch- als auch die Aufwandsteuern werden der dritten Phase zugeordnet, also der Verwendung von Vermögen.[31] So wird auch die gemietete Zweitwohnung besteuert und nicht nur die im Eigentum stehende. Aufwandsteuern orientieren sich am „Gebrauch" von Gegenständen, der nicht zwingend mit dem Innehaben des Eigentums zusammenfällt.

Ob und inwieweit die Einbeziehung von Sachverhalten, die im konkreten Fall keine Einkommensverwendung für den persönlichen Lebensbedarf aus-

---

27 BVerfGE 14, 76 (96); 27, 375 (384); 98, 106 (124); 110, 274 (295); 123, 1 (23). Die Voraussetzung, dass die Steuer auf Abwälzung angelegt ist, sieht das BVerfG so lange als gegeben, wie der Steuerpflichtige noch kostendeckend arbeitet und der Betrieb in der Regel noch Gewinn abwirft, BVerfGE 123, 1 (23). Kritisch zu diesen Prämissen *Seer*, DStR 2012, 325 (332).
28 BVerfGE 16, 64 (74); 49, 343 (354); 65, 325 (346); 114, 316 (334); BVerwGE 115, 165 (168); BVerwG, NVwZ 2008, 91.
29 Ebenso *P. Kirchhof* in Isensee/Kirchhof, Bd. V (Fn. 4), § 118 Rz. 240 a.E.; *Lang* in Tipke/Lang (Fn. 16), § 3 Rz. 49 und § 8 Rz. 104. Anders BFH, BStBl. II 1973, 807 (808, 809), der die Kfz-Steuer als Verkehrsteuer einordnet (freilich hauptsächlich, um zutreffend das Vorliegen einer Verbrauchsteuer zu verneinen). Verkehrsteuern sind Steuern, die an Akte oder Vorgänge des Rechtsverkehrs, an einen rechtlichen oder wirtschaftlichen Akt, an die Vornahme eines Rechtsgeschäfts oder an einen wirtschaftlichen Vorgang oder einen Verkehrsvorgang anknüpfen; der BFH meint, die Steuer knüpfe an den bis zur Abmeldung des Kfz fortwirkenden Vorgang des öffentlich-rechtlichen Rechtsverkehrs (Erlaubnis zur Teilnahme am Verkehr auf öffentlichen Straßen) an. Wegen der ausdrücklichen Regelung der Kfz-Steuer im Grundgesetz kann die Einordnung in der Regel offenbleiben.
30 Vgl. z.B. *Birk*, Steuerrecht, 14. Aufl. 2011, Rz. 70 ff.
31 Vgl. z.B. BVerfGE 114, 316 (334).

drücken oder keine wirtschaftliche Leistungsfähigkeit indizieren, verfassungsgemäß ist, wird im Zusammenhang mit den grundrechtlichen Maßstäben untersucht. Denn begrifflich-kompetenziell bleibt nach der Rechtsprechung des BVerfG eine Verbrauch- und Aufwandsteuer auch dann eine solche, wenn sie im Einzelfall über das Ziel hinausschießt und auch solche Sachverhalte der Besteuerung unterwirft, die dem Wesen der Verbrauch- und Aufwandsteuern widersprechen.[32] Für die Frage der Gesetzgebungskompetenz hinsichtlich der Steuer ist allein der „Charakter der geschaffenen Steuer" entscheidend; will der Gesetzgeber eine Steuer als Aufwandsteuer ausgestalten, so verliert der Gesetzgeber nach der Rechtsprechung des BVerfG die Kompetenz zu ihrem Erlass nicht dadurch, dass sich einzelne Regelungselemente als verfassungswidrig erweisen. Bestehen also etwa Zweifel an der Einbeziehung von Jagdgenossenschaften als öffentlichrechtlichen Körperschaften in die Jagdsteuer[33], so würde dies nach der Rechtsprechung des BVerfG nicht die Regelungskompetenz entfallen lassen, sondern wäre unter dem Gesichtspunkt der materiellen Verfassungsmäßigkeit zu diskutieren.

c) Örtlichkeit

Eine örtliche Steuer im Sinne des Art. 105 Abs. 2a Satz 1 GG ist begrifflich nichts anderes als eine Steuer mit örtlich bedingtem Wirkungskreis nach Art. 105 Abs. 2 Nr. 1 GG in der Fassung bis 1969.[34] Örtliche Steuern sind nur solche Abgaben, die an örtliche Gegebenheiten, vor allem an die Belegenheit einer Sache oder an einen Vorgang im Gebiet der steuererhebenden Gemeinde anknüpfen und wegen der Begrenzung ihrer unmittelbaren Wirkungen auf das Gemeindegebiet nicht zu einem die Wirtschaftseinheit berührenden Gefälle führen können.[35] Aus diesem Grund war eine Steuer auf Einwegverpackungen eine örtliche Steuer, da typischerweise der Verbrauch im Gemeindegebiet erfolgte.[36] Dass typischerweise allein Ortsansässige von der Steuer betroffen sind, ist keine Voraussetzung des Örtlichkeitsbezugs, wie das Beispiel der vom BVerfG akzeptierten Zweitwohnungsteuer zeigt, die typischerweise gerade Ortsfremde trifft.[37] Aus diesem Grund sind auch die Steuern auf Hotelübernachtungen unter dem Gesichtspunkt der Örtlichkeit unbedenklich. Selbst wenn diese Steuern flächendeckend durch

---

32 BVerfGE 123, 1 (17) – Hmb Spielgerätesteuer (gegen BFH und BVerwG, zuletzt wiederum BVerwG v. 31.8.2011 – 9 B 5/11). Die Entscheidung erging zu Aufwandsteuern. Für die Verbrauchsteuern kann aber nichts anderes gelten; vgl. *Wernsmann*, NVwZ 2011, 1367 (1368 mit Fn. 18).
33 BVerwG v. 31.8.2011 – 9 B 5/11 hat zur Klärung dieser Rechtsfrage die Revision zugelassen, will diese aber offensichtlich unter kompetenziellen Gesichtspunkten thematisieren.
34 BVerfGE 65, 325 (349).
35 BVerfGE 16, 306 (327); 65, 325 (349); 98, 106 (124).
36 BVerfGE 98, 106 (124).
37 Vgl. BVerfGE 65, 325 (349 f.).

viele Gemeinden (wie z. B. die Hundesteuer) erhoben werden, steht das der örtlichen Radizierung der jeweiligen kommunalen Steuer nicht entgegen.[38]

d) Keine Gleichartigkeit

Schließlich dürfen örtliche Verbrauch- und Aufwandsteuern bundesgesetzlich geregelten Steuern nicht gleichartig sein. Dadurch will das Grundgesetz eine Überbelastung der Steuerpflichtigen durch einen unkoordinierten Steuerzugriff mehrerer Steuergläubiger vermeiden.[39] Es soll verhindert werden, dass die einem Steuerberechtigten zugewiesene Steuerquelle von einem anderen Steuerberechtigten (hier dem Land bzw. den Kommunen) gleichfalls ausgeschöpft wird.[40]

Der Begriff der Gleichartigkeit im Sinne des Art. 105 Abs. 2a Satz 1 GG, der die Erhebung örtlicher Verbrauch- und Aufwandsteuern begrenzt, ist anders zu verstehen als der Begriff der Gleichartigkeit, mit dem das BVerfG die Kompetenzen von Bund und Ländern abgrenzt und prüft, ob der Bund abschließend von seiner Gesetzgebungskompetenz Gebrauch gemacht hat.[41] Der Begriff der Gleichartigkeit ist bei den örtlichen Verbrauch- und Aufwandsteuern nicht streng zu verstehen.[42] Es verbietet eine Doppelbelastung derselben Steuerquelle.[43] Das BVerfG nimmt hier zudem eine differenzierende Betrachtung vor: Die zur Zeit des 21. Gesetzes zur Änderung des Grundgesetzes vom 12.5.1969 (Finanzreformgesetz) üblichen Verbrauch- und Aufwandsteuern bleiben unberührt. Für die *danach* neu eingeführten, nicht herkömmlichen örtlichen Steuern verlangt das Verbot der Gleichartigkeit mit bundesgesetzlich geregelten Steuern, dass der steuerbegründende Tatbestand nicht denselben Belastungsgrund erfasst wie eine Bundessteuer, sich also in Gegenstand, Bemessungsgrundlage, Erhebungstechnik und wirtschaftlicher Auswirkung von der Bundessteuer unterscheidet.[44] Insbesondere darf die Gleichartigkeit der örtlichen Verbrauchsteuern mit der Umsatzsteuer nicht zu eng verstanden werden, da sonst wegen der Anknüpfung an den Verbrauch den örtlichen Steuern weitgehend der Boden entzogen wäre.[45]

---

38 Vgl. z. B. *Heun* in Dreier (Fn. 4), Art. 105 GG Rz. 40; *Schenke* in Sodan (Fn. 4), Art. 105 GG Rz. 18.
39 *Lang* in Tipke/Lang (Fn. 16), § 3 Rz. 50.
40 *Müller-Franken* in Berliner Kommentar (Fn. 4), Art. 105 GG Rz. 234; *Wegner*, BayVBl. 2011, 261 (264).
41 BVerfGE 65, 325 (350). Ebenso *Kube* in Epping/Hillgruber (Fn. 4), Art. 105 GG Rz. 50.
42 BVerfGE 40, 56 (63 f.); 65, 325 (350); *Küssner*, Die Abgrenzung der Kompetenzen des Bundes und der Länder im Bereich der Steuergesetzgebung sowie der Begriff der Gleichartigkeit von Steuern, 1992, S. 312 f.
43 BVerfGE 98, 106 (124 f.).
44 BVerfGE 40, 56 (63 f.); 65, 325 (351); 98, 106 (125).
45 *Henneke* in Schmidt-Bleibtreu/Hofmann/Hopfauf, 12. Aufl. 2011, Art. 105 GG Rz. 36; *Heintzen* in v. Münch/Kunig (Fn. 6), Art. 105 GG Rz. 61; *Heun* in Dreier (Fn. 4), Art. 105 GG Rz. 41 m. w. N.

Da der Zugriff auf wirtschaftliche Leistungsfähigkeit letztlich immer über den Hinzuerwerb von Einkommen und Vermögen, den Bestand von Vermögen und das Ausgeben von Vermögen erfolgt und daher stets gewisse Ähnlichkeiten im steuerlichen Zugriff vorliegen, wird teils als anderes Abgrenzungskriterium vorgeschlagen, ob die örtliche Steuer der bundesgesetzlich geregelten Steuer im Hinblick auf ihre verhaltensbeeinflussenden Wirkungen vergleichbar ist.[46] Allerdings wird nicht jede Steuer einen Lenkungszweck verfolgen[47], und im Übrigen werden von nahezu jeder Steuer verhaltensbeeinflussende Wirkungen ausgehen, da die Nachfrage meist elastisch ist, also auf Preiserhöhungen reagiert.[48] Dieses Kriterium erscheint also zur Beurteilung der Gleichartigkeit nicht geeignet.

Wendet man diese Kriterien auf die als sog. Übernachtungssteuer, Bettensteuer oder Kulturförderabgabe an, die mehrere Gemeinden nach der Einbeziehung von Beherbergungsdienstleistungen in den ermäßigten Umsatzsteuersatz[49] neuerdings auf Hotelübernachtungen in ihrem Gebiet erheben, so wird man eine Gleichartigkeit dieser Steuern mit der bundesgesetzlich geregelten Umsatzsteuer verneinen müssen.[50] Bei einer „wertenden Gesamtbetrachtung" bestehen wesentliche Unterschiede zwischen den beiden Steuern. Steuergegenstand der Übernachtungssteuer ist nur eine bestimmte Leistung; zum Teil beschränkt sie sich auf Übernachtungen Erwachsener bzw. zeitlich auf höchstens vier zusammenhängende Übernachtungen, also einen „Grundumsatz". Der Steuermaßstab ist häufig nicht streng proportional ausgestaltet. Ferner ist die Übernachtungssteuer als Einphasen-Aufwandsteuer ausgestaltet, während die Umsatzsteuer als Allphasen-Nettoumsatzsteuer den Vorsteuerabzug kennt. Die Tatsache, dass es stets um

---

46 Vgl. *Wegner*, BayVBl. 2011, 261 (265 f.) m. w. N.
47 So ist zweifelhaft, ob die Zweitwohnungsteuer durch die Steuerbelastung die Steuerpflichtigen vom Unterhalten einer Zweitwohnung abhalten soll (was etwa bei Wohnungsnot in der Gemeinde denkbar wäre; meist wird es der Gemeinde darum gehen, aus Gründen von Zuweisungen im Rahmen des kommunalen Finanzausgleichs den Steuerpflichtigen zur Anmeldung eines Erstwohnsitzes zu bewegen, also die Wohnung zwar beizubehalten, aber als Erstwohnsitz) oder ob durch die Vergnügungsteuer in allen Fällen das vergnügungsteuerpflichtige Verhalten eingedämmt werden soll.
48 *Wernsmann*, Verhaltenslenkung in einem rationalen Steuersystem, 2005, S. 60 ff. m. w. N.
49 Der ermäßigte Umsatzsteuersatz von 7 % soll grundsätzlich für existenznotwendige Güter gelten, denen sich kein Steuerpflichtiger entziehen kann. Dementsprechend orientieren sich die Tatbestände, die dem ermäßigten Steuersatz unterfallen, vor allem an sozialpolitischen Erwägungen; vgl. *Waza* in Offerhaus/Söhn/Lange, § 12 UStG Rz. 43. Die Inanspruchnahme existenznotwendiger Lieferungen und Leistungen durch den privaten Endverbraucher ist daher nach den Annahmen des Gesetzgebers nur ein sehr schwaches Indiz für eine vorhandene Leistungsfähigkeit. Unter diesem Gesichtspunkt ist die Einbeziehung von Beherbergungsdienstleistungen in die Steuervergünstigung jedenfalls rechtspolitisch nicht zu rechtfertigen; ebenso *Birk*, Steuerrecht (Fn. 30), Rz. 1670. Vgl. auch *Beiser*, DStZ 2010, 568; *Neufang/Beißwenge/Treibe*, BB 2010, 740.
50 So auch OVG Rh-Pf v. 17.5.2011 – 6 C 11337/10, KStZ 2011, 152 (155). A. A. *Wegner*, BayVBl. 2011, 261 (263 ff., 267 f.).

Leistungen geht, die Steuer also auf Vorgänge zugreift, die auch der Umsatzsteuer unterliegen, vermag allein die Gleichartigkeit nicht zu begründen.

e) Widerspruchsfreiheit der Rechtsordnung

Das BVerfG hat in seiner Entscheidung zur Kasseler Verpackungssteuer einen Grundsatz der Widerspruchsfreiheit der Rechtsordnung kreiert, der die Abstimmung von Sach- und Steuergesetzgebungskompetenzen bei steuerlichen Lenkungstatbeständen betraf. Zudem kennt das Kommunalabgabenrecht der Länder zum Teil die „Beeinträchtigung öffentlicher Belange" als Versagungsgrund für die Genehmigung einer örtlichen Steuer (Art. 2 Abs. 3 Satz 3 BayKAG). Wenn durch örtliche Aufwandsteuern auf Beherbergungsdienstleistungen die Regelungsintention des Bundesgesetzgebers teilweise konterkariert wird, der Beherbergungsdienstleistungen nur dem ermäßigten Steuersatz unterwerfen wollte, so ist das jedoch kein Problem dieses Grundsatzes.[51] Die einzige Abstimmungspflicht, die das Grundgesetz vorsieht, vermittelt das Verbot der Gleichartigkeit der beiden jeweiligen Steuern, das Art. 105 Abs. 2a GG anordnet. Eine Gleichartigkeit der Umsatzsteuer und der örtlichen Aufwandsteuer auf Beherbergungsdienstleistungen war jedoch nach dem Gesagten nicht anzunehmen. Dann kann aber der Bundesgesetzgeber nicht in die ausschließliche Gesetzgebungskompetenz der Länder bzw. – durch Delegation – der Kommunen „hineinregieren"; er kann nicht verhindern, dass seine Regelungsintention im Bereich der Umsatzsteuer durch eine nicht gleichartige, also als solche grundsätzlich zulässige örtliche Verbrauch- oder Aufwandsteuer teilweise konterkariert wird.

2. Grundrechtliche Grenzen bei der Auswahl des Steuergegenstands

Zum Teil wird angenommen, die örtlichen Verbrauch- und Aufwandsteuern seien als solche wegen Verstoßes gegen den allgemeinen Gleichheitssatz (Art. 3 Abs. 1 GG) verfassungswidrig. Sonderbelastungen in Anknüpfung an einzelne Steuerobjekte verletzten stets den Gleichheitssatz.[52] Es sei nicht einsichtig, warum nur eine Zweitwohnungsteuer erhoben werde, nicht aber eine Zweitautosteuer[53] oder warum nur das Hobby der Jagd mit einer Steuer belegt werde, nicht aber andere Freizeitbeschäftigungen wie etwa der Motorsport.[54]

---

51 A. A. VG München v. 30.6.2011 – M 10 K 10.5725, juris Rz. 72 ff. (zu Art. 2 Abs. 3 Satz 3 BayKAG).
52 So *Tipke*, DÖV 1995, 1027 (1035). Vgl. auch *Lang* in Tipke/Lang (Fn. 16), § 8 Rz. 107: „Konglomerat, dessen Willkür nicht zu rechtfertigen ist".
53 *Tipke*, DÖV 1995, 1027 (1034).
54 *Tipke*, Die Steuerrechtsordnung II, 1. Aufl. 1993, S. 1016. Ähnlich *Tipke*, Die Steuerrechtsordnung II, 2. Aufl. 2003, S. 1127 f.

Indes sind die örtlichen Verbrauch- und Aufwandsteuern, weil Art. 105 Abs. 2a Satz 1 GG den Ländern die (ausschließliche) Gesetzgebungskompetenz zuweist, als solche von der Verfassung akzeptiert. Das Grundgesetz geht davon aus, dass solche ausdrücklich in der Verfassung erwähnten Steuern grundsätzlich in verfassungskonformer Weise geregelt werden können.[55] Das entbindet den Gesetzgeber freilich nicht von seiner Pflicht zu einer verfassungsmäßigen und insbesondere gleichheitsgerechten *Ausgestaltung* der Steuer.

Der Gesetzgeber (und auch der Satzungsgeber) hat jedoch einen weiten Gestaltungsspielraum bei der Wahl des Steuergegenstandes (der Steuerquelle)[56]. Gleiches gilt für den Steuertarif. Im demokratischen Staat des Grundgesetzes hat der Gesetzgeber demokratisch legitimierte Entscheidungsmacht darüber, ob er etwa die Umsatz- oder Einkommensteuer erhöhen oder senken will, wenn sich ein staatlicher Finanzbedarf auftut oder vermindert. In gleicher Weise darf der örtliche Satzungsgeber in einer solchen Situation grundsätzlich – vorbehaltlich landesrechtlicher Einschränkungen im jeweiligen KAG[57] – frei entscheiden, ob er die Hundesteuer oder die Zweitwohnungsteuer erhöhen will.[58] Das Grundgesetz zeichnet nicht im Einzelnen vor, welche Steuern mit welchem Anteil zum Gesamtsteueraufkommen beizutragen haben. Insoweit sind die Regeln politischer Klugheit, die der Gesetzgeber mit Mehrheitsentscheidung befolgen sollte, von den rechtlichen Grenzen seines Handelns zu unterscheiden. Das Grundgesetz ist nicht die Kleinausgabe der gesamten Rechtsordnung[59], ist nicht das „Weltenei", in dem das gesamte Steuerrecht angelegt ist.[60] Der Gleichheitssatz bindet den Gesetzgeber erst dann streng, wenn es um die Ausgestaltung des jeweiligen Gesetzes, um die Umsetzung der einmal getroffenen Belastungsentscheidung geht.[61]

Daraus folgt: Eine bestimmte örtliche Verbrauch- oder Aufwandsteuer (z. B. die Hundesteuer, Jagdsteuer oder Zweitwohnungsteuer) ist nicht be-

---

55 Vgl. allgemein BVerfGE 7, 244 (252); 14, 76 (91); 16, 306 (317); 46, 224 (236); 93, 121 (134 f.) m.w.N.; 120, 1 (25 ff.). Ebenso P. *Kirchhof*, StuW 1985, 319 (324); *Vogel* in Festschrift für Tipke, 1995, S. 93 (102); *Wernsmann*, Verhaltenslenkung in einem rationalen Steuersystem, 2005, S. 321 ff., 331 ff.; „nolens volens" auch *Drüen* in Festschrift für Kruse, 2001, S. 191 (201 f.). A.A. *Tipke*, Die Steuerrechtsordnung I, 2. Aufl. 2000, S. 298 ff.
56 St. Rspr.; BVerfGE 84, 239 (271); 93, 121 (136).
57 Beispiele oben in Fn. 20.
58 Er muss dabei – angesichts seines weiten Gestaltungsspielraums bei der Findung des Steuergegenstands – auch keine erkennbare Entscheidung für die Verfolgung eines Lenkungszwecks treffen, da die Einführung oder Erhöhung einer solchen Steuer auch allein aus fiskalischen Gründen zulässig ist. Näher *Wernsmann*, NVwZ 2004, 819 (820). Teils abweichend BVerfGE 110, 274 (293, 296 f.).
59 *Wahl*, NVwZ 1984, 401 (406, 409).
60 *Isensee*, StuW 1994, 3 (6).
61 BVerfGE 122, 210 (230 f.); st. Rspr.

reits deshalb verfassungswidrig, weil der Normgeber bestimmte andere mögliche Quellen für einen steuerlichen Zugriff nicht ausschöpft und anderen Verbrauch oder Aufwand, der ebenfalls wirtschaftliche Leistungsfähigkeit indiziert, unbesteuert lässt.

Zum Teil wird angenommen, dass örtliche Verbrauch- und Aufwandsteuern nur noch als Lenkungssteuern legitimiert werden könnten.[62] Zwar sind die meisten besonderen Verbrauch- und Aufwandsteuern lenkungspolitisch motiviert, indem etwa Anreize zur Eindämmung der Hundehaltung, der Spielsucht o. Ä. gegeben werden sollen. Schon bei der Vergnügungsteuer, soweit sie an Tanzgelegenheiten oder Filmvorführungen anknüpft, oder bei der Zweitwohnungsteuer, soweit keine Wohnungsknappheit besteht, bestehen aber Zweifel, ob sie lenkungspolitisch motiviert sind. Bei der Findung des Steuergegenstands kann der Gesetzgeber indes auch allein den Einnahmeerzielungszweck in den Vordergrund rücken – ebenso wie er bei einem staatlichen Finanzbedarf entweder die Einkommen- oder Versicherungsteuer erhöhen darf, die nicht lenkungspolitisch motiviert sind, oder besondere Verbrauchsteuern wie die Tabaksteuer oder Steuern auf alkoholische Getränke, die Lenkungszwecken dienen.[63]

3. Grundrechtliche Grenzen bei der Ausgestaltung der Steuernorm

Als grundrechtliche Grenzen örtlicher Verbrauch- und Aufwandsteuern kommen insbesondere der allgemeine Gleichheitssatz und das aus den Freiheitsrechten, insbesondere der Eigentumsgarantie, zu folgernde Verbot erdrosselnder Steuern in Betracht. Auch das Leistungsfähigkeitsprinzip, das regelmäßig als bereichsspezifische Konkretisierung des allgemeinen Gleichheitssatzes im Steuerrecht bezeichnet wird,[64] begrenzt die Regelungsfreiheit des Gesetzgebers.

Während Art. 134 der Weimarer Reichsverfassung (WRV) noch ausdrücklich anordnete, dass alle Staatsbürger ohne Unterschied im Verhältnis ihrer Mittel zu allen öffentlichen Lasten beizutragen hatten, enthält das Grund-

---

62 *Englisch* in Tipke/Lang (Fn. 16), § 16 Rz. 18 a. E.
63 Näher *Wernsmann*, Verhaltenslenkung in einem rationalen Steuersystem, 2005, S. 309 ff. Auch der Vorwurf der generellen Unverhältnismäßigkeit, der gegen lenkungspolitisch motivierte Verbrauch- und Aufwandsteuern erhoben wird (*Englisch* in Tipke/Lang (Fn. 16), § 16 Rz. 23), ist nicht berechtigt. Näher zur Verhältnismäßigkeitsprüfung von Steuergesetzen *Wernsmann*, NJW 2006, 1169 (1170 ff., 1173 f.).
64 BVerfGE 93, 121 (135); BVerfG (Kammer), FR 1999, 528 (531); *Birk*, Das Leistungsfähigkeitsprinzip als Maßstab der Steuernormen, 1983, S. 161 ff.; *Birk*, Steuerrecht (Fn. 30), Rz. 88; *Herzog* in Maunz/Dürig, Anhang zu Art. 3 GG Rz. 57; *P. Kirchhof* in Isensee/Kirchhof, Bd. V (Fn. 4), § 118 Rz. 182 f.; *Schoch*, DVBl. 1988, 863 (881 f.); *Stern*, Das Staatsrecht der Bundesrepublik Deutschland, Bd. II, 1980, S. 1109; *Waldhoff* in Isensee/Kirchhof, Bd. V (Fn. 4), § 116 Rz. 100, 104 ff.

gesetz keine ausdrückliche Bestimmung über die steuerliche Lastenverteilung. Das BVerfG verlangt insbesondere im Einkommensteuerrecht, dass die Besteuerung an der wirtschaftlichen Leistungsfähigkeit ausgerichtet wird.[65] *Gleichheitsrechtlich* (d. h. auf einen Vergleich verschiedener Steuerpflichtiger bezogen) verlangt das Leistungsfähigkeitsprinzip, dass Steuerpflichtige bei gleicher Leistungsfähigkeit gleich hoch besteuert werden (sog. horizontale Steuergleichheit) und bei unterschiedlicher Leistungsfähigkeit diesen Unterschieden entsprechend ungleich (sog. vertikale Steuergleichheit).[66] Der Tarifverlauf unterliegt allerdings weitestgehender Gestaltungsfreiheit des Gesetzgebers.[67]

Das Leistungsfähigkeitsprinzip hat daneben auch eine freiheitsrechtliche Dimension. Aus den *Freiheitsrechten* folgt ein Verbot des staatlichen Zugriffs jedenfalls mittels direkter Steuern, soweit keine Leistungsfähigkeit vorliegt.[68] Ein Sachverhalt, in dem keinerlei wirtschaftliche Leistungsfähigkeit des Steuerpflichtigen zum Ausdruck kommt, darf nicht der Besteuerung unterworfen werden. Das BVerfG hat daher aus den Freiheitsrechten gefolgert, dass die Einkommensteuer nicht auf das Existenzminimum des Steuerpflichtigen und seiner Familie zugreifen darf.[69] Der Staat darf dem Bürger nichts nehmen, was er ihm später als Sozialleistung zurückgewähren müsste.[70] Das Verbot der Besteuerung gilt – wie stets bei den Freiheitsrechten – absolut, d. h. unabhängig von einem Vergleich mit der Besteuerung Dritter und damit – anders als bei den Gleichheitsrechten – nicht nur relativ.[71] Die für den Gleichheitssatz typische Ergebnisoffenheit fehlt also, wenn bestimmte Sachverhalte keinesfalls besteuert werden dürfen.

Daraus folgt: Wo keine Leistungsfähigkeit besteht, dürfen jedenfalls direkte Steuern nicht zugreifen.[72] Bei den direkten Steuern soll der Steuerschuldner auch derjenige sein, der die Steuer wirtschaftlich trägt, sodass hier konkret auf die Leistungsfähigkeit des Steuerträgers abgestellt werden kann. Dagegen ist bei den indirekten Steuern (insbesondere den Verbrauchsteuern) der

---

65 BVerfGE 43, 108 (120); 47, 1 (29); 61, 319 (343 f.); 82, 60 (86).
66 Grdl. BVerfGE 82, 60 (89 f.); *Birk*, Das Leistungsfähigkeitsprinzip als Maßstab der Steuernormen, 1983, S. 165, 170.
67 Zuletzt BVerfGE 126, 268 (277); 126, 400 (416 f.), jeweils m. w. N.; st. Rspr.
68 *Seer*, StuW 1996, 323 (332); *Wernsmann*, StuW 1998, 317 (322) m. w. N.
69 BVerfGE 87, 153 (169). Welches konkrete Freiheitsrecht einschlägig ist, wurde dort offengelassen und jedenfalls Art. 2 Abs. 1 GG für einschlägig erklärt. Die Freistellung des existenznotwendigen Bedarfs von der Einkommensteuer entspricht mittlerweile gefestigter Rechtsprechung, vgl. z. B. noch BVerfGE 99, 216 (233) – dort unter Bezugnahme auf die Menschenwürdegarantie des Art. 1 Abs. 1 GG i. V. m. Art. 20 Abs. 1 GG bzw. Art. 6 Abs. 1 GG hinsichtlich des familiären Existenzminimums. Vgl. bereits *Dürig* in Maunz/Dürig, GG (Erstbearbeitung 1958), Art. 1 GG Rz. 43 f.
70 *Birk*, Das Leistungsfähigkeitsprinzip als Maßstab der Steuernormen, 1983, S. 137; *Tipke*, Die Steuerrechtsordnung I, 1. Aufl. 1993, S. 428, jew. m. w. N.
71 *Wernsmann*, Jura 2000, 175 (176).
72 BVerfGE 99, 216 (232) m. w. N.

Maßstab weniger streng, weil diese in der „Anonymität des Marktes"[73] zugreifen und insoweit die Vermutung wirtschaftlicher Leistungsfähigkeit nur aus der Tatsache abgeleitet werden kann, dass finanzielle Mittel für den Konsum zur Verfügung stehen.[74]

Anknüpfungspunkt speziell auch der örtlichen Aufwandsteuern muss die im Aufwand zum Ausdruck kommende wirtschaftliche Leistungsfähigkeit sein, wie das BVerfG in ständiger Rechtsprechung betont.[75] Wie die Leistungsfähigkeit zu verstehen ist, ist unter Berücksichtigung des Wesens der Aufwandsteuern zu bestimmen. Aufwandsteuern knüpfen definitionsgemäß nur an die Einkommensverwendung für den *„persönlichen"* Lebensbedarf an.[76] Daraus hat die Rechtsprechung den Schluss gezogen, dass juristische Personen, die nicht „wohnen" können, nicht zur Zweitwohnungsteuer herangezogen werden können[77] und reine Kapitalanlagen nicht der Zweitwohnungsteuer unterworfen werden dürfen.[78] Außerdem dürfe ein Diensthund (z. B. eines Polizisten oder eines Bewachungsunternehmens) nicht der Hundesteuer unterworfen werden, da kein „besteuerbarer Aufwand für die persönliche Lebensführung" vorliege.[79] Bezüglich der neuen Übernachtungsteuer hat das VG München wiederum entschieden, dass die Einbeziehung beruflich bedingter Übernachtungen die Grenzen einer örtlichen Aufwandsteuer überschreite.[80] Die Erhebung von Zweitwohnungsteuer für Studierende oder Berufstätige haben BVerfG, BVerwG und BFH jedoch gebilligt und sogar ausdrücklich festgestellt, dass nicht nach dem Grund des Aufwands für eine zweite Wohnung differenziert werden dürfe.[81] Das Innehaben einer Zweitwohnung für den persönlichen Lebensbedarf neben der Hauptwohnung indiziere einen Zustand, der gewöhnlich die Verwendung finanzieller Mittel erfordert und in der Regel wirtschaftliche Leistungsfähigkeit zum Ausdruck bringt.[82] Da die Erhebung von Steuern ein „Massengeschäft" darstellt,[83] darf der Gesetzgeber – freilich nicht unbegrenzt – typisieren und generalisieren.[84] Die in Typisierungen liegende

---

73 *P. Kirchhof* in Isensee/Kirchhof, Bd. V (Fn. 4), § 118 Rz. 241.
74 Vgl. *Thiemann* in Emmenegger/Wiedmann, Linien der Rechtsprechung des Bundesverfassungsgerichts, Bd. 2, 2011, S. 179 (182 f.) m. w. N.
75 BVerfGE 16, 64 (74); 49, 343 (354); 65, 325 (346 ff.); 114, 316 (334); 123, 1 (15); BVerfG (Kammer) NVwZ 1996, 57. Ebenso etwa BFHE 182, 243 (245 f.); BVerwG NVwZ 1992, 1098; *Englisch* in Tipke/Lang (Fn. 16), § 16 Rz. 14 f., 20 f.
76 BVerfGE 16, 64 (74); 56, 325 (335, 345 ff.).
77 BVerwG, JZ 2001, 603 m. Anm. *Birk/Tappe*, JZ 2001, 604.
78 Vgl. nur BVerfG (Kammer), NVwZ 1996, 57 m. w. N.
79 BVerwG v. 16.5.2007 – 10 C 1/07, Rz. 15, juris.
80 VG München v. 30.6.2011 – M 10 K 10.5725, juris Rz. 54. A. A. OVG Thüringen v. 23.8.2011 – 3 EN 77/11, juris Rz. 47; VG Köln v. 6.7.2011 – 24 K 6736/10, juris Rz. 66.
81 BVerfGE 65, 325 (347).
82 BVerfGE 65, 325 (348); 114, 316 (334); BVerfG (Kammer), NVwZ 1996, 57 (57 f.).
83 BVerfG (Kammer), NVwZ 1996, 57 (58).
84 BVerfGE 96, 1 (6); 123, 1 (19) m. w. N.; st. Rspr.

Gleichbehandlung von unterschiedlichen Sachverhalten[85] zwecks Vereinfachung des Verwaltungsvollzugs muss jedoch in angemessenem Verhältnis zum Vereinfachungszweck stehen,[86] und die Norm muss den typischen Fall realitätsgerecht abbilden. Greift die Steuer bei bestimmten Personengruppen auf typischerweise nicht vorhandene Leistungsfähigkeit zu, so ist die Besteuerung verfassungswidrig.

Diskussionswürdig ist nun die Frage, ob die Art des Aufwands und ihre Bedeutung für die Frage, ob darin wirtschaftliche Leistungsfähigkeit zum Ausdruck kommt, im Steuertatbestand Berücksichtigung finden muss. Das BVerfG geht davon aus, dass die Aufwandsteuer zwar die in der Einkommens- und Vermögensverwendung zum Ausdruck kommende wirtschaftliche Leistungsfähigkeit treffen „solle".[87] Allerdings sei – so das BVerfG weiter – die Erhebung einer Steuer, die nicht an die Entstehung des Einkommens, sondern an dessen *Verwendung* anknüpft, nicht praktikabel, wenn in jedem Fall die wirtschaftliche Leistungsfähigkeit des Steuerpflichtigen festgestellt werden müsste.[88] Der Aufwand im Sinne von Konsum sei typischerweise Ausdruck und Indikator der wirtschaftlichen Leistungsfähigkeit, ohne dass es darauf ankäme, von wem und mit welchen Mitteln dieser finanziert werde und welchen Zwecken er diene. Im Konsum äußere sich in der Regel die wirtschaftliche Leistungsfähigkeit. Ob der Aufwand *im Einzelfall* die Leistungsfähigkeit überschreite, sei für die Steuerpflicht unerheblich.[89] Das BVerfG überträgt hier den von den *indirekten Steuern*, insbesondere den Verbrauchsteuern, bekannten groben Maßstab zur Ermittlung steuerlicher Leistungsfähigkeit auch auf die Aufwandsteuern, selbst wenn diese als direkte Steuern ausgestaltet sind,[90] die ebenso wie die Verbrauchsteuern in der dritten Phase, der Einkommens- und Vermögensverwendung, zugreifen. Weil die Ermittlung tatsächlicher Leistungsfähigkeit nicht praktikabel sei, dürfe von Verfassungs wegen nicht danach differenziert werden, ob in dem getriebenen finanziellen Aufwand tatsächlich wirtschaftliche Leistungsfähigkeit zum Ausdruck komme. Der Sache nach entnimmt das BVerfG dem Grundgesetz damit eine gesetzgeberische Typisierungs*pflicht*, da Differenzierungen bei Einkommensverwendungssteuern nicht praktikabel seien.

---

85 Vgl. *Isensee*, Die typisierende Verwaltung, 1976, S. 97 ff.; *Wernsmann*, DStR 2011, Beihefter zu Heft 31, S. 72 (76).
86 BVerfGE 65, 325 (354 f.) m.w.N.; BVerfG (Kammer), NVwZ 1996, 57 (58).
87 BVerfGE 65, 325 (347).
88 BVerfGE 65, 325 (347).
89 BVerfGE 65, 325 (348) unter Aufgabe von BVerfGE 49, 343 (354) und im Anschluss an *Gerloff*, Handbuch der Finanzwissenschaft, Bd. II, 2. Aufl. 1956, S. 239 (281 f.); *Schmidt*, Handbuch der Finanzwissenschaft, Bd. II, 3. Aufl. 1980, S. 119 (144).
90 Beispiele: Hundesteuer, Zweitwohnungsteuer; Gegenbeispiel: Vergnügungsteuer, z. B. Spielgerätesteuer.

Daher hat es in seiner Entscheidung aus dem Jahr 1983 die Zweitwohnungsteuersatzung der Stadt Überlingen gerade mit der Begründung für nichtig erklärt, dass sie gegen den allgemeinen Gleichheitssatz verstoße, weil die *Befreiung* der einheimischen Zweitwohnungsinhaber[91] und derjenigen Zweitwohnungsinhaber, die aus beruflichen Gründen oder zu Ausbildungszwecken eine Zweitwohnung im Gemeindegebiet innehatten, nicht zu rechtfertigen sei.[92] Das „*Wesen der Aufwandsteuer*" – so das BVerfG in der damaligen Entscheidung[93] – schließe es aus, für die Steuerpflicht von vornherein auf eine wertende Berücksichtigung der Absichten und verfolgten ferneren Zwecke, die dem Aufwand zugrunde liegen, abzustellen. Maßgeblich dürfe allein der isolierte Vorgang des Konsums als Ausdruck und Indikator der wirtschaftlichen Leistungsfähigkeit sein. Die unterschiedliche Berücksichtigung der Gründe für den Aufenthalt zum Zwecke der Abgrenzung des Kreises der Steuerpflichtigen sei damit im Rahmen der Aufwandsteuer ein sachfremdes Kriterium und habe vor Art. 3 Abs. 1 GG keinen Bestand. Es bleibe dem Satzungsgeber aber unbenommen, unter Beachtung des Gleichheitssatzes Ermäßigungs- oder Befreiungstatbestände vorzusehen. Mit anderen Worten: Fehlende Leistungsfähigkeit im konkreten Fall zwingt danach nicht zur Ermäßigung, sondern erlaubt sie allenfalls.

Dieser Rechtsprechung aus dem Jahr 1983 ist zu widersprechen, und das BVerfG hat diese Konzeption mittlerweile auch schon modifiziert, indem es teilweise jetzt doch nach der Art des Aufwands differenziert: So entnimmt es dem Gebot zum Schutz der Ehe (Art. 6 Abs. 1 GG) ein Verbot der Besteuerung einer Zweitwohnung, soweit diese aus beruflichen Gründen von einem Ehegatten gehalten wird, dessen eheliche Wohnung sich in einer anderen Gemeinde befindet.[94]

Ganz allgemein kann gesagt werden: Soweit die Aufwandsteuern als *direkte Steuern* ausgestaltet sind (wie z.B. Hundesteuer und Zweitwohnungsteuer), können in praktikabler Weise durchaus Sachverhalte dem steuerlichen Zugriff entzogen werden, in denen keine steuerliche Leistungsfähigkeit zum Ausdruck kommt.[95] Aus diesem Grund dürfen Blindenhunde oder

---

91 *P. Kirchhof* in Isensee/Kirchhof, Bd. V (Fn. 4), § 118 Rz. 94 sieht in der Einbeziehung der Einheimischen in die Zweitwohnungsteuer eine Umsetzung des Grundsatzes „no taxation without representation". Freilich erhalten die auswärtigen Zweitwohnungsinhaber auch durch die von ihnen entrichtete Zweitwohnungsteuer nicht das Wahlrecht zum jeweiligen Stadtrat. Die Aussage könnte in diesem Fall abgewandelt eher lauten: „no representation without taxation".
92 BVerfGE 65, 325 (355 ff.).
93 BVerfGE 65, 325 (357). Zustimmend z.B. *Müller-Franken* in Berliner Kommentar (Fn. 4), Art. 105 GG Rz. 229.
94 BVerfGE 114, 316 (333 f.) – allerdings unter formalem Festhalten an BVerfGE 65, 325 (347 f.), wo ein Überschreiten der individuellen Leistungsfähigkeit im Einzelfall für unbeachtlich erklärt wurde.
95 Ebenso *Englisch* in Tipke/Lang (Fn. 16), § 16 Rz. 21.

auch, wie das BVerwG entschieden hat, Diensthunde[96] von Verfassungs wegen nicht der Hundesteuer unterworfen werden. Nichts anderes kann aber dann für andere Aufwandsteuern, die als direkte Steuern konzipiert sind, gelten. Aus diesem Grund dürfen allein aus beruflichen Gründen oder zum Zwecke des Studiums am Universitätsort unterhaltene Zweitwohnungen richtiger Ansicht nach nicht der Zweitwohnungsteuer unterworfen werden.[97] Der bayerische Landesgesetzgeber hat die ihm zustehende ausschließliche Gesetzgebungszuständigkeit für die örtlichen Verbrauch- und Aufwandsteuern zwar auf die Gemeinden delegiert, jedoch die Erhebung einer Zweitwohnungsteuer nur bei Überschreiten gewisser Einkommensgrenzen zugelassen und damit die Regelungskompetenz der Gemeinden zulässigerweise begrenzt (Art. 3 Abs. 3 BayKAG). Damit ist insbesondere die Erhebung von Zweitwohnungsteuer bei Studierenden im Regelfall ausgeschlossen.[98]

Soweit die Aufwandsteuern als *indirekte Steuern* ausgestaltet sind (z.B. Vergnügungsteuer und Übernachtungsteuer), kann ihnen allerdings nicht entgegengehalten werden, dass sie auch auf Sachverhalte zugreifen, die keine Leistungsfähigkeit indizieren.[99] Es ist dem Wesen einer *indirekten* Steuer immanent, dass auf die persönlichen Umstände desjenigen, der die Steuer wirtschaftlich tragen soll, nur begrenzt Rücksicht genommen werden kann.

Das Halten eines Luxushundes oder eines anderen privat gehaltenen Hundes indiziert wirtschaftliche Leistungsfähigkeit und darf besteuert werden, das Halten eines Blindenhundes indes indiziert keine wirtschaftliche Leistungsfähigkeit und darf richtiger Ansicht nach von Verfassungs wegen nicht Anknüpfungspunkt einer direkten Steuer wie der Hundesteuer sein. Zwar sind Aufwandsteuern keine Luxussteuern, d.h. Abgaben, die nur einen außergewöhnlichen Aufwand steuerlich belasten[100]; andererseits dürfen sie aber auch nicht den alltäglichen, sondern nur einen *besonderen Aufwand* erfassen, d.h. die Verwendung von Vermögen, die über die Be-

---

96 BVerwG v. 16.5.2007 – 10 C 1.07, DÖV 2008, 34 (34): Die Haltung eines Diensthundes sei keine Angelegenheit der persönlichen Lebensführung, sondern Erfüllung einer Dienstpflicht. Daran anschließend z.B. VGH Bad.-Württ. v. 15.9.2010 – 2 S 811/10, KStZ 2011, 115 (116).
97 *P. Kirchhof* in Isensee/Kirchhof, Bd. V (Fn. 4), § 118 Rz. 143; *Lang* in Tipke/Lang (Fn. 16), § 3 Rz. 49; *Englisch* in Tipke/Lang (Fn. 16), § 16 Rz. 21; *Wernsmann*, Jura 2000, 175 (179).
98 Vgl. dazu auch *Englisch* in Tipke/Lang (Fn. 16), § 16 Rz. 15.
99 So im Ergebnis auch OVG Rh-Pf v. 17.5.2011 – 6 C 11337/10, KStZ 2011, 152 (154). Das OVG Rh-Pf differenziert nicht danach, ob eine direkte oder indirekte Steuer vorliegt, stellt aber im Ergebnis ebenfalls darauf ab, dass eine Einzelfallprüfung, ob eine beruflich veranlasste Übernachtung vorliege, nicht praktikabel sei.
100 BFHE 182, 243.

friedigung des allgemeinen (existentiellen) Lebensbedarfs hinausgeht.[101] Das Innehaben einer angemessen großen (Erst-)Wohnung indiziert daher keine besondere wirtschaftliche Leistungsfähigkeit; eine als örtliche Aufwandsteuer konzipierte Einwohnersteuer wäre daher verfassungswidrig.[102] Die Nichtbesteuerung des Blindenhundes ist also keine vor Art. 3 Abs. 1 GG rechtfertigungsbedürftige Ungleichbehandlung, sondern eine von der Verfassung gebotene Ungleichbehandlung.

Keine Frage der Verschonung des Existenzminimums ist jedoch die Hundesteuer, die ein Sozialhilfeempfänger zu tragen hat.[103] Der Gesetzgeber muss im Sozialrecht den für die Bestreitung des Existenzminimums notwendigen Bedarf festlegen. Gehört die Hundehaltung nicht zum allgemeinen Lebensbedarf, so zeigt sich in diesem Aufwand eine besondere Leistungsfähigkeit, die zum Gegenstand der Besteuerung gemacht werden darf. Will ein Sozialhilfeempfänger einen Hund halten, so muss er ggf. auf andere in der Berechnung des Existenzminimums enthaltene Aufwendungen verzichten. Es gibt keinen grundrechtlichen Anspruch darauf, finanziell so gestellt zu werden, dass man sich jedwede besteuerte grundrechtlich geschützte Verhaltensweise erlauben kann.[104] Die grundrechtliche Grenze liegt erst da, wo ein Gesetz im Gewand des Steuerrechts das Halten eines Hundes – geschützt von Art. 14 Abs. 1 GG – *regelmäßig* (d.h. für die allermeisten Steuerpflichtigen) unmöglich macht.[105] Dafür ist jedoch bei einer maßvollen Hundesteuer ebenso wie bei einer in gewissen Grenzen erhöhten Hundesteuer für Kampfhunde nichts ersichtlich.

Sollen Aufwandsteuern an die Einkommensverwendung für den „persönlichen" Lebensbedarf anknüpfen, so stellt sich die Frage, ob juristische Personen generell nicht Schuldner von Aufwandsteuern sein können. Das BVerwG hat ausdrücklich festgestellt, dass eine juristische Person nicht wohnen und deshalb nicht Schuldner von Zweitwohnungsteuer sein könne.[106] Andererseits ist offenkundig, dass juristische Personen Schuldner jedenfalls solcher Aufwandsteuern sein können, die als *indirekte Steuern*

---

101 Vgl. BVerfG (Kammer), NVwZ 1989, 1152; BFHE 182, 243 (246); BVerwG v. 16.5.2007 – 10 C 1.07, DÖV 2008, 34; *Müller-Franken* in Berliner Kommentar (Fn. 4), Art. 105 GG Rz. 228.
102 BVerwG, VBlBW 1992, 211; VGH Bad.-Württ., NVwZ 1990, 395 f.
103 OVG NRW v. 8.6.2010 – 14 A 3020/08, KStZ 2011, 49; ebenso *Wernsmann* in Hübschmann/Hepp/Spitaler (Fn. 4), § 4 AO Rz. 126; a. A. noch die Vorinstanz: VG Gelsenkirchen v. 16.10.2008 – 2 K 2441/07, n. v.
104 OVG NRW v. 8.6.2010 – 14 A 3020/08, KStZ 2011, 49 (51).
105 Daher kann nicht darauf abgestellt werden, ob die erhöhte Steuer auf Kampfhunde gerade Sozialhilfeempfängern die Haltung eines Hundes unmöglich macht. Zutreffend OVG NRW v. 8.6.2010 – 14 A 3021/08, KStZ 2011, 52 (55). A. A. *Englisch* in Tipke/Lang (Fn. 16), § 16 Rz. 22, der es für gleichheitswidrig hält, wenn Lenkungssteuern für wirtschaftlich Schwache eine prohibitive Wirkung entfalten.
106 BVerwG, JZ 2001, 603.

ausgestaltet sind.[107] Denn hier soll die Steuerlast wirtschaftlich nicht der Aufsteller von Spielautomaten oder der Veranstalter von Vergnügungen tragen, sondern die natürliche Person, auf die die Steuerlast nach der Konzeption der Norm abgewälzt werden und deren wirtschaftliche Leistungsfähigkeit getroffen werden soll.

Fraglich ist dann allenfalls, ob generell gesagt werden kann, dass juristische Personen nie Schuldner solcher Aufwandsteuern sein dürfen, die als *direkte Steuern* ausgestaltet sind. Diese Frage ist in der Rechtsprechung der Oberverwaltungsgerichte umstritten. Zum Teil wird angenommen, juristische Personen dürften nicht der Hundesteuer unterworfen werden.[108] Andererseits hat das OVG Rh-Pf soeben die Einbeziehung juristischer Personen in die Jagdsteuer für zulässig erachtet.[109] Das BVerfG hat entschieden, dass zur Zweitwohnungsteuer auch herangezogen werden dürfe, wer unentgeltlich einem Dritten die Wohnung zur Nutzung überlässt.[110] Insofern erscheint es – ähnlich wie bei den indirekten Steuern – zulässig, juristische Personen zu Aufwandsteuern heranzuziehen, die als direkte Steuern ausgestaltet sind, wenn die juristische Person natürlichen Personen unentgeltlich den Hund überlässt oder die Jagd ermöglicht.

Hinsichtlich der Verbrauchsteuer hat das BVerfG in der Entscheidung zur (bundesgesetzlich geregelten) Strom- und Mineralölsteuer (jetzt Energiesteuer) entschieden, dass es keinen Rechtssatz gebe, der das Anknüpfen einer Verbrauchsteuer an ein Produktionsmittel verbiete.[111] Wird das mit einer Verbrauchsteuer belastete Gut produktiv zur Herstellung von Konsumgütern verwendet, ist der im Typus der Verbrauchsteuer angelegten Überwälzungsmöglichkeit zumindest dann Genüge getan, wenn der zunächst belastete gewerbliche Verbraucher nicht gehindert ist, die Verbrauchsteuerbelastung in den Preis für das hergestellte Produkt einzustellen.[112] Die Möglichkeit der Weitergabe durch erhöhte Warenpreise muss

---

107 BVerwG, JZ 2001, 603 (604).
108 OVG NRW, NVwZ 1999, 318 (319). Vgl. zu weiteren Fällen, in denen der Ausschluss bestimmter Fälle aus der Hundesteuerpflicht verlangt wurde, OVG NRW, NWVBl. 1996, 15 (16).
109 OVG Rh-Pf v. 23.11.2010 – 6 A 10951/10, juris (nicht rechtskräftig).
110 BVerfGE 65, 325 (349).
111 BVerfGE 110, 274 (296); krit. *Englisch* in Tipke/Lang (Fn. 16), § 16 Rz. 24; ebenfalls ablehnend zu „reinen" Produktionsmittelsteuern *Seer*, DStR 2012, 325 (331). Gleiches nimmt die h. M. im Übrigen auch für die bundesgesetzlich geregelte und mittlerweile auch dem Bund zufließende Kfz-Steuer an, soweit diese auf Betriebsfahrzeuge erhoben wird. Auch insoweit handelt es sich um eine Produktionsmittelsteuer (vgl. *Lang* in Tipke/Lang (Fn. 16), § 8 Rz. 104), ohne dass dies verfassungsrechtliche Bedenken auszulösen vermag. Die Kfz-Steuer ist als solche in Art. 106 Nr. 3 GG genannt, muss also nicht die begrifflichen Anforderungen einer Aufwandsteuer erfüllen und insbesondere nicht auf die persönliche Bedürfnisbefriedigung abstellen.
112 BVerfGE 110, 274 (295 f.); ebenso *Wernsmann*, NVwZ 2011, 1367 (1368 f.).

aber nicht bestehen.¹¹³ Mit anderen Worten: Auch der Automobilhersteller darf zur Stromsteuer herangezogen werden, wenn er diese Kosten kalkulatorisch möglicherweise auf den Endverbraucher überwälzen kann. Die Möglichkeit einer kalkulatorischen Überwälzung bedeutet, dass der Steuerpflichtige den von ihm gezahlten Steuerbetrag in die Kalkulation seiner Selbstkosten einsetzen und hiernach die zur Aufrechterhaltung der Wirtschaftlichkeit seines Unternehmens geeigneten Maßnahmen – Preiserhöhungen, Umsatzsteigerungen oder Senkung der sonstigen Kosten – treffen kann.¹¹⁴ Dass die Überwälzung tatsächlich gelingt, ist nicht erforderlich.¹¹⁵ Der „final resting place" der Steuerlast ist stets ungewiss.¹¹⁶ Dass Verbrauchsteuern auch an Tatbestände außerhalb der Vermögensverwendung für den persönlichen Lebensbedarf anknüpfen dürfen, hängt schon mit deren Charakter als indirekter Steuer und damit der grundsätzlich angenommenen Überwälzbarkeit auf den privaten Endverbraucher ab.¹¹⁷

IV. Zusammenfassung

Die Gemeinden und Gemeindeverbände haben kein unbegrenztes Steuererfindungsrecht. Wollen sie neue Steuern einführen, wie z.B. die Übernachtungsteuern oder die Solariensteuer, so müssen sich diese in die Finanzverfassung einfügen. Es muss sich also um örtliche Verbrauch- oder Aufwandsteuern handeln, deren Regelung die Länder den Kommunen übertragen haben und die den Anforderungen des Art. 105 Abs. 2a Satz 1 GG genügen.

Bei der Findung des Steuergegenstands ist der Normgeber weitgehend frei. Er kann sowohl allein fiskalische Zwecke als auch Lenkungsziele verfolgen.

Verfassungsrechtliche Grenze der Erhebung von örtlichen Verbrauch- und Aufwandsteuern ist grundsätzlich – soweit diese als direkte Steuern ausgestaltet sind – die individuelle Leistungsfähigkeit im Sinne der Befriedigung eines über den allgemeinen Lebensbedarf hinausgehenden Bedarfs. Sind diese Steuern als indirekte Steuern ausgestaltet, so kommt eine Prüfung der individuellen Leistungsfähigkeit des Steuerträgers hingegen grundsätzlich nicht in Betracht.

---

113 Explizit BVerfGE 110, 274 (296).
114 BVerfGE 31, 8 (20); 110, 274 (295); 123, 1 (22 f.); ebenso etwa FG Bad.-Württ. v. 11.1.2012 – 11 V 2661/11 und 11 V 4024/11, unter II 2 b bbb (3); scharf ablehnend *Seer*, DStR 2012, 325 (332), der von einer „unter Juristen und dementsprechend auch Gerichten verbreiteten Fehlvorstellung von der ‚kalkulatorischen Überwälzbarkeit'" spricht.
115 BVerfGE 14, 76 (96); 27, 375 (384); 31, 8 (20); 110, 274 (295 f.); st. Rspr.
116 BVerfGE 110, 274 (289 f.).
117 Gegen Rechtfertigung der Unterscheidung *Lang* in Tipke/Lang (Fn. 16), § 3 Rz. 49.

Möglichkeiten und Grenzen der kommunalen Steuerautonomie (Steuerfindungs- und -hebesatzrechte, örtliche Verbrauch- und Aufwandsteuern)

Prof. Dr. *Hans-Günter Henneke*
Geschäftsführendes Präsidialmitglied des Deutschen Landkreistages,
Honorarprofessor Universität Osnabrück

Inhaltsübersicht

I. System der Kommunalfinanzierung
　1. Gemeindefinanzierungssystem 2008
　2. Die Kreisumlage im Kommunalfinanzierungssystem
　3. Die Entwicklung kommunaler Ausgaben
II. Verfassungsrechtliche Selbstverwaltungsgarantie für Gemeinden und Kreise mit finanzverfassungsrechtlicher Flankierung
　1. Art. 28 Abs. 2 S. 1–3 i. V. m. Abs. 1 S. 2 und 3 GG
　　a) Aufgabengarantie für Gemeinden und Kreise
　　b) Garantie der Eigenverantwortlichkeit bei demokratischer Legitimation
　　c) Grundlagen der finanziellen Eigenverantwortung von Gemeinden und Kreisen
　　d) Gemeindliches Hebesatzrecht für wirtschaftskraftbezogene Steuerquelle
　2. Kommunalgestaltbare Ertragskompetenzen gem. Art. 106 GG
　3. Steuergesetzgebungskompetenzen für kommunalgestaltbare Steuern gem. Art. 105 Abs. 2, 2a S. 1 GG
　　a) Bundesgesetze gem. Art. 105 Abs. 2 GG
　　　aa) Hebesatzrecht bei der Gewerbesteuer
　　　　(1) Gesetzlicher Mindesthebesatz
　　　　(2) Beanstandungen der Kommunalaufsicht
　　　bb) Begrenztes Hebesatzrecht auf gemeindlichen Anteil an der Einkommensteuer?
　　b) Ländergesetze gem. Art. 105 Abs. 2a S. 1 GG
　　　aa) Gleichartigkeitsverbot
　　　bb) „Örtliche Verbrauch- und Aufwandsteuern"
III. Kommunalabgabengesetze und Spezialgesetze
IV. Entwicklungen bei einzelnen Verbrauch- und Aufwandsteuern
　1. Hundesteuer
　2. Vergnügungsteuer
　3. Zweitwohnungsteuer
　4. „Kulturfördernde" Übernachtungen
　5. Weitere örtliche Verbrauch- und Aufwandsteuern
V. Resümee

I. System der Kommunalfinanzierung

1. Gemeindefinanzierungssystem 2008

2008, dem Jahr, bevor sich die Finanzkrise auf die Steuereinnahmen ausgewirkt hat, stellte sich das Gemeindefinanzierungssystem[1] wie folgt dar:

Das Gemeindefinanzierungssystem 2008

				Mrd. €	in %
Nichthoheitliche Einnahmen	Privatrechtliche Erträge und Entgelte		Gewinne aus Unternehmen und Beteiligungen	1,43	0,77
			Vermögenserträge	5,96	3,19
			Konzessionsabgaben	3,38	1,81
			Vermögensveräußerungserträge	4,24	2,27
	Kredite			7,28	3,90
			Summe 1:	22,29	11,94
Hoheitliche Einnahmen	Abgaben	Steuern	Grundsteuer	9,54	5,11
			Gewerbesteuer	31,38	16,81
			Einkommensteueranteil	25,87	13,86
			Umsatzsteueranteil	3,19	1,71
			örtliche Verbrauch- und Aufwandsteuern	0,62	0,33
			Summe 2:	70,60	37,82
		Gebühren	Verwaltungsgebühren	2,22	1,19
			Benutzungsgebühren	13,28	7,12
		Beiträge		1,36	0,73
			Summe 3:	16,86	9,04
	Finanzzuweisungen		Schlüsselzuweisungen	26,80	14,36
			Zweckzuweisungen	49,72	26,64
			Bedarfszuweisungen	0,36	0,19
			Summe 4:	76,88	41,19
			Gesamt:	**186,63**	**100,00**

---

[1] *Henneke*, Jura 1986, 568 (573).

Insgesamt verfügten die Kommunen 2008 unter Einschluss von gut 7 Mrd. Krediten über Einnahmen in Höhe von 187 Mrd. Euro; davon entfielen 164 Mrd. Euro (= 88 %) auf hoheitliche Einnahmen. Die hoheitlichen Einnahmen können wir weiter in 87,5 Mrd. Euro (= 46,9 %) Abgaben und knapp 77 Mrd. Euro (= 41,2 %) Finanzzuweisungen unterteilen.

Von den hoheitlichen Einnahmen entfielen 70,6 Mrd. Euro auf Steuern (= 37,8 %) und knapp 17 Mrd. Euro auf Gebühren und Beiträge (9 %). Bei den Steuereinnahmen besteht eine unterschiedliche Gestaltbarkeit auf kommunaler Ebene. Der gemeindliche Umsatzsteueranteil ist von den Kommunen ebenso wenig gestaltbar wie der auf sie entfallende Anteil an der Einkommensteuer (Lohn- und Einkommensteuer sowie Kapitalertragsteuer). Der Unterschied zwischen den beiden Beteiligungen an Gemeinschaftssteuern besteht darin, dass Europa- und Verfassungsrecht einer kommunal-individuellen Gestaltbarkeit beim Einkommensteueranteil anders als beim Umsatzsteueranteil nicht entgegensteht. Bei der Grundsteuer und der Gewerbesteuer legt die Gemeinde den Hebesatz, nicht dagegen die Bemessungsgrundlage fest. Die größten kommunal-individuellen Gestaltungsmöglichkeiten bestehen demgegenüber bei den örtlichen Verbrauch- und Aufwandsteuern, hier – und nur hier – können im Rahmen landesgesetzlicher Ermächtigungen von den Gemeinden und Kreisen – derivative – Steuererfindungsrechte aktualisiert werden. Indes: Die örtlichen Verbrauch- und Aufwandsteuern machten 2008 mit gerade einmal 583 Mio. Euro (einschl. steuerähnlicher Einnahmen wie Fremdenverkehrsabgabe und Spielbankenabgabe 624 Mio. Euro)[2] lediglich 0,825 % der kommunalen Steuereinnahmen und sogar nur 0,33 % der kommunalen Gesamteinnahmen aus.

Unter ihnen ragten im Aufkommen die Hundesteuer mit 232,1 Mio. Euro und die Vergnügungsteuer mit 231,5 Mio. Euro heraus. Das Aufkommen der Jagd- und Fischereisteuer belief sich dagegen nur auf 26,1 Mio. Euro. Diese drei herkömmlichen Verbrauch- und Aufwandsteuern bildeten mithin gut 87 % des gesamten Verbrauch- und Aufwandsteueraufkommens ab. Zählt man die nun seit etwa 30 Jahren etablierte, aber erst nach der Grundgesetzänderung 1969/70 erfundene Zweitwohnungsteuer mit einem Aufkommen von 85,6 Mio. Euro im Jahr 2008 noch hinzu, haben wir bereits 98,7 % des Aufkommens der örtlichen Verbrauch- und Aufwandsteuern erfasst, ohne uns mit dem Steuererfindungsrecht überhaupt auseinandergesetzt zu haben. Die Einnahmen aus der Getränkesteuer mit bundesweit 600 000 Euro und aus der Schankerlaubnissteuer mit bundesweit 300 000 Euro im Jahre 2008 – beides herkömmliche Verbrauch- und Aufwandsteuern – sind nahezu vernachlässigenswert, mindern die Aufkommensrelevanz der neuen Verbrauch- und Aufwandsteuern aber weiter.

---

2 Statistisches Bundesamt, Fachserie 14, Reihe 3.3, 2008, Übersicht 1.10: Steuern und steuerähnliche Einnahmen der Gemeinden und Gemeindeverbände nach Arten und Ländern 2008.

Das bedeutet mit anderen Worten: Die Diskussion über bisher nicht etablierte örtliche Verbrauch- und Aufwandsteuern erfährt angesichts des daraus resultierenden Gesamtaufkommens von gerade einmal 6,5 Mio. Euro im Jahre 2008 = 1,1 % der gesamten Verbrauch- und Aufwandsteuern, insbesondere gegenwärtig wieder einmal eine erstaunliche Resonanz[3]. Ich nenne die Stichwörter Bettensteuer bzw. Kulturförderabgabe, Solariensteuer oder die vor wenigen Wochen große Wellen schlagende Bonner Steuer für das Angebot sexueller Handlungen gegen Entgelt. Dass insbesondere juristische Beiträge zu Steuererfindungsrechten gegenwärtig Konjunktur haben, dürfte nicht zuletzt daran liegen, dass die quantitative Komponente bei den Betrachtungen zumeist ausgeblendet wird.

Das lässt sich etwa an dem jüngst publizierten Beitrag von *Tolkmitt*[4], der sich zuvor bereits mit der Materie befasst hatte[5], deutlich machen: Wenn er als Ursache für die Erfindung neuer Verbrauch- und Aufwandsteuern, als „Triebfeder der Innovation" neben den überproportional steigenden Ausgaben für soziale Leistungen und den Tarifabschlüssen im öffentlichen Dienst, vor allem langfristige Rückgänge bei der Gewerbesteuer, sinkende Einnahmen aus dem Einkommensteueranteil sowie geringere Zuweisungen aus dem kommunalen Finanzausgleich ausmacht und dem sein „Plädoyer für eine gemeindliche Steuerpolitik der ruhigen Hand" gegenüberstellt und eine „verantwortliche Wahrnehmung der Ermächtigung aus dem KAG zur Einführung derartiger Steuern" einfordert[6], so trifft dies für sich genommen alles zu; dennoch wird angesichts der quantitativen Relevanz neu erfundener bzw. zu erfindender örtlicher Verbrauch- und Aufwandsteuern mit „Kanonen auf Spatzen" geschossen. Sie machen schließlich nur 0,00921 % der kommunalen Steuereinnahmen oder 0,00347 % der kommunalen Gesamteinnahmen aus. Auf 1 000 Euro kommen also gerade einmal 9 Cent bezogen auf die Steuereinnahmen bzw. sogar nur 3,5 Cent bezogen auf die Gesamteinnahmen. „Viel Lärm um nichts?" könnte man angesichts dieses Befundes also fragen.

Bei den nachfolgenden Betrachtungen sollen dennoch die Gestaltungsmöglichkeiten bei den örtlichen Verbrauch- und Aufwandsteuern im Mittelpunkt stehen, die übrigen realen oder potenziellen kommunalen Gestaltungsmöglichkeiten dürfen angesichts ihrer quantitativ weitaus höheren Bedeutung aus der Betrachtung allerdings nicht ausgeblendet werden.

---

3 Z. B. *Petry*, BB 2010, 2860; *Becker*, BB 2011, 1175; *Wegner*, BayVBl. 2011, 261; *Albrecht/Mößner*, PUBLICUS 2011.7, 18; relativierend *Seer*, Eine Bürgersteuer wäre besser als Sauna- und Sexsteuern, FAZ v. 19.10.2011, 19.
4 *Tolkmitt*, SächsVBl. 2011, 204.
5 *Tolkmitt/Berlit*, LKV 2010, 385.
6 *Tolkmitt*, SächsVBl. 2011, 204 (208).

2. Die Kreisumlage im Kommunalfinanzierungssystem

Dies gilt nicht nur auf der Gemeindeebene für die Hebesatzmöglichkeiten bei der Gewerbe- und bei der Grundsteuer, sondern auch für die verfassungsrechtlich in Art. 28 Abs. 2 GG und den parallelen landesverfassungsrechtlichen Bestimmungen ebenfalls garantierte Kreisebene mit der ihr zufließenden, im Umlagesatz nach Maßgabe landesgesetzlicher Vorgaben gestaltbaren Kreisumlage, die 2008 immerhin ein Aufkommen bei den seinerzeit 301 Landkreisen in Deutschland von 20,10 Mrd. Euro aufwies.

Bei der Kreisumlage handelt es sich um eine seitens der Kreistage den kreisangehörigen Gemeinden hoheitlich auferlegte Geldleistung, die der nicht unmittelbar gegenleistungsbezogenen endgültigen Erzielung von Einkünften der Kreise dient, um anderweitig nicht finanzierte Aufgaben zu erfüllen. Abgesehen davon, dass die Kreisumlage nicht vom Bürger, sondern von den kreisangehörigen Gemeinden erhoben wird, enthält sie alle Merkmale einer Steuer. In allen landesrechtlichen Regelungen wird zur Erhebung der Kreisumlage ermächtigt zur Deckung des für die Erfüllung der Aufgaben des Kreises notwendigen Finanzbedarfs, soweit seine sonstigen Einnahmen dazu nicht ausreichen[7].

Die Einnahmen aus der Kreisumlage können und müssen grundsätzlich zweckungebunden für die gesamte Palette der von den Kreisen zuständigkeitshalber zu erfüllenden Aufgaben aufgrund des Gesamtdeckungsprinzips verwendet werden[8]. Das OVG Münster[9] hat daher zutreffend formuliert:

„Mit der Kreisumlage soll, ohne dass eine Zurechnung zu bestimmten Aufgaben erfolgt, also ohne Berücksichtigung des Gesichtspunktes von Leistung und Gegenleistung und insofern steuerähnlich, der anderweitig nicht abgedeckte Finanzbedarf des Kreises von den Mitgliedskörperschaften nach ihrer finanziellen Leistungsfähigkeit befriedigt werden."

Das OVG Lüneburg[10] hat zur qualitativen und quantitativen Bedeutung der Kreisumlage prägnant ausgeführt:

„Dieses Recht der Landkreise ist ein wesentlicher Bestandteil der Finanzhoheit der Gemeindeverbände und seine Ausübung notwendigerweise dadurch bedingt, dass die Landkreise an der bundesverfassungsrechtlichen Ertragsverteilung in Art. 106 GG nicht beteiligt sind und der Landesgesetzgeber bisher kaum von der in Art. 58 NV eingeräumten Möglichkeit Gebrauch gemacht hat, den Landkreisen eigene Steuerquellen zu erschließen.

---

7 § 49 Abs. 2 LKrO, § 38 FAG BW, Art. 56 Abs. 2 Nr. 2 LKrO, Art. 18–20 FAG Bay., § 65 LKrO, § 18 FAG Bbg., § 53 Abs. 2 HKO, § 37 FAG He., § 120 Abs. 2 Nr. 3 KV, § 23 FAG MV, § 15 NFAG, § 56 KrO, § 24 i. V. m. § 23 GFG NRW 2011, § 58 Abs. 3 LKrO, § 25 FAG RhPf.; § 146 Abs. 1 KSVG, §§ 18–19a KFAG Saarl., § 26 FAG Sachs., § 67 Abs. 2 LKrO, §§ 18–20 FAG LSA, § 28 FAG SH, § 97 Abs. 2 ThürKO, §§ 28–31 FAG Thür.
8 Dazu ausf. *Henneke*, Der Landkreis 2006, 251 (253).
9 OVG Münster, DVBl. 2005, 652 (652 f.).
10 OVG Lüneburg, DVBl. 1999, 842 (842 f.) sowie DVBl. 2003, 278 (279 f.).

Das Recht der Landkreise, eine allgemeine Kreisumlage erheben zu dürfen, stellt eine Erscheinungsform des in Art. 28 Abs. 2 S. 2 GG garantierten institutionellen Selbstverwaltungsrechts der Landkreise dar und ist wesentlicher Bestandteil der hieraus fließenden Finanzhoheit der Gemeindeverbände. Ohne die Berechtigung zur Kreisumlageerhebung wäre im Rahmen der geltenden Finanzordnung eine angemessene, verfassungsrechtlich garantierte Finanzausstattung und damit die Erfüllung der den Kreisen obliegenden Aufgaben nicht gewährleistet."

Mit der Kreisumlage werden die kreisangehörigen Gemeinden grundsätzlich nach dem Maß ihrer Finanzkraft belegt, also ihrer Steuerkraft und der ihnen seitens des Landes zufließenden Schlüsselzuweisungen)[11]. Rechtspolitisch ist daher zutreffenderweise immer wieder der Ruf nach einer verfassungsrechtlich in Art. 106 GG verankerten Steuerertragsbeteiligung der Kreise erhoben worden[12].

3. Die Entwicklung kommunaler Ausgaben

Zur Veranschaulichung der quantitativen Relevanz (potenzieller) kommunaler Steuerfindungsrechte soll abschließend ein kurzer Blick auf einen – allerdings äußerst gewichtigen – Ausschnitt kommunaler Ausgaben gerichtet werden. Die vom Frühjahr 2010 bis Sommer 2011 tagende Kommission zur Neuordnung der Kommunalfinanzen, der Vertreter der Bundesregierung, von Landesregierungen und der kommunalen Spitzenverbände angehört haben, hat auf gemeinsame Erhebungen für die Jahre 2001–2007 gründende Feststellungen zu den Ausgaben für soziale Leistungen nach kommunalen Ebenen getroffen (Abb. 2). Danach wendeten die Kommunen 2007 als letztem Jahr der gemeinsamen Erhebung für die nachfolgenden sieben – weitestgehend bundesgesetzlich normierten – Aufgabenfelder

Hilfe zum Lebensunterhalt	1,7 Mrd. Euro,
Hilfe zur Pflege	2,2 Mrd. Euro,
Eingliederungshilfe für Behinderte	11,5 Mrd. Euro,
Grundsicherung im Alter und bei Erwerbsminderung	2,1 Mrd. Euro,
Jugendhilfe	6,4 Mrd. Euro,
Einrichtungen der Jugendhilfe sowie	12,4 Mrd. Euro,
Grundsicherung für Arbeitsuchende	12,2 Mrd. Euro,
in der Summe also	48,5 Mrd. Euro

---

11 Dazu ausf. *Henneke*, Öffentliches Finanzwesen, Finanzverfassung, 2. Aufl. 2000, § 18 Rz. 984 ff.
12 Dazu ausf. *Henneke*, Der Landkreis 2006, 251 (256 f.); *Schmidt-Jortzig*, DVBl. 1986, 1067 (1068); *Schmidt-Jortzig*, Der Landkreis 2006, 64 (67); zum Ganzen jüngst ausf. *Henneke* in Schliesky, U./Ernst, C./Schulz, S. E. (Hrsg.), Die Freiheit des Menschen in Kommune, Stadt und Europa, Festschrift für Edzard Schmidt-Jortzig, 2011, S. 233 ff.

Ausgaben für soziale Leistungen nach kommunalen Ebenen

	2001		2002		2003		2004		2005		2006		2007	
	in T€	in %	in T€	in %	in T€	in %	in T€	in %	in T€	in %	in T€	in %	in T€	in %
Hilfe zum Lebensunterhalt	8.113.164	100,0	8.212.273	100,0	8.260.101	100,0	8.462.946	100,0	1.741.007	100,0	1.858.955	100,0	1.697.554	100,0
davon: kreisfreie Städte	3.488.731	43,0	3.558.092	43,3	3.521.992	42,6	3.636.322	43,0	572.832	32,9	588.121	31,6	614.216	31,6
Landkreise	3.786.777	46,7	3.965.456	48,3	3.949.125	47,8	4.017.308	47,5	802.660	46,1	997.441	53,7	936.172	53,7
kreisangehörige Gemeinden	727.258	9,0	576.690	7,0	670.737	8,1	679.878	8,0	90.272	5,2	36.159	1,9	50.358	1,9
höhere Kommunalverbände	110.398	1,4	112.035	1,4	118.247	1,4	129.438	1,5	275.243	15,8	237.234	12,8	96.808	12,8
Hilfe zur Pflege	2.418.469	100,0	2.448.410	100,0	2.475.991	100,0	2.781.424	100,0	2.672.966	100,0	2.530.921	100,0	2.244.861	100,0
davon: kreisfreie Städte	494.228	20,4	571.547	23,3	616.419	24,9	731.135	26,3	742.983	27,8	728.660	28,8	581.150	25,9
Landkreise	745.620	30,8	844.560	34,5	896.013	36,2	1.115.436	40,1	1.209.585	45,3	1.115.300	44,1	994.226	44,3
kreisangehörige Gemeinden	41.692	1,7	15.953	0,7	16.416	0,7	33.778	1,2	21.476	0,8	17.080	0,7	7.055	0,3
höhere Kommunalverbände	1.136.929	47,0	1.016.350	41,5	947.143	38,3	901.075	32,4	698.922	26,1	669.881	26,5	662.430	29,5
Eingliederungshilfe für Behinderte	8.054.613	100,0	8.451.921	100,0	9.135.856	100,0	9.729.374	100,0	9.665.227	100,0	9.626.294	100,0	11.450.466	100,0
davon: kreisfreie Städte	515.336	6,4	582.157	6,9	617.788	6,8	727.386	7,5	888.786	9,2	917.801	9,5	1.731.049	9,5
Landkreise	2.010.084	25,0	2.172.098	25,7	2.363.758	25,9	2.526.038	26,0	3.205.597	33,2	3.301.165	34,3	4.176.228	36,5
kreisangehörige Gemeinden	133.960	1,7	122.359	1,4	83.232	0,9	80.635	0,8	52.212	0,5	51.905	0,5	62.571	0,5
höhere Kommunalverbände	5.395.233	67,0	5.575.307	66,0	6.071.078	66,5	6.395.315	65,7	5.518.632	57,1	5.355.423	55,6	5.480.618	47,9
Grundsicherung im Alter und bei Erwerbsminderung									1.751.872	100,0	1.799.516	100,0	2.101.685	100,0
davon: kreisfreie Städte									696.976	39,8	677.670	37,7	785.727	37,4
Landkreise									925.543	52,8	1.000.215	55,6	1.033.742	49,2
kreisangehörige Gemeinden									45.612	2,6	15.845	0,9	35.461	1,7
höhere Kommunalverbände									83.741	4,8	105.786	5,9	246.755	11,7
Jugendhilfe	5.122.726	100,0	5.478.122	100,0	5.637.507	100,0	5.814.985	100,0	5.925.098	100,0	6.115.690	100,0	6.373.807	100,0
davon: kreisfreie Städte	1.921.609	37,5	2.056.182	37,5	2.126.594	37,7	2.206.136	37,9	2.252.246	38,0	2.330.443	38,1	2.358.947	38,1
Landkreise	2.409.127	47,0	2.585.716	47,2	2.674.225	47,4	2.743.660	47,2	2.863.027	48,3	2.941.887	48,1	3.066.373	48,1
kreisangehörige Gemeinden	698.054	13,6	739.389	13,5	740.539	13,1	785.707	13,5	731.951	12,4	769.582	12,6	869.510	12,6
höhere Kommunalverbände	93.936	1,8	96.835	1,8	96.149	1,7	79.482	1,4	77.874	1,3	73.778	1,2	78.977	1,2
Einrichtungen der Jugendhilfe	10.412.622	100,0	10.870.426	100,0	11.036.878	100,0	11.259.088	100,0	11.409.225	100,0	11.714.860	100,0	12.	
davon: kreisfreie Städte	3.338.099	32,1	3.518.214	32,4	3.601.500	32,6	3.669.089	32,6	3.750.708	32,9	3.862.879	33,0	4.096.650	33,1
Landkreise	1.524.069	14,6	1.535.676	14,1	1.430.357	13,0	1.542.592	13,7	1.544.712	13,5	1.574.125	13,4	1.645.935	13,3
kreisangehörige Gemeinden	5.515.585	53,0	5.791.903	53,3	5.980.570	54,2	6.020.816	53,5	6.090.926	53,4	6.254.941	53,4	6.623.683	53,4
höhere Kommunalverbände	34.869	0,3	24.633	0,2	24.451	0,2	26.591	0,2	22.879	0,2	22.915	0,2	27.119	0,2
Grundsicherung für Arbeitssuchende (SGB II)									10.416.368	100	12.051.736	100	12.235.876	100
davon: kreisfreie Städte									4.052.686	38,9	4.965.937	41,2	5.028.320	41,1
Landkreise									6.359.787	61,1	7.016.718	58,2	7.064.380	57,7
kreisangehörige Gemeinden									3.269	0,0	69.081	0,6	143.176	1,2
höhere Kommunalverbände									626	0,0		0,0		0,0

Quelle: Statistisches Bundesamt

Auszug aus dem Bericht der AG „Standards" an die Gemeindefinanzkommision

bei von Jahr zu Jahr stark steigender und inzwischen weiter gestiegener Tendenz auf. In sechs dieser sieben Aufgabenfelder (anders nur bei Einrichtungen der Jugendhilfe) lag die Hauptausgabenlast nicht bei den kreisfreien Städten oder kreisangehörigen Gemeinden, sondern bei den Landkreisen, was das Strukturmanko der Kreisfinanzierung besonders verdeutlicht und den Handlungsbedarf erhellt[13].

II. Verfassungsrechtliche Selbstverwaltungsgarantie für Gemeinden und Kreise mit finanzverfassungsrechtlicher Flankierung

1. Art. 28 Abs. 2 S. 1–3 i. V. m. Abs. 1 S. 2 und 3 GG

Träger der kommunalen Selbstverwaltung sind auf der Ebene der örtlichen Gemeinschaft die Gemeinden und auf der überörtlichen Ebene die Landkreise. Der Schutzgehalt der verfassungsrechtlichen Garantie kommunaler Selbstverwaltung ist für Gemeinden und Kreise ein doppelter: Neben einem bestimmten Aufgabenbestand wird den vom GG institutionell garantierten Gemeinden wie Kreisen die Eigenverantwortlichkeit der Aufgabenerledigung gewährleistet.

a) Aufgabengarantie für Gemeinden und Kreise

Den Gemeinden sind grundsätzlich alle Angelegenheiten der örtlichen Gemeinschaft – aber auch nur diese – zugeordnet. In diesem Bereich haben die Gemeinden ein Aufgabenzugriffsrecht für gesetzlich unbesetzte Aufgaben. In sechs von 13 Flächenländern (Baden-Württemberg, Niedersachsen, Nordrhein-Westfalen, Sachsen, Sachsen-Anhalt und Schleswig-Holstein) erstreckt sich dieses Zugriffsrecht für gesetzlich unbesetzte Aufgaben kraft Landesverfassungsrechts auf alle öffentlichen Aufgaben[14].

Die Landkreise verfügen gem. Art. 28 Abs. 2 S. 2 GG nicht über eine grundgesetzlich garantierte Allzuständigkeit eines bestimmten Aufgabenbereichs, sondern sind auf eine gesetzliche Aufgabenausstattung mit Selbstverwaltungsaufgaben durch den Gesetzgeber angewiesen, haben darauf aber auch einen verfassungsrechtlichen Anspruch. Diese Zuweisung ist neben Spezialgesetzen landesrechtlich überall durch Generalklauseln erfolgt, die den Kreisen in allen Ländern die überörtlichen Aufgaben und nahezu überall auch Ausgleichs- und Ergänzungsaufgaben zuweisen[15]. Über Art. 28 Abs. 2

---

13 Dazu ausf. *Henneke*, BayBgm 2010, 352 ff. Wenn *Waldhoff*, in diesem Band S. 11 (24 f.), von einem „gelegentlichen Vollzug von Bundesgesetzen durch die Kommunen" spricht, verzerrt dies in der Gewichtigkeit insbesondere der sozialen Aufgaben und Ausgaben im Fächer kommunaler Aufgabenerfüllung die Wirklichkeit.
14 Dazu ausf. *Henneke*, Der Landkreis 2007, 560 ff.
15 Dazu ausf. *Henneke*, Kreisrecht, 2. Aufl. 2007, S. 33 ff.

S. 2 GG hinausgehend enthält das Landesverfassungsrecht in Nordrhein-Westfalen, Sachsen-Anhalt und Brandenburg eine Allzuständigkeitsvermutung für die Kreise. Sowohl das Selbstverwaltungsrecht der Gemeinden wie das der Kreise unterliegt der Ausformung durch den – seinerseits verfassungsgebundenen – Gesetzgeber, dem bei der Zuordnung von Aufgaben hinsichtlich der Beurteilung ihres örtlichen oder auch-überörtlichen Charakters eine Einschätzungsprärogative zukommt.

Gemeinden und Kreisen sind damit Strukturmerkmale eigen, wie sie auch einen staatlichen Verband kennzeichnen. Beide Körperschaften sind – sei es von Verfassungs wegen, sei es kraft einfachen Rechts – für die Angelegenheiten der örtlichen Gemeinschaft bzw. die überörtlichen Aufgaben mit Allzuständigkeit ausgestattet[16]. Betätigen sich Gemeinden und Kreise in dem ihrer Selbstverwaltung unterliegenden Bereich, so üben sie ebenso hoheitliche Gewalt und damit Staatsgewalt aus wie bei der Erfüllung von Aufgaben im übertragenen Wirkungskreis.

b) Garantie der Eigenverantwortlichkeit bei demokratischer Legitimation

Das Selbstverwaltungsrecht des Art. 28 Abs. 2 GG umfasst neben der Gewährleistung des – für Gemeinden und Kreise verfassungsrechtlich unterschiedlich ausgeformten – Aufgabenbereichs auch die Garantie, diese Aufgaben in eigener Verantwortung zu erfüllen[17]. Damit wird ein Handlungs- und Entfaltungsspielraum gewährleistet, der frei zu sein hat von staatlichen bzw. überhaupt dritten Einflussnahmen beim Ermessen der Zielprojektionen, Zweckmäßigkeit und Form bezüglich jener Verwaltungstätigkeiten, welche sich sämtlich auf alle Stufen des Ablaufvorgangs der Aufgabenerfüllung beziehen. In Art. 28 Abs. 2 GG wird auch insoweit ein Prinzip vertikaler Dezentralisation der öffentlichen Verwaltung auf autonome Körperschaften und somit ein wichtiges Element organisatorischer Funktionentrennung normiert. Wegen der Aufgabengarantie einerseits und der den Gemeinden und Kreisen verfassungsrechtlich zukommenden Eigenverantwortlichkeit andererseits ordnet Art. 28 Abs. 1 S. 2 und 3 GG nicht nur den Ländern, sondern auch den Gemeinden und Kreisen ein „Volk" als Legitimationssubjekt zu. Es ist der eigentliche Träger der Selbstverwaltung und soll demgemäß eine Vertretung haben, die nach denselben Grundsätzen zu wählen ist, wie sie für die Wahlen zum Bundestag und zu den Landesparlamenten gelten[18]. Das in Art. 20 Abs. 2 und 28 Abs. 1 S. 1 GG für die staatliche Ebene verankerte demokratische Prinzip erfährt durch Art. 28 Abs. 1 S. 2 und 3 GG seine Ausgestaltung für die Gemeinden und Kreise[19].

---
16 BVerfGE 83, 37 (54 f.).
17 BVerfGE 91, 228 (236).
18 BVerfGE 83, 37 (54 f.).
19 BVerfGE 83, 37 (55).

Da beide Körperschaften – sei es von Verfassungs wegen, sei es kraft einfachen Rechts – für die Angelegenheiten der örtlichen Gemeinschaft bzw. die überörtlichen Aufgaben mit Allzuständigkeit ausgestattet sind und dies bereits bei Schaffung des Grundgesetzes so war, entspricht dem umfassenden Aufgabenbestand der Gemeinden und Kreise als kommunalen Körperschaften die grundgesetzliche Festlegung ihrer Legitimationsgrundlagen auf eine je eigene demokratische Legitimation durch das jeweilige Gemeinde- bzw. Kreisvolk[20]. Hinsichtlich der Eigenverantwortlichkeit der Aufgabenerledigung unterscheidet Art. 28 Abs. 2 GG ebenso wie Art. 28 Abs. 1 S. 2, 3 GG hinsichtlich der demokratischen Legitimation also nicht zwischen Gemeinden und Kreisen.

c) Grundlagen der finanziellen Eigenverantwortung von Gemeinden und Kreisen

Die verfassungsrechtliche Gewährleistung der Grundlagen der finanziellen Eigenverantwortung in Art. 28 Abs. 2 S. 3 Hs. 1 GG bezieht sich auf Gemeinden *und* Landkreise gleichermaßen[21]. Aus der Garantie kommunaler Selbstverwaltung der Gemeinden und Kreise folgt *einerseits* ein kommunal-individueller Anspruch auf eine regelmäßig durch Finanzzuweisungen realisierte *aufgabenangemessene Finanzausstattung* gegen das jeweilige Land (quantitative Komponente[22]), durch die insbesondere der hohe, gesetzlich determinierte Pflichtaufgabenbestand der Gemeinden und Kreise zu finanzieren ist, und andererseits die Finanzhoheit, die auch die Befugnis umfasst, sich Mittel zur Bestreitung der eigenen Aufgabenwahrnehmung zumindest teilweise *aus eigenem Recht* zu verschaffen. Bei den Gemeinden sind dies die Grund- und Gewerbesteuer sowie die örtlichen Verbrauch- und Aufwandsteuern und potenziell ein Hebesatzrecht auf die Lohn- und Einkommensteuer; bei den Kreisen ist dies die Kreisumlage[23].

Von kommunaler Steuerhoheit wird gesprochen, wenn die Kommunen in Ausübung ihres gleich näher zu behandelnden Steuerfindungsrechts, das wegen des damit verbundenen Grundrechtseingriffs sowie der Zweistufigkeit des Staatsaufbaus gem. Art. 105 Abs. 2a S. 1 GG einer landesgesetzlichen Ermächtigungsgrundlage bedarf, durch die Festsetzung von Hebesätzen und darüber hinaus im Gebühren- und Beitragsrecht dazu berechtigt sind, durch Normsetzung ihre Finanzwirtschaft zu gestalten. Ausreichend ist es dabei, dass den Kommunen überhaupt eigenverantwortlich auszuschöpfende Finanzquellen zur Verfügung gestellt werden, aus denen sie einen wesentlichen Teil der kommunalen Einnahmen aus eigenem Recht

---
20 BVerfGE 52, 95 (112); 79, 127 (151).
21 *Nierhaus* in Sachs (Hrsg.), GG, 6. Aufl. 2011, Art. 28 GG Rz. 86.
22 *Henneke*, Die Kommunen in der Finanzverfassung des Bundes und der Länder, 4. Aufl. 2008, S. 39 ff. sowie jüngst VerfGH RhPf., Der Landkreis 2012, 67 ff.
23 *Henneke*, Kommunen in der Finanzverfassung (Fn. 22), S. 314 ff.

ableiten können[24]. Die Steuer- bzw. Abgabenerhebung kann nur aufgrund einer hinreichend bestimmten, speziellen gesetzlichen Ermächtigungsgrundlage erfolgen; die durch die Garantie der kommunalen Selbstverwaltung in Art. 28 Abs. 2 GG sowie durch die Gemeinde- und Landkreisordnungen verliehene generelle Satzungsbefugnis reicht dafür mangels hinreichender Konkretheit nicht aus. Mangels Gesetzgebungskompetenzen im formellen Sinne sind die Kommunen also selbst nicht in der Lage, sich Ermächtigungsgrundlagen zur Abgabenerhebung zu schaffen.

Die grundgesetzliche Regelung über die Verteilung der Steuergesetzgebungskompetenzen in Art. 105 GG ist abschließend und sieht ein originäres kommunales Steuererfindungsrecht, das wegen der damit verbundenen Grundrechtseingriffe beim Normadressaten schon aus rechtstaatlichen Gründen scheitern muss, zu Recht nicht vor. Diese abschließenden Regelungen lassen sich auch nicht aufgrund des Prinzips der Einheit der Verfassung durch ein der Garantie kommunaler Selbstverwaltung entstammendes allgemeines kommunales Steuererfindungsrecht erweitern[25].

d) Gemeindliches Hebesatzrecht für wirtschaftskraftbezogene Steuerquelle

Anders als Art. 28 Abs. 2 S. 3 Hs. 1 GG bezieht sich der 2. Hs. dieser Vorschrift nur auf die Gemeinden, nicht aber auf die Kreise. Dabei bleibt offen, was unter einer wirtschaftskraftbezogenen Steuerquelle zu verstehen ist, zumal nach der abschließenden Steuerertragszuordnung in Art. 106 GG eine einfachgesetzliche Ausgestaltung nur in Form dort genannter Steuern bzw. Steuerarten erfolgen kann. Mit der in Art. 106 Abs. 6 S. 1 GG aufgrund der Neuregelung vorgenommenen Verengung der Realsteuern auf die Grund- und Gewerbesteuer kommt eine Anknüpfung an andere Realien anders als bis dahin einfachgesetzlich ohne Änderung des Art. 106 GG nicht mehr in Betracht. Art. 28 Abs. 2 S. 3 GG beinhaltet keine institutionelle Garantie gerade der Grundsteuer oder der Gewerbesteuer. Die Bestimmung gewährleistet über den Inhalt des Art. 106 Abs. 6 S. 2 GG hinaus aber, dass die wirtschaftskraftbezogene Gewerbesteuer nicht abgeschafft wird, ohne dass die Gemeinden an ihrer Stelle eine andere wirtschaftskraftbezogene Steuerquelle mit Hebesatzrecht erhalten[26]. Fraglich ist, ob den Vorgaben des 1997 neu gefassten Art. 28 Abs. 2 S. 3 GG auch bei einer Abschaffung der Gewerbeertragsteuer dadurch Rechnung getragen werden kann, dass die Gemeinden auf eine mit Hebesatzrecht versehene Einkommensteuerbeteiligung verwiesen werden, die in Art. 106 Abs. 5 S. 3 GG

---

24 *Henneke*, Öffentliches Finanzwesen (Fn. 11), Rz. 845 ff.; *Henneke* in Schmidt-Bleibtreu/Hofmann/Hopfauf (Hrsg.), GG-Kommentar, 12. Aufl. 2011, Art. 28 GG Rz. 95; *Hellermann* in Epping/Hillgruber (Hrsg.), GG, 2009, Art. 28 GG Rz. 23/6.
25 Dazu näher *Henneke* (Fn. 24), Art. 28 GG Rz. 97.
26 BVerfGE 125, 141 (169).

verfassungsrechtlich schon ermöglicht ist, einfachgesetzlich bisher aber nicht umgesetzt wurde[27].

2. Kommunalgestaltbare Ertragskompetenzen gem. Art. 106 GG

Da im bundesstaatlichen Gefüge aus Art. 28 Abs. 2 S. 3 GG ein originäres kommunales Steuererfindungsrecht nicht folgt, Art. 28 Abs. 2 GG aber nicht nur eine quantitativ ausreichende Finanzausstattung verlangt, sondern in qualitativer oder struktureller Hinsicht auch die Gewährung eigener Einnahmequellen, d. h. namentlich die Ertragshoheit an bestimmten Steuern in angemessenem Umfang, erfordert[28], ist der Blick auf die in der Finanzverfassung des Grundgesetzes vorgenommene Verteilung der Steuergesetzgebungs- und Ertragskompetenzen zu richten. Die Steuergesetzgebungskompetenzen liegen auch hinsichtlich kommunaler Steuerertragszuständigkeiten gem. Art. 105 Abs. 2 GG schwerpunktmäßig beim Bund. Wenn hinsichtlich der Finanzverfassung mit Blick auf die Kommunen von einer „Zweieinhalbstufigkeit des Staatsaufbaus" gesprochen wird, lässt sich dieser Befund präzisieren: Bei der Steuerertragsverteilung gibt es nach Art. 106 GG eine Dreistufigkeit, bei Finanztransfers dagegen – abgesehen von Art. 106 Abs. 8 und Art. 91e Abs. 2 S. 2 GG zwischen dem Bund und *einzelnen* Kommunen – eine strikte Zweistufigkeit. Der VerfGH NW hat am 19.7.2011 festgestellt:

„Das System der Gemeindefinanzierung ist in hohem Maße komplex. In diesem Gesamtgefüge regelt das Gemeindefinanzierungsgesetz nur einen Teilbereich. Die wesentlichen Regelungen zur Finanzausstattung der Gemeinden finden sich in Vorschriften des Bundesrechts. Ihr Rahmen ist in großem Umfang festgelegt durch Bestimmung des Grundgesetzes. Die kommunale Finanzausstattung ist wesentlich durch eigene Einnahmen der Gemeinden und bundesrechtlich vorgegebene Steuererträge bestimmt. Der landesrechtlich geregelte kommunale Finanzausgleich tritt mit etwa 12,8 % der Gesamteinnahmen nur ergänzend hinzu".

Durch Art. 105a Abs. 2 S. 1 GG soll den Kommunen dabei ein Steuererfindungsrecht gesichert werden, ohne dass sie jedoch ein direktes Recht zur Steuergesetzgebung haben[29]. Art. 106 GG sieht folgende kommunale Ertragskompetenzen mit Autonomieelementen vor:

Abs. 6 S. 1 Hs. 1, S. 2:

Das Aufkommen der Grund- und Gewerbesteuer steht den Gemeinden zu, denen das Recht einzuräumen ist, die Hebesätze im Rahmen der Gesetze festzusetzen.

---

27 Dazu ausf. *Henneke*, Der Landkreis 1997, 472; *Henneke* (Fn. 24), Art. 106 GG Rz. 20 f., 36.
28 *Hellermann* (Fn. 24), Art. 28 GG Rz. 53/6, der ausdrücklich hinzufügt, dass den Kreisen nach Maßgabe des Art. 28 Abs. 2 S. 3 GG jedenfalls das Recht zur Erhebung der Kreisumlage zusteht (Art. 28 GG Rz. 53/7).
29 *Jachmann* in v. Mangoldt/Klein/Starck (Hrsg.), 6. Aufl. 2010, Art. 105 GG Rz. 54.

Abs. 6 S. 6:

Nach Maßgabe der Landesgesetzgebung können die Grund- und Gewerbesteuer sowie der Gemeindeanteil vom Aufkommen der Einkommen- und der Umsatzsteuer als Bemessungsgrundlage für Umlagen zugrunde gelegt werden. Das ist i. V. m. Art. 28 Abs. 2 S. 3 GG die verfassungsrechtliche Legitimationsgrundlage für die Kreisumlage.

Abs. 5 S. 1, 3:

Die Gemeinden erhalten einen Anteil am Aufkommen der Einkommensteuer auf der Grundlage der Einkommensteuerleistung ihrer Einwohner, für den die Gemeinden Hebesätze nach gesetzlicher Ermächtigung festsetzen können, wobei von dieser Ermächtigung bisher nicht Gebrauch gemacht worden ist.

Schließlich ordnet Art. 106 Abs. 6 S. 1 Hs. 2 GG das Aufkommen der örtlichen Verbrauch- und Aufwandsteuern dem kommunalen Bereich zu, überlässt die Bestimmung der ertragsberechtigten kommunalen Ebene aber den Ländern, wenn es heißt: Das Aufkommen der örtlichen Verbrauch- und Aufwandsteuern steht den Gemeinden oder nach Maßgabe der Landesgesetzgebung den Gemeindeverbänden zu.

3. Steuergesetzgebungskompetenzen für kommunalgestaltbare Steuern gem. Art. 105 Abs. 2, 2a S. 1 GG

Die Steuergesetzgebungskompetenzen für die kommunalgestaltbaren Steuern verteilen sich nach Art. 105 Abs. 2 und 2a S. 1 GG auf Bund und Länder.

a) Bundesgesetze gem. Art. 105 Abs. 2 GG

Dabei steht dem Bund gem. Art. 105 Abs. 2 GG die konkurrierende Gesetzgebung über die Einkommensteuer nach beiden Alternativen und die über die Grund- und Gewerbesteuer zu, weil insoweit vom Vorliegen der Voraussetzungen des Art. 72 Abs. 2 GG insbesondere zur Wahrung der Rechts- und Wirtschaftseinheit auszugehen ist, was allerdings mit Blick auf die Grundsteuer künftig evtl. auch anders beurteilt werden könnte.

Das bedeutet, dass das gemeindliche Hebesatzrecht bundesgesetzlich bei der Grund- und Gewerbesteuer eingeräumt werden *muss* und beim Gemeindeanteil an der Einkommensteuer eingeräumt werden *kann*. Weitergehende verfassungsrechtliche Probleme wirft die Inanspruchnahme der Gesetzgebungskompetenz durch den Bund angesichts der ausgreifenden Fassung des Art. 105 Abs. 2 GG nicht auf.

aa) Hebesatzrecht bei der Gewerbesteuer
(1) Gesetzlicher Mindesthebesatz

Bei der Grund- und Gewerbesteuer ist das Recht der Gemeinden, Hebesätze im Rahmen der Gesetze selbst festzusetzen, bereits verfassungsrechtlich in Art. 106 Abs. 6 S. 2 GG zwingend gewährleistet. Damit wird den Gemeinden eine Möglichkeit finanzieller Selbstgestaltung vermittelt, die ihren Handlungs- und Entfaltungsspielraum qualitativ erheblich stärkt. Die verfassungsrechtliche Gewährleistung eines gemeindlichen Hebesatzrechts durch Art. 28 Abs. 2 S. 3 und Art. 106 S. 6 S. 2 GG eröffnet zugleich die Möglichkeit eines Steuerwettbewerbs, mit dem Einfluss auf Ansiedlungsentscheidungen genommen werden kann[30]. Art. 28 Abs. 2 S. 3 und Art. 106 Abs. 6 S. 2 GG gewährleisten allerdings nicht, dass den Gemeinden das Recht zur Festsetzung des Hebesatzes der Gewerbesteuer ohne gesetzliche Einschränkungen eingeräumt wird[31]. Das BVerfG hat vor kurzem zutreffend formuliert, dass das Hebesatzrecht der Sicherung einer angemessenen Finanzausstattung der Gemeinden dient. Einerseits ermöglicht es ihnen, Unterschiede in der Belastung und in der Ergiebigkeit der zugewiesenen Steuerquellen auszugleichen. Die Gemeinden sollen die Möglichkeit haben, ihre Einnahmen durch Anspannung der Gewerbesteuer an den Finanzbedarf anzupassen und damit angesichts wachsender Haushaltslasten handlungsfähig zu bleiben.

Die Gewährleistung des Hebesatzrechts ermöglicht aber auch eine Anpassung nach unten und damit den Einsatz niedriger Hebesätze im interkommunalen Wettbewerb um die Ansiedlung von Unternehmen. In dem Spannungsverhältnis zwischen dem Streben nach einem möglichst hohen Niveau der öffentlichen Leistungen einerseits und einer möglichst niedrigen Steuerbelastung andererseits, das im Zusammenhang mit der Einführung der Verfassungsgarantie des gemeindlichen Hebesatzrechts als unentbehrlich für die eigenverantwortliche Selbstverwaltung hervorgehoben wurde[32], wird das Streben nach einer möglichst niedrigen Steuerbelastung gerade durch die Bedeutung der Gewerbesteuerbelastung im Standortwettbewerb befördert[33].

Bis 2004 stand es den Gemeinden bundesgesetzlich frei, jeden beliebigen Gewerbesteuerhebesatz festzusetzen bzw. durch eine Festsetzung des Hebesatzes auf null von der Erhebung der Gewerbesteuer gänzlich abzusehen. Die jüngere Vergangenheit hat nun gezeigt, dass es in einzelnen Gemeinden durchaus Tendenzen gibt, diese Hebesatzgestaltungsmöglichkeiten letztlich zum Schaden der Gesamtheit der Kommunen auszuschöpfen. Verfügt eine Gemeinde bisher über kein bzw. kein nennenswertes Gewerbesteueraufkommen, geht sie kein oder jedenfalls kein wesentliches Einnahmeausfallrisiko ein, wenn sie durch einen sehr niedrigen Gewerbesteuerhebesatz oder sogar durch einen völligen Verzicht auf die Gewerbesteuererhebung gewerbesteuerpflichtige Betriebe zur Ansiedlung anlockt.

---

30 BVerfGE 125, 141 (166).
31 BVerfGE 125, 141 (163 ff.).
32 BT-Drucks. V/2861, 39.
33 BVerfGE 125, 141 (165 f.).

Dies sei am Beispiel zweier Gemeinden in Brandenburg wie folgt illustriert[34]. Die eine hatte 2003 640, die andere weniger als 800 Einwohner; über nennenswertes Gewerbesteueraufkommen verfügten beide nicht. Um gezielt einen Anreiz zur Ansiedlung von Gewerbebetrieben zu setzen, verzichteten sie Anfang dieses Jahrzehnts auf die Erhebung von Gewerbesteuer. Die Folge war, dass sich in der einen Gemeinde über 93, in der anderen 84 Unternehmen ansiedelten. Die Gewerbesteuerausfälle in den Gemeinden, in denen die umgesiedelten Gewerbebetriebe bisher ansässig waren, waren zum Teil gravierend.

Mit Gesetz vom 23.12.2003[35] ist der Bundesgesetzgeber diesem Vorgehen entgegengetreten und hat in § 16 GewStG normiert, dass die Gewerbesteuer mit einem Hebesatz festgesetzt und erhoben wird, der von der hebeberechtigten Gemeinde zu bestimmen ist. Er beträgt allerdings 200 v. H., wenn die Gemeinde nicht einen höheren Hebesatz bestimmt hat. Der Hebesatz muss für alle in der Gemeinde vorhandenen Unternehmen der gleiche sein. Die Länder werden ermächtigt, sowohl für die Grundsteuer als auch für die Gewerbesteuer einen das Hebesatzrecht der Gemeinden begrenzenden Höchsthebesatz zu normieren (§ 16 Abs. 5 GewStG, § 26 GrStG).

Das 2010 mit diesem gesetzlichen Vorgehen befasste BVerfG hat zutreffend entschieden, dass Art. 28 Abs. 2 S. 3 und Art. 106 Abs. 6 S. 2 GG der Annahme nicht entgegenstehen, dass die Wahrung der Rechts- und Wirtschaftseinheit im gesamtstaatlichen Interesse eine bundesgesetzliche Regelung der Mindesthebesätze für die Gewerbesteuer erfordern kann. Zwar gewährleiste die verfassungsrechtliche Garantie des kommunalen Hebesatzrechts gerade auch die Möglichkeit der Festlegung unterschiedlicher Sätze[36] und verbiete damit jedenfalls eine volle Vereinheitlichung durch Bundesgesetz. Das schließe aber nicht aus, dass im gesamtstaatlichen Interesse eine Begrenzung des Maßes der zulässigen Unterschiede im Sinne einer Vereinheitlichung in begrenztem Ausmaß erforderlich sein könne. Insbesondere sei es nicht ersichtlich, dass die Gemeinden frei bleiben müssten, auf die Erhebung der Gewerbesteuer ganz zu verzichten[37]. Weder in seiner ursprünglichen Fassung noch in seinen späteren Änderungen fuße das GG auf einer einfachgesetzlichen Tradition uneingeschränkter Gestaltungsfreiheit der Gemeinden bei den Hebesätzen. Die Hebesatzautonomie der Gemeinden erfordere keine unentziehbare Befugnis, mit der Festsetzung auf null von einer Gewerbesteuererhebung ganz abzusehen.

---

34 BVerfGE 125, 141 (142 f.).
35 BGBl. I, 2922.
36 *Selmer/Hummel*, NVwZ 2006, 14 (16).
37 BVerfGE 125, 141 (163).

In ihrer Bedeutung als Instrument flexibler Anpassung der Steuereinnahmen an einen steigenden Finanzbedarf wird die Hebesatzautonomie durch die Festsetzung eines Mindesthebesatzes fraglos nicht berührt. Ein Mindesthebesatzrecht verringert allerdings die Flexibilität in umgekehrter Richtung als Mittel des Standortwettbewerbs. Das BVerfG hat meines Erachtens zutreffend entschieden[38], dass mit der wettbewerblichen Funktion der Gewährleistung des Hebesatzrechts auch gesetzliche Bestimmungen vereinbar sein können, die die Freiheit des Wettbewerbsverhaltens begrenzen, um den Wettbewerb in gemeinwohlverträglichen Bahnen zu halten.

Allerdings darf die Beschränkung des Hebesatzrechts nicht beliebig eng gezogen werden[39]. Das Hebesatzrecht ist nämlich in seinem Kern gesetzgebungsfest gewährleistet. Beschränkungen müssen zur Erreichung eines legitimen Zwecks geeignet, erforderlich und verhältnismäßig sein[40]. Auch angesichts der eröffneten Möglichkeit eines interkommunalen Standortwettbewerbs ist es indes ein legitimes gesetzgeberisches Ziel, die Bildung von Steueroasen auch in Bezug auf die Gewerbesteuer zu verhindern und die Streuung der Niederlassung von Gewerbebetrieben über das ganze Land hinweg zu fördern. Von daher ist der Gesetzgeber befugt einzuschreiten, wenn der grundsätzlich erwünschte interkommunale Steuerwettbewerb schädliche Ausmaße anzunehmen droht und sich ein Missbrauch der Gestaltungsmöglichkeiten abzeichnet.

Hinzu kommt, dass die Festlegung eines Mindesthebesatzes für die Gewerbesteuer über die Abwehr schädlicher Folgen für die Gemeinden hinaus auch zur Sicherung der verfassungsrechtlich vorgesehenen, Bund und Ländern zufließenden Gewerbesteuerumlage[41] dienen soll[42].

(2) Beanstandungen der Kommunalaufsicht

Weitaus brisanter als die bundesgesetzliche Vorgabe eines Mindesthebesatzes bei der Gewerbesteuer erscheinen Beanstandungen der gemeindlichen Hebesatzfestsetzung im Rahmen der Gesetze durch die Kommunalaufsicht.

In dieser Konstellation kommt die „Ur-Angst" vieler Kommunen gegen die Einräumung von Steuerautonomie zum Tragen. Sie lässt sich wie folgt skizzieren: Bund und Länder begründen kommunale Pflichtaufgaben, die mit unabweisbaren Ausgaben für die Kommunen verbunden sind, nehmen

---

38 BVerfGE 125, 141 (166).
39 *Selmer/Hummel*, NVwZ 2006, 14 (18 ff.); *Hidien*, ZKF 2004, 29 (33); *Henneke* (Fn. 24), Art. 106 GG Rz. 23.
40 BVerfGE 125, 141 (168).
41 Dazu ausf. *Henneke* (Fn. 24), Art. 106 GG Rz. 24.
42 BVerfGE 125, 141 (169).

aber keine hinreichende finanzielle Dotierung der Kommunen über die landesverfassungsrechtlichen Mehrbelastungsausgleichsregelungen bzw. über den seitens der Länder zu gewährleistenden aufgabenangemessenen kommunalen Finanzausgleich vor; stattdessen verweist das Land auf die Anspannung eigener kommunaler Steuerquellen. Kommt die Kommune dem nicht bzw. nicht im hinreichenden Maße nach, schreitet die Kommunalaufsicht ein. Auf diesem Wege könnten also Bund und Länder pflichtige Leistungen der Kommunen statuieren, ohne selbst für die Finanzierung einstehen zu müssen. Stattdessen werden die Kommunen auch noch gezwungen, die Besteuerung ihrer Bürger zu erhöhen, ohne dabei auf die dem Vorgehen zugrunde liegende Ausweitung des Ausmaßes kommunaler Aufgabenerfüllung überhaupt Einfluss zu haben.

Ebenfalls 2010[43] hat das BVerwG entschieden, dass die staatliche Kommunalaufsicht befugt ist, eine Senkung der Realsteuerhebesätze zu beanstanden, wenn die betreffende Gemeinde sich in einer anhaltenden Haushaltsnotlage befindet und das von ihr vorgelegte Haushaltssicherungskonzept nicht erkennen lässt, wie der Einnahmeverlust ausgeglichen werden soll[44].

Am 21.6.2011 hat daran anknüpfend das OVG Schleswig entschieden[45], dass die Anordnung der Kommunalaufsicht, bestimmte Steuerhebesätze festzusetzen, dann nicht unzulässig in die Selbstverwaltungsgarantie eingreift, wenn ohne die Maßnahme ein Haushaltsausgleich unmöglich erscheint und der Gemeinde die Zahlungsunfähigkeit droht.

Bei der Beurteilung entsprechender kommunalaufsichtsrechtlicher Maßnahmen ist größte Sorgsamkeit angezeigt. Daher ist zunächst ein Blick auf die den Entscheidungen zugrunde liegenden Sachverhalte zu werfen:

Im erstgenannten Fall verfügte die kreisangehörige Gemeinde seit 1999 weder über einen ausgeglichenen Haushalt noch über ein genehmigtes Haushaltssicherungskonzept. Ihre Hebesätze lagen für die Grundsteuer B bei 350 % und für die Gewerbesteuer bei 400 %. Im Wege der Ersatzvornahme setzte der Landrat als Kommunalaufsichtsbehörde die Hebesätze für das Haushaltsjahr 2003 auf 391 % bzw. 413 % fest. Der Gemeinderat senkte für das Haushaltsjahr 2005 die Hebesätze wieder auf 350 % bzw. 400 %. Dieser Ratsbeschluss wurde von der Kommunalaufsicht zunächst beanstandet und später aufgehoben.

Im zweiten Fall setzte eine 39 Einwohner zählende Gemeinde in Schleswig-Holstein durch Beschluss der Gemeindeversammlung den Hebesatz

---
43 BVerwG, NWVBl. 2011, 263 = Der Landkreis 2011, 142.
44 Dazu *Henneke* in Heuer/Engels/Eibelshäuser, Kommentar zum Haushaltsrecht, 52. Lfg., Stand: Mai 2011, Art. 106 GG Rz. 10.
45 OVG Schleswig, Beschluss v. 21.6.2011 – 2 MB 30/11.

der Gewerbesteuer auf den Mindestsatz von 200 % fest und erhob Grundsteuern gar nicht. Für 2011 zeichnete sich ein Haushaltsdefizit von mehreren Mio. Euro ab. Die Festsetzungen hätten wegen der Regelungen des FAG, die – wie in allen Ländern – von Nivellierungssätzen bei der Ermittlung der Steuerkraftmesszahl ausgehen[46], zur Zahlungsunfähigkeit der Gemeinde geführt. Die Kommunalaufsicht hob die Beschlüsse der Gemeindeversammlung auf und ordnete an, rückwirkend zum 1.1.2011 den Hebesatz für die Gewerbesteuer auf 310 % anzuheben sowie die Hebesätze für die Grundsteuern A und B auf jeweils 270 % festzusetzen.

Das BVerwG[47] hat vom Ansatz her in Anknüpfung an die jüngste Entscheidung des BVerfG herausgestellt, dass die kommunale Finanzhoheit nicht darin besteht, dass die Gemeinde nach Belieben frei schalten kann, sondern darin, dass sie verantwortlich disponiert und bei ihren Maßnahmen auch ihre Stellung innerhalb der Selbstverwaltung des modernen Verwaltungsstaates und die sich daraus ergebende Notwendigkeit des Finanzausgleichs in Betracht zieht.

Die staatliche Rechtsaufsicht über die Gemeinden ist ein von der Verfassung vorgesehenes Korrelat der kommunalen Selbstverwaltung. Eine über die Rechtmäßigkeitskontrolle hinausgehende Zweckmäßigkeitskontrolle mit Weisungsrechten der staatlichen Kommunalaufsichtsbehörden wäre mit der Selbstverwaltungsgarantie des Art. 28 Abs. 2 GG und der kommunalen Finanzhoheit dagegen nicht zu vereinbaren[48]. Die aufgrund der im bundesstaatlichen Gefüge bestehenden Verflechtung der kommunalen Aufgaben, Ausgaben und Einnahmen mit Bund und Ländern entstehende, vorstehend beschriebene Dilemma-Situation erkennt das BVerwG durchaus und zieht daraus für die kommunalaufsichtsrechtlichen Maßnahmen folgende Konsequenzen[49]:

„Innerhalb des den Gemeinden zustehenden Gestaltungsspielraums ist es der Kommunalaufsicht deshalb grundsätzlich untersagt, der Gemeinde im Falle eines unausgeglichenen Haushalts alternativlos vorzuschreiben, was sie zu tun hat. Auch wenn die Finanzlage der betreffenden Gemeinde sehr angespannt und u. U. selbst die Erfüllung der Pflichtaufgaben nicht mehr sichergestellt ist, liegt es innerhalb des Gestaltungsspielraums der Gemeinde, durch ihre demokratisch gewählten Organe zu entscheiden, wie die notwendige Reduzierung freiwilliger Leistungen und die Erzielung zusätzlicher Einnahmen (z. B. durch Abgaben und Steuern) erfolgen soll.

Auf der Ausgabenseite ist die Aufsichtsbehörde grundsätzlich darauf beschränkt, eine Reduzierung der Mittel für freiwillige Leistungen der Gemeinde *insgesamt* anzumahnen, ohne ein konkretes Mittel oder einzelne geförderte Projekte für die gebotene Einsparung vorzuschreiben[50]. Entsprechendes muss angesichts der verfassungsrechtlichen Bedeutung

---

46 Dazu *Wohltmann*, Der Landkreis 2011, 487 ff.
47 BVerwG, NWVBl. 2011, 263 (264).
48 BVerwG, NWVBl. 2011, 263 (265).
49 BVerwG, NWVBl. 2011, 263 (265).
50 BayVGH, NVwZ-RR 1993, 373 (375); *Brüning*, DÖV 2010, 553 (555).

der kommunalen Selbstverwaltung für Anordnungen der Kommunalaufsicht hinsichtlich der Einnahmeseite gelten, also für die Entscheidung über die zu ergreifenden Maßnahmen zur Erhöhung der kommunalen Einnahmen und Erträge."

Daraus schlussfolgert das BVerwG, dass die staatliche Kommunalaufsichtsbehörde bei sachgerechter Ausübung des ihr zustehenden Entschließungs- und Auswahlermessens im Rahmen der Rechtsaufsicht befugt ist, bei Nichterfüllung einer der Gemeinde obliegenden rechtlichen Verpflichtung einzugreifen und unter Beachtung des Verhältnismäßigkeitsgebots eine gegen diese Verpflichtung verstoßende Maßnahme zu beanstanden und aufzuheben[51], wenn die betreffende Gemeinde sich in einer anhaltenden Haushaltsnotlage befindet und das von ihr vorgelegte gesetzlich vorgeschriebene Haushaltssicherungskonzept nicht erkennen lässt, wie der durch die Hebesatzabsenkung unmittelbar bewirkte Einnahmeverlust hinreichend verlässlich ausgeglichen werden soll. In einer solchen Situation dürfe die betroffene Gemeinde die Hebesätze nicht auf ein deutlich niedrigeres Niveau festsetzen, wenn ein Ausgleich des Einnahmeausfalls weder konkret in der Haushaltsplanung vorgesehen noch hinreichend konkret absehbar sei. Eine solche Beschränkung belässt in der Tat weiterhin der Gemeinde die Entscheidung, wie der Haushaltsausgleich angestrebt und erreicht werden soll.

Das OVG Schleswig[52] hat in seiner Entscheidung unmittelbar an die Darlegungen des BVerwG angeknüpft und gegen eine Festsetzung von Hebesätzen durch die Kommunalaufsicht jeweils in Höhe der im FAG festgelegten Nivellierungssätze keine Einwendungen erhoben, da jedes Zurückbleiben hinter diesen fiktiven Hebesätzen bedeutete, dass der Gemeinde bei der Berechnung der Finanzausgleichsleistungen eine Steuerkraft angerechnet würde, die über ihrem Ist-Aufkommen läge, wobei nicht ersichtlich ist, auf welche Weise die Gemeinde diese Differenz ausgleichen könnte. Die Überlegungen des BVerwG seien auf den vorliegenden Fall übertragbar. Hier sei wegen der dramatischen Haushaltslage der Gemeinde allein eine Anordnung der Hebesätze in Höhe der in § 10 Abs. 2 FAG SH festgelegten Nivellierungssätze in Betracht gekommen, weil jedes Zurückbleiben hinter diesen Sätzen zu nicht von der Gemeinde ausgleichbaren Fehlbeträgen geführt hätte.

bb) Begrenztes Hebesatzrecht auf gemeindlichen Anteil an der Einkommensteuer?

Am 3.11.2010 hat Bundesfinanzminister *Schäuble* den Präsidenten und Geschäftsführenden Präsidialmitgliedern der kommunalen Spitzenverbände

---

51 BVerwG, NWVBl. 2011, 263 (265).
52 OVG Schleswig, Beschluss v. 21.6.2011 – 2 MB 30/11 (Fn. 45).

vorgeschlagen, ein gesetzlich begrenztes Hebesatzrecht auf den Gemeindeanteil an der Einkommensteuer vorzusehen[53].

Auch über diesen Vorschlag fand in der Kommission zur Neuordnung der Kommunalfinanzen keine inhaltliche Diskussion statt. Die Arbeitsgruppe „Kommunalsteuern" der Gemeindefinanzkommission endete letztlich ohne Ergebnis. Die Ablehnung durch den Deutschen Städtetag im Februar 2011[54] kann nur verstehen, wer die vorbeschriebene Dilemma-Situation hinsichtlich der Grund- und Gewerbesteuer erfasst hat.

Bei einem gemeindlichen Einkommensteueraufkommen im Jahre 2008 von 25,874 Mrd. Euro wäre das gemeindliche Einnahmegestaltungspotenzial immerhin um 5,175 Mrd. Euro (nach oben wie nach unten) und damit gegenüber dem Aufkommen aus neu erfundenen örtlichen Verbrauch- und Aufwandsteuern um das knapp 800-Fache gestiegen. Den ablehnenden Stimmen steckte aber die Angst im Nacken, dass die jeweilige Kommunalaufsicht die kommunalpolitisch nur schwierig durchzusetzenden Hebesatzanhebungen beim Gemeindeanteil an der Einkommensteuer einfordern werde, obwohl die Rechtsprechung inzwischen insoweit – wie soeben dargestellt – selbstverwaltungskonforme Grenzen formuliert hat.

b) Ländergesetze gem. Art. 105 Abs. 2a S. 1 GG

Damit sind wir wieder und nunmehr endgültig bei den örtlichen Verbrauch- und Aufwandsteuern angelegt, und zwar zunächst bei der insoweit

---

53 Der Vorschlag beinhaltet folgende Eckpunkte:
„1. Die Einkommensteuerbelastung des Steuerpflichtigen wird durch ein begrenztes Hebesatzrecht der Kommunen beeinflusst.
 a) Bemessungsgrundlage für Hebesatz: 15 % der festzusetzenden Einkommensteuer.
 b) Hebesatzkorridor: 80–120 % der Bemessungsgrundlage.
 c) Der Hebesatz ist auch im Einkommensteuervorauszahlungs- und im Lohnsteuerabzugsverfahren zu berücksichtigen.
 d) Einbezug in das Kapitalertragsteuerabzugsverfahren/Abgeltungsteuerfahren ist zu prüfen.
 e) Die Einkommensteuer wird vom Wohnsitzfinanzamt festgesetzt und für die Steuergläubiger (Bund, Länder und Gemeinden) erhoben.
2. Verteilung des kommunalen Einkommensteueranteils.
 a) Der bisherige 15 %-ige Kommunalanteil an der Einkommensteuer und seine Verteilung auf die Kommunen bleiben grundsätzlich erhalten.
 b) Das positive/negative Hebesatzaufkommen steht allein den Hebesatzkommunen zu.
 c) Die verfahrensmäßige Abwicklung der Zuweisung unter Berücksichtigung beider Aufkommenskomponenten an die Kommunen ist zu prüfen."
Dazu ausf. *Henneke* in J. Lange/M. Junkernheinrich (Hrsg.), Gemeindefinanzpolitik in der Krise, Loccumer Protokolle 67/10, Rehburg-Loccum 2011, S. 39 ff., sowie *Walter*, Der Landkreis 2011, 217, und das Interview mit dem *Verf.* in der FAZ v. 18.11.2010: „Der Zuschlag ist die Sahne im Kaffee".
54 Wiedergabe der Gründe bei *Henneke*, Der Landkreis 2011, 267 (269).

den Ländern zufallenden Gesetzgebungskompetenz. Art. 105 Abs. 2a S. 1 GG ist in jedweder Weise eine besondere Norm, die in kompetenzieller Hinsicht durchaus relevante Auslegungsfragen aufwirft.

Zunächst fällt auf, dass bei der Steuergesetzgebungskompetenz der verfassungsrechtliche Grundsatz des Art. 70 Abs. 1 GG geradezu auf den Kopf gestellt wird. In der Steuergesetzgebung haben die Länder nur[55] die Regelungsbefugnis über die örtlichen Verbrauch- und Aufwandsteuern und damit über Steuern, deren Aufkommen gar nicht ihnen selbst, sondern gem. Art. 106 Abs. 6 S. 1 GG den Kommunen zufließt. Wenn *Jachmann*[56] ausführt, dass die Länder ihre Kompetenz zur Erhebung der örtlichen Verbrauch- und Aufwandsteuern weitgehend auf die Kommunen übertragen haben, bezieht sich diese Aussage ausschließlich auf die Erhebungskompetenz und nicht auf die komplett bei den Kommunen liegende Ertragskompetenz. Entsprechendes gilt für die Aussage *Müller-Frankens*[57], dass die Länder nicht zur Weiterleitung „der Kompetenzzuweisung" an die Kommunen verpflichtet seien.

Der im Zuge der Finanzreform 1969 lediglich zur Klarstellung eigefügte Art. 105 Abs. 2a S. 1 GG ist von der Formulierung her eine wenig geglückte Norm. Sie ist die einzige Vorschrift des GG, in der eine ausschließliche Gesetzgebungskompetenz der Länder kraft ausdrücklicher textlicher Zuweisung begründet wird. Mit dieser Vorschrift sollte einerseits ein weitreichendes Steuerfindungsrecht der Länder, welches zu einer Mehrfachbelastung der Staatsbürger geführt hätte, verhindert werden. Andererseits sollte sichergestellt werden, dass der Bund gehindert wird, in die Landesgesetzgebung fallende Steuern unzulässig zu machen, indem er durch bundesweite Einführung von Verbrauch- und Aufwandsteuern diesen den örtlichen Charakter nehmen könnte. Der Bestand der herkömmlichen Verbrauch- und Aufwandsteuern sollte im überkommenen Rahmen gesichert werden[58].

aa) Gleichartigkeitsverbot

Vor der Behandlung der einzelnen Tatbestandsmerkmale von örtlichen Verbrauch- und Aufwandsteuern soll der Vorbehalt des Gleichartigkeitsverbots behandelt werden. Von ausschließlichen Gesetzgebungskompetenzen kann ihrem Wesen nach voraussetzungslos Gebrauch gemacht werden, sodass es überrascht, dass in Art. 105 Abs. 2a S. 1 GG die ausschließliche Gesetzgebungskompetenz der Länder unter den Vorbehalt des Gleichartig-

---

55 Sieht man einmal von der nicht ausgeschöpften konkurrierenden Gesetzgebung seitens des Bundes gem. Art. 105 Abs. 2 GG ab; dazu ausf. *Hennecke* (Fn. 24), Art. 105 GG Rz. 30 ff.
56 *Jachmann* (Fn. 29), Art. 105 GG Rz. 54.
57 *Müller-Franken* in Friauf/Höfling (Hrsg.), Art. 105 GG Rz. 221.
58 BVerfGE 40, 52 (55); 40, 56 (62 ff.); 69, 174 (183); BVerfG, NVwZ 1997, 573 (577).

keitsverbots gestellt wird. Legte man dem in Art. 105 Abs. 2a S. 1 GG ausdrücklich enthaltenen Gleichartigkeitsverbot die gleiche Bedeutung wie bei dem durch die Rechtsprechung als Gleichartigkeitsverbot interpretierten „Gebrauch machen" im Rahmen des Art. 105 Abs. 2 i. V. m. Art. 72 Abs. 1 GG bei und erstreckte man dieses auf sämtliche örtliche Verbrauch- und Aufwandsteuern, bräuchte der Bund nur eine überörtliche Steuer zu erfinden, die einer örtlichen Verbrauch- und Aufwandsteuer gleichartig ist, also dieselbe Quelle wirtschaftlicher Leistungsfähigkeit ausschöpft, um die ausschließliche Gesetzgebung der Länder und die diesbezügliche Ertragskompetenz der Kommunen vollends ins Leere laufen zu lassen. Ein solches aus der wörtlichen Auslegung des Art. 105 Abs. 2a S. 1 GG folgendes Verbot ist mit dem Wesen einer ausschließlichen Gesetzgebungskompetenz unvereinbar[59].

Die Zielsetzung des verfassungsändernden Gesetzgebers stützt die gegen den Wortlaut des Art. 105 Abs. 2a S. 1 GG vorgebrachten Bedenken. Bei Betrachtung der Zielvorstellung des Verfassungsgebers entspricht es dem Gebot harmonisierender Verfassungsauslegung, die Steuergesetzgebungskompetenz der Länder in Art. 105 Abs. 2a S. 1 GG so zu interpretieren, dass auch die Ertragszuweisung an die Kommunen in Art. 106 Abs. 6 S. 1 GG noch eine ernstzunehmende Funktion erfüllt. Das Gleichartigkeitsverbot ist im Rahmen des Art. 105 Abs. 2a S. 1 GG somit restriktiv dahin gehend zu interpretieren, dass es allein auf neuartige, nach 1969 erfundene örtliche Verbrauch- und Aufwandsteuern anzuwenden ist, die bei der Finanzreform 1969 bereits bestehenden, historisch gewachsenen Verbrauch- und Aufwandsteuern aber unberührt sind[60]. Während das BVerfG[61] zuvor ausgeführt hatte, das Gleichartigkeitsverbot des Art. 105 Abs. 2a S. 1 GG sei nicht mit dem Begriff der Gleichartigkeit in Art. 105 Abs. 2 GG identisch, was zu dem schönen Wortspiel geführt hat, dass der Begriff der Gleichartigkeit in Abs. 2 mit dem Begriff der Gleichartigkeit in Abs. 2a nicht gleichartig ist, ohne den Gleichartigkeitsbegriff zu definieren, ist dies in der späteren Rechtsprechung[62] nicht wieder aufgegriffen worden. Stattdessen hat das BVerfG deutlich gemacht, dass das Gleichartigkeitsverbot des Art. 105 Abs. 2a S. 1 GG nicht die *herkömmlichen* örtlichen Verbrauch- und Aufwandsteuern erfasst. *Neue* Verbrauch- und Aufwandsteuern sind dagegen am Gleichartigkeitsverbot zu messen, wobei dieses insoweit den gleichen Zweck wie im Rahmen des Art. 105 Abs. 2 GG verfolgt und daher auch genauso zu definieren ist. Auch bei Übernahme des herkömmlichen Gleichartigkeitsbegriffs in Art. 105 Abs. 2a S. 1 GG unter Einschränkung seines Anwendungsbereichs ist die Schaffung neuer örtlicher Verbrauch- und Aufwandsteuern nicht ausgeschlossen, ohne dass ein

---

[59] *Henneke* (Fn. 24), Art. 105 GG Rz. 36.
[60] BVerfG, NVwZ 1997, 573 (575).
[61] BVerfGE 65, 325 (351 ff.).
[62] BVerfG, NVwZ 1997, 573 (574).

zu weiter Spielraum des Normgebers (in der Regel des kommunalen Satzungsgebers) besteht.

bb) „Örtliche Verbrauch- und Aufwandsteuern"

Bei der Definition des Begriffs: „Örtliche Verbrauch- und Aufwandsteuern" ist zu beachten, dass dieser auf vier Normebenen Verwendung findet:

– auf der Ebene des Grundgesetzes bei der Begründung der Gesetzgebungskompetenz der Länder in Art. 105 Abs. 2a und der kommunalen Ertragskompetenz in Art. 106 Abs. 6 S. 1 GG,
– auf der Ebene des Landesverfassungsrechts,
– in den Kommunalabgabengesetzen der Länder sowie
– auf der Ebene kommunaler Satzungen für die Begründung und Ausgestaltung einzelner örtlicher Verbrauch- und Aufwandsteuern.

Auf Grundgesetzebene tritt für „neue" Verbrauch- und Aufwandsteuern als Begrenzungsmerkmal das Gleichartigkeitsverbot hinzu, das insoweit auch auf das Landesverfassungsrecht und die Kommunalabgabengesetze durchschlägt.

Auf der Ebene des Grundgesetzes geht es bei der Definition des Begriffs der örtlichen Verbrauch- und Aufwandsteuern darum, zur Sicherung der Garantie kommunaler Selbstverwaltung in finanzieller Hinsicht der ausschließlichen Gesetzgebungskompetenz der Länder in Art. 105 Abs. 2a GG sowie der kommunalen Ertragskompetenz in Art. 106 Abs. 6 S. 1 GG einen funktionsgerechten Anwendungsbereich unter Berücksichtigung dessen zu verleihen[63], dass auch kommunale Verbrauch- und Aufwandsteuern neben einer Ertragsfunktion eine Lenkungsfunktion haben können[64].

Daher ist dem von *Tipke*[65] vorgenommenen Fundamentalangriff auf örtliche Verbrauch- und Aufwandsteuern bereits im Ansatz entgegenzutreten. *Tipke* hat dabei bekanntlich die Auffassung vertreten, dass örtliche Verbrauch- und Aufwandsteuern die Einheit der Steuerrechtsordnung stören und den Grundsatz der gleichmäßigen Besteuerung nach der Leistungsfähigkeit verletzen. Da für ihn die Einkommensverwendung keine Steuerquelle ist, sieht er wegen Gleichartigkeit zur Einkommensteuer in den Gesetzen über die Getränkesteuer, Vergnügungsteuer, Jagdsteuer und Zweitwohnungsteuer keine Bemessungsgrundlage, die sich für eine gleichmäßige Besteuerung nach der Leistungsfähigkeit auf Landesebene eignet. Ob

---

63 Dazu auch *Heun* in Dreier, GG Band III, 2. Aufl. 2008, Art. 105 GG Rz. 40; sowie *Jachmann* (Fn. 29), Art. 105 GG Rz. 54.
64 BVerwGE 110, 265 (268); *Müller-Franken* (Fn. 57), Art. 105 GG Rz. 249; *Jachmann* (Fn. 29), Art. 105 GG Rz. 54; *Waldhoff* in Hennecke/Pünder/Waldhoff (Hrsg.), Recht der Kommunalfinanzen, 2006, § 13 Rz. 1.
65 *Tipke*, DÖV 1995, 1027 (1027, 1035 f.).

Steuern gleichartig sind, sei keine Frage des Willens des Verfassungsgebers, sondern eine Frage der richtigen Einsicht. Wenn jeder noch so banale Grund ausreiche, die Gerechtigkeit oder Gleichheit vom Sockel zu stürzen, verkörpere das Gerechtigkeitsprinzip ein nachrangiges Prinzip. Wenn man jeden nicht geradezu absurden Gesichtspunkt als Rechtfertigung einer Ungleichbelastung zulasse, segne man im Übrigen das Steuerchaos, das allseits und ständig beklagt werde, geradezu verfassungsjuristisch ab.

Tipke[66] kritisiert, dass die Urheber des Art. 105 Abs. 2a GG die Legitimation örtlicher Verbrauch- und Aufwandsteuern nicht geprüft hätten. Die oft berufene Finanzautonomie der Kommunen rechtfertige keine Ungleichbelastungen der Bürger durch verfehlte Anknüpfungen.

Diese Fundamentalkritik hat mit Blick auf die Definition des Begriffs der „örtlichen Verbrauch- und Aufwandsteuern" auf Verfassungsebene zu Recht keinen Widerhall gefunden. Mit *Waldhoff*[67] ist festzuhalten:

„Auch kommunalpolitische Gründe streiten für eine Beibehaltung. Sie stellen ein wirksames Gegengewicht zu der Konzentration der Steuerrechtsetzungskompetenzen beim Bund dar und begegnen so wirksam einer ausschließlichen finanziellen Abhängigkeit der Gemeinden von Land und Bund. Die Städte und Gemeinden erhalten so auch auf der Einnahmeseite ihres Haushalts Gestaltungsmöglichkeiten und können insoweit ein Stück Finanzautonomie im besten Wortsinn zu verwirklichen suchen. Schließlich ist anzuführen, dass die kommunalen Verbrauch- und Aufwandsteuern oftmals als Lenkungsinstrumente der Gemeinden fungieren. Der Abbau der sog. Bagatellsteuern würde somit auch einen Verlust an Einflussmöglichkeiten auf die Gestaltung der Lebens- und Wirtschaftsbedingungen innerhalb der Gemeinde mit sich bringen.

Steuersysteme sind keine rational am Reißbrett durchkonstruierten Normenkomplexe, sondern unter vielfältigen Einflussfaktoren gewachsene Gebilde, die einen Ausgleich unterschiedlicher – nicht nur fiskalischer – Interessen zum Ausdruck bringen."

Verbrauchsteuern im Sinne von Art. 105 Abs. 2a, Art. 106 Abs. 6 S. 1 GG knüpfen die Belastung an den Verbrauch von konsumierbaren Gütern an und werden regelmäßig bei demjenigen Unternehmer erhoben, der das Verbrauchsgut für die allgemeine Nachfrage anbietet. Sie sollen den privaten Verbrauch belasten und sind deshalb auf Ab- und Überwälzung auf den Verbraucher angelegt. Die Abwälzbarkeit gehört grundsätzlich zum Wesen der Verbrauchsteuer[68]. Typisch für Verbrauchsteuern ist ihre individuelle Vermeidbarkeit durch das freie Konsumverhalten des Verbrauchers.

Aufwandsteuern im Sinne von Art. 105 Abs. 2a und Art. 106 Abs. 6 S. 1 GG belasten die Aufwendungen für das Halten bzw. den Gebrauch von Gütern. Sie können sowohl als direkte wie als indirekte Steuern ausgestaltet sein. In beiden Fällen bildet die im Ge- bzw. Verbrauch und Aufwand zum Ausdruck kommende Einkommensverwendung für den persönlichen Le-

---

66 *Tipke*, DÖV 1995, 1027 (1036).
67 *Waldhoff* (Fn. 64), § 13 Rz. 1.
68 *Müller-Franken* (Fn. 57), Art. 105 GG Rz. 226; *Jachmann* (Fn. 29), Art. 105 GG Rz. 55.

bensbedarf und damit die besondere wirtschaftliche Leistungsfähigkeit den Anknüpfungspunkt[69]. Wann die Einkommensverwendung Ausdruck dieser wirtschaftlichen Leistungsfähigkeit ist, wird durch das GG und infolgedessen durch die Landesverfassungen und die Kommunalabgabengesetze nicht vorgegeben. Aufwandsteuern erfassen einen besonderen Aufwand, also eine über die Befriedigung des allgemeinen Lebensbedarfs hinausgehende Verwendung von Einkommen und Vermögen[70].

Die Rechtsprechung lässt als Indikator für die wirtschaftliche Leistungsfähigkeit den bloßen Gebrauch oder die Innehabung jeglicher Güter oder Dienstleistungen ausreichen. Jede Steuer, die an die Einkommensverwendung anknüpft, kann damit Aufwandsteuer sein[71]. Die besondere wirtschaftliche Leistungsfähigkeit muss dabei nicht stets festgestellt werden, ausschlaggebend ist der Konsum in Form eines äußerlich erkennbaren Zustandes, für den finanzielle Mittel verwendet werden[72]. Ausdruck wirtschaftlicher Leistungsfähigkeit sind damit etwa auch die alltägliche Haltung eines Hundes oder der Gebrauch eines Spielgerätes als Ausdrucksformen herkömmlicher Verbrauch- und Aufwandsteuern, auch wenn darin keine besondere, über den allgemeinen Lebensbedarf hinausgehende Verwendung von Einkommen liegt.

Zuzugeben ist, dass die in der Rechtsprechung entwickelten Abgrenzungen insgesamt wenig gehaltvoll[73] sind. Diese weite Begriffsdefinition auf der Ebene des Verfassungsrechts trägt der Intention der ausschließlichen Gesetzgebungskompetenz in Art. 105 Abs. 2a GG aber ebenso Rechnung wie der Ertragskompetenz in Art. 106 Abs. 6 S. 1 GG. Auf der Ebene der durch kommunale Satzungen ausgestalteten konkreten Verbrauch- und Aufwandsteuern muss es dann darum gehen, die wirtschaftliche Leistungsfähigkeit durch die Eigenschaften der jeweiligen Steuerart in concreto zu bestimmen.

Eine örtliche Steuer liegt vor, wenn sie an lokale Gegebenheiten, vor allem an die Belegenheit einer Sache und an einen Vorgang im Gebiet der steuerertragsberechtigten Kommune anknüpft und die steuerliche Belastungswirkung sich im Wesentlichen auf diesen abgrenzbaren örtlichen Bereich beschränkt[74].

Die Landesverfassungen der 13 Flächenländer knüpfen an Art. 105 Abs. 2a S. 1 GG (und ggf. bestehende Restgesetzgebungszuständigkeiten der Länder im Rahmen der konkurrierenden Gesetzgebung nach Art. 105 Abs. 2 GG) dahin gehend an, dass sie ein Recht der Gemeinden und Kreise auf Er-

---

69 BVerfGE 123, 1; BVerwGE 99, 303 sowie 115, 165.
70 BVerfG, NVwZ 1989, 1152 f.
71 BFH, NVwZ, 2010, 1047, *Siekmann* (Fn. 21), Art. 105 GG Rz. 39.
72 BVerwGE 115, 165.
73 So *Siekmann* (Fn. 21), Art. 105 GG Rz. 38.
74 BVerfGE 65, 325; 98, 106.

hebung eigener Steuern bzw. eine Verpflichtung des Staates statuieren, den Gemeinden und Kreisen eigene Steuerquellen zu erschließen. Während elf Flächenländer das Steuerfindungsrecht auf die Gemeinden und Kreise erstrecken[75], wird es in Art. 99 S. 1 LV Bbg. und Art. 79 S. 1 LV NW auf die Gemeinden beschränkt. Da die landesverfassungsrechtlichen Regelungen nur das jeweilige Land in Pflicht nehmen, kann das Landesverfassungsrecht nicht mehr an Kompetenzen delegieren, als dem jeweiligen Land nach Art. 105 GG zukommen.

III. Kommunalabgabengesetze und Spezialgesetze

Das Recht zur Erhebung örtlicher Verbrauch- und Aufwandsteuern haben die Länder ausnahmslos auf ihre Kommunen delegiert. Regelmäßig finden sich entsprechende Delegationsnormen in den Kommunalabgabengesetzen der 13 Flächenländer. Landesrechtliche Spezialgesetze bestehen kaum noch, sieht man einmal vom Vergnügungsteuergesetz des Saarlandes[76] ab. Einzelheiten hinsichtlich der landesrechtlichen Regelungen zu den örtlichen Verbrauch- und Aufwandsteuern in den Kommunalabgabengesetzen der 13 Flächenländer lassen sich der nachstehend abgedruckten Aufstellung (Abb. 3) entnehmen. Fünf Länder sehen einen Genehmigungsvorbehalt für bei im Land bisher nicht oder nicht mehr erhobenen Steuern vor. Nur Thüringen stellt die Erhebung örtlicher Verbrauch- und Aufwandsteuern unter einen generellen Genehmigungsvorbehalt. In Bayern wie in Thüringen ist im KAG eine Genehmigungsversagung bei der Beeinträchtigung öffentlicher Belange, insbesondere volkswirtschaftlicher oder steuerlicher Interessen des Landes, vorgesehen, eine Regelung, auf die bei der Behandlung der sog. „Bettensteuer" noch zurückzukommen sein wird.

Während Art. 106 Abs. 6 S. 1 Hs. 2 GG regelt, dass das Aufkommen der örtlichen Verbrauch- und Aufwandsteuern den Gemeinden oder nach Maßgabe der Landesgesetzgebung den Gemeindeverbänden zusteht, ist die Delegation des Erhebungsrechts an Gemeinden und Kreise im Landesrecht durchaus unterschiedlich geregelt. In fünf Ländern findet sich im KAG ein grundsätzliches Steuerfindungsrecht sowohl für Gemeinden als auch für Kreise. In den anderen acht Flächenländern ist das Steuerfindungsrecht den Gemeinden zugeordnet, während sich für das Steuerfindungsrecht der Kreise in Bayern und Thüringen spezielle Regelungen finden.

---

75 Zu verweisen ist insoweit auf Art. 73 Abs. 2 LV BW, Art. 83 Abs. 2 S. 2, Abs. 6 LV Bay., Art. 137 Abs. 5 S. 2 LV He., Art. 73 Abs. 1 S. 2 LV M-V, Art. 58 Hs. 1 NV, Art. 49 Abs. 6 S. 2 LV RhPf., Art. 119 Abs. 1 S. 2 SaarlVerf., 87 Abs. 2 LV Sachs, Art. 88 Abs. 3 LV LSA, Art. 48 LV SH und Art. 93 Abs. 2 LV Thür.
76 V. 22.2.1973 (ABl., 496), zuletzt geändert durch Gesetz v. 7.11.2001 (ABl., 2158).

Steuerfindungs- und -hebesatzrechte, örtliche Verbrauch- und Aufwandsteuern 143

Landesrechtliche Regelungen zu örtlichen Verbrauch- und Aufwandsteuern in den Kommunalabgabengesetzen der 13 Flächenländer

	BW	Bay	Bbg	He	MV	Nds	NW	RhPf	Saarl	Sachs	LSA	SH	Thür
Genehmigungsvorbehalt bei im Land bisher nicht oder nicht mehr erhobener Steuer		2 III	2 II		3 II		2 II		2 II				2 IV
Genereller Genehmigungsvorbehalt													
Genehmigungsversagung bei Beeinträchtigung öffentlicher Belange, insb. volkswirtschaftlicher oder steuerlicher Interessen des Landes		2 III											2 IV
Grundsätzliches Steuerfindungsrecht i.R.d. Art. 105 Abs. 2a GG													
- für Gemeinden und Kreise	9	3 I	3 I	7 II	3 I	3 I 1	3	5 II	3 I 1	7 II	3 I 1	3 I	5 I
- für Gemeinden		3 II											5 II
- für Kreise													
Verhältnis Erhebungsrecht Gemeinde ./. Kreis													
- Keine Besteuerung desselben Gegenstandes													
- Keine gemeinsame Erhebung oder Beteiligung am Aufkommen					3 I	3 I 1			3 I 2		3 I 2	3 I	5 II
- Landkreise nur dort, wo Gemeinde diese Steuer nicht selbst erhebt + gemeindliches Selbsteintrittsrecht zum Jahresbeginn		3 II											
Gemeindliche Erhebungspflicht für Hundesteuer	9 III								3 III				
Jagd- (und Fischerei-)steuer nur auf Kreisebene zugelassen	10 II			8 I		3 II 1	nur bis 2012	6 I	3 IV	8 II		3 III	
Gaststätten-/Schankerlaubnissteuer nur auf Kreisebene zugelassen				8 II				6 II	3 IV				
Vergnügungsteuer nur auf Gemeindeebene zugelassen						3 II 1		5 IV				3 II	
Grunds. Nachrang gegenüber Gebühren und Beiträgen, außer für Hunde- und Vergnügungsteuer			3 II			3 IV	3 II 1						
Erhebungsverbote													
- Getränkesteuer		3 III 1				3 III						3 IV	
- Speiseeissteuer		3 III 1			3 I 3		3 I 2 (ab 2013)						
- Jagdsteuer		3 III 1				3 III	3 I 2				3 II	3 IV	
- Gaststätten-/Schankerlaubnissteuer					3 I 4								
- Vergnügungsteuer		3 III 1										3 II	
- soweit Gegenstande von Spielbankabgabe erfasst					3 I 5, 6							3 II	
- auf Filmvorführungen in Filmtheatern													
- Zweitwohnungsteuer für bestimmte Gartenlauben													

Sofern sowohl Gemeinden wie Kreisen das Erhebungsrecht für örtliche Verbrauch- und Aufwandsteuern landesrechtlich zuerkannt worden ist, bedarf es der landesrechtlichen Regelung, welche Ebene in concreto zur Regelung befugt ist. In fünf Ländern ist normiert, dass eine Besteuerung desselben Gegenstandes nicht erfolgen darf. Im KAG Schleswig-Holsteins heißt es, dass eine gemeinsame Erhebung oder Beteiligung am Aufkommen von Gemeinde und Kreis nicht erfolgt. Subsidiaritätsklauseln finden sich in den Kommunalabgabengesetzen Bayerns und Thüringens. In diesen Ländern sind die Landkreise nur dort erhebungsbefugt, wo die kreisangehörigen Gemeinden diese Steuer nicht selbst erheben. Außerdem steht die kreisliche Steuererhebungsbefugnis unter dem Vorbehalt eines gemeindlichen Selbsteintrittsrechts zum Jahresbeginn.

Hinsichtlich einzelner örtlicher Verbrauch- und Aufwandsteuern finden sich Sonderregelungen. So gibt es eine gemeindliche Erhebungspflicht für die Hundesteuer in Baden-Württemberg und im Saarland. Die Erhebung der Jagd- (und Fischerei-)Steuer ist in acht Ländern nur auf der Kreisebene zugelassen, wobei in Nordrhein-Westfalen dieses Recht nur noch bis 2012 besteht. Die Gaststätten-/Schankerlaubnissteuer ist in drei Ländern ebenfalls nur auf der Kreisebene zugelassen, während die Vergnügungsteuer in zwei Ländern auf die Gemeindeebene begrenzt ist. In drei Kommunalabgabengesetzen ist ein grundsätzlicher Nachrang örtlicher Verbrauch- und Aufwandsteuern gegenüber der Erhebung von Gebühren und Beiträgen angeordnet, sofern es nicht um die Erhebung der Hunde- und Vergnügungsteuer geht.

Gleich in sieben Ländern sind zudem Erhebungsverbote für bestimmte örtliche Verbrauch- und Aufwandsteuern statuiert. Diese betreffen in vier Ländern (ab 2013 kommt Nordrhein-Westfalen noch hinzu) die Jagdsteuer, in drei Ländern die Getränkesteuer und die Gaststätten-/Schankerlaubnissteuer, sowie die Vergnügungsteuer im Ganzen bzw. bestimmte Gegenstände. Nicht verschwiegen werden soll, dass in Bayern darüber hinaus ein Erhebungsverbot für die Speiseeissteuer besteht und in Mecklenburg-Vorpommern die Erhebung der Zweitwohnungsteuer für bestimmte Gartenlauben gesetzlich ausgeschlossen worden ist.

IV. Entwicklungen bei einzelnen Verbrauch- und Aufwandsteuern

Mit örtlichen Verbrauch- und Aufwandsteuern dürfen neben Einnahmeerzielungszwecken – wie bei anderen Steuern auch – Lenkungsfunktionen erfüllt werden[77], ja, sie stehen bei vielen dieser Steuern sogar im Vordergrund; zumindest kommt ihnen eine zentrale Bedeutung zu. So verfolgt

---

77 Dazu insb. *Jachmann* (Fn. 29), Art. 105 GG Rz. 54 und 56.

etwa die Hundesteuer den Zweck, neben der Deckung eines besonderen öffentlichen Aufwands, der durch Hunde verursacht wird, auch die Haltung von Hunden in der Bevölkerung generell zurückzudrängen, oder es wird bei einer Kampfhundesteuer die Intention verfolgt, speziell den Besitz von als gefährlich eingestuften Hunderassen möglichst zu unterbinden[78].

Wirft man einen Blick auf die rechtlichen und rechtspolitischen Entwicklungen bei einzelnen Verbrauch- und Aufwandsteuern, ergibt sich folgender Befund:

1. Hundesteuer

Bei der Hundesteuer handelt es sich um eine klassische örtliche Aufwandsteuer. Teilweise besteht für die Hundesteuer sogar eine landesgesetzlich statuierte Erhebungspflicht. Die Problematik bei der Hundesteuer liegt nicht in ihrer Erhebung als solcher, sondern in der besonderen Besteuerung von Kampfhunden sowie von Diensthunden.

In der vor gut einem Jahrzehnt durchgeführten heftigen Diskussion darüber, auf welche Weise Kampfhunde von „normalen" Hunden abzugrenzen sind und ob und in welcher Höhe insoweit eine unterschiedliche Besteuerung stattfinden kann[79], hat das BVerwG Anfang 2000[80] mit Befriedungswirkung bis heute entschieden, dass der einer Kommune als Steuersatzungsgeberin zustehende Gestaltungsspielraum nicht überschritten ist, wenn die Hundesteuersatzung für Kampfhunde einen achtfach höheren Steuersatz vorsieht, Kampfhunde in einem abstrakten Sinn beschreibt und darüber hinaus für bestimmte Hunde in einer Liste die Kampfhundeeigenschaft unwiderleglich vermutet[81].

Überdies hat das BVerwG[82] entschieden, dass ein Satzungsgeber, der Kampfhunde wegen ihrer potenziellen Gefährlichkeit erhöht besteuern will, zu diesem Zweck Rasselisten aus einer der Gefahrenabwehr dienenden landesrechtlichen Regelung übernehmen kann, ohne eigene Erhebungen über die Gefährlichkeit der erfassten Hunderassen anstellen zu müssen. Tut er dies, trägt er aber auch die uneingeschränkte Verantwortung für die Ver-

---

78 *Müller-Franken* (Fn. 57), Art. 105 GG Rz. 249.
79 Dazu etwa VGH BW, NVwZ 1992, 1105 und NVwZ 1999, 1016 ff.; OVG Bremen, DÖV 1993, 576 ff., OVG Saarland, OVGE 24, 412 ff.; BayVerfGH, BayVBl. 1995, 76 ff., BayVGH, NVwZ 1997, 819 f., NdsOVG, NVwZ 1997, 816 ff.; s. auch *Waldhoff* (Fn. 64), § 13 Rz. 29 ff.
80 BVerwGE 110, 265 (273 ff.).
81 Zu dieser Entscheidung *Gössl*, BWGZ 2000, 535; *Hamann*, NVwZ 2000, 894; *Kolb*, NJ 2000, 385; *Seitz*, JZ 2000, 949; *Hölscheidt*, NdsVBl. 2000, 1; *Caspar*, DVBl. 2000, 1580; *Schnupp*, DÖD 2001, 189; daran anknüpfend BVerwG, DÖV 2002, 249; OVG Koblenz, NVwZ 2001, 228.
82 BVerwG, NVwZ 2005, 1325.

einbarkeit seiner Hundesteuersatzung mit höherrangigem Recht, insbesondere mit dem allgemeinen Gleichheitssatz.

Besondere Bedeutung hat in der Folgezeit die Entscheidung des BVerwG vom 16.5.2007 zur Hundesteuer für einen Diensthund[83] erlangt. Diese ist weniger auf die Betrachtungen zur Hundesteuerpflichtigkeit als auf die Folgerungen bezogen, die daraus für andere örtliche Verbrauch- und Aufwandsteuern gezogen worden sind. Das BVerwG definiert eingangs den Begriff der Aufwandsteuern im Sinne von Art. 105 Abs. 2a GG[84] und führt hinsichtlich des Begriffs des „besteuerbaren Aufwands für die persönliche Lebensführung" aus[85]:

„Die Haltung eines Diensthundes ist keine Angelegenheit der persönlichen Lebensführung, die wirtschaftliche Leistungsfähigkeit indiziert, sondern die Erfüllung einer Dienstpflicht. Die Entscheidung, einen Diensthund zu erwerben und zu halten, trifft der Dienstherr. Der Kl. kann nicht entscheiden, ob er einen Diensthund erwirbt und ggfs. welchen. Den Diensthund zu Hause zu betreuen, ist er aufgrund der dienstrechtlichen Vorschriften verpflichtet. Der Umgang mit dem Hund unterliegt nicht allein dem Willen des Kl. Er ist auch hier an Vorschriften gebunden. Für verschiedene Verwendungen bedarf er einer Genehmigung. Für die Hundehaltung erhält er eine die Kosten im Wesentlichen abdeckende Aufwandsentschädigung und für die persönliche Beschäftigung mit dem Hund eine Arbeitszeitgutschrift."

Auch nach Einfügung des Staatsziels des Tierschutzes in Art. 20a GG hat das OVG Münster in Anknüpfung an das BVerfG[86] festgestellt[87], dass dieses einer höheren Besteuerung von Hunden bestimmter Rassen, die von Tierheimen übernommen wurden, nicht entgegensteht.

2. Vergnügungsteuer

An der Klassifizierung der Vergnügungsteuer als herkömmlicher Aufwandsteuer ist nicht zu zweifeln. Besteuert werden entgeltlich veranstaltete Vergnügungen, da die Teilnahme an entgeltlichen Vergnügungsveranstaltungen die Leistungsfähigkeit ausdrückt, weil der Steuerpflichtige in der Lage ist, Ausgaben für Konsumzwecke zu tätigen. Das BVerwG[88] und das BVerfG[89] hat in den vergangenen Jahren insbesondere die Frage beschäftigt, ob bei Spielgeräten angesichts fortschreitender technischer Entwicklungen die Erhebung der Vergnügungsteuer noch nach dem Stückzahlmaßstab erfolgen kann, wie dies in der Vergangenheit der Fall gewesen ist.

---

83 BVerwG, NVwZ 2008, 91 (91 f.).
84 BVerwG, NVwZ 2008, 91 (91).
85 BVerwG, NVwZ 2008, 91 (92).
86 BVerfG, DVBl. 2011, 92.
87 OVG NRW, ZKF 2011, 164.
88 BVerwGE 123, 218 sowie BVerwG, NVwZ 2005, 1322; BVerwG, DVBl. 2006, 383; LKV 2010, 223.
89 BVerfGE 123, 1.

Insoweit ist es zu einem – inzwischen nach meinem Eindruck allgemein akzeptierten[90] – Wandel der Rechtsprechung infolge veränderter technischer Möglichkeiten gekommen[91]:

„Ein an den Einspielergebnissen der Geräte anknüpfender Steuermaßstab erfasst den letztlich zu besteuernden Vergnügungsaufwand der Spieler ungleich wirklichkeitsnäher als der pauschale Stückzahlmaßstab. Im Ergebnis bildet er auch den Vergnügungsaufwand des einzelnen Spielers proportional ab. Denn der hohe Aufwand des Viel-Spielenden schlägt sich in höheren Einspielergebnissen des Aufstellers nieder und führt folglich zu einer entsprechend höheren Besteuerung."

Zu den mit örtlichen Verbrauch- und Aufwandsteuern verfolgbaren Lenkungszwecken fügt das BVerwG[92] hinzu:

„Sollten sich nach der Einschätzung des kommunalen Satzungsgebers mit einem umsatzbezogenen Steuermaßstab die mit der Spielautomatensteuer auch verfolgten legitimen Lenkungszwecke, namentlich die Eindämmung der Spielsucht, nicht ausreichend wirksam erreichen lassen, weil bei einem solchen Maßstab auch Spielautomaten an schwächer frequentierten Standorten noch lohnend betrieben werden könnten, wäre es ihm nicht verwehrt, aus *diesem* Grund einen stückzahlbezogenen Ersatzmaßstab als Auffangtatbestand für einen je Automat geschuldeten Mindeststeuerbetrag beizubehalten. Dieser Ersatzmaßstab müsste freilich so ausgestaltet sein, dass er den primären, den Vergnügungsaufwand der Spieler angemessen abbildenden Steuermaßstab auch in seiner tatsächlichen Besteuerungswirkung nicht in Frage stellt."

Sofern für Spielautomaten *ohne* Gewinnmöglichkeit nicht feststeht, dass in dem betreffenden Gemeindegebiet nur Apparate mit manipulationssicherem Zählwerk aufgestellt sind und aller Voraussicht nach nur solche Apparate künftig aufgestellt werden, ist die Erhebung der Vergnügungsteuer nach dem Stückzahlmaßstab für *diesen* Typ von Spielautomaten weiterhin grundsätzlich zulässig[93].

2009[94] hat das BVerfG entschieden, dass die Gesetzgebungskompetenz des Landesgesetzgebers grundsätzlich von dem verwendeten Besteuerungsmaßstab und der Abwälzbarkeit der indirekt erhobenen Steuer unberührt bleibt, wenn der Landesgesetzgeber eine Steuer als örtliche Aufwandsteuer nach Art. 105 Abs. 2a S. 1 GG ausgestalten will, die ihren Merkmalen nach dem Typus einer Aufwandsteuer entsprechen kann. Zudem hat es in Anknüpfung an die Entscheidungen des BVerwG aus dem Jahr 2005 entschieden, dass die Verwendung des Stückzahlmaßstabs für die Besteuerung von Gewinnspielautomaten unter den heutigen Gegebenheiten den allgemeinen Gleichheitssatz verletzt. Verfassungsrechtlich interessanter als die die BVerwG-Rechtsprechung bestätigenden Ausführungen zum Gleichheits-

---

90 Zum Bemessungsmaßstab für kommunale Spielgerätesteuern *Wolff*, NVwZ 2005, 1241 ff.
91 BVerwGE 123, 218.
92 BVerwGE 123, 218 (232, 235).
93 BVerwG, DVBl. 2006, 383 ff.
94 BVerfGE 123, 1.

maßstab sind die Ausführungen zur Gesetzgebungskompetenz. Insoweit arbeitet das BVerfG heraus[95]:

„Zweifel an der Tauglichkeit des Steuermaßstabes lassen den Typus der Abgabe und damit ihren Charakter als Aufwandsteuer unberührt. Ob der Landesgesetzgeber sich mit dem Erlass eines Steuergesetzes im Rahmen der Kompetenzgrundlage aus Art. 105 Abs. 2a S. 1 GG hält, hängt allein vom Charakter der geschaffenen Steuer ab. Dieser wird zwar auch durch den vom Gesetzgeber gewählten Steuermaßstab mitbestimmt. Von Einfluss auf die kompetenzielle Einordnung einer Steuer ist der Besteuerungsmaßstab indessen nur, soweit er ihren Typus prägt, nicht hingegen im Hinblick auf seine sonstige Eignung, den Besteuerungsgegenstand in jeder Hinsicht leistungsgerecht zu erfassen. Will der Gesetzgeber eine Steuer als Aufwandsteuer ausgestalten, die ihren Merkmalen nach einer solchen entsprechen kann, verliert der Gesetzgeber die Kompetenz zu ihrem Erlass nicht dadurch, dass sich einzelne Regelungselemente als verfassungswidrig erweisen. Fragen der materiellen Verfassungsmäßigkeit der Steuer, insbesondere ihrer Vereinbarkeit mit dem Gleichheitssatz oder den Freiheitsgrundrechten, sind ohne Einfluss auf die Beurteilung der Gesetzgebungskompetenz, denn die Kompetenznormen des Grundgesetzes enthalten grundsätzlich keine Aussage zu diesen materiellen Fragen.

Es würde der auf Formenklarheit und Formenbindung angelegten und angewiesenen Finanzverfassung zuwiderlaufen, wenn Steuern dann ganz oder teilweise ihre Kompetenzgrundlage verlören, wenn sie etwa überhöht oder sonst untauglich bemessen werden[96]. Der Formenklarheit dient die Trennung zwischen Begriff und Zulässigkeitsvoraussetzungen der Steuern, die durch ein materielles Verständnis der Kompetenznorm aufgehoben würde. Gerade die Frage nach der Tauglichkeit des Stückzahlmaßstabs für die Erhebung der Spielgerätesteuer zeigt die Bedeutung der Trennung dieses materiellen Gesichtspunkts von der nach der Gesetzgebungskompetenz für den Grundsatz der Formenklarheit.

Wollte man dies mit dem BVerwG[97] und dem BFH[98] anders sehen, führte das zu dem mit dem Grundsatz der Formenklarheit nicht vereinbaren Ergebnis, dass ein Spielgerätesteuergesetz je nach dem Ergebnis der tatsächlichen Feststellung zur Schwankungsbreite der Einspielergebnisse oder anderer tauglicher Parameter in einem Veranlagungszeitraum von Art. 105 Abs. 2a S. 1 GG gedeckt wäre, in einem anderen nicht."

Das BVerfG[99] fügt hinzu:

„Die Kompetenz des Landesgesetzgebers aus Art. 105 Abs. 2a S. 1 GG zum Erlass des Spielgerätesteuergesetzes bleibt auch unberührt von der Frage nach der Abwälzbarkeit der Steuer auf den Spieler. Die Abwälzbarkeit der indirekt beim Halter der Automaten erhobenen Steuer auf die Nutzer der Spielgeräte ist zwar Bedingung ihrer materiellen Verfassungsmäßigkeit, aber kein den Charakter dieser Aufwandsteuer prägendes Wesensmerkmal."

Die materiell-rechtlichen Ausführungen des BVerfG zum Stückzahlmaßstab entsprechen denen des BVerwG aus dem Jahre 2005. Dies gilt auch für

---

95 BVerfGE 123, 1 (16 ff.).
96 BVerfGE 108, 1 (14).
97 BVerwGE 123, 218 (226 ff., 232).
98 Dem folgend BFHE 217, 280 (286).
99 BVerfGE 123, 1 (18).

die Ausführungen zur Verfolgung von Lenkungszwecken[100]. 2009 hat das BVerwG[101] seine Rechtsprechung entsprechend angepasst.

3. Zweitwohnungsteuer

Die Zweitwohnungsteuer ist unter den neuen örtlichen Verbrauch- und Aufwandsteuern fraglos diejenige, die sich breitflächig und mit signifikantem Aufkommen etabliert hat[102]. Dennoch wirft ihre Ausgestaltung trotz grundsätzlicher Zulassung durch das BVerfG[103] immer wieder Fragen auf. So hat das BVerfG[104] entschieden, dass die grundsätzliche Erhebung der Zweitwohnungsteuer auf die Innehabung von Erwerbszweitwohnungen durch Verheiratete eine gegen Art. 6 Abs. 1 GG verstoßende Diskriminierung der Ehe, die auch eine Entscheidung zur gemeinsamen Wohnung bei unterschiedlichen Beschäftigungsorten beinhaltet, darstellt.

2010 hat das BVerfG in einer Kammerentscheidung noch einmal zusammenfassend festgestellt[105]:

„Unerheblich für die Einordnung einer Zweitwohnungsteuer als Aufwandsteuer im Sinne von Art. 105 Abs. 2a GG ist, ob das Innehaben der Zweitwohnung durch die Berufsausübung veranlasst wurde und der getragene Aufwand nach Maßgabe des Einkommensteuerrechts als Werbungskosten bei der Einkünfteermittlung abzuziehen ist[106]. Für die Zweitwohnungsteuerpflicht spielen persönliche Verhältnisse der Steuerpflichtigen generell keine Rolle[107]."

Verfassungsrechtlich nicht zu beanstanden ist nach Auffassung des BVerfG bei der Erhebung der Zweitwohnungsteuer die Differenzierung zwischen am Studienort steuerpflichtigen Studenten, die noch bei ihren Eltern wohnen und daneben eine Zweitwohnung am Studienort innehaben, und nichtsteuerpflichtige Studenten, die, obwohl auch sie noch bei ihren Eltern über eine Wohnung verfügen, ihren Hauptwohnsitz am Studienort haben. Der Differenzierungsgrund liege darin, dass die mit der Zweitwohnungsteuer belasteten Studenten sich anders als die nicht von der Steuerpflicht betroffenen Studenten nicht vorwiegend am Studienort aufhielten.

Sodann befasst sich das BVerfG intensiv mit Fragen der Leistungsfähigkeit des Steuerschuldners[108]:

„Die Leistungsfähigkeit des Steuerschuldners, die in dem Tätigen eines Aufwands zum Ausdruck kommt, wird bei der Zweitwohnungsteuer auch dann in einer dem verfassungs-

---
100 BVerfGE 123, 1 (34).
101 BVerwG, LKV 2010, 223.
102 Dazu näher *Waldhoff* (Fn. 64), § 13 Rz. 21 ff.
103 BVerfGE 65, 325.
104 BVerfGE 114, 316 (336 f.).
105 BVerfG, NVwZ 2010, 1022.
106 BVerfGE 114, 316 (334).
107 BVerfGE 65, 325 (352).
108 BVerfG, NVwZ 2010, 1022 (1023 f.).

rechtlichen Aufwandsbegriff genügenden Weise erfasst, wenn sich das Innehaben der Wohnung im Sinne einer tatsächlichen und rechtlichen Verfügungsbefugnis lediglich auf die Zweitwohnung bezieht, nicht aber auch – wie typischerweise bei Wohnungen im Elternhaus in den sog. ‚Kinderzimmerfällen' – auf die Erstwohnung. Eine Aufwandsteuer für das Innehaben einer Zweitwohnung setzt nicht voraus, dass auch eine rechtlich gesicherte Verfügungsmacht über die Erstwohnung gegeben ist."

Es genüge, wenn mit der Erstwohnung das Grundbedürfnis Wohnen als Teil des persönlichen Lebensbedarfs abgedeckt werde, wie dies bei auswärts studierenden Kindern, wenn sie ihr Kinder- oder Jugendzimmer in der elterlichen Wohnung vorwiegend nutzten, regelmäßig der Fall sei. Ob sie dieses Grundbedürfnis des Wohnens in einer rechtlich abgesicherten Weise als (Mit-)Besitzer erfüllten, oder nur als Besitzdiener befriedigten, sei nicht von Bedeutung[109].

Das BVerwG[110] sowie der BFH[111] hatten in mehreren Entscheidungen eine entsprechende Rechtsprechungslinie eingenommen.

4. „Kulturfördernde" Übernachtungen

Die hitzigsten Diskussionen bei den neuen Verbrauch- und Aufwandsteuern drehen sich gegenwärtig aber nicht mehr um die Zweitwohnungsteuer, sondern um die Einführung sog. Kulturförderabgaben bzw. Besteuerungen von Übernachtungen. Dabei war es der europäischen Kulturhauptstadt des Jahres 1999, nämlich Weimar, vorbehalten, 2005 die erste sog. Kulturförderabgabe auf Übernachtungen zu erheben. In Gang kam die Diskussion um eine flächendeckende Ausbreitung dieser Abgabe aber erst, als nach Bildung der christlich-liberalen Bundesregierung 2009 mit dem Wachstumsbeschleunigungsgesetz ein reduzierter Mehrwertsteuersatz auf Hotelübernachtungen durchgesetzt wurde. Diese bundesgesetzgeberische Entscheidung sollte sich zumindest politisch als Einfallstor dafür erweisen, kommunalseitig in zahlreichen Gemeinden auf einen Teil der reduzierten Steuer wieder zuzugreifen.

Inzwischen liegen dazu Entscheidungen des OVG Koblenz[112], des VG München[113], des VG Köln[114] und des Thüringer OVG[115] vor. Auch das Schrifttum[116] hat sich mit den Fragestellungen der kulturfördernden Betten-

---

109 BVerfG, NVwZ 2010, 1022 (1024).
110 BVerwG, NJW 2009, 1097; NVwZ 2009, 1437.
111 BFH, NVwZ 2010, 1047.
112 OVG Koblenz, DVBl. 2011, 1039 = KStZ 2011, 152 = ZKF 2011, 165 = KommJur 2011, 345.
113 VG München, Urt. v. 30.6.2011 – M 10 K 10.5725.
114 VG Köln, ZKF 2011, 212.
115 ThürOVG, Beschl. v. 26.8.2011 – 3 EN 77/11.
116 *Mickisch*, ZKF 2010, 169; *Meier*, ZKF 2010, 265; *Petry*, BB 2010, 2860; *Tolkmitt/Berlit*, LKV 2010, 385; *Wegner*, BayVBl. 2011, 261; *Albrecht/Mößner*, PUBLICUS 2011.7, 18.

steuer intensiv beschäftigt. Deren Ausgestaltung im Detail ist in einzelnen Kommunen durchaus unterschiedlich. Zum Teil wird ein bestimmter an den Übernachtungspreis anknüpfender Betrag erhoben. Zum Teil wird ein fester Geldbetrag erhoben, zum Teil wird dieser feste Geldbetrag nach Anzahl der Betten pro Betrieb oder nach Höhe des Übernachtungspreises ohne Frühstück differenziert.

Der Entscheidung des OVG Koblenz lag die Satzung zur Erhebung einer Kulturförderabgabe für Übernachtungen in Bingen am Rhein zugrunde, aufgrund derer die Abgabe bei einem Netto-Übernachtungspreis ohne Frühstück und sonstige Leistungen bis 30 Euro 1 Euro, bis 100 Euro 2 Euro und über 100 Euro 3 Euro beträgt. Bei einem zusammenhängenden Aufenthalt in demselben Beherbergungsbetrieb werden höchstens vier Übernachtungen mit der Abgabe belegt. Das OVG Koblenz hat festgestellt, dass die vorgenannte Satzung keinen durchgreifenden rechtlichen Bedenken unterliegt und ist dabei in zehn Prüfungsschritten vorgegangen. Zunächst hat es festgestellt, dass die Kommune nach dem KAG RhPf. zum Erlass der angegriffenen Satzung berechtigt gewesen sei. Sodann hat es herausgearbeitet, dass die Möglichkeit, unter den Voraussetzungen des § 12 KAG Fremdenverkehrs- und Kurbeiträge zu erheben, die Kompetenz zur Erhebung einer auf § 5 Abs. 2 S. 1 KAG gestützten Kulturförderabgabe nicht beschränkt. Es hat die Abgabe sodann als Aufwandsteuer klassifiziert, deren Charakter als örtliche Steuer keinem Zweifel unterliege. Sodann hat sich das OVG Koblenz mit dem Gleichartigkeitsverbot auseinandergesetzt und ist zu dem Befund gekommen, dass die Abgabe nicht mit der allein in Betracht kommenden bundesgesetzlich geregelten Umsatzsteuer gleichartig ist und auch nicht in Widerspruch zum einschlägigen Gemeinschaftsrecht steht. Aufgrund des weiten Gestaltungsspielraums des Satzungsgebers verstoße die Satzung weder hinsichtlich des Gegenstandes noch hinsichtlich des Maßstabs der Abgabe gegen den allgemeinen Gleichheitssatz. Der Grundsatz der Widerspruchsfreiheit der Rechtsordnung werde ebenfalls nicht beeinträchtigt. Auch der Grundsatz der Normenwahrheit stehe der Bezeichnung der Abgabe als Kulturförderabgabe nicht entgegen. Schließlich verletze die Satzung die betroffenen Beherbergungsunternehmer nicht in ihrer Berufsfreiheit.

Zentrale Bedeutung kommt dabei der Qualifizierung der Kulturförderabgabe als örtliche Aufwandsteuer zu[117]:

„Die Kulturförderabgabe belastet den finanziellen Aufwand des Übernachtungsgastes für Übernachtungen in Beherbergungsbetrieben, soll also als indirekte Steuer dessen hierin zum Ausdruck kommende Leistungsfähigkeit erfassen. Sie wird zwar vom Inhaber des jeweiligen Beherbergungsbetriebes als Steuerschuldner erhoben. Dieser hat allerdings die Möglichkeit, sie zumindest kalkulatorisch auf den Übernachtungsgast abzuwälzen. Ob

---

117 OVG Koblenz, DVBl. 2011, 1039 (1042 ff.).

ihm das in der Praxis gelingt, ist für den Charakter der Abgabe als Aufwandsteuer irrelevant[118].

Eine Übernachtung in einem Beherbergungsbetrieb stellt darüber hinaus typischerweise einen Aufwand dar, der über die Befriedigung des Grundbedürfnisses nach Wohnraum hinausgeht.

Voraussetzung für die Annahme einer Aufwandsteuer ist lediglich ein über den Grundbedarf hinausgehender Konsum. Dieser muss weder einer begüterten Minderheit vorbehalten bzw. nur von einer solchen realisiert werden noch besonders kostspielig sein oder allgemein als Luxus angesehen werden[119].

Die Freiwilligkeit des Aufwands oder seine Veranlassung allein durch den Konsumwillen des Steuerpflichtigen ist daher gerade kein ungeschriebenes Merkmal der Aufwandsteuer[120].

Überträgt man die Grundsätze der Rechtsprechung des BVerfG und BVerwG zur Zweitwohnungsteuer und zur Hundesteuer[121] auf die Besteuerung des Aufwands für Übernachtungen in Beherbergungsunternehmen, kann deren Zulässigkeit nicht schon deshalb verneint werden, weil eine solche Übernachtung beruflich veranlasst ist. Vielmehr ist eine Übernachtung der Aufwandbesteuerung nur dann entzogen, wenn sie *ausschließlich* der Einkommenserzielung zuzuordnen bzw. ausschließlich als Erfüllung einer Dienstpflicht anzusehen ist.

Eine solche (Zwangs-)Situation wird man bei einem beruflich veranlassten Aufenthalt in einem Beherbergungsbetrieb nicht regelmäßig annehmen müssen. Vielmehr ist davon auszugehen, dass üblicherweise zumindest ein gewisser Freiraum für private Aktivitäten bleibt. Auch können berufliche Zwecke und private Interessen von vornherein miteinander verknüpft sein. Daher ist es nicht zu beanstanden, dass die Gemeinde davon abgesehen hat, beruflich veranlasste Übernachtungen von der Kulturförderabgabe auszunehmen. Dies gilt insbesondere angesichts der erheblichen, kaum zu bewältigenden Schwierigkeiten, die es bereiten würde, im Einzelfall zu entscheiden, ob im Fall einer beruflich veranlassten Übernachtung noch Raum für private Aktivitäten bleibt oder nicht."

Das OVG Koblenz vermag auch keinen Verstoß gegen das Gleichartigkeitsverbot mit Blick auf die Umsatzsteuer auszumachen. Unterschiede bestünden bereits hinsichtlich des Steuergegenstandes (Inanspruchnahme einer bestimmten Leistung hier ./. Umsatz des Unternehmers für Lieferungen und sonstige Leistungen gleich welcher Art dort; Beschränkung auf Übernachtungen Erwachsener hier ./. keine Differenzierung dort). Unterschiede bestünden auch beim Steuermaßstab, da feste Beträge je Übernachtung vorgesehen seien. Bereits insoweit fehle es an einer der Umsatzsteuer eigenen strengen Proportionalität zum Steuergegenstand. Bei einer solchen Proportionalität entferne sich die Kulturförderabgabe darüber hinaus noch weiter durch ihre Begrenzung auf höchstens vier zusammenhängende Übernachtungen[122]. Auch hinsichtlich der Erhebungstechnik weiche die Kulturförderabgabe erheblich von der Umsatzsteuer ab (Ein-Phasen-Aufwand-

---

118 BVerfGE 123, 1 (18).
119 BVerwG, DÖV 2008, 34.
120 BVerwG, NVwZ 2009, 1437 (1438, 1440).
121 BVerwG, NVwZ 2008, 91 (91 f.).
122 OVG Koblenz, DVBl. 2011, 1039 (1042).

steuer auf der Letztanbieterstufe ./. All-Phasen-Netto-Umsatzsteuer mit Vorsteuerabzug).

Das OVG Koblenz schlussfolgert daraus, dass die aufgezeigten Unterschiede so schwer wiegen, dass die Kulturförderabgabe und die Umsatzsteuer trotz Übereinstimmungen hinsichtlich der wirtschaftlichen Auswirkungen bzw. der belasteten Quelle wirtschaftlicher Leistungsfähigkeit bei einer wertenden Gesamtbetrachtung als gleichartig erachtet werden könnten. Sorgfältig prüft das OVG Koblenz sodann einen Verstoß der Satzung gegen den allgemeinen Gleichheitssatz[123], den es im Ergebnis ebenso verneint wie einen Verstoß gegen den Grundsatz der Widerspruchsfreiheit der Rechtsordnung[124]:

„Da das in Art. 20 Abs. 1 GG verankerte Gebot zur bundesstaatlichen Rücksichtnahme nicht nur den Bund und die Länder, sondern auch die Gemeinden verpflichtet, gilt der Grundsatz der Widerspruchsfreiheit der Rechtsordnung auch für gemeindliche Satzungen. Die Kulturförderabgabe hat zwar zur Folge, dass die mit der Absenkung des Umsatzsteuersatzes für unmittelbare Beherbergungsleistungen mit dem Ziel der Wachstumsbeschleunigung beabsichtigte Entlastung von Beherbergungsunternehmen in ihrer Wirkung beeinträchtigt wird. Ein Verstoß gegen den Grundsatz der Widerspruchsfreiheit der Rechtsordnung liegt hierin jedoch nicht. Die beiden Urteile des BVerfG[125] sind nämlich auf den vorgenannten Fall nicht ohne Weiteres übertragbar. Anders als in diesen Entscheidungen liegt hier weder eine Divergenz zwischen einer Regelung des Bundes aufgrund seiner Sachgesetzgebungskompetenz und einer landesrechtlichen Abgabenregelung mit Lenkungszweck vor, noch geht es um gegenläufige Sachregelungen des Bundes und eines Landes bzw. einer Kommune. Vielmehr handelt es sich um Abgabenvorschriften des Bundes und der Gemeinde ohne Lenkungszwecke, die lediglich in ihren wirtschaftlichen Auswirkungen nicht übereinstimmen.

Entsprechend dem Urteil des BVerfG wäre die Gemeinde nach dem Grundsatz der Widerspruchsfreiheit der Rechtsordnung nur dann gehindert gewesen, von ihrer Kompetenz zur Regelung örtlicher Verbrauch- und Aufwandsteuern Gebrauch zu machen, wenn der Bund die Befugnis hätte, die steuerliche Gesamtbelastung von Beherbergungsunternehmen unabhängig von der jeweiligen Steuerart verbindlich festzulegen. Eine solche Befugnis lässt sich der Kompetenzordnung des GG jedoch nicht entnehmen. Vielmehr steht es den jeweiligen Körperschaften grundsätzlich frei, im Rahmen der ihnen zustehenden Regelungskompetenzen zu entscheiden, inwieweit sie die ihnen zugänglichen Steuerquellen ausschöpfen möchten."

Zum Grundsatz der Normenwahrheit führt das OVG Koblenz aus, dass die Vorschriften der Satzung in ihrer Gesamtheit keinen Zweifel daran aufkommen ließen, dass es sich nicht um eine zweckgebundene Abgabe, sondern um eine Steuer handele, deren Aufkommen zur Verbesserung der allgemeinen kommunalen Einnahmesituation diene. Die Bezeichnung Kulturförderabgabe beinhalte somit nicht mehr als eine politische Absichts-

---

123 OVG Koblenz, DVBl. 2011, 1039 (1043 f.).
124 OVG Koblenz, DVBl. 2011, 1039 (1044 f.).
125 BVerfGE 98, 83 (97 f.), 98, 265 (301).

erklärung, aufgrund der verbesserten Einnahmesituation im größeren Umfang Mittel für kulturelle Belange bereitzustellen.

Das Thüringer OVG[126] ist zu einem vergleichbaren Befund gekommen und hat sich dabei mehrfach auf die Entscheidung des OVG Koblenz bezogen.

Das VG Köln[127] hat hinsichtlich der von der Stadt Köln erhobenen Kulturförderabgabe entschieden, dass diese nicht mit der in § 11 Abs. 5 KAG NW normierten Möglichkeit kollidiert, Fremdenverkehrsbeiträge zu erheben. Vielmehr könnten die Gemeinden grundsätzlich beide Abgaben nebeneinander erheben. Im Übrigen hat das VG Köln ähnlich wie das OVG Koblenz argumentiert. Auch wenn die Kölner Übernachtungsteuer streng proportional zur Bemessungsgrundlage (5 % der Bemessungsgrundlage) erhoben wird, erkennt das VG Köln keinen Verstoß gegen das Gleichartigkeitsverbot in Bezug auf die Umsatzsteuer. Es komme nicht darauf an, dass die Stadt Köln – anders als im vom OVG Koblenz entschiedenen Fall – die Kulturförderabgabe ausnahmslos auf alle Übernachtungen und nicht nur auf Übernachtungen von Erwachsenen erhebe. Auch einen Verstoß gegen das Gebot der Widerspruchsfreiheit der Rechtsordnung vermag das VG Köln[128] nicht zu erkennen:

„Vielmehr stehen sich zwei steuerrechtliche Regelungen gegenüber, die lediglich in ihren wirtschaftlichen Auswirkungen nicht übereinstimmen. Wollte man das Gebot der Widerspruchsfreiheit der Rechtsordnung bzw. die Pflicht zu wechselseitigem bundesfreundlichen Verhalten auch auf solche Sachverhalte anwenden, würde den Kommunen die Möglichkeit genommen, Steuerausfälle, die durch Senkung oder gar Abschaffung von Steuern durch den Bund entstehen, im Rahmen ihrer Regelungskompetenzen zur Finanzierung ihres Haushaltes auszugleichen. Damit würde in das verfassungsrechtlich durch Art. 28 Abs. 2 GG geschützte Selbstverwaltungsrecht der Gemeinden eingegriffen, welches das Recht der Gemeinden umfasst, im Rahmen der Gesetze eigenverantwortlich Steuerquellen auszuschöpfen.

Mit dem Wachstumsbeschleunigungsgesetz verfolgt der Bundesgesetzgeber das Ziel, durch wirksame und zielgerichtete steuerliche Entlastungen die produktiven Kräfte der Gesellschaft zu stärken und dadurch eine konjunkturgerechte, rasch wirksame und dauerhaft belebende Wachstumspolitik umzusetzen. Dieses Ziel wird durch die Erhebung der Kulturförderabgabe nicht in Frage gestellt. Die Kulturförderabgabe schöpft in der derzeit vorgesehenen Höhe nur einen Teil der finanziellen Mittel ab, die durch die Reduzierung des Umsatzsteuersatzes freigeworden sind. Ein nicht unerheblicher Teil der freigewordenen Mittel bleibt damit dem Wirtschaftskreislauf erhalten."

Auf die aktuelle politische Diskussion Bezug nehmend fügt das VG Köln[129] wörtlich hinzu:

„Dem lässt sich auch nicht entgegenhalten, dass die Kulturförderabgabe, wie sich öffentlichen Äußerungen Kölner Politiker entnehmen lasse, bewusst und zielgerichtet eingeführt

---
126 Vgl. Fn. 115.
127 VG Köln, ZKF 2011, 212 ff.
128 VG Köln, ZKF 2011, 212 (215).
129 VG Köln, ZKF 2011, 212 (215, insoweit nur auszugsweise abgedruckt).

worden sei, um der Intention des Bundesgesetzgebers entgegenzuwirken bzw. die Beschlüsse des Bundes zu umgehen, denn die subjektiven Vorstellungen und Motive der am Erlass der Satzung beteiligten Organe oder Personen sind unbeachtlich. Nur die objektive Unvereinbarkeit des sachlichen Inhalts der Norm mit höherrangigem Recht führt zu ihrer Ungültigkeit."

Zu einem abweichenden Ergebnis ist das VG München in seinem Urteil vom 30.6.2011[130] gekommen. Es geht zunächst davon aus, dass die Übernachtung grundsätzlich Teil der Einkommenserzielung sei. Der Auffassung des OVG Koblenz tritt das VG München mit der Erwägung entgegen, dass der Aufwand bei einer Hotelübernachtung ausschließlich darin bestehe, dass ein Raum für eine Übernachtung angemietet werde. Sofern diese Übernachtung beruflich bedingt sei und der Einkommenserzielung diene, sei der gesamte Aufwand nicht Teil der persönlichen Lebensführung. Es verbleibe kein Aufwand, der nicht schon durch die Berufstätigkeit abgedeckt werde. Die vom OVG Koblenz als privat qualifizierten Tätigkeiten erfolgten lediglich *aus Anlass* der Übernachtungen, seien jedoch nicht Teil des Übernachtungsaufwandes. Da 52 % der Übernachtungen in gewerblichen Betrieben geschäftlich motiviert seien, während nur 48 % der Übernachtungen rein privater Natur seien, könne auch keine typisierende Regelung vorgenommen werden, die mit Art. 3 Abs. 1 GG vereinbar sei. Zudem verstoße die Festlegung eines einheitlichen Steuersatzes für jede Übernachtung unabhängig vom tatsächlichen Übernachtungsaufwand gegen Art. 3 Abs. 1 GG. Es könne nicht als sachliche Rechtfertigung für eine Ungleichbehandlung dienen, wenn eine in Wirklichkeit gleichartige Steuer gleichheitswidrig pauschaliert werde, um die Inanspruchnahme der gleichen Quellen zu kaschieren.

Zudem nimmt das VG München eine Beeinträchtigung öffentlicher Belange im Sinne von Art. 2 Abs. 3 S. 3 BayKAG durch die Übernachtungsteuersatzung der Landeshauptstadt München an. Diese beeinträchtige volkswirtschaftliche und steuerliche Interessen des Staates, da sie im Widerspruch zu Art. 5 des Wachstumsbeschleunigungsgesetzes stehe:

„Die Reduzierung des Umsatzsteuersatzes auf Hotelübernachtungen von 19 % auf 7 % dient zweifelsohne dazu, Hotelübernachtungen steuerlich geringer zu belasten, sei es um den Beherbergungsunternehmen eine größere Gewinnspanne zu ermöglichen oder um die Hotelpreise für Reisende zu senken und dadurch die Konjunktur im Übernachtungsgewerbe zu beleben. Es kommt nicht darauf an, welche der beiden Wirkungen erzielt werden sollte. Entscheidend ist, dass mit dieser Steueränderung des Bundes eine geringere steuerliche Belastung von Übernachtungen erreicht werden soll. Ein nach außen dokumentiertes Interesse des Staates im Sinne von Art. 2 Abs. 3 S. 3 KAG liegt damit jedenfalls vor. Es kommt nicht darauf an, ob es sich um Bundessteuern oder Landessteuern handelt. Die Übernachtungsteuersatzung stellt auch eine Beeinträchtigung dieses steuerlichen Interesses des Staates dar, da sie gerade zu einer größeren steuerlichen Belastung von Übernachtungen führt. Sie zielt genau auf das Gegenteil dessen ab, was der Bund mit seiner Steuergesetzgebung bewirken wollte. Wenn die gesamtstaatliche Steuergesetzgebung eine Steuer-

---

130 VG München v. 30.6.2011 – M 10 K 10.5725.

erleichterung vorsieht und das Einrücken der kommunalen Steuer in die entstehende Steuerlücke in Konkurrenz dazu tritt, ist eine Beeinträchtigung steuerlicher Interessen des Staates gegeben. Es ist nicht erforderlich, dass die Kommune die entstehende Steuerlücke komplett schließt, um das Interesse des Staates zu unterlaufen. Die staatlichen Interessen werden auch schon dann beeinträchtigt, wenn die Steuererleichterung nicht in dem Maße eintritt, wie es die Steuerpolitik des Staates vorsieht. Auch dann werden die mit der Steuererleichterung verfolgten Ziele nicht in dem beabsichtigten Umfang erreicht werden können. Sowohl aufgrund des engen zeitlichen Zusammenhangs zwischen der Senkung der Umsatzsteuer für Übernachtungen als auch wegen der Gleichartigkeit des Besteuerungsgegenstandes liegt ein Widerspruch zwischen dem Interesse des Staates an der Reduzierung der steuerlichen Belastung von Übernachtungen und dem Interesse der Landeshauptstadt München an deren zusätzlicher Belastung auf der Hand. Damit ist eine Beeinträchtigung der steuerlichen Interessen des Staates durch die Übernachtungsteuersatzung augenfällig."

Im Ergebnis ist der vom OVG Koblenz entwickelten Argumentationslinie, der der Thüringer VerfGH und das VG Köln beigetreten sind, zu folgen. Dies gilt namentlich für die Qualifizierung der Übernachtungsteuer als örtliche Aufwandsteuer, die der Umsatzsteuer nicht gleichartig ist. Auf berufsbedingte Aufwendungen kann dabei nicht abgestellt werden, da die spezifischen Erwägungen des BVerwG in der Diensthundeentscheidung nicht übertragbar sind. Zu Recht ist die Rechtsprechung zur Bettensteuer damit nicht „auf den Hund gekommen", was auch zur Folge hat, dass die Administrierbarkeit dadurch deutlich verbessert wird. Auch die Ausführungen zur Widerspruchsfreiheit der Rechtsordnung überzeugen im Gegensatz zu den Darlegungen des VG München.

5. Weitere örtliche Verbrauch- und Aufwandsteuern

Über die Einführung weiterer örtlicher Verbrauch- und Aufwandsteuern wird nachgedacht, so über eine Besteuerung von Windkraftanlagen im Gebiet der Stadt Luckau in Brandenburg. Die entsprechende Satzung ist zu Recht gleich aus mehreren Gründen nicht genehmigt worden. Auch einer Mobilfunkmastensteuer[131] dürfte kein Genehmigungserfolg beschieden sein. Insoweit steht es um eine Solariensteuer nach dem Essener Vorbild[132] schon besser. Schließlich wird gegenwärtig auch eine Pferde- und Tierfuttersteuer auf kommunaler Ebene[133] diskutiert.

V. Resümee

Der Befund zur Einführung neuer örtlicher Verbrauch- und Aufwandsteuern fällt ambivalent aus. Einerseits sind sie Ausdruck kommunaler Selbstverwaltung und -gestaltung, deren punktuelle Einführung kommu-

---

131 *Funke*, KStZ 2010, 121, 143 und 206; *Tolkmitt*, SächsVBl. 2011, 204.
132 *Ronnecker*, ZKF 2011, 186.
133 *Meier*, KStZ 2010, 221; *Rauscher/Rauber*, KStZ 2011, 161.

nalen Einnahme-, vor allem aber Lenkungs- und damit Gestaltungszwecken zu dienen vermag, ohne bundesweit zu einem Steuerchaos zu führen. Auf der anderen Seite ist die Relation von erzielbaren Einnahmen und damit verbundenem Verwaltungsaufwand stets in den Blick zu nehmen. Unter dem Gesichtspunkt der Stärkung kommunaler Gestaltungsautonomie erscheint daher die Realisierung des kommunalen Hebesatzrechts bzw. eines Hebesatzkorridors auf den gemeindlichen Einkommensteueranteil unabweisbar, wenn über kommunale Steuerfindungsrechte bei örtlichem Verbrauch und Aufwand weiter seriös nachgedacht werden soll.

Gebühren, Beiträge und Sonderabgaben im System der Kommunalfinanzierung

Prof. Dr. *Joachim Wieland, LL.M. (Cantab)*
Deutsche Universität für Verwaltungswissenschaften, Speyer

Inhaltsübersicht

I. Einführung
II. Krise der Kommunalfinanzen und ihre Ursachen
III. Bedeutung der Gegenleistungsabgaben für die Kommunalfinanzen
IV. Arten der Gegenleistungsabgaben
   1. Gebühren
      a) Verwaltungsgebühren
      b) Benutzungsgebühren
      c) Verleihungsgebühren
   2. Beiträge
   3. Sonderabgaben
V. Rechtsrahmen für Gegenleistungsabgaben
VI. Maßstäbe der Abgabenerhebung
   1. Äquivalenzprinzip
   2. Kostendeckungsprinzip
VII. Lenkungsabgaben
VIII. Leistungsfähigkeit
IX. Abgaben und Entgelte
   1. Konzessionsabgaben
   2. Trinkwasserpreise
X. Ausgewählte Abgaben
XI. Ergebnis

I. Einführung

Auf der Jahrestagung der Deutschen Steuerjuristischen Gesellschaft über nichtsteuerliche Kommunalabgaben zu referieren, scheint zunächst etwas paradox. Wir befassen uns in der Gesellschaft schließlich mit dem Steuerrecht, nicht aber mit dem Abgabenrecht oder dem Finanzrecht. Dennoch ist es richtig und wichtig, dass die diesjährige Jahrestagung neben den Kommunalsteuern auch den Kommunalabgaben gewidmet ist. Im System der Kommunalfinanzen spielen die Gegenleistungsabgaben eine wesentlich größere Rolle als auf Staatsebene. Ungefähr ein Drittel der Einnahmen der Kommunen wird aus den Gegenleistungsabgaben oder Vorzugslasten gespeist. Deshalb kommt dem rechtlichen Rahmen für die Erhebung dieser Abgaben im System der Kommunalfinanzen erhebliche Bedeutung zu. Diese Bedeutung ist wegen der sich verschärfenden Krise der kommunalen Finanzen (II.) in den vergangenen Jahren noch gestiegen (III.). Ich werde im Folgenden einen Überblick über die Arten der Gegenleistungsabgaben (IV.) und den rechtlichen Rahmen für ihre Erhebung (V.) geben. Mein besonderes Augenmerk wird dabei den Maßstäben für die Abgabenerhebung gelten (VI.). Ich werde weiter auf die Problematik der Lenkungsabgaben (VII.) und auf den Stellenwert der Leistungsfähigkeit im Abgabenrecht eingehen (VIII.). Sodann werde ich das Verhältnis zwischen Abgaben und Entgelten erörtern (IX.) und einige ausgewählte Abgaben (X.) kurz vorstellen. Den Abschluss meiner Ausführungen werden einige Thesen bilden, die das Ergebnis meines Referates knapp bündeln (XI.).

II. Krise der Kommunalfinanzen und ihre Ursachen

Die Krise der Kommunalfinanzen wird besonders deutlich an dem beängstigenden Anstieg der Kassenkredite der Kommunen. Eigentlich dienen Kassenkredite zur Überbrückung von kurzfristigen Liquiditätsengpässen, ähnlich wie die Überziehung eines privaten Girokontos. Kassenkredite sollten also in kurzer Zeit getilgt werden. Für die deutschen Kommunen sind sie aber zu einem wichtigen Finanzierungsmittel geworden. An ihre vollständige Tilgung ist in absehbarer Zeit nicht zu denken. Betrugen die Kassenkredite 2001 immerhin schon knapp 9 Mrd. Euro, hatten sie sich 2006 bereits auf knapp 28 Mrd. Euro verdreifacht und 2010 die Rekordsumme von über 40 Mrd. Euro erreicht. Diese ungeregelte Verschuldung in Form von Überziehungskrediten werden die Kommunen aus eigener Kraft in absehbarer Zeit nicht wesentlich reduzieren können. Selbst in den Jahren 2007 und 2008, in denen die Gemeinden wegen hoher Steuereinnahmen positive Finanzierungssalden von jeweils über 8 Mrd. Euro verzeichnen konnten, stiegen die Kassenkredite um jeweils ungefähr eine Mrd. Euro an. Wie unter diesen Umständen mehr als 40 Mrd. Euro Kassenkredite getilgt werden sollten, ist nicht ersichtlich. Die Zahlen zeigen, dass es zwar einige finanzstarke Kommunen gibt, dass aber viele finanzschwache Kommunen selbst in Zeiten guter Wirtschaftslage und relativ hoher kommunaler Steuereinnahmen nicht in der Lage sind, einen ausgeglichenen Haushalt vorzulegen.

Die Krise der Kommunalfinanzen hat ihre Ursache nicht auf der Einnahmen-, sondern auf der Ausgabenseite. Hier sind es vor allem die ständig weit überproportional steigenden Sozialausgaben, die zu einer Überforderung der finanziellen Leistungskraft der Kommunen führen. Während die Personalausgaben der Kommunen in den vergangenen zehn Jahren nur relativ gemäßigt um etwa 6 Mrd. Euro angestiegen sind, betrug der Zuwachs bei den Sozialausgaben im gleichen Zeitraum über 15 Mrd. Euro – von knapp 27 Mrd. Euro auf über 42 Mrd. Euro. Die Sachinvestitionsausgaben der Kommunen sanken im gleichen Zeitraum um etwa eine Mrd. Euro auf nur noch 23 Mrd. Euro 2010. Der Zustand der Schulen, Krankenhäuser und Straßen in unseren Städten ist Ausdruck dieses Investitionsrückstaus. Eine kraftvolle kommunale Selbstverwaltung ist in solcher Finanznot nicht mehr möglich. Die Kommunen haben aber auch kaum Einfluss auf die Höhe der Kosten, die ihre sozialen Leistungen verursachen. Was früher als Fürsorge ohne gesetzliche Grundlage gewährt wurde, ist heute im sozialen Rechtsstaat längst in allen Einzelheiten gesetzlich normiert und mit Rechtsansprüchen der Leistungsempfänger verknüpft.

Die einschlägigen Gesetze hat regelmäßig der Bund erlassen und häufig die Kommunen mit dem Vollzug betraut. Vor dem Inkrafttreten der ersten Stufe der Föderalismusreform am 1.9.2006 hat das BVerfG diese Form des Durchgriffs des Bundes auf die Verwaltungshoheit der Länder nicht beanstandet. Erst unter der neuen Rechtslage dürfen Gemeinden und Gemeindeverbänden durch Bundesgesetz Aufgaben nicht übertragen werden. Aufgaben – vor allem des Vollzugs des Sozialrechts –, die den Kommunen vor dem 1.9.2006 übertragen worden waren, bleiben durch die Verfassungsänderung unberührt (Art. 125a Abs. 1 S. 1 GG), solange nicht die Länder durch eigene Gesetze die bundesgesetzliche Zuständigkeitsbestimmung der Kommunen ersetzen. Da 2006 der Sozialstaat bereits fast vollständig entfaltet und in Fachgesetzen normiert war, nützt die Verfassungsänderung den Kommunen nur begrenzt. Die Länder werden sich hüten, die bundesgesetzliche Zuständigkeitsbestimmung durch eine landesrechtliche Regelung zu ersetzen.

Eine solche Regelung löste nämlich das in allen Landesverfassungen verankerte Konnexitätsprinzip aus, das die Länder verpflichtet, den Kommunen die Kosten zu ersetzen, die ihnen infolge der Übertragung einer öffentlichen Aufgabe durch den Landesgesetzgeber entstehen. Nur wenn der Bund seine Zuständigkeitsbestimmung aufhebt, wie er das im Kinder- und Jugendhilferecht 2008 getan hat, bleibt den Ländern keine andere Wahl, als die Aufgabe entweder selbst zu übernehmen oder die Kommunen mit ihr zu betrauen, ihnen dann aber auch die erforderlichen Mittel zur Verfügung zu stellen. Das hat der Verfassungsgerichtshof für das Land Nordrhein-Westfalen in seinem Urteil vom 12.10.2010[1] unmissverständlich festgestellt. Lässt der Bundesgesetzgeber hingegen seine Bestimmung der Kommunen als Verwaltungsträger aus der Zeit vor 2006 unverändert, bleiben die Kommunen in der misslichen Lage, dass sie gegen den Bund keine finanziellen Ansprüche geltend machen können, weil die Finanzverfassung grundsätzlich keine Ausgleichszahlungen vom Bund an die Kommunen kennt. Gegen die Länder haben sie keinen Kostenerstattungsanspruch, weil das landesverfassungsrechtliche Konnexitätsprinzip nur bei landesrechtlichen, nicht aber bei bundesrechtlichen Aufgabenübertragungen eingreift. Diese für Bund und Länder komfortable, für die Kommunen aber äußerst missliche Situation erklärt, warum bundesgesetzliche Bestimmungen der Kommunen zu Verwaltungsträgern im Sozialbereich vor 2006 so beliebt waren und warum die Kommunen heute an den Kosten der von ihnen zu erbringenden Sozialleistungen zu ersticken drohen.

Besonders belastend sind die Kosten für Unterkunft und Heizung, für die Kindertagesbetreuung und den Ausbau der U3-Betreuung, die Kosten der Hilfe zur Erziehung, die Kosten der Eingliederungshilfe für behinderte Menschen und die Kosten der Grundsicherung im Alter und bei Erwerbs-

---

1 OVGE Münster/Lüneburg, 53, 275 ff.

minderung. Aufgrund der demografischen Entwicklung sowie der zunehmenden Brüche in den Erwerbsbiografien und der steigenden Bedeutung des Niedriglohnbereichs ist langfristig von einem weiteren deutlichen Aufwuchs der kommunalen Lasten und einem höheren Gewicht der Ausgaben im Bereich der Grundsicherung im Alter und bei Erwerbsminderung auszugehen. Der Bund hat dem dadurch Rechnung getragen, dass er sich bereit erklärt hat, den Kommunen die Kosten dieser Sozialleistungen 2012 und 2013 zu einem erheblichen Teil und ab 2014 vollständig zu erstatten. Diese Entlastung wird in den Jahren 2012 bis 2015 zusammengerechnet etwa 12 Mrd. Euro ausmachen. Die ab 2014 zu erwartende jährliche Zahlung von etwa 4 Mrd. Euro lindert die kommunale Finanzmisere, vermag sie allerdings bei weitem nicht zu beheben. Deshalb wird der Druck auf die Kommunen anhalten, ihr Steuer- und Abgabenpotential möglichst weitgehend auszuschöpfen.

III. Bedeutung der Gegenleistungsabgaben für die Kommunalfinanzen

Angesichts der desolaten Situation der Kommunalfinanzen gewinnen auch die Gegenleistungsabgaben an Bedeutung. Beliefen sich die Steuereinnahmen der Kommunen 2010 mit gut 57 Mrd. Euro in den alten Ländern auf gut 43 % ihrer Gesamteinnahmen und machten die Zuweisungen an die Kommunen aus den Landeshaushalten mit 40 Mrd. Euro 30 % aus, so betragen die Gebühreneinnahmen 14 Mrd. Euro und damit knapp 11 % der Einnahmen. Hinzu kamen 20 Mrd. weitere Einnahmen, zu denen auch die Erträge der sonstigen Gegenleistungsabgaben sowie der in privatrechtlichen Verträgen vereinbarten Konzessionsabgaben (3 Mrd. Euro) zählen; das sind zusammen gut 15 % der Gesamteinnahmen.

In den ostdeutschen Kommunen sieht die Lage etwas anders aus: Die Steuereinnahmen machten 2010 mit knapp 7 Mrd. Euro nur 27 % der Einnahmen der kommunalen Verwaltungshaushalte aus. In dieser niedrigen Zahl kommt die Steuerschwäche der ostdeutschen Kommunen zum Ausdruck. Sie wird vor allem durch die beträchtlichen Finanzzuweisungen der Länder kompensiert, die mit 13 Mrd. Euro fast doppelt so hoch sind wie die Steuereinnahmen und 2010 etwa 52 % der kommunalen Einnahmen ausmachten. Die Gebühreneinnahmen der Kommunen lagen mit 2 Mrd. Euro 2010 und 8,2 % deutlich niedriger als im Westen. Vergleichbares gilt für die sonstigen Einnahmen der ostdeutschen Kommunen, die mit gut 3 Mrd. Euro nur knapp 13 % der Einnahmen beitrugen.

Diese unterschiedlichen Zahlen zeigen den Spielraum, der den Kommunen bei der Ausgestaltung der Gegenleistungsabgaben verbleibt. Sie zeigen auch den politischen Druck, den rechtlichen Spielraum für die Erhebung kommunaler Gegenleistungsabgaben möglichst umfassend auszuschöpfen.

Unabhängig davon kennt das Kommunalabgabenrecht die Pflicht der Gemeinden, die zur Erfüllung ihrer Aufgaben erforderlichen Einnahmen soweit vertretbar und geboten aus speziellen Entgelten für die von ihnen erbrachten Leistungen und nur im Übrigen aus Steuern zu beschaffen[2].

IV. Arten der Gegenleistungsabgaben

Klassisch werden die nichtsteuerlichen kommunalen Gegenleistungsabgaben in Gebühren, Beiträge und Sonderabgaben eingeteilt. Die größte Bedeutung kommt dabei den Gebühren zu (1.), während Beiträge nur in einigen wenigen Verwaltungsbereichen erhoben werden (2.) und Sonderabgaben auf kommunaler Ebene kaum eine Rolle spielen (3.).

1. Gebühren

Gebühren sind die klassischen Gegenleistungsabgaben oder Vorzugslasten. Sie neutralisieren als Geldleistungen den Vorteil, der in dem Vermögenswert liegt, den der Gebührenschuldner durch eine Staatsleistung erhält. Gegenleistungsabgaben werden als Entgelt für besondere Vorteile gefordert. Gebühren werden in diesem Sinne als Geldleistungen definiert, die als Gegenleistung für eine besondere Inanspruchnahme der Verwaltung von demjenigen erhoben werden, auf dessen Veranlassung oder in dessen Interesse die Inanspruchnahme erfolgt. Man unterscheidet Verwaltungs- (a) und Benutzungsgebühren (b) sowie Verleihungsgebühren (c).

a) Verwaltungsgebühren

Verwaltungsgebühren sind für Amtshandlungen zu zahlen, die auf Veranlassung oder im Interesse des Pflichtigen erfolgen. Zu den kommunalen Amtshandlungen, für die eine Gebühr erhoben werden kann, zählt etwa die Erteilung von Erlaubnissen und Genehmigungen oder von Bescheinigungen. Entscheidend ist, dass die Kommunalverwaltung eine kostenverursachende Leistung zugunsten des Gebührenpflichtigen erbringt. Die Amtshandlung ist dem Gebührenpflichtigen nicht nur dann zurechenbar, wenn er sie beantragt hat. Ausreichend für die Erhebung einer Verwaltungsgebühr ist auch, dass die kommunale Amtshandlung zugunsten oder im Interesse des Gebührenschuldners erbracht wird. Das ist etwa der Fall, wenn eine Kommune eine Verwaltungsgebühr für eine nicht beantragte Sondernutzungserlaubnis erhebt, weil ein Anhänger zu Werbezwecken im öffentlichen Verkehrsraum abgestellt wird[3].

---

2 S. § 3 Abs. 2 KAG NW.
3 VG Frankfurt a. M., NVwZ-RR 2004, 375.

b) Benutzungsgebühren

Benutzungsgebühren werden als Entgelt für die Benutzung einer Anstalt oder einer anderen öffentlichen Einrichtung erhoben. Zu den öffentlichen Einrichtungen der Kommunen zählen etwa Anlagen zur Wasserversorgung oder Abwasserbeseitigung. Werden diese Einrichtungen in Anspruch genommen, wird der Gebührentatbestand verwirklicht. Erforderlich ist die tatsächliche Benutzung, die bloße Möglichkeit reicht nicht aus.

c) Verleihungsgebühren

Verleihungsgebühren schließlich stellen das Entgelt dar für die rechtliche Möglichkeit, von einer erteilten Verleihung oder Bewilligung – also einem dem Bürger von der Kommune eingeräumten Recht – Gebrauch zu machen. Indem der Bürger sich von der Kommune eine Erlaubnis erteilen oder sonst ein Recht einräumen lässt, nimmt er eine Leistung der öffentlichen Hand in Anspruch, die der Vornahme einer Amtshandlung in seinem Interesse oder dem Bereitstellen einer öffentlichen Einrichtung vergleichbar ist. Die Leistung der Kommune erweitert den Rechtskreis des Begünstigten über den Bereich hinaus, der allen Bürgern an sich zusteht, und ist deshalb gebührenpflichtig. In Betracht kommt etwa eine Verleihung des Rechts zu einer besonders intensiven Nutzung des Grundwassers oder anderer natürlicher Ressourcen. Die Verleihungsgebühr erweist sich insoweit als Vorteilsabschöpfungsabgabe, die im Rahmen einer öffentlich-rechtlichen Nutzungsregelung erhoben werden kann. Das BVerfG hat herausgearbeitet, dass knappe natürliche Ressourcen wie das Wasser Güter der Allgemeinheit sind. Wer das Recht zur Nutzung eines solchen Gutes im Rahmen einer Bewirtschaftungsregelung erhält, erlangt einen Sondervorteil gegenüber der Allgemeinheit, die das Gut nicht oder nicht in gleichem Umfang nutzen darf. Dieser Vorteil darf durch eine Gebühr abgeschöpft werden[4].

2. Beiträge

Als Beiträge gelten Geldleistungen, die zur vollen oder teilweisen Deckung der Kosten einer öffentlichen Einrichtung erhoben werden. Die Zahlungspflicht setzt nicht erst bei der tatsächlichen Inanspruchnahme der öffentlichen Einrichtung an, sondern entsteht bereits mit der bloßen Möglichkeit, deren Vorteile wahrzunehmen[5]. Schon im 19. Jahrhundert ermächtigte das Preußische Kommunalabgabengesetz die Gemeinden, zur Deckung der Kosten für die Herstellung und Unterhaltung einer öffentlichen Einrichtung von den Grundstückseigentümern und Gewerbetreibenden, denen dadurch besondere wirtschaftliche Vorteile erwachsen, Beiträge entspre-

---

4 BVerfGE 93, 319 (345 f.); *Murswiek*, NuR 1994, 170 (175).
5 *Wieland*, Die Konzessionsabgaben, 1991, S. 297.

chend den Vorteilen zu erheben[6]. Grund für die Erhebung von Beiträgen war und ist, dass eine gerechte Beteiligung der Bürgerinnen und Bürger an den finanziellen Aufwendungen einer Kommune allein durch die Erhebung von Steuern nicht verwirklicht werden kann. Straßen werden nicht nur im Interesse der Allgemeinheit gebaut und unterhalten, sondern vor allem auch im Interesse der Anlieger. Das Gleiche gilt für das kommunale Abwassernetz. Der Anschluss eines Grundstücks an die Kanalisation vermittelt dem Grundstückseigentümer einen Sondervorteil[7].

3. Sonderabgaben

Sonderabgaben unterscheiden sich von Gegenleistungsabgaben dadurch, dass sie wie Steuern den Zahlungspflichtigen eine Geldleistungspflicht „voraussetzungslos" – d.h. ohne Rücksicht auf eine Gegenleistung der öffentlichen Hand – auferlegen[8]. Sie setzen eine homogene Gruppe der Abgabepflichtigen voraus, denen eine besondere Verantwortung zugewiesen wird, weil sie dem Abgabenzweck evident näher steht als jede andere Gruppe oder die Allgemeinheit der Steuerzahler. Außerdem muss das Abgabenaufkommen im Interesse der Abgabepflichtigen, also gruppennützig, verwendet werden. Das trifft etwa auf die Berufsausbildungsabgabe zu. Da die Sonderabgaben im Kommunalabgabenrecht bislang keine Rolle spielen, werden sie hier nicht vertieft behandelt.

V. Rechtsrahmen für Gegenleistungsabgaben

Die Kommunen dürfen Abgaben nicht aus eigenem Recht erheben. Die Garantie der kommunalen Selbstverwaltung ermächtigt die Kommunen zwar, alle Angelegenheiten der örtlichen Gemeinschaft im Rahmen der Gesetze in eigener Verantwortung zu regeln (Art. 28 Abs. 1 S. 2 GG). Daraus kann jedoch nicht bereits kraft Verfassung das Recht der Kommunen zur Abgabenerhebung abgeleitet werden. Vielmehr gilt insoweit der Vorbehalt des Parlamentsgesetzes. Dementsprechend ergibt sich die Abgabenhoheit erst aus den Kommunalabgabengesetzen der Länder. Sie berechtigen die Kommunen, nach Maßgabe des jeweiligen Gesetzes Abgaben in Form von Steuern, Gebühren und Beiträgen zu erheben. Kommunalabgaben dürfen im Rahmen der landesgesetzlichen Ermächtigung nur aufgrund einer kommunalen Satzung erhoben werden (Satzungsvorbehalt). Die Satzung muss wegen des Vorbehalts des materiellen Gesetzes für die Abgabenerhebung wenigstens den Kreis der Abgabenschuldner, den die Abgabe begründen-

---

[6] § 4 PrKAG v. 14.7.1893, GS S. 152.
[7] *Arndt* in Henneke/Pünder/Waldhoff (Hrsg.), Recht der Kommunalfinanzen, 2006, § 16 Rz. 2 ff.
[8] BVerfGE 67, 256 (274 f.).

den Tatbestand, den Maßstab und den Satz der Abgabe sowie den Zeitpunkt ihrer Fälligkeit angeben.

Die kommunale Abgabenhoheit ist somit zwar dem Grunde nach in der Garantie der kommunalen Selbstverwaltung verankert. Zur Erfüllung ihrer Aufgaben sind die Kommunen auf das Recht zur Erhebung von Abgaben angewiesen. Die Ausübung dieses Rechts ist jedoch durch die landesgesetzliche Ermächtigung in einem Kommunalabgabengesetz vermittelt und begrenzt. Erst die landesgesetzliche Ermächtigung eröffnet den Kommunen den Weg zur Ausübung ihrer Abgabenhoheit und begrenzt diese Hoheit zugleich. Erhoben werden dürfen nur die Abgaben, die der Landesgesetzgeber im Kommunalabgabengesetz zulässt. Damit gibt es kein Abgabenerfindungsrecht der Kommunen im eigentlichen Sinne, sondern nur das Recht, innerhalb des landesgesetzlich vorgegebenen Rahmens darüber zu entscheiden, ob die gesetzlich zugelassenen Abgaben in einer Kommune erhoben und wie sie konkretisiert werden. Regelmäßig steht die Entscheidung, ob eine im Kommunalabgabengesetz zugelassene Abgabe erhoben wird, im Ermessen der einzelnen Kommune. Nur ausnahmsweise begründen die Kommunalabgabengesetze eine Erhebungspflicht[9].

Erlässt eine Kommune eine Abgabensatzung, ist sie aber nicht nur an die Vorgaben des Kommunalabgabengesetzes, sondern auch und vor allem an die Vorgaben der Verfassung gebunden. Die ergeben sich wie das Bestimmtheitsgebot und das Rückwirkungsverbot aus dem Rechtsstaatsprinzip und vor allem aus den Grundrechten, insbesondere dem allgemeinen Gleichheitssatz des Art. 3 Abs. 1 GG. Das gilt vor allem für die Maßstäbe der Abgabenerhebung.

VI. Maßstäbe der Abgabenerhebung

Als Maßstäbe für die Abgabenerhebung kommen das Äquivalenzprinzip (1.) und das Kostendeckungsprinzip (2.) in Betracht.

1. Äquivalenzprinzip

Das Prinzip der Äquivalenz ist bereits durch die Finanzverfassung als Maßstab von Gegenleistungsabgaben wie Gebühren und Beiträgen vorgegeben. Als Vorzugslasten sind sie ihrem Wesen nach auf die Leistung der öffentlichen Hand bezogen. Von einer Gegenleistungsabgabe kann wegen der Regelung der Verteilung des Aufkommens der gegenleistungsunabhängigen Steuern zwischen Bund, Ländern und Kommunen in der Finanzverfassung des Grundgesetzes nur gesprochen werden, wenn die Gegenleistung des

---

9 S. z. B. § 6 Abs. 1 Satz 1 KAG NW, der zur Erhebung von Benutzungsgebühren verpflichtet, wenn eine Einrichtung oder Anlage überwiegend dem Vorteil einzelner Personen oder Personen dient, sofern nicht ein privatrechtliches Entgelt erhoben wird.

Bürgers sich auf den Vermögensvorteil bezieht, der für ihn mit der Leistung des Staates verbunden ist[10]. Ist diese Voraussetzung nicht erfüllt, handelt es sich in Wirklichkeit nicht um eine Gegenleistungsabgabe, sondern um eine Steuer. Dementsprechend hat das BVerfG das Äquivalenzprinzip als „dem Begriff der Gebühr immanent" bezeichnet und betont, dass Gebühren deshalb „in keinem Missverhältnis" zu der von der öffentlichen Gewalt gebotenen Leistung stehen dürfen[11]. Das BVerwG sieht im Äquivalenzprinzip „den Ausdruck des allgemeinen, im Verfassungsrecht beruhenden bundesrechtlichen Grundsatzes der Verhältnismäßigkeit, der besagt, dass die durch eine Maßnahme der Verwaltung zu erwartenden negativen Auswirkungen für den Einzelnen nicht erkennbar außer Verhältnis zu dem beabsichtigten Erfolg stehen dürfen"[12]. Letztlich findet das Äquivalenzprinzip als Maßstab für die Abgabenhöhe seinen Grund im allgemeinen Gleichheitssatz des Art. 3 Abs. 1 GG. Die Belastung mit nichtsteuerlichen Abgaben stellt eine Ungleichbehandlung gegenüber denjenigen dar, die nicht abgabepflichtig sind. Der sachliche Grund für die Ungleichbehandlung und damit ihre Rechtfertigung liegt in der Gewährung der staatlichen Leistung, deren Wert für den Abgabepflichtigen der Staat abschöpfen darf. Dementsprechend gebietet das Äquivalenzprinzip, dass eine Gegenleistungsabgabe nicht höher sein darf als der Wert der staatlichen Leistung, für die sie erhoben wird[13].

2. Kostendeckungsprinzip

Während das Äquivalenzprinzip in der Verfassung begründet ist, gilt das Kostendeckungsprinzip nur nach Maßgabe gesetzlicher Regelung. Nach dem Kostendeckungsprinzip darf das Gebührenaufkommen den Verwaltungsaufwand nicht überschreiten. Damit ist allerdings noch nicht geklärt, wie Verwaltungskosten bemessen werden sollen. Der Kostenbegriff ist sowohl hinsichtlich seines Bezugspunkts – Verwaltungszweig oder Dienststelle, Gemeinkosten, Overhead etc. – als auch bezüglich seiner Berechnungsmethode – finanzwirtschaftlich-kameralistisch oder betriebswirtschaftlich mit kalkulatorischen Abschreibungen – sehr offen. Hier hat der Gesetzgeber einen weiten Regelungsspielraum, der im Vergleich der verschiedenen kommunalabgabengesetzlichen Regelungen des Kostendeckungsprinzips deutlich wird. Aus der Verfassung lässt sich die Geltung des Kostendeckungsprinzips nicht ableiten. Welchen Aufwand eine Kommune treibt, um eine Leistung zu erbringen, sagt etwas über die ihr erwachsenen finanziellen Lasten aus. Denen muss jedoch der Vorteil auf der Seite des Bürgers nicht unbedingt entsprechen. So erfordert die Erlaubnis

---

10 Näher *Wieland* (Fn. 5), S. 306 f.
11 BVerfGE 20, 257 (270).
12 BVerwGE 26, 305 (309).
13 Wieland (Fn. 5), S. 310 f.; a. A. *F. Kirchhof*, Die Höhe der Gebühr, 1981, S. 81 f.

zur Sondernutzung für einen Verkaufsstand an einem publikumsreichen Platz der Innenstadt von der Verwaltung regelmäßig nicht viel Aufwand, kann aber für den Berechtigten großen Wert haben. Umgekehrt kann der Anschluss eines abgelegenen Hauses an die gemeindliche Wasserversorgung äußerst aufwendig sein, dem Abgabepflichtigen aber möglicherweise kaum Nutzen bringen, wenn er etwa über einen eigenen Brunnen verfügt. Dementsprechend geht das BVerwG zu Recht in ständiger Rechtsprechung davon aus, dass das Kostendeckungsprinzip sich nicht aus dem Wesen der Gebühr ergibt und nur gilt, wenn seine Einhaltung für bestimmte Gebühren gesetzlich festgelegt ist[14].

Ist das der Fall, kommt dem Wirklichkeitsmaßstab Vorrang vor dem Wahrscheinlichkeitsmaßstab für die Bemessung der Gebühr zu. Auf einen Wahrscheinlichkeitsmaßstab darf nur zurückgegriffen werden, wenn entweder ein Wirklichkeitsmaßstab nicht ermittelbar ist oder seine Anwendung zu unverhältnismäßigen Schwierigkeiten führen würde. So darf der Frischwasserverbrauch als Wahrscheinlichkeitsmaßstab für die Abwassergebühr herangezogen werden, solange keine genaue Messung der Abwassermenge möglich oder zumutbar ist[15].

VII. Lenkungsabgaben

Kommunen dürfen mit der Erhebung von Abgaben Lenkungszwecke verfolgen. Kommunale Selbstverwaltung erfolgt nicht nur durch rechtsverbindliche Weisungen, sondern kann auch mittelbar Verhalten steuern[16]. Gegenleistungsabgaben dürfen aber wegen der Geltung des Äquivalenzprinzips aus Lenkungsmotiven heraus nur dann höher ausfallen als der geldwerte Vorteil des Abgabepflichtigen, wenn das durch die Lenkungsgebühr angeregte Verhalten der Bürgerinnen und Bürger auch rechtlich vorgeschrieben werden könnte, wenn also die lenkende Abgabe nur die schonendere Alternative gegenüber einem Verhaltensgebot darstellt. Das setzt einen hinreichend starken rechtfertigenden Grund voraus. Außerdem verbietet es die Finanzverfassung, dass eine Kommune die Lenkungsabsicht nur vorgibt, in Wirklichkeit aber fiskalische Zwecke verfolgt. Sie braucht also auf den Einsatz der Abgabe zur Lenkung nicht allein deshalb zu verzichten, weil sie ihr zusätzliche Einnahmen erbringt. Diese Zusatzeinnahmen dürfen aber bloß eine Nebenfolge der Lenkung bilden. Die Kommunen stehen insoweit unter einer Rechtfertigungslast. Sie müssen die Vermutung widerlegen, dass Mehreinnahmen über das nach dem Äquivalenzprinzip zulässige Maß hinaus in Wirklichkeit fiskalisch motiviert sind. Für die Abgrenzung ist entscheidend darauf abzustellen, ob die Lenkungsabsicht oder die

---

14 BVerwGE 162 (167 ff.); s. etwa § 5 Abs. 2 KAG NW.
15 BVerwG, Beschluss v. 12.6.1972, DÖV 1972, 722.
16 Vgl. BVerfGE 98, 106 (117).

Einnahmeerzielungsabsicht im Vordergrund steht. Zweifel wirken sich zulasten der Kommune aus[17].

Dementsprechend hat das BVerwG festgestellt, dass sich aus Art. 3 Abs. 1 GG kein striktes Gebot der gebührenrechtlichen Leistungsproportionalität ergebe. Die Kommune habe auch bei der Finanzierung der Teilleistungsbereiche einer öffentlichen Einrichtung die Wahl zwischen einer Vielzahl von Gebührenmodellen. Es sei anerkannt, dass die anzustrebende Belastungsgleichheit der Gebührenpflichtigen dem Satzungsgeber dennoch die Befugnis belasse, mit seiner Gebührenregelung eine begrenzte Verhaltenssteuerung zu verbinden. Das Gericht hat folglich die in Abfallgesetzen der Länder normierte Verpflichtung des kommunalen Satzungsgebers gebilligt, Abfallgebühren so zu gestalten, dass hierdurch die Vermeidung und Verwertung von Abfällen gefördert wird[18].

Als Grenze der Verhaltenslenkung hat das BVerfG die Einheit der Rechtsordnung genannt. Sie verbiete es dem Satzungsgeber, sich für eine abgabenrechtliche Lenkungswirkung zu entscheiden, die dem Abgabepflichtigen ein Verhalten abverlange, dass einer Regelung des Bundesgesetzgebers widerspreche. Eine Regelung des zuständigen Sachgesetzgebers dürfe nicht durch eine abgabenrechtliche Lenkungswirkung verfälscht werden[19]. Ob allerdings tatsächlich ein bundesrechtliches Kooperationsprinzip im Abfallrecht die Erhebung einer Verpackungsteuer auf nichtwiederverwendbare Verpackungen und nichtwiederverwendbares Geschirr durch die Stadt Kassel ausgeschlossen hat, wie das BVerfG seinerzeit meinte, darf bezweifelt werden[20].

VIII. Leistungsfähigkeit

Die Kommunen dürfen bei der Abgabenbemessung auch die Leistungsfähigkeit der Abgabepflichtigen berücksichtigen. Davon machen sie in der Praxis regelmäßig bei der Bemessung von Kindergartengebühren, aber auch bei der Ausgestaltung der Gebühren für kommunale Musikschulen Gebrauch. Zudem enthalten zahlreiche kommunale Abgabensatzungen Regelungen über ermäßigte Gebühren für Kinder, Studenten, Rentner oder Arbeitsuchende. Auch im Abgabenrecht entspricht die Berücksichtigung der wirtschaftlichen Leistungsfähigkeit den Vorgaben des Gleichheitssatzes aus Art. 3 Abs. 1 GG. Das BVerfG betont, dass Gebühren für die Inanspruchnahme kommunaler oder staatlicher Leistungen nicht ausnahmslos einkommensunabhängig ausgestaltet sein müssen. Art. 3 Abs. 1 GG steht danach weder einer Unter- noch einer Überdeckung der Kosten durch kom-

---
17 Zum Ganzen vgl. *Wieland* (Fn. 5), S. 318.
18 BVerwGE 112, 297 (304 f.).
19 BVerfGE 98, 106 (118 f.).
20 Zum Kooperationsprinzip *Wieland*, ZUR 2001, 20.

munale Abgaben von vornherein entgegen. Einkommensbezogene Gebührenstaffeln sind nach der Verfassungsrechtsprechung jedenfalls dann unbedenklich, wenn selbst die Höchstgebühr die tatsächlichen Kosten nicht deckt und in einem angemessenen Verhältnis zu der damit abgegoltenen Verwaltungsleistung steht. In diesem Fall finanzieren auch die Abgabenschuldner, welche die volle Gebühr zahlen, nur die kommunale Einrichtung. Sie werden nicht zur Entlastung sozial schwächerer Nutzer herangezogen[21]. Damit ist den Kommunen bei der Abgabenbemessung ein weiter Gestaltungsspielraum zur Berücksichtigung der finanziellen Leistungsfähigkeit der Abgabepflichtigen eröffnet. Sie dürfen bei der Bemessung auch Einwohner gegenüber Auswärtigen begünstigen, die bereits durch ihre Steuerpflicht zur Deckung der Kosten beitragen. Die unionsrechtlichen Grundfreiheiten stehen dem nicht entgegen, weil es regelmäßig an der Binnenmarktrelevanz fehlt.

IX. Abgaben und Entgelte

Den Kommunen steht grundsätzlich neben der Erhebung von Abgaben die Vereinbarung privatrechtlicher Entgelte zu Gebote. Auch insoweit bewegen sie sich allerdings nicht im rechtsfreien Raum. Vielmehr stellt sich zum einen die Frage, ob der Rückgriff auf das Privatrecht uneingeschränkt zulässig ist. Ihr werde ich für die Erhebung von Konzessionsabgaben nachgehen (1.). Zum anderen hat eine neuere Entscheidung des BGH zur kartellrechtlichen Kontrolle privatrechtlicher Benutzungsentgelte für die Trinkwasserversorgung die Frage aufgeworfen, ob das öffentliche Abgabenrecht den Kommunen größere Gestaltungsspielräume ließe (2.).

1. Konzessionsabgaben

Die sog. Konzessionsabgaben beruhen auf privatrechtlichen Verträgen, in denen die Kommunen privaten Versorgungsunternehmen gestatten, den Straßenraum zur Verlegung von Versorgungsleitungen mitzubenutzen, und ihnen Ausschließlichkeitsrechte einräumen. Zum Ausgleich verpflichten sich die Unternehmen, den Kommunen einen bestimmten Prozentsatz ihrer Roheinnahmen als Konzessionsabgaben zu zahlen. Nach herrschender, wenn auch unzutreffender Auffassung findet die Erlaubnis, den Straßenraum für Versorgungsleitungen zu nutzen, ihre Grundlage nicht in der Wegehoheit, sondern im Wegeeigentum der Kommunen. Das Straßenrecht unterstellt kommunale Straßen und Wege jedoch einem öffentlichrechtlichen Regime, das sich durch Widmung, Gemeingebrauch und Sondernutzung auszeichnet. Da Versorgungsleitungen nur unter Beeinträchtigung des Gemeingebrauchs verlegt werden können, wäre es systemgerecht, für die

---

21 BVerfGE 97, 332 (344 ff.).

Nutzung des Straßenraums zu Versorgungszwecken, die notwendig den Widmungszweck berührt, eine öffentlichrechtliche Erlaubnis des Inhabers der Wegehoheit zu verlangen wie für andere Sondernutzungen auch. Diesen dogmatisch richtigen Weg versperren die Straßengesetze, indem sie die Einräumung von Rechten zur Benutzung des Straßenraums für Versorgungsleitungen ausdrücklich dem Zivilrecht zuweisen. Die straßenrechtliche Regelung verstößt gegen die vom „Gesetz selbst statuierte Sachgesetzlichkeit"[22] und damit gegen den allgemeinen Gleichheitssatz. Im Übrigen können sich die Kommunen selbst auf der Grundlage der straßenrechtlichen Zuordnung der Bindung an das Verwaltungsprivatrecht und damit an die Grundrechte nicht entziehen. Art. 3 Abs. 1 GG schließt es folglich auch aus, für die in einem privatrechtlichen Vertrag vereinbarten Konzessionsabgaben höhere Beträge anzusetzen, als es dem Ausgleich des Vorteils entspricht, der in der Einräumung von Rechten zur Benutzung des Straßenraumes für Versorgungszwecke liegt.

2. Trinkwasserpreise

Umgekehrt kommt als Reaktion auf den Beschluss des Kartellsenats des BGH vom 2.2.2010 zur Preismissbrauchskontrolle eines Versorgungsunternehmens der öffentlichen Wasserversorgung[23] keine Flucht in das öffentliche Abgabenrecht in Betracht. *Kühling* spricht zu Unrecht dem Öffentlichen Recht die Fähigkeit zu einer hinreichend wirksamen Effizienzkontrolle ab[24]. Vor allem das Äquivalenzprinzip des Art. 3 Abs. 1 GG stellt sicher, dass Wassergebühren nicht unangemessen hoch sind. Deshalb wäre es eine verfehlte Erwartung, wenn sich Kommunen von der Flucht in das Öffentliche Recht Gestaltungsspielräume erhofften, die sie als Folge der Rechtsprechung des BGH im Zivilrecht nicht mehr gegeben sehen[25].

X. Ausgewählte Abgaben

Abschließend werde ich noch einen kurzen Blick auf Kommunalabgaben, die zum Ausgleich für die Befreiung von einer Rechtspflicht erhoben werden. Typisches Beispiel ist insoweit die Stellplatzabgabe. Sie wird als Ausgleich für die Freistellung von der bauordnungsrechtlichen Pflicht erhoben, bei einem Bauvorhaben ausreichende Stellplätze zu schaffen. So heißt es in § 51 Abs. 5 Satz 1 der Bauordnung des Landes Nordrhein-Westfalen:

„Ist die Herstellung notwendiger Stellplätze oder Garagen nicht oder nur unter großen Schwierigkeiten möglich, so kann die Bauaufsichtsbehörde unter Bestimmung der Zahl der notwendigen Stellplätze im Einvernehmen mit der Gemeinde auf die Herstellung von

---

22 Zum Begriff BVerfGE 34, 103 (115).
23 BGHZ 184, 168.
24 *Kühling*, DVBl. 2010, 205 (212 f.).
25 Ebenso *Reinhardt*, LKV 2010, 296 ff.

Stellplätzen verzichten, wenn die zur Herstellung Verpflichteten an die Gemeinde einen Geldbetrag nach Maßgabe einer Satzung zahlen."

Ähnlich gestaltet sind Spielplatzabgaben oder naturschutzrechtliche Ausgleichsabgaben. Umstritten ist insoweit, welchen Bindungen die Kommunen bei der Verwendung dieser Abgaben unterliegen. Während früher das Aufkommen der Stellplatzabgabe zwingend der Finanzierung von Parkplätzen vorbehalten war, können heute aus dem Aufkommen der Abgabe zumeist auch Einrichtungen des Öffentlichen Personennahverkehrs finanziert werden. *Voßkuhle* hält das aus dem Kompensationsgedanken heraus nur für zulässig, wenn der Zu- und Abfahrtsverkehr zu dem konkreten Grundstück von den Kompensationsmaßnahmen profitieren kann. Das soll nur dann gewährleistet sein, wenn der Verkehr im Umfeld des betroffenen Baugrundstücks eingesetzt wird[26].

Demgegenüber ist darauf hinzuweisen, dass auch die Stellplatzabgabe und die Spielplatzabgabe sowie die naturschutzrechtlichen Ausgleichsabgaben Gegenleistungsabgaben sind. Der Abgabepflichtige muss dafür einen Ausgleich zahlen, dass die Kommune im konkreten Fall auf die Durchsetzung rechtlicher Verhaltenspflichten verzichtet. Dadurch erlangt der Bürger einen rechtlichen Vorteil, den die Kommune durch eine Ausgleichsabgabe abschöpfen darf. Darin liegt die Kompensation. Dem Äquivalenzprinzip ist Genüge getan, wenn die Abgabe nicht höher ist als der Vermögensvorteil des Begünstigten. Für eine Beschränkung der Verwendung des Abgabeaufkommens besteht keine rechtliche Notwendigkeit, auch wenn es häufig sachgerecht erscheinen mag, das Abgabenaufkommen sachnah zu verwenden. Dem genügt aber bei der Stellplatzabgabe etwa auch die Förderung des Öffentlichen Personennahverkehrs insgesamt.

XI. Ergebnis

Damit halte ich als Ergebnis meiner Überlegungen Folgendes fest:
1. Die Krise der Kommunalfinanzen gibt den Kommunen Anlass, neben den kommunalen Steuern auch die nichtsteuerlichen Kommunalabgaben als Ertragsquelle verstärkt in Betracht zu ziehen.
2. Vor allem das Äquivalenzprinzip begründet und beschränkt die Kompetenz der Kommunen zur Erhebung von Gegenleistungsabgaben.
3. Das Äquivalenzprinzip ergibt sich aus dem Allgemeinen Gleichheitssatz des Art. 3 Abs. 1 GG.
4. Gegenleistungsabgaben wie Gebühren und Beiträge sollen die Ungleichbehandlung ausgleichen, die sich aus dem Empfang einer kommunalen Leistung für den Begünstigten ergibt.

---

26 *Voßkuhle*, Das Kompensationsprinzip, 1999, S. 253 f.

5. Demgegenüber gilt das Kostendeckungsprinzip nur, wenn es gesetzlich vorgeschrieben wird.
6. Mit der Erhebung der Gegenleistungsabgaben dürfen die Kommunen auch Lenkungszwecke verfolgen.
7. Die Höhe der Abgaben darf nach der Leistungsfähigkeit der Abgabepflichtigen gestaffelt werden.
8. Die Erhebung privatrechtlicher Entgelte anstatt hoheitlicher Abgaben erweitert gerade wegen der neueren Rechtsprechung des BGH zu Wasserpreisen die Gestaltungsspielräume der Kommunen nicht.
9. Umgekehrt eröffnet auch die Flucht in das öffentliche Abgabenrecht den Kommunen keine Möglichkeiten, den Anforderungen der Zivilrechtsprechung zu entgehen.
10. Auch Ausgleichsabgaben sind Gegenleistungsabgaben und als solche am Äquivalenzprinzip zu messen.

Diskussion

zu den Referaten von Prof. Dr. *Rainer Wernsmann*,
Prof. Dr. *Hans-Günter Henneke* und Prof. Dr. *Joachim Wieland*

Leitung
Ministerialdirigent *Werner Widmann*

Prof. Dr. Dr. h.c. *Paul Kirchhof*

Herr *Wieland*, ich wollte Sie um Vertiefung und weitere Begründung Ihrer These „Entgeltabgaben vor Steuern" bitten. Ihre These ist nach unserem Grundverständnis des Staates und auch nach dem Grundverständnis der Steuer eine Überraschung. Wenn der Staat mit seiner Polizei Sicherheit gewährt, dann werden wir wohl nicht monatlich eine Sicherheitsgebühr bei jedem Haushalt erheben und denen, die nicht bezahlen können, die Sicherheit verweigern. Ist nicht gerade der Regelfall die Steuerfinanzierung, die völlig unabhängig ist von einer Gegenleistung, dem Staat die innere Unabhängigkeit gegenüber reich und arm gibt? Ich würde die Frage umkehren: prinzipiell Steuerfinanzierung, erst dann kommt Ihr Gedanke der Kompensation einer Vermögenszuwendung, die nicht geschenkt werden soll. Das ist sicherlich ein Gesichtspunkt, nach dem der Sozialstaat Bevorzugungen und Benachteiligungen ausgleichen kann. Die Idee des Steuerstaates fordert die Steuer ohne Gegenleistung, damit der Staat Distanz bewahrt zu dem Steuerzahler und zu dem Empfänger seiner Leistung und damit mehr Demokratie ist und mehr Gleichheit wahrt.

Zur zweiten Frage der Lenkungssteuern haben Sie gesagt, diese Steuer sei die schonendere Alternative. Das gilt für den Zahlungsfähigen. Der kann sich dem Lenkungsbefehl, der abgabenrechtlich überbracht ist, unterwerfen oder sich durch Zahlung freikaufen. Wie aber ist derjenige betroffen, der nicht zahlen kann? Ist es für ihn nicht die belastendere Alternative? Er muss sich dem Lenkungsbefehl unterwerfen mangels Zahlungsfähigkeit und weiß, dass der Zahlungsfähige sich freikaufen kann. In manchen Kurorten wird erwogen, eine Mountainbike-Lenkungssteuer einzuführen. Dort fahren zu viele Fahrradfahrer auf den Bergen umher, was pro Tag eine Steuer von 20 bis 40 Euro rechtfertigen soll. Das ist eine Lenkungssteuer, die manchen Biker von diesen Bergen fernhält. Ob der das als schonendere Alternative empfinden würde gegenüber einem Befehl „du darfst nicht fahren", der für alle gleich ist? Vielfach ist die Gleichheit der Last nicht nur im Steuerrecht auch ein schonendes Element.

Prof. Dr. *Joachim Wieland*

Herr *Kirchhof*, wir unterscheiden uns ein Stück weit darin, dass für Sie der Steuerstaat absolut gesetzt ist. Ich stimme Ihnen darin zu, dass wir prinzipiell in einem Staat leben, der sich im Wesentlichen aus Steuern finanziert. Das ist zunächst einmal eine tatsächliche Feststellung. Insoweit sind wir uns einig. Ich glaube aber nicht, dass das Prinzip des Steuerstaates in unserer Verfassung solches Gewicht hat, dass man sagen kann, es bestünde zumindest eine Vermutung dafür, dass das, was der Staat leistet, aus Steuern finanziert wird.

Finanzwissenschaftler sind nicht ohne Grund Anhänger des Äquivalenzprinzips. Sie sagen, die Steuerfinanzierung führt zu Fehlallokationen, weil das praktisch eine Flatrate ist: Man hat einmal bezahlt und kann dann alle staatlichen Leistungen ohne weitere Zahlungen in Anspruch nehmen. Finanzwissenschaftler raten, die Staatsfinanzierung stärker auf Gegenleistungsabgaben auszurichten und zu sagen, wer etwas in Anspruch nimmt, soll dafür bezahlen. Wir haben eine aktuelle Diskussion über die Zahlung von Maut für die Benutzung von Autobahnen. Soll das aus Steuern finanziert werden oder soll man sagen, wer viel Autobahn fährt, soll dafür zahlen? Für mich hat der Gedanke, wer viel Autobahn fährt, soll dafür bezahlen, durchaus etwas für sich. Nicht nur mit Blick auf das Ausland, wo man auch zahlen muss, während Ausländer hier bisher nicht zahlen müssen. Es geht darum, den richtigen Mittelweg zu finden. Man wird sich sehr genau überlegen müssen, welche Abgaben man als Gegenleistungsabgaben ausgestalten kann und für welche Handlungen und für welche Angebote des Staates man ein spezielles Entgelt fordern kann. Zu unserem Verständnis des Abgabenstaates gehört hinzu, dass politische Entscheidungen darüber getroffen werden können, wann man solche speziellen Abgaben erhebt und wann man sagt, das ist mit der Steuer abgegolten.

Diese Überlegung hängt mit Ihrer zweiten Frage nach der Lenkungssteuer zusammen. Wenn man den Eindruck hat, dass die Natur etwa durch Mountainbiker zu stark belastet wird, halte ich es für freiheitsschonender, die Belastung zu reduzieren, indem man eine Abgabe erhebt und hofft, dass sich die Belastung dann verringert. Das führt dazu, würde ich Ihnen sofort einräumen, dass jemand, der viel Geld hat, sich dann mehr Freiheit erkaufen kann. Ich glaube aber, das ist in einer freien Gesellschaft sowieso der Fall. Wer sehr viel Geld hat, kann sich manche Annehmlichkeit erkaufen. In Ihrem Beispiel, wo die Gebühr 40 Euro am Tag beträgt, würde ich mich fragen, ob die Kommune wirklich einen sachgerechten Gebührenmaßstab hat. In Wirklichkeit könnte es eine Erdrosselungsabgabe sein, mit der man das Mountainbiken ganz verhindern will. Wenn man mit einer Abgabe lenken will, muss man aber auch eine sozialverträgliche Lenkung ermöglichen. Wenn ich mir vorstelle, die Gebühr würde 5 oder 10 Euro betragen und würde deshalb das Moutainbiken ein Stück weit reduzieren und so die

Natur schonen, schiene mir das die freiheitsfreundlichere Alternative zu sein als ein vollständiges Verbot, zumal man zu einem Ausgleich zwischen den berechtigten Interessen am Moutainbiken und am Schutz der Natur käme.

Michael Korfmacher
Im Grunde zu der Frage von Herrn Prof. *Kirchhof* und jetzt Ihrer Antwort: Wenn Sie sagen, Sie machen das lieber mit dem Äquivalenzprinzip, während Herr Kirchhof sagt, der allgemeine Belastungsgrund der Steuer, die Staatsfinanzierung, sei das Entscheidende, dann drängt sich mir die Frage auf, wo Sie den Maßstab herhaben, wo haben Sie das tertium comparabilis, um überhaupt festzulegen, was die einzelnen Belastungsgründe in Ihrem Sinne überhaupt sind? Bekommen Sie dann nicht eine unendliche Vielfalt, die dadurch, dass sie eine unendliche Vielfalt wird, schon wieder gleichheitswidrig in ihrer Anwendung ist? Danke.

Prof. Dr. *Joachim Wieland*
Ich glaube nicht, dass ich aus dem Grundgesetz einen Maßstab ableiten könnte, wo ich Gegenleistungsabgaben erheben darf und wo nicht. Das ist für mich ein ganzes Stück weit eine Entscheidung des demokratischen Gesetzgebers. Ich bin mir aber ganz sicher, dass es mit dem Grundgesetz vereinbar ist, für eine Verwaltungsleistung eine Verwaltungsgebühr zu erheben. Das entspricht deutscher Rechtstradition. Ich habe auch noch nie jemanden gehört, der gesagt hat, das sei unzulässig. Wenn man den Steuerstaat ganz streng verstehen würde, könnte man ja auch sagen, in dem Augenblick, in dem ich einmal Steuern gezahlt habe, darf die Verwaltung auch keine Gebühren mehr verlangen. Mein Maßstab wäre, jeweils zu prüfen, welchen Vorteil ein Bürger erlangt. Den muss die Verwaltung plausibel darlegen. Wenn sie es plausibel darlegen kann und das Sozialstaatsprinzip beachtet, dann darf sie eine entsprechende Verwaltungsgebühr erheben. Wenn der Gesetzgeber das weiter beschränken will, kann er sie auch auf das Prinzip der Kostendeckung verpflichten. Davor warne ich allerdings. Kostendeckung klingt zunächst einmal relativ einfach. Da wir hier aber unter Steuerrechtlern sind: Wie man Preise berechnet, darüber kann man lange streiten. Die Vorschriften, die das versuchen, die kommunalen Abgabensätze, sind meistens jetzt schon relativ lang, und es ist keineswegs so, dass man hinterher weiß, was als Ergebnis herauskommt. Man kann versuchen, das ein Stück weit rechtlich zu umhegen. Es gibt natürlich auch Grenzen für die Berechnung von Kosten. Aber ich würde mich zum Beispiel als Verfechter einer Autobahnmaut outen. Wer viel Autobahn fährt, soll dafür nach Inanspruchnahme zahlen. Ich sehe nicht, warum derjenige, der nie Autobahn fährt, Autobahnen über seine Steuern mitfinanzieren soll. Das ist ein Gerechtigkeitsstandpunkt, den stelle ich zur Diskussion.

Prof. Dr. Dr. h.c. *Paul Kirchhof*
Auch bei der Schulpflicht?

Prof. Dr. *Joachim Wieland*
Bei der Schulpflicht würde ich sagen: nein. Das würde ich nicht für gerecht halten. Aber Herr *Kirchhof*, ich könnte jetzt nicht sagen, das folgt aus dem Prinzip des Steuerstaates. Ich würde das aus dem Bildungsauftrag des Staates folgern. Wenn ich Sie und Ihre Schriften richtig verstehe, sind wir uns in diesem Punkt einig. Sie würden wohl auch das Steuerstaatsprinzip nicht so verstehen, dass es keine Gegenleistungsabgaben geben könne. Vielmehr geht es darum, wo die Grenze ist. Und darauf zielte Ihre Frage. Ich würde sagen, die Grenze muss demokratisch legitimiert gezogen werden, die kann man nicht eindeutig aus dem Grundgesetz ableiten. Man kann das nur in einzelnen Fällen: Der Bildungsauftrag, die Verantwortung des Staates für die Schule, scheint mir zu umfassen, dass man keine Schulgebühr erheben darf. Trotzdem bleibt ein Problem: Je mehr Kindergärten Bildung vermitteln, stellt sich die Frage, warum darf man dann die Kindergartengebühr erheben? So kommt man in vielen Bereichen an Grenzen, über die man nachdenken muss. Wenn manche größere Städte Kindergartengebühren sozial gestaffelt erheben, ähnelt das durchaus einem steuerlichen Ertrag. Ich habe zwei Kinder und weiß, wovon ich rede. Die Höhe der Gegenleistung für die Leistung Kindergartenbetreuung war sicher nicht unverhältnismäßig, aber auch nicht gerade niedrig.

Prof. Dr. *Roman Seer*
Ich habe eine Frage bzw. Anmerkung zu den örtlichen Verbrauch- und Aufwandsteuern. Deswegen richte ich sie sowohl an Sie, Herr *Wernsmann*, als auch an Sie, Herr *Henneke*. Zum einen, Herr *Henneke*, das Erregungspotential dämpfen aufgrund des geringen Aufkommens. Man könnte es allerdings auch umdrehen und sagen, das geringe Aufkommen kann das Erregungspotential bei mir jedenfalls beträchtlich steigern. Nämlich dass man sich um solch eine Lappalie, mit solch einem Unsinn, mit solch einem unglaublichen Wust auseinandersetzt und damit nicht aufhört. Man könnte jetzt natürlich fragen, warum schafft man nicht Art. 105 Abs. 2a GG ab und belässt es dann wirklich bei der Frage nach der Hebesatzbeteiligung an der Einkommensteuer und Ähnlichem? Wenn ich de lege lata Art. 105 Abs. 2a GG jetzt einmal unterstelle, das ist Gesetz, Verfassung, dann muss ich mich mit diesem Zeug auseinandersetzen. Wobei mich doch ein wenig überrascht, Herr *Wernsmann*, dass Sie das Merkmal der Gleichartigkeit als relativ unproblematisch unterstellen. Also verstehe ich Sie richtig: Der gesamte Kanon all dieser Steuern, des Wustes, dieser Liste von Unsinnigkeiten ist mit dem Merkmal der Gleichartigkeit vereinbar? Das heißt also, wir haben keine Überschneidung mit der bundesgesetzlich geregelten Um-

satzsteuer? Da muss ich Sie jetzt fragen: Wie ist das denn mit der Umsatzsteuer und bei dieser Kulturförderabgabe oder bei dieser Bettensteuer? Also da könnte man den ganzen Katalog von „Bagatellsteuern" deklinieren, und das habe ich vermisst. Ich hätte gerne den Katalog der ganzen Steuern daran geprüft. Und den Sündenfall zur Zweitwohnungsteuer, das will ich auch mal ganz klar sagen, die Zweitwohnungsteuer, eine Entscheidung aus dem Jahre 1983, da hat das BVerfG es sich trotz vieler Absätze und vieler Worte sehr einfach gemacht, die Ungleichartigkeit gegenüber Grund-, Vermögensteuer und anderen Steuern schlicht zu bejahen. Ich verstehe Sie beide so, und das möchte ich einfach nur noch einmal hören, ob ich das richtig verstanden habe, dass sie diese Liste der Steuern für richtig und verfassungskonform halten. Herrn *Waldhoff* habe ich auch so verstanden, Sie halten das sogar für einen gebotenen Ausdruck einer Finanz- und Steuerautonomie, die dann obendrein auf jeden Fall Lenkungszwecke erfüllen soll, Mountainbikesteuer oder Ähnliches, Mobilfunkmastensteuer habe ich vor Kurzem als weitere Kreation gelesen. All so etwas, da fragt man sich, was sind das denn alles für Lenkungszwecke? Ist dann da überhaupt der Sachgesetzgeber nicht aufgefordert, wäre vielleicht nicht das Ordnungsrecht vorrangig? Das sind alles so Fragen, ich setze da auch gerne nochmal an den einzelnen Steuern an, die sich die Kommunen da ausdenken. Und als Letztes noch an Herrn *Henneke*, ich finde nicht, dass es widersprüchlich ist, wenn man sagt, auf der einen Seite möchte ich den Mut der Kommunen einfordern bei so grundlegenden Steuern wie bei der Einkommensteuer, die wirklich einen Beitrag zur Stärkung einer unmittelbaren Demokratie leisten könnten, andererseits aber zu meinen, hier halte ich mal zurück, weil diese Steuern möglichst Ortsferne noch belasten und die Kommune irgendetwas Neues aus dem Hut zaubert.

Prof. Dr. *Hans-Günter Henneke*

Bei der Zulässigkeit örtlicher Verbrauch- und Aufwandsteuern ist mit der Gerichtsbarkeit auf insgesamt zehn Kriterien einzugehen. Zunächst geht es darum, Art. 105 Abs. 2a S. 1 GG einzuhalten – und zwar nicht nur nach seinem Wortlaut, sondern auch nach Sinn und Zweck. Das Gleichartigkeitsverbot gilt für neue, nach dem 1.1.1970 erfundene Verbrauch- und Aufwandsteuern, während die alten davon nach dem Willen des Gesetzgebers befreit sind. Von den neu erfundenen Steuern hat sich bisher nur die Zweitwohnungsteuer als fiskalisch relevant durchgesetzt, eine einzige in 40 Jahren. Es gilt aber für die neuen Verbrauch- und Aufwandsteuern das Gleichartigkeitsverbot selbstverständlich auch dann, wenn es landesverfassungsrechtlich nicht geregelt ist, die Landesverfassungen können materiell nichts anderes tun als Art. 105 Abs. 2a GG zu wiederholen, und die Landesgesetzgeber in den Kommunalabgabengesetzen können auch nichts anders tun als die Erhebungskompetenz weiterzuleiten auf die Gemeinden und/oder Kreise, bei denen die Ertragskompetenz liegt. Das heißt, das Gleichartigkeitsverbot für neue Verbrauch- und Aufwandsteuern gilt uneingeschränkt. Davon will ich rechtspolitisch auch nicht abweichen.

Es gilt auch Art. 3 Abs. 1 GG und damit das Spannungsverhältnis, dass man, je mehr man die Erfordernisse des Gleichartigkeitsverbots zu anderen Steuern erfüllt, umso eher in die Falle eines Verstoßes gegen das Gleichbehandlungsgebot des Art. 3 Abs. 1 GG läuft. Ich nenne ein Beispiel: Bei der Bettensteuer, die einen proportionalen Steuersatz zum Übernachtungspreis festlegt, also etwa 5 % des Übernachtungspreises, läuft man Gefahr, am Gleichartigkeitsverbot im Verhältnis zur Umsatzsteuer zu scheitern. Setzt man dagegen einen Einheitssatz von etwa 2,50 Euro fest, egal ob die Übernachtung im Sheraton, im Hilton oder in der Jugendherberge erfolgt, läuft man Gefahr, an Art. 3 Abs. 1 GG zu scheitern, weil Ungleiches gleich behandelt wird.

Weiter gilt seit der Verpackungsteuer-Entscheidung des BVerfG, Herr *Wieland* hat das nochmal angesprochen, das Verbot der Widerspruchsfreiheit der Rechtsordnung. Wenn die Sachkompetenz also nicht bei einer Ebene liegt, darf sie über die Steuer nicht so lenken, dass dies den Sachregelungen des materiell zuständigen Gesetzgebers im Verhältnis von Bund und Ländern zuwiderläuft.

Ein Verstoß gegen den Grundsatz der Widerspruchsfreiheit der Rechtsordnung liegt nicht automatisch vor. Das OVG Koblenz hier im Lande hat gesagt, bei der Bettensteuer ist das alles kein Problem, sie läuft dem Gebot der Widerspruchsfreiheit der Rechtsordnung nicht zuwider. Das VG München hat dagegen mit der Kommunalaufsicht die Auffassung vertreten, dass die Bettensteuer nicht mit der Zielsetzung des Wachstumsbeschleunigungsgesetzes vereinbar ist. Es hat sogar aus einer KAG-Bestimmung in Bayern relativ weitgreifend herausgelesen, dass die Verfolgung bestimmter öffentlicher Zwecke des Staates Steuererhebungen verbieten kann, und hat daraus abgeleitet, dass es dabei nicht nur um bayerische Rechtsetzung, sondern auch um Bundesrechtsetzung gehe. Das Wachstumsbeschleunigungsgesetz habe gerade den Effekt erzielen wollen, Modernisierungspotenzial für Hoteliers zu schaffen, das dürfe man nicht vor Ort konterkarieren. Ich rege an, diesen Gesichtspunkt durchaus weitergehend zu prüfen.

Bei der Zweitwohnungsteuer würde ich die Position des BVerfG einnehmen und auch berufsbedingten Aufwand mit erfassen. Bei dem immer wieder in Bezug genommenen Diensthund lag eine ganz besondere Konstellation vor, daher war es richtig, von einer Steuerbefreiung auszugehen. Bei der Bettensteuer ist die Frage, ob man eine *alleinige* dienstliche Veranlassung unterstellen kann, da gibt es Erhebungen, die feststellen: 52 % der Übernachtungen in Großstädten sind dienstlich veranlasst und 48 % sind auf Freizeit zurückzuführen, die Satzungen differenzieren aber nicht anlassbezogen. Die Antwort auf die Frage, ob man insoweit typisieren kann, ist noch nicht endgültig nicht ausgemacht. Die Münchener sagen, die Steuer geht allein auf Übernachtung, das OVG Koblenz sagt, wer übernachtet, der kann auch ins Kino gehen und etwas anderes machen, das ist alles noch nicht ausgetragen. Das war die rechtliche Komponente.

Und dann gibt es noch rechtspolitische Fragen, die man an die Stadt Essen und Herrn *Klieve* stellen muss. Will man nun wirklich für jede Sonnenröhre 20 Euro nehmen, wie verhält sich dabei der Verwaltungs- und Kontrollaufwand zum Aufkommen? Ich habe die Bonner Steuer zitiert mit dem Aufkommen von 264 Euro, das in vier Tagen eingegangen ist bei einem hohen Überwachungsaufwand, weil eben die Tickets vor Ort wie Parktickets kontrolliert werden. Die rechtspolitische Frage lautet: Sollte man, wenn der Verwaltungsaufwand und der Steuerertrag in keinem vernünftigen Verhältnis zueinander stehen, eine Verbrauch- und Aufwandsteuer erheben? Ich plädiere nicht dafür, Deutschland flächendeckend mit örtlichen Verbrauch- und Aufwandsteuern zu überziehen, sondern ich habe Herrn *Waldhoff* zugestimmt in der Beurteilung, dass so etwas Sinn machen kann. Ab und an kommt eine Steuer durch und behauptet sich breitflächig. Die Zweitwohnungsteuer ist durchgekommen, und es kann der Lenkungszweck ein legitimer sein, der instrumentell unter dem Gesichtspunkt kommunaler Gestaltung einem Verbotserlass überlegen ist.

Ich kann mich gut erinnern an einen Abend Ende August 1994, als die Tagesschau vermeldete „Bundesverwaltungsgericht lässt Kasseler Verpackungsteuer zu". Was war die unmittelbare Reaktion? Kollektive Aufregung und die Aufforderung an den damaligen Bundesumweltminister *Töpfer*, jetzt dringend einschreiten zu müssen, um dieses Verpackungsteuerproblem bundesweit zu regeln, weil es ja nicht sein könne, dass in Kassel nun das Einweggeschirr anders besteuert wird als andernorts. Sofort entsteht eine Hysterie, dabei beinhaltet die kommunale Selbstverwaltung dem Grundsatz nach das Recht, eine gewisse Verschiedenartigkeit herzustellen. Dafür trete ich ein.

Wenn ich 1.000 Euro kommunalen Steuereinnahmen neun Cent aus neuen Verbrauch- und Aufwandsteuern gegenüberstelle, muss ich Richtung Steuerschuldner sagen, auch wenn eine bestimmte Steuererhebung für den Einzelnen belastend ist, ist Überaufregung nicht geboten. Nach innen muss ich die kommunalen Satzungsgeber fragen: Lohnt sich der kommunalpolitische Kampf dafür, jetzt hier alle möglichen Streitfragen auszutragen? Gegenwärtig haben wir wieder einmal eine breite Diskussion um die Einführung örtlicher Verbrauch- und Aufwandsteuern, die auch dazu genutzt wird, alles Mögliche wieder ins Gespräch zu bringen.

An der Diskussion stört mich kolossal, dass jeder wissenschaftliche Beitrag zu kommunalen Verbrauch- und Aufwandsteuern anfängt mit dem Satz: „Kommunale Finanzkrise" und „Jetzt macht Not erfinderisch". Ich wollte deutlich machen, das ist ein Märchen. Die Kommunen haben in den letzten Jahren ein Defizit von jeweils knapp zweistelligen Milliardenbeträgen gehabt. Da kann man einfach nicht sagen, das ist alles tragfähig. Und dann kommt man mit Kleckerbeträgen von ein paar Hundert Euro an, die eine bestimmte Steuer einbringt. Damit kann man die kommunale Selbstverwaltung nicht retten, das vernebelt nur die Diskussion. Mit dem Hebesatzrecht auf die Einkommensteuer wäre finanziell viel mehr gewonnen und auch unter Demokratieförderungsgesichtspunkten viel mehr getan.

Prof. Dr. *Rainer Wernsmann*

Ich habe die Fragen der Örtlichkeit und Gleichartigkeit nur aus Zeitgründen abgekürzt, in der Schriftfassung des Vortrags ist das aber ausführlich enthalten. Also zur Örtlichkeit: Örtliche Steuern sind solche Abgaben, die an örtliche Gegebenheiten, vor allem an die Belegenheit einer Sache oder an einen Vorgang im Gebiet der steuererhebenden Gemeinde anknüpfen und wegen der Begrenzung ihrer unmittelbaren Wirkungen auf das Gemeindegebiet nicht zu einem die Wirtschaftseinheit berührenden Gefälle führen können. Bei der Steuer auf Hotelübernachtungen („Bettensteuer") ist die Örtlichkeit gegeben. Es werden Hotelübernachtungen in der jeweiligen Gemeinde besteuert. Das hat einen örtlichen Bezug, die Wirtschaftseinheit ist nicht gefährdet, und dass gerade Nicht-Einheimische typischerweise betroffen sind, steht der Definition von Örtlichkeit nicht entgegen.

Die Gleichartigkeit ist vielleicht etwas problematischer, im Ergebnis aber zu verneinen. Warum? Die Gleichartigkeit taucht an zwei Stellen auf. Einmal bei Art. 105 Abs. 2 GG, wenn wir prüfen, ob die Länder noch regeln dürfen oder der Bund abschließend von seiner konkurrierenden Gesetzgebungskompetenz Gebrauch gemacht hat. Das Gleichartigkeitskriterium ist zwar dort nicht ausdrücklich im Grundgesetz genannt, aber man grenzt auch hier danach ab. Allerdings sind Rechtsprechung und auch die herrschende Lehre insoweit strenger als bei Art. 105 Abs. 2a GG, bei der Beurteilung der kommunalen Verbrauch- und Aufwandsteuern. Warum? Steuern können nur in drei Phasen zugreifen: Einkommensentstehung, Innehaben von Eigentum und Vermögen sowie Einkommensverwendung. Wie kann man vor diesem Hintergrund die Gleichartigkeit von Steuern näher bestimmen? Es wird teils vorgeschlagen, auf die Lenkungswirkungen abzustellen, die möglicherweise entstehen. Die Rechtsprechung hält die jeweiligen Steuern nur dann für gleichartig, wenn der Gegenstand, die Bemessungsgrundlage, die Erhebungstechnik und die wirtschaftlichen Auswirkungen mit der Bundessteuer identisch sind. Bei der Bettensteuer würde ich die Gleichartigkeit mit der Umsatzsteuer verneinen. Denn es gibt dort keinen Vorsteuerabzug, sie ist häufig durch die kommunalen Steuersatzungen anders ausgestaltet, indem sie z.B. anknüpft an einen Grundumsatz oder begrenzt ist auf höchstens vier Tage. Es wird also nicht das Entgelt für die Übernachtung zugrunde gelegt, sondern es werden oft andere Kriterien verwendet. Im Ergebnis ist die Gleichartigkeit der Steuern auf Hotelübernachtungen mit der Umsatzsteuer zu verneinen, obwohl man natürlich sehen muss, dass alles, was dieser Steuer unterworfen wird, auch der Umsatzsteuer unterliegt. Das allein begründet aber nicht die Gleichartigkeit mit der Umsatzsteuer, weil es sonst gar keine örtlichen „Verbrauch-"Steuern geben könnte, denn die Umsatzsteuer ist ja eine allgemeine Verbrauchsteuer; ein solches Verständnis kann der verfassungsändernde Gesetzgeber bei Neuregelung des Art. 105 Abs. 2a Satz 1 GG nicht gewollt haben.

Zudem sind nach der Rechtsprechung des BVerfG die alten herkömmlichen kommunalen Verbrauch- und Aufwandsteuern, die es schon vor der Finanzreform von 1969 gab, unter Berufung auf die Entstehungsgeschichte und die Motive der Verfassungsänderung weitgehend immun gegen Kritik. Die neuen (z. B. Zweitwohnungsteuer oder jetzt die Steuer auf Hotelübernachtungen) müssen strengeren Anforderungen genügen. Das BVerfG hat in seiner Entscheidung von 1983 gesagt, die Gleichartigkeit mit bundesgesetzlich geregelten Steuern sei bei der Zweitwohnungsteuer kein Problem. Das würde ich auch sagen, denn womit soll sie gleichartig sein? Mit der Umsatzsteuer nicht, weil ja auch selbst bewohnte Eigentumswohnungen erfasst sind; mit der Grundsteuer auch nicht, weil auch der Mieter Zweitwohnungsteuer zu zahlen hat. Aus rechtspolitischer Sicht mag man die Zweitwohnungsteuer in der Tat kritisch sehen. Aber aus Sicht des geltenden Rechts sehe ich kein Problem mit der Gleichartigkeit bei der Zweitwohnungsteuer. Für die Steuer auf Hotelübernachtungen sehe ich das ebenso, aber das hängt natürlich von der jeweiligen Ausgestaltung der Satzung ab. Wenn die Kommunen mit dieser Steuer die Absenkung des Umsatzsteuersatzes auf Hotelübernachtungen von 19 % auf 7 % konterkarieren, ist das verfassungsrechtlich nicht von Belang. Die Ausweitung des ermäßigten Steuersatzes auf Hotelübernachtungen durch den Bund war natürlich völlig systemwidrig, weil das wahrlich keine existenznotwendige Leistung ist. Wenn die Kommunen die Neuregelung durch den Bundesgesetzgeber als willkommenen Anlass genommen haben, in diese Lücke zu stoßen, so ist das jedenfalls kein Thema für den Grundsatz der Widerspruchsfreiheit der Rechtsordnung, den das BVerfG in den beiden Entscheidungen im 98. Band zu den Abfallabgaben und zur kommunalen Verpackungsteuer entwickelt hat. Denn zum einen betrafen die Entscheidungen die Abstimmung von Sach- und Lenkungsgesetzgebungskompetenzen. Darum geht es hier nicht. Eine Kommune, die eine Steuer auf Hotelübernachtungen erhebt, will ja nicht Hotelgäste abschrecken mit dem Ziel, dass weniger Menschen in der jeweiligen Gemeinde übernachten sollen. Es wird also schon kein Lenkungszweck verfolgt. Der einzige rechtliche Prüfungsmaßstab ist die Gleichartigkeit. Ob es rechtspolitisch sinnvoll ist, weitere Steuern einzuführen, ist eine andere Frage. Wenn die Einführung einer Solariensteuer 150.000 Euro an Einnahmen bringt, aber gleichzeitig auch ein riesiger Erhebungsaufwand entsteht, muss natürlich diskutiert werden, ob eine solche Steuer wirklich eingeführt werden soll. Noch kurz zur Zweitwohnungsteuer: Wenn in einer Kommune keine Wohnungsnot herrscht, verfolgt diese Steuer jedenfalls nicht den Lenkungszweck, dass das besteuerte Verhalten eingedämmt werden soll, dass die Steuerpflichtigen also auf das Innehaben einer Zweitwohnung tendenziell verzichten sollen. Der eigentliche Lenkungszweck, der häufig nicht offengelegt wird, aber oft zugrunde liegt, besteht darin, insbesondere Studierende dazu zu bewegen, ihren Erstwohnsitz umzumelden, weil dann natürlich mehr Mittel aus dem kommunalen Finanzausgleich in die jeweilige Stadt fließen. Insofern ist oft gar nicht die Zweitwohnungsteuer selbst aus kommunaler Sicht das Interessante, sondern die von ihr ausgehende Lenkungswirkung, dass Studierende zwecks Vermeidung der Steuer ihren Erstwohnsitz verlegen.

Herman-Ulrich Viskorf

Ich habe eine Frage an Prof. *Wieland*. Er hat ausgeführt, dass bei Benutzungsgebühren eine Begünstigung Ortsansässiger zulässig sei. Ich habe Zweifel, dass das in dieser Allgemeinheit richtig ist, denn wenn Anknüpfungspunkt der Wohnsitz des Betreffenden ist, kommt ein Verstoß gegen die europäische Niederlassungsfreiheit in Betracht. Der EuGH hat gerade im steuerlichen Bereich immer wieder betont, dass bei Anknüpfung einer Steuerbegünstigung an den Wohnsitz des Betreffenden ein Verstoß gegen die Niederlassungsfreiheit gegeben ist.

Jun.-Prof. Dr. iur. Heribert M. Anzinger

Herr *Wernsmann*, in Ihrem Vortrag klangen verfassungsrechtliche Zweifel an solchen kommunalen Aufwandsteuern an, die beruflich veranlassten und existenzsichernden Aufwand als Maßgröße steuerlicher Leistungsfähigkeit erfassen. Diese Zweifel waren, wenn ich Sie richtig verstanden habe, nicht auf die Gesetzgebungskompetenz bezogen, sondern gründeten sich auf das Gebot der Freistellung des Existenzminimums und möglicherweise auch auf das dem Einkommensteuerrecht zugrunde liegende objektive Nettoprinzip. Dazu habe ich drei Fragen:

Meine erste Frage betrifft die nach dieser Ansicht bei der Ausgestaltung von kommunalen Aufwandsteuern erforderliche Abgrenzung zwischen beruflich und privat veranlassten Aufwendungen. Darf man für diese Abgrenzung die gleichen Maßstäbe heranziehen, die wir für das Ertragsteuerrecht entwickelt haben oder wären für kommunale Aufwandsteuern eigene Grundsätze der Unterscheidung zwischen beruflich und privat veranlassten Aufwendungen zu entwickeln? Sie nannten das Beispiel der Zweitwohnungssteuer, die in Universitätsstädten besonders Studierende mit deren Aufwendungen für eine Studentenwohnung betrifft und damit die Kosten eines Studiums belastet. Nach der Rechtsprechung des BFH zur Auslegung des Einkommensteuergesetzes sind die Kosten eines Studiums überwiegend beruflich veranlasst und deshalb als vorweggenommene Werbungskosten einkünfteminderd zu berücksichtigen. Die Finanzverwaltung und der Bundesgesetzgeber sehen das für das Erststudium anders. Ließe sich zur Rechtfertigung der Zweitwohnungssteuer bezogen auf dieses Beispiel argumentieren, die Kosten eines Studiums seien nach dem Willen der satzungsgebenden Kommunen Kosten der privaten Selbstverwirklichung? Und lassen sich auf Ebene des Verfassungsrechts überhaupt Maßstäbe zur Unterscheidung zwischen beruflich und privat veranlassten Aufwendungen als Maßgröße für kommunale Aufwandsteuern entwickeln, die der Disposition des Landesgesetzgebers und der satzungsgebenden Kommunen entzogen wären?

Meine zweite Frage knüpft an die Lenkungsfunktion der kommunalen Aufwandsteuern an. Sie haben kritisch hervorgehoben, dass die Zweitwohnungssteuer in Universitätsstädten meist unausgesprochen, aber vorwiegend die Funktion hat, Studierende dazu zu bewegen, ihren Erstwohnsitz an den Studienort zu verlegen. In einigen Städten ist dieser Lenkungszweck in den Stadtparlamenten ganz offen als zentraler Rechtfertigungsgrund für die Einführung einer Zweitwohnungssteuer diskutiert worden. Die Stadt Darmstadt hat ihre Zweitwohnungssteuer beinahe ausschließlich mit diesem Lenkungszweck begründet. In den Erläuterungen zum Satzungsentwurf wurde gar hervorgehoben, dass der Magistrat nur mit einem sehr geringen Aufkommen aus dieser Steuer rechne und sie vornehmlich die Verlagerung des Erstwohnsitzes von Studierenden nach Darmstadt bewirken solle. Im Zentrum steht bei einer Zweitwohnungssteuer, die mit diesen Zielen begründet worden ist, in meinen Augen nicht die Rechtfertigung des Mietaufwands als Leistungsfähigkeitsindikator, sondern die Frage, ob der durch die Zweitwohnungssteuer bewirkte Anreiz, den Erstwohnsitz an den Studienort zu verlegen, einen legitimen Lenkungszweck darstellt. Hier wird man berücksichtigen müssen, dass die Universitäten von den Städten erwarten, dass diese eine attraktive Infrastruktur für die Studierenden schaffen und diese auch eine Einwohnergruppe darstellen, die die öffentlichen Einrichtungen einer Gemeinde über mehrere Jahre intensiv nutzen.

Meine dritte Frage richtet sich schließlich auf die Reichweite ihrer verfassungsrechtlichen Zweifel. Lassen sich diese Zweifel auf kommunale Aufwandsteuern begrenzen oder müsste man mit den gleichen Erwägungen nicht auch die Frage stellen, inwieweit die Kraftfahrzeugsteuer mit dem Gebot der Freistellung des Existenzminimums vereinbar ist, die ja ebenfalls den beruflich veranlassten Aufwand für ein betrieblich oder beruflich genutztes Kraftfahrzeug in ihre Bemessungsgrundlage einbezieht.

Prof. Dr. *Heike Jochum*

Lassen Sie mich noch einmal in die Kerbe schlagen, die Herr Kollege *Seer* eben schon vorbereitet hat. Worüber reden wir hier eigentlich? Ich habe mit großem Interesse gelauscht und bin ganz froh, dass jetzt in der Diskussion zumindest das Stichwort einmal gefallen ist, zweimal sogar gefallen ist, Verwaltungsaufwand. Lohnt sich das überhaupt? Soll wirklich die Verwaltung abgrenzen, warum dieser Hund gehalten wird? Aus privatem Interesse oder aus dienstlichem? Oder der Blindenhund? Wie ist das mit dem Hotelzimmer, warum wird da übernachtet? All das soll die Verwaltung leisten? Wie viel Personal muss dann eingestellt werden? Wir haben heute Morgen gesehen, dass die Kostenbelastung der Kommunen aus dem Sozialbereich und vor allem aus dem Personalbereich stammt. Und nach meiner Erfahrung hat die Verwaltung ohnehin die Tendenz zu wachsen und sich immer weiter auszubauen. Aus meiner Sicht wäre es viel sinnvoller, mit diesem Kleinklein Schluss zu machen. Die örtlichen Steuern vielleicht zurückzufahren und langfristig, das ist heute Morgen auch schon mal gefallen, langfristig diesen großen Personalapparat abzubauen, der sich mit Fragen wie diesen beschäftigt, warum denn nun der Hund gehalten wird. Danke.

Prof. Dr. *Joachim Wieland*

Herr *Viskorf*, da würde ich relativ locker antworten, das geht den EuGH gar nichts an. Aus meiner Sicht ist es keine Frage der Niederlassungsfreiheit, ob man bei der Gebührengestaltung Ortsansässige bevorzugt. Ich weiß, dass die Niederlassungsfreiheit ganz weit ausgelegt wird. Aber da wäre ich zurückhaltend. Stellen Sie sich die Situation vor, eine Kommune hält eine sehr großzügige Kinderbetreuung vor. Das wird, Herr *Kirchhof*, wesentlich auch aus Steuern finanziert, darüber sind wir uns einig. Jetzt kommen die Eltern aus Nachbarkommunen und sagen: Sehr gutes Angebot, sehr günstig, wir bringen unsere Kinder auch dahin. Da sehe ich nicht, warum die Kommune nicht sagen kann, wer bei uns Steuern zahlt, den behandeln wir günstiger als einen Dritten. Da würde ich mich mit dem EuGH streiten. Vielleicht würde ich verlieren, aber meine dogmatische Auffassung wäre, es ist keine Frage der Niederlassungsfreiheit, wenn interkommunal in Deutschland unterschiedliche Gebühren erhoben werden. Das hängt mit dem eigentlichen Gedanken der Grundfreiheiten meines Erachtens nicht mehr hinreichend zusammen.

Prof. Dr. *Rainer Wernsmann*

Zunächst zu Herrn *Anzingers* Frage nach der Differenzierung nach der Art des Aufwands. Das BVerfG, der Erste Senat, hat in der Entscheidung zur Hamburger Spielgerätesteuer ausgeführt, dass dann, wenn eine Aufwandsteuer über ihren Zweck hinausschießt, sie begrifflich und damit kompetenziell gleichwohl eine Aufwandsteuer bleibt, dass dann aber materielle Maßstäbe heranzuziehen sind. Deswegen habe ich diese Frage der Leistungsfähigkeit grundrechtlich verortet und nicht als Frage der Regelungskompetenz behandelt. Das BVerfG macht es übrigens bei den Gebühren genauso. In der Entscheidung zu den Kindergartengebühren hat das BVerfG gesagt, eine Zahlungspflicht, die über die Kostendeckung oder Wertabschöpfung hinausgeht, bleibt begrifflich eine Gebühr, ist dann allerdings rechtswidrig, weil sie den materiellen Maßstäben nicht genügt. Diese Trennung habe ich hier auch vorgenommen, habe also das Problem fehlender Leistungsfähigkeit nicht als Kompetenzfrage eingeordnet, sondern als grundrechtliche Frage und hier konkret des Leistungsfähigkeitsprinzips im Lichte des Wesens der Aufwandsteuern. Danach stellt sich die Frage, ob der Aufwand beruflich oder privat veranlasst ist und ob es sich, wie das BVerfG es formuliert, um einen Bedarf handelt, der über den existenziellen Bedarf hinausgeht. Die Erstwohnung darf nicht besteuert werden, eine allgemeine Einwohnersteuer wäre verfassungswidrig. Das ist kein Aufwand, der irgendwie besondere Leistungsfähigkeit ausdrückt. Gleiches gilt für beruflich veranlassten Aufwand.

Zur zweiten Frage: Typischerweise ist es bei den örtlichen Verbrauchsteuern so wie auch bei den bundesgesetzlich geregelten Verbrauchsteuern: Besondere Verbrauchsteuern verfolgen im Regelfall Lenkungszwecke. Nur deshalb treten sie zur Umsatzsteuer hinzu. Steuern auf alkoholische Getränke, Steuern auf Energieverbrauch, Steuern auf Tabak wollen den Verbrauch des besteuerten Gutes zwar nicht verhindern, wohl aber eindämmen. Nicht jede örtliche Verbrauch- und Aufwandsteuer verfolgt allerdings Lenkungszwecke. Wenn etwa Tanzveranstaltungen besteuert werden, drängt sich kein Lenkungszweck auf, der auf Eindämmung des besteuerten Verhaltens zielt. Gleiches gilt im Regelfall für die Zweitwohnungsteuer oder auch für die Steuern auf Hotelübernachtungen. Die Nachfrage wird typischerweise zurückgehen, wenn der Preis infolge des Steueraufschlags steigt, aber intendiert ist das nicht. Bei der Findung des Steuergegenstands hat der Gesetzgeber und hat auch der Satzungsgeber einen weitreichenden Gestaltungsspielraum. Er muss nicht zwingend Lenkungszwecke verfolgen. Er kann auch aus rein fiskalischen Gründen einen bestimmten Aufwand besteuern.

Zur dritten Frage, der Diskussion der Kfz-Steuer: Stichwort Produktionsmittelsteuer. Das BVerfG hat im 110. Band zu den Ökosteuern als Verbrauchsteuern entschieden, es gebe keinen Rechtssatz des Inhalts, dass Produktionsmittel nicht der Verbrauchsteuer unterworfen werden könnten. Eine sog. kalkulatorische Überwälzbarkeit reicht danach bei Verbrauchsteuern aus. Für die Kfz-Steuer gilt dasselbe. Unternehmen können auch der Kfz-Steuer unterworfen werden hinsichtlich ihrer betrieblich genutzten Pkws, allein schon deshalb, weil das Grundgesetz explizit den Begriff der Kfz-Steuer verwendet und die Kfz-Steuer nicht die Begriffsmerkmale einer Aufwandsteuer erfüllen muss. In ähnlicher Weise stellt sich übrigens die weitere Frage, ob juristische Personen, die ja eigentlich keine privaten Bedürfnisse befriedigen können, Aufwand- und Verbrauchsteuern unterworfen werden können. Dazu gibt es divergierende Rechtsprechung. Das OVG NRW hat einmal entschieden, dass Hunde nicht besteuert werden dürfen, wenn sie von juristischen Personen gehalten werden. Das OVG Rheinland-Pfalz hat im letzten Jahr entschieden, dass Jagdgenossenschaften durchaus der Jagdsteuer unterworfen werden können. Jedenfalls wenn ein Hund unentgeltlich überlassen wird, sehe ich keine Probleme, auch eine juristische Person der Steuer zu unterwerfen. Jedenfalls bei indirekten Steuern, die auf Überwälzung angelegt sind, stellen sich von vornherein keine Probleme, wenn Steuerschuldner eine juristische Person ist.

Abschließend darf ich noch kurz etwas zu Frau *Jochum* sagen, zur Frage des Verwaltungsaufwands, weil die Behörden ja nicht prüfen könnten, ob ein Blindenhund vorliegt oder ein beruflich veranlasster Aufwand. Das BVerfG hat ja bei beiderseits berufstätigen Ehegatten schon für zwingend erachtet, dass in dem Fall keine Zweitwohnungsteuer erhoben werden darf, und mir sind jetzt keine unüberbrückbaren bürokratischen Hindernisse bekannt geworden, dass die Behörde damit überfordert wäre, das zu kontrollieren. Daher sehe ich auch keine erhöhte Schwierigkeit bei Blindenhunden oder Diensthunden, wenn der Polizist nachweisen kann, dass er diesen beruflich nutzt oder dass es sich um einen Bewachungshund handelt. Hier sehe ich keinen unzumutbaren Verwaltungsaufwand, der dem entgegensteht. Typisierung dient der Verwaltungsvereinfachung, aber diese ist nur gerechtfertigt, wenn die materielle Gerechtigkeit dadurch nicht zu stark zurückgedrängt wird. Die Frage, ob es sinnvoller wäre, kommunale Verbrauch- oder Aufwandsteuern abzuschaffen, kann man diskutieren, aber das ist eine rechtspolitische Frage, keine Frage des geltenden (Verfassungs-) Rechts. Ich habe mich hier mit den rechtsdogmatischen Fragen beschäftigt. Ich habe in dem vorherigen Diskussionsbeitrag auch schon gesagt: Wenn Steuern einen zu geringen Ertrag bringen, ist es sicherlich rechtspolitisch nicht klug, sie zu erheben. Aber das ist eine rechtspolitische Frage, die dann der Normsetzer (Stadtrat) entscheiden muss, keine rechtsdogmatische Frage, die ein Gericht zu entscheiden hat.

Prof. Dr. *Hans-Günter Henneke*

Meinen Vorrednern widerspreche ich jetzt zweimal. Das Argument, dass die Kfz-Steuer im Grundgesetz steht, bundesrechtlich geregelt und jetzt auch in der Ertragskompetenz dem Bund zugeordnet ist, sodass kein Problem besteht, gilt genauso für örtliche Verbrauch- und Aufwandsteuern. Sie stehen in der Ertragskompetenz der Kommunen nach Art. 106 Abs. 6 GG, das lässt sich nicht differenzieren. Deren Ausgestaltungsbefugnis im Detail liegt bei den Kommunen, aber sie sind in der Ertragskompetenz nicht klarer den Kommunen zuzuordnen als die Kfz-Steuer dem Bund, insofern ist das kein Gegenargument.

Bei dem von Frau *Jochum* angesprochenen Verwaltungsaufwand ist es ja so, dass wir hier wirklich „auf den Hund gekommen" sind. Das will ich nochmal versuchen, deutlich zu machen, damit die Diskussion klar wird.

Der Diensthund, der von der Steuer freigestellt wird, war ein staatlich beschaffter Hund, der einem Beamten zugeordnet wird, wobei der Polizist nicht aussuchen kann, dass er den Hund haben will. Der Hund benötigt eine emotionale Beziehung, deshalb muss der Polizist den Hund mit nach Hause nehmen, dafür bekommt er eine Arbeitszeitgutschrift und eine Futteraufwandspauschale, und er muss auch keine Hundesteuer zahlen, das ist die reale Grundlage für die Frage der Hundesteuerpflichtigkeit dieses Diensthundes. Um den streitet in Wahrheit niemand, sondern wir übertragen die Konstellation mit dem Diensthund wegen Art. 12 GG auf alle möglichen anderen beruflichen Aufwendungen, es wird also dieser eine Hund, der damals staatlich beschafft worden ist, instrumentalisiert für die Bettensteuer, die Zweitwohnungsteuer und für alles andere auch. Dort sehe ich schon den Aspekt des Verwaltungsaufwands.

Die Rechtsprechung hat, lassen wir jetzt mal diesen Hund beiseite, im Übrigen stets ganz klar gesagt: Es kommt auf Art. 12 GG gerade nicht an. Die Rechtsprechung sagt gerade durchgängig, um den Verwaltungsaufwand nicht auf die Spitze zu treiben, muss diese Frage „Erfolgt die Nutzung allein beruflich/überwiegend beruflich/gar nicht beruflich?" gar nicht aufgeworfen werden. Die abweichende Entscheidung zum Doppelverdienerehepaar mit gemeinsamer Familienwohnung und Zweitwohnung am Ort der Berufsausübung eines Partners ist nicht auf Art. 12, sondern auf Art. 6 GG gestützt worden.

Das ist die Antwort der Rechtsprechung für die Bettensteuer und für die Zweitwohnungsteuer, und sie ist die verwaltungsunaufwendigste Antwort, wenn ich die Steuer erheben will. Und insofern ist meine Aussage an Sie alle gerichtet: Neuerdings finden wir diesen Hund aus BVerwG NVwZ 2008, S. 91 in jeder Entscheidung. Aber schauen Sie sich die Entscheidung einmal genauer an, sie umfasst nicht einmal eine Druckseite. Dann werden Sie sehen, der Hund wird instrumentalisiert, und das soll jetzt mein Schlusswort sein zu der Frage Verwaltungsaufwand.

Kritische Bestandsaufnahme der Gewerbesteuer

Dr. *Frank Roser*
Rechtsanwalt, Wirtschaftsprüfer, Steuerberater, Hamburg

Inhaltsübersicht

I. Gewerbesteuer heute – Bedeutung und Aktualität
II. Ausgangspunkt einer kritischen Bestandsaufnahme
  1. Historische Entwicklung
  2. Verfassungsrechtliche Grundlagen
    a) Finanzverfassung – Art. 28 Abs. 2 und 106 Abs. 5, 6 GG: Hebesatzberechtigung der Gemeinden, Stabilität der Gemeindefinanzierung und Eingriffe
    b) Gewerbesteuer als „verfassungsgemäße Steuer": Voraussetzungen des § 3 Abs. 1 AO und Milderungskonzept Tarifermäßigung
  3. Verfassungsrechtliche Anforderungen
    a) Äquivalenz- und Objektsteuerprinzip
    b) Widerspruchsfreiheit und Folgerichtigkeit
    c) Gleichheit, Besteuerung nach der Leistungsfähigkeit und Rechtsformneutralität
III. Einzelaspekte einer (kritischen) Bestandsaufnahme
  1. Besteuerungsgegenstand
    a) Begriffsbestimmung und Problembereiche
    b) Kreis der Steuerpflichtigen
      aa) Gewerbebetrieb
      bb) Abgrenzung des Kreises der Gewerbesteuerpflichtigen
    c) Umfang der Steuerpflicht
      aa) „Normalbetrieb"
      bb) Betriebsvermögen (steuerliche Verhaftung stiller Reserven)
    d) Inlandsbezug
  2. Bemessungsgrundlage
    a) Materieller Bezug zur Einkommensteuer
      aa) Grundsatz und explizite Einzelregelungen nach § 7 GewStG
      bb) Ergebnisverrechnung und Verlustausgleich
    b) Hinzurechnungen und Kürzungen nach §§ 8, 9 GewStG
    c) Ergebnis
  3. Verfahrensrecht – ausgewählte Problembereiche
    a) Verfahrensrechtliche Selbständigkeit – inhaltliche Bindung?
    b) Kompetenz-Fragen
    c) Sonderfragen des Besteuerungsverfahrens
  4. Gesellschaftsrechtliche Komplexität
IV. Ergebnis und Schlussfolgerungen

I. Gewerbesteuer heute – Bedeutung und Aktualität

„75 Jahre deutsche Gewerbesteuer" – man wäre fast geneigt, an eine Festschrift für die Gewerbesteuer zu denken. Aber statt ihr Bestehen zu feiern, wird vielfach das Scheitern ihrer Abschaffung beklagt. Nicht „trotz" sondern gerade „aufgrund" des Scheiterns einer Neuausrichtung ist eine weitere Auseinandersetzung mit der Systematik und Folgerichtigkeit der Gewerbesteuer in der derzeit gültigen Fassung mehr geboten als zuvor. Dabei könnte ein „weiter so" sicherlich als beklagenswerter Stillstand eines im

Grundansatz reformbedürftigen Systems verstanden werden. Andererseits bietet die Klärung der Abschaffungsdiskussion die Möglichkeit, sich mit Verbesserungsansätze im bestehenden System zu befassen und – zumindest für einen Übergangszeitraum – mögliche konzeptionelle Ansätze anzugehen. Das gegenwärtige Gewerbesteuersystem ist als Ergebnis einer jahrzehntelangen Kompromissfindung zwischen allen am Gewerbesteueraufkommen beteiligten Akteuren augenscheinlich kaum uno acto zu ersetzen.

Ausgangspunkt für solche Erwägungen ist eine kritische Bestandsaufnahme des gegenwärtigen Gewerbesteuersystems. Der Ausdruck „Bestandsaufnahme" kann dabei jedoch nicht – in der Terminologie der Wirtschaftsprüfung – als „Inventur" und somit einer vollständigen und lückenlosen Erfassung aller Positionen zu verstehen sein. Schon um Überschneidungen mit dem nachfolgenden Vortrag zur „Gewerbesteuer aus Sicht der Unternehmen" zu vermeiden, ist die Bestandsaufnahme einzugrenzen. In den folgenden Ausführungen soll daher eine systematische Kritik der Gewerbesteuer im Vordergrund stehen.

Die Bestandsaufnahme wird sich insofern als kritisch verstehen, als gefragt werden wird:
– Welche spezifischen Besteuerungsziele verfolgt das GewStG?
– Wie fanden und finden sich diese Ziele im GewStG umgesetzt?
– Wie verhält es sich hierin zu Grundprinzipien des Steuerrechts?
– Wie beurteilt es sich aus Sicht der Rechtsanwender?

II. Ausgangspunkt einer kritischen Bestandsaufnahme

1. Historische Entwicklung

Die historischen Wurzeln einer besonderen Besteuerung von Gewerbetreibenden reichen bis ins Mittelalter. Die heutige Gewerbesteuer basiert auf dem Gewerbesteuergesetz von 1936, wobei insbesondere seit 1970 wesentliche Elemente verändert wurden. Wesentliche Punkte waren dabei:

– 1970: Einführung der Gewerbesteuerumlage zugunsten von Bund und Ländern gegen Beteiligung der Gemeinden an Lohnsteuer und veranlagter Einkommensteuer;
– 1980: Abschaffung der fakultativ erhobene Lohnsummensteuer;
– 1998: Abschaffung der Gewerbekapitalsteuer gegen Beteiligung am Umsatzsteueraufkommen (Änderung Art. 106 Abs. 6 S. 1 GG: „Gewerbesteuer und Grundsteuer" statt „Realsteuern");
– 2000: diverse „Anrechnungssysteme" der Gewerbesteuer auf die Einkommensteuer (§ 32c EStG a. F., § 35 EStG);

- 2004: Mindesthebesatz 200% (§ 16 Abs. 4 S. 2 GewStG, dazu BVerfG vom 27.1.2010[1]);
- 2008: Abschaffung Abzugsfähigkeit der Gewerbesteuer als Betriebsausgabe bei Gewerbe-, Einkommen- und Körperschaftsteuer und Ausweitung der Hinzurechnungen bei gleichzeitiger Absenkung der Körperschaftsteuersätze („Revitalisierung" der Gewerbesteuer).

Analyse
Diese Entwicklung zeigt, dass die Fortentwicklung der Gewerbesteuer grundsätzlich wenig von Systematik, sondern eher von Einzelmaßnahmen und Zufall geprägt war. Sie zeigt auch eine zunehmende Vermischung der Ertragshoheiten von Bund, Ländern und Gemeinden. Darüber hinaus verdeutlicht sie große *Systembrüche*:

- Mit der Abschaffung der Gewerbekapitalsteuer wurde im Jahr *1998* eine grundsätzliche Wende von der Substanzbesteuerung zur Ertragsbesteuerung vollzogen.
- Die Neuregelungen seit dem Jahr *2008* sind hingegen insofern systemprägend, als sie zum einen die relative und absolute Bedeutung der Gewerbesteuer im Verhältnis zu Körperschaft- und Einkommensteuer deutlich erhöhen und die Gewerbesteuer zumindest für Kapitalgesellschaften sowie mittlere und große Gewerbebetriebe zur häufig gewichtigsten Ertragsteuer machten. Zum anderen läutete sie als sog. „Revitalisierung der Gewerbesteuer" im Jahr 2008 einen schleichenden Systemwechsel zur Wiedereinführung substanzbelastender Elemente ein, der seitdem ungebrochen ist.

2. Verfassungsrechtliche Grundlagen

a) Finanzverfassung – Art. 28 Abs. 2 und 106 Abs. 5, 6 GG: Hebesatzberechtigung der Gemeinden, Stabilität der Gemeindefinanzierung und Eingriffe

Rechtsgrundlage
Art. 28 Abs. 2 GG gewährleistet die gemeindliche Selbstverwaltung einschließlich einer den Gemeinden mit Hebesatzrecht zustehenden wirtschaftskraftbezogenen Steuerquelle (nicht nur eine Umlage). Art. 106 GG verteilt das Steueraufkommen nach Steuerarten. *Art. 106 Abs. 5 S. 3 GG* gewährt den Gemeinden grundsätzlich ein Hebesatzrecht für den Gemeindeanteil an der Einkommensteuer; der Bundesgesetzgeber hat von dieser Ermächtigung bisher jedoch keinen Gebrauch gemacht. So wird das nach Art. 28 Abs. 2 GG gebotene Hebesatzrecht der Gemeinden bislang allein

---
[1] BVerfG v. 27.1.2012 – 2 BvR 2185/04, 2189/04, BVerfGE 125, 141.

durch das Hebesatzrecht für die Gewerbesteuerststeuer (Art. 106 Abs. 6 S. 2 GG) umgesetzt.

Nach Art. *106 Abs. 6 GG* steht das Aufkommen aus Gewerbesteuer und Grundsteuer (bis 1997 „aus Realsteuern") allein den Gemeinden zu. Sie haben das Recht, Hebesätze festzulegen. Bund und Länder können jedoch durch eine Umlage am Aufkommen der Gewerbesteuer beteiligt werden. Die Festsetzung der Hebesätze hat „im Rahmen der Gesetze" zu erfolgen (Art. 106 Abs. 6 S. 2 GG), sodass das Hebesatzrecht durch bundesgesetzliche Vorschriften beeinflusst werden kann.

Eingriff durch Mindesthebesatz – BVerfG vom 27.1.2010

Als ein solcher Einfluss auf das Hebesatzrecht ist insbesondere die seit Erhebungszeitraum 2004 geltende gesetzliche *Mindesthebesatz*regelung zu nennen, die einen Hebesatz von *200 %* bestimmt, wenn die Gemeinde keinen höheren Hebesatz festgelegt hat (§ 16 Abs. 4 S. 2 GewStG). Diese Regelung sollte Wettbewerbsverzerrungen (Zentrum-Anrainer-Probleme, „Norderfriedrichskoog") verhindern. Sie stellt jedoch einen erheblichen Eingriff in die gemeindliche Hebesatzautonomie dar. Entsprechende verfassungsrechtliche Bedenken teilte das BVerfG jedoch nicht[2]. Die Begrenzung des Maßes der zulässigen Unterschiede sei vielmehr zur Wahrung der Rechts- und Wirtschaftseinheit im gesamtstaatlichen Interesse erforderlich und der Systematik der Vorschriften sei kein Ansatzpunkt für eine unbegrenzte Gewährleistung des Hebesatzrechts zu entnehmen. Art. 28 Abs. 2 Satz 3 Halbsatz 2 GG bestimme lediglich, dass zur gemeindlichen Finanzautonomie eine den Gemeinden mit Hebesatzrecht zustehende wirtschaftskraftbezogene Steuerquelle gehöre – wofür die Gewerbeertragsteuer und die Einkommensteuer in Betracht komme – ohne jedoch den Umfang des Hebesatzrechts festzulegen. Das Recht, einen Null-Hebesatz festzusetzen sei nicht unentziehbar gewährleistet, denn von einem Hebesatzrecht könne auch dann noch gesprochen werden, wenn die Reichweite des Rechts eingeschränkt sei.[3]

Schlussfolgerungen aus BVerfG vom 27.1.2010

Der Beschluss des BVerfG vom 27.1.2010 hat den *Steuerwettbewerb* zwischen den Gemeinden *grundlegend verändert* und das Verhältnis von gemeindlicher Finanzautonomie und konkurrierender Gesetzgebungszuständigkeit des Bundes zugunsten des Bundes gestärkt. So ist es zwar im ersten Schritt verständlich, dass einzelne Gemeinden ihr Hebesatzrecht nicht letztlich zum Schaden einer Vielzahl anderer Gemeinden einsetzen dürfen. Die Einführung des derzeitigen Mindesthebesatzes von 200 % Gewerbesteuer

---
2 BVerfG v. 27.1.2010 – 2 BvR 2189/04, DStZ 2010, 263. Kritisch und m.w.N. beispielsweise *Gosch* in Blümich, § 16 EStG Rz. 16.
3 BVerfG v. 27.1.2010 – 2 BvR 2189/04, DStZ 2010, 263, Rz. 74–76.

führte jedoch selbst wiederum zu erheblichen Schäden einzelner Gemeinden, da die Finanzausgleichsgesetze der Länder für die Kreisumlage von fiktiven (höheren) Hebesätzen von ca. 310 % ausgehen (vgl. Hamburger Abendblatt vom 29.7.2011 zu der hierdurch drohenden „Pleite" der einst blühenden Gemeinde Norderfriedrichskoog wegen Mehrabgaben von 45 Mio. Euro).

Zum anderen ist bemerkenswert, dass das BVerfG in seinem Beschluss vom 27.1.2010 gerade *keine institutionelle Garantie der Gewerbesteuer* erkennt.

Eingriff durch Vorgaben des EU Beihilferechts

Ein weiterer möglicherweise noch gravierenderer Einschnitt in die Hebesatzautonomie droht möglicherweise noch von anderer Seite: So werden Hebesatzunterschiede derzeit auch unter Aspekten des *EU-Beihilferechts* diskutiert[4].

b) Gewerbesteuer als „verfassungsgemäße Steuer": Voraussetzungen des § 3 Abs. 1 AO und Milderungskonzept Tarifermäßigung

Voraussetzungen des § 3 Abs. 1 AO („Erzielung von Einnahmen")

Das Grundgesetz knüpft an die einfachgesetzliche *Definition* von Steuern an (§ 3 Abs. 1 AO: „Steuern sind Geldleistungen, die nicht eine Gegenleistung für eine besondere Leistung darstellen und von einem öffentlich-rechtlichen Gemeinwesen zur Erzielung von Einnahmen allen auferlegt werden, bei denen der Tatbestand zutrifft [...] die Erzielung von Einnahmen kann Nebenzweck sein")[5]. Für die Gewerbesteuer sind zwei Tatbestandsmerkmale besonders interessant, nämlich zum einen die *„Erzielung von Einnahmen"* – und sei es als Nebenzweck – und zum anderen die *„Unabhängigkeit von einer Gegenleistung"*. Der letzte Punkt wird im Rahmen des Äquivalenzprinzips noch zu besprechen sein.

Milderungskonzepte (Tarifermäßigung)

Die *Erzielung von Einnahmen* – und sei es als Nebenzweck – ist Tatbestandsmerkmal einer Steuer und somit ausschlaggebend zur Abgrenzung der in Art. 105–108 GG normierten Steuerhoheiten. Nach Abschaffung einer sehr zweifelhaften Milderungsregelung (§ 32c EStG a. F.) ist seit 2001 die Gewerbesteuer zur Neutralisierung ihres Belastungseffektes in pauschalierter Form bei der Festsetzung der Einkommensteuer zu berücksichtigen (§ 35 EStG – Tarifermäßigung). Diese Vorschrift reiht sich in eine lange Reihe von Ansätzen des Gesetzgebers, die Sonderbelastung von Ge-

---
4 Zulässige sog. „symmetrische Devolution", vgl. *Blumenberg/Kring*, IFSt Heft 473 „Europäisches Beihilferecht und Besteuerung".
5 Zur ständigen Rechtsprechung des BVerfG s. beispielsweise *Lang* in Tipke/Lang, Steuerrecht, 20. Aufl. 2010, § 3 Rz. 9 ff.

werbetreibenden zu mildern oder zu beseitigen, ohne die Gewerbesteuer insgesamt infrage zu stellen. In der derzeit geltenden Fassung führt die Tarifermäßigung dazu, dass für natürliche Personen und Gesellschafter von Personengesellschaften die Gewerbesteuerbelastung idealtypisch bis zu einem Hebesatz von 400 % vollständig oder sogar überkompensiert wird. Abgesehen von zahlreichen Abgrenzungsfragen hinsichtlich der Anrechnungshöhe und zu Störungen der Rechtsformneutralität ist diese Vorschrift auch in *systematischer* Hinsicht äußerst fragwürdig: Die Erzielung von Einnahmen als rechtliche Voraussetzung kann bei einer bewusst angestrebten vollständigen Kompensation nur angenommen werden, wenn diese Voraussetzung auf den Gedanken eines „Kassenaufkommens" reduziert wird, sodass die Einnahmen einer Kasse (Gemeinde) ausreichen, auch wenn der Bund die neutralisierenden Mindereinnahmen zu tragen hat. Im Ergebnis regelt der Gesetzgeber eine Aufkommensverteilung, nicht aber das Aufkommen selbst – zumindest soweit die Gewerbesteuer von natürlichen Personen und Personengesellschaften erhoben wird.

BVerfG vom 15.1.2008 – 1 BvL 2/04
Erstaunlich ist in diesem Sinne auch, dass das BVerfG die Differenzierung zwischen selbstständig Tätigen (Freiberuflern) und Gewerbetreibenden mit der weitgehenden Neutralisierung der Belastungswirkung gerechtfertigt hat.[6]

3. Verfassungsrechtliche Anforderungen

Alles staatliche Handeln unterliegt der rechtsstaatlichen Ordnung des Grundgesetzes, insbesondere den Grundrechten. Auch Steuern müssen im Sinne dieser Wertordnung gerecht erhoben werden. Wesentliche Prinzipien von Steuergerechtigkeit werden insbesondere aus dem allgemeinen *Gleichheitssatz* (Art. 3 Abs. 1 GG) abgeleitet[7]. Aus dem *Gesetzesvorbehalt* (Art. 2 Abs. 1, 20 Abs. 3 GG und §§ 3 Abs. 1, 38 AO) ergibt sich die Verpflichtung des Gesetzgebers zu hinreichend klaren und berechenbaren Normen (Bestimmtheitsgebot). Innerhalb dieses Rahmens ist der Gesetzgeber grundsätzlich frei bei der Auswahl von Besteuerungsgegenstand und Tarif. Das BVerfG hat jedoch die steuerliche Ausprägung des Gleichheitssatzes immer wieder weitergehend präzisiert. So hat das BVerfG in jüngerer Zeit diese Freiheit auch in seinem grundlegenden Urteil vom 9.12.2008 zur Pendlerpauschale für den Bereich der Einkommensbesteuerung durch zwei Leitlinien begrenzt, nämlich der Grundausrichtung an der finanziellen Leistungsfähigkeit und dem Gebot der Folgerichtigkeit[8]. In Bezug auf die Gewerbesteuer ergibt sich gegenüber anderen Steuerarten darüber hinaus die

---
6 Vgl. BVerfG v. 15.1.2008 – 1 BvL 2/04, BVerfGE 120, 1.
7 *Montag* in Tipke/Lang (Fn. 5), § 12 Rz. 1 f.
8 (Weitere BVerG-Urteile bei) *Kirchhof*, Widerspruchsfreiheit im Steuerrecht als Verfassungspflicht, StuW 2000, 316 (317, 322 ff., insb. Fn. 13, 15).

Besonderheit, dass das Grundgesetz seit 1998 ausdrücklich eine „Gewerbesteuer" vorsieht und benennt – allerdings nur im Rahmen der Ertragshoheit (Art. 106 Abs. 6 S. 1 GG) –, sodass sich aus ihrer besonderen Natur verfassungsrechtliche Vorgaben oder Rechtfertigungen ergeben können. Hier ist insbesondere an das Äquivalenz- und Objektsteuerprinzip zu denken.

a) Äquivalenz- und Objektsteuerprinzip

Unbestimmtheit der Begriffe

Die Begriffe Äquivalenz- und Objektsteuerprinzip werden in der Diskussion um Rechtfertigung und Ausgestaltung der Gewerbesteuer immer wieder zentral verwendet, ohne dass sie inhaltlich klar bestimmt wären. So zieht auch das BVerfG neuerdings – zumindest ergänzend – wieder äquivalenztheoretische Erwägungen zur zulässigen Begrenzung des Kreises der Steuerpflichtigen heran. Auch die Zerlegung des Steuermessbetrags bei mehrgemeindlichen Betriebstätten erfolgt nach Äquivalenzgesichtspunkten, denn sie hat gemäß den durch die Betriebstätte erwachsende Gemeindelasten zu erfolgen (§ 30 GewStG – Kodifizierung der Kosten-/Nutzenäquivalenz). Das Objektsteuerprinzip wird zur Abgrenzung des Steuerobjekts verwendet und gilt als zentrales Rechtfertigungsprinzip für Beginn und Ende der Steuerpflicht sowie substanzbelastende Hinzurechnungen, ohne dass eine klare Definition vorläge[9].

Rechtfertigung nach dem Äquivalenzprinzip?

Die Gewerbesteuer wurde seit ihren Anfängen mit äquivalenztheoretischen Erwägungen begründet – obwohl eine „individuelle Äquivalenz" für Steuern durch die *Definition des Steuerbegriffs* ja gerade ausgeschlossen ist (§ 3 AO: „... Geldleistungen, die nicht eine Gegenleistung für ein besondere Leistung darstellen)[10]. Grundidee des Äquivalenzprinzips ist es daher, die *Beanspruchung staatlicher Leistungen* und die Verursachung staatlich zu bewältigender Kosten durch eine verursacherorientierte Belastung in typisierender Form abzugelten[11].

BVerfG zum Äquivalenzprinzip

So hatte auch das BVerfG in seinem Beschluss vom 25.10.1977 entschieden, dass das Ausmaß der Lastenverursachung eines einzelnen Betriebs nicht feststellbar sei und daher auch nicht zur Voraussetzung und Bemessungsgrundlage für die Gewerbesteuer gemacht werden könne. Das Äquivalenz-

---

9 S. z. B. *Hartmann*, Bestandsschutz für die Gewerbesteuer, BB 2008, 2490 (2492 f.).
10 *Tipke*, Steuerrechtsordnung I, 2. Aufl. 2000, 476 ff.
11 Ausführungen zum Äquivalenzprinzip s. beispielsweise *Tipke*, Steuerrechtsordnung I (Fn. 9), 476–479; Stiftung Marktwirtschaft, Kommission Steuergesetzbuch, Bericht der Arbeitsgruppe Kommunalfinanzen; kritisch z. B. FG Nds., Vorlagebeschluss an das BVerfG v. 21.4.2004 – 4 K 317/91, EFG 2004, 1065.

prinzip diene somit allenfalls zur pauschalen Rechtfertigung der Gewerbesteuer – sei aber auch insofern entbehrlich als Art. 106 Abs. 6 GG das Nebeneinander von Einkommens- und Realsteuern ausdrücklich vorsehe[12].

Dieser Linie des BVerfG folgte zunächst auch der Beschluss vom 15.1.2008 zur Verfassungsmäßigkeit der Gewerbesteuerfreiheit von Selbstständigen und Landwirten. Obwohl es nach der ausdrücklichen Verankerung der Gewerbesteuer in Art. 106 Abs. 6 GG keiner Rechtfertigung mehr bedürfe, sei das Äquivalenzprinzip jedoch zur „inneren Rechtfertigung" heranzuziehen. So sei – im äquivalenztheoretischen Sinne – eine Unterwerfung allein von Gewerbetreibenden unter die Gewerbesteuer gerechtfertigt, da diese Gruppe – zumindest typisierend – durch ihre besonders personal- und produktionsmittelintensive Produktionsweise die kommunale Infrastruktur in besonderem Umfang nutze.

Objektsteuerprinzip

Ein Objekt- oder Realsteuerprinzip besteuert typischerweise nicht Personen, sondern Sachen, Rechte oder Gesamtheiten und knüpft an Merkmale des Besteuerungsgegenstands (z.B. Größe, Wert, Ertrag) an anstatt an persönliche Merkmale seines Träges (z.B. dessen finanzielle Leistungsfähigkeit)[13]. Nach Auffassung des BVerfG knüpft die Gewerbesteuer in diesem Sinne an das „Objekt" Gewerbebetrieb an, d.h. grundsätzlich ohne Rücksicht auf die persönlichen Verhältnisse des Betriebsinhabers. Es sieht die Gewerbesteuer am Ende einer Entwicklung hin zu einer „objektivierten Ertragsteuer". Das Objektelement ist nach diesem Gedanken wohl insofern nach dem Äquivalenzprinzip gerechtfertigt, als typisierend eine besondere Beanspruchung von Infrastrukturleistungen (genannt werden Gewerbegebiete, Transportwege und -mittel sowie Ver- und Entsorgungsleistungen) abgegolten werden soll[14]. Äußerst fraglich ist jedoch, ob ein *widerspruchsfreies System* einer *„objektivierten Ertragsteuer"* überhaupt denkbar ist, da eine Ertragsteuer sich an der (subjektiven) Leistungsfähigkeit zu orientieren hat, während Objektsteuerelemente – und die in erster Linie damit begründeten Hinzurechnungen nach § 8 GewStG – mit dem Leistungsfähigkeitsgedanken grundsätzlich nicht vereinbar sind[15].

---

12 BVerfG v. 25.10.1977 – 1 BvR 15/75, BStBl. II 1978, 125.
13 *Hofmeister* in Blümich, § 1 GewStG Rz. 10 m.w.N.
14 BVerfG v. 15.1.2008 – 1 BvL 2/04, BVerfGE 120, 1.
15 Zur Definition als Objekt- oder Realsteuer z.B. *Hofmeister* in Blümich, § 1 GewStG Rz. 10 m.w.N. des BVerfG; *Hartmann*, Bestandsschutz für die Gewerbesteuer, BB 2008, 2490 (2492 f.).

b) Widerspruchsfreiheit und Folgerichtigkeit

BVerfG vom 9.12.2008 – Systemwechsel mit einem Mindestmaß an neuer Systemorientierung

Der Gestaltungsspielraum des Gesetzgebers wird beschränkt durch das aus dem Gleichheitsgrundsatz abgeleitete Gebot zu normativer Folgerichtigkeit. Danach müssen einmal getroffene grundsätzliche Belastungsentscheidungen – innerhalb der Steuerrechtsordnung aber auch innerhalb eines einzelnen Gesetzes – folgerichtig und widerspruchsfrei umgesetzt werden.[16] Das Gebot zu Widerspruchsfreiheit und Folgerichtigkeit hat in der jüngeren Rechtsprechung des BVerfG zu steuerlichen Fragen zunehmend an Bedeutung gewonnen und ist zu einem wichtigen verfassungsrechtlichen Maßstab geworden.

So muss nach dem Urteil des BVerfG vom 9.12.2008 zum einen

„… bei der Ausgestaltung des steuerrechtlichen Ausgangstatbestands … die einmal getroffene Belastungsentscheidung folgerichtig im Sinne der Belastungsgleichheit umgesetzt werden. Ausnahmen von einer solchen folgerichtigen Umsetzung bedürfen eines besonderen sachlichen Grundes".

Solche – von der Folgerichtigkeit befreienden – Rechtfertigungsgründe lägen insbesondere bei außersteuerlichen Lenkungs- und Förderungszielen, bei Typisierung und im Fall eines *Systemwechsels* vor. Zum Systemwechsel führt das Gericht jedoch aus, dass es dem Steuergesetzgeber zwar grundsätzlich freistehe, „neue Regeln einzuführen, ohne durch Grundsätze der Folgerichtigkeit an frühere Grundentscheidungen gebunden zu sein". Dies setze allerdings voraus, dass wirklich ein neues Regelwerk geschaffen wird; anderenfalls ließe sich jedwede Ausnahmeregelung als (Anfang einer) Neukonzeption deklarieren. Die umfassende Gestaltungsfreiheit bei Entscheidungen für neue Regeln kann vom Gesetzgeber dann nicht in Anspruch genommen werden, wenn solche neuen Regeln nach Ziel und Wirkung die Orientierung an alternativen Prinzipien nicht erkennen lassen. Einen zulässigen Systemwechsel könne es ohne ein *Mindestmaß an neuer Systemorientierung* nicht geben, und er liege insbesondere dann nicht vor, wenn nur ein „schmaler Teilbereich" geändert werde ohne „Einbettung in ein nach und nach zu verwirklichendes Grundkonzept"[17].

---

16 S. hierzu grundlegend *Canaris* in Larenz/Canaris, Methodenlehre der Rechtswissenschaft, 3. Aufl. 1995, 263–318, sowie beispielsweise für die Anwendung auf das Steuerrecht *Tipke*, Steuerrecht – Chaos, Konglomerat oder System?, StuW 1971, 2 (2–7); *Tipke*, Steuerrechtsordnung I (Fn. 10), 88–97; *Kirchhof*, Die Widerspruchsfreiheit im Steuerrecht als Verfassungspflicht, StuW 2000, 316 (322 ff.).
17 BVerfG v. 9.12.2008 – 2 BvL 1/07, 2 BvL 2/07, 2 BvL 1/08, 2 BvL 2/08, FR 2009, 74.

Übertragung dieser Grundsätze auf die Gewerbesteuer
Diese Grundsätze sind für die Gewerbesteuer von besonderer Bedeutung. Wenn man sich die Grundsystematik der Gewerbesteuer ansieht, bestehen doch erhebliche Zweifel an der Erfüllung der dargestellten Grundprinzipien.

- *Substanzsteuer-Komponenten:* Im Jahr 1998 hat sich der Gesetzgeber gegen eine substanzorientierte Gewerbesteuerkomponente entschieden; zahlreiche neue Hinzurechnungsregelungen enthalten nunmehr jedoch wieder eine Substanz-Komponente – ohne Bestandteil einer Neuorientierung zu sein.
- *Trennungsprinzip:* Das Objektsteuerprinzip ist am eingerichteten und ausgeübten Gewerbebetrieb orientiert und abstrahiert von den Gesellschaftern. Dennoch wird dieses Trennungsprinzip deutlich durchbrochen. So führt die Übertragung des einkommensteuerlichen Transparenzprinzips auf die Gewerbesteuer dazu, dass die Personengesellschaft gewerbesteuerlich für Handlungen ihrer Gesellschafter nicht nur das Besteuerungsobjekt ist, sondern auch als Steuerschuldner in Anspruch genommen wird (§ 5 Abs. 1 Satz 3 GewStG). Durch § 7 Satz 2 GewStG – dessen umfassende Besteuerungswirkung zu Recht verfassungsrechtlich bezweifelt wird[18] – infiziert die Rechtsform des Gesellschafters einer Personengesellschaft die Veräußerungstatbestände. Auch im Zuge des § 9 Nr. 1 Satz 2–5 GewStG (erweiterte Kürzung) kann die auf Gesellschafterebene getroffene Zuordnungsentscheidung einer Grundbesitz-Beteiligung dazu führen, dass auf Gesellschaftsebene die erweiterte Kürzung versagt wird.[19]
- *Territorialitätsprinzip:* Wenn die Gewerbesteuer sich allein auf den Betrieb im Inland beziehen soll, werden steuerliche Verlustimporte nach Maßgabe „Marks & Spencer"[20] und (organschaftliche) Gewinnexporte[21] einer kritischen systematischen Überprüfung zu unterwerfen sein.

Eine Rechtfertigung der gesetzgeberischen und höchstrichterlichen Einzelansätze und die Vereinbarkeit mit dem Charakter einer Lenkungsnorm oder einer Typisierung sind nicht ohne Weiteres erkennbar. Die Vielzahl der Einzelregelungen beabsichtigt kaum (und wäre dazu auch nicht geeignet), ein neues Gewerbesteuer-System zu begründen. Es fehlt ein Mindestmaß an neuer Systemorientierung – was einer Vielzahl von Einzelregelun-

---

18 Verfassungsbeschwerde 1 BvR 1236/11, BFH v. 22.7.2010 – IV R 29/07 BStBl. II 2011, 511.
19 BFH v. 17.1.2002 – IV R 51/00, BStBl. II 2002, 873 für den Fall der Zuordnung einer Beteiligung zum Deckungsstock einer Lebensversicherung.
20 BFH v. 9.6.2010 – I R 107/09, FR 2010, 896 m. Anm. *Buciek*, GmbHR 2010, 996 „finale Auslandsverluste".
21 BFH v. 9.2.2011 – I R 54/55/10, FR 2011, 584 „grenzüberschreitende Organschaft".

gen immanent sein dürfte. Die *verfassungsrechtlichen Zweifel* an der Zulässigkeit einer steuerlichen Infektionswirkung von Gesellschaftermaßnahmen auf der Ebene der Gesellschaft hat gerade das FG Hamburg in seinem Vorlagebeschluss vom 4.4.2011 geäußert. So führte das Gericht in seinem Beschluss zu § 8c KStG aus, dass Grundentscheidungen des Gesetzgebers, wie hier das Trennungsprinzip bei Kapitalgesellschaften, nicht ohne gewichtige Rechtfertigung durchbrochen werden dürfen, da sonst verfassungswidrig gegen das Folgerichtigkeitsgebot verstoßen werde.[22] Vor diesem Hintergrund wäre auch zu fragen, ob durch die Veränderung der Steuersätze, die fehlende Abzugsfähigkeit der Gewerbesteuer und die pauschalierte Anrechnung der Gewerbesteuer ein Rollenwechsel zwischen Gewerbesteuer und Körperschaft-/Einkommensteuer erfolgte, in der die Gewerbesteuer von einer Annexsteuer zur Hauptertragsteuer avancierte. Und wenn ja, ob dieser „*schleichende Systemwechsel*" nicht geradezu das Gebot beinhaltet, diese Bedeutung durch eine entsprechend umfassende Eigensystematik der Gewerbesteuer nachzuvollziehen.

c) Gleichheit, Besteuerung nach der Leistungsfähigkeit und Rechtsformneutralität

Allgemeiner Grundsatz

Der Gleichheitsgrundsatz ist inhaltlich als Willkürverbot zu verstehen, wonach wesentlich Gleiches gleich und wesentlich Ungleiches entsprechend verschieden zu behandeln ist. Als sachgerechter Vergleichsmaßstab für Steuergesetze gilt die wirtschaftliche Leistungsfähigkeit – indiziert durch Einkommen, Vermögen und Konsum. Die Auswahl der einzelnen Indikatoren als steuerliche Bemessungsgrundlage sowie die Intensität und der Zeitpunkt ihrer Belastung stehen dem Gesetzgeber grundsätzlich frei. Sein Gestaltungsspielraum ist jedoch beschränkt durch den Grundsatz der Verhältnismäßigkeit (Übermaßverbot) und die freiheitsbeschränkende Wirkung auf weitere Grundrechte (Art. 14 GG Eigentum und Erbrecht, Art. 12 GG Berufsfreiheit). Aus dem Prinzip der wirtschaftlichen Leistungsfähigkeit ergibt sich, dass

„Steuerpflichtige bei gleicher Leistungsfähigkeit auch gleich hoch zu besteurn [sind] (horizontale Steuergerechtigkeit), während (in vertikaler Richtung) die Besteuerung höherer Einkommen im Vergleich mit der Steuerbelastung niedriger Einkommen angemessen sein muss"[23].

Besonderer Bezug Gewerbesteuer

In Bezug auf die Gewerbesteuer stellen sich Fragen mit Hinblick auf die horizontale Steuergerechtigkeit, und zwar sowohl in Bezug auf die Ab-

---

22 FG Hamburg, Beschluss v. 4.4.2011 – 2 K 33/10, EFG 2011, 1460 mit Komm. *Roser*, GmbHR 2011, 718; BVerfG v. 9.12.2008 – 2 BvL 1/07, FR 2009, 74.
23 BVerfG v. 9.12.2008 – 2 BvL 1/07, 2 BvL 2/07, 2 BvL 1/08, 2 BvL 2/08, FR 2009, 74.

grenzung des Kreises der Steuerpflichtigen als auch auf Bemessungsgrundlage und Tarif. Wegen der besonderen praktischen Bedeutung sei hier beispielhaft die Differenzierung des GewStG nach der Rechtsform herausgegriffen, denn das GewStG unterscheidet danach die Besteuerungsfolgen in Bezug auf Steuerpflicht, Bemessungsgrundlage und Tarif.

Leistungsfähigkeitsprinzip und Rechtsformneutralität

Die Forderung nach Entscheidungs- und damit auch Rechtsformneutralität der Besteuerung ergibt sich zunächst aus Überlegungen zur Steuer- und Allokationseffizienz, wonach eine rechtsformabhängige Besteuerung letztlich zur Fehlallokation von Ressourcen und damit zu gesamtwirtschaftlichen Einbußen führt. Das Prinzip der Rechtsformneutralität steht jedoch in Einklang mit dem rechtlichen Grundsatz der Besteuerung nach der Leistungsfähigkeit[24]; die Rechtsformneutralität kann sogar als Ausfluss des Leistungsfähigkeitsprinzips angesehen werden.[25]

BVerfG vom 24.3.2010 – 1 BvR 2130/09: Rechtsformdifferenzierung

Nicht unbeachtet bleiben kann bei dieser Diskussion die Entscheidung des BVerfG vom 24.3.2010 zur Gewerbesteuerpflicht kraft Rechtsform[26]. Im Zuge eines Nichtzulassungsbeschlusses wurde klargestellt, dass die Tätigkeit einer Freiberufler-Kapitalgesellschaft nicht zwingend wie die Ausübung eines freien Berufs besteuert werden muss. Vielmehr sei es verfassungsrechtlich unbedenklich, die Tätigkeit einer Kapitalgesellschaft stets und in vollem Umfang als Gewerbebetrieb der Gewerbesteuersteuer zu unterwerfen. Aus Art. 3 Abs. 1 GG sei nach wie vor kein allgemeines Verfassungsgebot einer rechtsformneutralen Besteuerung von Kapital- und Personengesellschaften abzuleiten. Entscheidend blieben vielmehr hinreichende sachliche Gründe für eine Unterscheidung unternehmerischer Tätigkeiten, die durch Personen- oder Kapitalgesellschaften ausgeübt werden. Einen solchen Grund stelle die Abschirmung der Vermögenssphäre der Kapitalgesellschaft gegenüber ihren Anteilseignern dar. Damit wird das „durchlöcherte Trennungsprinzip" (vgl. oben) zur sachlichen Rechtfertigung.

---

24 *Elschen*, Entscheidungsneutralität, Allokationseffizienz und Besteuerung nach der Leistungsfähigkeit – Gibt es ein gemeinsames Fundament der Steuerwissenschaften?, StuW 1991, 99–115.
25 *Drüen*, GmbHR 2008, 393 (398 ff.) m. w. N.
26 BVerfG v. 24.3.2010 – 1 BvR 2130/09, FR 2010, 670 mit Komm. *Keß*.

III. Einzelaspekte einer (kritischen) Bestandsaufnahme

1. Besteuerungsgegenstand

a) Begriffsbestimmung und Problembereiche

Definition und Abgrenzung des Besteuerungsgegenstands

Besteuerungsobjekt ist der *Gewerbebetrieb* im Inland (§ 2 Abs. 1 GewStG). Abzugrenzen sind somit das Objekt Gewerbebetrieb vom Inhaber des Gewerbebetriebs, die gewerbliche Tätigkeit von der nichtgewerblichen unternehmerischen Tätigkeit, Handlungen der Begründung und Beendigung eines Gewerbebetriebs vom „Normalbetriebs" und Auslandssachverhalte.

Komplexität der Trennung von Gesellschafter und Gesellschaft – Grundwiderspruch Unternehmer- und Unternehmens-Prinzip

Ein Hauptproblembereich der heutigen Gewerbesteuer rührt zweifellos aus der Komplexität des Verhältnisses zwischen Gesellschafter und Gesellschaft („Unternehmer- und Unternehmens-Prinzips"). Das GewStG knüpft zwar aus dem Gedanken des Objektsteuerprinzips grundsätzlich an das Objekt Gewerbebetrieb (Unternehmen) an und gerade nicht an Merkmale des Inhabers (Unternehmer), das Objektsteuerprinzip wird jedoch vielfach durch Elemente des Unternehmerprinzips durchbrochen.

Durchbrechung des Objektsteuerprinzips durch Normen des GewStG

Das Unternehmensprinzip wird in mehrfacher Hinsicht durch *diametral entgegengesetzte Vorgaben des GewStG selbst* durchbrochen. Die im Zuge der verfassungsrechtlichen Folgerichtigkeit bereits angesprochenen Punkte sollen noch einmal näher verdeutlicht werden. So ist Steuerschuldner der Unternehmer (§ 5 GewStG). Auch die Steuerpflicht nach § 2 Abs. 1–3 GewStG stellt auf Merkmale des Inhabers, nämlich auf dessen Rechtsform, ab. Nach § 2 Abs. 5 GewStG gilt ein Gewerbebetrieb als eingestellt, wenn er als ganzes auf einen neuen Unternehmer übergeht, und nach § 10a GewStG ist der Fehlbetrag einer Mitunternehmerschaft gemäß dem Gewinnverteilungsschlüssel auf die einzelnen Gesellschafter zu schlüsseln.

Durchbrechung des Objektsteuerprinzips durch „importierte" Transparenzelemente des EStG

Zum anderen ist die Gewerbesteuer insofern unternehmerbezogen, als das GewStG grundsätzlich an das *EStG* anknüpft und dieses gerade kein Objektsteuersubjektsteuerprinzip kennt, sondern an der (Rechts-)Person des Steuerpflichtigen orientiert ist. So sind Betriebseinnahmen und -ausgaben des Betriebsinhabers in Zusammenhang mit der Begründung und Beendigung eines Gewerbebetriebs einkommensteuerlich fraglos steuerpflichtig

– gewerbesteuerlich hingegen nach dem Unternehmensprinzip – auszugrenzen. Besondere Probleme ergeben sich auch für die Besteuerung von *Personengesellschaften* und andere Personenvereinigungen, bei denen das EStG das Besteuerungssubstrat nach dem *Transparenzprinzip* den Gesellschaftern zuordnet. Dieser Zurechnung nach dem Transparenzprinzip kann für gewerbesteuerliche Zwecke nach dem Objektsteuerprinzip nicht gefolgt werden. Solche Transparenzelemente für gewerbesteuerliche Zwecke rückgängig zu machen, verursacht erhebliche Abgrenzungsprobleme, technische Probleme und Rechtsunsicherheiten. Soweit jedoch keine strikte Trennung von Gesellschafter- und Gesellschaftsebene erfolgt, bewirken Handlungen auf Gesellschafterebene Steuerfolgen auf Gesellschaftsebene, was wiederum dem Objektsteuerprinzip zuwiderläuft und in der Praxis erhebliche Probleme für Gesetzgeber und Rechtsanwender aufwirft.

Ergebnis

Die Abgrenzung des Steuerobjekts ist also in höchst komplexer Weise – und *systemwidrig* entgegen dem Objektsteuerprinzip – mit Merkmalen des Steuersubjekts verwoben (Grundwiderspruch: Unternehmens- vs. Unternehmerprinzip).

b) Kreis der Steuerpflichtigen

aa) Gewerbebetrieb

Gewerbebetrieb kraft Tätigkeit und Rechtsform gemäß EStG und GewStG

Der Begriff des Gewerbebetriebs knüpft an den des EStG an (§ 2 Abs. 1 S. 1 GewStG), wobei das Einkommensteuerrecht den Begriff aus dem Gewerbesteuerrecht übernahm[27]. Als Gewerbebetrieb gilt danach jede selbständige, nachhaltige *Betätigung* mit Einnahmenerzielungsabsicht, die keine reine Vermögensverwaltung oder land- und forstwirtschaftliche Betätigung darstellt (§ 15 Abs. 2 S. 1 EStG). Für die gewerbliche Tätigkeit einer *Personengesellschaft* ist es ausreichend, dass die Gesellschaft (zumindest) auch eine gewerbliche Tätigkeit ausübt (§ 15 Abs. 3 Nr. 1 EStG – *gewerbliche Infektion*). Die Tätigkeit sog. *gewerblich geprägter* Personengesellschaften (bei bestimmte Haftungs- und Vertretungsbeschränkungen) gilt stets als *gewerblich fingiert* (§ 15 Abs. 3 S. 1 Nr. 2 EStG). Darüber hinaus fingiert das GewStG selbst die Tätigkeiten von *Kapitalgesellschaften* und bestimmten weiteren juristischen Personen stets und in vollem Umfang zum Gewerbebetrieb (§ 2 Abs. 2 GewStG). Sonstige privatrechtliche juristische Personen und nichtrechtfähige Vereine sind nur mit ihren wirtschaftlichen Geschäftsbetrieben steuerpflichtig (§ 2 Abs. 3 GewStG). Soweit im genannten Umfang die Gewerblichkeit von der Rechtsform – und somit

---

27 *Stuhrmann* in Blümich, § 15 EStG Rz. 12.

von einem Merkmal des Betriebsinhabers – abhängt, wird das Objektsteuerprinzip im Sinne eines Unternehmerprinzips durchbrochen.

Richterrecht, unbestimmte Rechtsbegriffe – grundsätzliche Problematik
Sowohl die gewerbliche Tätigkeit als auch die fingierte Gewerblichkeit wird auch in erheblichem Umfang von Richterrecht zur Einkommensteuer geprägt. So wird der Kreis der Steuerpflichtigen beispielsweise auf die „Rechtsform" der sog. *Betriebsaufspaltung* ausgeweitet, bei der die Tätigkeit einer rein vermögensverwaltenden Personengesellschaft bei personeller und sachlicher Verflechtung mit einer anderen gewerblichen Gesellschaft als gewerblich fingiert wird. Angesichts der relativen und absoluten Bedeutung der Gewerbesteuer ist es überaus bedenklich, eine solche Belastung allein aus Richterrecht abzuleiten. Ebenfalls bedenklich ist der Verweis des BVerfG hierzu auf Gestaltungsmöglichkeiten mittels einer Schwestergesellschaft.[28]

Richterrecht, unbestimmte Rechtsbegriffe – „eigenverantwortlich", Nachweisprobleme
Auch die Abgrenzung gewerblicher Tätigkeit von nichtgewerblicher, insbesondere freiberuflicher Tätigkeit wird von Rechtsprechung zur entsprechenden einkommensteuerlichen Abgrenzung (§§ 15, 18 EStG) entschieden. Dabei wurde inzwischen eine Differenzierungstiefe und ein Nachweisumfang erreicht, der die Grenzziehung zwischen gewerblicher und nicht gewerblicher Tätigkeit im Ergebnis häufig schon wieder willkürlich erscheinen lässt. Setzt beispielsweise die freiberufliche nichtgewerbliche Tätigkeit bei Beschäftigung fachlich vorgebildeter Mitarbeiter voraus, dass der Berufsträger

„weiterhin seinen Beruf leitend und *eigenverantwortlich* ... ausübt ... und ... über die Festlegung der Grundzüge der Organisation und der dienstlichen Aufsicht hinaus durch Planung, Überwachung und Kompetenz zur Entscheidung in Zweifelsfällen gekennzeichnet ... und die Teilnahme des Berufsträgers an der praktischen Arbeit in ausreichendem Maße gewährleistet..."[29]

ist, so laufen diese richterrechtlichen Kriterien schon in den Fällen leer, in denen berufsrechtliche Verschwiegenheitsverpflichtungen eine zum Nachweis erforderliche Offenlegung verbieten. Hier besteht Handlungsbedarf, und es ist sehr fraglich, ob die Vermutung einer berufsgerechten Freiberuflichkeit (prima facie[30]) durch vereinfachende Vorschläge, die Freiberufler – trotz Ausschluss eines Gewerbes (z. B. § 2 Abs. 2 BRAO) – in die Gewer-

---

28 BVerfG v. 15.1.2008 – 1 BvL 2/04, Rz. 135, EFG 2004, 1065.
29 BFH v. 15.12.2010 – VIII R 50/09, BStBl. II 2011, 506: Aufgabe Vervielfältigungstheorie auch für sonstige selbständige Berufe.
30 Vgl. *Roser* in Beermann/Gosch, § 88 AO Rz. 31.

besteuer einzubeziehen[31], sachgerecht ersetzt werden kann. Das Konzept der Gewerbesteuer wäre kaum systemgerecht, wenn nicht einmal mehr ein „Gewerbe" gefordert würde.

Kritik 1: Gleichheitssatz

So setzt die Kritik am Besteuerungsgegenstand „Gewerbebetrieb" auch an erster Stelle an die Frage an, inwiefern die Bestimmung des Kreises der Steuerpflichtigen mit dem *Gleichheitsgrundsatz* zu vereinbaren ist[32], und seine *Ausweitung* scheint eine der wenigen Forderungen zu sein, über die zwischen den meisten Akteuren und Interessenvertretern Einigkeit erzielt werden könnte.

bb) Abgrenzung des Kreises der Gewerbesteuerpflichtigen
BVerfG vom 15.1.2008

Auch das BVerfG hat sich in seiner Entscheidung vom 15.1.2008 intensiv mit der *Abgrenzung des Kreises der Gewerbesteuerpflichtigen* befasst – und zwar sowohl mit der Ausgrenzung von Selbstständigen und Landwirten als auch mit einem fiktiven Gewerbebetrieb nach der damals geltenden Abfärberegelung – und sieht die verfassungsrechtlichen Grenzen, insbesondere den Gleichheitsgrundsatz, gewahrt. Es führt hierzu an, dass zum einen die Gewerbesteuer in ihrer herkömmlichen Struktur durch die explizite Nennung im Grundgesetz (Art. 106 Abs. 6 S. 1 GG) grundsätzlich als gerechtfertigt anzusehen sei (Rz. 75) und der Gleichheitsgrundsatz nach Art. 3 Abs. 1 GG den Spielraum des Gesetzgebers lediglich durch das Willkürverbot begrenze. Das – allein noch zur „inneren Rechtfertigung" herangezogene – *Äquivalenzprinzip* rechtfertige eine Unterwerfung allein von Gewerbetreibenden unter die Gewerbesteuer, da diese Gruppe – zumindest typisierend – durch ihre *besonders personal- und produktionsmittelintensive Produktionsweise* die kommunale *Infrastruktur* in besonderem Umfang nutze. – Offen bleibt jedoch auch nach einem Äquivalenzprinzip, ob die heutige wirtschaftliche Wirklichkeit treffendere Indikatoren für den Umfang der Nutzung kommunaler Leistungen fordert.

Beispiel: Rechtsanwalt A stellt zur Betreuung seines erheblichen Mandatspotenzials zehn weitere Rechtsanwälte/innen ein, denen er Heimarbeitsplätze zur Verfügung stellt.

Anforderung: Der BFH hat ausdrücklich darauf hingewiesen, dass allein die Anzahl der sachkundigen Mitarbeiter kein Entscheidungskriterium ist, dass vielmehr auf die verantwortliche Einbindung in wesentliche Entscheidungen über das „ob" einer Maß-

---

31 Z. B. BT-Drucks. 15/1517.
32 BVerfG v. 15.1.2008 – 1 BvL 2/04, EFG 2004, 1065 mit zahlreichen Nachweisen bzw. Vorinstanz FG Nds., Vorlagebeschluss an das BVerfG v. 21.4.2004 – 4 K 317/91, EFG 2004, 1065; *Montag* in Tipke/Lang (Fn. 5), 468 f. m. w. N., auch frühere BVerfG-Urteile.

nahme abzustellen ist.³³ Die tatrichterliche Würdigung der Finanzgerichte bleibt jedoch unstreitig von erheblicher Bedeutung.

Fragen:
- Erfolgt eine Tätigkeit noch „eigenverantwortlich"?
- Kann er dies unter Beachtung seiner Verschwiegenheitsverpflichtungen auch nachweisen (evtl. mit erheblichem Zeitabstand)?
- Ist daher seine Tätigkeit als freiberuflich oder gewerblich zu qualifizieren?
- Welche Rechtfertigung der Steuerpflicht besteht nach dem Äquivalenzprinzip?
- Wird kommunale Infrastruktur genutzt? Hochschulausbildung, Informationstechnologie oder Wegenutzung bei Heimarbeitsplätzen?

Kritik 2: Rechtsformabhängigkeit der Steuerpflicht

Ein weiterer Hauptkritikpunkt an der Abgrenzung des Kreises der Steuerpflichtigen stellt die Rechtsformabhängigkeit einer Belastung mit Gewerbesteuer dar: Einzelunternehmen unterliegen der Gewerbesteuer nur mit ihren gewerblichen Tätigkeiten, Mitunternehmerschaften hingegen teils kraft Tätigkeit, teils kraft Tätigkeitsinfektion oder Rechtsform, Kapitalgesellschaft nun sogar kraft Rechtsform stets mit allen ihren Tätigkeiten (Abkehr von der kaufmännischen Buchführungspflicht, § 8 Abs. 2 KStG n. F.).

BVerfG vom 24.3.2010 – Freiberufler GmbH

Das BVerfG hat in seinem Beschluss vom 24.3.2010 hierzu entschieden, dass es nicht gegen den Gleichheitsgrundsatz verstoße, die Tätigkeit einer Kapitalgesellschaft stets und in vollem Umfang der Gewerbesteuer zu unterwerfen, da die Kapitalgesellschaft nicht selbst aufgrund eigener Fachkenntnisse leitend und eigenverantwortlich tätig werde, sondern sich ihre Tätigkeit in Aufbringung und Einsatz von Kapital, Betriebsmitteln und Personal erschöpfe, während bei sonstigen freiberuflichen Zusammenschlüssen sich die Tätigkeit der Gesellschaft als Tätigkeit der Gesellschafter darstelle. Wettbewerbsneutralität und eine rechtsformneutrale Besteuerung ergebe sich nicht unmittelbar aus Art. 3 GG.³⁴

c) Umfang der Steuerpflicht

aa) „Normalbetrieb"

Normalbetrieb als Ausfluss des Objektsteuerprinzips – Auswirkungen

Nach dem Grundsatz des *Objektsteuerprinzips* (Unternehmensprinzip) erfasst die Gewinnermittlung nach § 7 S. 1 GewStG nur Gewinne und Verluste aus dem bestehenden, „laufenden" Betrieb („*Normalbetrieb*")³⁵. Be-

---
33 BFH v. 26.1.2011 – VIII R 3/10, BStBl. II 2011, 498; v. 15.12.2010 – VIII R 50/2010, BStBl. II 2011, 506: Insolvenzverwalter; dazu Anm. *Pezzer*, BFH-PR 2011, 174.
34 BVerfG v. 24.3.2010 – 1 BvR 2130/09, FR 2010, 670 mit Komm. *Keß*.
35 *Roser* in Lenski/Steinberg, § 7 GewStG Rz. 5, 11–13.

triebseinnahmen und -ausgaben aus Dispositionen des Unternehmers über den Betrieb oder aus seinen persönlichen Merkmalen sind danach auszugrenzen. Dies gilt insbesondere für:
- Ingangsetzung, Vorbereitungshandlungen,
- Veräußerung und Aufgabe, Umwandlung, Einbringung, Gesellschafterwechsel,
- außerordentliche Ereignisse (z. B. BFH vom 24.10.1990[36]),
- personenbezogene Elemente (z. B. Versicherungserträge bei Erwerbsminderung, Sonderausgaben, etc.)[37].

Insbesondere die Ausgrenzung von Kosten der Ingangsetzung des Betriebs wirft zahlreiche Abgrenzungsprobleme auf. Sie kann – aufgrund der Negierung des Leistungsfähigkeitsprinzips – zu einer Besteuerung der Unternehmenssubstanz in erheblichem Umfang führen, was insbesondere dann, wenn die Gewerbesteuer faktisch die Hauptertragsteuer darstellt, überaus bedenklich ist[38].

Abweichungen vom Objektsteuerprinzip – kasuistische Rechtssetzung

Der Gesetzgeber hat die Abgrenzung nach dem Objektsteuerprinzip jedoch auch in zunehmendem Maße durch Einzelregelungen durchbrochen, die dem Gedanken der Objektsteuer *diametral entgegenstehen* und eher dem *Unternehmerprinzip* bzw. einem *Transparenzprinzip* entsprechen. Hierzu zählt insbesondere:

- § 2 Abs. 5 GewStG: Fiktion der Einstellung und Neugründung bei Übergang eines Gewerbebetriebs von einem auf einen anderen Unternehmer;
- § 7 S. 2 GewStG: Veräußerungs- und Aufgabegewinne bei Mitunternehmerschaften oder KGaA gehören zum Gewerbeertrag, soweit sie nicht unmittelbar auf natürliche Personen entfallen[39];
- § 18 Abs. 3 S. 2 UmwStG (sperrfristbehaftete Anteile Personengesellschaft): Handlungen auf Gesellschafterebene bewirken Steuerpflicht auf Ebene der Gesellschaft.

Kritik

Die Einführung solcher Durchbrechungen war in der Regel fiskalisch motiviert. Problematisch sind solche kasuistischen Durchbrechungen zum einen

---

36 BFH v. 24.10.1990 – X R 64/89 BStBl. 1991 II, 358.
37 Hierzu m. w. N. *Roser* in Lenski/Steinberg, § 7 GewStG Rz. 5, 11, 34, 69.
38 S. beispielsweise BFH v. 14.4.2011 – IV R 52/09, DStRE 2011, 897 zu Abschreibungen bei Aufnahme eines Gewerbebetriebs; zu einem Wasserkraftwerk FG Sa.-Anh. v. 6.5.2010 – 5 K 1712/08, EFG 2011, 258 – Nichtzulassungsbeschwerde IV B 56/10.
39 Zur Frage der Verfassungsmäßigkeit des § 7 S. 2 GewSt anhängig: BVerfG 1 BvR 1236/11 (BFH v. 22.7.2010 – IV R 29/07, BFH/NV 2010, 2193 zu Fragen der Rechtsformneutralität der Regelung und Rückwirkung).

deshalb, weil sie eine *systematische* Rechtsauslegung und -fortentwicklung zunehmend unmöglich machen. Zum anderen kommt hinzu, dass sie in der Regel häufig *rechtsformaneutral* ausgestaltet sind Insbesondere im Hinblick auf die neuere *Rechtsprechung zu Folgerichtigkeit und Mindestsystematik* ist daher fraglich, ob einzelne Regelungen, beispielsweise § 7 S. 2 GewStG, nicht bereits den verfassungsrechtlich zulässigen Rahmen überschreiten. Umgekehrt könnte aber auch gefragt werden, ob aus einem in solchem Maß brüchigen Prinzip überhaupt noch Schlussfolgerungen, wie die gravierende Ausgrenzung von Ingangsetzungsaufwendungen, gezogen werden können. In diesem Sinne wäre es dringend notwendig, Beginn und Ende der Gewerbesteuerpflicht gesetzlich zu regeln, da beides kaum mehr eindeutig aus einer Eigensystematik abgeleitet werden kann.

bb) Betriebsvermögen (steuerliche Verhaftung stiller Reserven)

Divergenzen zum EStG – Objektsteuerprinzip betriebsvermögensmäßig nicht nachvollzogen

Wie dargestellt, divergiert die Abgrenzung des Gewerbebetriebs nach dem gewerbesteuerlichen *Objektsteuerprinzip* in vielerlei Hinsicht von der Abgrenzung des Gewerbebetriebs nach dem *EStG*. Diese Divergenzen gelten zwar – bei Anerkennung des Objektsteuerprinzips – als steuersystematisch gerade notwendig, dennoch werden sie betriebsvermögens- und buchungstechnisch nicht nachvollzogen; denn hierzu bedürfte es einer eigene Bilanz für Gewerbesteuerzwecke. Die einkommen- und gewerbesteuerliche *einheitliche Steuerbilanz* kann Divergenzen gerade nicht abbilden.

Steuerverhaftung stiller Reserven Einkommensteuer

Stehen Beginn und Ende einer gewerblichen Tätigkeit fest, so sind nach einkommensteuerlichen Grundsätzen auch die stillen Reserven, die in diesem Zeitraum entstehen, steuerlich verhaftet. Dies wird durch die entsprechenden Wertansätze in Eröffnungs- und Schlussbilanz (§ 6 Abs. 1 Nr. 4, 5 EStG) sichergestellt.

Steuerverhaftung stiller Reserven Gewerbesteuer

Die Steuerverhaftung stiller Reserven für gewerbesteuerliche Zwecke ist hingegen nicht ausdrücklich geregelt und vermittels der Bindung an die Einkommensteuer nur lückenhaft. Unklar ist dabei auch, inwiefern entsprechende einkommensteuerliche Grundsätze überhaupt auf die Gewerbesteuer übertragbar sind. Die Frage einer solchen von der Einkommensteuer divergierenden gewerbesteuerlichen Ver- und Entstrickung stiller Reserven stellt sich beispielsweise bei abweichendem Beginn bzw. Beendigung des Gewerbebetriebs oder bei Auslandsbezügen.[40]

---

40 Dazu ausführlich *Roser*, GewSt: Steuerliche Grundsätze der (partiellen) steuerlichen Verhaftung und Entlassung, FR 2011, 1126.

Beispiel: Rechtsanwalt A (s. o.): Eigenverantwortung wird zunächst bejaht, später verneint.

Es stellen sich folgende *Fragen:*
- Gewerbesteuerliche Bilanzierungsfolgen bei Beginn und Ende der Gewerblichkeit?
- Gewerbesteuerliche Eröffnungsbilanz bei Eintritt in Gewerblichkeit?
- Falls nein: Umfang steuerverhafteter stiller Reserven (Immobilien, Mandantenstamm) bei späterem Austritt Gewerblichkeit, Aufgabe oder Veräußerung?
- Grundsatz der Verschonung stiller Reserven, die im steuerfreien Raum entstanden sind – Bedeutung bisher gewerbesteuerlich unverhafteter stiller Reserven[41]?
- Bei Sozietäten: Steuerfolgen auf Gesellschaftsebene?

Ergebnis

Das Objektsteuerprinzip wurde einerseits zunehmend durch zahlreiche Elemente des Unternehmerprinzips durchbrochen und andererseits – z. B. in Hinblick auf das Betriebsvermögen – gar nicht erst konsequent eingeführt.

d) Inlandsbezug

Der Gewerbesteuer unterliegt der Gewerbebetrieb nur soweit, als er im Inland betrieben wird (§ 2 Abs. 1, 6, 7 GewStG, *Inlands- oder Territorialprinzip*). Das Inlandsprinzip wird – wohl deklaratorisch – durch die Kürzungsvorschrift des § 9 Nr. 3 GewStG konkretisiert, wonach der Teil des Gewerbeertrags eines inländischen Unternehmens zu kürzen ist, der nicht auf inländische Betriebstätten entfällt (*Betriebstättenvorbehalt*). Ausländische Unternehmer unterliegen im Inland nur mit dem dort erzielten Gewerbeertrag der Gewerbesteuer. Obwohl die Gewerbesteuer so vom Grundsatz her als reine Inlandssteuer ausgestaltet ist, werfen *grenzüberschreitende Sachverhalte* jedoch erhebliche praktische und systematische Probleme auf, und es ist äußerst zweifelhaft, ob das Inlandsprinzip – insbesondere angesichts der jüngeren Rechtsprechung des EuGH – überhaupt haltbar sein wird. Beispielhaft seien hierzu folgende Problembereiche angeführt:

- Betriebstättenvorbehalt: Einschränkung des Territorialprinzips, Doppelbesteuerungsabkommen.
- Umfang der Kürzung: Symmetriegrundsatz vs. Rechtsprechung zu finalen Auslandsverlusten, BFH vom 9.6.2010 – I R 107/09[42].
- §§ 8 Nr. 5, 9 Nr. 7 GewStG: ausländische Dividenden.
- Unvollständige Harmonisierung mit Dividendenbesteuerung nach § 8b KStG und Doppelbesteuerungsabkommen.
- Anrechnung nach § 34c EStG und § 26 KStG analog?

---

41 BVerfG v. 7.7.2010 – 2 BvR 748/05, 753/05, 1738/05, BStBl. II 2011, 86.
42 BFH v. 9.6.2010 – I R 107/09, FR 2010, 896.

- Gewerbesteuerliche Entstrickung bei Einschränkung des deutschen Besteuerungsrechts § 4 Abs. 1 S. 3 EStG, § 12 KStG?[43]
- Besonderheit bei Umwandlungsfällen, § 18 Abs. 3 UmwStG.
- AStG Hinzurechnungsbesteuerung.
- Grenzüberschreitende gewerbesteuerliche Organschaft[44].
- EU Beihilfeaspekte: Hebesatzdifferenzierung, zulässige sog. „symmetrische Devolution".

Die Problembereiche sind dadurch gekennzeichnet, dass gewerbesteuerfreie Bereiche – sei es als Missbrauchsnorm, sei es ohne jede Rechtfertigung – in die gewerbesteuerliche Bemessungsgrundlage einbezogen werden.

Ergebnis

Im Ergebnis ist auch das Territorialprinzip an vielen Stellen punktuell durchbrochen bzw. nur unzureichend umgesetzt. Im Extremfall werden inländische Gewinne in Form von stillen Reserven gewerbesteuerfrei aus dem Gewerbesteuerinland „exportiert" und ausländische Einkünfte und Einkunftsteile – insbesondere Dividenden und Verluste – in die deutsche Gewerbesteuer „importiert". Die Gründe sind mannigfaltig und umfassen fiskalische Gründe und sektorale Subventionen, „systemstörende" EU-rechtliche Vorgaben, fehlende konsequente Abstimmung zwischen einkommen-, gewerbesteuerlichen und internationalen Regelungen („vergessen") bzw. Fortsetzung schlecht gelöster einkommensteuerlicher Problemfelder sowie teilweise überschießende Anti-Missbrauchs-Absichten.

2. Bemessungsgrundlage

a) Materieller Bezug zur Einkommensteuer

aa) Grundsatz und explizite Einzelregelungen nach § 7 GewStG

Bemessungsgrundlage Gewerbeertrag

Bemessungsgrundlage für die Gewerbesteuer ist der *Gewerbeertrag* (§ 7 S. 1 GewStG). Ausgangspunkt ist danach der nach den Vorschriften des EStG und KStG ermittelte Gewinn aus Gewerbebetrieb. Anpassungen der Bemessungsgrundlage sind insofern systembedingt, als sie spezifisch gewerbesteuerliche Grundsätze, insbesondere das Objektsteuer- und das Inlandsprinzip, realisieren. Sie ergeben sich daher ohne explizite Nennung bereits im Wege der Auslegung, soweit die Vorschriften des EStG nicht mit

---

43 Ganz aktuell dazu EuGH v. 29.11.2011 – Rs. C-371/10 – National Grid Indus, FR 2012, 25.
44 BFH v. 9.2.2011 – I R 54/55/10, FR 2011, 584; BMF – v. 28.3.2011 – IV C 2 – S 2770/09/ 10001, DStR 2011, 674: Verzicht auf doppelten Inlandsbezug, Inländerdiskriminierung; *Frotscher*, Grenzüberschreitende Organschaft – wo stehen wir?, IStR 2011, 697.

dem besonderen Charakter der Gewerbesteuer als Objektsteuer in Einklang stehen[45]. Darüber hinaus sehen GewStG und andere Steuergesetze explizite Anpassungen vor. Zu diesen explizit im Gesetz genannten Anpassungen zählen insbesondere die Modifikationen um Hinzurechnungen (§ 8 GewStG) und Kürzungen (§ 9 GewStG) und ein stetig wachsendes „Konglomerat" versteckter Einzelmodifikationen (§ 7 S. 2–6 GewStG, §§ 18, 19 UmwStG, §§ 7–14 AStG, Doppelbesteuerungsabkommen). Der Charakter dieser Modifikationen ist nicht eindeutig. Sie dienen teilweise der Konkretisierung gewerbesteuerspezifischer Grundprinzipien, teilweise der Klarstellung in Zweifelsfragen, teilweise stehen sie jedoch auch im Widerspruch zu den genannten gewerbesteuerspezifischen Grundsätzen:

Illustration durch ausgewählte Regelungen – systematische Überprüfung

So bezieht § 7 S. 2 GewStG Gewinne aus der Veräußerung oder Aufgabe von Mitunternehmern in die Bemessungsgrundlage des Gewerbebetriebs ein, soweit er nicht auf eine natürliche Person als unmittelbar beteiligtem Mitunternehmer entfällt, was dem Objektprinzip (Unternehmensprinzip) zuwiderläuft und Rechtsformaneutralität zwischen ein- und mehrstöckigen Personengesellschaften bewirkt. Die Regelung soll missbräuchliche Gestaltungen durch Zwischenschaltung von Personengesellschaften verhindern. § 7 S. 3 GewStG ist Subventionsnorm für Handelsschiffe im internationalen Verkehr und Werbesendungen im öffentlich-rechtlichen Rundfunk und nicht aus gewerbesteuersystematischen Gründen geboten. § 7 S. 4, 5 GewStG ist eine technische Norm zur Fortsetzung des Teileinkünfteverfahrens i.V.m. §§ 8 Nr. 5, 9 Nr. 2a GewStG. Sie ist komplex, teilweise unvollständig und streitanfällige[46] und wäre bei konsequenter Umsetzung des Objektsteuerprinzips (nämlich Schachtelprivileg) unnötig. § 7 S. 6 GewStG soll der Klarstellung der Besteuerung von Sondervergütungen in bestimmten DBA-Fällen dienen; es ist jedoch unklar, ob er infolge handwerklicher Unklarheiten überhaupt anwendbar ist

bb) Ergebnisverrechnung und Verlustausgleich

Einen weiteren Problembereich der gewerbesteuerlichen Bemessungsgrundlage stellen Voraussetzungen und Umfang der Ergebnisverrechnung und des Verlustausgleichs dar. Die Probleme basieren dabei im Wesentlichen auf der Abgrenzung des Steuerobjekts nach Unternehmens- bzw. Unternehmerprinzip und stellen sich daher insbesondere für Personen- und Kapitalgesellschaften.

---

45 *Roser* in Lenski/Steinberg, § 7 GewStG Rz. 8 m. w. N., insbesondere BFH v. 3.2.2010 – I R 23/09, BStBl. II 2010, 599; BFH v. 25.4.1985 – IV R 36/82, BStBl. II 1985, 622.
46 *Roser* in Lenski/Steinberg, § 7 GewStG Rz. 36 (Überarbeitung 2012 in Vorbereitung).

Grundsatz einheitlicher Gewerbebetrieb – Durchbrechung:
Voraussetzung Unternehmeridentität
So begründen sachlich verschiedene gewerbliche Tätigkeiten einer natürlichen Person grundsätzlich mehrere Gewerbebetriebe. Bei Personen- und Kapitalgesellschaften können hingegen nicht gewerbliche und unterschiedliche gewerbliche Tätigkeiten stets nur einen einheitlichen Gewerbebetrieb begründen. Hieraus ergäbe sich nach dem Objektsteuerprinzip grundsätzlich eine Ergebnisverrechnung sämtlicher Einkünfte einer Gesellschaft, und zwar inner- und überperiodisch. Der überperiodische Verlustausgleich ist jedoch dann und insoweit ausgeschlossen, als sich der Inhaber bzw. der Gesellschafterbestand verändert (§§ 2 Abs. 5, 10a GewStG – fehlende Unternehmeridentität). Insofern wird das Objektsteuerprinzip (zulasten des Steuerpflichtigen) unternehmerbezogen beschränkt, ohne das Unternehmerprinzip (zugunsten des Steuerpflichtigen) konsequent zum ertragsteuerlichen Transparenzprinzip umzuformen. Auch für Körperschaften wird der Verlustabzug beim Anteilseignerwechsel weitgehend beschränkt (§ 10a S. 10 GewStG i. V. m. § 8c KStG).

Erweiterung des Ergebnisausgleichs durch Organschaft
Das rechtssubjektbezogene Objektsteuerprinzip wird für Kapitalgesellschaften jedoch erweitert durch die gewerbesteuerliche *Organschaft* (§ 2 Abs. 2 S. 2 GewStG), wonach eine Organgesellschaft mit ihren positiven und negativen Einkünften als bloße Betriebstätte eines anderen Gewerbebetriebs (Organträger) gilt und somit ein Ergebnisausgleich zwischen Kapitalgesellschaften möglich ist.

Treuhandmodell
Nur Kapitalgesellschaften können Organgesellschaften sein. Zwischengeschaltete Personengesellschaften führen daher gewerbesteuerlich nach dem Objektsteuerprinzip zu einer Isolierung von Verlusten auf Ebene der Personengesellschaft (lock-in), während das einkommensteuerliche Transparenzprinzip entsprechende Verluste den Gesellschaftern zurechnet. Um auch eine gewerbesteuerliche Transparenz einer Personengesellschaft zu erreichen, wurden in der Vergangenheit Kommanditbeteiligungen treuhänderisch für den Komplementär gehalten (*Treuhandmodell*). Einkommensteuerlich führten diese Treuhandmodelle zu keiner Mitunternehmerschaft, sodass die Personengesellschaft nicht als Gewerbebetrieb im Sinne des EStG, sondern als Betriebstätte des Komplementärs anzusehen war. Gewerbesteuerlich war hingegen unklar, ob der einkommensteuerlichen Bestimmung des Gewerbebetriebs zu folgen war (§ 2 Abs. 1 S. 2 GewStG) oder ob Personengesellschaften gewerbesteuerlich stets als gewerbliche Unternehmen anzusehen sind (§ 5 Abs. 1 S. 1–3 GewStG). Der letztge-

nannten Auffassung folgte die Finanzverwaltung seit 2005[47]. Der BFH bestätigte in seinem Urteil vom 3.2.2010 jedoch den Gleichlauf von Einkommen- und Gewerbesteuer[48]. Im Ergebnis ist danach (nur) für entsprechende Treuhandkonstruktionen eine für gewerbesteuerliche Zwecke transparente Personengesellschaft möglich. – Über diese konkrete Frage hinaus verdeutlichen Diskussion und Rechtstreit um das Treuhandmodell wieder einmal den *systemimmanenten Grundwiderspruch* der derzeitigen Gewerbesteuer zwischen Eigenständigkeit und Abhängigkeit und das Fehlen einer klaren Prioritätsvorgabe.

Folgen gewerbesteuerspezifischer Verlustabzugsbeschränkungen
Die gewerbesteuerspezifische Beschränkung von Ergebnisverrechnung und Verlustabzug führt zu Divergenzen zur Einkommensteuer. Gewerbesteuerlich divergierende Verlustabzüge führen – neben Verwaltungsaufwand – zu einkommen- und gewerbesteuerlich unterschiedlichen Gestaltungszielen, ohne dass dem Steuerpflichtigen unterschiedliche Handlungsinstrumentarien offenständen. Können beispielsweise Bilanzierungswahlrechte nur einheitlich für Einkommen- und Gewerbesteuerzwecke ausgeübt werden, so laufen bei unterschiedlich hohen Verlustabzügen gesetzlich vorgesehene und nach dem objektiven Nettoprinzip gebotene Verlustabzüge leer, wenn zusätzliche oder vorzeitige Steuerzahlungen bei der jeweils anderen Steuerart vermieden werden sollen.

b) Hinzurechnungen und Kürzungen nach §§ 8, 9 GewStG
Systematisierung
Aufgabe der Modifikationen nach §§ 8, 9 GewStG ist es grundsätzlich, den besonderen Charakter der Gewerbesteuer durch Kürzungen und Hinzurechnungen zum einkommensteuerlichen Gewinn aus Gewerbebetrieb zu realisieren. Die Modifikationen haben im Einzelnen folgende Funktionen:
– Realisierung des Objektsteuerprinzip durch Herstellung von Finanzierungs- und Betriebsmittelneutralität;
– Vermeidung von Doppelerfassung mit Gewerbesteuer;
– Vermeidung Doppelerfassung mit Gewerbe- und Grundsteuer;
– sachliche Steuerbefreiung/Subventionsnorm;
– Verwirklichung Inlandsprinzip;
– technische Funktion.

Die Kürzungen nach § 9 GewStG stehen dabei teilweise in einer *technischen Korrelation* zu den Hinzurechnungen nach § 8 GewStG, wonach der

---
47 Stellvertretend zum Meinungsstreit *Benz/Goß*, Die gewerbesteuerliche Anerkennung des Treuhandmodells – Anmerkungen zum Urteil des BFH v. 3.2.2010 – IV R 26/07, DStR 2010, 839.
48 BFH v. 3.2.2010 – IV R 26/07, BStBl. 2010, 751.

Gewinn nach EStG bzw. KStG zunächst zu erhöhen und anschließend zu kürzen ist. Hinzurechnungen und Kürzungen sind dabei nicht immer deckungsgleich. Die engeren Kürzungen sind teilweise beabsichtigt, um einen spezifischen Effekt für gewerbesteuerliche Zwecke zu erzielen. Dies gilt insbesondere für Streubesitzdividenden und Dividenden, die über Mitunternehmerschaften oder aus dem Ausland bezogen werden (§ 9 Nr. 2a, 7, 8 und § 8 Nr. 5 GewStG). Der Zweck, gewerbesteuerliche Mehrfachbelastungen zu vermeiden bzw. konsequent auf inländische Einkünfte zu beschränken, wird dabei bewusst verfehlt.

Sonderstellung Hinzurechnung Zinsen, Mietaufwendungen, Lizenzen – § 8 Nr. 1 GewStG

Seit dem Erhebungszeitraum 2008 wurden die Hinzurechnungstatbestände für Zinsen, Mietaufwendungen und Lizenzen erheblich ausgeweitet. Sie gelten für die Kommunen als tragende Säule einer konjunkturunabhängigen, antizyklischen Gemeindefinanzierung und sollten aus ihrer Sicht noch erweitert werden[49]. Die Hinzurechnung von Zinsen, Mietaufwendungen und Lizenzen nach § 8 Nr. 1 GewStG soll die Finanzierungsneutralität der gewerbesteuerlichen Bemessungsgrundlage herstellen und somit den Objektsteuercharakter verwirklichen – sie ist aber in vielerlei Hinsicht bedenklich: Die Hinzurechnungen können zu Mehrfachbelastungen mit Gewerbesteuer führen, seit sie infolge des Urteils des EuGH vom 26.10.1999 (Eurowings) auch auf inländische Gewerbebetriebe ausgeweitet wurde[50]. Die Frage, inwiefern die Hinzurechnung bestimmter Mietaufwendungen verfassungswidrig ist, wenn sie im Ergebnis zur Substanzbesteuerung führt, ist beim BFH anhängig[51]. Bedenken des BFH an der Unionsrechtskonformität der deutschen Hinzurechnungsbesteuerung teilte der EuGH zwar nicht und entschied mit Urteil vom 21.7.2011 („Scheuten Solar"), dass die Hinzurechnungen von Darlehenszinsen gem. § 8 Nr. 1 GewStG a. F. mit der EU-Zins- und Lizenzrichtlinie vereinbar seien; dies war aber nur einer allein am Wortlaut und weniger an Sinn und Zweck der Richtlinie orientierten Argumentation geschuldet[52]. Problematisch ist in Hinsicht auf die Hinzurechnungen nach § 8 Nr. 1 GewStG auch die stetige Ausweitung seines Anwendungsbereichs durch die Finanzverwaltung. Die unveränderte Tendenz zu einer erweiternden Auslegung hinzurechnungspflichtiger Tat-

---

49 Stellvertretend z. B. *Geberth*, Die Hinzurechnungen bei der Gewerbesteuer – steuerunsystematisch und verzichtbar, Anmerkungen zum Kommunalmodell zur „Reform" der Gewerbesteuer, DStR 2011, 151–155.
50 EuGH v. 26.10.1999 – Rs. C-294/97 – Eurowings, BStBl. II 1999, 851.
51 BFH/AV IV R 55/10 (ablehnend Vorinstanz: FG Köln v. 27.10.2010 – 9 K 1022/10, EFG 2011, 561).
52 EuGH v. 21.7.2011 Rs. C-397/09 – Scheuten Solar, GmbHR 2011, 935; Vorlage des BFH v. 27.5.2009 – I R 30/08, DStR 2009, 2191.

bestände[53] führt nicht nur zu einer erheblichen Erweiterung der gewerbesteuerlichen Bemessungsgrundlage in Form einer Sollbesteuerung, sondern auch zu erheblichen Defiziten in Bezug auf die Vorhersagbarkeit von Besteuerungsfolgen.

c) Ergebnis

Aus dem *systemimmanenten Grundwiderspruch* der gewerbesteuerlichen Bemessungsgrundlage zwischen Eigenständigkeit und Abhängigkeit ergeben sich vielfältige Abgrenzungsprobleme. Anstatt klare Prioritätsregeln zur Lösung dieses Widerspruchs vorzugeben, hat der Gesetzgeber in den letzten Jahren eine Fülle an Einzelregelungen zur Bemessungsgrundlage erlassen, die den genannten Widerspruch weniger lösen als vertiefen. Ein eigener Charakter der Gewerbesteuer wird hierdurch immer unkenntlicher und eignet sich immer weniger als Maßstab zur Rechtsfortentwicklung. Folge einer solchen kasuistischen Rechtssetzung ist auch eine erhöhte Gestaltungsanfälligkeit des Gewerbesteuersystems. Dass das BVerfG diese Gestaltungsanfälligkeit als Gestaltungsmöglichkeit zur Vermeidung grundsätzlich ungerechtfertigter Belastungsunterschiede deutet[54], erscheint vor dem Hintergrund der Rechtsprechung zu Folgerichtigkeit und Mindestsystematik eher bedenklich. Der Grundwiderspruch zwischen Eigenständigkeit und Annex scheint im Ergebnis weniger systematisch als fiskalisch gelöst zu werden: So scheint der Eigenständigkeitscharakter immer dann betont zu werden, wenn es die Bemessungsgrundlage zu verbreitern und Hinzurechnungsnormen weit auszulegen gilt, während der Annexgedanke insbesondere dann zur Anwendung kommt, wenn systematisch gebotene Kürzungen eingeschränkt werden sollen.

3. Verfahrensrecht – ausgewählte Problembereiche

a) Verfahrensrechtliche Selbständigkeit – inhaltliche Bindung?

Gewerbesteuer-Bilanz?

Die Veranlagung zu Einkommen- oder Körperschaftsteuer und die Festsetzung eines Gewerbesteuermessbetrags sind zwei *getrennte selbständige Verfahren*. Gewinn und Verlust aus Gewerbebetrieb sind daher verfahrensrechtlich selbständig zu ermitteln ohne rechtliche Bindung. Üblicherweise wird jedoch keine eigene Gewerbesteuerbilanz erstellt, da Bilanzierungs- und Bewertungs*wahlrechte* bisher nach h.A. für Einkommen-/Körperschaftsteuer und Gewerbesteuer *einheitlich* ausgeübt werden mussten. Wie bereits ausgeführt, kann diese Einheitlichkeit zu erheblichen Nachteilen führen, wenn beispielsweise unterschiedlich hohe Verlustvorträge vorhan-

---

53 Aktuell Entwurf BMF-Schreiben (Gleichlautender Ländererlass) zur Hinzurechnung von Finanzierungsanteilen v. 30.8.2011, BB 2011, 2197.
54 Vgl. BVerfG v. 15.1.2008 – 1 BvL 2/04 zur Abfärbewirkung des § 15 Abs. 3 Nr. 1 EStG.

den sind. Von dieser Einheitlichkeit gab es jedoch immer schon Ausnahmen (z. B. Umwandlungen/Aufstockungsbeträge, Organschaften/Gewinnkorrekturen, Bilanzberichtigungen/Bilanzänderungen). Die Aufgabe der steuerlichen Maßgeblichkeit nach § 5 Abs. 1 S. 2 EStG i.d.F. des BilMoG führt allerdings zu einer zunehmenden Entkopplung von Handels- und Steuerbilanz, sodass auch die bisherigen Argumente gegen eine eigenständige Gewerbesteuerbilanz neu überdacht werden sollten[55].

Tax Compliance
Die steuerlichen Erklärungspflichten haben aufgrund der umfangreichen Nebenrechnungen und Korrekturen einen erheblichen Komplexitätsgrad. Die Sonderbeurteilung gewerbesteuerlicher Effekte fordert zusätzliche Ergänzungen und Neuberechnungen. Schon das derzeitige System der Besteuerung eines modifizierten einkommensteuerlichen Gewinns führt zu erheblichem Verwaltungsaufwand auf Ebene von Unternehmen, Verwaltung und Gerichtsbarkeit, den eine weiter entkoppelte gewerbesteuerliche Bemessungsgrundlage noch erhöhen würde.

b) Kompetenz-Fragen
Angesichts der zunehmenden absoluten und relativen Bedeutung der Gewerbesteuer ergeben sich zunehmend Probleme aus unterschiedlichen örtlichen Zuständigkeiten und Ertragshoheiten für Einkommensteuer und Körperschaftsteuer einerseits und Gewerbesteuer andererseits. Die Vermeidung steuerlicher Belastungen aus Sanierungsmaßnahmen fordert die Billigkeitsentscheidungen nach §§ 163, 227 AO und fordert in der Regel die Einbindung der Finanzverwaltung des Bundes oder der Länder sowie der Gemeinden (§ 1 GewStG) – mit durchaus unterschiedlichen Interessenlagen. Die Einbindung der Gemeinden führt verfahrensrechtlich zu einer Parallelität von AO/FGO und VwVfG/VwGO. Die Erteilung verbindlicher Auskünfte richtet sich nach der örtlich zuständigen Behörde (§ 89 Abs. 2 AO). Solche Kompetenzprobleme können Entscheidungen verzögern, zu widersprüchlichen Entscheidungen und – möglicherweise – zu Mehrkosten in Form von Gebühren nach § 89 Abs. 3–5 AO führen.

c) Sonderfragen des Besteuerungsverfahrens
Das Gewerbesteuerrecht hat mit § 35b GewStG besondere Verfahrensvorschriften. Zu den Problemen des Erhebungsverfahrens, insbesondere der Problematik der fehlenden Anrechnungsvorschrift für die Gewerbesteuer, ist auf den Beitrag von Herrn *Bier*[56] zu verweisen.

---

55 Vgl. *Roser* in Lenski/Steinberg, § 7 GewStG Rz. 7, 8, 55–63, 67a m. w. N.; *Roser*, FR 2011, 1126.
56 In diesem Band S. 219.

4. Gesellschaftsrechtliche Komplexität

Fremdbestimmte Steuerwirkungen

Die Gewerbesteuer führt – wie bereits ausgeführt – entgegen dem Objektsteuerprinzip in vielen Fällen zu einer Vermischung und Verstrickung von Unternehmens- und Unternehmerebene, die häufig zunächst übersehen wird und im Nachhinein beachtliche steuerliche und gesellschaftsrechtliche Probleme aufwirft. Dies gilt insbesondere für Personengesellschaften, bei denen Handlungen eines Gesellschafters regelmäßig Steuerfolgen auf der Gesellschaftsebene bewirken, die letztlich alle Gesellschafter betreffen können (fremdbestimmte Steuerwirkungen). Zu beachten ist eine Fülle von „Gefährdungshandlungen" wie beispielsweise die gewerbliche Infektion (§ 15 Abs. 3 Nr. 1 EStG), Zinsvorträge (§ 4h EStG), Überentnahmen (§ 4 Abs. 4a EStG) oder Verlustvorträge (§ 10a GewStG, § 8c KStG) und in Besonderem für den Fall des Ausscheidens von Gesellschaftern.

Auswirkungen auf Gesellschaftsverträge

Hier sind häufig umfangreiche, teils komplexe gesellschaftsrechtliche Regelungen über Verteilung bzw. Ausgleich solcher Steuerlasten notwendig (Steuerklauseln). Diese Regelungen müssten grundsätzlich immer wieder neueren Entwicklungen auf dem Gebiet des Gewerbesteuerrechts angeglichen werden, was in der Praxis jedoch kaum möglich ist. Der Umfang sog. „steuerinduzierter Klauseln in Verträgen von und mit Personengesellschaften"[57] ist ein deutlicher Beweis für die gesellschaftsrechtliche Komplexität der Gewerbesteuer.

IV. Ergebnis und Schlussfolgerungen

Die Gewerbesteuer ist bei Hebesätzen bis 490 % *eine der wichtigsten Unternehmenssteuern* geworden. Dieser Bedeutung wird sie in ihrer systematischen Ausgestaltung nicht gerecht. Systembrüche und Sonderregelungen haben daher zu Recht eine *Grundsatzdiskussion* entfacht: Die ungeminderte Tendenz des Gesetzgebers zu unsystematischen Erweiterungen des Kreises der Steuerpflichtigen und der Bemessungsgrundlage (insbesondere Hinzurechnungen und Katalogtatbestände) und zur Eingrenzung systematisch gebotener Ausnahmen führt zur Aushöhlung des Objektsteuerprinzips, zu Verstößen gegen das Leistungsfähigkeitsprinzip und an die *Grenzen der Verfassungsmäßigkeit* – insbesondere in Hinblick auf das Gebot von Widerspruchsfreiheit und Folgerichtigkeit.

Reduziert man die Aufgabe der Gewerbesteuer auf ein reines *Verteilungssystem*, ist die Zuschlagssteuer der zutreffende Ansatz. Soll die Gewerbe-

---

57 IDW Arbeitshilfe, Beihefter zu FN 8/2011.

steuer hingegen als eigenständige Steuer erhalten bleiben, bedarf sie einer *eindeutigen Rechtfertigung und entsprechender Ausgestaltung*. Solange das *derzeitige System* jedoch besteht, muss es sachgerecht weiterentwickelt werden; um – zumindest für einen Übergangszeitraum – gröbste Fehlentwicklungen zu beheben und verfassungsmäßige Mindestanforderungen zu wahren. Korrekturbedarf ergibt sich danach insbesondere in folgenden Punkten:

- *Systematische Eigenständigkeit der Gewerbesteuer* entsprechend ihrer gewachsenen relativen und absoluten Bedeutung, Vorhersehbarkeit der Abgabenlasten und systematische Rechtsfortentwicklung auf der Basis tragender Grundprinzipien.

- Klare – von § 15 EStG unabhängige – Regeln für die *persönliche* Gewerbesteuerpflicht insbesondere auch zu Beginn und Ende der Steuerpflicht.

- Klare eigenständige Regelungen für den Umfang der *sachlichen* Gewerbesteuerpflicht mit eigenständigen Bilanzierungs- und Gestaltungsansätzen. Hierzu wäre eine eindeutige Grundausrichtung am Leistungsfähigkeitsprinzip sachgerecht. Die Realität grenzüberschreitender wirtschaftlicher Verflechtungen – einschließlich des acquis communautaire – wären dabei systematisch zu berücksichtigen.

- *Einhaltung der Symmetrie von Besteuerungs- und Belastungseffekten* d.h. die Person, die einen Besteuerungstatbestand verwirklicht, muss auch die steuerlichen Folgen tragen. Hier sind Anpassungen insbesondere für die *Personengesellschaft* und eine konsequente Trennung zwischen Gesellschaft und Gesellschaftern notwendig. Dies kann einerseits durch die eine stringente Verlagerung der Gewerbesteuerpflicht auf die Ebene der Gesellschafter erreicht werden (Aufgabe des § 5 Abs. 1 Satz 3 GewStG) oder aber durch die stringente Beachtung der gewerbesteuerlichen Eigenständigkeit (entsprechend der Rechtsfähigkeit) der Personengesellschaft – unter Abkopplung von § 15 EStG und dem Mitunternehmerkonzept.

Die Gewerbesteuer aus Sicht der Unternehmen

Steuerberater *Bernd-Peter Bier*, Leverkusen

Inhaltsübersicht

I. Einleitung
II. Finanzwirtschaftliche Bedeutung der Gewerbesteuer
  1. Bedeutung für die Kommunen
  2. Bedeutung für die Unternehmen
  3. Besondere Bedeutung der Gewerbesteuer für kapitalmarktorientierte Unternehmen
III. Die Gewerbesteuer im EU-Vergleich
  1. Luxemburg
  2. Italien
  3. Ungarn
  4. Portugal
IV. Ausgewählte Problembereiche der Gewerbesteuer
  1. Gewerbesteuerliche Effekte in Abhängigkeit von der Rechtsform eines Unternehmens
    a) Aufwendungen im Zusammenhang mit der Vorbereitung einer gewerblichen Tätigkeit
    b) Organschaft und Gewerbesteuerkapslung bei nachgeschalteten Personengesellschaften
    c) Gewerbesteuereffekte bei Desinvestitionen
    d) Gewerbesteuerverluste bei Gesellschafterwechsel
  2. Hinzurechnungen gem. § 8 Nr. 1 GewStG
    a) Auswirkungen des Zins- und Mieten-Besteuerung
    b) Lizenzaufwandsbesteuerung als Kooperationshindernis
    c) Kaskadeneffekte
    d) Sonstige Aspekte der Hinzurechnung nach § 8 Nr. 1 GewStG
  3. Schachtelprivilegien
    a) Mindestbeteiligungserfordernisse
    b) Sonderproblem des § 8 Nr. 5 i. V. m. § 9 Nr. 7 GewStG
  4. Nichtanrechenbarkeit ausländischer Steuern auf die Gewerbesteuer
  5. Gewerbesteuer und Hinzurechnungsbesteuerung nach dem Außensteuergesetz
  6. Gewerbesteuerliche Berücksichtigung ausländischer Verluste
  7. Gewerbesteuerzerlegung
V. Steuerwettbewerb im Inland
  1. Mindesthebesatz und Hebesatzdifferenzen
  2. Gewerbesteuer und Standortentscheidungen
VI. Ausblick

I. Einleitung

Die Gewerbesteuer wird nach der herrschenden Meinung als Objektsteuer verstanden, die die objektivierte Ertragskraft des Unternehmens besteuern soll.[1] Ihre rechtssystematische Rechtfertigung liegt herkömmlich im Äquivalenzprinzip.

Aus Unternehmenssicht sind dies jedoch lediglich historisch bedingte Erklärungen; wie *Hey* zutreffend ausführt, „erweist sich die Einordnung der

---

1 *Hartmann*, BB 2008, 2490 (2491).

Gewerbesteuer als Objektsteuer zunehmend als Lebenslüge."² Mit der Abschaffung der Gewerbekapitalsteuer, spätestens jedoch mit der Einführung des Abzugsverbots nach § 4 Abs. 5b EStG sind der Gewerbesteuer keine überzeugenden Objektsteuerelemente verblieben.³ Aus Unternehmenssicht hat sich die Gewerbesteuer daher zu einer „normalen" Ertragsteuer entwickelt. Dies hat zur Konsequenz, dass die für das Einkommensteuerrecht und Körperschaftsteuerrecht anerkannten Prinzipien, insbesondere das Prinzip der Besteuerung nach der wirtschaftlichen Leistungsfähigkeit und das objektive Nettoprinzip, auch für das Gewerbesteuerrecht Anwendung finden müssen.

Hinzu kommt die Tatsache, dass die Städte und Gemeinden, als kleinste Gebietskörperschaften in Deutschland, circa die Hälfte der Ertragsteuerlast der Unternehmen bestimmen. Dies passt nicht in eine Zeit, in der die Unternehmen – auch viele mittelständische deutsche Unternehmen – global agieren und im internationalen Wettbewerb stehen.

Damit treten aus Unternehmenssicht vor allem die Regelungen des Gewerbesteuergesetzes in den Fokus der Kritik, die sich nicht mit dem Prinzip der Besteuerung nach der Leistungsfähigkeit und dem objektiven Nettoprinzip rechtfertigen lassen.

Auch das Äquivalenzprinzip kann aus Unternehmenssicht nicht mehr als Rechtfertigung für die Gewerbesteuer dienen. Durch die Gewerbesteuer sollen die Gemeinden ein Äquivalent für Ausgaben im Zusammenhang mit den im Gemeindegebiet ansässigen Gewerbebetrieben erhalten. Es ist zumindest fraglich, ob dieser Grundgedanke in der heute existierenden Wirtschaftsstruktur, die in viel geringerem Maße industriell geprägt ist als zu Beginn des vorherigen Jahrhunderts, noch hinreichend zutreffend ist. Die Gewerbesteuer hat sich auch zu einer selektiven Steuer entwickelt. Mehr als 90 % des Gewerbesteueraufkommens wird von knapp 5 % der Unternehmen getragen,⁴ was mit der Idee, dass alle im Gemeindegebiet ansässigen Unternehmen zu belasten sind, nicht vereinbar ist.

Ferner wird die Gewerbesteuer von den Gemeinden heute vornehmlich für andere Zwecke, wie z. B. zur Bestreitung ihrer Kosten aufgrund von SGB-II-Leistungen, die in vielen Gemeinden den größten Ausgabeposten darstellen,⁵ Sportstätten, kulturellen Einrichtungen und dergleichen, verwendet.⁶ Dies steht offensichtlich im Widerspruch zum Äquivalenzprinzip.

---

2 *Hey*, StuW 2011, 131 (135).
3 *Hey*, StuW 2011, 131 (135); *Solms* in FS Lang, 2010, S. 439 (443).
4 Quelle: Bundesministerium der Finanzen, Gewerbesteuerstatistik 2004.
5 Vgl. *Solms* in FS Lang (Fn. 3), S. 442; *Kuban*, FR 2010, 978.
6 *Solms* in FS Lang (Fn. 3), S. 442; s. auch *Kuban*, FR 2010, 978.

II. Finanzwirtschaftliche Bedeutung der Gewerbesteuer

1. Bedeutung für die Kommunen

Gem. Art. 28 Abs. 2 S. 3 GG wird den Gemeinden ihre finanzielle Eigenverantwortung garantiert, weshalb sie einen Anspruch auf eine wirtschaftskraftbezogene Steuerquelle haben, die mit einem Hebesatzrecht für die Gemeinden ausgestattet ist. Nach Art. 106 Abs. 6 S. 1 und S. 2 GG steht den Gemeinden das Aufkommen aus der Grund- und der Gewerbesteuer zu.

Betrachtet man die Einnahmenstruktur der Gemeinden in den Jahren 2008 bis 2010, so stellt die Gewerbesteuer die mit Abstand wichtigste den Gemeinden direkt zufließende Steuer dar. Bezieht man die kommunalen Anteile an anderen Steuern, z.B. an Einkommen- und Umsatzsteuer, in die Betrachtung mit ein, macht die Gewerbesteuer immer noch ca. 40% der Steuereinnahmen aus. Insgesamt betrachtet spielen jedoch für den Verwaltungshaushalt die Zuweisungen der Länder eine noch bedeutendere Rolle. Insoweit besteht ein hoher Abhängigkeitsgrad der Gemeinden von den Ländern, und eine tatsächliche Finanzautonomie existiert nur im Hinblick auf die mit Hebesatzrechten ausgestatteten Gewerbe- und Grundsteuer, die jedoch nur cirka ein Viertel der Gesamteinnahmen der Gemeinden ausmachen.

Wie bereits eingangs festgestellt, haben sich die Gemeinden bei der Verwendung der Mittel aus der Gewerbesteuer zudem weit von dem ursprünglichen Gedanken des Äquivalenzprinzips entfernt. So übersteigt heute das Gewerbesteueraufkommen der Gemeinden regelmäßig bei weitem die Brutto-Sachinvestitionen der Gemeinden.[7]

Dennoch können die Gemeinden durch das Hebesatzrecht erheblichen Einfluss auf die Ertragsteuerbelastung der Unternehmen nehmen. Wobei für die einzelne Gemeinde das Hebesatzrecht ein wichtiges Instrument der Ansiedlungs- bzw. lokalen Standortpolitik ist.

---

7 S. Grafiken *Kuban*, FR 2010, 978 (979).

Einnahmender Gemeinden/Gemeindeverbände 2008 bis 2010[8]

Einnahmeart	Mrd. Euro								
	2008			2009			2010		
	Gemeinden/GV in			Gemeinden/GV in			Gemeinden/GV in		
	Deutschl. insg.	alten Ländern	neuen Ländern	Deutschl. insg.	alten Ländern	neuen Ländern	Deutschl. insg.	alten Ländern	neuen Ländern
Steuern u. steuerähnliche Einnahmen	70,6	63,5	7,1	62,4	56,0	6,4	63,9	57,3	6,7
dar.: Gewerbesteuer (netto)	31,4	28,2	3,2	25,0	22,3	2,7	26,9	24,1	2,9
Gemeindeanteil an der ESt	25,9	23,7	2,2	23,9	21,9	2,0	23,0	21,0	2,0
Gemeindeanteil an der USt	3,2	2,7	0,5	3,2	2,7	0,5	3,3	2,8	0,5
Grundsteuern	9,6	8,4	1,2	9,6	8,4	1,2	10,0	8,7	1,3
nachr.: Gewerbesteuerumlage	6,2	5,9	0,3	4,6	4,3	0,3	5,5	5,3	0,3
Zuweisungen von Ländern	52,4	39,4	12,9	53,3	40,0	13,4	53,3	40,5	12,7
dav.: allgemeine Zuweisungen	35,1	25,5	9,7	35,7	25,7	10,0	34,6	25,5	9,0
zweckgebundene Zuweisungen	17,2	14,0	3,2	17,6	14,3	3,3	18,7	15,0	3,7
Gebühren	15,9	13,9	2,0	15,8	13,8	2,0	16,1	14,1	2,0
sonstige Einnahmen (abzgl. Zahlungen von gleicher Ebene)	22,2	19,1	3,1	23,1	20,0	3,0	23,3	20,1	3,1
dar.: Konzessionsabgaben	3,4	2,9	0,5	3,4	3,0	0,5	3,5	3,0	0,5
Verwaltungshaushalt insgesamt	161,1	136,0	25,1	154,5	129,7	24,8	156,6	132,1	24,5

2. Bedeutung für die Unternehmen

Die letzte fundamentale Änderung des Gewerbesteuergesetzes wurde durch das Unternehmenssteuerreformgesetz 2008[9] vorgenommen.

Kernelemente der Unternehmenssteuerreform waren die Streichung des Betriebsausgabenabzugs der Gewerbesteuer (§ 4 Abs. 5b EStG) bei gleichzeitiger Erhöhung des Gewerbesteueranrechnungsfaktors bei der Einkommensteuer (§ 35 EStG) und die Minderung der Gewerbesteuermesszahl von 5 % auf 3,5 % (11 Abs. 2 GewStG) sowie die Erweiterung der Hinzurechnungen (§ 8 Nr. 1 GewStG).

Aufgrund dieser Reform hat sich die Bedeutung der Gewerbesteuer für viele Unternehmen in Abhängigkeit von diversen Faktoren wie z.B. Rechtsform des Unternehmens, Standort und Finanzierungsstruktur gewandelt. Zudem hat sich durch die Nichtabzugsfähigkeit der Gewerbesteuer das relative und in vielen Fällen auch das effektive Gewicht der Gewerbesteuer an der Gesamtsteuerbelastung eines Unternehmens erhöht. Die Senkung

---

8 Quelle: Statistisches Bundesamt: Rechnungsergebnisse der kommunalen Haushalte, ab 2009 Kassenstatistik.
9 Gesetz v. 14.8.2007, BGBl. I 2007, 1912.

der Gewerbesteuermesszahl und die Erhöhung des Anrechnungsfaktors nach § 35 EStG konnten zumeist den Verlust des Betriebsausgabenabzugs nicht kompensieren.

Insbesondere für Kapitalgesellschaften ist die Belastungswirkung der Gewerbesteuer, in Abhängigkeit von der Höhe des Hebesatzes und den Hinzurechnungen oftmals höher als die der Körperschaftsteuer. Unter der Annahme, dass der im Rahmen der Körperschaftsteuer zu versteuernde Gewinn dem Gewerbeertrag entspricht, ist die Gewerbesteuer bei einem Hebesatz von 429 % der Höhe nach gleich der Körperschaftsteuer (ohne Berücksichtigung des Solidaritätszuschlags).[10]

Blickt man auf die Hebesatzlandschaft in Deutschland, so wird man feststellen, dass der Hebesatz oftmals die 429 %-Marke überschreitet. Der durchschnittliche Hebesatz bei Gemeinden mit mehr als 50 000 Einwohnern beträgt 435 %.[11] Großstädte sind in der Regel Spitzenreiter bei den Hebesätzen, so weist München einen Hebesatz von 490 % und Frankfurt a. M. von 460 % auf.[12] In NRW betrug im Jahr 2009 der durchschnittliche Hebesatz in den Gemeinden mit 50 000 und mehr Einwohnern 447 %.[13]

Wird bei der Ermittlung des Gewerbeertrages nach § 7 GewStG der gewerbliche Gewinn eines Unternehmens um Hinzurechnungen gem. § 8 GewStG erhöht, übersteigt die effektive Gewerbesteuerbelastung, in Abhängigkeit vom Umfang der Hinzurechnungen oftmals bereits bei deutlich unter 429 % liegenden Hebesätzen die Körperschaftsteuerbelastung.

Bei Personenunternehmen kommt der Gewerbesteuer durch die pauschale Anrechnungsmöglichkeit auf die Einkommensteuer nach § 35 EStG in der Regel eine geringere Bedeutung zu. Bis zu einem Gewerbesteuerhebesatz von 380 % bzw. 400 % inklusive Solidaritätszuschlag verbleibt keine zusätzliche Gewerbesteuerbelastung.[14] Jedoch kann es aufgrund der unterschiedlichen Bemessungsgrundlagen von Einkommensteuer und Gewerbesteuer zu einem Anrechnungsüberhang kommen, der nicht vortragbar ist.

Ist eine Kapitalgesellschaft Gesellschafter einer Personengesellschaft, verbleibt es mangels Anrechnungsmöglichkeit nach § 35 EStG bei der Gewerbesteuerbelastung auf Ebene der Personengesellschaft.

---

10 *Herzig*, DB 2007, 1541 (1542).
11 *BDI/VCI*, Die Steuerbelastung der Unternehmen in Deutschland 2011, S. 15.
12 *BDI/VCI* (Fn. 11).
13 IFST-Schrift Nr. 458, S. 42.
14 S. auch *Herzig*, DB 2007, 1541 (1543).

3. Besondere Bedeutung der Gewerbesteuer für kapitalmarktorientierte Unternehmen

Seit dem 1.1.2005 sind kapitalmarktorientierte Konzerne in der EU nach § 315a Abs. 1 HGB i. V. m. der EU-Verordnung Nr. 1606/2002 zur Anwendung der internationalen Rechnungslegungsvorschriften (IFRS) verpflichtet. Bei börsennotierten Unternehmen ist die ausgewiesene Konzernsteuerquote („Effective Tax Rate")[15] kapitalmarktrelevant, da der Nachsteuerertrag in die Berechnung der Marktkapitalisierung, d. h. die Aktienbewertung, mit einfließt.

Ertragsteuern sind nach IAS 12.2 alle in- und ausländischen Steuern, deren Höhe vom zu versteuernden Unternehmensergebnis nach Maßgabe der steuerrechtlichen Gewinnermittlungsvorschriften für die laufende oder für frühere Gewinnermittlungsperioden in den Jahresabschluss eines Unternehmens einfließen.[16] Diese Definition umfasst nicht nur die gezahlten und geschuldeten Steuern der Abrechnungsperiode, sondern auch latente Steuern. Die International Accounting Standards (IAS) kennen keine Unterscheidung nach Personen- und Objektsteuern. Durch das Anknüpfen des Gewerbeertrags an den körperschaftsteuerlichen Gewinn kommen jedoch personensteuerartige Merkmale in die Bemessungsgrundlage der Gewerbesteuer hinein[17] und begründen damit den Einbezug der Gewerbeertragsteuern in die Ertragsteuern nach IAS 12.2.

Neben der Gewerbesteuer sind in Deutschland die Körperschaftsteuer und der Solidaritätszuschlag als Ertragsteuer im Sinne von IAS 12.2 zu qualifizieren. Ebenso ist eine im Ausland einbehaltene und ggf. nicht enrechenbare Quellensteuer auf Einnahmen zu berücksichtigen. Für zum Abschlussstichtag bestehende werthaltige Verlustvorträge sind aktive latente Steuern zu bilden. Dabei muss für deutsche Unternehmen regelmäßig eine differenzierte Bewertung und Bildung für körperschaftsteuerliche und gewerbesteuerliche Verlustvorträge erfolgen.

Die durchschnittliche effektive Steuerbelastung von Kapitalgesellschaften in Deutschland lag im Jahr 2010 bei 28,7 %.[18] Damit bewegt sich die Steuerbelastung im internationalen Belastungsvergleich nach wie vor im oberen Bereich, auch wenn – isoliert betrachtet – der Körperschaftsteuersatz von 15 % im internationalen Vergleich äußerst positiv einzustufen ist. Durch die zusätzliche Belastung der Gewinne mit Gewerbesteuer sind Kapitalgesellschaften in Deutschland letztendlich jedoch weiterhin hoch besteuert. Dies hat zur Folge, dass Kapitalgesellschaften mit einem Schwerpunkt ihrer

---

15 Die Konzernsteuerquote ermittelt sich wie folgt: gezahlte und geschuldete plus latente Ertragsteuern/Jahresergebnis vor Steuern x 100.
16 *von Eitzen/Dahlke*, Bilanzierung von Steuerpositionen nach IFRS, 2008, S. 16.
17 Vgl. *Jacobs*, Internationale Unternehmensbesteuerung, 7. Aufl. 2011, S. 10.
18 Quelle: Zentrum für Europäische Wirtschaftsforschung in *BDI/VCI* (Fn. 11), 17.

unternehmerischen Tätigkeit in Deutschland im internationalen Vergleich unter Effective Tax Rate Gesichtspunkten oftmals nicht kompetitiv sind.

III. Die Gewerbesteuer im EU-Vergleich

Im EU-Vergleich sind Ertragsteuern in der Ausgestaltung wie die deutsche Gewerbesteuer nahezu unbekannt. Nur in vier weiteren EU-Staaten, namentlich Luxemburg, Italien, Ungarn und Portugal, können die Gemeinden die gewinnbezogene Steuerbelastung von Unternehmen beeinflussen.[19] Nachfolgend wurde von einer Vergleichbarkeit mit der deutschen Gewerbesteuer ausgegangen, soweit das Aufkommen aus der Steuer der Gemeinde – in der Regel direkt – zufließt, die Gemeinde bezüglich der Steuer mit einem Hebesatzrecht ausgestattet ist und die Steuer nach ihrer Ausgestaltung einer Ertragsteuer entspricht.

Beim Anteil der kommunalen Steuern an der Gesamtbelastung von Kapitalgesellschaften ist Deutschland mit bis zu 52 % unangefochten der Spitzenreiter, gefolgt von Luxemburg, wo sich mit der Impôt commercial eine der Gewerbesteuer vergleichbare Steuer findet. In Luxemburg liegt der Anteil der kommunalen Steuer an der Gesamtbelastung von Kapitalgesellschaften jedoch lediglich bei etwas über 20 %.[20]

1. Luxemburg

Die Impôt commercial entspricht im Grundsatz der deutschen Gewerbesteuer.[21] Steuerpflichtig ist jeder Handels-, Industrie-, Gruben- oder Handwerksbetrieb mit Belegenheit in Luxemburg.[22] Bemessungsgrundlage ist „der nach den Vorschriften des EStG und KStG ermittelte Gewinn, vermehrt und vermindert um gewisse Beträge", wie z.B. Kürzungen um Gewinne ausländischer Betriebsstätten.[23] Der effektive Steuersatz, der sich berechnet als Messzahl (3 %) x Hebesatz (225 % bis 400 %), beläuft sich auf 6,75 % bis 12 %.[24]

2. Italien

Die Imposta regionale sulle attività produttive (IRAP) stellt eine Wertschöpfungssteuer dar.[25] Steuerpflichtig sind alle natürlichen und juristischen Personen, einschließlich der öffentlichen Verwaltungen und Personengesell-

---

19 Monatsbericht des BMF, Dezember 2008, S. 48.
20 Monatsbericht des BMF (Fn. 19).
21 *Fort* in Mennel/Förster, Steuern in Europa, Amerika, Asien, Luxemburg Rz. 285.
22 *Fort* (Fn. 21), Rz. 290.
23 *Fort* (Fn. 21), Rz. 292.
24 *Fort* (Fn. 21), Rz. 296 bis 298.
25 *Lobis* in Mennel/Förster, Steuern in Europa, Amerika und Asien, Italien Rz. 177.

schaften, die nachhaltig eine Tätigkeit, die die Erstellung oder den Handel von Gütern oder Dienstleistung zum Gegenstand hat, ausüben.[26] Bemessungsgrundlage ist die Wertschöpfung, die anhand des handelsbilanziellen Gewinns, der um gewisse Hinzurechnungen wie z. B. Personalaufwand, Finanzergebnis und Rückstellungen erhöht wird, ermittelt wird.[27] Der Steuersatz beträgt 3,9 %. Die Gemeinden haben insoweit ein Hebesatzrecht, als sie den Steuersatz um max. 0,91 Prozentpunkte nach oben oder unten korrigieren können.[28]

3. Ungarn

Die helyi iparüzési adó (HIPA) ist eine ertragsabhängige Steuer. Steuerpflichtig sind alle natürlichen und juristischen Personen die eine Gewerbetätigkeit ausüben.[29] Bemessungsgrundlage sind die Nettoumsatzerlöse abzüglich Lizenzerlöse, Rohmaterialkosten sowie Kosten für zum Verkauf bezogene Güter und zum Weiterverkauf erworbene Leistungen.[30] Der Steuersatz beträgt max. 2 %.

4. Portugal

Bei der Derrama handelt es sich um eine ertragsabhängige Steuer, die als Zuschlagsteuer zur Körperschaftsteuer ausgestaltet ist. Steuerpflichtig sind alle körperschaftsteuerpflichtigen Unternehmen. Der Steuersatz beträgt max. 1,5 %.[31]

IV. Ausgewählte Problembereiche der Gewerbesteuer

1. Gewerbesteuerliche Effekte in Abhängigkeit von der Rechtsform eines Unternehmens

Dass das deutsche Ertragsteuerrecht generell nicht rechtsformneutral ausgestaltet ist und damit gleiche wirtschaftliche Tätigkeiten, die durch verschiedene gesellschaftsrechtliche Vehikel ausgeübt werden, zu unterschiedlichen Besteuerungsfolgen führen, ist offensichtlich. Gerade die Gewerbesteuer hat einen nicht unerheblichen Anteil an dieser Divergenz. Wegen der unterschiedlichen Besteuerungsfolgen kommt daher der Rechtsformwahl aus Unternehmenssicht eine hohe Bedeutung zu.

---

26 *Lobis* (Fn. 25), Rz. 180, 181.
27 *Lobis* (Fn. 25), Rz. 184.
28 *Lobis* (Fn. 25), Rz. 190.
29 *Felkai/Brähler/Ulbrich* in Mennel/Förster, Steuern in Europa, Amerika und Asien, Ungarn Rz. 215.
30 *Felkai/Brähler/Ulbrich* (Fn. 29), Rz. 216.
31 *Stieb* in Mennel/Förster, Steuern in Europa, Amerika und Asien, Portugal Rz. 6.

Dabei ist es nicht so, dass sich Personengesellschaften ausschließlich in mittelständischen Unternehmen finden, sondern auch in kapitalistisch organisierten Konzernen nimmt ihre Bedeutung stetig zu. Ein Grund hierfür sind nicht zuletzt die mit dem SEStG und dessen Auslegung durch die Finanzverwaltung gestiegenen umwandlungssteuerlichen Anforderungen.

Aber auch als Vehikel für gemeinsame Unternehmungen mit anderen Konzernen (Joint Venture) sind Personengesellschaften eine weiterhin häufig genutzte Rechtsform.

a) Aufwendungen im Zusammenhang mit der Vorbereitung einer gewerblichen Tätigkeit

Gem. § 2 Abs. 1 S. 1 GewStG unterliegt der Gewerbesteuer jeder stehende Gewerbebetrieb, soweit er im Inland betrieben wird. Unter Gewerbebetrieb ist nach § 2 Abs. 1 S. 2 GewStG ein gewerbliches Unternehmen im Sinne des EStG zu verstehen. Die sachliche Gewerbesteuerpflicht beginnt erst dann, wenn alle tatbestandlichen Voraussetzungen eines Gewerbebetriebs erfüllt sind und der Gewerbebetrieb in Gang gesetzt wurde.[32] Maßgebend für den rechtsformunabhängigen Gewerbebetrieb ist der Beginn der werbenden Tätigkeit.[33] Bloße Vorbereitungshandlungen begründen die Gewerbesteuerpflicht noch nicht.[34]

Nach § 2 Abs. 2 GewStG gilt als Gewerbebetrieb stets und in vollem Umfang die Tätigkeit einer Kapitalgesellschaft. Grundsätzlich beginnt hier die Gewerbesteuerpflicht mit der Eintragung ins Handelsregister. Wird bereits nach Abschluss des notariellen Vertrages und vor der Eintragung ins Handelsregister eine Vorgesellschaft nach außen tätig, bildet diese zusammen mit der später eingetragenen Gesellschaft einen einheitlichen Steuergegenstand.[35] Anders als bei Personengesellschaften/Einzelgewerbetreibenden kann daher bei Kapitalgesellschaften die gewerbesteuerliche Berücksichtigung von Anlaufkosten in der Gründungsphase des Betriebs regelmäßig sichergestellt werden.

Einkommensteuerlich beginnt ein Gewerbebetrieb nicht erst mit der eigentlichen werbenden Tätigkeit, sondern mit den ersten Maßnahmen, die der Vorbereitung der werbenden Tätigkeit dienen und mit dieser in unmittelbarem wirtschaftlichen Zusammenhang stehen.[36] Die durch die Vorbereitungshandlungen entstehenden Aufwendungen sind Betriebsausgaben und führen ggf. zu Verlusten aus Gewerbebetrieb.[37]

---

32 BFH v. 22.11.1994 – VIII R 44/92, BStBl. II 1995, 900.
33 R 2.5 Abs. 1 GewStR 2009.
34 R 2.5 Abs. 1 GewStR 2009.
35 R 2.5 Abs. 2 GewStR 2009; BFH, Urteil v. 18.7.1990 – I R 98/87, BStBl. II 1990, 1073 (1074).
36 BFH v. 10.12.1992– XI R 45/88, BB 1993, 1250; BStBl. II 1993, 583.
37 BFH v. 10.12.1992 (Fn. 36).

Welche gravierenden Folgen das Abweichen des einkommensteuerrechtlichen und des gewerbesteuerrechtlichen Betriebsbeginns haben können, zeigt die jüngst ergangene Entscheidung des FG Sachsen-Anhalt.[38] Im Urteilsfall hatte ein Unternehmen in der Rechtsform der GmbH & Co. KG bereits 1994 mit den Planungen eines Wasserkraftwerks begonnen, das Kraftwerk konnte jedoch erst im Jahr 2006 fertiggestellt werden und Strom an die Kunden liefern. Nach Auffassung des FG Sachsen-Anhalt begann die Gewerbesteuerpflicht 2006 mit der Inbetriebnahme des Wasserkraftwerkes, um den zum Verkauf vorgesehenen Strom erzeugen zu können. Vor diesem Zeitpunkt lagen nach Auffassung des Gerichts die Voraussetzungen für eine Beteiligung am wirtschaftlichen Verkehr nicht vor.

Letztlich kann dies dazu führen, dass durch den zeitlich früheren einkommensteuerrechtlichen Betriebsbeginn ein Unternehmen in der Rechtsform einer Personengesellschaft aufgrund beträchtlicher Aufwendungen in der Gründungsphase über einen einkommensteuerrechtlichen Verlustvortrag verfügt; aufgrund des späteren Gewerbesteuerbeginns die Verluste jedoch keine Berücksichtigung nach § 10a GewStG finden. Die ggf. mögliche Anrechnung der Gewerbesteuer nach § 35 EStG führt in der Folge zu Anrechnungsüberhängen, die nicht erstattet werden und nicht vortragbar sind.

Der unterschiedliche Beginn der Gewerbesteuerpflicht bei Kapitalgesellschaften und Personengesellschaften/Einzelgewerbetreibenden kann zu einer nicht gerechtfertigten Ungleichbehandlung führen.[39] Diese Ungleichbehandlung sollte durch Anpassung des § 2 GewStG dergestalt vermieden werden, dass Anlaufkosten in der Gründungsphase bei Personengesellschaften/Einzelgewerbetreibenden spätestens mit Aufnahme der gewerblichen Tätigkeit berücksichtigt werden.[40]

Der Vollständigkeit halber ist jedoch darauf hinzuweisen, dass bei Betriebsbeendigung die Gewerbesteuerpflicht bei Personengesellschaften und Einzelgewerbetreibenden schon dann erlischt, wenn die werbende Tätigkeit eingestellt wird.[41] Daher bleiben Gewinne aus der Betriebsaufgabe im Sinne von § 16 EStG von der Einbeziehung in den Gewerbeertrag ausgenommen.[42] Hingegen sind bei Kapitalgesellschaften Gewinne aus der Veräußerung von Betrieben und Teilbetrieben nach § 7 S. 2 GewStG in den Gewerbeertrag einzubeziehen.[43]

---

38 FG Sachsen-Anhalt v. 6.5.2010 – 5K 1712/08 – Nichtzulassungsbeschwerde eingelegt, EFG 2011, 258.
39 S. auch online abrufbare BDI Mängelliste des deutschen Steuerrechts, S. 28 (http://www.bdi/eu/Maengelliste-Steuerrecht.htm.).
40 S. auch BDI Mängelliste des deutschen Steuerrechts (Fn. 39), S. 28.
41 *Lemaire*, EFG 2011, 258 (259).
42 *Lemaire*, EFG 2011, 258 (259); R 7.1 Abs. 3 GewStR 2009.
43 *Drüen* in Blümich, § 2 GewStG Rz. 122.

b) Organschaft und Gewerbesteuerkapslung bei nachgeschalteten Personengesellschaften[44]

Gem. § 2 Abs. 2 S. 2 GewStG i.V.m. §§ 14, 17, 18 KStG scheidet eine Organschaft für nachgeordnete Personengesellschaften grundsätzlich aus. Im Gegensatz zur älteren Rechtsprechung des BFH stellt die neuere Rechtsprechung zur gewerbesteuerlichen Organschaft nicht mehr den Schutz der Gemeinden in den Vordergrund, sondern sieht die Organschaft als überwiegend dem Unternehmensinteresse dienend an.[45] Die Organschaft hat danach den Zweck, „die zweimalige Erfassung des wirtschaftlich gleichen Ertrages durch die gleiche Steuerart – zunächst bei der ihn erarbeitenden, alsdann bei der im Wege der Gewinnverteilung empfangenden Gesellschaft- auszuschließen".[46]

Aus Unternehmenssicht ist Zweck der Organschaft die Verrechnung von Gewinnen und Verlusten unabhängig von der betrieblich veranlassten Konzernstruktur (Konzern als steuerliche Einheit). Da jedoch auch im Kapitalgesellschaftskonzern vielfach Personengesellschaften existieren, kommt es zur Durchbrechung des Grundgedankens der Einheit des Konzerns. Die Gewerbesteuer der Personengesellschaften und ggf. nachgeschalteter Personengesellschaften wird damit auf einer nachgeordneten Konzernebene gekapselt. Dies kann zu einer gewillkürten Verlagerung von Steuersubstrat in die Gemeinden führen, da unternehmerische und gesellschaftsrechtliche Entscheidungen regelmäßig nicht in erster Linie unter gewerbesteuerlichen Gesichtspunkten getroffen werden.

Für den Konzern kann die fehlende Möglichkeit der Ergebnisverrechnung zudem negativ sein, wenn sich der Konzern insgesamt in einer Verlustsituation befindet, das Ergebnis der Personengesellschaft jedoch positiv ist und ein Rechtsformwechsel der Personengesellschaft in eine Kapitalgesellschaft mit anschließendem Abschluss eines Ergebnisabführungsvertrages beispielsweise wegen Sperrfristen nicht oder nicht zeitnah möglich ist.[47]

Auf der anderen Seite kann die Kapslungswirkung der Personengesellschaft auch positiv zur Steuerplanung genutzt werden.[48] Zwar kann auch im reinen Kapitalgesellschaftskonzern durch das Abschließen bzw. Nichtabschließen eines Ergebnisabführungsvertrages die Gewerbesteuerlast zwischen verschiedenen Gemeinden aufgeteilt werden. Folge ist jedoch zu-

---

44 Der Begriff „Personengesellschaft(en)" wird an dieser Stelle und nachfolgend synonym für den Begriff „Mitunternehmerschaft(en)" genutzt.
45 BFH v. 27.6.1990 – I R 183/85, BStBl. II, 1990, 916 mit Verweis auf die ständige höchstrichterliche Rechtsprechung; BFH v. 9.10.1974 – I R 5/73, BStBl. II 1974, 179; *Sarrazin* in Lenski/Steinberg, § 2 GewStG Rz. 2564.
46 BFH v. 9.10.1974 (Fn. 45).
47 S. auch *Dorenkamp* in FS Lang, 2010, S. 781, (785).
48 S. auch *Dorenkamp* (Fn. 47).

sätzlich zur Gewerbesteuer eine Kapselung der Körperschaftsteuer, was in der Regel nicht gewollt ist. Insoweit bietet sich auch in einem kapitalistisch organisierten Konzern die Personengesellschaft als Instrument der Steuergestaltung an, wobei Hebesatzgefälle genutzt werden können.

Aber auch außerhalb steuergestaltender Überlegungen kommt es in Konzernen vermehrt zur Errichtung von Personengesellschaften. Ein Grund hierfür ist, dass im Rahmen betriebswirtschaftlich veranlasster Reorganisationen – z. B. der organisatorischen Trennung von Geschäftseinheiten oder bestimmten Unternehmensfunktionen – die Voraussetzungen des Umwandlungssteuergesetzes nicht erfüllt werden können. Dies umso mehr, als dass das neue – europäische – Verständnis des Teilbetriebs nach SEStEG sowie die Auffassung zum Zeitpunkt des Vorliegens des Teilbetriebs – beides vertreten durch die Finanzverwaltung im jüngst veröffentlichten Entwurf des Umwandlungssteuererlasses – die Steuerpflichtigen geradezu in eine Vermögensübertragung gem. § 6 Abs. 5 S. 3 ff. EStG „zwingen".

c) Gewerbesteuereffekte bei Desinvestitionen

Gem. § 7 S. 2 GewStG gehören zum Gewerbeertrag auch Gewinne aus der Veräußerung oder Aufgabe von Betrieben oder Teilbetrieben einer Mitunternehmerschaft sowie von Mitunternehmeranteilen, soweit der Gewinn nicht auf eine natürliche Person als unmittelbar beteiligtem Mitunternehmer entfällt. Die Regelung erfasst somit vor allem Veräußerungsvorgänge durch Kapitalgesellschaften.[49] Der Gesetzgeber wollte mit der Neuregelung missbräuchliche Gestaltungen verhindern.[50]

Mit dem Wegfall der Behandlung der Gewerbesteuer als Betriebsausgabe (§ 4 Abs. 5b EStG) haben sich einige Fragestellungen ergeben. So entfällt mit der gesetzlichen Regelung nicht die betriebliche Veranlassung und eine anfallende Gewerbesteuer mindert grundsätzlich das Betriebsvermögen der Gesellschaft.[51] Auch die Finanzverwaltung geht von dem steuerbilanziellen Erfordernis einer Rückstellungsbildung für die Gewerbesteuer aus.[52] Die entsprechenden Gewinnauswirkungen sind außerbilanziell zu korrigieren. Insofern mindert die Gewerbesteuer das Kapitalkonto des Gesellschafters und führt folglich zu einer iterativen Erhöhung des Veräußerungsgewinns.[53]

Soweit bei der Veräußerung eines Betriebes die Gewerbesteuerbelastung nicht bereits im Rahmen der Kaufpreisfindung berücksichtigt wurde, ergeben sich in der Praxis zumeist komplexe vertragliche Ausgleichsregelungen,

---

49 *Füger/Rieger*, DStR 2002, 933; *Selder* in Glanegger/Güroff, 7. Aufl. 2009, § 7 GewStG Rz. 90.
50 *Füger/Rieger*, DStR 2002, 933; *Selder* in Glanegger/Güroff (Fn. 49).
51 *Wied* in Blümich, § 4 EStG Rz. 923.
52 OFD Rheinland, Verfügung v. 5.5.2009 – S 2137 – 2009/0006 – St 141; DB 2009, 1046; OFD Münster, Kurzinformation v. 2.9.2009, DStR 2009, 1890.
53 *Behrendt/Arjes/Jeziorski*, BB 2008, 1993 ff.

da anderenfalls der Erwerber und nicht der Veräußerer wirtschaftlich die Gewerbesteuer zu tragen hätte. Generell wird der erforderliche Ausgleich durch die Vereinbarung einer Kaufpreisminderung, zum Teil auch alternativ durch eine Ausgleichsverpflichtung gegenüber der veräußerten Gesellschaft, vorgenommen.[54] Im letzteren Fall sollte zur Vermeidung von Zweifelsfragen eine kaufpreismindernde Wirkung vertraglich festgehalten werden. Denn die Kaufpreisminderung reduziert den Veräußerungsgewinn und somit auch wiederum die Gewerbesteuerbelastung.[55] Kompliziert wird dieser Ausgleich bei heterogenen Veräußerergruppen, d.h. bei sowohl natürlichen Personen als auch Kapitalgesellschaften als Veräußerern.[56]

d) Gewerbesteuerverluste bei Gesellschafterwechsel

Bei Einzelunternehmen und Personengesellschaften ist für die Nutzung eines Verlustvortrages eine Unternehmer- und eine Unternehmensidentität erforderlich.[57]

Unternehmensidentität bedeutet, dass der im Verrechnungsjahr bestehende Gewerbebetrieb identisch ist mit dem Gewerbebetrieb, der im Jahr der Entstehung des Verlustes bestanden hat.[58] Das Erfordernis der Unternehmensidentität wird mit dem Objektsteuercharakter der Gewerbesteuer begründet.[59]

Unternehmeridentität bedeutet, dass der Gewerbetreibende, der den Gewerbeverlust abziehen will, ihn zuvor in eigner Person erlitten haben muss.[60] Aus dem Gesetz ergibt sich das Erfordernis der Unternehmeridentität nur aus § 10a S. 8 GewStG i.V.m. § 2 Abs. 5 GewStG für den Fall, dass ein Gewerbebetrieb im Ganzen auf einen anderen Unternehmer übergeht.[61] Für Mitunternehmerschaften erfolgt eine implizite Bestätigung des Erfordernisses durch § 10a S. 4 und 5 GewStG.[62]

Für Körperschaften haben die Merkmale der Unternehmens- und Unternehmeridentität grundsätzlich keine Bedeutung, da – wie bereits oben ausgeführt – die Kapitalgesellschaft nach § 2 Abs. 2 S. 1 GewStG stets und in

---

54 *Füger/Rieger*, DStR 2002, 933.
55 *Füger/Rieger*, DStR 2002, 933.
56 *Füger/Rieger*, DStR 2002, 933.
57 *Druen* in Blümich, § 10a GewStG Rz. 45 ff., 61 ff.; 10 A.3 GewStR 2009.
58 *Druen* in Blümich, § 10a GewStG Rz. 45; *Kleinheisterkamp* in Lenski/Steinberg, § 10a GewStG Rz. 18.
59 *Kleinheisterkamp* in Lenski/Steinberg, § 10a GewStG Rz. 18; *Druen* in Blümich, § 10a GewStG Rz. 46.
60 R 10a.3 Abs. 1 S. 1 GewStR 2009; *Druen* in Blümich, § 10a GewStG Rz. 61.
61 *Druen* in Blümich, § 10a GewStG Rz. 61; *Kleinheisterkamp* in Lenski/Steinberg, § 10a GewStG Rz. 44.
62 *Druen* in Blümich § 10a GewStG, Rz. 61, 79.

vollem Umfang als Gewerbebetrieb gilt[63] und zudem die Körperschaft selbst Unternehmerin ist.[64] Durch die Regelung des § 10a S. 10 Hs. 1 GewStG i. V. m. § 8c KStG können jedoch auch Anteilseignerwechsel bei der Kapitalgesellschaft negative Folgen für den gewerbesteuerlichen Verlustvortrag haben.[65] Nach § 8c KStG führt es zu einem anteiligen Verlustuntergang, wenn innerhalb von fünf Jahren mittelbar oder unmittelbar mehr als 25 % und weniger als 50 % der Anteile oder Stimmrechte an einen Erwerber oder eine Erwerbergruppe mit gleichgerichteten Interessen übertragen werden. Der Verlustabzug entfällt vollständig bei einer unmittelbaren oder mittelbaren Übertragung von 50 % der Anteils- oder Stimmrechte.

Da Steuergegenstand nach § 2 GewStG der stehende Gewerbebetrieb ist, ist nicht nachvollziehbar, weshalb sowohl bei Personen- als auch bei Kapitalgesellschaften der Wechsel eines Gesellschafters Einfluss auf die Verlustnutzung haben soll. Eine Minderung der objektivierten Ertragskraft des Unternehmens ist mit dem Gesellschafterwechsel in der Regel sicherlich nicht verbunden.[66] Die unterschiedlichen Voraussetzungen für die gewerbesteuerliche Verlustnutzung von Personengesellschaften und Körperschaften haben darüber hinaus teilweise sehr unterschiedliche Verlustabzugsmöglichkeiten zur Folge.[67] Eine vollumfängliche Rechtsformneutralität im Sinne einer Belastungsneutralität der gewerbesteuerlichen Verlustnutzung ist insoweit nicht gegeben[68].

2. Hinzurechnungen gem. § 8 Nr. 1 GewStG

Nachdem die ertragsunabhängigen Elemente in der Gewerbesteuer seit 1979 erheblich reduziert wurden (Abschaffung der Lohnsummensteuer, Abschaffung der Gewerbekapitalsteuer, Reduzierung der Hinzurechnungen nach § 8 Nr. 1 GewStG a. F.), wurden sie im Rahmen der Unternehmenssteuerreform 2008 zumindest im Bereich der Hinzurechnungen erstmals wieder erheblich ausgeweitet.[69]

---

63 *Kleinheisterkamp* in Lenski/Steinberg, § 10a GewStG Rz. 29, 43; a. A. *Güroff* in Glanegger/Güroff (Fn. 49), § 10a GewStG Rz. 93.
64 *Drüen* in Blümich, § 10a GewStG Rz. 84.
65 *Kleinheisterkamp* in Lenski/Steinberg, § 10a GewStG Rz. 56.
66 S. auch *Heger* in Beihefter zu DStR 2009 Heft 34, 117; *Kleinheisterkamp* in Lenski/Steinberg, § 10a GewStG Rz. 44.
67 S. ausführlich zu dem Thema *Wehrheim/Haussmann*, StuW 2008, 317.
68 *Wehrheim/Haussmann*, StuW 2008, 317 (324).
69 *Deloitte*, § 1 GewStG Rz. 17; *Hofmeister* in Blümich, § 1 GewStG Rz. 24.

Unternehmenssteuerreform 2008[70]	Alte Regelung
25 % der Entgelte für Schulden (§ 8 Nr. 1 Buchst. a GewStG)	50 % der Dauerschuldzinsen (§ 8 Nr. 1 GewStG a. F.)
20 % der Miet- und Pachtzinsen für bewegliche Wirtschaftsgüter (§ 8 Nr. 1 Buchst. d GewStG)	50 % der Miet- und Pachtzinsen für nicht in Grundbesitz stehende Wirtschaftsgüter des Anlagevermögens mit Einschränkungen (§ 8 Nr. 7 GewStG a. F.)
50 % (bis 2009 65 %) der Miet- und Pachtzinsen für unbewegliche Wirtschaftsgüter (§ 8 Nr. 1 Buchst. e GewStG)	n/a
25 % der Aufwendungen für die zeitlich befristete Überlassung von Rechten (§ 8 Nr. 1 Buchst. f GewStG)	n/a

Generell dient der Objektsteuercharakter als Rechtfertigung für die Hinzurechnungen.[71] Tatsächlich führen die Hinzurechnungen jedoch zur Besteuerung von Aufwand und verstoßen somit gegen das objektive Nettoprinzip, welches – wie oben dargestellt – Anwendung finden sollte. Dies hat zur Konsequenz, dass die Hinzurechnungstatbestände als verfassungswidrig zu qualifizieren sind.[72]

Im Rahmen der Unternehmenssteuerreform 2008 wurde jedoch nicht primär der Objektsteuercharakter als Begründung für die Hinzurechnungen gem. § 8 Nr. 1 GewStG herangezogen, sondern sie werden mit „Maßnahmen gegen den Verlust von Steuersubstrat durch Fremdfinanzierung"[73] begründet. Die Hinzurechnungen sollen somit der Missbrauchsverhinderung dienen, belasten jedoch auch Unternehmen mit „fremdüblichen" Finanzierungen. Denn rein betriebswirtschaftlich betrachtet soll die Finanzierungsstruktur eines Unternehmens dessen Wert steigern. Hierzu ist ein adäquater Mix von Eigen- und Fremdkapital erforderlich, dessen spezifische Ausgestaltung von diversen Faktoren, wie Branche, Land etc., abhängig ist. Deshalb sollte auch im Unternehmenssteuerrecht, soweit keine Missbrauchsfälle vorliegen, Finanzierungsneutralität gelten.

a) Auswirkungen des Zins- und Mieten-Besteuerung

Im Gegensatz zur früheren Regelung sind gem. § 8 Nr. 1 Buchst. a GewStG Entgelte *für* Schulden und nicht nur Entgelte *aus* Dauerschulden zu berücksichtigen. Aufgrund dieser Verbreiterung des Schuldenbegriffs wurde der Hinzurechnungsfaktor von 50 % auf 25 % gesenkt.

---

70 Hinzurechnung erfolgt, soweit die Summe den Betrag von 100 000 Euro übersteigt.
71 Ausnahme: Hinzurechnungen nach § 8 Nr. 9, 10 und 12 GewStG. Vgl. *Hofmeister* in Blümich, § 8 GewStG Rz. 21; *Köster* in Lenski/Steinberg, § 8 Nr. 1 GewStG Rz. 1.
72 *Hey*, BB 2007, 1303 (1307).
73 Eckpunkte der Unternehmenssteuerreform, Beschlussfassung des Koalitionsausschusses v. 2.7.2006.

Inwieweit sich die Neuregelung auf die Unternehmen auswirkt, hängt somit von der jeweiligen Finanzierungsstruktur der Unternehmen ab. Dabei ist klar, dass für ein Unternehmen, das sich vorwiegend kurzfristig finanziert, die Neuregelung nachteilig ist. Generell gilt, dass, wenn Unternehmen mit einem hohen Maß an Fremdkapital arbeiten und keine oder nur geringe Gewinne erzielen, die Hinzurechnungen eine Substanzbesteuerung zur Folge haben können.[74]

Unsystematisch ist, dass nicht wie bei der Zinsschranke nach § 4h EStG eine Saldierung von Zinsaufwand und Zinsertrag vorgenommen wird, sondern stattdessen allein auf die Entgelte für Schulden abgestellt wird.[75] Dies wirkt besonders nachteilig, wenn von den Unternehmen – wie z.B. während der Finanzkrise 2008/2009 – vorsorglich Fremdkapital aufgenommen wird, weil die jederzeitige Verfügbarkeit von Finanzmitteln durch die Kapitalmärkte nicht gewährleistet ist und die Konditionen für Fremdkapital nicht vorhersehbar sind. Die unternehmerisch richtige, vorsorgliche Beschaffung und Bereithaltung von liquiden Mitteln zu akzeptablen Konditionen wird in diesen Fällen durch die gewerbesteuerlichen Hinzurechnungen „bestraft" und kann gerade in der Krise zu einer weiteren Verschlechterung der Lage des Unternehmens führen, da es trotz ausbleibender Gewinne und hohen Finanzierungsbedarfs zu einer Gewerbesteuerbelastung kommen kann.

Dass die gewerbesteuerlichen Hinzurechnungsvorschriften zu einer erdrosselnden Wirkung führen können, zeigt sich zudem beispielsweise in den Fällen von Durchleitungsmietverträgen. Nach § 8 Nr. 1 Buchst. e GewStG wird dem Gewinn aus Gewerbebetrieb die Hälfte der Miet- und Pachtzinsen für die Benutzung der unbeweglichen Wirtschaftsgüter des Anlagevermögens, die im Eigentum eines anderen stehen, wieder hinzugerechnet. Es kommt damit zu einer Doppelbelastung mit Gewerbesteuer durch Hinzurechnung beim Zwischen- und beim Endmieter. Da die Gewinnmargen des Zwischenmieters in der Regel gering sind, führt die Hinzurechnung zu einer überproportional hohen Belastung mit Gewerbesteuer.

Im jüngst vom FG Köln mit Urteil vom 27.10.2010[76] entschiedenen Fall belief sich die Gewerbesteuerbelastung im Verhältnis zum handelsrechtlichen Jahresüberschuss auf ca. 71,5 %. Gleichwohl hat das FG Köln eine solche Besteuerung für rechtmäßig erachtet. In seinen Entscheidungsgründen führt das FG Köln aus, dass das Prinzip der wirtschaftlichen Leistungsfähigkeit sowie das objektive und das subjektive Nettoprinzip für das Ge-

---

74 *Hofmeister* in Blümich, § 8 GewStG Rz. 22; *Sarrazin* in Lenski/Steinberg, § 8 Nr. 1 Buchst. e GewStG Rz. 5.
75 *Rödder* in Schaumburg/Rödder, Unternehmensteuerrefom 2008, S. 371.
76 FG Köln v. 27.10.2010 – 9 K 1022/10 – Revision eingelegt (Aktenzeichen des BFH: IV R 55/10), EFG 2011, 561.

werbesteuerrecht aufgrund des Objektsteuerprinzips keine Aussagekraft haben.[77] Der Zugriff auf den objektivierten Gewerbeertrag gestattet nach Auffassung des FG Köln auch dann einen gewerbesteuerlichen Zugriff, wenn der Betrieb nach den ertragsteuerlichen Gewinnermittlungsvorschriften gar keinen Gewinn erzielt hat oder sogar einen Verlust.[78] Wie oben bereits dargelegt, ist es jedoch sehr fraglich, ob der Objektsteuercharakter der Gewerbesteuer noch gegeben ist.

b) Lizenzaufwandsbesteuerung als Kooperationshindernis

Im Rahmen der Unternehmenssteuerreform 2008 wurden Aufwendungen für die zeitlich befristete Überlassung von Rechten erstmalig in den Katalog der Hinzurechnungen aufgenommen. Nach § 8 Nr. 1 Buchst. f GewStG sind dem Gewinn aus Gewerbebetrieb ein Viertel der Aufwendungen für die zeitlich befristete Überlassung von Rechten – mit Ausnahme von Lizenzen, die ausschließlich dazu berechtigen, daraus abgeleitete Rechte Dritten zu überlassen – hinzuzurechnen. Begründet wird diese Regelung damit, dass in Lizenzgebühren – ähnlich wie in Mieten – Finanzierungsanteile enthalten seien. Denn alternativ hätte statt eines Nutzungsrechtes auch unmittelbar der originäre Vermögensgegenstand, der zur Nutzung überlassen wird, erworben werden können.[79]

Es mag Einzelfälle geben, in denen diese Sichtweise gerechtfertigt ist. Gerade im Bereich der Forschung und Entwicklung sind Unternehmen jedoch auf die Einlizensierung von Rechten und Patenten angewiesen, da keine Möglichkeit besteht das – ggf. bereits geschützte – Wissen selbst zu entwickeln oder zum Eigentum zu erwerben. Es gibt somit regelmäßig nicht die Möglichkeit einer Entscheidung zwischen Kauf und Finanzierung einerseits und Lizenzierung andererseits, weshalb bei der Ermittlung von Lizenzraten auch regelmäßig keine kalkulatorischen Zinsen im Verhältnis zu einer Kaufalternative berücksichtigt werden.

Insoweit wird gegenüber § 8 Nr. 1 Buchst. f GewStG zu Recht als Kritik ausgeführt, dass bei Rechten und Lizenzen ein Finanzierungsanteil in der Regel nicht enthalten und mithin eine pauschale Hinzurechnung nicht gerechtfertigt ist.[80]

c) Kaskadeneffekte

Soweit eine gewerbesteuerliche Organschaft zwischen den Beteiligten einer Darlehensgewährung, eines Mietverhältnisses oder einer Lizenzvereinbarung vorliegt, unterbleiben die Hinzurechnungen nach § 8 Nr. 1

---

77 FG Köln v. 27.10.2010 (Fn. 76).
78 FG Köln v. 27.10.2010 (Fn. 76).
79 *Keß* in Lenski/Steinberg, § 8 Nr. 1 Buchst. f GewStG Rz. 24.
80 *Bräuning/Welling* in Die Unternehmenssteuerreform 2008, S. 305, Rz. 96.

GewStG.[81] Liegt keine Organschaft vor bzw. ist diese – wie bei nachgeordneten Personengesellschaften – nicht möglich, kommt es bei mehrstufigen Leistungsbeziehungen zu einer Doppel- bis Mehrfachbelastung, da entsprechende korrespondierende Kürzungsvorschriften fehlen. Aus Konzernsicht ist das Eintreten einer solchen „Doppelbesteuerungssituation" schädlich und es ist Aufgabe des Steuermanagements, dies gestalterisch zu lösen.

d) Sonstige Aspekte der Hinzurechnung nach § 8 Nr. 1 GewStG

Für die Gemeinden soll durch die Hinzurechnungsvorschriften eine Stabilisierung des kommunalen Steueraufkommens erreicht werden.[82] Das vermag auf den ersten Blick zu überzeugen. Betrachtet man aber den Aufkommenseffekt aus den Hinzurechnungen im Verhältnis zum Gesamtgewerbesteueraufkommen, so entstehen massive Zweifel, ob dieser Zweck durch die Hinzurechnungen erreicht werden kann. Nach den Schätzungen des BMF, die in die Gesetzesbegründung zum Unternehmenssteuerreformgesetz 2008 eingeflossen sind, resultieren aus den Hinzurechnungstatbeständen des § 8 Nr. 1 GewStG n. F. lediglich 1,235 Mrd. Euro des Gewerbesteueraufkommens 2008 in Höhe von 41 Mrd. Euro.[83] Für die Unternehmen bedeuten die neuen Hinzurechnungen eine weitere – zum Teil erhebliche – Steigerung des administrativen Aufwandes, demgegenüber ein relativ betrachtet geringes Gewerbesteueraufkommen aus den Hinzurechnungen steht.

3. Schachtelprivilegien

Insbesondere bei Konzernen haben die gewerbesteuerlichen Schachtelprivilegien (§ 9 Nrn. 2a, 7 und 8 GewStG) eine hohe Relevanz, da, soweit die Voraussetzungen eines Schachtelprivilegs erfüllt sind, Mehrfachbelastungen im Konzern vermieden werden können. Aufgrund der Anforderungen an Beteiligungshöhe und Stichtag für das Vorliegen der Mindestbeteiligung bzw. Mindestbeteiligungsdauer kann es jedoch, u. a. bei Umstrukturierungen und Anteilsübertragungen, teilweise zu unerwünschten Mehrfachbelastungen kommen, die sich nicht immer durch steuerplanerische Maßnahmen vermeiden lassen. Hingewiesen werden soll an dieser Stelle auch auf Tz. 18.04 des Entwurfs des Umwandlungssteuererlasses vom 11.11.2011, in der ein Übergehen der Attribute für das Vorliegen der Schachtelprivileg-Voraussetzungen auf den übernehmenden Rechtsträger verneint wird.

Soweit das entsprechende DBA die Gewerbesteuer umfasst, ergeben sich aus Unternehmenssicht zudem Fragen aus dem Verhältnis der abkommens-

---

81 *Keß* in Lenski/Steinberg, § 8 Nr. 1 Buchst. f GewStG Rz. 26; R. 7.1 Abs. 5 GewStR 2009.
82 *Güroff* in Glanegger/Güroff (Fn. 49), § 8 GewStG Rz. 2.
83 *Dorenkamp* in FS Lang 2010, S. 789 mit Nachweisen in Fn. 31.

rechtlichen Schachtelprivilegien zum internationalen gewerbesteuerlichen Schachtelprivileg. Hierbei geht es darum, ob die Freistellung ausländischer Dividendeneinkünfte gem. DBA zur Folge hat, dass eine Hinzurechnung der Dividende nach § 8 Nr. 5 GewStG ausgeschlossen ist.[84] Aus Unternehmenssicht ist dies immer relevant, wenn die Voraussetzungen der gewerbesteuerlichen Schachtelprivilegien nicht vorliegen, z. B. im Falle von Streubesitzanteilen, die Voraussetzungen des einschlägigen abkommensrechtlichen Schachtelprivilegs aber erfüllt sind.

Der BFH hat zu dieser Frage mit Urteil vom 23.6.2010[85] Stellung genommen und festgestellt, dass das unilaterale Schachtelprivileg des § 8b KStG und das bilaterale Schachtelprivileg nach DBA selbständig nebeneinander stehen.[86] Zwar bleibt auf der ersten Stufe § 8b Abs. 1 KStG zunächst als gegenüber der Abkommensregelung in der Regel günstigere nationale Regelung uneingeschränkt anwendbar, was sich gem. § 7 GewStG i. V. m. § 8b Abs. 1 KStG bei der Ermittlung des Gewerbeertrags auswirkt.[87] Die hiernach freigestellten (in- wie ausländischen) Gewinnanteile werden aber auf der zweiten Stufe nach § 8 Nr. 5 GewStG dem Gewinn aus Gewerbebetrieb wieder hinzugerechnet, die Freistellung wird dadurch im Ergebnis neutralisiert, was das Wiederaufleben der abkommensrechtlichen Freistellung zu Folge hat.[88] Als weiteres Argument für seine Entscheidung führt der BFH aus, das die Anwendung des § 8 Nr. 5 GewStG die Wirkung eines „verdeckten" Treaty override hätte.[89]

Der andere Problemkomplex aus dem Zusammenspiel zwischen unilateralen und bilateralen Schachtelprivilegien dreht sich um das Verhältnis des DBA-Schachtelprivilegs zur Schachtelstrafe gem. § 8b Abs. 5 KStG.[90] Es wird diskutiert, ob die Schachtelstrafe nach § 2 AO nicht zur Anwendung gelangen darf, da diese als verdeckter Treaty Override die Freistellungsanordnung des einschlägigen DBA unterläuft.[91] Dagegen wird die Auffassung vertreten, dass es sich bei dem Abzugsverbot um eine Gewinnermittlungsvorschrift handelt, welche nicht vom Freistellungsanspruch nach DBA erfasst wird.[92] Angesichts des vom BFH in obigen Fall eingeschlagenen Lösungswegs wurde diese Frage leider nicht beantwortet, sodass weiterhin auf eine abschließende Klärung durch den BFH zu warten ist.

---

84 S. hierzu *Ernst*, Ubg 2010, 494 (502).
85 BFH v. 23.6.2010 – I R 71/09, BStBl. II 2011, 129.
86 BFH v. 14.1.2009 – I R 47/08, DB 2009, 824.
87 BFH v. 23.6.2010 (Fn. 85).
88 BFH v. 23.6.2010 (Fn. 85).
89 BFH v. 23.6.2010 (Fn. 85).
90 *Hageböke*, IStR 2009, 473.
91 *Rehm/Nagler*, IStR 2011, 622 (625).
92 *Rehm/Nagler*, IStR 2011, 622 (625).

a) Mindestbeteiligungserfordernisse

Inländisches (§ 9 Nr. 2a GewStG) und internationales Schachtelprivileg (§ 9 Nr. 7 GewStG) unterscheiden sich stark in ihren Anforderungen an Mindestbeteiligungshöhe- und -zeitpunkt bzw. -dauer sowie an die Aktivitätserfordernisse. Hierzu nachfolgend eine vereinfachte Darstellung ohne Einbezug nachgeschalteter Gesellschaften („Enkelprivilegien"):

	Mindestbeteiligungshöhe %	Stichtag	Aktivitätserfordernis
Inländische Gesellschaft	15 %	zu Beginn des Erhebungszeitraums	
Gesellschaft, die der Mutter/Tochter-Richtlinie unterliegt	10 %	zu Beginn des Erhebungszeitraums	
Sonstige ausländische Gesellschaft	15 %	Ununterbrochen *seit* Beginn des Erhebungszeitraums	Ausschließlich bzw. fast ausschließlich Einkünfte im Sinne des § 8 Abs. 1 Nr. 1–6 AStG bzw. Beteiligungserträge als Landes- oder Funktionsholding

Im Rahmen des Jahressteuergesetzes 2008 wurde die Beteiligungsschwelle für Gewinne aus Beteiligungen, die von der Mutter-/Tochter-Richtlinie erfasst werden, auf 10 % abgesenkt.[93] Ferner wurde durch das Unternehmenssteuerreformgesetz 2008 die Mindestbeteiligungsgrenze für das inländische und ausländische Schachtelprivileg von 10 % auf 15 % angehoben.[94] Diese Anhebung ist im Lichte der 10 % Mindestbeteiligungsgrenze für Beteiligungsgewinne, die von der Mutter-/Tochter-Richtlinie erfasst werden, unsystematisch. Gleiches gilt für die unterschiedlichen Anforderungen an Beteiligungszeitpunkt bzw. -dauer. Während für das inländische Schachtelprivileg und Beteiligungen, die unter die Mutter-/Tochter-Richtlinie fallen, es ausreichend ist, wenn „zu Beginn des Erhebungszeitraums", die Beteiligung bestand, fordert § 9 Nr. 7 GewStG für sonstige ausländische Beteiligungen, dass die Beteiligung „seit Beginn des Erhebungszeitraums" ununterbrochen bestanden haben muss.

Aus Unternehmenssicht wäre die Abschaffung der Beteiligungsgrenzen wünschenswert, da so steuerliche Mehrfachbelastungen vermieden würden. Dies erscheint auch unter Berücksichtigung der vollumfänglichen Kürzung bei Betriebsstätten-Konstellationen nach § 9 Nr. 3 GewStG ein sachgerechter Lösungsansatz. Zumindest aber eine weitestgehende Harmonisie-

---

93 Gesetz v. 20.12.2007, BGBl. I 2007, 3105.
94 Gesetz v. 14.9.2007, BGBl. I 2007, 1912.

rung der Voraussetzungen für die Schachtelprivilegien sollte durch den Gesetzgeber erfolgen.

b) Sonderproblem des § 8 Nr. 5 i. V. m. § 9 Nr. 7 GewStG

Im Verhältnis zu Auslandsbeteiligungen, die von der Mutter-/Tochter-Richtlinie erfasst werden, müssen sonstige Auslandsbeteiligungen weitaus engere Anforderungen (insbesondere Aktivitätserfordernis) erfüllen, um in den Genuss des gewerbesteuerlichen Schachtelprivilegs zu kommen. Insoweit bestehen europarechtliche Bedenken.[95]

Das Aktivitätserfordernis bereitet zudem diverse Probleme. Neben der Unklarheit bezüglich des Verständnisses des unbestimmten Tatbestandsmerkmals „Bruttoerträge fast ausschließlich aus aktiver Tätigkeit"[96] bestehen in der Unternehmenspraxis regelmäßig große Probleme, bei mehrstufigen ausländischen Beteiligungen den Landes- oder Funktionsholding-Nachweis zu führen.[97]

Zudem ist der Aktivitätsvorbehalt nicht mehr zeit- und sachgemäß. Soweit niedrig besteuerte Einkünfte bereits über die Hinzurechnungsbesteuerung der Gewerbesteuer unterliegen, ist § 9 Nr. 7 GewStG grundsätzlich nicht von Relevanz. Daher ist der Aktivitätsvorbehalt lediglich für Gesellschaften, die keiner niedrigen Besteuerung im Ausland unterlagen, von Bedeutung.[98] Dies jedoch ist wiederum nicht nachvollziehbar, denn zum einen entstehen die den Beteiligungserträgen zugrundeliegenden Gewinne nicht in einer inländischen Betriebsstätte (Territorialitätsprinzip) und zum anderen sollte in Fällen fehlender Niedrigbesteuerung auch nicht von missbräuchlichen Gestaltungen ausgegangen werden.

4. Nichtanrechenbarkeit ausländischer Steuern auf die Gewerbesteuer

Insbesondere Einkünfte aus Zinsen und Lizenzgebühren unterliegen vielfach einer Quellensteuerbelastung, wenn der Zahlungsverpflichtete in einem ausländischen Staat (Quellenstaat) ansässig ist. Der Einbehalt der Steuern erfolgt dabei im Quellenstaat regelmäßig auf Bruttobasis, d. h. vor Abzug von mit den Einkünften zusammenhängenden Aufwendungen. Sieht das DBA keine Freistellung der quellenbesteuerten Einkünfte vor, sind sie gewerbesteuerpflichtig. Denn entgegen dem Inlandsprinzip nach § 2 Abs. 1 S. 1 GewStG sieht das Gewerbesteuergesetz vor, dass insbesondere auch ausländische Zins- und Lizenzeinkünfte sowie Dividenden aus Streubesitzanteilen der Gewerbesteuer unterliegen. In diesen Fällen kommt es oftmals

---

95 S. hierzu *Ernst*, Ubg 2010, 494 (499).
96 *Ernst*, Ubg 2010, 494 (501).
97 S. hierzu auch *Ernst*, Ubg 2010, 494 (501).
98 S. hierzu ausführlich *Haas*, IStR 2011, 353 (358).

zu einer Doppelbesteuerung, da nur sehr wenige DBA die Anrechnung der ausländischen Quellensteuern auf die Gewerbesteuer ermöglichen.[99]

Zwar wird in der Literatur bzw. Kommentierung die Auffassung vertreten, dass Art. 23 A Abs. 2 OECD-MA bei der Anrechnung nicht zwischen Körperschaft- bzw. Einkommensteuer einerseits und Gewerbesteuer andererseits differenziert,[100] aber selbst wenn dem so ist, bleibt vollkommen offen, wie denn praktisch eine Anrechnung ausländischer Quellensteuer auf die Gewerbesteuer erfolgen sollte. Zunächst ist unklar, in welcher Reihenfolge die Anrechnung auf Gewerbesteuer und Körperschaftsteuer zu erfolgen hat. Ferner fehlt es im Gewerbesteuerrecht insbesondere an einer den § 34c EStG und § 26 KStG entsprechenden Vorschrift und somit ist rein von Seiten der Erklärungs- und Veranlagungs- bzw. Erhebungstechnik vollkommen unklar, wie und an welcher Stelle, soll heißen auf Ebene der Festsetzung und ggf. Zerlegung des Gewerbesteuermessbetrages oder bei der Festsetzung und Erhebung der Gewerbesteuer durch die Gemeinden, eine Quellensteueranrechnung erfolgen sollte.

Diese „technischen" Schwierigkeiten allein sind zwar kein echter Grund, einen ggf. bestehenden Anspruch auf die Anrechnung ausländischer Quellensteuer bei der Gewerbesteuer zu realisieren, aber sie stellen dennoch eine Hürde dar, die zu nehmen in der Vergangenheit regelmäßig den Aufwand nicht lohnte. Dies könnte sich mit der Absenkung der Körperschaftsteuer ab dem Veranlagungszeitraum 2008 auf 15 % geändert haben, da seitdem vielfach Anrechnungsüberhänge entstehen dürften. Inwieweit sich in den kommenden Jahren deshalb die Finanzgerichte mit dieser Thematik befassen werden, bleibt abzuwarten. Vielleicht wird dann auch im Lichte des § 2 Abs. 1 S. 1 GewStG die Gewerbesteuerpflicht ausländischer Einkünfte generell untersucht werden. Soweit ausländische Einkünfte der Gewerbesteuer unterliegen, ist jedenfalls aufgrund des faktischen Charakters der Gewerbesteuer als ertragsabhängige Personensteuer die Schaffung einer Anrechnungsmöglichkeit auf die Gewerbesteuer geboten.

5. Gewerbesteuer und Hinzurechnungsbesteuerung nach dem Außensteuergesetz

Der Hinzurechnungsbetrag nach dem AStG zählt bei Anteilen an einer ausländischen Gesellschaft, die im Betriebsvermögen gehalten werden, zu den Einkünften aus Gewerbebetrieb. Die entsprechende Erhöhung des Gewinns des Betriebes erfolgt außerhalb der Steuerbilanz als Hinzurechnung zu den übrigen Einkünften des Steuerpflichtigen aus Gewerbebe-

---
99 S. hierzu *Herung/Seidel*, IWB 2009, 687 ff.
100 S. hierzu *Kessler/Dietrich*, IStR 2011, 108 (109); *Wassermeyer* in Debatin/Wassermeyer, Art. 23 A OECD-MA Rz. 104.

trieb.¹⁰¹ Der Hinzurechnungsbetrag ist folglich – aufgrund der Erhöhung des Gewinns eines Betriebes für Zwecke der Einkommen- bzw. Körperschaftsteuer – im Gewinn aus Gewerbebetrieb im Sinne des § 7 S. 1 GewStG enthalten und unterliegt damit grundsätzlich der Gewerbesteuer.¹⁰²

Ausgehend vom behaupteten Objektsteuercharakter der Gewerbesteuer (§ 2 Abs. 1 GewStG) sowie unter dem Territorialitäts- und dem Äquivalenzgedanken erscheint die Gewerbesteuerpflicht des Hinzurechnungsbetrages jedoch systematisch nicht gerechtfertigt,¹⁰³ da öffentliche Ausgaben im Zusammenhang mit den im Ausland betriebenen Gewerbebetrieben von den ausländischen Gemeinden zu tragen sind; insoweit ist nicht nachvollziehbar, warum die deutschen Gemeinden in Form der Gewerbesteuer eine Kompensation erhalten sollen.¹⁰⁴

Auch die Kontrolltheorie des AStG vermag die Gewerbesteuerpflicht des Hinzurechnungsbetrages nicht zu rechtfertigen. Diese besagt vor diesem Hintergrund lediglich, dass die ausländische Gesellschaft zum Steuerinländer wird („Zwischengesellschaft") und damit einen steuerlichen Zugriff ermöglicht. Dies bedeutet aber nicht automatisch, dass auch die ausländischen Einkünfte der Zwischengesellschaft inländische Einkünfte für Zwecke der Gewerbesteuer werden.¹⁰⁵ Die Frage nach der Richtigkeit der gewerbesteuerlichen Belastung des Hinzurechnungsbetrages stellt sich umso mehr, als mit dem Unternehmenssteuerfortentwicklungsgesetz vom 20.12.2001 die gesetzliche „Brücke" der §§ 11 Abs. 2, 13 Abs. 1 Nr. 2 AStG a. F. entfallen ist.¹⁰⁶

Losgelöst vom Objektsteuergedanken, spricht gegen eine Besteuerung des Hinzurechnungsbetrages mit Gewerbesteuer aus steuersystematischer Sicht auch der Vergleich mit der außensteuerrechtlichen Behandlung einer niedrig besteuerten Betriebsstätte.¹⁰⁷ Wird eine passive Tätigkeit durch eine ausländische Betriebsstätte ausgeübt, ordnet § 20 Abs. 2 AStG an, das statt

---

101 *Fuhrmann* in Mössner/Fuhrmann (Hrsg.), 2. Aufl. 2010, § 10 AStG Rz. 98; *Reiser/Haun/Käshammer* in Wöhrle/Schelle/Gross (Hrsg.), AStG-Kommentar, § 10 AStG Rz. 10 bzw. 12b. Nach Abschaffung der §§ 11 Abs. 2 und 13 Abs. 1 Nr. 2 AStG mit dem Unternehmenssteuerfortentwicklungsgesetz vom 20.12.2001 (BGBl. I 2001, 3858) ergibt sich die Gewerbesteuerpflicht des Hinzurechnungsbetrages mittelbar über § 21 Abs. 7 S. 4 Nr. 2 AStG, vgl. *Rödder/Schumacher*, DStR 2002, 105 (112).
102 *Fuhrmann* in Mössner/Fuhrmann (Fn. 101), § 10 AStG Rz. 97 und 104; *Wassermeyer/Schönfeld* in Flick/Wassermeyer/Baumhoff/Schönfeld, AStG-Kommentar, § 10 AStG Rz. 186; *Rödder*, IStR 2009, 873 (875).
103 S. hierzu *Wassermeyer/Schönfeld* (Fn. 102), § 10 AStG Rz. 186 f.
104 *Wassermeyer/Schönfeld* (Fn. 102), § 10 AStG Rz. 187.
105 *Wassermeyer/Schönfeld* (Fn. 102), § 10 AStG Rz. 186 f.
106 *Gosch* in Blümich, § 9 GewStG Rz. 221a; S. BFH, Urteil v. 21.12 2005 – I R 4/05, BStBl. II 2006, 555.
107 Vgl. auch *Fuhrmann* in Mössner/Fuhrmann (Fn. 101), § 10 AStG Rz. 105; *Rödder*, IStR 2009, 874 (875) mit Verweis auf *Rödder/Schumacher*, DStR 2002, 105 (112).

der Freistellungsmethode die Anrechnungsmethode zur Anwendung gelangt. Die Kürzungsvorschrift des § 9 Nr. 3 GewStG wird durch den Switch-Over des § 20 Abs. 2 AStG nicht ausgeschlossen, so dass die passiven Einkünfte einer niedrig besteuerten Betriebsstätte mithin nicht der Gewerbesteuer unterliegen.

Gegen die *systematische Richtigkeit* der Besteuerung des Hinzurechnungsbetrages mit Gewerbesteuer lässt sich ferner anführen, dass sich die Anrechnung der von der ausländischen Zwischengesellschaft gezahlten Steuern (Wahlrecht nach § 12 Abs. 1 i. V. m. Abs. 2 AStG) insoweit nur auf die Körperschaftsteuer erstreckt.[108] Bei ausländischen Steuersätzen von mehr als 15,83 % und weniger als 25 % kann es aufgrund des Anrechnungsüberhangs zu einer deutlich höheren Steuerbelastung kommen als im reinen Inlandsfall.[109] Diese überschießende Wirkung kann nicht mit dem Sinn und Zweck der Hinzurechnungsbesteuerung, nämlich der Herstellung einer ausreichenden steuerlichen Vorbelastung, gerechtfertigt werden.[110]

Aus Unternehmenssicht lässt sich daher feststellen, dass die Hinzurechnungsbesteuerung hinsichtlich der Wechselwirkung mit der Gewerbesteuer unzureichend ausgestaltet ist. Bei Anwendung des Objektsteuergedankens und unter Berücksichtigung des Äquivalenzprinzips sowie aus steuersystematischen Gründen bzw. dem Aspekt der Gleichbehandlung mit der Betriebsstätte sollte der Hinzurechnungsbetrag nicht in den Gewerbeertrag nach § 7 GewStG einfließen bzw. durch Aufnahme einer entsprechenden Kürzungsvorschrift in § 9 GewStG wieder eliminiert werden.[111]

6. Gewerbesteuerliche Berücksichtigung ausländischer Verluste

In der Rechtssache Marks & Spencer[112] – Verrechnung von Verlusten einer in einem anderen Mitgliedstaat tätigen Tochtergesellschaft mit Gewinnen der gebietsansässigen Tochtergesellschaft – hat der EuGH entschieden, dass ausländische Verluste im Inland zum Abzug zuzulassen sind, wenn es sich um sog. endgültige Verluste handelt. Ferner hat der EuGH in der Rechtssache Lidl Belgium[113] zur Berücksichtigung von ausländischen EU-Betriebsstättenverlusten bei DBA-Freistellung im Stammhausstaat entschieden, dass eine solche Verlustberücksichtigung aus Gründen des Gemeinschaftsrechts bei sog. finalen Verlusten geboten sei.

---

108 *Rödder*, IStR 2009, 874.
109 *Rödder*, IStR 2009, 874 (875); Vergleich mit dem Inlandsfall unter Berücksichtigung des Solidaritätszuschlags.
110 *Rödder*, IStR 2009, 874 (875); ähnlich zum Ziel der Hinzurechnungsbesteuerung BFH v. 21.1.1998 – I R 3/96, BStBl. II 1998, 468.
111 Zur Kürzung des Hinzurechnungsbetrages aufgrund § 9 Nr. 7 GewStG s. *Günkel/Lieber*, IStR 2006, 457 (461); *Ruf/Wohlfahrt*, Ubg 2009, 496 (S. 498).
112 EuGH v. 13.12.2005 – Rs. C-446/03 – Marks & Spencer, IStR 2006, 19.
113 EuGH v. 15.5.2008 – Rs. C-414/06 – Lidl Belgium, BB 2008, 1322.

Der BFH hat in der Folge in zwei Urteilen vom 9.6.2010[114] insbesondere zu den Fragen der Finalität von Betriebsstättenverlusten und der Berücksichtigung von finalen ausländischen Betriebsstättenverlusten bei der Gewerbesteuer Stellung genommen. Danach ist zwischen dem Fall des rechtlichen Untergangs und dem Fall des tatsächlichen Untergangs der Verluste zu unterscheiden. Nur in letzterem Fall ist eine Berücksichtigung der Verluste im Stammhausstaat (Deutschland) geboten.

Die Verlustberücksichtigung gilt nach Auffassung des BFH trotz des strukturellen Inlandsbezugs der Gewerbesteuer außer für die Körperschaft- bzw. Einkommensteuer auch für die Gewerbesteuer.[115] Die Verlustberücksichtigung geht über das Einkommen nach EStG bzw. KStG in die Ermittlung des Gewerbeertrags ein und schlägt folglich aufgrund der Regelung des § 7 GewStG auf die Gewerbesteuer durch. Eine Korrektur über die Hinzurechnungs- und Kürzungstatbestände des GewStG findet nicht statt, da vom BFH ein Anwendungsvorrang des Gemeinschaftsrechts auch für die Gewerbesteuer unterstellt wird.

Vor dem Hintergrund des faktischen Ertragsteuercharakters der Gewerbesteuer erscheint aus Unternehmenssicht die Berücksichtigung von finalen Verlusten aus im EU-Ausland belegenen Betriebsstätten konsequent. Im Ergebnis wird dadurch die ausländische Betriebsstätte einer inländischen Betriebsstätte gleichgestellt, deren Verluste sich auf Ebene des Stammhauses sowohl bei Körperschaft- bzw. Einkommensteuer als auch bei der Gewerbesteuer einkommensmindernd niederschlagen. Der Charakter der Gewerbesteuer als Steuer auf einen inländischen stehenden Gewerbebetrieb wird so ignoriert.[116] Unter Annahme des Objektsteuercharakters der Gewerbesteuer erscheint die Berücksichtigung dieser Verluste hingegen widersprüchlich.

7. Gewerbesteuerzerlegung

Die Gemeinden sollen über die Zerlegung ein – nicht notwendigerweise vollständiges – finanzielles Äquivalent für die Lasten erhalten, die ihnen durch die gewerblichen Betriebsstätten entstehen.[117] Dieser Grundsatz findet sich im Gesetz explizit in § 30 GewStG, der für die Zerlegung bei

---

114 BFH v. 9.6.2010 – I R 107/09, IStR 2010, 663; BFH v. 9.6.2010 – I R 100/09, BStBl. II 2010, 1065.
115 So *Gosch*, BFH/PR 2010, 405 (406).
116 Gute Argumente für Verlustberücksichtigung bestehen nach Ansicht von *Gosch*, BFH/PR 2010, 405 (406); *Kessler/Philipp*, IStR 2010, 865 (869); *Roser*, Ubg 2010, 30 (39) und *Stiller*, BB 2011, 607 (613). A. A. sind wegen Vorrang des Objektsteuercharakters der GewSt *Benecke/Staats*, IStR 2010, 663 (669); *Gebhardt/Quilitzsch*, FR 2011, 359 (364 f.).
117 *Hofmeister* in Blümich, § 29 GewStG Rz. 2.

mehrgemeindlichen Betriebsstätten anordnet, dass diese unter Berücksichtigung der durch das Vorhandensein der Betriebsstätte erwachsenen Gemeindelasten zu erfolgen hat. „Da die Höhe dieser Lasten sich nur mit großem Aufwand und auch dann in der Regel nur ungenau ermitteln lässt, ist eine Zerlegung entsprechend dem Verhältnis der einzelnen Gemeinden tatsächlich erwachsenen Lasten im Regelfall praktisch unmöglich".[118]

Die Entscheidung des Gesetzgebers die Zerlegung des Gewerbeertrages vereinfachend auf pauschaler Basis der Arbeitslöhne vorzunehmen (§ 29 Abs. 1 Nr. 1 GewStG), ist insoweit gutzuheißen. Dennoch bildet der lohnanteilige Zerlegungsmaßstab in vielen Fällen nicht in angemessener Weise die tatsächlichen Wertschöpfungsanteile, die in den verschiedenen inländischen Betriebsstätten generiert werden, ab. Auch stellen die Arbeitslöhne heute keinen zutreffenden Maßstab für die Nutzung der gemeindlichen Infrastruktur durch die jeweiligen Betriebe dar. So können in einem Konzern bzw. Organkreis erbrachte personalintensive Dienstleistungen ggf. einen hohen Anteil des Gewerbeertrages in eine Betriebsstättengemeinde ziehen, während die – annahmegemäß – wenig personalintensive Produktion in einer anderen Gemeinde ein wesentlich höheres Maß an Infrastrukur in Anspruch nimmt.

Trotz dieses in Einzelfällen auftretenden Missverhältnisses sollte aus Unternehmenssicht generell an den Lohnsummen als Aufteilungsmaßstab festgehalten werden, da dies – trotz des auch damit verbundenen Verwaltungsaufwandes für die Unternehmen – eine einfach nachvollziehbare und damit wenig gestaltungsanfällige Größe darstellt.

V. Steuerwettbewerb im Inland

1. Mindesthebesatz und Hebesatzdifferenzen

Mit dem Gewerbesteueränderungsgesetz[119] wurde ab dem Erhebungszeitraum 2004 in § 16 Abs. 4 S. 2 GewStG ein gemeindlicher Mindesthebesatz von 200 % eingeführt. Ziel des Gesetzgebers war es, „gravierende regionale Verwerfungen" bei der Besteuerung zu vermeiden sowie eine Gleichheit der Lebensverhältnisse herzustellen.[120] Tatsächlich sollte wohl mit dieser Maßnahme der kommunale Steuerwettbewerb eingedämmt werden. Ob dieses erstrebenswert ist, ist jedoch mehr als fraglich, denn ein Wettbewerb zwischen Gemeinden sollte aufgrund der dadurch erforderlichen Effizienz in der kommunalen Haushaltspolitik zu volkswirtschaftlichen Wohlfahrtsgewinnen führen. Dabei muss an dieser Stelle natürlich auch auf den kommunalen Lastenausgleich auf Länderebene hingewiesen werden, welcher

---

118 *Hofmeister* in Blümich, § 29 GewStG Rz. 2 mit Verweis auf Rspr.
119 Gesetz v. 23.12.2003, BGBl. I 2003, 2922.
120 *Gosch* in Blümich, § 16 GewStG Rz. 16.

vielfach leider häufig die Städte und Gemeinden begünstigt, die historisch schlecht gewirtschaftet haben. Das erneute Scheitern einer Reform der Gemeindefinanzierung ist insoweit besonders bedauerlich.

Nachfolgend eine Übersicht zur Gesamtertragsteuerbelastung von Kapitalgesellschaften bei unterschiedlichen Hebesätzen:

Hebesatz	GewSt	Gesamtbelastung (KSt, Soli, GewSt)
200	7 %	22,825 %
300	10,5 %	26,325 %
400	14 %	29,825 %
500	17,5 %	33,325 %

2. Gewerbesteuer und Standortentscheidungen

Trotz des Mindesthebesatzes spielt die Gewerbesteuerbelastung bei Investitions- und Standortentscheidungen heute eine größere Rolle denn je. Die Gründe hierfür sind in erster Linie in der seit 2008 geltenden Nichtabziehbarkeit der Gewerbesteuer (§ 4 Abs. 5b EStG) und der Senkung des Körperschaftsteuersatzes auf 15 % zu finden. Beides zusammengenommen hat die Gewerbesteuer für eine Vielzahl von Kapitalgesellschaften zu der materiell bedeutsamsten inländischen Ertragsteuer werden lassen.

Die Standortwahl hat sich daher für viele Kapitalgesellschaften zu einem wichtigen Element der Steuerplanung entwickelt. Insbesondere bei Neuinvestitionen sowie bei der organisatorischen Neugestaltung betrieblicher Abläufe sollte durch die Steuerabteilung bzw. den steuerlichen Berater des Unternehmens untersucht werden, ob sich gewerbesteuerlich günstige Standorte zur Errichtung der jeweiligen Einheiten anbieten. Diese Möglichkeiten der Steuerplanung bleiben Gesellschaften jedoch dann versagt, wenn sich entweder keine betrieblichen Änderungen oder komplette Neuinvestitionen („Green Field") ergeben oder wenn es an wesentlichen „standortelastischen Funktionen"[121] fehlt und eine Standortverlegung daher mit Kosten verbunden wäre, die die potenzielle Gewerbesteuerersparnis übersteigen würden.

Für die Verlagerung in eine Gemeinde mit niedrigerem Gewerbesteuerhebesatz bieten sich besonders Betriebe bzw. Funktionen an, die bei geringem Verlagerungs- und Unterhaltungsaufwand hohe Ertragspotentiale generieren.[122] Soweit diese organisatorischer Teil eines Gesamtbetriebes sind

---

121 *Scheffler*, Ubg 2011, 262 (264).
122 S. beispielhafte Aufzählung: *Scheffler*, Ubg 2011, 262 (264).

und keinen Teilbetrieb darstellen, bietet sich eine Überführung von Wirtschaftsgütern nach § 6 Abs. 5 S. 3 EStG an.

Obwohl mit mehr als zehn Prozentpunkten erhebliche Belastungsdifferenzen im Inland bestehen, und die Ertragsteuerbelastung bei gemeindlichen Hebesätzen bis zu 262 % unterhalb der Niedrigbesteuerungsgrenze des § 8 Abs. 3 AStG liegt,[123] greifen weder die Funktionsverlagerungs- noch andere Realisierungstatbestände bei der Gestaltung der inländischen Standortwahl. Eine Gesetzeslücke ist dies nicht, sondern vielmehr Ausfluss der gemeindlichen Finanzierungsautonomie und des vielfachen Scheiterns, die Gemeindefinanzierung auf eine nachhaltige, Konjunktur und Krisen weniger unterworfene Basis zu stellen.

Durch den interkommunalen Wettbewerb bei den Gewerbesteuerhebesätzen können somit mittels der Wahl des Standortes bei Neuinvestitionen oder Neugestaltungen betrieblicher Funktionen signifikante Gewerbesteuereinsparungen erzielt werden.

VI. Ausblick

Die vorangegangen Ausführungen zeigen, dass aus Sicht der Unternehmen bei der Gewerbesteuer ein erheblicher struktureller und rechtlicher Reformbedarf besteht.[124] Auch aus Gemeindesicht ist Reformbedarf gegeben, da die konjunkturabhängige Gewerbesteuer den Gemeinden mitnichten ein stetiges Einkommen sichern kann.

Aufgrund des erneuten Scheiterns der Gemeindefinanzreform erscheint mehr als zweifelhaft, ob eine grundlegende Reform der Gewerbesteuer in absehbarer Zeit realisierbar ist. Kurzfristig sollten daher ein „Rückbau" der Hinzurechnungen nach § 8 Nr. 1 GewStG, eine gleichlaufende Behandlung von Veräußerungsvorgängen und -verlusten[125] sowie eine Harmonisierung der diversen gewerbesteuerlichen Schachtelprivilegien angestrebt werden.

Und noch ein anderes Thema macht eine umfassende Reform und Harmonisierung der Bemessungsgrundlagen – wenn nicht sogar eine Abschaffung – der Gewerbesteuer erforderlich: die Gemeinsame Konsolidierte Körper-

---

123 Vgl. *Scheffler*, Ubg 2011, 262.
124 Vgl. zur Reformnotwendigkeit der Gewerbesteuer sowie zu der positiven Würdigung des Vorschlags der Stiftung Marktwirtschaft *Jonas* in FS Herzig, 2010, S. 335 ff.
125 *Hey*, StuW 2011, 131 (135).

schaftsteuerbemessungsgrundlage (GKKB). Nach dem von der EU veröffentlichten Vorschlag besteht für die Gesellschaften hinsichtlich der Anwendung der GKKB eine Optionsmöglichkeit. Sollte an der deutschen Gewerbesteuer festgehalten werden, so ist zu befürchten, dass diese Optionsmöglichkeit faktisch ins Leere läuft, da das Erfordernis, zwei steuerliche Gewinnermittlungen vorzunehmen zu müssen, für die Unternehmen einen nicht vertretbaren Verwaltungsaufwand darstellt.[126]

---

126 Der Bundesrat hat in seiner Stellungnahme aufgrund der Sitzung v. 17.6.2011 zu dem Vorschlag für die GKKB zutreffend auf die Gewerbesteuerproblematik hingewiesen – BR-Drucks. 155/11 (Beschluss) (2).

Kritische Bestandsaufnahme der Grundsteuer

Prof. Dr. *Arndt Schmehl*
Universität Hamburg

Inhaltsübersicht

I. Einleitung
II. Die Grundsteuer in der Kritik – eine Einordnung
   1. Die Grundsteuer im Schnittfeld unterschiedlicher Diskussionskontexte
   2. Die ökonomische Analyse und die außerjuristische Steuerrechtfertigung
III. Die Stellung der Grundsteuer im System der Einnahmenerzielung
IV. Rechtsideen und Rechtswirklichkeit der gegenwärtigen deutschen Grundsteuer
   1. Steuergegenstand
      a) Grundidee
      b) Bewertungsmethoden
         aa) Ausgangslage und Relevanz der Bewertungsmethoden
         bb) Gegenwärtige Rechtslage
         cc) Abstellen auf eine für mehrere Steuerarten geltende Einheitswert-Feststellung
      c) Die Grundsteuer bei individuellen oder allgemeinen Ertragskrisen
      d) Steuerbefreiungen
   2. Steuersubjekt und Steuerträger
   3. Steuersatz
   4. Zwischenergebnis
   5. Die Grundsteuer im Verfassungsrecht
      a) Die Möglichkeit einer verfassungskonformen Grundsteuer
      b) Die Forderung der Gewährleistung realitätsgerechter Bewertungsgrundlagen
V. Grundsteuern in ausländischen Steuerordnungen
   1. Vereinigte Staaten von Amerika
      a) Steuergegenstand und Steuerpflichtige
      b) Wertermittlung
      c) Nutzungsklassen und Steuersätze
      d) Ausnahmen, Ermäßigungen
      e) Kritik
   2. Großbritannien
   3. Frankreich
   4. Jüngere Steuerordnungen insbesondere in Osteuropa
   5. Zwischenergebnis
VI. Eine neue oder jedenfalls erneuerte Grundsteuer
   1. Die Bedingungen der Steuerrechtsreform
   2. Bausteine der Modellierung einer neuen Grundsteuer
   3. Die Modellierung einer neuen Grundsteuer in Deutschland
      a) Eine Grundsteuer mit statistikbasierter Verkehrswertschätzung: Der Vorschlag der „Nordostschiene" (VKM)
      b) Eine Grundsteuer ohne Wertermittlung: Der Vorschlag der „Südschiene" (WUM)
      c) Zur rechtspolitischen Gegenüberstellung von wertunabhängigem und verkehrswertabhängigem Modell
      d) Kombinationsmodelle: Der Vorschlag Thüringens (KOM)
   4. Einbeziehung besonderer Anreizwirkungen auf die Steueradressaten
      a) Grundwasser- und Klimaschutz durch Bodenschutz: Eine Grundsteuer mit Bodenverbrauchsfaktor
      b) Bodenmarktaspekte: Eine Bodenwertzuwachssteuer als Grundsteuer
   5. Verfassungsrechtlicher Rahmen: Insbesondere zum bewertungsunabhängigen „Flächensteuer"-Konzept
VII. Fazit

I. Einleitung

Die Grundsteuer hat nicht immer die erforderliche Aufmerksamkeit und Pflege genossen. Umso mehr ist es zu begrüßen, dass jetzt wieder starke Lebenszeichen der Auseinandersetzung mit dieser Steuer zu sehen sind. So ist die Grundsteuer-Reformdebatte nicht nur aufgelodert, sondern wurde auch inhaltlich erheblich vertieft[1]. Zugleich hat der BFH die Kritik an den Bewertungsgrundlagen der Grundsteuer verschärft[2], was der Diskussion weitere Nahrung gegeben und ihr zudem größere politische Dringlichkeit verliehen hat.

Doch nicht allein die Aktualität, sondern auch die über diese Steuer hinausweisenden Grundlagenbezüge sind gute Gründe dafür, dass sich die Deutsche Steuerjuristische Gesellschaft der Grundsteuer widmet. Trotz, und teils vielleicht auch *wegen* ihrer scheinbaren „Unauffälligkeit" gehört die Grundsteuer zu den Säulen der Finanzierung der kommunalen Ebene. Diese ist ihrerseits essentiell für eine lebendige, demokratische Bürgergesellschaft, für eine gute, rechtsstaatliche Verwaltung und eine reichhaltige öffentliche Infrastruktur. In der Grundsteuer spiegeln sich die Fragen einer adäquaten Gestaltung von Kommunalsteuern ebenso wie das Problem einer realitäts- und verteilungsgerechten Praktikabilität von Steuern, für die es auf eine autoritativ zu treffende Bewertung von Vermögensgegenständen ankommt.

Ein förderlicher Beitrag aus der Rechtswissenschaft kann in dieser Situation darin bestehen, den Blick auf die äußeren und inneren Zusammenhänge der Grundsteuerdebatte und des Grundsteuerrechts zu richten und diese möglichst so herauszuarbeiten, dass zugleich weiterführende Perspektiven eröffnet werden können. Dies erfordert eine übergreifende Zusammenführung rechtlicher und ökonomischer Überlegungen und der sowohl steuer- als auch finanzpolitischen Diskussionslinien mit dem Ziel, zu einer klärenden Vergewisserung über die bisherige Lage und zu einer abgewoge-

---

1 S. vor allem die folgenden, eingehend begründeten Papiere: Grundsteuer auf der Basis von Verkehrswerten, Machbarkeitsstudie der Arbeitsgruppe Grundsteuer auf der Basis von Verkehrswerten, Berlin, Bremen, Niedersachsen, Sachsen, Schleswig-Holstein, 2009; Eckpunkte für eine vereinfachte Grundsteuer nach dem Äquivalenzprinzip, Arbeitsgruppe der Länder Baden-Württemberg, Bayern, Hessen, 2010; Reform der Grundsteuer: Stellungnahme des Wissenschaftlichen Beirats beim BMF, 2010; Reform der Grundsteuer: Gebäudewertunabhängiges Kombinationsmodell, Thüringen, 2011. Einen aufschlussreichen Vergleich der drei Länder(gruppen)vorschläge leistet der Bericht der länderoffenen Arbeitsgruppe „Bewertung der Ansätze einer Grundsteuerreform und weitere Verfahrensvorschläge", Stand 14.1.2011, Umdruck, publiziert u. a. unter http://www.pfalz.ihk24.de/linkableblob/1647186/.3./data/Bericht_der_Arbeitsgruppe_Grunst euerreform_Januar_2011-data.pdf, mit zugehörigen Anlagen, veröffentlicht u. a. unter http://www.ihk-suhl.de/files/12E0F1BCDC2/Anlagen+zum+Bericht+vom+14.01.2011. – Alle Internetbelege im vorliegenden Text wurden letztmals am 1.3.2012 gegengeprüft.
2 BFH v. 30.6.2010 – II R 60/08, BStBl. II 2010, 897; BFH v. 30.6.2010 – II R 12/09, BStBl. II 2011, 48.

nen Würdigung der künftigen Handlungsoptionen beizutragen. Ich möchte daher in diesem Vortrag in folgenden Schritten vorgehen:

Zu Beginn möchte ich die Struktur der Grundsteuerdiskussion im Kontext der allgemeinen Steuer- und Finanzreformdebatten beobachten (II.).

Der zweite auszuleuchtende Zusammenhang ist die faktische Positionierung der Grundsteuer im Einnahmensystem (III.).

Nach diesen äußeren sollen die inneren Zusammenhänge der Grundsteuer hinsichtlich ihrer Idee und Wirklichkeit untersucht werden, woran die verfassungsrechtliche Würdigung anknüpft (IV.).

Eine rechtsvergleichende Analyse hilft oftmals, sowohl das Verständnis für Grundlagen und pragmatische Probleme als auch die zukunftsgewandte Vorstellungskraft zu erweitern und soll sich daher im Gang der Untersuchung anschließen (V.).

Schließlich gilt es, die wichtigsten Modelle für eine Weiterentwicklung der deutschen Grundsteuer, wiederum einschließlich des verfassungsrechtlichen Rahmens, zu erörtern und hierbei weiter aus dem in den vorangegangenen Abschnitten aufgespannten Horizont zu schöpfen (VI.).

II. Die Grundsteuer in der Kritik – eine Einordnung

1. Die Grundsteuer im Schnittfeld unterschiedlicher Diskussionskontexte

Steuern, deren Bemessung an den Bestand von Vermögen oder Vermögensgegenständen anknüpft, haben in der jüngeren Ära der Steuersysteme einer beachtlichen Erosion unterlegen. Dies wird vorwiegend steuerpolitisch, teils aber auch mit den rechtlichen Umsetzungsfragen solcher Steuern begründet. Ihr Aufkommen im Verhältnis zu Ertrag- und Konsumsteuern wurde in jüngerer Zeit in vielen Steuerordnungen begrenzt oder verringert. Dies gilt in Deutschland eher stärker als in Staaten mit ähnlicher Wirtschaftskraft und Sozialstaatlichkeit. Auch in einem Vergleich aller OECD-Staaten ist das Aufkommen der vermögensbezogenen Steuern, nach deren statistischer Definition durch die OECD, in Deutschland in Relation zur Wirtschaftskraft deutlich unterdurchschnittlich.[3] Speziell Steuern auf Immobilien, im Wesentlichen die Grundsteuer, umfassen in Deutschland nach OECD-Definition knapp über 1 % des Gesamtsteueraufkommens gegenüber 3 % im OECD-Durchschnitt; bezogen auf das Bruttoinlandsprodukt 0,5 % gegenüber 1 %. Daraus leitet die OECD in Verbindung mit

---

3 Übersicht und Einstieg zu den einschlägigen Vergleichsdaten und Empfehlungen: http://www.oecd.org/document/29/0,3746,de_34968570_39907066_42147613_1_1_1_1, 00.html.

der Beobachtung, dass die Besteuerung dieses Faktors relativ wenig wachstumsschädlich ist und das Angebot von Arbeit und Kapital nicht verzerrt, die Empfehlung an Deutschland ab, Immobilien stärker zu besteuern, und zwar anhand des Verkehrswertes.[4] Während von der OECD also ein konstruktiver Ratschlag erteilt wird, macht jedenfalls der im engeren Sinne steuerrechtlich ausgerichtete Teil der Diskussion in Deutschland insoweit einen ganz anderen, beinahe eher destruktiven Eindruck. Dies lässt sich nur teilweise, aber nicht ausschließlich auf rechtlich relevante Defizite der gegenwärtigen Fassung der Grundsteuer zurückführen.

Es ist eine Besonderheit, dass der Gesetzgeber die Erosion der vermögensbezogenen Steuern einerseits ohne aktive Steuerung, aber andererseits gewissermaßen sehenden Auges geschehen ließ, indem er die abzusehenden rechtlichen Schwierigkeiten der gleichheitsgerechten Bewertung von Vermögen über eine allzu lange Zeit nicht befriedigend gelöst hat. Im Mittelpunkt dieser Beobachtung steht die Einheitsbewertung von Grundbesitz, die über die Jahre von einer fortschrittlichen Idee zu einem fortgeschrittenen Mangel geworden ist. Zu den Folgen gehört es, dass die Jurisdiktion der Gesetzgebung das Heft aus der Hand nahm und Änderungen initiierte, indem sie Reformen unausweichlich machte.[5]

Dieser Befund ließe sich leicht zum Anlass nehmen, um einen Niedergang der von Vermögensbewertungen abhängigen Steuern als „hausgemacht" anzuprangern. Und eingestandenermaßen zeigt die Langwierigkeit und vielfache Erfolglosigkeit der Lösungsanläufe an, dass die steuerpolitische Einigungs- und Problemlösungskapazität nicht so groß ist, wie es zu wünschen wäre. Solche Defizite unterliegen zusätzlich auch schärferer Beobachtung als zuvor. Bei einem daran anschließenden Lamento über „die Politik" stehenzubleiben, hieße jedoch, es sich zu einfach zu machen. Denn eine gleichheitsgerechte und realitätsnahe Vermögensbewertung für Steuerzwecke in Verbindung mit einem sowohl einleuchtenden als auch praktisch umsetzbaren Steuertatbestand zu schaffen, ist auch rein steuerfachlich anspruchsvoll. Bei Ertrags- und Verbrauchsteuern können Bewertung und Steuervollzug eng an offenliegende und dokumentierte marktliche Geschäfte anknüpfen, bei denen die Preise zudem in der Regel als Ausdruck konkreter wirtschaftlicher Bewertung am Markt anerkannt werden. Für die Besteuerung eines im Besteuerungszeitraum nicht aktuell am Markt gehandelten Vermögensbestands ist eine solche Stütze nicht in gleicher Weise verfügbar. Stattdessen kommt es auf eine stärker unmittelbar autoritativ zu treffende Wertfestellung an, und es ist anders als bei der Buchführung auch

---

4 OECD-Wirtschaftsbericht Deutschland, 2012, Gesamtbeurteilung und Empfehlungen, S. 20 f., http://www.oecd.org/dataoecd/32/28/49655853.pdf.
5 Zur Beurteilung dieses Phänomens s. etwa die Vorträge und die dokumentierte Diskussion in *Birk* (Hrsg.), Steuerrecht und Verfassungsrecht – Zur Rolle der Rechtsprechung bei der verfassungskonformen Gestaltung der Steuerrechtsordnung, 2009.

keine gleichermaßen nahe Ableitung der Sachverhaltskenntnis aus Aufzeichnungen möglich, die zu anderen Zwecken ohnehin geführt werden. Daraufhin bedeutet es eine erhebliche theoretische und praktische Schwierigkeit, für die Grundsteuer eine realitätsnahe wirtschaftliche Wertfeststellung etwa des Grundbesitzes flächendeckend und zeitnah zu gewährleisten, erst recht, soweit dies im Wesentlichen allein zu Besteuerungszwecken erfolgen müsste und daher reine Steuervollzugskosten ausmacht.

Teile der Kritik an der Grundsteuer konzentrieren sich darauf, die möglichen Gründe für eine Abschaffung der Grundsteuer auszuleuchten, während sie mögliche Ansatzpunkte für ihre Erneuerung dem Steuergesetzgeber allein überlassen. Die Gründe für dieses steuerpolitische Umfeld, das eine weitere Komplikation für eine Grundsteuerreform darstellt, liegen auf einer anderen Ebene als derjenigen der juristisch und vordergründig dominierenden Bewertungsdiskussion. Vielmehr hat zugleich die Auffassung an Boden gewonnen, wonach ein gutes Steuersystem den Hinzuerwerb von Vermögen und seine Verwendung durch Konsum, nicht aber das Vermögen selbst besteuern sollte. Dies trifft Grundsteuern, soweit diese nur in ihrer Eigenschaft als Teil-Vermögensteuern gesehen und konzipiert werden. In mancher Betrachtung über das Steuersystem erscheint die Grundsteuer in Deutschland daraufhin gleichsam wie ein verbliebener „böser Zwerg" von Vermögens(teil)besteuerung zwischen steuersystematisch „guten Riesen" der Hinzuerwerbs- und Verbrauchsbesteuerung. Die Kommunen wirken dann wie Störenfriede, die einem gebotenen Fortschritt im Wege stehen. Die Grundsteuer ist in einem solchen Bild bloß ein Relikt der Vergangenheit, das von den Kommunen nur deshalb verteidigt wird, weil ihnen eine politisch realistische Einnahmenalternative fehlt.[6]

In einer gegenläufigen Tendenz hat allerdings die Zunahme der Abstände zwischen großen und kleinen Vermögen in jüngster Zeit bewirkt, dass die Anknüpfung von Steuern am Vermögen wieder mehr Sympathien gewonnen hat.

Ein weiterer bedeutsamer Zugang zur Positionierung der Grundsteuer beginnt schließlich bei deren Eigenschaft als Kommunalsteuer und dem Ziel, der vom Grundgesetz als eine Keimzelle der Demokratie konzipierten kommunalen Selbstverwaltung im Rahmen einer Reform der Kommunalfinanzen die finanziellen Grundlagen in passender Weise zu sichern.

Die Städte und Gemeinden stehen also wie mit der Gewerbesteuer, so auch mit der Grundsteuer inmitten von Diskussionen, die gerade nicht nur die

---

6 Zugespitzt etwa *Däke* in Schulemann, Reform der Grundsteuer: Handlungsbedarf und Reformoptionen, Schriftenreihe des Karl-Bräuer-Instituts der Steuerzahler, Heft 109, 2011, S. V: Die Grundsteuer verletze das Leistungsfähigkeitsprinzip „besonders eklatant", könne auch dem Äquivalenzprinzip letztlich nicht gerecht werden und solle daher über Bord geworfen werden.

aufgabenangemessene Finanzierung der kommunalen Aufgaben betreffen, sondern zugleich steuersystematisch polarisiert sind. Eine offenkundig verzwickte Lage.

2. Die ökonomische Analyse und die außerjuristische Steuerrechtfertigung

Bis hierher zeigt sich ferner bereits, dass es verfehlt wäre, das Reformthema allein als eine Frage der Wertermittlungsmethoden anzugehen. Auch diese hängen davon ab, mit welcher Grundidee die Grundsteuer in die Zukunft geschickt werden soll. Die zumeist unter der Überschrift einer dem Recht vorgelagerten Steuerrechtfertigung diskutierte Frage führt zu dem theoretischen Unterbau für die verbreitete steuerpolitische Skepsis gegenüber jeder Grundsteuer.[7] Diese Skepsis wurzelt insbesondere in der Haltung, vermögensbezogene Steuern[8] und insbesondere solche mit Substanzeffekten könnten kein sinnvoller Teil eines guten Steuersystems sein. So könne der Vermögensbestand nicht als steuerwürdige Marktbetätigung gewertet werden. Seine Besteuerung neben der Besteuerung von Einkommen und Konsum bedeute eine mehrfache Belastung des gleichen Gegenstands. Die sich im Falle mangelnder Erträge ergebende Notwendigkeit, die Liquidität für die Steuer aus der Vermögenssubstanz aufzubringen, bedeute einen schleichenden Eigentumsentzug, daher dürfe nur der Sollertrag vom Vermögen besteuert werden, was aber kaum technisch zu bewerkstelligen sei. Speziell an der Grundsteuer sei ferner nicht hinnehmbar, dass Grund und Boden durch sie besonders besteuert würden, andere Sachwerte nicht. Sie verletze überdies das Existenzminimum.

Ein solch negatives Bild von der Grundsteuer – hier bewusst zugespitzt dargestellt – überzeugt nicht. Die Kritik an der gegenwärtigen Verfassung der Grundsteuer wiegt schwer, spricht aber nicht gegen jede Form von modernisierter Grundsteuer. So liegt es auf der Hand, dass sich eine Objektsteuer konzeptionellen Einwänden gegenübersieht, soweit eine ausschließliche Anknüpfung von Steuern an konkrete tatsächliche Güteraustauschvorgänge als optimal angesehen wird. Diese Sichtweise auf das Steuersystem ist andererseits nicht alternativlos, wie nicht allein die oben ge-

---

7 Instruktiv und umfassend kritisch etwa *Seer* in Tipke/Lang, Steuerrecht, 20. Aufl. 2010, § 13 Rz. 202–204, 213.
8 Die DStJG hat dem eine Tagung gewidmet: *Birk* (Hrsg.), Steuern auf Erbschaft und Vermögen, DStJG 22 (1999). Zur Vermögensteuer findet sich im zusammenfassenden Tagungsresümee von *Birk* die Bemerkung: „Die bereits der Steuergeschichte angehörende Vermögensteuer, die – falls sie erhoben wird – etwa die gleiche Bevölkerungsgruppe belastet wie die Erbschaftsteuer und ein vergleichbares Aufkommen erzielt, löste heftige Grundsatzdiskussionen aus. Sie blieb unter den Teilnehmern schon aufgrund der Uneinigkeit in der Frage, welche Leistungsfähigkeit sie eigentlich erfassen will, heftig umstritten." (a.a.O., S. 320).

nannten OECD-Hinweise zeigen.[9] Auch ist es legitim, bei der Gestaltung des Steuersystems auch dessen Bezugnahme auf die öffentlichen Leistungen im Mehr-Ebenen-System zu berücksichtigen, zumal wenn die örtliche Ebene mit einem selbstständigen zusätzlichen demokratischen Legitimationssystem verbunden ist. Daher gibt die Grundsteuer beispielsweise ein anderes Bild ab, wenn man sie nicht allein aus Lehrbüchern des Steuerrechts und der betrieblichen Steuerlehre, sondern auch aus Lehrbüchern der Volkswirtschaftslehre und der Finanzwissenschaft kennenlernt.[10] Dort wird zusätzlich eingeblendet, dass das Ziel einer sinnvollen Allokation von Steuermitteln in einem gegliederten Gemeinwesen, die Theorie und Praxis öffentlicher Güter und das Äquivalenzprinzip im weiten Sinne für eine Grundsteuer angeführt werden können. Es ist eine demokratisch wie auch ökonomisch begründbare Weichenstellung, dass die Qualität und das Ausmaß der vor Ort verfügbaren Verwaltungsleistungen und Infrastruktur zu einem wesentlichen Teil Sache der Gemeinden sein sollen. Das betrifft nicht nur die Selbstverwaltungsaufgaben im engeren Sinne, also die Angelegenheiten der örtlichen Gemeinschaft im Sinne des Art. 28 Abs. 2 Satz 2 GG, sondern auch die Art, wie übertragene staatliche Aufgaben vor Ort wahrgenommen werden. Eine Reihe von Landesverfassungen beziehen auch letztere in den Schutzbereich der Selbstverwaltungsgarantie ein. Die umfassend verstandenen örtlichen Leistungen lassen sich nicht, wie es der Legitimation der Grundsteuer entgegengehalten wird[11], vollständig über Gebühren und Beiträge abbilden, da sie zu erheblichen Teilen Güter von notwendig öffentlicher Art sind, bei denen die Kosten nicht nach der Nutzungsintensität abgrenzbar sind. Vielfach ist eine solche Zuordnung nach Kosten zwar möglich, wäre aber wahrscheinlich mit als politisch nicht akzeptabel betrachteten Einbußen an Infrastruktur oder allgemeiner Lebensqualität verbunden, so etwa bei vielen kulturellen oder sozialen Leistungen.

Wird daher ein Abgabeninstrument für berechtigt gehalten, das dem Finanzierungsbedarf in Bezug auf kommunale öffentliche Güter gerecht wird, so kann es zwar bessere Lösungen als eine Grundsteuer geben. Dies ist Gegenstand der Gesamtdebatte einer Kommunalfinanzreform.[12] Immerhin ist eine Grundsteuer aber mit ihrem Indikator Grundstückswert grundsätzlich *auch* für die beschriebene Aufgabe einer kommunalen Leistungsfinanzierung geeignet, weil die Grundstückswerte von den lokal verfügbar gemachten öffentlichen Gütern abhängen, Grundstücksnutzer umgekehrt ihre Ansiedlung auch von diesen abhängig machen und zudem wirtschaftlich eine Überwälzung auf die Bewohner oder sonstigen Nutzer genau insoweit

---

9 S. oben II. 1.
10 So zum Folgenden *Blankart*, Öffentliche Finanzen in der Demokratie, 8. Aufl. 2011, Kap. 14 D. 2.
11 S. z. B. *Birk*, Steuerrecht, 14. Aufl. 2011, Rz. 81.
12 Hierzu bei dieser Tagung insbesondere die Podiumsdiskussion, s. im vorliegenden Band S. 325.

zu erwarten ist, als der Eigentümer nicht zugleich unmittelbarer Nutzer ist. Insbesondere bei einer Bemessungsgrundlage, die zum einen die Bodenwertentwicklung und zum anderen die Nutzung des Grundstücks wiedergibt, lässt sich also der Zusammenhang mit den Vorteilen und den Kosten der Bereitstellung von lokalen öffentlichen Gütern darstellen, ohne daran eine verteilungspolitisch fragwürdige Einwohnersteuer („Kopfsteuer") zu beteiligen. Besonders klar wurde an diese Aspekte zuletzt durch den Wissenschaftlichen Beirat beim BMF erinnert. Dieser hat sich daraufhin zu der ebenfalls treffenden Bemerkung veranlasst gesehen, dass es keineswegs eine historische Zufälligkeit ist, dass die Ertragshoheit der Grundsteuer bei den Gemeinden liegt.[13] Bestimmen die Gemeinden zudem noch autonom den Steuersatz, so bildet eine Grundsteuer das Äquivalenzprinzip, über den beschriebenen materiellen Bemessungsaspekt hinaus, auch in verfahrensmäßiger und zuständigkeitsbezogener Hinsicht ab.[14] Eine Grundsteuer in örtlicher Hoheit ist also auch im Rahmen eines rationalen Steuersystems kein Fremdkörper, sondern kann ein stimmiges Verteilungs- und Belastungskonzept bilden.

Dass eine Steuer vom Äquivalenzprinzip her begründet wird, bedeutet nicht, dass sie per se mit dem Leistungsfähigkeitsprinzip in Konflikt gerät. Anders läge es auch bei der Grundsteuer nur, wenn das Leistungsfähigkeitsprinzip dahin gedeutet würde, dass ausschließlich an Hinzuerwerb oder der Verausgabung angeknüpft werden darf. Jedoch ist es nicht schon von vornherein zu beanstanden, Personen, die gleiches Einkommen und gleichen Konsum, aber unterschiedliches Vermögen haben, als unterschiedlich leistungsfähig zu betrachten.[15] Der Verkehrswert eines marktgängigen Vermögensgegenstands macht einen Unterschied für das Maß an verfügbarer wirtschaftlicher Dispositionsfreiheit, auch ohne dass hierfür ein konkreter Ertrag in der Besteuerungsperiode nachgewiesen werden muss. Soweit es zudem als einer der Rechtfertigungsgründe der Ertragsteuern angeführt wird, dass sie auf der Nutzung des nur mit Hilfe des Staates zu gewährleistenden Marktes beruhten – eine insoweit äquivalenztheoretische Fundierung –, so trifft dieser Zusammenhang auf die Erhaltung des Vermögensbestandes in ähnlicher Weise zu, da dessen wirtschaftliche Stabilität und rechtlicher Schutz ebenfalls zu wesentlichen Teilen eine staatliche Leistung ist.

---

13 Prägnant, zum vorstehenden Absatz: Reform der Grundsteuer: Stellungnahme des Wissenschaftlichen Beirats beim BMF, 2010, S. 2–3.
14 Zu den drei Dimensionen *Schmehl*, Das Äquivalenzprinzip im Recht der Staatsfinanzierung, 2004, S. 14–19, zu den Wirkungen, Vor- und Nachteilen des Prinzips ebendort S. 19–63.
15 *Birk*, Rechtfertigung der Besteuerung des Vermögens aus verfassungsrechtlicher Sicht, in Birk (Hrsg.), DStJG 22 (Fn. 8), S. 7 (12, 15, 16).

III. Die Stellung der Grundsteuer im System der Einnahmenerzielung

Die Grundsteuereinnahmen lagen 2010 bei knapp 11,2 Mrd. Euro.[16] Die Grundsteuer A für die Land- und Forstwirtschaftsbetriebe machte davon lediglich 357 Mio. aus. Sie ist im Volumen auch prozentual nur wenig angestiegen, während der Löwenanteil sowohl des Gesamtvolumens als auch der Steigerungsquote auf die auf Grundstücke mit anderen Nutzungen erhobene Grundsteuer B zurückgeht, auf der in diesem Vortrag regelmäßig der Focus liegen soll.

Alle Steuereinnahmen von Bund, Ländern und Gemeinden zusammen beliefen sich 2010 auf etwa 530 Mrd. Die Grundsteuer hat daran einen Anteil von etwas über 2 %.

Steuersystematisch ist die Grundsteuer zwar gemeinsam mit der Gewerbesteuer eine Realsteuer und Objektsteuer. Rechnet man sie dennoch, was angesichts ihrer Überwälzbarkeit durch einen gewissen Zusammenhang gerechtfertigt ist, auf die Einwohnerzahl um, so liegt die Grundsteuer B in den Flächenländern zwischen ca. 75 Euro in Thüringen und knapp dem Doppelten, 144 Euro, in Nordrhein-Westfalen. Bremen, Berlin und Hamburg reichen von 214 Euro bis 231 Euro. Die daran abzulesende Überschaubarkeit der Belastung ist auch ein Einflussfaktor in der Reform wie in der rechtlichen Diskussion, denn bei dieser eher geringen Belastung auf Köpfe gesehen dringen jedenfalls Positionen, die die Grundsteuer in die Nähe eines Eigentumsentzugs rücken, schwerer durch, was mindestens faktisch, wohl aber auch in der Rechtsprechung über lange Zeit zur Akzeptanz der Grundsteuer beigetragen hat.[17]

Wegen der Funktion und des Bezugskreises der Grundsteuer ist für ihre Analyse ferner ihr Anteil an allen Einnahmen und insbesondere ihr anteiliges Verhältnis zu allen Steuereinnahmen der Gemeinden von Interesse. Die Gemeinden, ohne Stadtstaaten, nahmen insgesamt 2010 rund 174 Mrd. Euro ein, davon knapp 64 Mrd. aus Steuern. Für 2008 ließ sich beispielsweise feststellen: 13,5 % der gesamten gemeindlichen Steuereinnahmen entfielen auf die Grundsteuer, 44,5 % auf die Gewerbesteuereinnahmen netto, also nach Abzug der Umlage, und 36,7 % auf die Einkom-

---

16 Die im Folgenden verwendeten Daten sind der amtlichen Steuerstatistik und Veröffentlichungen des Statistischen Bundesamtes, insbesondere Destatis Fachserie 14.01, Finanzen und Steuern: Realsteuervergleich, Realsteuern, kommunale Einkommen- und Umsatzsteuerbeteiligungen 2010, erschienen am 17.8.2011, entnommen.

17 So judizierte etwa der BFH noch 2005: „Wertverzerrungen bei der Bemessungsgrundlage sind [...] bei der Grundsteuer wegen der geringeren steuerlichen Belastungswirkung verfassungsrechtlich in höherem Ausmaß hinnehmbar als bei Erbschaftsteuer und Vermögensteuer." So BFH v. 8.2.2000 – II B 65/99, BFH/NV 2000, 1076; BFH v. 22.7.2005 – II B 121/04, BFH/NV 2005, 1979.

mensteuer. In den letzten zehn Jahren machte die Grundsteuer je nach Jahr zwischen 13 und 18 % der Gemeindesteuereinnahmen aus. Die quotale Schwankung beruht nicht auf der absoluten Entwicklung der Grundsteuer selbst. Im Gegenteil steigt diese vergleichsweise gleichmäßig an und stabilisiert dadurch das Aufkommen in der Zeit, während die Schwankungen ihres Anteils an der Gemeindefinanzierung im Wesentlichen durch die unstete Entwicklung der ertragsabhängigen Steuern, darunter der Gewerbesteuer, ausgelöst wurden.

Im Mehr-Ebenen-System ist die Grundsteuer, wie erwähnt, nicht zuletzt durch das Hebesatzrecht zugleich ein Ausdruck kommunaler Autonomie und theoretisch auch des interkommunalen Wettbewerbs. Es ist allerdings zu fragen, ob die Belastungswirkung in absoluten Zahlen pro Fall nicht zu gering sein dürfte, um daraus erheblichen Einfluss auf Standortentscheidungen abzuleiten. Eine wechselseitige Beobachtung findet aber bei den Hebesatzentscheidungen in den Gemeinderäten dem Vernehmen nach sehr wohl statt. Der gewogene Durchschnittshebesatz macht bundesweit 401 % aus, wobei die Gemeinden in den Flächenländern sich von Schleswig-Holstein mit durchschnittlich 327 % bis Sachsen mit 448 % staffeln, darüber Hamburg mit 540 %, Bremen mit 572 % und Berlin mit 810 %. In zehn Jahren von 2000 bis 2010 ist der Durchschnittshebesatz um runde 40 Punkte, also vom Ausgangsniveau aus um etwa 13 % angehoben worden.

Spannend für den Vergleich der kommunalen Steuerpolitiken ist weiterhin die Realsteuerkraft, mit der die Grundsteuer für den Finanzausgleich berücksichtigt wird. Es wird dazu beim Finanzausgleich von Bund und Ländern – anders als teils für den kommunalen Finanzausgleich, in dem wirkliche Durchschnittshebesätze angesetzt werden – auf einen fiktiven Hebesatz abgestellt, der im FAG seit 1970 unverändert 210 % für die Grundsteuer B beträgt. Dieses fiktive gemeindliche Grundsteueraufkommen ist gewisser Ausdruck der unterschiedlichen spezifischen Wirtschaftskraft in Bezug auf diese Steuerart. Üblicherweise müsste man bei einer vergleichsweise hohen Realsteuerkraft dementsprechend auf eine vergleichsweise hochwertige Infrastruktur schließen. Der Unterschied zwischen den stärksten und den schwächsten Flächenländern macht hier den erklecklichen Wert von etwa 60 % aus, während die Spreizung bei den wirklichen Hebesätzen bezogen auf deren Landesdurchschnitt erheblich geringer ist und zudem die Reihenfolge der wirklichen Hebesätze nach Länderdurchschnitten nicht dieselbe wie diejenige nach durchschnittlicher Realsteuerkraft ist. Diese Zahlen stützen die Plausibilität der These, wonach sich die Gemeinderäte bei der Festlegung der Hebesätze an dem Finanzbedarf mindestens genauso orientieren wie an der Wirtschaftskraft. Es ist auch weder eine negative noch eine positive Korrelation des Hebesatzes mit der Realsteuerkraft als durchgehendes Muster zu erkennen, was wiederum darauf hindeutet, dass eine steuerwettbewerbliche Orientierung im Sinne niedriger

Hebesätze bei schlechter Realsteuerkraft ebenso wenig als eindeutig dominanter Faktor gesehen werden kann wie eine reine Einnahmenorientierung im Sinne hoher Hebesätze bei schlechter Realsteuerkraft. Das Steuersystem dürfte in seiner Verknüpfung mit dem Gesamtsystem der Kommunalfinanzierung zu vielfältig sein, um ein bestimmtes schlichtes Handlungsmuster bei der Hebesatzbestimmung allein durchdringen zu lassen. In einer empirischen Studie könnte dieser Hypothese näher nachgegangen werden.

Die Grundsteuerdebatte ist zu großen Teilen auch eine Vollzugsdebatte. Daher gehören zu ihr schließlich auch die folgende Angaben: Die Anzahl der möglicherweise zu besteuernden und damit zu bewertenden wirtschaftlichen Einheiten liegt bundesweit bei etwa 35 Mio., davon 29,25 Mio. für die Grundsteuer A und 5,5 Mio. für die Grundsteuer B.

IV. Rechtsideen und Rechtswirklichkeit der gegenwärtigen deutschen Grundsteuer

1. Steuergegenstand

a) Grundidee

Die Bezeichnung als Grundsteuer überwölbt im steuersystematischen Sinne eine Familie von Steuern, die unterschiedlich gestaltet sein können. Gemeinsam ist ihnen eine Anknüpfung an Grund und Boden und damit an einen Faktor, der nach seiner Menge und nach seiner örtlichen Lage unveränderlich ist, was Besonderheiten einer darauf gerichteten Besteuerungsmacht und ihrer Wirkungen ausmacht. Grundsteuern können unter anderem ohne Wertkomponente auf die Fläche bezogen sein, sie können auf den Wert des Bodens ohne Rücksicht auf dessen Bebauung bezogen sein oder auf den Wert einschließlich seiner Bebauung abstellen. Sie können ferner nach Nutzungsarten differenzieren, insbesondere durch differenzierte Steuersätze.

Die gegenwärtige deutsche Grundsteuer[18] reiht sich hier als eine auf den Wert des Bodens einschließlich seiner Bebauung abstellende Steuer ein. Das Steuerobjekt ist der Grundbesitz im Sinne des Gesetzes, definiert als Betrieb der Land- und Forstwirtschaft für die Grundsteuer A oder als Grundstück für die Grundsteuer B. Die Grundsteuer A weicht durch die Einbeziehung *aller* zur dauernden Nutzung bestimmten Wirtschaftsgüter des land- und forstwirtschaftlichen Betriebs von der Grundsteuer B ab, bei der nur Grund und Boden, Gebäude, sonstige Bestandteile und Zubehör den

---

18 Zu diesem Abschnitt überwölbend insbesondere *Troll/Eisele*, Grundsteuergesetz, Kommentar, 10. Aufl. 2010; *Stöckel*, Grundsteuer, Kommentar, in Stöckel/Volquardsen, Grundsteuerrecht, 2. Aufl. 2012; *Halaczinsky*, Grundsteuer-Kommentar, 2. Aufl. 1995; *Eisele*, Grundsteuer, § 10 in Hennecke/Pünder/Waldhoff (Hrsg.), Recht der Kommunalfinanzen, 2006; *Seer* in Tipke/Lang (Fn. 7).

Steuergegenstand ausmachen. Die Bodengebundenheit des Betriebs führt indes bei der Grundsteuer A dazu, dass man sie ebenfalls als Grundsteuer bezeichnen kann.

b) Bewertungsmethoden

aa) Ausgangslage und Relevanz der Bewertungsmethoden

Angesichts der zentralen Bewertungsabhängigkeit bestimmt die Bewertungsmethode die systematische Charakterisierung der Steuer durch ihre ökonomischen Wirkungen unweigerlich mit.[19] In einer Idealwelt der steuersystematischen Folgerichtigkeit müsste die Bewertungsmethode aus einem bereits vorher spezifizierten Belastungszweck abgleitet sein. Dies lässt sich praktisch innerhalb der Abweichungstoleranzen und Ausnahmevorbehalte eines als „noch folgerichtig" akzeptablen Korridors verwirklichen. Die Verfügbarkeit von vollzugsgeeigneten äußeren Anknüpfungspunkten in der Wirklichkeit lenkt den Steuergesetzgeber bei seiner Belastungsentscheidung unweigerlich mit. Dieses Gegenstromprinzip der steuerpolitischen Faktizität zwischen ökonomischer Idee und pragmatischer Anknüpfung mündet in unterschiedlichsten Ergebnissen.

Dies zeigt sich anhand der Frage der Wertbestimmung. Einen perfekten Markt unterstellt, wäre eine Marktwertbestimmung leicht zu haben. Für den Immobilienmarkt sind aber unter anderem seine Aufteilung oder gar „Zersplitterung" in viele kleine lokale Märkte, das infolge der Einzigkeit der Lage und Eigenschaften jeder Immobilie relativ geringe Maß an Standardisierbarkeit der angebotenen Objekte und die ebenfalls relativ geringe Umsatzhäufigkeit je Objekt charakteristisch.[20] Um anhand von Vergleichsfällen realistische Preise zu schätzen, muss daraufhin mit einer Reihe von Prämissen und dynamischen Indexierungen gearbeitet werden. Ferner weisen auch Immobilien mit „normalen" oder in jeder Hinsicht „durchschnittlichen" äußeren Merkmalen einige Aspekte auf, die nicht leicht standardmäßig zu bewerten sind, wie etwa die Möglichkeit einer Nutzungserweiterung auf der Basis der geltenden planungsrechtlichen Gebietsqualität, die rechtlichen Eigenschaften bestehender Mietverträge sowie die Relevanz von schwer wägbaren hoheitlichen Preiseinflüssen.[21] Was die Eigenschaften des Objekts selbst angeht, so sind die Bewertungsfaktoren stark

---

19 Die DStJG hat eine Tagung umfassend der Bewertung gewidmet, s. *Raupach* (Hrsg.), Werte und Wertermittlung im Steuerrecht, DStJG 9 (1984), worauf zu den im vorliegenden Beitrag erörterten Wertfragen ebenso als Grundlage hinzuweisen ist wie insbesondere auf die Beiträge von *Vogel*, DStZ 1979, 28 ff.; *P. Kirchhof*, Die Steuerwerte des Grundbesitzes, 1985 und *Osterloh*, Unterschiedliche Maßstäbe bei der Bewertung von Vermögen, DStJG 22 (1999), S. 177 (189 f.).
20 *Hellerstein/Hellerstein*, State and Local Taxation, Cases and Materials, 8th edition 2005, S. 126.
21 *Hellerstein/Hellerstein* (Fn. 20), S. 124.

nutzungsabhängig.[22] Die Nutzung rückt außerdem unterschiedliche physische Merkmale in den Mittelpunkt. So hängt Begehrtheit bei Wohngebäuden zur Selbstnutzung von der durch ein Gebäude und seine Umgebung vermittelten Lebensqualität, bei Immobilien für Publikumsverkehr von den erzielbaren Einnahmen, bei Industrieimmobilien von den möglichen Nutzungen ab.[23]

bb) Gegenwärtige Rechtslage

Der geschilderten Ausgangslage entsprechend, geht auch das Grundsteuergesetz gemeinsam mit dem Bewertungsgesetz einen Weg, der die Belastungsidee eines Abstellens auf den Wert des Grundbesitzes mit der Erwägung verbindet, welche Angaben dazu greifbar sind und welche Bemessungsmethoden marktpraktisch üblich sind. So werden unbebaute Grundstücke mit dem gemeinen Wert im Sinne des erzielbaren Veräußerungspreises angesetzt, also von vornherein mit einem „reinen" Verkehrswert. Bebaute Grundstücke werden dagegen grundsätzlich nach dem Ertragswert bewertet, der sich aus der Jahresrohmiete, ersatzweise der üblichen Miete, und einem insbesondere von der Bebauungs- und Grundstücksart, der Gemeindegröße und Sonderfallregelungen abhängigen Faktor ergibt (näher: §§ 9; 76 Abs. 1 Nr. 1–5, 78, 79 BewG); Häuser, die sich aufgrund besonderer Ausgestaltung einer Ertragswertbesteuerung entziehen, sind zudem im Sachwertverfahren zu bewerten (§§ 83 ff. BewG).

Der „Dualismus" von Verkehrs- und Ertragswert kann nach dem zuvor Gesagten nicht als prinzipieller Systembruch angesehen werden, sondern ist auch als Ausdruck der Annahme interpretierbar, dass bei bebauten Grundstücken die gegebene Nutzung eher im Mittelpunkt des tatsächlichen Interesses und somit der Gebrauchswert am Ausgangspunkt der Bewertung steht. Ein nach einem bestimmten Vielfachen der Miete berechneter Ertragswert ist ein geeigneter Maßstab des Tausch- bzw. Verkehrswerts, indem er den Wert der Mietnutzung für einen bestimmten Zeitraum darstellt, was bei dieser Nutzung auch im Veräußerungsfall ein wesentlicher preisbestimmender Faktor wäre. Dies kann folglich in vertretbarer Weise auch über die steuerliche Bewertung bestimmen, denn es überlagert in dem Fall einer Betrachtung als Investitionsobjekt das Interesse am „reinen" Tauschwert, der neben der aktuellen auch die potenzielle Nutzung abbilden würde. Letzteres dominiert uneingeschränkt nur noch bei unbebauten Grundstücken.

Auch die Ermittlung des Ertragswerts kann ihrerseits scheitern, wenn die Bebauung besonders gestaltet oder ausgestattet ist oder wenn generell keine

---

22 *Tax Institute of America*, The Property Tax: Problems and Potentials, Symposium conducted by the Tax Institute of America, November 2-3-4 1966, 1967, S. 113; http://eh.net/encyclopedia/article/fisher.property.tax.history.us.

23 *Tax Institute of America* (Fn. 22), S. 117.

Jahresrohmiete oder übliche Miete ermittelt werden kann. Es gibt daher einen praktischen Anlass dafür, dass das Bewertungsgesetz in solchen Fällen vom Ertragswertverfahren absieht. Es setzt allerdings stattdessen nicht den gemeinen Wert, sondern grundsätzlich den Sachwert an, was beispielsweise dazu führt, dass Ein- und Zweifamilienhäuser sehr unterschiedlich bewertet sein können, je nachdem ob sie als „besonders" gestaltet gelten oder nicht.

Mit der Anwendung unterschiedlicher Wertermittlungsmethoden *allein* muss also noch keine Spaltung des Belastungsgedankens der Grundsteuer einhergehen, wenn es einen sachlichen Grund gibt. Dafür ist entscheidend, dass die Kriterien, anhand derer die Wertermittlungsmethode gewählt wird, sachgerecht sind; sachgerecht bedeutet marktgerecht, wenn das gesetzliche Ziel eine Verkehrswertermittlung ist. Ferner kommt es auf eine transparente und folgerichtige Weiterführung der Grundidee an. Auf den konkretisierenden Ebenen besteht hier nach geltendem Recht Anlass zu stärkerer Kritik. So erscheinen beispielsweise derzeit die dem Ertragswertverfahren unterliegenden Fälle im Ergebnis als oftmals und möglicherweise strukturell begünstigt, ohne dass dies vom Gesetz systematisch deklariert würde, und diese Bevorzugung wird ihrerseits nicht folgerichtig durchgeführt, etwa in den Fällen, in denen wiederum das Sachwertverfahren anstelle des Ertragswertverfahrens angewendet wird. Es ist gewiss ein Zeichen für Reformbedarf, wenn in Fällen, in denen eine Abgrenzungsschwierigkeit und mindestens faktische „Wahlmöglichkeit" besteht, zum Beispiel bei gemischter Nutzung eines Grundstücks, die Anwendung eines bestimmten Verfahrens – hier des Ertragswertverfahrens – als „Steuersparmodell" gilt.[24]

cc) Abstellen auf eine für mehrere Steuerarten geltende Einheitswert-Feststellung

Die Werte werden als Einheitswerte ermittelt. Dies war als Fortschritt gedacht, sollten doch nun die gleichen Werte für eine ganze Reihe von Steuern (Vermögensteuer, Grundsteuer, Gewerbesteuer, Erbschaft- und Schenkungsteuer, Grunderwerbsteuer) gelten.[25] Nach dem Gesetz werden die Einheitswerte durch Hauptfeststellungen im Sechsjahresturnus ermittelt, also auch ohne einzelfallbezogenen Anlass regelmäßig neu festgestellt. Dies ist unterblieben. Die bekannte und vielbeklagte Folge ist, dass mit den zum 1.1.1964 festgestellten Einheitswerten weitergearbeitet wird.[26] Die Festlegung des Sechsjahresabstands in § 21 Abs. 1 BewG blieb textlich sogar unverändert, während sich die Aufkündigung dieser Regelmäßigkeit

---

24 Dazu *Stöckel*, NWB 2006, 741 ff.
25 *Kruse*, BB 1996, 717.
26 Zu der Neufeststellung der Einheitswerte *Rössler*, DStZ 1965, 257 ff. In den neuen Ländern ist sogar nur der Stand der vorherigen, auf 1934 bezogenen Einheitswertfeststellung verfügbar.

1970 lediglich im Änderungsgesetz[27] zu einem Anwendungsartikel eines anderen Änderungsgesetzes findet, ohne in § 21 BewG aufgenommen zu werden. Selbst wenn man die in diesem Gesetz von 1970 enthaltene Regelung, wonach eine neue Hauptfeststellung durch Gesetz angeordnet werden muss, als bloß deklaratorisch im Vergleich zur vorherigen Rechtslage verstanden haben sollte, wirkt die Gesetzgebungstechnik geradezu verschleiernd.

Seitdem haben sich die Vermögenswerte nicht nur weiter-, sondern vor allem auch unterschiedlich entwickelt. Was fehlt, ist eine als verlässlich angesehene Sicherung der Realitätsnähe der Relationen, da diese von dem zeitlichen Turnus gesichert werden sollte. Die Besteuerung gilt daraufhin zu Recht als nicht konsequent genug. Mangelnde Folgerichtigkeit ist aber genau der wichtigste Auslöser dafür, dass eine Steuer als nicht legitim oder sogar juristisch gleichheitswidrig angesehen werden kann, obwohl ihr grundsätzlicher Belastungsgrund nicht zu beanstanden ist. Die eigentlich verfahrensbezogenen Fragen erweisen sich bei der Grundsteuer als mitbestimmend für die inhaltlichen Defizite. Ob Ertragswert oder Sachwert in einer Hauptfeststellung ermittelt werden sollen, beides erscheint im Verhältnis zum Aufkommen der Grundsteuer so aufwendig, dass sich das Verfahren schlicht tatsächlich nicht durchgesetzt hat.

Zu den weiteren Folgen gehört es, dass eine Anpassung der Grundsteuer an die Immobilienpreisentwicklung im Wesentlichen nur über eine Änderung der Hebesätze möglich ist. Dies ist keine bloße Unannehmlichkeit, sondern auch nicht systemgerecht, denn so passt sich diese Steuer nicht mehr dynamisch eigenständig den wirtschaftlichen Verhältnissen an. Vielmehr fließt das Ziel oder die Berücksichtigung einer solchen Anpassung entweder lediglich als politische Überlegung in die Hebesätze ein – insoweit systemfremd, da diese Frage eigentlich mit der Ermittlung der Bemessungsgrundlage geregelt sein sollte –, oder die dynamische Steuerentwicklung wird stattdessen nur nach Maßgabe der Ausgabenseite und unter Berücksichtigung des kommunalen Steuerwettbewerbs durch die Hebesätze gesteuert.

Dies hat faktisch interessanterweise keine flächendeckende Abkopplung von Steuererhöhungen und wirtschaftlicher Gesamtentwicklung zur Folge gehabt, wie die oben skizzierte Entwicklung zeigt.[28] Ein Respekt scheint gewahrt. Auch dürften gemeindliche Gremien oftmals auch unter Bezug auf teilweise sachspezifische Indizes wie Mietspiegel, Immobilienpreisindex oder örtliche Kaufkraft über den Hebesatz beraten. Dieser Behelf repariert nicht das Defizit auf der Bemessungsseite. Doch immerhin: Das Verhalten der Gemeindegremien trägt allem Anschein nach dazu bei, dass unhaltbare

---
27 V. 22.7.1970, BGBl. I 1970, 1118.
28 S. oben III.

absolute Belastungsbeträge ganz oder nahezu vermieden werden. Die Verkraftbarkeit der Höhe beugt gewiss auch einem allzu starken Anwachsen des Steuerwiderstands vor und wirkt sich somit zugleich als politische Lebensversicherung der Grundsteuer aus. Eine wahre „Grundsteuerrevolte" dürfte auch deshalb, bei aller Kritik, derzeit eher fern sein.

Als Mangel ist zu sehen, dass die Grundsteuerschuld für mit dem Einheitswert und mit der Ersatzbemessungsgrundlage bewertete Grundstücke unterschiedlich festgestellt wird: Nach § 42 GrStG ist für Einfamilienwohnhäuser und Mietwohngrundstücke in den neuen Bundesländern, wenn für diese 1935 kein Einheitswert festgestellt worden oder 1991 festzustellen war, die Ersatzbemessungsgrundlage zu bestimmen.[29] Dies bedeutet eine Pauschalierung der Grundsteuer durch Rückgriff auf die Nutzfläche.

c) Die Grundsteuer bei individuellen oder allgemeinen Ertragskrisen

Nach § 33 GrStG kann bei wesentlicher Ertragsminderung die Grundsteuer anteilig erlassen werden. Weil dies ein jenseits der Ertragswertbestimmung liegendes, unmittelbar ertragsabhängiges Element in das Grundsteuergesetz einbringt, könnte die Auseinandersetzung über die Auslegung dieser zunächst randständig wirkenden Norm ein Schlaglicht auf Grundideen der Grundsteuer werfen.

Bei einem sektoralen Vermietungs-Überangebot nehmen Anträge nach § 33 GrStG zu.[30] Mit der daraufhin anstehenden Frage, ob die Anwendung des § 33 GrStG bei einem im Wesentlichen durch mangelnde Nachfrage – also nicht atypischen und vorübergehenden – bedingten Leerstand ausgeschlossen ist, hatten sich sowohl das BVerwG als auch der BFH zu beschäftigen, was in die Anrufung des Gemeinsamen Senats der Obersten Gerichtshöfe des Bundes mündete.[31] Das BVerwG trat letztlich der Auffassung bei[32], wonach auch ein strukturbedingter Charakter des Leerstands noch kein Vertretenmüssen im Sinne des § 33 GrStG und somit keinen Ausschluss des Billigkeitserlasses bedeuten muss. Im Gesetz wurden danach die Anforderungen an das für einen Erlass notwendige wirtschaftliche Ausmaß der Ertragsminderung erhöht.[33]

Im Ergebnis wird demnach auch ein Nachfragemangel als Grund für eine möglicherweise den Steuererlass auslösende Ertragskrise anerkannt. Unter systematischen Gesichtspunkten erschien dies deshalb interessant, weil der

---

29 Zu Reformideen in Anknüpfung an die Ersatzbemessungsgrundlage *Hecht*, BB 2000, 1168 ff.; beachte auch *Drosdzol*, DStZ 1999, 831 (835); *Zeitler*, DStZ 2002, 131 (134 f.).
30 *Eisele*, NWB 2007 Fach 11, 2667.
31 Ausführlich *Balzerkiewicz*, DStZ 2004, 830 ff.; *Stöckel*, NWB 2008 Fach 11, 4029 f.; *Martini*, BayVBl. 2006, 329 ff.; *Englert/Alex*, DStR 2007, 95 ff.
32 Dazu *Barbier/Arbert*, BB 2007, 1421 ff.; *Eisele*, NWB 2007 Fach 11, 2667 ff.
33 Näher *Huschke/Hanisch/Wilms*, DStR 2009, 2514 ff.; *Leuchtenberg*, NWB 2010, 1897 (1898), *Stöckel/Kühnold*, NWB 2008 Fach 11, 1149 ff.

Objektsteuercharakter der Grundsteuer gegen eine Anwendung von § 33 GrStG in diesem Fall angeführt wurde. Weder widerlegt aber die beschriebene Auslegung von § 33 GrStG beispielsweise den Objektsteuercharakter des Grundtatbestands noch bestätigt sie, umgekehrt, eine Einordnung als Sollertragssteuer. Diese wird zwar teils bejaht und teils darüber hinaus als verfassungsrechtlich notwendig angesehen,[34] kann aber nicht auf die Anknüpfung an die Ertragslage in § 33 GrStG gestützt werden,[35] da dieser vielmehr eine bloße, wenn auch durch inhaltliche Kriterien qualifizierte, Überforderungsnorm bleibt. Zwar war also die Auseinandersetzung um § 33 GrStG bei strukturellem Leerstand völlig berechtigt, da sich die Frage stellte, inwieweit die Auslegung einer speziellen Billigkeitsausnahme von den Charakteristika des Grundtatbestands der Einzelsteuer abhängig zu machen ist. Ferner würde eine extensiv ertragsbezogene Auslegung von § 33 GrStG Lücken in der Verwirklichung von deren Objektsteuercharakter ausweiten. Sie wirkt allerdings nicht umgekehrt auf das rechtliche Verständnis des Grundtatbestands zurück.

d) Steuerbefreiungen

Die Steuerbefreiungen für öffentliche, gemeinnützige und kirchliche Einrichtungen bedürfen der kritischen Prüfung insbesondere dort, wo sie an den Schnittstellen zu vergleichbarer privater Tätigkeit liegen und daraufhin eventuell Wettbewerbsverzerrungen hervorrufen können, etwa bei öffentlich-privaten Partnerschaften.[36]

2. Steuersubjekt und Steuerträger

Es wird bisweilen übersehen, dass die gegenwärtige deutsche Grundsteuer eine Reihe von Elementen aufweist, die ihr einen Bezug auf die Nutzung des Grundbesitzes verleihen. Dies relativiert teils den Wertbezug als prägendes Charakteristikum, ebenso wie dessen Bedeutung wirtschaftlich, gemeindeübergreifend gesehen, auch durch das Hebesatzrecht relativiert wird. Folglich trifft eine Einordnung der Grundsteuer als Teil-Vermögensteuer trotz der Boden- und Gebäudewertabhängigkeit nicht allein zu.

So wurde bereits erwähnt, dass die Ertragswertmethode die Bemessungsgrundlage anhand einer bestimmten Nutzungsform, der Vermietung, mitbestimmt, wenn auch systematisch nur als Hilfsmittel der Wertermittlung. Nutzungsorientierte Elemente der Grundsteuer zeigen sich aber vor allem bei der Frage, wer sie zahlt. Denn zwar sind die Grundstückseigentümer

---

34 Dazu u. a. *Korinsky*, Zur Steuerreform: Die Realsteuern, 1972, S. 59; *Drosdzol*, DStZ 1999, 831; *Hecht*, BB 2000, 1168 (1172); *Vogel*, DStZ 1979, 28 (32); *Birk*, Steuerrecht (Fn. 11), Rz. 80 f.; bereits gegen die Einordnung als Sollertragssteuer, unter Annahme einer mangelnden Verbindung von Einheitswerten und Sollertrag *Kruse*, BB 1996, 717.
35 In diese Richtung wohl *Leuchtenberg*, DStZ 2006, 36 (38).
36 Zu diesem Problemkreis *Eisele*, NWB 2005 Fach 11, 729 ff.

oder als Erbbauberechtigte vergleichbar Berechtigte die Steuersubjekte, jedoch haften auch Nießbraucher, und überdies geben die Steuerschuldner genau in den Fällen, in denen sie nicht die unmittelbaren Nutzer sind, die Steuer vielfach an die Nutzer. Auch dies muss bei der Betrachtung der Grundsteuer mitgedacht werden, erst recht, weil die Rechtsordnung selbst für einen großen Anwendungsbereich eine darauf gemünzte Vorkehrung enthält, indem die Betriebskostenverordnung eine offene Umlage der Grundsteuer auf die Mieter als Teil der öffentlichen Lasten zulässt (§ 2 Nr. 1).[37] Die Grundsteuer braucht in diesen Fällen also nicht in die Kaltmiete einzugehen. Die Anlastung erfolgt transparent beim Nutzer. In dieser verbreiteten Konstellation hat die Grundsteuer mit einer Teil-Vermögensteuer ökonomisch nur teilweise zu tun, sondern belastet im Ergebnis den unmittelbaren Nutzer und zeigt damit ihren Bezug zur örtlichen Nutzung auf. Die tatsächliche Höhe der Grundsteuerumlage bei Wohnraummiete macht bundesweit durchschnittlich etwa 20 Cent monatlich pro Quadratmeter aus, bei kommunalen Durchschnitten von etwa 8 bis 26 Cent.[38] Theoretisch wäre als rationales Marktergebnis anzunehmen, dass sich die Überwälzung insoweit nicht durchsetzen kann, wie die Grundsteuer nicht auf dem Gebrauchswert, sondern auf einer Bodenwertsteigerung beruht. Allerdings versetzt die Betriebskostenverordnung den Vermieter in eine bessere Verhandlungsposition, indem sie eine Legitimation zur Überwälzung der gesamten Grundsteuer verschafft, was regelmäßig sogar eine vollständige Umlage unabhängig von Differenzierungen bewirken dürfte. Dass die Grundsteuer rechtlich nicht auf die Überwälzung „angelegt" ist,[39] liegt auf einer anderen Ebene und steht der Relevanz dieser Überlegung daher nicht entgegen.

3. Steuersatz

Der Steuersatz als weiteres Systemelement der Grundsteuer weist zuerst eine weitere nutzungsabhängige Stellschraube auf, indem die Grundsteuermesszahl als Quote vom Einheitswert auf dem Weg zur Ermittlung des Grundsteuermessbetrags nach der Nutzung differenziert: Unterschieden werden Land- und Forstwirtschaft, Grundstücke mit Einfamilienhäusern, mit Zweifamilienhäusern und sonstige Objekte. Bei den ausdrücklich genannten Kategorien wird also an die tatsächliche Nutzung angeknüpft, bei allen sonstigen nicht. Die abgesenkten Messzahlen für Ein- und Zweifami-

---

[37] Eingehend dazu *Ruff*, WuM 2003, 379 ff.; zur Umlage im Fall der nachberechneten Grundsteuer *Ruff*, DWW 2010, 322 ff.
[38] Zahlen aus dem Betriebskostenspiegel des Deutschen Mieterbundes extrahiert, Ausgangsseite http://www.mieterbund.de/betriebskostenspiegel.html.
[39] Wie es etwa auch BVerfG v. 18.2.2009 – 1 BvR 1334/07, NJW 2009, 1868, festhält (und eine Verfassungsbeschwerde nicht annimmt). Dazu u. a. *Wieland*, JurisPR-SteuerR 30/2009 Anm. 3.

lienhäuser lassen sich als Verschonung und Förderung einer typischen überwiegenden Eigen- oder sonstigen kleinmaßstäblichen Wohnnutzung ohne maßgebliche unternehmerische Ausrichtung betrachten. Allerdings liegt der Staffelung im Einzelnen keine vollständig schlüssig erscheinende Logik zugrunde, sondern sie strebt wohl eher maßgebend eine Steuerneutralität der Ersetzung der vorherigen Einheitswerte durch diejenigen von 1964 an. Hinsichtlich der Folgerichtigkeit kann dies eventuell zu verfassungsrechtlichen Defiziten führen.

Eine weitere nutzungsabhängige Komponente ist die gemeindliche Differenzierung zwischen den Grundsteuersätzen A und B. Die Grundsteuer C als erhöhter Sondertarif auf baureife, aber unbebaute Grundstücke, die so genannte Baulandsteuer, richtete sich Anfang der Sechziger Jahre auf das Ziel der Baulandmobilisierung. Sie wurde zwar im Nachhinein gerichtlich bestätigt, blieb aber eine kurze Episode von zwei Jahren und konnte sich daher kaum in überprüfbarer Weise beweisen.

Ferner gehört es zur Kernidee der Grundsteuer, dass der Steuersatz von den Gemeinden bestimmt wird. So selbstverständlich dies als formale Aussage wirkt, so wichtig ist sie dennoch auch als inhaltlicher Aspekt, da sie den kommunalen Begründungszusammenhang dieser Steuer ausdrückt.

4. Zwischenergebnis

Will man diese vielen Facetten auf einen sehr kurzen Nenner bringen, so besagt dieses Fazit vor allem: Das deutsche Grundsteuergesetz hält durchaus die Bausteine für eine Grundsteuer vor, die als Kommunalsteuer gut geeignet, am Äquivalenzprinzip orientiert und verfassungskonform erhebbar wäre. Die Fundamentalkritik an der Grundsteuer neigt dazu, die nutzungsbezogenen Komponenten zu unterschätzen; die auf die Eigenschaft als eine Teil-Vermögensteuer zielenden Einwände gehen daher teils an der Sache vorbei, da die Grundsteuer nicht allein unter diesem Aspekt zu beurteilen ist. Der Mangel liegt auch nicht darin, dass es der Grundsteuer an einer guten Idee grundsätzlich und unausweichlich fehlt. Einige Bausteine wurden nicht folgerichtig und mit transparenter inhaltlicher Begründung eingesetzt, und über die Jahre hinweg ist die kohärente Verwirklichung einer definierten Belastungsidee dann auf breiter Front versäumt worden und schließlich verloren gegangen. Es deutet alles darauf hin, dass die Einigkeit und die Kraft nicht gereicht haben, um ein solche auch unter Überwindung der praktischen und politischen Hindernisse in der Wirklichkeit dauerhaft durchzusetzen. Ohne diesen Faktor lässt sich die fast von Beginn an traurig wirkende Implementationsgeschichte dieses Steuergesetzes nicht erklären, die schon bald in eine zuerst unterschwellige und sich dann verfestigende Aufkündigung der zeitnahen Durchführung von Wertfeststellungen mündete. Es ist selbstverständlich nicht sicher zu prognostizeren, ob die Energie, eine stimmige Grundsteuer durchzuhalten, mit einer anderen Grundsteuerkonzeption zu mobilisieren gewesen wäre und vor allem künftig zu mobilisieren sein wird. Letzteres zu verneinen, hieße allerdings, sich der Resignation zu überlassen – einer denkbar ungeeigneten Ratgeberin in Steuerfragen.

5. Die Grundsteuer im Verfassungsrecht

a) Die Möglichkeit einer verfassungskonformen Grundsteuer

Unter Berufung auf Substanzbesteuerungseffekte und Leistungsfähigkeitsprinzip scheinen manche Diskussionsbeiträge – mündliche alledings mehr als schriftliche – beinahe darauf hinauszulaufen, dass sich eine verfassungskonforme Grundsteuer[40] eigentlich gar nicht denken lässt. Dies würde verfassungsrechtlich nicht durchgreifen, denn ein solches Ergebnis müsste zwangsläufig bereits die Stufe der Definition des Belastungsgrundes betreffen, bei der die Steuergesetzgebung einen anerkanntermaßen besonders weiten Spielraum hat. Auf dieser Stufe gibt es tragfähige Begründungsmöglichkeiten einer Grundsteuer als Teil des Steuersystems. Es kann dagegen nicht gesagt werden, dass der Grundbesitz und seine Nutzungsmöglichkeit unter keinem denkbaren Gesichtspunkt ein legitimer Anknüpfungspunkt für eine Steuer ist.

Vielmehr führt zum einen die Verbindung des Grundbesitzes mit einer am Äquivalenzprinzip orientierten Kommunalfinanzierung nicht nur, aber erst recht in einer die kommunale Selbstverwaltung schützenden Verfassungsordnung dazu, einer solchen Anknüpfung offen gegenüberzustehen. Zum anderen bildet eine Grundsteuer grundsätzlich auch einen Ausdruck von steuerlicher Leistungsfähigkeit ab, der sowohl in dem Tausch- als auch in dem Nutzungswert einer Immobilie gesehen werden kann. Dass das Grundgesetz die Grundsteuer in Art. 106 Abs. 6 GG, wo es den Gemeinden das Aufkommen und das Hebesatzrecht bei der Grundsteuer garantiert, ausdrücklich nennt, zeigt ferner, dass der Verfassungsgeber die Grundsteuer als Möglichkeit voraussetzt.[41] Diese Option geht zwar, da es eine Kompetenznorm ist, ins Leere, soweit keine Grundsteuer erhoben wird. Jedoch lässt die Verfassung durch Art. 106 GG erkennen, dass es eine Grundsteuer

---

40 Zum folgenden Abschnitt hinsichtlich der verfassungsrechtlichen Diskussion der Grundsteuer u. a. *P. Kirchhof*, DStR 1984, 575 ff.; *Eisele*, DStR 2005, 1971 ff.; *Eisele*, SteuerStud 2007, 268 ff.; *Leuchtenberg*, DStZ 2006, 36 ff.; *Kühnold/Stöckel*, NWB 2007 Fach 11, 767 ff.; *Birk*, Steuerrecht (Fn. 11), Rz. 81; *Seer* in Tipke/Lang (Fn. 7) § 13 Rz. 202–204, 213.
41 Dies betont etwa *Wernsmann*, NJW 2006, 1169 (1174); s. dort u. a. auch zum Verhältnis der Grundsteuer zu Art. 14 GG.

geben kann, die verfassungskonform ist.[42] Dass dem Verfassungsgeber sowohl beim erstmaligen Erlass als auch bei Änderung des Art. 106 GG zweifelsohne die Eigenschaften der Grundsteuer geläufig waren, spricht ferner wie bei der Gewerbesteuer dafür, dass er auch von der Möglichkeit von Objektsteuern ausgeht. Das BVerfG überzeugt daraufhin auch mit seinem zur Begründung einer mangelnden Bezugnahme auf die persönlichen Verhältnisse bei diesen Steuern hinzutretenden Argument, eine solche sei bei Objektsteuern nicht geboten.[43] Schließlich ist die Verbindung der Objektsteuern Grund- und Gewerbesteuer mit der Kommunalfinanzierung nicht zufällig, da in Objektsteuern der Ansatz einer örtlichen Radizierung des Steuergegenstands angelegt ist.

b) Die Forderung der Gewährleistung realitätsgerechter Bewertungsgrundlagen

Als der ausschlaggebende Grund, aus dem die auf Vermögensbestände bezogenen, bewertungsabhängigen Steuern in die Krise sowohl ihrer Legitimität als auch ihrer Verfassungsmäßigkeit geraten sind, bleiben somit ihre Defizite bei der steuerlichen Abbildung der tatsächlichen Sachverhalte, also der Gewährleistung realitätsgerechter Bewertungsgrundlagen. Nachdem 1995 das Vermögensteuer- und das Erbschaft- und Schenkungsteuergesetz vor dem BVerfG an der bereits von den Einheitswerten für Grundstücke im Verhältnis zur Bewertung anderer Vermögensgegenstände ausgelösten Ungleichheit gescheitert waren,[44] wurde die Vermögensteuer vom Gesetzgeber bisher nicht wieder aufgegriffen, die Erbschaft- und Schenkungsteuer hingegen schon. Doch sie hatte erneut keinen verfassungsgerichtlichen Bestand, und zwar wiederum wegen mangelnder Gleichheit der Bewertung unterschiedlicher Gruppen von Vermögensgegenständen. Die Belastungsentscheidung des Gesetzgebers liege darin, den durch Erbfall oder Schenkung anfallenden Vermögenszuwachs zu besteuern, und dies erfordere, so das BVerfG 2006[45], eine Ausrichtung am Gemeinen Wert als dem maßgeblichen Bewertungsziel. Auf eine realitätsnahe Annäherung an den Gemeinen Wert müssten daher bei dieser Steuer alle Bewertungsmethoden einschließlich der Ertragswertmethode ausgerichtet sein. Der anschließende Weg vom Bewertungsergebnis zur Bestimmung der Steuerbelastung sei

---

42 Zuletzt kurz zusammenfassend BVerfG (1. Kammer des 1. Senats) v. 18.2.2009 – 1 BvR 1334/07, NJW 2009, 1868 f.: „Die Erhebung der Grundsteuer entspricht jedenfalls dem Grunde nach und in ihrer wesentlichen Struktur der Verfassung, wie sich bereits aus der mehrfachen ausdrücklichen Erwähnung der Grundsteuer in den Bestimmungen des Grundgesetzes über die Ertragshoheit der Finanzmonopole und Steuern in Art. 106 Abs. 6 GG ergibt".
43 BVerfG (1. Kammer des 1. Senats) v. 18.2.2009 – 1 BvR 1334/07, NJW 2009, 1868, mit Angabe der eigenen Rechtsprechungskette.
44 BVerfG v. 22.6.1995 – 2 BvL 37/91, BvR 552/91, BVerfGE 93, 12 und 165, BStBl. II 1995, 655 und 671.
45 BVerfG v. 7.11.2006 – 1 BvL 10/02, BVerfGE 117, 1, BStBl. II 2007, 192.

nicht in gleicher Weise vorgezeichnet – hier dürfe der Gesetzgeber Lenkungszwecke in Form zielgenauer und normenklarer steuerlicher Verschonungsregelungen ausgestalten. Letzteres ist eine im Wesentlichen durch die Gesetzessystematik umzusetzende Vorgabe,[46] dem das Gesetz dann auch zu folgen versuchte. Das gesetzliche Ergebnis besteht nun zwar keineswegs darin, dass alle Vermögensgegenstände bei Erbschaft oder Schenkung gleich besteuert würden. So wurde vor allem die Besteuerung bei Unternehmensnachfolge nunmehr als eine aufwendige, eigenständige Sonderregelung ausgearbeitet. Doch die Unterscheidung zwischen der Wertermittlung und der differenzierenden, lenkenden Belastungsentscheidung ist wesentlich deutlicher geworden, was kein geringes Verdienst dieser Entwicklung ist. Ein realitätsnahes Bewertungsmodell ist hier die Voraussetzung dafür, dass Rechtsreform und Aufkommenssteuerung künftig so gut wie möglich getrennt werden können.

Ist aber auch die Grundsteuer schon aus dem verfassungsrechtlichen Korridor herausgeschlingert, obwohl das Bewertungsproblem bei ihr in wichtigen Punkten anders liegt als bei Vermögen- und Erbschaftsteuer? Vereinigen diese Steuern unterschiedliche Arten von Vermögensgegenständen und hierbei Einheitswerte und andere Bewertungen in einer Bemessungsgrundlage, so erfasst die Grundsteuer nur die vergleichsweise homogeneren Fälle des Grundbesitzes und bewertet diese grundsätzlich durchgehend im Einheitswertmodell, wenngleich auch dieses innere Differenzierungen hat. Jedoch beziehen sich die Anforderungen einer gleichheitsgerechten Besteuerung nicht allein auf die gesetzliche Lage, sondern auf das Belastungsergebnis. Es ist daher auch verfassungsrechtlich relevant, wenn der Vollzug aus strukturellen Gründen Ungleichheit erzeugt. An Hinweisen, dass dies bei der Einheitsbewertung auch schon innerhalb des Grundsteuersystems von der zeitnahen Wiederholung der Hauptfeststellungen abhängt, hat es auch in der Rechtsprechung nicht gefehlt. Sie waren zuerst zart formuliert, so etwa beim BVerfG 1976, als es in einem Nichtannahmebeschluss zum Ausdruck bringt, dass man die einmal festgestellten Werte auch bei Abweichungen von den wirklichen Werten um der Praktikabilität willen für einen gewissen Zeitraum gelten lassen müsse, jedoch eine neue Hauptfeststellung in angemessener Zeit erforderlich sein dürfte.[47] Die Argumentation ist triftig, weil die Grundsteuer in ihrer gegenwärtigen Konzeption auf eine turnusmäßige Bemessung tatsächlicher Werte angelegt ist. Diese ist nun annähernd 50 Jahren nicht erfolgt. Das Ausmaß und die Einzelheiten der

---

46 Welche u. a. auch bereits im DStJG-Beitrag von *Osterloh* in DStJG 22 (Fn. 15), S. 177 (189 f.), in der Kritik an versteckten Subventions- und Verschonungseffekten des Bewertungsrechts und der mangelnden Konsistenz des geläufigen juristischen Ertragswertverständnisses angelegt ist.
47 BVerfG v. 4.6.1976 – 1 BvR 360/74, BStBl. II 1976, 637.

Wertverzerrungen sind beeindruckend.[48] Der BFH hat daher Recht mit seinen Hinweisen vom Juni 2010, wonach schon im Vergleich unterschiedlicher Grundstücksnutzungen und bereits innerhalb derselben Gemeinde keine realitätsnahe Abbildung der Wertverhältnisse mehr gegeben ist, dasselbe auch im Vergleich zwischen „alten" und „neuen" Ländern gilt und es ferner an einer Möglichkeit fehlt, neue Bauten auf realitätsnahe Weise in das System einzupflegen, da auch die technische Weiterentwicklung der Konstruktionsweisen nicht ausreichend abgebildet wurde.[49]

Der BFH dürfte sich mit dieser Einschätzung einer überwiegenden Zustimmung der juristischen Fachöffentlichkeit sicher sein. Offen ist der genaue Zeitpunkt, ab dem das Gericht in einem konkreten Fall Konsequenzen ziehen würde. Der BFH hält an der bisherigen Rechtsprechung, wonach die Wertverzerrungen noch hinnehmbar seien, „jedenfalls noch für Stichtage bis zum 1.1.2007" fest, während sich seine Hinweise darauf, dass „das weitere Unterbleiben einer allgemeinen Neubewertung des Grundvermögens für Zwecke der Grundsteuer mit verfassungsrechtlichen Anforderungen, insbesondere mit dem allgemeinen Gleichheitssatz [...] nicht vereinbar ist"[50], bei genauerer Betrachtung zuerst einmal auf die Zukunft richten und außerdem ein obiter dictum darstellen. Es ist demnach offen, ab welchem Stichtag nach dem Jahresbeginn 2007 der Senat die ungleiche Entwicklung nicht mehr akzeptieren würde. Auf einen wesentlich nach einer neuen Wertfeststellung zum 1.1.2011 liegenden Wendepunkt wird sich der Senat nicht mehr leicht festlegen können, ohne dass es als Abrücken von seiner auf das Entscheidungsdatum vom 30.6.2010 bezogenen Aussagen verstanden werden würde. Dass der genaue Verwirklichungstermin für die angekündigte und damit bereits weitgehend unausweichlich

---

48 Eindrücklich geschildert etwa bei *Seer* in Tipke/Lang (Fn. 7), § 13 Rz. 210. – Dabei ist gleichwohl nicht die gute Aussagekraft zu übersehen, die am fachkundige Ertragswert-Bestimmung in bestimmter Hinsicht beispielsweise angesichts der hohen Abhängigkeit der Marktbewertung von der Lage der Immobilie aufweist. So wurde in einer empirischen Untersuchung anhand von rund 9.000 Grundstücken in Thüringen und Sachsen ermittelt, dass die für 1934 festgestellten Ertragswerte und die realen Kaufpreise in den ersten sechs bis sieben Jahren nach der deutschen Einigung 1990 sehr gut korrelierten, was die Annahme rechtfertigt, dass die Erwartungen der Käufer hinsichtlich der Verwertungsoptionen dieser Grundstücke sehr ähnlich geblieben waren, s. *Carhart*, DDR-Verstaatlichung, Restitution, Reprivatisierung und Wirtschaftserneuerung in historischen Stadtteilen ausgewählter Mittelstädte Sachsens und Thüringens, Diss. Freiburg i. Br. 2012. Dass die Einheitswertsystematik rechtlich auf die periodische Nachführung abstellt und es an dieser derzeit fehlt, steht indes auf einem anderen Blatt.
49 BFH v. 30.6.2010 – II R 60/08, BStBl. II 2010, 897; – II R 12/09, BStBl. II 2011, 48, dazu *Pahlke*, NWB 2010, 3172 ff., *Leuchtenberg*, NWB 2010, 1897 ff. In der Sache BFH II R 12/09 ist eine Verfassungsbeschwerde anhängig, BVerfG 2 BvR 287/11.
50 BFH v. 30.6.2010 – II R 60/08, BStBl. II 2010, 897; BFH v. 30.6.2010 – II R 12/09, BStBl. II 2011, 48.

gemachte Rechtsprechungswende als eine rein diskretionäre Frage erscheint, wirkt unbefriedigend, liegt allerdings teils durchaus in der Natur des Problems und der Rechtsprechung.

Ein wenig offen bleibt auch, auf welchem genauen argumentativen und rechtsdogmatischen Pfad der BFH die Folgerung der Verfassungswidrigkeit herleiten würde. Der Senat sagt, wie zitiert, zutreffend, dass das Grundsteuersystem derzeit auf eine realitätsorientierte Wertfeststellung ausgerichtet ist und dass diese nach der Vorstellung des Gesetzes über die Einheitsbewertung durch wiederholte Hauptfeststellungen gewährleistet werden soll. Das Ausbleiben neuer Hauptfeststellungen macht dann den Mangel aus; auch darauf stellt der BFH ab. Die Konsequenz, wonach dies alsbald verfassungsrechtlich nicht mehr hinnehmbar sein wird, setzt allerdings, ohne dass der Senat dies so deutlich sagt, noch eine Verbindung zwischen diesen Komponenten voraus. Ohne eine größere verfassungsdogmatische Innovation einzuführen, wäre diese Verbindung in Anlehnung an die Zinsbesteuerungs-Entscheidungen des BVerfG[51] bei einem strukturellen, von den normativen Vorgaben mitbegründeten Vollzugsdefizit gegeben. Nach der gesetzlichen Vorgabe des Sechsjahresturnus in § 21 Abs. 1 BewG müsste es daran Zweifel geben, deutet diese doch darauf hin, dass das Fehlen von weiteren Hauptfeststellungen eine reine Verwaltungsfrage ist. Seitdem der Gesetzgeber aber die Bestimmung des nächsten Hauptfeststellungszeitpunkts durch Art. 2 des Gesetzes zur Änderung und Ergänzung bewertungsrechtlicher Vorschriften und des Einkommensteuergesetzes von 1970 ausdrücklich einem gesonderten Gesetz und damit sich selbst vorbehalten hat,[52] geht das Ausbleiben der Neubewertungen rechtlich direkt auf den Gesetzgeber zurück.

V. Grundsteuern in ausländischen Steuerordnungen

Nicht nur wenn die Reformsituation im eigenen Land scheinbar festgefahren ist, hilft eine rechtsvergleichende Betrachtung[53] oftmals sehr: Denn sie führt oft zu Einsichten, die für die innerstaatliche Debatte und deren Teilnehmer nicht nur „tröstlich" (weil es eben „anderswo auch Probleme gibt"), sondern vor allem anregend und ermutigend sein könnten.

---

51 BVerfG v. 27.6.1991 – 2 BvR 1493/89, BVerfGE 84, 239, BStBl. II 1991, 654; BVerfG v. 9.3.2004 – 2 BvL 17/02, BVerfGE 110, 94, BStBl. II 2005, 56.
52 S. dazu auch oben IV. 1. b. cc., bei Fn. 27.
53 Instruktiv zu der im Folgenden nicht erörterten Situation in Österreich: *Taucher*, Steuern auf Grund und Boden – Optionen für Österreich, in Bauer/Schratzenstaller (Hrsg.), Stärkung der subnationalen Steuerautonomie und intragovernmentale Transfers, 2007, S. 121 ff.

1. Vereinigte Staaten von Amerika

a) Steuergegenstand und Steuerpflichtige

Die Aufmerksamkeit gilt zunächst der größten und zugleich von einem demokratischen Mehr-Ebenen-System geprägten Volkswirtschaft. Property Taxes sind die wichtigste einzelne Einnahmequelle der kommunalen Einheiten,[54] bei einem Aufkommen im ersten Quartal 2010 von 107 Mrd. Dollar.[55] Der Real Property Tax wird auch eine erhebliche Bedeutung für Niederlassungsentscheidungen beigemessen.[56] Steuerpflichtige der Real Property Tax sind die Eigentümer.[57] Sie besteht in allen Staaten und ist eine Kommunalsteuer, erhoben auf lokaler (cities, towns, villages) oder auf Bezirksebene (counties) sowie in Schul-Distrikten durch rund 80 000 kommunale Körperschaften. Die Real Property Tax erstreckt sich prinzipiell auf Grundstücke zuzüglich Bebauung und einschließlich verkäuflicher natürlicher Ressourcen. Die Ausgestaltung variiert beispielsweise in der Frage, ob zwischen dem Bodenwert und dem Wert von Gebäuden unterschieden wird.[58] Bemessungsgrundlage ist der geschätzte besteuerbare Eigentumswert (property's taxable assessment). Die hebeberechtigte Kommune legt einen Messbetrag (tax rate) fest. Als Gründe für die Ansiedlung dieser Steuer auf der kommunalen Ebene werden auch verfassungsrechtliche Beschränkungen einer Eigentumsbesteuerung auf Bundesebene genannt.[59]

b) Wertermittlung

Die Bewertung der Immobilien erfolgt durch kommunale Steuerschätzer.[60] Das Eigentum soll meist jährlich bewertet werden, aber der Turnus kann tatsächlich in der Regel länger sein, und zum Teil findet eine Neubewertung nur aus besonderem Anlass wie dem Verkauf oder der Nutzungsänderung statt[61]. Die Steuerschätzer als Gutachter haben den fairen Marktwert zu bestimmen, definiert als der Betrag, den sowohl ein vernünftiger Käufer als auch ein vernünftiger Verkäufer bei vollständiger Information und aus-

---

54 *Listokin*, Landmarks Preservation and the Property Tax, Assessing Landmark Building fpr Real Taxation Purposes, 1982 S. 16; *Tax Institute of America* (Fn. 22), S. 2 (10); *Hellerstein/Hellerstein* (Fn. 20), S. 97. Zu den folgenden Abschnitten weiterhin *Hoffmann*, IStR 1996, 523 ff. und, auch finanzwissenschaftlich, die Beiträge in *Netzer* (Hrsg.), The Property Tax, Land Use and Land Use Regulation, Studies in fiscal federalism and State-Local Finance in Association with the Lincoln Institute of Land Policy, 2003.
55 National Totals of State and Local Tax Revenue, by Type of Tax, Table 1, http://www2.census.gov/govs/qtax/2010/q1t1.pdf.
56 *Tax Institute of America* (Fn. 22), S. 66 f.
57 *Aaron*, Who Pays the Property Tax? – A New View, Studies of Government Finance, The Brookings Institution, 1975, S. 18.
58 *Aaron* (Fn. 57), S. 6; *Tax Institute of America* (Fn. 22), S. 6, 19.
59 *Hellerstein/Hellerstein* (Fn. 20), S. 97.
60 *Listokin* (Fn. 54), S. 16; *Aaron* (Fn. 57), S. 14.
61 *Listokin* (Fn. 54), S. 109.

reichender Überprüfung aller Eigenschaften als angemessen ansehen würden.[62] Eine Unterschiedlichkeit der Bewertungsmaßstäbe je nach Immobilientyp wird mit dem Argument der Marktgerechtigkeit auch steuerlich nachvollzogen. Der Vergleich mit den Preisen für kürzlich getätigte Transaktionen ähnlicher Grundstücke bildet demnach bei Wohngrundstücken den Schwerpunkt. Die Schätzung der Kosten einer (Wieder-)Herstellung gilt als marktfern, wird aber zur Überprüfung der Ergebnisse der anderen Ansätze und bei sehr speziellen, kaum marktgängigen Gebäuden herangezogen. Eine Analyse des Nettoertrags erfolgt bei Geschäftsgrundstücken. Als Ausdruck des Grundsatzes einer gleichheitsgerechten Bewertung wird die Regel genannt, alle drei Bestimmungsansätze anzuwenden und ihre Resultate abzugleichen.[63] Dies erfolgt nicht im streng mathematischen Sinne, sondern lässt der Erfahrung der Schätzer Raum, die hierbei die konkreten Umstände des Einzelfalls vom Zustand bis zur Lage und der Marktsituation der Immobilie einbeziehen dürfen und müssen. Gleichzeitig erfolgt ein Ausbau informationstechnik- und statistikbasierter Instrumente zum Einsatz computerunterstützter Massenschätzungen (computer assisted mass appraisal, CAMA) durch die Schätzer; als Basis hierfür werden als aussagekräftig angesehene Mengen von Vergleichsdaten über Korrelationen zwischen Preisen und Charakteristika wie Lage, Größe, Design und Bautyp herangezogen.[64]

c) Nutzungsklassen und Steuersätze

Es ist üblich, dass für verschiedene Arten von Immobilien unterschiedliche Bewertungsprozentsätze bestehen.[65] Steuerklassen können zum Beispiel für Immobilien zu Wohnzwecken, für Landwirtschaft, Forstwirtschaft, Geschäftszwecke, Industrie, Forschung und Entwicklung gebildet sein.[66] In vielen Gemeinden werden Grundstücke für Wohnzwecke geringer besteuert als solche für Gewerbezwecke.[67] In New York City besteht beispielsweise je eine Klasse für kleine und eine für große wohngeprägte Immobilien, eine für Infrastrukturgrundstücke und eine für gewerbliche Immobilien.[68]

Die steuerberechtigte Kommune setzt überdies einen Messbetrag fest, und zwar grundsätzlich in der Höhe, wie sie zur Deckung des geplanten Aus-

---

62 *Tax Institute of America* (Fn. 22), S. 95 f., 113; *Listokin* (Fn. 54), S. 105 ff.; *Hellerstein/Hellerstein* (Fn. 20), S. 125 ff.
63 *Tax Institute of America* (Fn. 22), S. 113; *Listokin* (Fn. 54), S. 110.
64 *Hellerstein/Hellerstein* (Fn. 20), S. 98, 126.
65 *Tax Institute of America* (Fn. 22), S. 217; *Listokin* (Fn. 54), S. 109 f.
66 Z. B. Classification list prepared by the Michigan State Tax Commission, http://www.michigan.gov/documents/treasury/ClassificationRealProperty_195107_7.pdf.
67 *Aaron* (Fn. 57), S. 45.
68 http://www.nyc.gov/html/dof/html/property/property_val_glossary.shtml.

gabenbudgets nach Ausschöpfung anderer Quellen erforderlich erscheint,[69] indem die Wertsumme der Steuergegenstände durch den zu deckenden Betrag dividiert wird. Die Messbeträge variieren sehr stark.[70] Grenzen ergeben sich aus politischen und ökonomischen Erwägungen, teils aber auch aus gesetzlichen Beschränkungen. So ist beispielsweise in New York City die Höhe der Einnahmen durch Property Tax auf 2,5 % eines Fünfjahres-Durchschnitts der Vollwerte von besteuerbaren Grundstücken begrenzt.[71]

d) Ausnahmen, Ermäßigungen

In allen Staaten sind Immobilien im Eigentum des Staates sowie religiöser, gemeinnütziger und wohltätiger Einrichtungen von der Steuer ausgenommen.[72] Auch staatliche Immobilien, die an privatwirtschaftliche Unternehmen verpachtet sind, können Ausnahmeregelungen unterfallen. Einige Staaten begünstigen bestimmte industrielle oder gewerbliche Flächen,[73] und es bestehen Ausnahmen zum sozialen Überlastungsschutz, unter anderem unter Rücksichtnahme auf die Bedeutung der selbstgenutzten eigenen Immobilie im Alter. Etwa ein Drittel der Immobilien soll insgesamt von Ausnahmen oder Ermäßigungen erfasst sein.[74]

e) Kritik

Die Kritik an der Property Tax ist auch in den USA umfangreich, vor allem wegen des unterschiedlichen Wachstums von Eigentumswerten, der ungleichen Perioden zwischen den Neubewertungen und der Ungenauigkeit solcher Bewertungen.[75] Die Verwaltung wird teils als willkürlich bezeichnet, und es wird bemängelt, dass sie oft unter Vernachlässigung der gesetzlichen Regelungen stattfinde.[76] Die Real Property Tax wird auch als Investitionshemmnis kritisiert, indem Werterhöhungen auch die Steuer erhöhen.[77] Auch sei das Verhältnis von Steuerhöhe und Möglichkeit zur Zahlung nicht gleichmäßig: In Zeiten steigenden Marktwertes können die Besteuerungswerte steigen, ohne dass es zu einer entsprechenden Steigerung am Einkommen der Steuerzahler kommt, aus dem sie die Property Tax bezahlen können.[78] Die Real Property Tax sei zudem nicht neutral in ihren Auswirkungen und behandle Steuerzahler unterschiedlich je nach ihrer Möglich-

---

69 *Listokin* (Fn. 54), S. 105 f.
70 *Aaron* (Fn. 57), S. 14.
71 *Listokin* (Fn. 54), S. 105.
72 *Aaron* (Fn. 57), S. 7; *Tax Institute of America* (Fn. 22), S. 268; http://www.orps.state.ny.us/pamphlet/taxworks.htm; http://www.state.wv.us/taxrev/ptdweb/index.html.
73 *Tax Institute of America* (Fn. 22), S. 59, 270, 277 ff.
74 *Aaron* (Fn. 57), S. 8.
75 *Aaron* (Fn. 57), S. 63; *Tax Institute of America* (Fn. 22), S. 7.
76 *Listokin* (Fn. 54), S. 16.
77 *Listokin* (Fn. 54), S. 17.
78 *Hellerstein/Hellerstein* (Fn. 20), S. 97; *Listokin* (Fn. 54), S. 16.

keit, die Steuer auf andere abzuwälzen.[79] Weiterhin wird diskutiert, ob die Steuer als regressiv oder als progressiv anzusehen ist.[80] Sie ist regressiv, wenn darauf abgestellt wird, dass Personen mit geringem Einkommen einen relativ größeren Anteil abgeben müssen. Sie ist progressiv, wo sie als Steuer auf Reichtum betrachtet und zugrunde gelegt wird, dass ein höheres Einkommen regelmäßig zu einem größeren Anteil am besteuerbaren Grundeigentum führt. Die Frage nach Regressivität und Progressivität wird dagegen als unerheblich betrachtet, wo die Steuer als Beitrag zu den kommunalen Leistungen verstanden und sie somit an deren Maßstab angelehnt wird.

2. Großbritannien

Auf einem anderen, besonderen, aber wiederum „kommunalsteuertypischen" Weg gelangt Großbritannien zu einer Steuer mit Grundsteuerelementen. Die gegenwärtige Form der Council Tax in England, Schottland und Wales[81] ist aus dem Kontext der Kritik an der Poll Tax entstanden, die konzeptionell weitgehend eine Kopfsteuer war. Die nach den heftigen Auseinandersetzungen um diese Steuer eingeführte Council Tax ist nun eine kommunale Steuer auf alle privaten Wohngebäude (domestic property, dwellings) und bemisst sich nach dem Wert des Wohnraums in Kombination mit der Anzahl der erwachsenen Bewohner.[82] Sie ist damit im Ergebnis ein Hybrid aus einer Eigentumssteuer (Property Tax) und einer Kopf- oder Wahlsteuer (Poll Tax).[83] Gewerbegebäude werden nicht mit der Council Tax belegt, aber mit den teils vergleichbaren Non-domestic/Business Rates,[84] die indes im Gegensatz zur lokalen Council Tax national erhoben werden.[85] Gebäude mit Mischnutzungen (composites) unterfallen einer aus beiden Komponenten zusammengesetzten Besteuerung.[86]

Die Council Tax ist eine wichtige eigene Einnahmequelle für die Kommunalbehörden mit durchschnittlich etwa 25 % von deren Ausgaben; die Einnahmen aus den Business Rates und Finanztransfers durch die Regierung kommen hinzu.[87] Die einzelnen Kommunalbehörden legen die Höhe der

---

79 *Tax Institute of America* (Fn. 22), S. 12.
80 *Hellerstein/Hellerstein* (Fn. 20), S. 99–101. Weiterführend auch *Oates*, Property Taxation and Local Government Finance, Essays in Honor of C. Lowell Harriss, 2001, S. 100.
81 *Nird/Slack*, International Handbook of Land and Property Taxation, 2004, S. 82; *Connellan*, Land Value Taxation in Britain – Experience and Opportunities, 2004, S. 43; *Parsons/Rowcliffe Smith*, EG Council Tax Handbook, 2006.
82 *Segalla*, Kommunale Daseinsvorsorge: Strukturen kommunaler Versorgungsleistungen im Rechtsvergleich, 2006, S. 118; *Connellan* (Fn. 81), S. 43.
83 *Connellan* (Fn. 81), S. 43.
84 *Segalla* (Fn. 82), S. 118; *Connellan* (Fn. 81), S. 43.
85 *Nird/Slack* (Fn. 81), S. 81.
86 http://www.voa.gov.uk/CouncilTax/index.html.
87 *Segalla* (Fn. 82), S. 119; *Nird/Slack* (Fn. 81), S. 81.

Council Tax fest, verwalten sie und verfügen über die Einnahmen.[88] Neben den rein örtlichen Gliederungen sind dies teils auch höherstufige regionale Stellen sowie aufgabenbezogene Institutionen. Die Ermittlung der Bemessungsgrundlagen liegt bei Zentralbehörden, sowohl was die Klassenzuordnung der Gebäude als auch deren Bewertung angeht. Letztere erfolgt durch eine Bewertungsagentur (Valuation Office Agency), die Teil der Finanzverwaltung ist.[89] Die Regierung ist ferner auch zu dem Zweck der möglichen Ausgabenbegrenzung der lokalen Behörden (capping) zur Kontrolle von deren Steuereinnahmen befugt.[90]

3. Frankreich

Immobilien sind in Frankreich mit einer zweiteiligen Steuerpflicht verbunden, indem die Taxe d'Habitation (Wohnsteuer) und die Taxe Foncière (Grundeigentumssteuer) anfallen.[91] Die Taxe d'Habitation knüpft an das Recht zum Besitz und die Bewohnbarkeit an und wird primär durch den Besitzer entrichtet; der Eigentümer hat eine Auffangverantwortung. Die Taxe Foncière ist eine, ebenfalls jährliche, Steuer auf das Eigentum an Grund und Boden mit Unterscheidungen zwischen bebauten und unbebauten Grundstücken. Sie knüpft an die Eigentümerstellung an. Gebäude für Gewerbe unterfallen der Contribution Economique Territoriale (CET).

Bemessungsgrundlage ist der geschätzte Katastermietwert der Immobilie (valeur locative cadastrale), die Schätzung erfolgt durch das zum Finanzamt gehörende Katasteramt. Rechtlicher Zielwert ist der Ertrag, der auf dem Markt durch Vermietung der Immobilie erzielt werden könnte. Dazu werden die Immobilien nach Kategorien (Wohn-, Berufs-, Gewerbe- oder Industriezwecke) unterschieden und auf der Basis der durchschnittlichen Mieten für jede Kategorie ein Mietwert je Quadratmeter bestimmt. Der Wert wird nicht jährlich von Grund auf neu ermittelt, sondern von einem 1970 gesetzten Ausgangspunkt jährlich fortgeschrieben. Ab Werterhöhungen von 10% durch größere Änderungen an der Immobilie erfolgt eine individuelle Neubewertung. Ein Faktor zur Berücksichtigung landesweiter Preisentwicklungen tritt hinzu.

Von dem Katastermietwert werden bei der Taxe Foncière bei bebauten Grundstücken 50%, bei unbebauten Grundstücken 80% besteuert, wobei

---

88 *Connellan* (Fn. 81), S. 43.
89 *Nird/Slack* (Fn. 81), S. 84.
90 *Connellan* (Fn. 81), S. 43.
91 Zum Folgenden: http://doc.impots.gouv.fr/aida2009/brochures_idl2009/lienBrochure.html?ud_027.html, http://www.french-property.com/guides/france/finance-taxation/taxation/local-property-taxes/; http://www.frenchpropertylinks.com/essential/taxe-fonciere.html; http://www.frenchentree.com/fe-property/DisplayArticle.asp?ID=690; http://normandy.angloinfo.com/information/3/proptax.asp; http://www.atelier-taxes-locales.fr/taxes-locales_3_1_5.html.

der Abschlag politisch damit begründet wird, dass allgemeine Kosten wie Verwaltungs- und Erhaltungskosten, Abschreibungen, Versicherungen und Reparaturen pauschal berücksichtigt werden. Die Taxe d'Habitation entfällt auf den vollen Wert.

Auf den demnach verbleibenden Teil des Katastermietwerts wird ein lokaler Steuersatz angewendet. Die Steuersätze werden bei beiden Steuern durch die Gremien der lokalen und regionalen Behörden (collectivités territoriales) und interkommunalen öffentlichen Einrichtungen (établissements public de cooperation intercommunale, EPICs) festgelegt. Beim Hebesatz der Taxe Foncière wird zwischen bebautem und unbebautem Land unterschieden. Erhoben werden die Steuern von staatlichen Finanzbehörden. 2,5 % werden dafür als Erhebungsgebühr auf die Steuer zugunsten des Staates aufgeschlagen. Die danach verbleibende Steuereinnahme steht den hebeberechtigten Körperschaften und Einrichtungen zu.

4. Jüngere Steuerordnungen insbesondere in Osteuropa

Der vorstehende Blick auf die „geschichtsreichen" Steuerordnungen von drei „großen, alten Industriestaaten" verweist darauf, wie sich die Fragen doch ähneln und mit einem unterschiedlichen Maß an Pragmatismus beantwortet werden – teils befriedigend, teils unbefriedigend. Doch ist die Breite noch um einiges größer, insbesondere wenn kleinere und in gewissem Sinne „jüngere", nämlich in den letzten Jahrzehnten auch auf der Grundlagenebene reformoffene Steuerordnungen einbezogen werden. „Radikales" findet man deshalb oftmals am ehesten in den Transformationsstaaten Osteuropas. Bei der Grundsteuer verzichten insbesondere einige dieser Staaten auf eine Komponente, die an eine Verbindung zum Marktwert anknüpft. Diese Grundsteuern sind also Flächensteuern. Auf andere osteuropäische Transformationsstaaten, etwa die baltischen, trifft dies hingegen nicht zu, sondern sie haben sich dem skandinavisch-niederländischen Modell zugewandt und arbeiten mit Marktwertermittlungen in Verbindung mit einer weitgehenden Nutzung statistischer Methoden.[92]

5. Zwischenergebnis

Die Bandbreite der praktizierten und rechtlich akzeptierten Gestaltungen ist zwar groß. Doch bestehen fast überall Kombinationen aus wert- und nutzungsbezogenen Faktoren, wobei die Grundsteuern in der gewollten Belastungswirkung jeweils unterschiedliche Anteile einer Teil-Vermögensteuer und einer Einwohner- und Nutzersteuer aufweisen. Eine Unterscheidung zwischen unbebauten Flächen, Wohn- und Gewerbenutzung kommt in der Regel ebenfalls vor. Eine weitere Nutzerkomponente besteht

---

92 Zum vorstehenden Absatz insbesondere *Spengel/Heckemeyer/Zinn*, DB 2011, 10 ff.

darin, dass die Steuern teils direkt an die unmittelbaren Nutzer – etwa Bewohner, auch wenn sie Mieter sind – adressiert sind und anderenfalls die vollständige oder teilweise Überwälzung zumindest faktisch mitreflektiert wird.

In der Frage der Wertermittlung sind alle Lösungswege von der mehr oder weniger individuellen über die typisierende Massenschätzung bis zum Verzicht auf die Wertermittlung vertreten. Der letztgenannte Weg ist allerdings seltener und wird bisher offenbar am ehesten innerhalb von generellen Niedrigsteuersystemen in Betracht gezogen. Bei einer Wertabhängigkeit werden Bewertungsspielräume, in unterschiedlichem Maße, hingenommen.

Die Eigenschaft als Kommunalsteuer ist praktisch durchgehend prägend, mindestens durch das Hebesatzrecht und die Ertragshoheit und zusätzlich in der Regel durch die genannten nutzungsbezogenen Elemente der Bemessungsgrundlage.

Stellt man diesen Befund der vorangegangenen Analyse des Grundsteuergesetzes gegenüber, so kann man unter anderem hinzufügen: Die deutsche Grundsteuer ist auch in ihrer bisherigen Mischkonzeption international kein Unikum.

VI. Eine neue oder jedenfalls erneuerte Grundsteuer

1. Die Bedingungen der Steuerrechtsreform

Wie aufgezeigt, ist die Rechtswirklichkeit der Grundsteuer in Deutschland derzeit nicht in guter Verfassung und die Gesetzgebung sowohl retrospektiv als auch prospektiv in der Verantwortungsposition, nämlich handeln zu können. Ebenfalls wurde unter anderem gezeigt, dass die Schwierigkeit, theoretische Grundlagen und praktische Umsetzbarkeit bei der Grundsteuer und speziell bei der Bewertung von Vermögensgegenständen miteinander zu vereinbaren, keineswegs trivial ist.

Hinzu kommt als gegebene Komplikation einer jeden Steuerreform, dass neben der Belastungsentwicklung bei den Steuerpflichtigen auch das Steueraufkommen selbst, mithin die Haushaltsrisiken und die Verteilung auf die Gebietskörperschaften als Orientierungspunkt auftritt. Die Interessen sind innerhalb der öffentlichen Hand bei einer den Gemeinden zufließenden Steuer besonders breit gestreut, da es zugleich um denkbar unterschiedliche Aufkommenswirkungen in den gut 11 000 Städten und Gemeinden gehen kann. Die Schwierigkeit einer steuerpolitischen Einigung auf eine umfassende Neukonzeption wurde und wird zudem mit der Zeit größer. Denn die Höhe der mit einer Reform verbundenen Be- oder Entlastungssprünge dürfte mit der Zeitspanne wachsen, in der sich die wirklichen Grundstückswerte und die Ergebnisse der Einheitsbewertung auseinanderentwickeln. Mit der individuellen Ungewissheit der genauen Wirkungen steigt auch die Scheu vor dem Reformrisiko. Die Forderung nach Übergangsregelungen wird umso anspruchsvoller.

Es ist dennoch, bei aller berechtigter Anerkennung der Problemhöhe, nicht unausweichlich gewesen, dass sich im Falle der Vermögen- wie auch der Erbschaftsteuer zuerst die Rechtsprechung ein Herz fassen musste, grundlegende Veränderungen des Rechts anzustoßen, bevor es der Politik durchgreifend gelungen war. Diese Reihenfolge hat zwar einerseits einen Beleg für rechtsstaatliche Tüchtigkeit geliefert, ist aber trotzdem nicht zu begrüßen, denn es wäre selbstverständlich noch beruhigender, wenn es dazu gar nicht erst zu kommen brauchte. Die Grundsteuer erscheint nun für viele bereits als logische nächste Kandidatin für den gleichen Ablauf, denn sie ist die verbliebene Steuer, für welche die Einheitswerte noch systematisch ausschlaggebend sind. Ob die Grundsteuer verfassungswidrig ist, wurde von der Rechtsprechung bislang nicht bindend entschieden. Aber es wäre zum Beleg für die Reformfähigkeit mehr als nur eine Ehrensache, zu verhindern, dass es auf eine solche Entscheidung erneut ankommen muss.[93]

Den Schwierigkeiten des Gesetzgebers dürfen Rechtspraxis und Wissenschaft nicht interesse- oder verständnislos gegenüberstehen. Dazu braucht die Ebene der „Großentwürfe" nicht vollständig beiseite geschoben zu werden. Es ist aber die konstruktive Befassung auch mit der Ebene der Lösungen gefordert, die aus theoretischer Sicht je nach deren Prämissen „nur" die zweit- oder drittbesten wären.

2. Bausteine der Modellierung einer neuen Grundsteuer

Dabei ist eine große Bandbreite unterschiedlicher, jeweils legitimer Grundkonzeptionen einer Grundsteuer denkbar. Wird diese Steuer, was sich wegen ihrer einschlägigen Eignung besonders anbietet, als Kommunalsteuer angelegt, so spricht dies insbesondere dafür, ihre Bemessungsgrundlage an Indikatoren auszurichten, die entweder die Kosten oder den Nutzen der kommunalen Infrastruktur und sonstigen Leistungen, die auf das Grundstück und seine Nutzung entfallen, in Bezug auf die Grundstücksnutzung wiedergeben können. In beiden Fällen ist die Überwälzbarkeit auf die Nutzer ein systemgerechtes Element, ohne dass dies bedeutet, dass sie im System ausdrücklich angelegt sein muss. Ferner spricht der kommunalsteuerliche Gedanke für eine nutzungsabhängige Komponente in der Bemessungsgrundlage und für die Bestimmung des Steuertarifs durch die Kommunen.

---

93 S. hierzu auch die Beiträge in *Birk* (Hrsg.), Steuerrecht und Verfassungsrecht (Fn. 5).

Der Wert von Boden und Bebauung als weiteres denkbares Element kann zweierlei Funktionen wahrnehmen: Er reagiert zu einem Teil auf die kommunalen Leistungen, indem diese den Wert beeinflussen, wobei dies den Bodenwert weitaus mehr betrifft als den von den Eigeninvestitionen geprägten Gebäudewert. Zum anderen bringt der Wert auch die unterschiedliche steuerliche Belastbarkeit zum Ausdruck und ist dadurch zugleich ein mit der Leistungsfähigkeit verbundener Faktor. Je stärker der Wertfaktor betont wird und je marktnäher dabei die Werte ermittelt werden, desto eher ist die Grundsteuer als Teil-Vermögensteuer angelegt. Ihre örtliche Einbindung in den Äquivalenzgedanken verliert sie infolge des Hebesatzrechts, das ein fiskalisch-politisches Äquivalenzinstrument ist,[94] auch in diesem Fall nicht vollständig; wird zusätzlich nach Nutzungsarten differenziert, unterstreicht dies zugleich eine kosten- und/oder nutzenbezogene Äquivalenz.

Aus diesen Begründungsbausteinen lässt sich die Basis von Grundsteuern zusammensetzen. Der rechtsvergleichende Befund zeigt viele Mischformen auf, und auch die deutsche Grundsteuer kombiniert bisher schon mehrere Legitimationsstränge.[95] Auf die Wahrnehmung des politischen Ermessens, das hier seinen weit gefassten Raum hat, wirken sich die Argumente der Praktikabilität, der Belastungswirkungen bei den Steuerpflichtigen und der Aufkommenswirkungen bei den Kommunen stark aus und bestimmen so über die jeweils gefundene Kombination der genannten steuersystematischen Grundelemente mit. Dies ist einerseits ebenso selbstverständlich wie andererseits, dass gleichwohl die nicht allein politisch, sondern auch rechtsstaatlich und grundrechtlich begründete Verpflichtung besteht, eine systemgebundene, folgerichtige Gestaltung zu suchen und zu finden.

3. Die Modellierung einer neuen Grundsteuer in Deutschland

Aus den Bausteinen und Bestimmungsgrößen setzen sich auch alle politisch aussichtsreichen derzeit in Deutschland diskutierten Reformmodelle zusammen.[96] Der verfassungsrechtliche Mangel des Ausbleibens einer zeit-

---

94 Dazu *Schmehl* (Fn. 14).
95 Oben II., IV. und V.
96 Vor 2009 diskutierte Entwürfe werden im Folgenden nicht ausdrücklich erwähnt, obwohl sie vieles Ähnliche schon enthalten und daher auch die Diskussionsbeiträge keineswegs vollständig überholt, sondern vielfach weiter beachtenswert sind, so etwa: *Eisele*, DStZ 2003, 834 ff.; *Drosdzol*, DStZ 1994, 205 ff., 1999, 831 ff. und 2001, 689 ff. sowie oben Fn. 18; *Fromme* und *Thöne*, in Lange (Hrsg.), Reform der Gemeindesteuern – Zwischen kommunaler Finanznot und internationalem Steuerwettbewerb, 2006, S. 155 ff. und 173 ff.; *Hellmann*, Die Besteuerung des privaten Grundeigentums – Ökonomische Analyse und steuersystematische Beurteilung bodenbezogener Steuerreformen, 2003; *Lehmbrock/Coulmas*, Grundsteuerreform im Praxistest – Verwaltungsvereinfachung, Belastungsänderung, Baulandmobilisierung, Beiträge des Deutschen Instituts für Urbanistik, H. 33, 2001; Gutachten der Kommission zur Verbesse-

nahen Wertfeststellung könnte zwar für sich betrachtet auch durch eine neue Hauptfeststellung nach dem alten Grundsteuergesetz behoben werden. Tatsächlich wird diese Erwägung[97] nicht nur wegen des Aufwands, sondern auch deshalb nicht mehr als sinnvoll betrachtet, weil die Zeit zugleich über den Sinn der Einheitswertsystematik hinweggegangen ist, sodass ohnedies eine größere Reform ansteht.

a) Eine Grundsteuer mit statistikbasierter Verkehrswertschätzung: Der Vorschlag der „Nordostschiene" (VKM)

Das in der Studie einer Arbeitsgruppe aus den Ländern Berlin, Bremen, Niedersachsen, Sachsen und Schleswig-Holstein[98] ausgearbeitete Konzept setzt auf die Ermittelbarkeit von realitätsnahen Verkehrswerten zu vertretbaren Verwaltungskosten.[99] Es zeigt hierfür insbesondere die Möglichkeiten einer Vergleichswertmethode auf, die möglichst weitgehend auf die Nutzung von vorhandenen Informationen und Datenbeständen und deren informationstechnische Verarbeitung zurückgeführt wird.

Demgegenüber bevorzugt der Wissenschaftliche Beirat beim BMF das Abstellen auf tatsächliche Marktpreise in Bezug auf das konkrete Objekt, soweit sie verfügbar sind, und unterstreicht daher die Geeignetheit eines Er-

---

rung der steuerlichen Bedingungn für Investitionen und Arbeitsplätze, BMF-Schriftenreihe H. 41, 2001, Rz. 310 ff.; Reform der Grundsteuer, Bericht des Bayerischen Staatsministers der Finanzen und des Ministers der Finanzen des Landes Rheinland-Pfalz an die Finanzministerkonferenz, Umdruck, 2004, veröffentlicht u. a. unter http://www.dihk.de/ressourcen/downloads/bericht_lang.pdf/at_download/file?mdate=1291460558 989; *Tipke*, Die Steuerrechtsordnung Bd. 2, 2003, S. 953 ff.; *Lehmbrock*, WuM 2002, 202 ff.; *Reidenbach*, Bodenpolitik und Grundsteuer – Bericht über ein Expertengespräch, 1999; *Strunk*, StuW 1980, 51 ff., *Stein*, ZKF 2000, 74 ff.; *Scheerer*, BB 1991, 2348; *Dieterich/Josten*, WuM 1998, 533 ff.; *P. Kirchhof*, DStR 1984, 575 ff.; *Hecht*, BB 2000, 1168 ff.; *Zeitler*, DStZ 2002, 131 ff.; *Stein*, ZKF 1996, 26 ff.; *Walter*, DWW 2007, 136 ff.; *Heine*, KStZ 2004, 69 ff.; *Geiger*, Gemeindehaushalt 2006, 145 ff.; *Mohl/Dicken*, KStZ 1996, 26 ff.; *Mohl*, KStZ 1999, 212 ff. und 2000, 11 ff.; *Miehler/Kronthaler*, DStZ 1992, 741 ff.; *Kruse*, BB 1989, 1349 ff. und 1996, 717 ff.; *Hecht*, BB 2000. 1168 ff.; *Schmitz*, Die Gemeindefinanzreform: Interkommunaler Steuerwettbewerb und der betriebliche Standortentscheidungsprozess, 2004, insbesondere S. 182–197, 258–281; *Schneider/Vieregge*, Die Grundsteuer in der Finanzreform – Eine Studie zur wirtschafts- und finanzpolitischen Problematik der Grundsteuer, 1969; *Viehöver*, Der Beitrag einer reformierten Grundsteuer zur nationalen Nachhaltigkeitsstrategie: Reduktion oder Expansion des Flächenverbrauchs?, Diplomarbeit 2001, http://www.viehoever.de/grundsteuer/Diplomarbeit_Viehoever.pdf.

97 Zu Entwicklungsoptionen der Einheitsbewertung *Glier*, Die Information über Steuern und Wirtschaft 1979, 436 ff.; *Strunk*, StuW 1980, 51 ff.; *Kruse*, BB 1989, 1349 ff. und 1996, 717 ff.; *Halaczinsky*, BB 1990, 1173 ff. und KStZ 1995, 68 (73); *Scheerer*, BB 1991, 2348 ff.; *Drosdzol*, DStZ 1999, 831 (834); *Stein*, ZKF 1996, 26 (29); *Miehler/Kronthaler*, DStZ 1992, 741 (745).

98 Fn. 1.

99 Im Sprachgebrauch der Vergleichsstudie der länderoffenen Arbeitsgruppe (Fn. 1) daher „VKM", Verkehrswertmodell, genannt.

tragswertverfahrens in den Fällen, in denen Nutzungsverträge vorhanden sind.[100] Nur wo dies nicht gegeben ist, werden dann Ersatzmethoden angewandt.

Die verwaltungsmäßige Handhabbarkeit und die rechtliche Streitanfälligkeit der Wertermittlung bilden in beiden Konzepten jeweils die wichtigsten Prognoseunsicherheiten, deren Einschätzung daher neben den Annahmen über die Belastungs-, Aufkommens- und Lenkungswirkungen über den politischen Erfolg dieser Reformanstöße mitentscheiden wird.

b) Eine Grundsteuer ohne Wertermittlung: Der Vorschlag der „Südschiene" (WUM)

Der von Baden-Württemberg, Bayern und Hessen ausgearbeitete Vorschlag[101] betont die Verwaltungsvereinfachung am stärksten von allen Modellen, indem die Gebäude- und Bodenwerte nicht mehr ermittelt werden.[102] Die Bemessungsgrundlage wird aus der Grundstücksfläche, der Nutzfläche von Gebäuden und einem mit der Art der Nutzung verbundenen Koeffizienten ermittelt, der zwischen Nichtbebauung, Wohngebäudeflächen und sonstigen Gebäudeflächen unterscheidet. Es ergibt sich eine Kombination aus Kostenanlastung und inhaltlicher Lenkung: Bei nutzbaren Gebäuden wird anhand der Fläche unterschieden, was einen Vergleich der von der Nutzung ausgelösten Kosten stark pauschaliert abbildet; unter den Nutzungen wird sodann die Wohnnutzung zum einen zwecks Förderung und zum anderen als die in der Regel weniger kostenträchtige Nutzung relativ weniger belastet.

Das Modell besticht im Vergleich weniger inhaltlich – insoweit fehlt die Abbildung des Marktwertes und somit die damit verbundenen Wirkungen – als vor allem durch seine Einfachheit, jedenfalls im Vergleich zu den Alternativen. Es kann aber auch die selbstgewählte Bezeichnung als eine Grundsteuer nach dem Äquivalenzprinzip durchaus für sich in Anspruch nehmen. Dies gilt stark eingeschränkt, da sich mangels eines Bodenwertbezugs die Auswirkung der Bereitstellung öffentlicher Güter zum individuellen, im Bodenpreis zu bemessenden Nutzwert des Grundstücks nicht in der Bemessungsgrundlage wiederfindet. Es ist aber die beschriebene Bezugnahme auf die durch die Grundstücksnutzung ausgelösten Kosten in pauschalierter Form gegeben, indem Fläche und Nutzungsart die Bemessung bestimmen.

---

100 Wissenschaftlicher Beirat beim BMF (Fn. 1).
101 Fn. 1.
102 „WUM" (wertunabhängiges Modell), so die Bezeichnung in der Vergleichsstudie der länderoffenen Arbeitsgruppe (Fn. 1).

c) Zur rechtspolitischen Gegenüberstellung von wertunabhängigem und verkehrswertabhängigem Modell

Die an das Südschiene-Modell herangetragene Bezeichnung als „reine Flächensteuer" sollte nicht darüber hinwegtäuschen, dass es eine Differenzierung nach der Nutzungsart, die auch die bisherige Grundsteuer schon aufweist, auch hier gibt. Der Flächensteuerbegriff bezeichnet ein anderes, ausschlaggebendes Charakteristikum des Konzepts hingegen richtig, da dessen Verzicht auf einen Marktwertbezug von Grund und Boden sowohl seinen größten Innovationsschritt als auch den wichtigsten Streitpunkt ausmacht. Das Abkoppeln von einer Wertermittlung gilt als verteilungspolitische Hürde, da sie Gebäude mit geringer Nutzfläche auch dann nicht hoch besteuert, wenn sie einen sehr hohen Wert haben sollten, und umgekehrt. Die Denkbarkeit einer politischen Zuspitzung nach der Art „gut für Villen, schlecht für Wohnblocks" wird es sicherlich mindestens erfordern, solchen Einwänden stark entgegenzukommen, um Mehrheiten hinter diesem Modell zu versammeln.

Indes dürfte es für die Vertreter dieses Vorschlags insoweit von Nutzen sein, den Blick der Kritiker auf die Alternativen und die absolute anstelle der relativen Belastung zu lenken: Denn im Falle der Einführung einer Verkehrswertabhängigkeit der Grundsteuer erscheint eine insgesamt höhere Grundsteuerbelastung auf lange Sicht wahrscheinlicher.[103] Die Gründe dafür dürften darin liegen, dass die Bezugnahme auf Grundstückswerte mit deren Anstieg zu Ausweitungen der faktischen Bemessungsbasis führt und wohl auch Steuersatzerhöhungen eher leichter kommunikativ durchsetzbar werden lässt, da mit der verbindlichen Feststellung des Verkehrswerts zugleich auch das wirtschaftliche Substrat konkret sichtbar gemacht wird, das die Steuerbelastung tragbar erscheinen lässt.

Das Argument der wahrscheinlich langfristig stärkeren Limitierung der absoluten Höhe der Grundsteuer im Äquivalenz- oder Flächensteuermodell schlägt auch in die andere Richtung aus, indem es zeigt, dass die Sorge um die ausreichende Ergiebigkeit und der leistungsfähigkeitsbezogenen Belastungsgerechtigkeit der Steuer hier eine Rolle spielen wird. In einem verkehrswertunabhängigen Modell wächst die Bemessungsbasis nicht in gleichem Maße „von selbst" mit den Grundstückswert an, sondern erhöht sich nur bei einer Verdichtung der baulichen Flächennutzung, also einer eigenen Investitionsentscheidung. Jenseits dieser Zuwächse bleibt die Erhöhung des Hebesatzes unter Berufung auf höhere Ausgaben oder Leistungen, was politisch eine schwierigere Ausgangsposition bedeutet.

Ist die Einnahmenstetigkeit in dem wertunabhängigen Modell höher, da auch Wertverluste nicht durchschlagen, eine Erhöhung dafür erheblich

---

103 Dafür sprechen auch die empirischen Daten der vergleichenden Beobachtung von *Spengel/Heckemeyer/Zinn*, DB 2011, 10 (13 f.).

schwieriger als im Verkehrswertmodell, so dürften gerade die sich zunehmend auseinanderentwickelnden Abwanderungs- und Zuwanderungsregionen innerhalb Deutschlands ihre jeweils eigene Interessenlage in Bezug besonders auf das wertunabhängige Modell daher sehr unterschiedlich einschätzen, es sei denn, die Abwanderungsregionen könnten auf eine Kompensation im kommunalen Finanzausgleich setzen. Dass die Länder sich bei der Entscheidung auf eine repräsentative empirische Verprobung stützen wollen[104], ist angesichts dessen politisch nur folgerichtig.

In einer Ausgangslage, in der sich die stärkeren Kommunen oder die Kommunen einiger Länder eventuell eine „Flächensteuer" vorstellen können, andere hingegen nicht, führt womöglich sogar erst eine gesetzgeberische Freigabe für unterschiedliche Bemessungsgrundlagen zu einer Reform, dies jedoch um den Preis einer Einbuße an Rechtseinheit. Unter den institutionenpolitischen Sichtweisen haben übrigens die Stärkung der kommunalen Selbstverwaltung und teils auch der interkommunale Wettbewerb zwar ihre Relevanz bewahrt oder gewonnen. Dennoch werden Vorschläge, die größere Gestaltungsspielräume auf dezentraler Ebene ansiedeln würden, selten wirklich ernsthaft genug erwogen, um ausdiskutiert zu werden. Dies gilt etwa für eine Zonierung des Hebesatzrechts zugunsten differenzierter bodenpolitischer Gestaltung innerhalb der Gemeinden[105] und teils auch für die Frage, ob unterschiedliche Grundsteuergesetze der Länder in Betracht kommen.[106]

Bei der Reform der Grundsteuer sollte im Blick bleiben, dass die von der Grundsteuer wahrgenommenen Funktionen je nach der gewählten Bemessungsgrundlage unterschiedlich sind. Wertunabhängige Grundsteuern sind ungleich vollzugsfreundlicher, haben aber andererseits aber nur einen Teil der Funktionen und Wirkungen, die mit wertabhängigen Grundsteuern verbunden sind. Beide Grundformen haben gemeinsam, dass sie auch, aber nicht allein unter dem Gesichtspunkt einer generellen Vermögensteuerkritik verstanden werden können. Eine im weiten Sinne verstandene, auf die inhaltliche wie auf die institutionelle Ebene bezogene Äquivalenzorientierung ist eine dominante Leitlinie für ein sachgerechtes Modell der Grundsteuer als Kommunalsteuer.

d) *Kombinationsmodelle: Der Vorschlag Thüringens (KOM)*

In den Kombinationsmodellen aus Flächen- und Wertbezug, die bereits traditionell häufig vorkommen und jüngst durch den Thüringer Vor-

---
104 Die von der Finanzministerkonferenz im Januar 2011 beschlossen und in Auftrag gegeben wurde.
105 Dazu z. B. *Stein*, ZKF 1996, 26 (30).
106 Vgl. *Eisele*, DStZ 2003, 834 (838); *Zeitler*, DStZ 2002, 131 (133 f.).

schlag[107] ein neues Gewicht erhalten haben, liegt es insoweit ähnlich. Sie richten sich im Vergleich zum reinen Wertmodell darauf, den Verwaltungsaufwand, die Belastungssprünge bei der Umstellung und die Streitanfälligkeit zu verringern und verstehen den Äquivalenzgedanken zugleich mehr kostenorientiert als diejenigen Konzepte, die vollständig auf den Wert und damit den wirtschaftlichen Nutzen beim Steuerpflichtigen abstellen. Das Mittel hierzu ist es, den Gebäudewert außen vor zu lassen – sodass zugleich auch die Investition in die Gebäudequalität nicht oder weniger steuererhöhend wirkt – und insoweit lediglich auf die Nutzfläche abzustellen. Der nicht durch Gebäude genutzte Grund wird bewertet, dies aber möglichst anhand anderweitig schon greifbarer Bodenrichtwerte.[108]

Kombinationsmodelle bieten besonders weit ausgebaute Möglichkeiten, um die Einordnung der Grundsteuer auf einer Skala zwischen Einwohnerbezug und Vermögensbezug variabel platzieren zu können. Die Gewichtung dieser Anteile bleibt in solchen Modellen der Justierung der Stellschrauben überantwortet, namentlich auf welche Weise der Boden bewertet wird und welche Nutzungskoeffizienten mit den Gebäudeflächen verbunden werden. Ob ein Kombinationsmodell näher an der „Flächensteuer" der „Südschiene" oder am Verkehrswertmodell des „Nordens" liegt, ist damit gestaltbar. Diese Kombination und zugleich Variabilität begründen sowohl den inhaltlichen Reiz als auch die politischen Durchsetzungschancen des Thüringer Vorschlags und ähnlicher Konzepte, die den Reformeinstieg durch ihre große interne Entwicklungsoffenheit politisch erleichtern sollen. Ausschlaggebend muss aber sein, ob es Kombinationsmodellen gelingt, möglichst die Vorteile, nicht die Nachteile der anderen Modelle in sich zu vereinigen. Dies dürfte unter anderem bedingen, dass der Aufwand – und damit möglicherweise auch die Marktnähe – der Bewertung des bodenbezogenen Teils der Bemessungsgrundlage vergleichsweise gering gehalten werden muss, da das Modell als politische Alternative wahrscheinlich nicht attraktiv genug wäre, wenn es im Vergleich zu Verkehrswertmodellen keine Vereinfachung verspricht.

4. Einbeziehung besonderer Anreizwirkungen auf die Steueradressaten

a) Grundwasser- und Klimaschutz durch Bodenschutz: Eine Grundsteuer mit Bodenverbrauchsfaktor

Bedauerlich ist, dass ambitioniertere Ansätze einer inhaltlichen Ausrichtung an den Anreizwirkungen der Steuer meist nur eine geringe praktische

---

107 Fn. 1; weitere Erläuterungen zu ihm auch bei *Tartler*, Thüringer Vorschlag für eine gebäudewertunabhängige Grundsteuer, Beitrag zur notwendigen Reform der Grundsteuer, 9.9.2011, http://www.thueringen.de/imperia/md/content/tfm/begruendung_grst_thueringen.pdf.
108 Im Sprachgebrauch der Vergleichsstudie der länderoffenen Arbeitsgruppe (Fn. 1) daher „KOM", Kombinationsmodell.

Rolle in der politischen Diskussion erreichen konnten. Dabei könnte die Gestaltung der Grundsteuer durchaus Anreize zur schonenden Bodenbewirtschaftung und vor allem zur Reduktion der Bodenversiegelung beitragen.[109] Klimaänderungen und veränderte Bodenverhältnisse beeinflussen sich wechselseitig, sodass der Umgang mit Böden sowohl Gegenstand der Folgeprobleme des Klimawandels als auch, insbesondere als Kohlendioxid-Senke, ein Teil seiner Lösung ist.[110] Der unversiegelte Boden ist ferner zur Erhaltung der Qualität und Quantität des Grund- und Trinkwassers bedeutsam.

Steuerliche Umweltfaktoren, die daraufhin eine bodenverbrauchsschonende Bauweise begünstigen, wären denkbar. Sie könnten für ein solches Politikziel wichtig sein, da die Instrumente gegen die fortschreitende Bodenversiegelung bisher insgesamt schwach sind. Möglicherweise beruht die eher zu geringe Aufmerksamkeit für solche Aspekte nicht nur auf einer generellen Skepsis gegen Lenkungszwecke, sondern auch auf der ausgesprochenen oder unausgesprochenen Annahme, dass bei einer individuell mäßigen Höhe der Steuer ohnehin keine erheblichen Lenkungseffekte zu erwarten seien. Diese Skepsis ist begründet, greift aber auch leicht zu kurz, denn Steuern setzen durchaus auch bei mäßiger Höhe merkliche Anreize, soweit sie auf ein Verhalten ausgerichtet sind, das der Adressat in eher hohem Maße selbst in der Hand hat. Das ist bei der Wahl zwischen Optionen der Neubebauung, die sich auf die Umweltziele unterschiedlich auswirken und deren Steuerwirkungen auf eine jahrzehntelange Nutzungsdauer des Gebäudes zu berechnen sind, der Fall. Außerdem ist nicht zu übersehen, dass Steuern auch nichtfinanzielle Signale setzen. In dem Fall, dass diese Signale auf ein weithin positiv aufgenommenes Ziel wie die ökologische Nachhaltigkeit aufmerksam machen, erhöhen sie den „moralischen" Anreiz, sich im Einklang mit diesem Ziel zu verhalten.[111] Ferner wird gerade dieses Ziel auch von Immobilieninvestoren, die typischerweise langfristig orientiert sind, auch bereits als Faktor der wirtschaftlichen Werthaltigkeit geschätzt, da ein Ausbau der Umweltpolitik und eine Zunahme

---

109 Vgl. *Tipke*, Die Steuerrechtsordnung Bd. 2, 2003, S. 965; ausführlich zu einer Reform unter ökologischen und bodenpolitischen Gesichtspunkten *Rodi* sowie weitere Beiträge im ZUR Sonderheft 2002, 164 ff.; *Bizer/Lang*, Ansätze für ökonomische Anreize zum sparsamen und schonenden Umgang mit Bodenflächen, UBA-Texte 21/2000; *Viehöver* (Fn. 96). Zur Beurteilung der bisweilen unterschätzen Klimarelevanz des Bodenschutzes: EU-Kommission, Review of existing information on the interrelations of soil and climate change, 2008, S. 109 ff., http://ec.europa.eu/environment/soil/pdf/climsoil_report_dec_2008.pdf; Positionspapier der Bund/Länder-Arbeitsgemeinschaft Bodenschutz LABO, Klimawandel – Betroffenheit und Handlungsempfehlungen des Bodenschutzes, 9. Juni 2010, Zweiter Bodenschutzbericht der Bundesregierung, 15.4.2009, BT-Drs. 16/12658; SRU, Rat von Sachverständigen für Umweltfragen, Umweltgutachten 2008, BT- Drs.16/9990, Tz. 219 ff.
110 LABO (Fn. 109), S. 2.
111 S. dazu u. a. auch *Viehöver* (Fn. 96), S. 112.

der individuellen Wertschätzung für nachhaltiges persönliches Verhalten ein wahrscheinliches Zukunftsszenario ist.

b) Bodenmarktaspekte: Eine Bodenwertzuwachssteuer als Grundsteuer

Eher weniger virulent erscheint derzeit, inwieweit die Anreizwirkungen auf den Bodenmarkt in die Überlegungen einbezogen werden sollten. Eine den Gebäudewert mit einbeziehende Grundsteuer kann je nach Gestaltung die Attraktivität von Investitionen beeinträchtigen und zu einer Dämpfung der Mobilität am Bodenmarkt beitragen, was sich jeweils auf das Ziel einer optimalen Bodennutzung ungünstig auswirkt.[112] Wenn daher nur Bodenwertsteigerungen erfasst und die Wertsteigerung durch private Investitionen herausgenommen würden, so schwächte dies den Anreiz zur reinen Bodenspekulation und zum Investitionsverzicht ab und die Grundsteuer erhielte im Gegenzug den „puren" Charakter, die Gemeinden (nur) an den von ihnen bewirkten Wertsteigerungen zuzüglich der allgemeinen Bodenwertentwicklung zu beteiligen.[113] Allerdings wird zurückhaltend zu beurteilen sein, ob durch eine solche Besteuerungskonzeption tatsächlich mehr Bewegung auf den Immobilienmarkt eintreten würde, denn Grundstücksverkäufe nehmen in der Regel wirtschaftliche Größenordnungen an, gegenüber denen eine Grundsteuer in einer aktuell realistischen Höhe nicht sehr ins Gewicht fällt. Die Nutzung auszublenden, würde ferner den Kommunalsteuercharakter erheblich abschwächen: Der auf die unterschiedliche Nutznießerschaft abstellende Teil des Äquivalenzgedankens würde nicht zur Steuerrechtfertigung herangezogen, und überdies würde eine Überwälzung auf die Nutzer, da der reine Bodenwertzuwachs gerade nur den Eigentümer tangiert, wirtschaftlich und rechtlich fragwürdig

5. Verfassungsrechtlicher Rahmen: Insbesondere zum bewertungsunabhängigen „Flächensteuer"-Konzept

Für eine Reform ist der verfassungsrechtliche Rahmen zunächst als Werteordnung mit den aus dem Rechtsstaatsprinzip und den Grundrechten abgeleiteten Folgerungen wegweisend.

Nicht nur wegweisend, sondern sogar grundlegend weichenstellend für den Reformprozess wäre es aber, wenn eine Grundsteuer ohne marktbezogene Wertermittlung von vornherein verfassungsrechtlich ausgeschlossen wäre und das Modell der „Südschiene" („WUM") und vergleichbare Vorschläge

---

112 *Dieterich/Josten*, WuM 1998, 531, 532. Zum Bodenmarktbezug ferner etwa *Mohl*, KStZ 2000, 110.
113 Hierzu und zu einer ausführlichen Einordnung und Kritik *Heier*, Bodenwertzuwachssteuer – kein Allheilmittel, 1973, S. 17 ff.; *Josten*, Die Bodenwertsteuer – eine praxisorientierte Untersuchung zur Reform der Grundsteuer, 2000; *Schmitz* (Fn. 96), S. 183–187, 193–197.

daher von vornherein ausscheiden würden. Dies ist daher auch die wichtigste und am stärksten umstrittene verfassungsrechtliche Frage.[114]

Durch die Gebäudeflächenkomponente und die unterschiedlichen Koeffizienten je nach Nutzung ist allerdings eine gewisse Wertkomponente auch in diesem Modell enthalten. Denn diese Daten führen zu einem Vergleich der Besteuerungsobjekte hinsichtlich des Ausmaßes (Gebäudefläche) und der Art ihrer baulichen Nutzung. Darin liegt keine individuelle Wertbestimmung, aber die Grundstücke werden unter dem Gesichtspunkt des wertbestimmenden Faktors „bauliche Nutzung" ins Verhältnis zueinander gesetzt. Dieser Ausschnitt der wertbestimmenden Faktoren wird also verglichen, und dieser Vergleich bestimmt über die Verteilung der Steuerlast mit. Auf die Verteilung der Gesamtsteuerbelastung zwischen den Steuerpflichtigen hat diese Relation also Einfluss.

Allerdings genügt dieser sehr verdünnte Faden zu den Wertverhältnissen evident nicht, um von einer prägenden Anknüpfung der Steuer an eine realitätsnahe Wertfeststellung sprechen zu können. Dies wird auch nicht angestrebt. Wenngleich die vorstehende Überlegung nicht belanglos ist, bleibt daher für die verfassungsrechtliche Beurteilung die Beantwortung der Vorfrage unausweichlich, ob eine realitätsnahe Feststellung von Vermögenswerten für jede Form der Grundsteuer unentbehrlich ist. Eine solche Annahme wäre indes abzulehnen und lässt sich auch nicht aus der bisherigen Rechtsprechung des BVerfG folgern.

So hat das BVerfG im Erbschaftsteuer-Beschluss klar gemacht, dass es die Forderung nach einer Ausrichtung auf die realitätsnahe Bewertung anhand des Gemeinen Werts dort als Konsequenz aus der vom Gesetzgeber getroffenen Belastungsentscheidung ableitet, die es für die Erbschaft- und Schenkungsteuer in der Besteuerung des anfallenden Vermögenszuwachses sieht.[115] Als Ausdruck oder Andeutung eines verfassungsunmittelbaren Gebots, jede steuertatbestandliche Anknüpfung an Vermögensgegenstände mit einer realitätsnahen individuellen Wertermittlung im Rahmen der Bemessungsgrundlage zu verbinden, lässt sich dies nicht verstehen.

Dies würde auch dem weiten Gestaltungsspielraum bei der Festlegung des Besteuerungsgrundes zuwiderlaufen, den das Gericht in ständiger Rechtsprechung betont. Die Belastungsentscheidung bei einer grundsätzlich modifizierten Grundsteuer wäre eine andere als bisher, und eine Grundsteuer muss nicht zwangsläufig als Teil-Vermögensteuer ausgestaltet sein. Auf der Ebene der Auswahl des Belastungsgrundes hat das Leistungsfähigkeitsprinzip kein Monopol, sondern ist das Äquivalenzprinzip ebenfalls

---

114 Instruktiv z. B. *Becker*, BB 2011, 535 ff.; *Zochert*, BB 2011, 3105 f.; *Schulemann*, Reform der Grundsteuer: Handlungsbedarf und Reformoptionen, Schriftenreihe des Karl-Bräuer-Instituts der Steuerzahler, Heft 109, 2011.
115 BVerfG v. 7.11.2006 – 1 BvL 10/02, BVerfGE 117, 1, BStBl. II 2007, 192 (Leitsatz 2 a).

zulässig. Jedenfalls für eine Kommunalsteuer ist es in einer Verfassungsordnung, in der die kommunale Selbstverwaltung einschließlich der finanziellen Grundlagen der kommunalen Eigenverantwortlichkeit geschützt sind (Art. 28 Abs. 2 GG), nicht verfassungswidrig, an Indikatoren der Verursachung von Kosten der örtlichen öffentlichen Güter, etwa der Quantität und Qualität von Verwaltungsleistungen und Infrastrukturen, anzuknüpfen. Eine Kombination von Grundeigentum und dessen baulicher Nutzung bildet einen solchen brauchbaren Indikator.

Einen Überforderungsschutz für den Einzelfall könnte, wenn gewünscht, beispielsweise das Muster des § 33 GrStG bieten, wenngleich sich eine solche „qualifizierte Angstklausel" des Gesetzgebers durch ihren Ertragsbezug schon bisher schlechter in das System einfügt; eine allgemeine Billigkeitsklausel könnte ebenfalls genügen und würde weniger stark zu einer allgemeinen Ausweitung tendieren und weniger systematischen Klärungsbedarf auslösen.[116] Gegen Überforderung kann, ohne Individualisierung, auch auf einer generellen Ebene vorgesorgt werden, etwa mit einer Begrenzung der durch die Grundsteuer erzielbaren Steuereinnahmen der Gemeinde im Verhältnis zur Gesamtflächenzahl.[117]

Eine weitere verfassungsrechtliche Frage ist es, welche Relevanz die Forderung nach einer gesetzessystematisch transparenten Wiedergabe einer Unterscheidung der Lenkungstatbestände von der Definition und Ermittlung des wirtschaftlichen Belastungsobjekts, wie sie in der Rechtsprechung des BVerfG zur Erbschaftsteuer angelegt ist, für die Grundsteuer aufweist.[118] Die Frage stellt sich grundsätzlich sowohl beim Verzicht auf eine Bewertungsabhängigkeit als auch bei einem Anknüpfen an Wertfeststellungen, indem jeweils die unterschiedlichen Nutzungskoeffizienten – etwa für Wohnnutzung einerseits und Gewerbenutzung andererseits – möglicherweise als mehrdeutig angesehen werden. Sie können mit der Begünstigung des Wohnens einen Lenkungszweck zugunsten von Wohn-Investitionen ebenso wie eine Rücksichtnahme auf unterschiedliche Belastbarkeiten repräsentieren. Ist eine wirtschaftliche Wertermittlung vorangestellt, so ist diese Mischung von mehreren Motiven jedoch rein verfassungsrechtlich unschädlich, da nicht zu verlangen ist, dass auf der Stufe der Lenkungsnormen noch unterschiedliche Motive getrennt werden, die auf dasselbe Instrument – hier: die Differenzierung der Nutzungsartfaktoren – hinauslaufen. Bei einer bewertungsunabhängigen Grundsteuer führt ein anderer Grund zu demselben Ergebnis, nämlich dass die Forderung nach einer Unterscheidung von Bewertung und Lenkung nicht die Forderung danach begründet, dass jede Grundsteuer eine Bewertungsstufe vorsehen muss.

---

116 Zu der diesbezüglichen Schwierigkeit bei § 33 GrStG s. o. IV. 1. c.
117 S. auch die Regelungen in den USA, oben V.1.c und d.
118 Anknüpfend an oben IV. 5.

„Sogar" eine Steuer im Sinne des „Südländer"-Konzepts könnte also verfassungskonform gestaltet werden. Als ein maßgebendes Ergebnis bleibt demnach festzuhalten, dass das Verfassungsrecht der Politik die Konzeptentscheidung[119] nicht aus der Hand nimmt.

VII. Fazit

Die kritische Bestandsaufnahme der Grundsteuer fällt also, sehr kurz zusammengefasst, so aus: Die Grundsteuer ist dringend reform*bedürftig* – aber auch reform*würdig* und ebenso reform*fähig*. Nach einer geeigneten Erneuerung wäre sie auf eine inhaltlich stimmige Weise im Steuersystem verankert. Sie kann gute Dienste als eine sinnvolle Kommunalsteuer tun.

Damit ist nicht gesagt, dass die Grundsteuer *die* ideale Kommunalsteuer ist. Andere Steuerkonzepte können ihr in mehreren Eigenschaften, je nach den insoweit angelegten Kriterien, überlegen sein. Eine Grundsteuer gehört jedoch zu den guten Lösungsmöglichkeiten, und sie ist zudem praktisch verfügbar.

---

119 Zu deren Strukturierung sind u. a. die insoweit hervorzuhebenden Anlagen zum Bericht der länderoffenen Arbeitsgruppe (Fn. 1) nützlich.

Diskussion

zu den Referaten von Dr. *Frank Roser, Bernd-Peter Bier* und Prof. Dr. *Arndt Schmehl*

Leitung
Prof. Dr. *Joachim Wieland*

Prof. Dr. *Johanna Hey*

Sie haben uns sehr eindrucksvoll dargelegt, dass bei der Grundsatzdiskussion zur Abschaffung der Gewerbesteuer nicht versäumt werden sollte, gelegentlich mal in das Gesetz hineinzuschauen und auch den Reformbedürfnissen innerhalb der geltenden Gewerbesteuer Rechnung zu tragen. Und bei beiden Referaten ist sehr klar geworden, dass, obwohl steuerpolitisch die Hinzurechnungstatbestände des § 8 GewStG die Hauptaufmerksamkeit auf sich ziehen, in der Besteuerungspraxis die größten Schwierigkeiten aufgrund der unterschiedlichen Steuergegenstände der Gewerbesteuer und der Einkommen-/Körperschaftsteuer entstehen. Meine Frage wäre, warum kann man nicht einfach – das mag verfassungsrechtlich problematisch erscheinen – warum kann man nicht einfach die Gewerbesteuer zukünftig begreifen als ein Hebesatzrecht auf gewerbliche Einkünfte. Also im Grunde genommen bei § 7 Satz 1 GewStG Schluss machen und den nach Einkommensteuer ermittelten Gewinn ohne Wenn und Aber der Gewerbesteuer unterwerfen. Das hätte dann freilich auch die Konsequenz, dass die Veräußerung von Personenunternehmen voll der Gewerbesteuer unterläge. Warum nicht einfach den historisch überkommenen Unsinn der Objektsteuer beseitigen?

Dr. *Frank Roser*

Ich glaube, die Frage ist: Kann man den systematischen Unsinn, der in dem gesamten Gewerbesteuergesetz enthalten ist, reduzieren? Das ist sicherlich ein Problem, das man nur in den Griff bekommen kann, wenn man auf die Systematik insgesamt eingeht. Es wäre ein Problem, die Veräußerungsgewinne herauszunehmen, quasi den Objektsteuercharakter vollständig zunichte zu machen und daraus im Grunde eine Einkommensteuer mit Zusätzen zu machen. Dann würde die Einkommensteuer mehr oder minder so ermittelt werden, dass sie auch Grundlage der Gewerbesteuer ist, und dann gäbe es nur den Hebesatz auf die einkommensteuerliche Bemessungsgrundlage. Ergänzend könnte man noch ein paar Korrekturen machen. Das heißt dann aber auch, dass man im Grunde jeden Wechsel der Gewerbesteuer rein und raus und auch unter Umständen Effekte, die sich nur gewerbesteuerlich abspielen, völlig außer Betracht lässt. Dann müsste man die Definition doch auch bei Personengesellschaften und bei vielen Berufsgruppen anders regeln. Man muss § 3 GewStG mit seinen Befreiungen überdenken. Zum Beispiel ist die Verschmelzungen von Krankenhäusern unter Umständen gewerbesteuerlich ein Desaster oder ein Glücksfall, je nachdem, in welche Richtung man verschmilzt. Das kann eigentlich nicht sein. Deswegen glaube ich, die Frage, ob man jetzt mit § 7 Satz 1 GewStG Schluss macht, heißt im Grunde, dass vor der Frage der gewerbesteuerlichen Eigenständigkeit kapituliert wird.

Bernd-Peter Bier

Ich kann eigentlich nur sagen: Warum nicht die Kapitulation? Weil letztendlich das, was sich in § 8 und § 9 abspielt, ein Maß an Komplexität darstellt, das nicht mehr zu rechtfertigen ist. Es stellt sich für mich auch die Frage, welche Aufkommenswirkung denn wirklich hinter diesen Hinzurechnungen steckt bzw. wird durch die Kürzung genommen? Die Gewerbesteuer unter diesen Effizienz- oder ökonomischen Gesichtspunkten zu betrachten, würde ich für einen sehr sinnvollen Ansatz halten. Wir würden dadurch auch die Überhangsthematik, die ich angesprochen habe, beispielsweise in Bezug auf § 35 EStG, sofern das dann überhaupt noch einschlägig wäre, beseitigen. Wir würden internationale Problematiken, die aus der Gewerbesteuer entstehen, deutlich reduzieren, und zudem letztendlich eine Steuer schaffen, die sich auch international vermitteln lässt. Aus der Unternehmenspraxis kann ich nur sagen: Wenn Sie eine deutsche Personengesellschaftsbeteiligung an einen ausländischen Investor übertragen, dann versuchen Sie dem mal zu vermitteln, dass die Gewerbesteuer nachher in dem übertragenem Objekt anfällt und Sie das über die Kaufpreisregelung „glattziehen" müssen. Das sind alles Themen, die erheblich komplexitätserhöhend sind.

Prof. Dr. Roman Seer

Ergänzend zu der Frage von Frau *Hey* und zur Unterscheidung zwischen Subjekt-, Ertrag- und Objektsteuer: Wenn man sich § 35 EStG anschaut, haben wir die Ermäßigung im Sinne einer typisierenden Anrechnung des Subjektertragsanteils, und der Objektivierungsanteil bleibt draußen. Daher die Überhänge, wenn ich das richtig verstehe. § 35 EStG ist entlarvend. Auf der einen Seite erkennt der Gesetzgeber, dass es wohl nicht erträglich ist, die Gewerbesteuer einfach als eigenständige Objektsteuer neben der Einkommensteuer stehen zu lassen. Das kann er nur bei der Körperschaftsteuer, weil er dort mit dem Steuersatz deutlich heruntergegangen ist. Deshalb braucht er dort die Gewerbesteuer als „Kittmasse" auch nicht anzurechnen; aber bei der Einkommensteuer funktioniert das nicht. Es ist nicht erträglich, die Gewerbesteuer neben der Einkommensteuer zu halten, und jetzt nimmt man praktisch den Subjektanteil heraus. Auf der anderen Seite ist § 35 EStG aber auch keine reine Finanzausgleich-Umverteilungsregel. Auf die staatliche Einkommensteuer lässt sich die Gewerbesteuer nur typisiert begrenzt anrechnen, weil sonst ja praktisch zulasten von Bund und Ländern die Kommunen die Hebesätze recht breit nach oben setzen können. Das zeigt das Dilemma, in dem sich die derzeitige Gewerbesteuer befindet. Ich meine auch, entweder man bekennt sich jetzt zu einer §-7-Gewerbesteuer oder macht ein Zuschlagssystem zur Einkommen- und Körperschaftsteuer oder man überlegt sich ernsthaft, diese Gewerbesteuer im Sinne einer sehr breiten Objektivierungssteuer zu revitalisieren – dann allerdings konsequent. Was würden Sie, Herr *Roser* und Herr *Bier*, für die vernünftige Lösung halten?

Bernd-Peter Bier

Ich denke, Sie haben, Herr Prof. *Seer*, das sehr schön festgestellt: dass eigentlich gerade mit § 35 EStG ein Anerkenntnis des Nebeneinanders von Körperschaftsteuer und Gewerbesteuer erfolgt. Auch wenn wir einige Jahre zurückdenken an die Unternehmenssteuerreform 2008, wurde da immer nur von der Gesamtunternehmensbelastung gesprochen. Man differenziert in der Praxis nicht zwischen dem, was eine Objektsteuer und dem, was eine Personensteuer ist. Was Ihre Frage angeht, inwieweit man jetzt entweder auf eine reine Zuschlagssteuer gehen sollte oder die Objektsteuer revitalisiert, glaube ich persönlich, wir haben nicht wirklich die Möglichkeit, die Objektsteuer zu revitalisieren, ohne die Komplexität noch weiter zu erhöhen. Ich hatte ja in meinem Vortrag auch erwähnt, dass gemäß den meisten DBA eben die Gewerbesteuer als Steuer vom Einkommen qualifiziert wird und damit grundsätzlich auch natürlich hier eine Anrechnungsmöglichkeit gegeben sein muss. Das heißt, wenn wir den Objektsteuercharakter weiter stärken, dann wird das noch inkompatibler mit dem internationalen Steuerrecht. Ich sehe einfach das Problem, dass wir uns dann auf einem Pfad bewegen würden, der unser Steuersystem nicht gerade effizienter macht, auch was die ganze Erhebungsadministration angeht. Also insofern sehe ich eigentlich nur den Weg der Zuschlagssteuer. Das wäre ein effizienter Weg, und ich würde diesen befürworten.

Dr. *Frank Roser*

Man muss doch sehen, dass § 7 Satz 1 nur der Ausgangspunkt ist. Wir haben ja noch § 2 Abs. 5, wir haben § 10a, wir haben ja so viele Verwerfungen innerhalb des Gesetzes. Die müssten eigentlich alle weg, und § 35 EStG ist mit Sicherheit der Ausgangspunkt für das, was wir eigentlich wollen: Wir wollen die Gewerbesteuer im Grunde nur als Verteilungsmechanismus haben, und das akzeptiert dann auch der Steuerpflichtige, es sei denn, es kommt zu Überhängen aufgrund von Verlusten. Aber vom Grundsatz her wird man mit dem Prinzip, wenn man es durchsetzt, wahrscheinlich besser fahren als mit einem reinen Zufallssystem oder als mit einem echten Gewerbesteuergesetzbuch, was man im Grunde erst noch entwickeln müsste. Das ist höchst komplex, weil man sich bei jeder Frage immer die Differenzierung zwischen der einkommensteuerlichen und der gewerbesteuerlichen Sichtweise klar machen und im Grunde Sonderregelungen treffen müßte, nämlich immer dann, wenn der Objektsteuercharakter im Vordergrund steht. Gerade das Beispiel Sachsen-Anhalt zu dem Wasserkraftwerk macht ja deutlich, daß es nicht sein kann, daß man im Grunde eine Zeitspanne hat, die gewerbesteuerlich ein Nullum ist, ohne daß sie an irgendeinem Anfangspunkt mal zu irgendetwas führt, was in der Zukunft kompensierend wirkt. Da würde man sich sehr viele Regelungen überlegen müssen. Wahrscheinlich – aber ich will nicht den Gesetzgeber zu zweifelnd beurteilen – muß man davon ausgehen, daß man kein sachgerechtes System daraus ableiten würde; das würde, glaube ich, jeden Gesetzgeber überfordern. Deswegen wäre es im Ergebnis klüger, zu einem Zuschlagsystem zu gehen, das man wenigstens einigermaßen klar regeln kann, weil das andere wieder so viele Systemfragen aufwerfen würde, neue Strukturierungen, die wahrscheinlich nicht handhabbar sind.

Prof. Dr. *Alfred Katz*

Es ist in den Vorträgen deutlich geworden, daß in der jetzigen Form die Gewerbesteuer keine großen Zukunftschancen hat, aber ich denke, daß man gleichwohl sehen muß, daß das, was heute ja vor allem im Vordergrund stand – Steuersystematik, Steuergerechtigkeit und Steuervereinfachung –, die eine Seite ist und ein Äquivalent hat in dem, was wir vor allem gestern diskutiert haben: kommunale Selbstverwaltung, Finanzautonomie der kommunalen Ebene und Äquivalenzprinzip. Nur eine Gesamtbetrachtung all dieser Aspekte kann der Gewerbesteuer gerecht werden. Wir müssen auch sehen, denke ich, daß wir heute schon im kommunalen Finanzierungssystem nicht nur die Gewerbesteuer haben, die ja nach den Zahlen von Herrn *Henneke* nur 16,8 % ausmacht, sondern wir gegenwärtig schon aus Einkommen- und an Gemeinschaftssteueranteilen etwa 60 %, also weit über das Dreifache der Gewerbesteuer, finanzieren. Deshalb dürfte die Problematik nicht einfach bloß steuersystematisch zu lösen sein. Ich will besonders darauf hinweisen, daß die Qualität der wirtschaftsnahen Infrastruktur und auch das, was als Äquivalent auf örtlicher Ebene passiert, die weichen Standortfaktoren wie Bildung usw., die letztlich natürlich allen zugutekommen, aber auch besonders der Wirtschaft, eine Bedeutung hat, die außerordentlich wichtig ist. Wenn Sie mit der mittelständischen Wirtschaft reden, wenn Sie mit den Politikern reden, dann hören Sie, man will, daß auf örtlicher Ebene ein enges Band über die Steuern auch in der Zukunft aufrechterhalten wird, nicht zuletzt um diese Standortfaktoren mit beeinflussen zu können. Was mich aber vor allem interessiert und deshalb die Frage: Wie sehen Sie es? Wie kann man die gegenwärtige Situation auch jetzt nach dem Scheitern der Gemeindefinanzreform zukünftig mit einem vernünftigen Vorschlag weiterentwickeln? Wie bekommt man das hin? Ich war Mitglied einer Kommission beim Deutschen Städtetag zur Reform der

Gewerbesteuer. Wir haben ein wertschöpfungsorientiertes Modell entwickelt, das vom Finanzausschuss des Deutschen Städtetages mit ganz großer Mehrheit abgesegnet worden ist. Das Präsidium des Deutschen Städtetages hat es dann wieder gekippt. Sie sehen, selbst der Städtetag tut sich schwer, aber ich wäre dankbar, wenn Sie uns Vorschläge machen, wie man in der Zukunft ohne Zeitdruck die Dinge vernünftig regeln kann.

Dr. *Frank Roser*

Es ist relativ kompliziert, hier einen Vorschlag zu machen, der handhabbar ist. Vor allem vom Ausgangspunkt einer kritischen Bestandsaufnahme her, die erfordert, dass man sich erst einmal nur ansieht, was eigentlich alles unzulänglich ist. Aus der Bestandsaufnahme heraus müsste man sagen, es gibt klare Ansätze, wie man es machen sollte. Man kann natürlich fragen, warum die Gewerbesteuer aus der konkurrierenden Gesetzgebung quasi von den Ländern oder von den Gemeinden geführt wird. Das Problem ist, man würde genau wissen, dass jedes Land Initiativen entfaltet, die – wie bei der Bettensteuer – zu Missbräuchen führen dürften. Das heißt, im Grunde ist ja die Zentralisierung der Steuer ein gewisser Schutz der Gemeinden oder der Länder zum Teil vor ihrer eigenen Überkompetenz. Dies ist eine Überlegung, bei der man sagen muss, ich brauche eine Bemessungsgrundlage, die wenigstens ein Gleichheitssystem beinhaltet, damit ich über die Hebesätze die Aufkommensförderung sicherstelle. Wenn man ein Gewerbesteuergesetzbuch schaffen wollte, würde man feststellen, dass dies wahrscheinlich auch einfacher gehen würde. Man muss sich über bestimmte Punkte klar werden, die aus der Rechtsprechung, aus dem Verständnis, aus der engen Auslegung der Finanzämter heraus kommen. Das ist nur nicht eben schnell zu machen. Es sollte schon einmal ein Bilanzsteuergesetzbuch gemacht werden, auch das ist nicht geschaffen worden. Das heißt, es wird sehr schwer, konzeptionelle Neuansätze für die Gewerbesteuer zu verfassen und in ein neues Gesetz zu bringen. Vor dem Hintergrund sage ich mir, das Scheitern eines konzeptionellen Neuanfangs führt dazu, über Alternativen nachzudenken, die sich wahrscheinlich auf der Ebene des Bestehenden bewegen.

Bernd-Peter Bier

Ja, es gibt durchaus Vorschläge, die auf dem Tisch sind und dies auch schon seit längerer Zeit: Ich denke etwa an die Vorschläge aus der Stiftung Marktwirtschaft, die eine Gemeindefinanzierung eben nicht nur über die gewerblichen Unternehmen vorgesehen haben, sondern auch eine Verbreiterung der Basis der Steuerpflichtigen vorsahen und dadurch im Übrigen für die Gemeinden eine Verstetigung des Steueraufkommens. Man muss sich fragen, warum das nie wirklich ernsthaft diskutiert worden ist. Aber ich glaube, es wäre eine Regelung, die für viele von Vorteil wäre – insbesondere für die Gemeinden im Sinne einer Aufkommensverstetigung. Es ist im Übrigen nicht so – Sie hatten eben die DAX-Unternehmen erwähnt –, dass sich die DAX-Unternehmen jetzt in irgendeiner Form für eine ersatzlose Abschaffung der Gewerbesteuer aussprechen würden. Ich glaube, es ist klar, dass sich auch die Unternehmen weiterhin an der Finanzierung des Gemeinwesens und auch der Kommunen beteiligen wollen und müssen. Das, was wir nur erreichen wollen, ist, dass wir nicht nur diese Zusatzsteuer, Gewerbesteuer – diesen weißen Elefanten, muss man ja sagen – haben, der uns letztendlich einiges an praktischen Problemen bereitet, und mit einer Simplifizierung der Unternehmensbesteuerung in diesem Bereich sowohl den Unternehmen als auch der Verwaltung gedient wäre.

Dr. *Christian Dorenkamp*

Herr *Roser*, Ihre Antwort auf die Frage von Prof. *Hey* anfangs und auch auf die von Prof. *Seer* zum Schluss veranlasst mich, doch noch einmal nachzufragen. Vielleicht kann man diese Nachfrage mit Evolution statt Revolution überschreiben. Sie hatten gesagt, im Prinzip wären Sie auch für ein Zuschlagsrecht, wenn Sie das rechtspolitisch beurteilen müssten, und wir hatten von Herrn *Bier* ja gehört, dass der wesentliche Kritikpunkt an der Gewerbesteuer aus Unternehmens- aber auch aus Leistungsfähigkeitssicht die Hinzurechnungstatbestände des § 8 Nr. 1 sind und vermutlich auch die fehlende Anrechnungsmöglichkeit bei Streubesitzdividenden usw., was eben dem Charakter der früheren Objektsteuer geschuldet ist. Wenn man jetzt die vergangenen Jahre doch als relativ frustrierend in Sachen Abschaffung und Ersetzung der Gewerbesteuer betrachtet und auch vom BVerfG wohl keine Schützenhilfe zu erwarten ist, stellt sich die Frage: Was müssen wir konkret oder was könnten wir konkret im geltenden Gewerbesteuerrecht ändern, um eben diese größten Fehlgriffe zu korrigieren? Das wäre meine Frage an Sie als einen Intimkenner des Gewerbesteuerrechts: Was denn neben dem Umstand, dass Veräußerungsgewinne auf Ebene der Gesellschaft besteuert werden, noch zwingend zu ändern wäre aus Ihrer Sicht im Rahmen des bestehenden Gewerbesteuergesetzes, um den Reformaufwand nicht zu groß werden zu lassen. Vielen Dank.

Dr. *Frank Roser*

Ich glaube, wenn man die Frage auf die einzelnen Punkte bezieht, ist es natürlich auf der einen Seite – was Herr *Bier* auch angesprochen hat – das Unternehmer-Unternehmensprinzip, das heißt die gesamte Transparenzproblematik, die ja in jeder Konstellation unmittelbar auf die Gesellschaft durchschlägt, die dann im Grunde Steuern zu tragen hat, die aus ganz anderen Richtungen der Veranlassung kommen. Bei Verlustvorträgen spielt das eine riesengroße Rolle, wo man sich immer fragt: Warum muss ich eigentlich den „Dreifach-Schlag" haben? Ich habe die Unternehmensidentität, die Unternehmeridentität und dann noch den Anteilseignerwechsel. Das ist ein bisschen wie bei der Grunderwerbsteuer, wo man sagt, wenn § 1 Abs. 2a nicht greift, dann kommt halt § 1 Abs. 3 zur Anwendung. Es ist das Phänomen, mit einer Salve von Steuernachteilen auf ein bestimmtes Objekt zuzuschlagen.

Ich glaube, die zweite Frage ist, ob man sich neben den Zuschlagsätzen bezüglich des „Beginns des Gewerbebetriebes" und der „Beendigung des Gewerbebetriebes" nicht an das Einkommensteuerrecht angliedern muss. Es macht eigentlich keinen Sinn, bei der gewerblichen Prägung anders zu verfahren als bei der aktiven Tätigkeit, bei einem Haupthandelsgewerbe anders als bei einer nicht unter die kaufmännischen Vorschriften fallenden Tätigkeit. Ich glaube, gegenwärtig ist es relativ einfach, diese Trennung des Objektsteuercharakters so in den Vordergrund zu stellen, dass sie eigentlich nur Nachteile auslöst, weil sie immer voll auf Kosten des Steuerpflichtigen geht.

Die dritte Frage ist das Transparenzproblem. Wir haben seit Neuestem das BFH-Urteil zur Treuhandschaft, wo man sagt, es trennen sich plötzlich die einkommensteuerliche Ermittlung und die zivilrechtliche Sichtweise, indem ein Rechtsträger formal erhalten bleibt, aber steuerlich in eine Obergesellschaft wieder integriert werden kann. Man muss sich auch fragen, ob es mit dem Objektsteuercharakter eigentlich zu vereinbaren ist, wenn ich einen Gewerbebetrieb plötzlich frei zuordnen kann. Das sind aber Stilblüten. Wenn man über sie im Detail nachdenkt, wird man sich wahrscheinlich fragen, ob sie eigentlich überhaupt sinnvoll angelegt sind, so wie sie sich jetzt entwickelt haben. Aber: Vom Grundsatz her hätte ich gesagt, dass man mit der Streichung der Hinzurechnung und Kürzung (indem man die Bemessungsgrundlage versachlicht) plus eben diese Sonderfaktoren aus dem Transparenzbereich wahrscheinlich eine objektive Steuer hinbekommen könnte.

Bernd-Peter Bier

Vielleicht darf ich eine Sache anfügen. Ich habe gerade noch einmal nachgeschaut: Wenn man einfach in § 5 den Abs. 1 den Satz 3 streichen würde, der ganz lapidar sagt „der Steuerschuldner bei einer Personengesellschaft ist die Gesellschaft", dann hätten wir schon einen Großteil dessen, was Herr Dr. *Roser* am Anfang angesprochen hat, nämlich die Frage Unternehmer-Unternehmensidentität etc., gelöst, und wir könnten das Ganze auf die Ebene des Gesellschafters verlagern, so wie es eben auch bei der Transparenz der Einkommensteuer ist. Aus meiner Sicht wäre das eine Überlegung wert, das wäre auch noch ein relativ minimaler Eingriff.

Dr. Frank Roser

Ein kurzer Gesichtspunkt zur Internationalität. Man müsste ja einfach nur sagen, die Tarifvorschriften des Einkommensteuerrechts können auch analog auf die Gewerbesteuer angewendet werden. Es ist eigentlich völlig unsinnig, wenn man sagt, § 7 GewStG (Bezug zur Einkommensermittlung) greift, aber die Tarifvorschriften kommen nicht zur Anwendung. Und plötzlich hat man die fehlende Anrechnung, die bei Körperschaftsteuer greift, in der Einkommensteuer greift sie, nicht aber bei der Gewerbesteuer.

Prof. Dr. *Johanna Hey*

Herr *Seer* und ich haben uns soeben die Frage gestellt, ob es denn so herum richtig wäre oder anders herum. Man kann sich auch überlegen, die Gewerbesteuer zu einer kommunalen allgemeinen Unternehmensteuer umzuwandeln. Dafür spricht, dass es zwischen Gewerbesteuer und Körperschaftsteuer weniger Verwerfungen gibt als im Verhältnis zur Einkommensteuer; man denke etwa an die Frage von Beginn und Ende der Steuerpflicht. Die Gewerbesteuer zu einem reinen Zuschlag auf gewerbliche Einkünfte der Einkommensteuer umzubauen, wäre dagegen verfassungsrechtlich schwierig. Da müsste man auch auf der Grundlage des ansonsten sehr unbefriedigenden Beschlusses des BVerfG zur Gewerbesteuer vom 15.1.2008 dann noch einmal über eine Rechtfertigung für eine derartige Sonderbelastung einer einzelnen Einkunftsart nachdenken. Daher meine Frage: Was hielten Sie von dem Gedanken einer allgemeinen kommunalen Unternehmenssteuer auch für Einzelunternehmer und Personengesellschaften?

Bernd-Peter Bier

Also ich könnte mit der Lösung anders herum auch leben, solange wir sicherstellen, dass der Konzern als Besteuerungseinheit behandelt wird. Das heißt, wir müssten in irgendeiner Form sicherstellen, dass auch eine Art Organschaft oder etwas Entsprechendes zur Anwendung kommt, weil eine Kapselung der Steuer auf Ebene einer Untereinheit nicht wünschenswert ist. Dabei ist es mir aus Konzernsicht grundsätzlich erst einmal egal, ob es sich um eine Kapital- oder eine Personengesellschaft handelt. Ansonsten wäre das sicherlich ein Problem und würde wieder zu Strukturen führen, die heute bestehende Holding-Strukturen, die rein aus betriebswirtschaftlichen und Managementsteuerungsüberlegungen gebildet wurden, wieder zurück in Einheitskonzerne zwingen würde. Ich glaube, das wäre nicht zielführend, aber möglicherweise zwingend, weil ansonsten die Belastungen einfach zu groß würden durch die Trennung.

Dr. *Frank Roser*

Die Verselbständigung der Personengesellschaft wäre sicherlich ein Weg, der bei der Gewerbesteuer absolut sachgerecht wäre. Die fehlende Verselbständigung wird bei der gewerbesteuerlichen Organschaft deutlich. Es gibt von mir einen Aufsatz zu der Frage „Kann eigentlich nicht eine gewerbesteuerliche Organschaft zu einer Personengesellschaft begründet werden?". Es gibt einen Ergebnisabführungsvertrag zwischen Personengesellschaften ohne Probleme; also handelsrechtlich überhaupt keine Frage. Trotzdem wird die Organschaft steuerlich nicht anerkannt, obwohl die gewerbesteuerlichen Rechtsträger im Grunde als Subjekt (nicht nur mehr oder minder als Haftungsobjekt) anerkannt werden. Man könnte eine Organschaft ohne Probleme durchsetzen, man müsste sich dann nur von § 15 EStG trennen als Generalnorm für die Einkommensermittlung. Im Grunde lernen wir es ja im Augenblick vom BFH im Rahmen der ständigen Rechtsprechung bei Auslandssachverhalten: Man trennt zwischen der einkommensteuerlichen Ebene (für die Sichtweise der Einkommensermittlung) und der Betrachtung eines Besteuerungsobjektes.

N. N.

Ich habe eine Frage an Herrn Prof. *Schmehl*. Ich habe Sie, glaube ich, so richtig verstanden, dass Sie die Verfassungsmäßigkeit der Grundsteuererhebung bejahen für den Fall, dass die Bemessungsgrundlage am Wert des Grundstücks anknüpft. Sie haben dann aber, für mich überraschend, mit Blick auf die Entscheidung des BVerfG aus dem Jahr 2006 zur Erbschaftsteuer die Meinung vertreten, dass die Grundsteuer nicht an den Gemeinwert des Grundstücks anknüpfen müsse. Meine Frage: Wie soll die Angemessenheit der unterschiedlichen Wertigkeit vom Grundstück grundsteuerlich erfasst werden? Wie soll die Relation der unterschiedlichen Werte in der Grundsteuer zum Ausdruck kommen?

Prof. Dr. *Arndt Schmehl*

Ich denke, dass das sog. Flächenmodell unter anderem deshalb noch verfassungsgemäß ist, weil es über – immerhin – die Anknüpfung an die praktizierte Nutzungsart und die Flächengröße ja auch einen gewissen Zugang zu Werten hat, über das bereits genannte Äquivalenzprinzip hinaus. Allerdings weiß ich nicht, ob das BVerfG das ebenso sehen würde; die direkte Übertragung der Erbschaftsteuerentscheidung würde ich an der Stelle aber aus dem vorhin genannten Grund auch nicht sehen. Ein starkes Argument gegen meine Position wollte ich sogar auch noch beisteuern: Wenn man schon ohnehin beispielsweise durch das Wissen darum, wie der Mietwert ist, eigentlich verkehrswertbezogene Aspekte greifbar hat, dann ist es natürlich schwerer zu rechtfertigen, diese nicht auch zu nutzen. Ich persönlich habe deshalb, rein verfassungsrechtlich gesehen, mehr Sympathien für Modelle, die tatsächlich in die Richtung des gemeinen Wertes zielen, würde den verfassungsrechtlichen Rahmen aber eben als viel weiter ansehen.

Prof. Dr. *Heinz-Jürgen Pezzer*

Ich habe eine Frage an Herrn Dr. *Roser*. Wir sind im VIII. Senat des BFH mit den Merkmalen des § 18 EStG befasst, dort insbesondere mit der Abgrenzung zwischen Gewerbetreibenden und Freiberuflern. Deshalb interessiert mich Ihr Fall der Rechtsanwältin mit den zehn angestellten Rechtsanwältinnen, die in Heimarbeit tätig sind. Wenn ich Sie richtig verstanden habe, scheint es in größeren Kanzleien öfter Probleme damit zu geben, dass die Freiberuflichkeit scheitert, wenn eine große Zahl angestellter Rechtsanwälte vorhanden ist. Das erstaunt mich deshalb, weil der VIII. Senat im Jahre 2009 seine Rechtsprechung zur Besteuerung der Insolvenzverwalter geändert hat. Auch dort ging es um den Einsatz fachlich vorgebildeter Arbeitskräfte und um das Merkmal der leitenden und eigenverantwortlichen Tätigkeit im Sinne des § 18 EStG. Die Frage stellte sich bei Insolvenzverwaltern in besonderer Weise, weil Insolvenzverwaltung sehr arbeitsintensiv ist. In einem dieser Fälle hatte das Finanzamt eine leitende und eigenverantwortliche Tätigkeit allein deshalb verneint, weil der Insolvenzverwalter mehrere Büros in verschiedenen Städten hatte. Der BFH hat jedoch entschieden: Das allein hindert eine freiberufliche Tätigkeit keineswegs, denn die moderne Informationstechnologie ermöglicht es, das Ganze so zu organisieren, dass die Merkmale der Leitung und Eigenverantwortlichkeit erhalten bleiben. Daraus kann man sehen, dass der VIII. Senat keine Neigung verspürt, aus diesem Merkmal der leitenden und eigenverantwortlichen Tätigkeit einen Stolperstein für die freiberufliche Praxis zu konstruieren, sondern dieses Merkmal eher mit Augenmaß handhaben will. Deshalb fand ich es erstaunlich, dass insoweit offenbar praktische Probleme vorhanden sind. Der BFH kann jedenfalls nur helfen, wenn entsprechende Fälle an ihn herangetragen werden.

Dr. *Joachim Borggräfe*
Ich habe zwei Anmerkungen zu machen. Zunächst einmal zu der jetzigen Ausgestaltung der Steuerpflicht der Personengesellschaft: Die Maßnahmen, die mit der Steuerreform 2008 geschaffen wurden, haben rein fiskalen Charakter. Da braucht man nur die Rede des damaligen Finanzministers *Steinbrück* auf dem Hamburger SPD-Parteitag heranzuziehen, mit der er die neuen Zurechnungen den Gemeinden sozusagen als Morgengabe hingereicht hat. In der Diskussion ist die Anknüpfung der Zurechnung an das Objekt (Dauerschuldzinsen) verloren gegangen. Die jetzigen Zurechnungen knüpfen an die gesamte betriebliche Tätigkeit des Steuerpflichtigen an. Der Steuerpflichtige, der ein Objekt für seine Tätigkeit unterhält, erfährt die Zurechnung wegen Zinsen, Mieten, Pachten, Lizenzen usw. Wenn ich dann den Maßstab nehme, wie ihn die Regelung des § 5 GewStG vorgibt, nach dem die Personengesellschaft selbst Steuerpflichtige wird, dann sind, die „Handlungen" (= Ergebnisse aus der Zurechnung) in der Person dieses Steuerpflichtigen objektiv nicht steuerbar. Erfolgt trotzdem eine Besteuerung, ist diese aus meiner Sicht verfassungsrechtlich nicht haltbar.

Ich sehe zum anderen in der Zurechnung des Veräußerungsgewinns aufgrund der Tätigkeit des Gesellschafters der Kommanditgesellschaft (vgl. § 7

Satz 2 Nr. 2 GewStG) eine weitere aufgedrängte Steuerpflicht. Die KG wird bei der Veräußerung von Anteilen durch einen Gesellschafter nicht selbst tätig. Wenn ich mir vorstelle, dass der Steuergesetzgeber die Möglichkeit hätte, mein Gehalt bei einem anderen Dritten zu versteuern, dann wird bei der Einkommensteuer sofort offensichtlich, dass es ein Unding ist, dass wir bei der Gewerbesteuer juristisch vorgeben, dass einer ein Einkommen, das ein anderer erzielt hat, versteuern muss!

Wenn man diesen Gedanken der „aufgedrängten Steuerpflicht" fortführt, dann fällt die Hinzurechnung, die heute in § 8 GewStG geregelt ist, in sich zusammen. Die von mir gezahlten Zinsen sind Kosten, die erst bei dem Empfänger, z. B. bei der Bank, Ertrag werden. Die Miete, die ich zahle, ist bei dem Vermieter Ertrag, er erzielt diese Einkünfte. Wenn ich fiskal das Gesetz steuerrechtlich so verhunze, wie dies der Gesetzgeber aus kommunal-fiskalpolitischer Sicht getan hat, ergibt sich die Frage nach der Rechtmäßigkeit einer „aufgedrängten Steuerpflicht". Daran lässt sich nahtlos an die Vorlage des FG Hamburg zur Verfassungswidrigkeit der Regelung des § 8c KStG anknüpfen: Auch § 8c KStG ist eine Vorschrift, nach der die juristische Person als Steuerpflichtige ihren Verlustvortrag, der sich aus ihrer Tätigkeit heraus entwickelt hat, verlieren soll aufgrund der Tätigkeit eines anderen Steuerpflichtigen. Genau dasselbe Problem gibt es bei den Zurechnungen des Außensteuergesetzes, bei denen inzwischen klar ist, dass die Einkünfte, die dem Steuerpflichtigen nach den §§ 7 bis 14 AStG zugerechnet werden, von diesem Steuerpflichtigen gar nicht erzielt werden; entsprechendes gilt bei der ausländischen Betriebsstätte. Ich denke, wir sollten steuerrechtlich die Überlegung vertiefen, dass es eine aufgedrängte Steuerpflicht nicht geben darf.

Die weitere steuerpolitische Frage, die sich in dieser Diskussion stellt, hat aus meiner Sicht auch einen noch weitergehenden Charakter. Ich möchte der Diskussion in Richtung des Vortrags von Prof. *Lang* nicht vorgreifen, aber was bei der Diskussion um die Reform der Gemeindesteuern vergessen wird, ist der strukturelle Konflikt, den wir heute bei der Finanzierung der Gemeinden über Gewerbesteuern und Grundsteuern haben. Der Konflikt liegt zwischen den Steuerkosten sowie Sozialleistungen und den Arbeitsplätzen. Ich erhebe die These und sage, je mehr Arbeitsplätze in der Gemeinde vorhanden sind, desto geringer sind die dortigen Sozialleistungen. Gewerbesteuern und Grundsteuern schaffen aber aus betriebswirtschaftlicher Sicht einen strukturellen Konflikt zwischen der Gemeinde und den dort tätigen Unternehmen: Je höher die Gewerbesteuer (der Hebesatz) ist, desto weniger Arbeitsplätze wird die Gemeinde gewinnen können. Die Frage aus spezifisch unternehmerischer Sicht geht also dahin, warum wir auf kommunaler Ebene weiterhin Steuern erheben, die dem Grenzausgleich nicht zugänglich sind. Wenn ich in Deutschland Chemieprodukte produziere, die ich exportiere, bekomme ich die Grundsteuer und die Gewerbesteuer nicht zurück. Der Belgier, der eine entsprechende nationale Steuer nicht hat, dann aber seine Produkte nach Deutschland importiert, hat an der Grenze keinen Ausgleich für die hiesigen Standort-Steuern zu zahlen: Faktisch erhält er letztendlich eine Importsubvention. Tendenziell wird der Arbeitsplatz in Deutschland gefährdet, wenn der Automobilzulieferer in Deutschland Gewerbesteuer und Grundsteuer zahlt, Peugeot mit der Produktion in Straßburg diese Kosten aber nicht hat und das Fahrzeug ohne Grenzausgleich nach Deutschland importiert. Langfristig kommt der deutsche Hersteller im Exportfall mit den Lieferkosten aus Gewerbesteuer und Grundsteuer nicht zurande. Von den Exporten aber lebt dieser Standort!

Die Frage also, die wir aus betriebswirtschaftlicher Sicht stellen müssen, ist, warum bieten wir den Gemeinden nicht eine nachhaltige Finanzierung, die Gewerbesteueraufkommen und Grundsteueraufkommen ersetzt, 50 Mrd. und 60 Mrd. Euro, über die Umsatzsteuer an? Die Umsatzsteuer ist dem Grenzausgleich zugänglich. Die Umsatzsteuer bezogen auf die Summe aller Arbeitsplätze in der Bundesrepublik Deutschland ist identisch letztendlich mit der Indikation der Wertschöpfung, die durch diese Arbeitsplätze geschaffen wird. Die Aufteilung dieses Aufkommens, das bei der Umsatzsteuer den Gemeinden als eigene Steuergläubiger mit eigenem Steuerbeteiligungsrecht zuzuweisen ist, erfolgt anhand des spezifischen Wertschöpfungspotentials in der Gemeinde, wie es in den in der Gemeinde gezahlten Löhnen und Dienstleistungsentgelten zum Ausdruck kommt.

Damit entsteht ein Wettbewerb um diese Wertschöpfung zusammen mit der Gemeinde: Je mehr Arbeitsplätze in der Gemeinde geschaffen werden, egal wo diese herkommen, ob im öffentlich-rechtlichen, im gewerblichen oder im sozialverwaltenden Bereich, desto höher ist der Anteil der einzelnen Gemeinde am Umsatzsteueraufkommen.

Damit ist der Konflikt zwischen Gemeinde und Unternehmen, wie er heute im Bereich der Gewerbesteuer und der Grundsteuer strukturell besteht, ein für alle Mal vermieden.

Ein Hebesatzrecht der Gemeinde kann bei der Einkommensteuer geschaffen werden. Dieses Recht wird limitiert ausgeübt werden, weil ein zu hoher Hebesatz den Wohnsitz gefährdet und damit den Wettbewerb um den Arbeitsplatz im Hinblick auf ein erhöhtes Umsatzsteueraufkommen belastet. Bei einer gemeindescharfen Verteilung des entsprechenden Umsatzsteueraufkommens der Gemeinde als Teil der bundesweiten Umsatzsteuer kann ein nachhaltiges Steueraufkommen entstehen, weil das sich verstärkende Wachstum von Gemeindemanagement und Unternehmen zugleich gesucht wird. Vielen Dank.

Dr. *Ingo van Lishaut*

Ich habe eine Frage zur Grundsteuer: Welche verfassungsrechtlichen Risiken gehen wir ein, wenn wir uns bei der Grundsteuer nicht an dem Verkehrswert orientieren, sondern an der Fläche? Das wäre meine Frage an Herrn *Schmehl*. Sind wir automatisch auf der sicheren Seite, weil Gebühren und Beiträge ja ebenfalls zum Teil flächenbezogen festgesetzt werden, oder ist das ein Risiko, das der Reformgesetzgeber im Rahmen der anstehenden Grundsteuerreform nicht verantworten kann?

Zweite Frage: Könnten wir im Rahmen eines flächenorientierten Konzepts noch an § 33 Grundsteuergesetz festhalten?

Dr. *Kurt Leiber*

Ich war bis zu meinem Ruhestand vor zehn Jahren im Finanzministerium NRW für die Grundsteuer zuständig, und wir hatten schon damals eine langjährige Diskussion über die Neufassung des Grundsteuergesetzes. Eigentlich aus wenigen Gründen sind wir nicht zum Ziel gekommen. Der Bund hat sich vornehm zurückgehalten und hat gesagt, das gibt Ärger, vom Aufkommen habe ich nichts, das sollen die Länder machen. Die Länder waren mehr oder weniger unter einen Hut zu bringen, erinnerlich mit Ausnahme eines süddeutschen Landes, das kaum einzubinden war. Aber der entscheidende Gesichtspunkt: Wir haben das Problem gehabt, dass wir von der Gegenseite, nämlich den Kommunalverbänden völlig konträre Vorstellungen präsentiert bekamen. Das hätte einen mühseligen Kampf gegeben, und das hat kein Land auf sich genommen. Herr Prof. *Schmehl*: Ist bekannt, welches der Modelle heute von der Kommunalseite präferiert wird?

Prof. Dr. *Arndt Schmehl*

Zum verfassungsrechtlichen Risiko einer stark flächenorientierten Grundsteuer würde ich meinen, dass es beherrschbar ist. Autoritativ darüber zu entscheiden, ist Pflicht einer anderen Stelle, und da ist das nicht ganz leicht vorherzusagen. Ich meine, dass eine Klausel nach § 33 GewStG – Sie fragten danach – damit dann auch weiterhin noch vereinbar wäre, ich sehe jedenfalls spontan keine verfassungsrechtlichen Hindernisse, dies einzufügen. Allerdings zum System passt das dann nicht. Es ist die Frage, was man in dem neuen Gesetz möchte. Ich würde eher dafür plädieren, dann ein möglichst sauberes System zu haben. Ich glaube, damit würde es nicht harmonieren. Es könnte allerdings eine Angstklausel sein, um weniger Fälle zu produzieren, die womöglich wegen starker Belastung Aufsehen erregen und die Gerichte beschäftigen. Von daher könnte es realpolitisch trotz der systematischen Nachteile vorzugswürdig sein.

Was das ebenfalls erfragte Wissen darum angeht, welches der Modelle von welcher Seite als durchsetzungsfähig erscheint – das hätte ich auch gerne, dieses Wissen. Ich habe es leider ebenfalls nicht. Ich würde aber gern als anwendungsorientierter Wissenschaftler auch unmittelbar dort mithören, wo darüber politisch abschließend diskutiert wird. Das würde mich sehr interessieren.

Abschließend vielen Dank dafür, dass noch nach der Grundsteuer gefragt wurde. Ich dachte ja schon, das passiert womöglich nicht. Ich muss sagen, dass ich, bevor ich angefragt wurde zu diesem Referat, mir natürlich auch zunächst die Frage gestellt habe, ob mich dazu nach der langen Diskussionsgeschichte überhaupt noch jemand etwas fragen wird. Aber es ist eine hochinteressante Steuer und auch eine, bei der tatsächlich eine vernünftige Form derzeit möglich und durchaus, vielleicht mehr als früher, auch politisch machbar erscheint – soweit man sich ein bisschen hinter den Schleier des Nichtwissens begibt, als Steuerpflichtiger oder als Kommune, und seine Zustimmung also nicht allein von der Frage „was kommt jetzt für mich dabei raus" abhängig macht. Da muss man langfristig denken, mutig sein und auch auf vernünftige Übergangsregelungen setzen.

Bernd-Peter Bier

Noch einmal zur Grundsteuer: Ich würde mir wünschen, dass wir da einen pragmatischen Weg gehen, der nicht unbedingt in der letzten Feinheit nachher die richtigen Wertverhältnisse widerspiegelt. Für mich ist es ein wesentliches Thema, dass wir hier einfache Wege gehen. Hinter den Bewertungen heute nach dem Einheitswertverfahren oder in Zukunft nach dem Ertragswertverfahren steht ja ein erheblicher Ermittlungs- und damit Arbeitsaufwand. Da muss man sich fragen, ob das alles noch in der Relation zueinander steht. Ansonsten, was Herr Dr. *Borggräfe* gesagt hat, kann man so überschreiben: Das einzige Problem ist: Wie kommen wir dahin, einfach die Dinge wirklich einmal anzugehen? Wir wissen alle, der Versuch, der gemacht wurde nach dem Regierungswechsel, ist fulminant gescheitert. Ich habe insofern wenig Hoffnung, dass sich noch etwas tun wird. Aber, ich habe es aber auch in meinem Vortrag gesagt, wir sollten trotzdem nicht aufgeben, weil es notwendig ist, an der Gewerbesteuer etwas zu tun. Vielen Dank.

Dr. *Frank Roser*

Kurz zu der Frage, warum § 18 EStG so ein Problem ist: Weil in § 15 EStG steht „... soweit nicht Einkünfte nach § 18 vorliegen ...", und das heißt, dass der Steuerpflichtige die Beweislast oder die objektive Feststellungslast trägt. Deswegen kommt es in den meisten Fällen gar nicht zur Revision. Wenn die Grundsätze nicht anders geregelt werden, ist eigentlich schon auf der „falschen Ebene" (das heißt beim FG) Schluss. Wir haben im Augenblick im Rechtsanwaltsbereich sehr viele Verschwiegenheitsprobleme. „Wie weit darf eigentlich ein Anwalt offenlegen, was er tut?", „Darf überhaupt jemand zur Verschwiegenheit Verpflichtetes das machen?" Es gibt die Rechtsanwaltskammern, die eindeutige Stellungnahmen abgeben, die völlig konträr sind zu dem, was man eigentlich vorlegen müsste, um eine eigenverantwortliche Tätigkeit nachzuweisen. Zu der Frage der Verteilung von Umsatzsteueranteilen ist die Frage halt nur, ob das ein sachgerechter Schlüssel ist. Viele würden sagen „je mehr Personal desto besser", andere würden sagen „je mehr Kapital oder Gewinn desto besser". Also insofern weiß ich nicht genau, ob man das auf einen Verteilungsschlüssel konzentrieren kann. Das ist so ein bisschen der Lohnsummensteuer ähnlich, wenn man das so machen würde. Deswegen muss ich sagen: Da hätte ich Zweifel. Ich bin zu wenig politisch, um zu wissen, wie die Verhältnisse dann wären. Vielen Dank.

Bestandsaufnahme der kommunalsteuerlichen Reformmodelle

Prof. Dr. *Joachim Lang*
Universität zu Köln

Inhaltsübersicht

I. Einleitung
II. Prinzipien der Kommunalsteuerreform
III. Modelle zum Umbau der Gewerbesteuer
  1. Die kommunale Wertschöpfungsteuer
  2. Die kommunale Unternehmensteuer
IV. Modelle zur Reform der Grundsteuer

V. Modelle einer umfassenden Reform des Kommunalsteuerrechts
  1. Der Ausgangspunkt: Ersatz der Gewerbesteuer
  2. Beteiligung am Aufkommen von Steuern
  3. Ertragsteuerliche Zuschläge und Hebesätze
  4. Das Vier-Säulen-Modell der Stiftung Marktwirtschaft
VI. Resümee

I. Einleitung

Die permanente Finanznot der Kommunen ist bekannt. Das ist wesentlich darauf zurückzuführen, dass die Kommunen an den Sozialasten unseren Gemeinwesens *überproportional beteiligt* sind. Insofern hat die von der Bundesregierung im Februar 2010 eingesetzte Gemeindefinanzkommission den richtigen Weg beschritten: Sie plädierte für die Entlastung der kommunalen Sozialhaushalte durch den Bund, nachdem sie mit der Reform des Kommunalsteuerrechts gescheitert war[1].

Seit einiger Zeit versuchen die Gemeinden geradezu verzweifelt, ihr finanzverfassungsrechtlich eng geschnittenes Steuererfindungsrecht mit neuen *örtlichen Verbrauch- und Aufwandsteuern* auszuschöpfen[2]. Nach Einführung des ermäßigten Umsatzsteuersatzes für das Hotelgewerbe ab 2010[3]

---

1 S. den Bericht des BMF über die abschließende Sitzung der Gemeindefinanzkommission am 15.6.2011 (Download: www.bundesfinanzministerium.de).
2 Dazu *J. Becker*, Das (kommunale) Steuererfindungsrecht in Zeiten defizitärer Gemeindehaushalte, BB 2011, 1175.
3 § 12 Abs. 2 Nr. 11 UStG eingeführt durch das Wachstumsbeschleunigungsgesetz v. 22.12.2009, BGBl. I 2009, 3950. Das Steuergeschenk erweist sich als ein Danaergeschenk, weil die Bettensteuer nicht als Vorsteuer geltend gemacht werden kann. Dadurch wächst die Steuerlast für die Beherbergung von Unternehmern.

reagierte die Stadt Köln umgehend mit einer Bettensteuer[4]. Im Weiteren werden diskutiert die bereits in Belgien und Österreich existierende kommunale Steuer auf Sendemasten, nach den Amokläufen von Erfurt und Winnenden eine Waffenbesitzsteuer[5], Steuern auf Solarien, auf Windkraftanlagen, auf Tierfutter, eine Pferdesteuer[6], neben der Hundesteuer auch eine Katzensteuer[7], schließlich nach dem Vorbild der Kölner Vergnügungsteuer[8] die Besteuerung sexueller Handlungen.

Die Initiativen zur Erfindung und Erweiterung örtlicher Verbrauch- und Aufwandsteuern signalisieren wohl die kommunale Finanznot. Sie bewegen sich jedoch in einem fiskalischen Minimalbereich. Ihr Anteil an den Gemeindeeinnahmen beträgt 0,33 Prozent[9]. Fiskalisch prägend ist die stark schwankende Gewerbesteuer mit einem Anteil an den Gemeindeeinnahmen von 16,81 Prozent[10].

Diese fiskalische Bedeutung der Gewerbesteuer lässt es nicht zu, kommunalsteuerliche Reformmodelle ohne zentrale Einbeziehung der Gewerbesteuer zu entwickeln. Das gilt besonders für die gegenwärtige Situation eines stark steigenden Gewerbesteueraufkommens. Der Einwand, das Gewerbesteueraufkommen sei für eine Haushaltsplanung zu volatil, d. h. zu starken Schwankungen unterworfen, überzeugt nicht mehr, wenn die Gewerbesteuereinnahmen sprudeln. Der dramatische Einbruch des Gewerbesteueraufkommens im Jahre 2009 infolge der schweren Rezession scheint schon wieder fast vergessen zu sein.

---

4 Bereits am 23.3.2010 beschloss der Rat der Stadt Köln die Einführung der seit Oktober 2010 erhobenen *Kulturförderabgabe* (sog. Bettensteuer). Eine Kulturförderabgabe führte Weimar bereits 2005 ein. Dazu *F. Petry*, Die „Weimarer Bettensteuer", Thüringer Exportschlager für leere Stadtkassen oder Irrweg?, BB 2010, 2860. Das VG Köln segnete die Kölner Bettensteuer mit Urteil v. 20.7.2011 – 24 K 6736/10 ab. Die Berufung zum OVG wurde wegen der grundsätzlichen Bedeutung der Sache zugelassen.
5 Dazu *Meier/Kievitz*, Die Haltung von Schusswaffen – ein Anknüpfungspunkt für eine neue kommunale Aufwandsteuer?, KStZ 2011, 103.
6 Dazu m. w. N. *Rauscher/Rauber*, Nochmals: Zur Zulässigkeit der Einführung einer Pferdesteuer auf kommunaler Ebene, KStZ 2011, 161.
7 So eine Initiative einiger Städte in Nordrhein-Westfalen. Ihre Reinlichkeit und öffentliche Ungefährlichkeit hat Katzen bisher vor Besteuerung bewahrt. Eine Katzensteuer würde die gleichheitswidrige Willkür der Besteuerung von Haustieren ad absurdum führen. Dazu der Landtagsabgeordnete *Kai Abruszat*: „Dieser ganze Wildwuchs von Steuererfindungen ist nichts anderes als Ausdruck purer Verzweiflung."
8 Satzung der Stadt Köln über die Erhebung einer Steuer auf Vergnügungen besonderer Art i. d. F. v. 14.12.2007, § 2 Nr. 5 (sexuelle Vergnügungen in Bars, Sauna-, FKK- und Swingerclubs), Nr. 6 (Prostitution), Nr. 7 (Sex- und Erotikmessen).
9 S. das Schaubild zum Gemeindefinanzierungssystem 2008 von *H.-G. Hennecke*, Möglichkeiten und Grenzen der gemeindlichen Steuerautonomie, in diesem Band, S. 117 (118).
10 S. Schaubild (Fn. 9).

An zweiter Stelle rangiert der Gemeindeanteil an der Einkommensteuer mit einem Anteil an den Gemeindeeinnahmen von 13,86 Prozent[11]. Hingegen beträgt der Gemeindeanteil an der Umsatzsteuer nur 1,71 Prozent der Gemeindeeinnahmen[12]. Eine weitere zentrale Säule der Kommunalfinanzen ist die *Grundsteuer* mit einem Anteil an den Gemeindeeinnahmen von 5,11 Prozent[13].

Zunächst möchte ich die Reformmodelle zu den fiskalisch bedeutendsten Gemeindesteuern – Gewerbesteuer und Grundsteuer – vortragen. Sodann möchte ich mich umfassenderen Reformmodellen zuwenden, die sowohl eine höhere Beteiligung am Aufkommen der Gemeinschaftsteuern (Art. 106 Abs. 3 GG: Einkommensteuer, Körperschaftsteuer, Umsatzsteuer) als auch kommunale Zuschläge zu Gemeinschaftsteuern vorschlagen. Die Reform des Kommunalsteuerrechts gehört zu den politisch schwierigsten Reformen. Die Gemeindefinanzkommission ist gescheitert, weil die Kommunen strukturelle Reformansätze als zu riskant zurückweisen. Bei Tausenden von Steuergläubigern gibt es immer eine beachtliche Zahl von Verlierern. Im Kommunalsteuerrecht haben wir es mit Lobbyismus und Interessenpluralismus nicht auf der Seite der Steuerpflichtigen, sondern auch auf der Seite der Steuergläubiger zu tun. Dabei spielt der Deutsche Städtetag eine maßgebliche Rolle.

II. Prinzipien der Kommunalsteuerreform

Bei der Analyse eines kommunalsteuerlichen Reformmodells stellt sich zunächst die Frage, von welchen Prinzipien die Reform geleitet ist. Die Gemeinde ist die den Bürgern und Unternehmen nächste Gebietskörperschaft. Deshalb werden die Leistungen der Gemeinde in den engsten Zusammenhang mit ihrer Steuerfinanzierung gebracht. Das *Äquivalenzprinzip* tritt in den Vordergrund. Es wird vornehmlich zur ökonomischen Rechtfertigung von Reformvorschlägen herangezogen.

Allerdings hat der Wissenschaftliche Beirat beim BMF schon 1982 die begriffliche Schwäche des Äquivalenzprinzips erkannt[14]: Das Äquivalenzprinzip liefere für Gebühren und Beiträge grundlegende Richtpunkte. Jedoch lasse sich das Prinzip schwerlich auf die Besteuerung übertragen, wenn es den Ausgleich von Vorteilen bewirken soll, die Private aus öffentlichen Leistungen ziehen. Der Wissenschaftliche Beirat entwickelte einen *Grundsatz des Interessenausgleichs*, nach dem die spezifischen Bedarfe

---

11 S. Schaubild (Fn. 9).
12 S. Schaubild (Fn. 9).
13 S. Schaubild (Fn. 9).
14 Wissenschaftlicher Beirat beim BMF, Gutachten zur Reform der Gemeindesteuern in der Bundesrepublik Deutschland, BMF-Schriftenreihe, Heft 31, Bonn 1982, S. 32 ff.

einer sozialen Gruppe von dieser Gruppe steuerfinanziert werden sollen. *Klaus Tipke*[15] spricht hier von einer *Gruppenäquivalenz*.

Diese terminologischen Schwierigkeiten vermeidet – wie ich bereits an anderer Stelle ausführlich dargelegt habe[16] – der internationale Sprachgebrauch. Im Englischen wird das Äquivalenzprinzip „benefit principle", also Nutzenprinzip genannt, und im Portugiesischen: princípio do benefício. Ich zitiere die portugiesische Version, weil ich auf meiner letzten Vortragsreise in Brasilien gelernt habe, dass dort die Steuerrechtsdogmatik bezüglich der Gruppenäquivalenz weiter entwickelt ist als in Deutschland, wo das System des Steuerrechts geradezu monistisch am Leistungsfähigkeitsprinzip ausgerichtet ist. Der Doyen des brasilianischen Steuerrechts, *Ricardo Lobo Torres*, unterscheidet scharf zwischen dem steuerlichen princípio do benefício und dem princípio da equivalência[17].

Nach dem internationalen Verständnis des Nutzenprinzips bildet die Nutznießung staatlicher Leistungen den Maßstab für die Auferlegung von Steuern. Geht es um allgemeine Nutzenelemente wie den Schutz des Staates oder den sozialen Frieden, den der Sozialstaat gewährleistet, so sind alle profitierenden Bürger und Unternehmen zu beteiligen. Hingegen sollte ein *gruppenspezifischer Nutzen* nur von den Mitgliedern der Gruppe steuerfinanziert werden. Das entspricht dem vom Wissenschaftlichen Beirat entwickelten Grundsatz des Interessenausgleichs[18].

Die einseitige Ausrichtung am Nutzenprinzip führt beispielsweise zu dem inakzeptablen Ergebnis, dass bedürftige Bürger ihre Sozialleistungen selbst finanzieren müssten. Deshalb ist es aus steuerjuristischer Sicht zwingend geboten, dass das *Leistungsfähigkeitsprinzip* nicht durch das Nutzenprinzip verdrängt wird, sondern dass beide Prinzipien *miteinander kombiniert werden*, wie es schon *Adam Smith*[19] in seiner ersten Steuermaxime „equality" postuliert hat. Sie lautet: „The subjects of every state ought to contribute towards the support of the government, as nearly as possible, in proportion to their respective abilities; that is, in proportion to the revenue which they respectively enjoy under the protection of the state." Nach die-

---

15 *K. Tipke*, Die Steuerrechtsordnung, Bd. I, 2. Aufl., Köln 2000, S. 476.
16 *J. Lang*, Leistungsfähigkeitsprinzip und Nutzenprinzip im Steuerrecht, in FS für A. Amatucci, Neapel 2011; *J. Lang*, Unternehmensbesteuerung im internationalen Wettbewerb, StuW 2011, 144 (146 ff.).
17 Dazu *J. Lang*, Unternehmensbesteuerung (Fn. 16), S. 146.
18 Wissenschaftlicher Beirat (Fn. 14), S. 33: „Der interne Interessenausgleich beruht auf der Vorstellung, dass spezifische Bedarfe einer sozialen Gruppe durch das Aufkommen aus Abgaben finanziert werden sollen, die von den Mitgliedern der gleichen Gruppe aufgebracht werden. So wäre z. B. die Unterhaltung kommunaler Einrichtungen im Gewerbegebiet, die im Interesse der örtlichen Produktion geschaffen worden sind, aus Steuereinnahmen des örtlichen Gewerbes zu decken."
19 *A. Smith*, An Inquiry into the Nature and Causes of the Wealth of Nations, London 1776, Book V, Chapter II, Part II: Of Taxes.

ser Steuermaxime scheiden Empfänger staatlicher Sozialleistungen als Steuerzahler aus; sie haben kein für die Steuerzahlung disponibles Einkommen. Dadurch gewinnt die Einkommensteuer ihre Umverteilungsfunktion.

Die Kommunalfinanzen leiden grundsätzlich unter **drei Systemfehlern**:

a) *Erstens* sind die Kommunen im Verhältnis zu ihrer Beteiligung an Steuern mit Umverteilungsfunktion *überproportional an den Lasten des Sozialstaats* beteiligt. Dies hat die Gemeindefinanzkommission zutreffend erkannt.

b) *Zweitens* sind die kommunalen Steuerlasten *nicht nutzengerecht verteilt*. Dadurch werden besonders die *Gewerbetreibenden* gleichheitswidrig diskriminiert. Insbesondere überzeugt nicht die äquivalenztheoretische Rechtfertigung der Gewerbesteuer in dem Beschluss des BVerfG vom 15.1.2008[20]. Das BVerfG argumentiert mit einer nicht mehr zeitgemäßen Typik des Gewerbebetriebs. Es verengt den Typus auf den klassischen Industriebetrieb mit einer hohen Anzahl von Beschäftigten und einem erheblichen Einsatz von Produktionsmitteln[21].

c) *Drittens* leidet das kommunale Steuersystem unter einer *Nichtbeachtung des Leistungsfähigkeitsprinzips*. Das gilt namentlich für die ertragsunabhängigen Elemente der *Gewerbesteuer* und für die Grundsteuer, die nicht nach der Leistungsfähigkeit des Grundbesitzers bemessen wird. Der Auffassung des Wissenschaftlichen Beirats[22], Äquivalenzprinzip und Leistungsfähigkeitsprinzip würden sich tendenziell gegenseitig ausschließen, kann nicht gefolgt werden. Vielmehr hat das kommunale Steuersystem gemäß der zitierten ersten Steuermaxime „equality" von *Adam Smith* das Leistungsfähigkeitsprinzip und das Nutzenprinzip *sachgerecht zu kombinieren*!

III. Modelle zum Umbau der Gewerbesteuer

1. Die kommunale Wertschöpfungsteuer

Die *alleinige* Ausrichtung des kommunalen Steuersystems am Äquivalenz- bzw. Nutzenprinzip führt zur *kommunalen Wertschöpfungsteuer*, die der Wissenschaftliche Beirat in seinem Gutachten von 1982[23] vorgeschlagen hat. Eine Wertschöpfungsteuer befürwortete der Sachverständigenrat zur Begutachtung der gesamtwirtschaftlichen Entwicklung bis 1999[24]. In seinem Jahresgutachten 2001/2002[25] sprach er sich gegen die Wertschöpfungsteuer

---

20 BVerfG v. 15.1.2008, BVerfGE 120, 1 (37 f.).
21 BVerfG v. 15.1.2008 (Fn. 20), S. 39.
22 Wissenschaftlicher Beirat (Fn. 14), S. 44.
23 Gutachten zur Reform der Gemeindesteuern (Fn. 14), S. 57 ff.
24 Zuletzt Jahresgutachten 1999, BT-Drucks. 14/2223, Tz. 326.
25 BT-Drucks. 14/7569, Tz. 383.

aus. Heute plädieren für die Wertschöpfungsteuer vor allem der Kronberger Kreis[26] und der Städtetag[27] unter der Flagge einer „Revitalisierung" der Gewerbesteuer.

Die Wertschöpfungsteuer ist das ökonomische Grundmodell einer äquivalenz- bzw. nutzentheoretisch begründeten Gemeindesteuer. Die Wertschöpfungsteuer soll von allen Wirtschaftseinheiten erhoben werden, die zur Wertschöpfung einer Volkswirtschaft beitragen. Das sind alle Unternehmen, nicht nur die gewerblichen, sondern ebenso die freiberuflichen sowie die land- und forstwirtschaftlichen Unternehmen. Auch die *staatliche Wertschöpfung* durch Dienstleistungen von Behörden, Gerichten u. a. Einrichtungen wie Schulen soll besteuert werden.

Bemessungsgrundlage soll die Wertschöpfung sein, die sich nicht nur aus Gewinnen ergibt, sondern auch aus gezahlten Löhnen, Mieten, Zinsen und Pachten. Demnach enthält die geltende Gewerbesteuer Wertschöpfungsmerkmale in den Hinzurechnungsvorschriften des § 8 GewStG.

2. Die kommunale Unternehmensteuer

Es war abzusehen, dass sich ein so weitreichendes Konzept wie das der Wertschöpfungsteuer nicht durchsetzen lässt. Deshalb wandte sich die steuerpolitische Diskussion in den 1990er Jahren Modellen *kommunaler Unternehmensteuern* zu. Diese Diskussion basiert auf dem Konzept der *Betriebsteuer* als einer *rechtsformneutralen* Unternehmensteuer. Die Betriebsteuer wird seit 1924 in verschiedenen Varianten nicht nur in Deutschland[28], sondern besonders auch in Österreich diskutiert[29]. Prominenteste Verfechter der Betriebsteuer sind in Österreich *Gerald Heidinger*[30] und in Deutschland *Brigitte Knobbe-Keuk*[31].

---

26 Gute Gemeindesteuern, Studien des Kronberger Kreises, Bd. 40, Stiftung Marktwirtschaft, Berlin 2003.
27 Vorschlag des deutschen Städtetages zur Umgestaltung der Gewerbesteuer, in Der Städtetag, 1986, Heft 12; Bayerischer Städtetag, Reform der Gewerbesteuer, Anforderungen und Auswirkungen, München 2002.
28 Grundlegend *F. Findeisen*, Die Unternehmensform als Rentabilitätsfaktor, Berlin 1924. S. im Weiteren die Nachweise von *J. Lang*, Reform der Unternehmensbesteuerung, StuW 1989, 3 (8 Fn. 38).
29 Dazu m. w. N. *G. Heidinger*, Für und Wider Betriebsteuer, StuW 1982, 268.
30 Insb. *G. Heidinger*, Betriebsteuer und vollsynthetische Einkommensteuer, Schriften zum österreichischen Abgabenrecht, Bd. 17, Wien 1983.
31 *B. Knobbe-Keuk*, Bilanz- und Unternehmenssteuerrecht, 9. Aufl., Köln 1993, S. 5 ff.

Der Deutsche Juristentag hat sich dreimal mit der Betriebsteuer befasst, 1924[32], 1980[33] und schließlich 1988[34]. Dort wurde der Gesetzgeber aufgefordert zu prüfen, ob Personenunternehmen einer der Körperschaftsteuer vergleichbaren Betriebsteuer unterworfen werden sollen[35].

Drei Jahrestagungen unserer Gesellschaft befassten sich mit dem Generalthema der Unternehmensbesteuerung[36]. Auf fünf Jahrestagungen wurde das Modell einer rechtsformneutralen Unternehmensteuer diskutiert[37], zuletzt auf der Jahrestagung zu den Perspektiven der Unternehmensbesteuerung, auf der namentlich *Monika Jachmann* über die Gewerbesteuer im System der Besteuerung von Einkommen referiert hat[38].

Auf der Grundlage des Leistungsfähigkeitsprinzips wenden sich die steuerjuristischen Vorschläge strikt gegen die Ertragsunabhängigkeit der Unternehmensbesteuerung. Demnach weist eine kommunale Unternehmensteuer nach herrschender juristischer Auffassung[39], folgende zwei Grundmerkmale auf:

– *Erstens* soll eine kommunale Unternehmensteuer *alle Unternehmen* erfassen, und zwar nicht nur im Unterschied zur Körperschaftsteuer alle Rechtsformen (Kapitalgesellschaften und Personenunternehmen), son-

---

32 Verhandlungen des 33. Deutschen Juristentages, Berlin/Leipzig 1925, S. 429 ff. (Ist es erwünscht, das Einkommen aus Gewerbebetrieb nach gleichmäßigen Grundsätzen zu besteuern, ohne Rücksicht auf die Rechtsform, in der das Gewerbe betrieben wird?).
33 Verhandlungen des 53. Deutschen Juristentages, München 1980 (Empfiehlt sich eine rechtsformunabhängige Besteuerung der Unternehmen?).
34 Verhandlungen des 57. Deutschen Juristentages, München 1988 (Empfiehlt es sich, das Einkommensteuerrecht zur Beseitigung von Ungleichbehandlungen und zur Vereinfachung neu zu ordnen?).
35 Sitzungsbericht N, S. 212.
36 DStJG 17 (1994): Grundfragen der Unternehmensbesteuerung; DStJG 23 (2000): Europa- und verfassungsrechtliche Grenzen der Unternehmensbesteuerung; DStJG 25 (2002): Perspektiven der Unternehmensbesteuerung.
37 Referate von *W. Reiß*, Rechtsformabhängigkeit der Unternehmensbesteuerung, DStJG 17 (1994), S. 3 (9); *H.-J. Pezzer*, Rechtfertigung und Rechtsnatur der Körperschaftsteuer, DStJG 20 (1997), S. 5 (18 ff.: Unternehmensteuer im Europäischen Binnenmarkt); *J. Hey*, Besteuerung von Unternehmensgewinnen und Rechtsformneutralität, DStJG 24 (2001), S. 155; *R. Hüttemann*, DStJG 23 (2000), S. 127 (151 ff.: einheitliche Betriebs- bzw. Unternehmensteuer; *S. Sieker*, Möglichkeiten einer rechtsformneutralen Besteuerung von Einkommen, DStJG 25 (2002), S. 145; *M. Jachmann*, Die Gewerbesteuer im System der Besteuerung von Einkommen, DStJG 25 (2002), S. 195.
38 *M. Jachmann* (Fn. 37).
39 Insb. *M. Jachmann*, Gewerbesteuer (Fn. 37), S. 236 ff. (kommunale Unternehmensteuer); *J. Lang*, Perspektiven der Unternehmensteuerreform, Anhang Nr. 1 zu den Brühler Empfehlungen zur Reform der Unternehmensbesteuerung, BMF-Schriftenreihe Heft 66, Berlin 1999, S. 5 (53 ff.); *J. Hey*, Rechtsformneutralität (Fn. 37); *J. Hey*, Kommunale Einkommen- und Körperschaftsteuer, StuW 2002, 314; *H.-J. Pezzer*, Körperschaftsteuer (Fn. 37), sowie m.w.N. *H. Dann*, Alternativen zur Gewerbesteuer, Aachen 2008, S. 143 ff. (kommunale Unternehmensteuer).

dern auch im Unterschied zur Gewerbesteuer alle Unternehmensarten, also nicht nur die Gewerbebetriebe, sondern auch die Einkünfte aus selbständiger Arbeit sowie aus Land- und Forstwirtschaft.

Zudem soll die *Vermögensverwaltung* in den Unternehmensbegriff einbezogen werden. Dies entspricht dem internationalen Verständnis des Unternehmensbegriffs, wie der Blick auf das Umsatzsteuerrecht, z.B. auf die Umsatzsteuerbefreiung von Umsätzen des Vermieters[40] zeigt, die dessen Unternehmereigenschaft voraussetzt. Mein Vorschlag einer die Vermögensverwaltung einschließenden Unternehmensteuer[41] fand wohl überwiegend Zustimmung[42]. Gleichwohl hat die von mir geleitete Kommission „Steuergesetzbuch" die Vermögensverwaltung aus dem Begriff unternehmerischer Tätigkeit ausgeschieden[43]. Die Mehrheit der Kommission wollte sich von dem geltenden Ertragsteuerrecht nicht allzu weit entfernen.

– *Zweitens* ist die *strenge Ertragsabhängigkeit* der kommunalen Unternehmensteuer für Juristen unter dem Aspekt des Leistungsfähigkeitsprinzips unabdingbar. Die Hinzurechnung von Aufwand verletzt elementar das Nettoprinzip. Daher kann die Bemessungsgrundlage für die kommunale Unternehmensteuer nur der *Gewinn* sein. Das ist, soweit ich sehe, die einhellige Auffassung der Steuerrechtswissenschaft, und zwar im Unterschied zur Finanzwissenschaft, die dem Äquivalenzprinzip einen klaren Vorrang vor dem Leistungsfähigkeitsprinzip einräumt. Hierzu ist anzumerken, dass sich Äquivalenzprinzip alias Nutzenprin-

---

40 S. § 4 Nr. 12a UStG. Exemplarisch auch § 4 Nr. 8 UStG (Kredit- und Wertpapiergeschäfte).
41 Grundlegend bereits *J. Lang*, Reform der Unternehmensbesteuerung, StuW 1989, 3; *J. Lang*, Reform der Unternehmensbesteuerung auf dem Weg zum europäischen Binnenmarkt und zur deutschen Einheit, StuW 1990, 107.
42 Sehr klar *K. Tipke*, Die Steuerrechtsordnung, Bd. II, 1. Aufl., Köln 1993, S. 1028 ff., 1036 (Rechtfertigung der Unternehmensteuer beziehe sich „nicht nur auf Gewerbebetriebe, sondern auf selbständige Tätigkeiten aller Art – bis hin zur Vermögensverwaltung"). Skeptisch *K. Tipke* in der 2. Aufl. 2003, S. 1210: Es liege auf der Hand, dass „Landwirte, Freiberufler und Vermögensverwalter sich gegen die Erfassung durch eine neue Steuer wehren würden." Im Weiteren für die Integration der Vermögensverwaltung in den Unternehmensbegriff *H.-J. Pezzer*, Körperschaftsteuer (Fn. 37), S. 19: „Der Unternehmensbegriff ist weit zu fassen: Er ist auf selbständige Tätigkeiten aller Art bis hin zur Vermögensverwaltung zu erstrecken"; ausführlich *M. Jachmann*, Gleichheitsproblem (Fn. 36), S. 42 ff. 54 (allg. Unternehmensteuer auf alle selbständigen Tätigkeiten inkl. Vermögensverwaltung); *J. Hey*, Rechtsformneutralität (Fn. 37), S. 218 f., 219 (weitgehende Übereinstimmung, dass der Unternehmensbegriff auch vermögensverwaltende Tätigkeiten mitumfassen sollte) m.w.N. in Fn. 264.
43 §§ 4 Abs. 1 Nr. 1; 7 EStG-E, in *Lang/Eilfort* (Hrsg.), Strukturreform der deutschen Ertragsteuern, München 2012, S. 120 f. Die Regelung des Kölner Entwurfs (*J. Lang* u. a., Kölner Entwurf eines EStG, Köln 2005, § 4 Abs. 1 Nr. 1, Abs. 2 EStG-E), wenigstens die Einkünfte aus Vermietung und Verpachtung in den Unternehmensbegriff zu integrieren, ließ sich nicht mehrheitlich durchsetzen.

zip und Leistungsfähigkeitsprinzip durchaus zielkonform verwirklichen ließen, wenn man die Vermögensverwaltung der unternehmerischen Tätigkeit zuordnen würde. Mieten, Pachten und Zinsen wären Teil der unternehmensteuerlichen Bemessungsgrundlage, die somit wie eine Wertschöpfungsteuer wirken würde. Die Unternehmensteuer würde nur bei dem richtigen Steuersubjekt erhoben werden, nämlich bei dem Empfänger der Erträge und nicht bei dem Steuersubjekt, dessen Leistungsfähigkeit durch Aufwand gemindert ist.

Die streng ertragsabhängige kommunale Unternehmensteuer ohne Einbeziehung der Vermögensverwaltung hat die Bundesregierung 2003 unter dem Begriff „*Gemeindewirtschaftsteuer*" zur Reform der Gewerbesteuer vorgeschlagen[44]. Sie bildet auch eine Säule des Modells der Stiftung Marktwirtschaft[45].

Zu erwähnen ist schließlich der originelle Vorschlag einer kommunalen Unternehmensteuer von *Stefan Homburg*[46]. Dieser Vorschlag erstreckt sich auf alle Unternehmen im Sinne des Umsatzsteuerrechts, also nicht nur auf Vermögensverwalter, sondern auf alle Unternehmen, die mit Einnahmeerzielungsabsicht handeln wie insbesondere Non-profit-Unternehmen wie z. B. Krankenhäuser und Altenheime. Bemessungsgrundlage ist der Umsatz abzüglich aller Güterkäufe des Unternehmens, also ein Netto-Umsatz.

Das Kapitaleinkommen soll wegen des internationalen Steuerwettbewerbs ausgenommen sein. Hier sehe ich die Achillesferse des Homburg-Vorschlags. Dem Steuerwettbewerb kann durch einen niedrigen Steuersatz entgegnet werden. Die gänzliche Herausnahme des Kapitaleinkommens ist m. E. gleichheitsrechtlich nicht zu rechtfertigen, abgesehen davon, dass sie die Praktikabilität und die politische Akzeptanz des Vorschlags erheblich beeinträchtigt.

IV. Modelle zur Reform der Grundsteuer

Bevor ich mich einer umfassenderen Reform des Kommunalsteuerrechts zuwende, möchte ich Ihnen die Modelle zur Reform der *Grundsteuer* vorstellen. Die Grundsteuer ist nach der Gewerbesteuer die fiskalisch bedeutendste Gemeindesteuer. Im Gegensatz zur Gewerbesteuer gewährleistet

---

44 Gesetzentwurf der Bundesregierung zur Reform der Gewerbesteuer v. 13.8.2003, BT-Drucks. 15/1517. Hingegen hat die schwarz-gelbe Koalition die Gemeindewirtschaftsteuer in der Sitzung des BT-Finanzausschusses v. 19.5.2010 geschlossen abgelehnt.
45 Dazu *M. Jachmann*, Eine neue Qualität der kommunalen Steuerfinanzierung: Das Vier-Säulen-Modell der Kommission Steuergesetzbuch, StuW 2006, 115 (120); *Lang/Eilfort* (Hrsg.), Strukturreform (Fn. 43), S. 413 ff.
46 *Homburg*, Eine kommunale Unternehmensteuer für Deutschland, in Wirtschaftsdienst IX/96, S. 491.

sie vor allem die Stetigkeit des Steueraufkommens. Die Grundsteuer steht steuerpolitisch nicht zur Disposition. Soweit ich sehe, empfiehlt nur *Paul Kirchhof* in seinem „Bundessteuergesetzbuch"[47] die Abschaffung der Grundsteuer. Er begründet dies wesentlich mit der einhelligen juristischen Auffassung[48], dass die Grundsteuer mit dem *Leistungsfähigkeitsprinzip* nicht zu vereinbaren sei: „Das Wohnen ist existentiell und kein Ausdruck von Leistungsfähigkeit. Hat der Grundstückseigentümer keine liquiden Mittel zur Zahlung der Grundsteuer, muss er jedes Jahr ein paar Quadratmeter verkaufen, wird so Stück für Stück aus seinem Eigentum vertrieben"[49].

Die Grundsteuer ist eine sehr alte Steuer, die im 17. Jahrhundert sogar einmal als *Alleinsteuer* diskutiert wurde, weil Grund und Boden der wesentlichste Faktor des Wirtschaftens sei und alle Steuern letztlich infolge Überwälzung von den Grundeigentümern übertragen würden[50]. Sie ist das klassische Modell der Äquivalenzsteuer als Abgabe für den staatlichen Schutz von Grund und Boden, wie es *Adam Smith*[51] formulierte. Heute vermag die äquivalenz- bzw. nutzentheoretische Rechtfertigung einer nach Grundstückswerten bemessenen Grundsteuer nicht mehr zu überzeugen[52].

Grund und Boden stehen nicht mehr im Mittelpunkt der Volkswirtschaft. Demzufolge können die kommunalen Infrastrukturleistungen nicht in dem Umfang den Grundbesitzern zugeordnet werden, dass damit die fiskalische Bedeutung des Grundsteueraufkommens gerechtfertigt wäre.

Aktuell diskutiert werden Vorschläge der Bundesländer zur Grundsteuerreform[53],

– das sog. **Nord-Modell** der Länder Berlin, Bremen, Niedersachsen, Sachsen und Schleswig Holstein[54],

---

47 P. *Kirchhof*, Bundessteuergesetzbuch, Ein Reformentwurf zur Erneuerung des Steuerrechts, Heidelberg 2011, S. 136 f.
48 S. nur *K. Tipke*, Die Steuerrechtsordnung, Bd. II, 2. Aufl., Köln 2003, S. 965 f.; *R. Seer* in Tipke/Lang, Steuerrecht, 20. Aufl., Köln 2010, § 13 Rz. 203.
49 P. *Kirchhof*, Bundessteuergesetzbuch (Fn. 47), S. 137.
50 Dazu *F. K. Mann*, Steuerpolitische Ideale, 1937 (Nachdruck: Stuttgart/New York 1978), S. 168 ff. Zu den gescheiterten Versuchen im 19. Jahrhundert *K. Tipke*, Die Steuerrechtsordnung (Fn. 48), S. 956.
51 *A. Smith*, Wealth of Nations (Fn. 19).
52 Dazu *R. Seer* in Tipke/Lang (Fn. 48); *K. Tipke*, Steuerrechtsordnung (Fn. 48), S. 961 f. (weder Gruppen- noch Individualäquivalenz); *O. Schulemann*, Reform der Grundsteuer, Handlungsbedarf und Reformoptionen, Karl-Bräuer-Institut des Bundes der Steuerzahler, Berlin 2011, S. 12 ff.
53 Dazu *O. Schulemann*, Reform der Grundsteuer (Fn. 52), S. 22 ff.; *S. Bartsch*, Die Reformmodelle der Grundsteuer, KStZ 2011, 164 (165 ff.).
54 Grundsteuer auf Basis von Verkehrswerten – Machbarkeitsstudie, 2010.

- das sog. **Süd-Modell** der Länder Bayern, Baden-Württemberg und Hessen[55] und
- das Modell des Landes **Thüringen**[56].

Die Unterschiede dieser Modelle bestehen in der Ausgestaltung der *Bemessungsgrundlage*. Das *Nord-Modell* hält an den Verkehrswerten grundsätzlich fest. Es strebt im Anschluss an die Entscheidung des BVerfG vom 7.11.2006[57] eine „realitätsgerechte Grundstücksbewertung"[58] an. Das *Süd-Modell* empfiehlt einen reinen Flächenbezug ohne Bewertungskomponente und das *Thüringer Modell* kombiniert die Bemessung der Grundsteuer nach der Grundstücksfläche mit Werten. Die Grundstücksfläche wird mit den Bodenrichtwerten und die Gebäudeflächen mit nutzungsbezogenen Äquivalenzwerten verknüpft.

Mit dem *Nord-Modell* wird die traditionelle Sicht einer *Sollertragsteuer* verfolgt, die der herrschenden steuerjuristischen Auffassung widerspricht, dass die Grundsteuer ungeeignet ist, das Leistungsfähigkeitsprinzip zu verwirklichen[59]. Gegen das Nord-Modell sprechen auch die negativen Erfahrungen mit der realitätsgerechten Bewertung von Grundstücken, die streng genommen periodisch angepasst werden müsste. Ich halte es schlicht für eine Illusion, die realen Werte von Grundstücken vor einer Veräußerung bestimmen zu können. Reale Werte sind eigentlich nur die bei einer Veräußerung realisierten Werte. Deshalb erscheint es mir richtig, bei der Grundsteuer als einer Steuer auf das ruhende Vermögen auf die Bemessung nach zumeist sehr unsicheren Werten gänzlich zu verzichten.

Das *Süd-Modell* beruft sich explizit auf das Äquivalenzprinzip und bemisst die Grundsteuer zunächst nach der Grundstücksgröße in Quadratmetern. Die daraus sich ergebenden Flächen werden mit nutzungsartabhängigen Äquivalenzzahlen ermittelt. Vorgeschlagen werden z.B. 2 Cent je Quadratmeter für die Grundstücksfläche und 20 Cent je Quadratmeter für zu Wohnzwecken genutzte Gebäudeflächen[60]. Die Addition beider Teilwerte ergibt den Steuermessbetrag, auf den der Hebesatz angewendet wird.

Ich stimme nachdrücklich dem Süd-Modell einer flächenorientierten Grundsteuer zu, das sich verfassungsrechtlich überzeugender rechtfertigen lässt als eine Grundsteuer, die nach tendenziell falschen Werten bemessen wird.

---

55 Eckpunkte für eine vereinfachte Grundsteuer nach dem Äquivalenzprinzip, August 2010.
56 Reform der Grundsteuer, Gebäudewertunabhängiges Kombinationsmodell, Januar 2011.
57 BVerfGE 17, 1.
58 Nord-Modell (Fn. 54), S. 4.
59 Pars pro toto *P. Kirchhof*, Bundessteuergesetzbuch (Fn. 47); *R. Seer* in Tipke/Lang (Fn. 48); *K. Tipke*, Steuerrechtsordnung (Fn. 48).
60 Zu Einzelheiten mit Berechnungsschema für Wohneigentum *O. Schulemann*, Reform der Grundsteuer (Fn. 52), S. 22 ff.

Eine Bewertungsgleichheit lässt sich bei der Grundsteuer nicht herstellen, zumal die Grundstückswerte periodisch angepasst werden müssen. Deshalb birgt eine flächenorientierte Grundsteuer ein geringeres verfassungsrechtliches Risiko als eine wertorientierte Grundsteuer. Dass es schlechterdings unmöglich ist, sämtliche Grundstücke im Anwendungsbereich der Grundsteuer periodisch gleichheitsgerecht zu bewerten, zeigen exemplarisch die Erfahrungen in den USA[61], wo die Grundsteuer eine sehr viel höhere Bedeutung hat als in der BRD. Da sich die Verzerrungen durch Fehlbewertung nicht beseitigen lassen, stimme ich auch dem Vorschlag des Wissenschaftlichen Beirats nicht zu, die Grundsteuer nach dem Mietwert zu bemessen[62].

Eine flächenorientierte Grundsteuer haben der Finanzwissenschaftler *Kilian Bizer* und ich in einem Gutachten entwickelt, das wir vor 11 Jahren für das Umweltbundesamt erstattet haben[63]. Wir haben auf eine Rechtfertigung der Grundsteuer nach dem Leistungsfähigkeitsprinzip oder Nutzenprinzip ganz verzichtet und entsprechend unserem Auftrag den Umweltschutz zur Rechtfertigung einer *Flächennutzungssteuer* herangezogen. Es handelt sich um eine *umweltnutzengerechte Steuer*.

Diese *Umweltschutz-Grundsteuer* wird nach sieben Steuerklassen bemessen, angefangen von der Klasse I („naturbelassene Flächen") bis zur höchstbesteuerten Klasse VII („besonders naturschädlich genutzte Flächen")[64]. Grundlage für die Klassifizierung ist das *Bauplanungsrecht*. Damit ist die Grundsteuer mit der *kommunalen Planungshoheit* verzahnt; das von der

---

61 Während meines Forschungsaufenthalts 1994 an der Universität Berkeley habe ich in Gesprächen mit Steueranwälten und -beratern die Überzeugung gewonnen, dass ein „fair market value" von Grundvermögen eigentlich nur bei Objekten mit standardisierten Eigenschaften (u. a. gewöhnliche Miet- und Wohnhäuser) periodisch feststellbar ist. Bei Bürohochhäusern (sog. Wolkenkratzern) in San Francisco und New York (insb. Manhattan), Luxusvillen von Filmstars etc. wird auch die periodische Bewertung u. a. wegen stark schwankender Marktwerte sehr unsicher. So bleibt letztlich nur der Weg der Verständigung auf einen Wert, der zwar tendenziell falsch, jedoch einigungsfähig ist.

62 Wissenschaftlicher Beirat beim BMF, Reform der Grundsteuer, Stellungnahme, Berlin 2011, fortentwickelt von *Richter/Heckmann*, Die nicht umlagefähige Mietsteuer als Modell für eine Reform der Grundsteuer, StuW 2011, 331. Dort wird die Problematik der Bewertung von nicht vermieteten Grundvermögen (Wohnhäuser, Nutzung eigenen Unternehmensvermögens, z. B. Bürohochhäuser, Fabrikgebäude) nicht angesprochen. Bereits die Bewertungsbedürftigkeit von nicht vermieteten Grundvermögen erzeugt Ungleichbehandlung gegenüber dem vermieteten, nicht bewertungsbedürftigen Grundvermögen.

63 *Bizer/Lang*, Ansätze für ökonomische Anreize zum sparsamen und schonenden Umgang mit Bodenflächen, Berlin 2000. Dazu *P. Kirchhof*, Bundessteuergesetzbuch (Fn. 47): Rechtfertigung als „Abgabe auf die Inanspruchnahme endlicher Ressourcen"; *K. Tipke*, Steuerrechtsordnung (Fn. 48), S. 964/965 (gerechtfertigte Umweltschutzsteuer „zur naturschonenden Bodenbewirtschaftung und zur Reduktion der Bodenversiegelung".

64 *Bizer/Lang*, Ansätze (Fn. 63), S. 67 ff.

Gemeinde eigenverantwortlich vollzogene Bauplanungsrecht ist *materielles Umweltrecht*[65].

Für die Flächennutzungssteuer gilt ebenso wie für das Süd-Modell, dass die Bemessungsgrundlage bei einem Verzicht auf Bewertung weitgehend vollautomatisiert und nachhaltig bestimmt werden kann. Die Administration der Grundsteuer muss nicht mehr auf Finanzamt und Gemeinde aufgeteilt werden. Besonders leicht lässt sich die Umweltschutz-Grundsteuer von der Gemeinde verwalten, weil die Bemessungsgrundlage aus den kommunalen Bauplanungsgrundlagen abgeleitet werden kann.[66]

V. Modelle einer umfassenden Reform des Kommunalsteuerrechts

1. Der Ausgangspunkt: Ersatz der Gewerbesteuer

Im letzten Teil meines Vortrages möchte ich mich nun exemplarisch den wichtigsten Modellen[67] zuwenden, die mehrere Steuern betreffen. Die meisten dieser Modelle streben den Ersatz der Gewerbesteuer an: 2001 empfahlen der *BDI* und der *Verband der chemischen Industrie*[68], die Gewerbesteuer durch Zuschläge auf die Einkommen- und Körperschaftsteuer und eine Erhöhung des kommunalen Anteils an der Umsatzsteuer zu ersetzen. In die gleiche Richtung zielt der Vorschlag des *Karl-Bräuer-Instituts*[69], die Gewerbesteuer durch höhere Umsatzsteuerbeteiligung und Hebesatzrechte an der Einkommen- und Körperschaftsteuer zu ersetzen.

Das Modell der Stiftung Marktwirtschaft[70] besteht aus vier Säulen: eine ertragsabhängige *Unternehmensteuer* als Ersatz der Gewerbesteuer, eine *Beteiligung* an dem *örtlichen Lohnsteueraufkommen*, eine *Grundsteuer* und eine *Bürgersteuer*, mit der die finanzverfassungsrechtliche Möglichkeit genutzt wird, den Anteil der Gemeinden an dem Aufkommen der Ein-

---

65 S. *Bizer/Lang*, Ansätze (Fn. 63), S. 63. Die Stellungnahme des Baurechtlers *U. Battis* bei der Ausarbeitung des Gutachtens wies darauf hin, dass ein Hauptanliegen des neuen, damals im Entwurf vorliegenden Baugesetzbuchs v. 23.9.2004, BGBl. I 2004, 2414, die Stärkung des Umweltschutzes sei.
66 S. *Bizer/Lang*, Ansätze (Fn. 63), S. 64.
67 Umfassend zu den diversen Modellen Karl-Bräuer-Institut des Bundes der Steuerzahler, Abbau und Ersatz der Gewerbesteuer, Wiesbaden 1984; dasselbe, Kommunale Steuerautonomie und Gewerbesteuerabbau, Wiesbaden 2002; dasselbe, Aktuelle Empfehlungen zu Abbau und Ersatz der Gewerbesteuer, 2. Aufl., Berlin 2010, sowie m. w. N. *H. Dann*, Alternativen zur Gewerbesteuer (Fn. 39).
68 Verfassungskonforme Reform der Gewerbesteuer, Konzept einer kommunalen Einkommen- und Gewinnsteuer, Frankfurt/Berlin 2001, S. 18 ff., S. 21 (Zuschlag), S. 30/31 (Erhöhung des Umsatzsteueranteils).
69 *L. Schemmel* in Kommunale Steuerautonomie (Fn. 67), S. 166 ff.
70 Dazu *M. Jachmann*, Vier-Säulen-Modell (Fn. 45), StuW 2006, 115; *Lang/Eilfort* (Hrsg.), Strukturreform (Fn. 43), S. 413 ff.

kommensteuer mit einem Hebesatzrecht auszustatten (Art. 106 Abs. 5 Satz 3 GG).

Schließlich hat *Paul Kirchhof* das Hauptanliegen seines „Bundessteuergesetzbuchs"[71], das Dickicht des deutschen Steuerrechts grundlegend zu säubern, mit dem Vorschlag umgesetzt, an die Stelle der Gewerbesteuer, der Grundsteuer und der örtlichen Verbrauch- und Aufwandsteuern eine kommunale Zuschlagsteuer zur Einkommensteuer zu setzen[72]. Da einkommensteuerpflichtig natürliche und sog. „steuerjuristische" Personen sind, werden neben den natürlichen Personen rechtsformunabhängig alle Gesellschaften, Vereine u. a. Personenvereinigungen, private Zweckvermögen und Betriebe der öffentlichen Hand an der Gemeindefinanzierung mittels Zuschlagsteuer beteiligt[73].

2. Beteiligung am Aufkommen von Steuern

Die dramatische Finanznot der Kommunen infolge ihrer überhöhten Soziallasten veranlasst dazu, zunächst zwischen der Beteiligung am Aufkommen der Einkommensteuer und der Umsatzsteuer einerseits und kommunalen Hebesatz- und Zuschlagrechten andererseits zu unterscheiden.

Nach Art. 106 Abs. 5 GG erhalten die Gemeinden einen Anteil am Einkommensteueraufkommen auf der Grundlage der Einkommensteuerleistungen ihrer Einwohner. Dadurch werden besonders die Gemeinden mit einem hohen Anteil von Arbeitslosen benachteiligt. Sie haben hohe Soziallasten bei einem geminderten Anteil am Einkommensteueraufkommen wegen fehlender Einkommensteuerleistungen zu verkraften. Besonders in Städten mit sozialen Brennpunkten entsteht ein nicht mehr hinnehmbares Missverhältnis zwischen Steuerkraft und Aufwendungen für Sozialleistungen, die zur Sicherung von menschlichen Grundbedürfnissen aufgebracht werden müssen.

Hier erscheint der finanzverfassungsrechtliche Maßstab der Beteiligung der Gemeinden am Einkommensteueraufkommen dringend reformbedürftig. Die progressive Einkommensteuer ist das Herzstück sozialstaatlicher Umverteilung. Demnach ist die Einkommensteuer für die Finanzierung von Sozialleistungen besonders zuständig. Folgerichtig müssten die kommunalen Sozialleistungen in den Zuteilungsmaßstab des Art. 106 Abs. 5 GG aufgenommen werden. Die Nichtberücksichtigung von Sozialleistungen ist die

---

71 *P. Kirchhof*, Bundessteuergesetzbuch (Fn. 47), S. 6 ff. (das einfache und verständliche Steuerrecht).
72 *P. Kirchhof*, Bundessteuergesetzbuch (Fn. 46), S. 18 ff. (kommunale Zuschlagsteuer und Wegfall der Gewerbesteuer), S. 136 ff. (Wegfall der Grundsteuer sowie der örtlichen Aufwand- und Verbrauchsteuern).
73 S. § 42 BStGB i. V. m. § 12 BStGB.

Hauptursache für die finanzverfassungsrechtliche Benachteiligung der Städte mit sozialen Brennpunkten.

Darüber hinaus weist die Finanznot der Kommunen infolge von Soziallasten auf ein *grundsätzliches Bedürfnis* hin, die *Kosten des Sozialstaats im finanzverfassungsrechtlichen Verteilungssystem des Art. 106 GG zu berücksichtigen*. Eine sachgerechte Lösung wäre die Einrichtung eines **Sozialfonds** als der für die Kosten des Sozialstaats benötigte Teil des Aufkommens aus den Gemeinschaftsteuern (Einkommensteuer, Körperschaftsteuer und Umsatzsteuer). Dieser Teil des Steueraufkommens wäre an Bund, Länder und Gemeinden für die Finanzierung ihrer sozialstaatlichen Aufwendungen vorab zu verteilen[74]. Man wüsste dann endlich genau, was der Sozialstaat kostet, und diejenigen Gebietskörperschaften, die ihn zu finanzieren haben, wären gerecht behandelt.

3. Ertragsteuerliche Zuschläge und Hebesätze

Die Vorabfinanzierung der kommunalen Sozialleistungen korrespondiert mit den Vorschlägen ertragsteuerlicher Zuschläge und Hebesätze. Die kommunalen Besteuerungsrechte sollen möglichst alle Wirtschaftssubjekte, die in einer Gemeinde Einkommen erzielen, an den Kosten für die Bereitstellung kommunaler Infrastruktur beteiligen[75]. Diese Wirtschaftssubjekte sind in Großstädten mit sozialen Brennpunkten nutzentheoretisch benachteiligt, weil sie in großem Umfang Sozialleistungen mitzufinanzieren haben, während Einkommensteuerzahler in Gemeinden wie Königstein oder Kronberg im Taunus nur die für sie relevante Infrastruktur finanzieren müssen.

Innerhalb der Wirtschaftssubjekte, die Einkommen erzielen, stellt sich die Frage, ob die von *Paul Kirchhof* vorgeschlagene Lösung einer einheitlichen kommunalen Zuschlagsteuer für alle Wirtschaftssubjekte zu präferieren ist. Die *Kirchhof'sche* Lösung besticht durch ihre Einfachheit. Der Preis der Einfachheit sind äquivalenztheoretische Schwächen und die konjunkturelle Anfälligkeit des Gemeindesteueraufkommens.

4. Das Vier-Säulen-Modell der Stiftung Marktwirtschaft

a) Das Vier-Säulen-Modell der Stiftung Marktwirtschaft[76] hat es sich zum Ziel gesetzt, nicht nur den steuerjuristischen, sondern auch den finanzwissenschaftlichen Kriterien Rechnung zu tragen. Dazu gehören die be-

---

74 Der „Sozialfonds" wäre abstrakt in Art. 106 GG zu definieren und dann analog Art. 106 Abs. 3 Satz 3 GG durch Bundesgesetz, das der Zustimmung des Bundesrats bedarf, auszufüllen. In dem Bundesgesetz wären die Sozialkosten dem Sozialfonds entsprechend den ministeriellen Zuständigkeiten zuzuordnen und dann die Anteile von Bund, Ländern und Gemeinden an dem Sozialfonds festzulegen.
75 So *P. Kirchhof*, Bundessteuergesetzbuch (Fn. 47), S. 18.
76 Dazu *M. Jachmann*, Vier-Säulen-Modell (Fn. 70); *Lang/Eilfort*, Strukturreform (Fn. 70).

darfsgerechte Erzielung von Einnahmen, die Sicherung der kommunalen Selbstverwaltung durch Finanzautonomie, die fiskalische Äquivalenz und die Wahrung gleichwertiger Lebensverhältnisse. Diesen finanzwissenschaftlichen Anforderungskriterien entspricht das Modell der Stiftung Marktwirtschaft nach Auffassung von *Andreas Oestreicher*[77] am besten.

Das Modell unterscheidet drei Steuerbelastungsbereiche, denen die kommunalen Leistungen äquivalenztheoretisch korrekt zugeordnet werden sollen: den *Grundbesitz*, das *Wohnen* und die *Wirtschaft*. Wohlgemerkt setzt die Äquivalenz einer Steuerbelastung a priori voraus, dass Sozialasten in den drei Bereichen nicht mitfinanziert werden müssen.

b) Die Infrastrukturkosten für den **Grundbesitz** werden durch die *Grundsteuer* abgedeckt. Die Grundsteuer sorgt zunächst für die *Verstetigung und Sicherheit der Kommunalfinanzen*. Das gilt allerdings nur für eine Flächennutzungssteuer. Die Anknüpfung an Grundstückswerte ist volatil, denn Grundstückswerte hängen von Marktpreisen ab. Die Volatilität einer Grundstückswertsteuer kann natürlich durch Festhalten an historischen Einheitswerten verschleiert werden. Aber diese bisher praktizierte Falschbewertung darf aus verfassungsrechtlichen Gründen nicht fortgeführt werden.

Wie bereits oben (IV.I) dargelegt, überzeugt nutzentheoretisch nur eine *Flächennutzungssteuer*, da sich Straßen-, Bauplanungskosten u. a. bodenbezogene Infrastrukturkosten sachgerecht nur auf Grundstücksflächen verteilen lassen. Das ist von dem dargelegten Süd-Modell[78] klar erkannt worden. Mit dem Modell einer Umweltschutz-Steuer kann die Steuerbelastung mit der kommunalen Bauplanungspolitik koordiniert werden.

c) Die Infrastrukturkosten für das **Wohnen** sollen durch die *Bürgersteuer* finanziert werden. Wie oben (V.1) erwähnt ist die Bürgersteuer eine Gemeindeeinkommensteuer auf der Grundlage des in Art. 106 Abs. 5 Satz 3 GG eingeräumten Hebesatzrechts. Die Bürgersteuer soll den demokratischen Diskurs bewirken, in welchem Umfang kulturelle Einrichtungen, Erholungsstätten wie Schwimmbäder etc. gewünscht sind und dafür auch die Steuerlast getragen wird. Diese Art von kommunaler Demokratie praktizieren vor allem die Bürger in der Schweiz.

Allerdings gibt es das *Stadt-Umland-Problem*, auch genannt das *Speckgürtelproblem*, wie es sich exemplarisch im Rhein-Main-Gebiet darstellt. Die bereits erwähnten Gemeinden Königstein und Kronberg im Taunus generieren durch die Vielzahl der dort wohnenden Spitzenverdiener ein hohes Steueraufkommen. In Königsberg und Kronberg werden aber keine Theater und Konzertsäle benötigt, weil diese in Frankfurt besucht werden.

---

77 *A. Oestreicher*, Die Reform der kommunalen Steuerfinanzierung, FR 2010, 965.
78 Eckpunkte für eine vereinfachte Grundsteuer nach dem Äquivalenzprinzip (Fn. 55).

Hier besteht das Bedürfnis nach einer *Bürgersteuerumlage* auf Landesebene, um Infrastrukturkosten für das Wohnen gleichmäßig äquivalent verteilen zu können.

d) Die Infrastrukturkosten für das **Wirtschaften** sollen zunächst durch die bereits oben (III.2) dargelegte *ertragsabhängige Unternehmensteuer* finanziert werden. Diese Steuer ersetzt die Gewerbesteuer, die weitgehend zu einer Großbetriebsteuer denaturiert ist. Die Erweiterung der Steuersubjekte auf nichtgewerbliche Unternehmer reduziert bereits erheblich die konjunkturelle Anfälligkeit der Gewerbesteuer. Auch die Vielzahl von Steuersubjekten der *Kirchhof*'schen Zuschlagsteuer verstetigt erheblich das kommunale Steueraufkommen.

Gleichwohl haben wir ein zusätzliches Element für erforderlich gehalten, nämlich die bereits erwähnte Beteiligung am *örtlichen Lohnsteueraufkommen*. Alle Arbeitgeber führen einen bundesgesetzlich festgelegten Prozentsatz der Lohnsteuer an die Gemeinde ab, in der der Arbeitnehmer seinen Arbeitsplatz hat. Die so abgeführte Lohnsteuer ist voll mit der vom Arbeitnehmer geschuldeten Einkommensteuer verrechenbar, sodass sie weder für den Arbeitnehmer noch für den Arbeitgeber zu einer Mehrbelastung führt. Im Ergebnis spezifiziert sie die Verteilung des Einkommensteueraufkommens und bedarf daher einer Rechtsgrundlage in Art. 106 GG, dessen Verteilungssystem wegen der Nichtberücksichtigung sozialstaatlicher Lasten ohnehin dringend reformbedürftig ist.

Die Belastungsneutralität der Beteiligung am örtlichen Lohnsteueraufkommen unterscheidet diese wesentlich von der *Lohnsummensteuer* als einer arbeitsplatzfeindlichen Zusatzbelastung zur Einkommensteuer. Sie hat aber für die Gemeinde die Wirkung einer Lohnsummensteuer als Instrument der Finanzierung arbeitsplatzbezogener Infrastrukturmaßnahmen. Dazu reicht weder eine Gewerbesteuer noch eine Unternehmensteuer aus. Musterbeispiele sind Städte, in denen sehr große Unternehmen mit hunderttausend Arbeitnehmern und mehr residieren. In Relation zu den Infrastrukturkosten, die derartige Großbetriebe verursachen, sind die unternehmensteuerpflichtigen Gewinne häufig zu klein, zumal im Zeitalter der Globalisierung die Tendenz besteht, Gewinne durch Verrechnungspreistechniken in das niedrigbesteuerte Ausland zu verlagern. Auch Städte, in denen die nichtunternehmerischen Arbeitgeber dominieren wie Universitätsstädte und Verwaltungszentren, benötigen die Lohnsteuerkomponente.

VI. Resümee

Zusammenfassend ist zunächst festzustellen, dass die Kosten des Sozialstaats im finanzverfassungsrechtlichen Verteilungssystem ungenügend berücksichtigt sind. Daraus resultiert die Finanznot besonders der Städte mit sozialen Brennpunkten. Art. 106 GG bedarf dringend einer Reform.

Erst wenn diese Reform geleistet ist und die Soziallasten durch Beteiligung am Aufkommen der Gemeinschaftsteuern finanziert sind, können einzelne Gemeindesteuern nutzengerecht in dem Sinne ausgestaltet werden, dass jede Gruppe von Steuerzahlern nur den Teil der Infrastrukturkosten trägt, der cum grano salis ihrem Nutzenbereich zugeordnet werden kann.

Podiumsdiskussion zur Kommunalsteuerreform

Teilnehmer:
Torsten Albig, Oberbürgermeister, Kiel
Bernd-Peter Bier, Steuerberater, Head of Tax, Bayer AG, Leverkusen
Prof. Dr. *Lars P. Feld*, Walter-Eucken-Institut, Freiburg
Bernd Häusler, Ministerialdirigent, Hannover
Prof. Dr. *Joachim Lang*, Universität zu Köln

Moderator:
Prof. Dr. *Roman Seer*

Prof. Dr. *Roman Seer*
Zunächst einmal darf ich die Teilnehmer der Podiumsdiskussion vorstellen. Drei von den fünf Personen haben bereits als Referenten hier vorgetragen. Deswegen möchte ich Ihnen ganz links beginnend die übrigen beiden Diskutanten vorstellen, die noch nicht zu Wort gekommen sind. Zum einen Herr Oberbürgermeister *Torsten Albig*. Ich bin sehr glücklich, Sie im Namen unserer Gesellschaft hier herzlich begrüßen zu können. Wir sind sehr dankbar, dass Sie trotz Ihrer landespolitischen Aufgaben, nun sogar als Spitzenkandidat der SPD der bevorstehenden Landtagswahl, den Weg nach Speyer gefunden haben. Und ich glaube, Sie sind auch insoweit als Person ideal für dieses Podium, weil Sie nämlich über Erfahrung im BMF als Staatssekretär verfügen, wenn ich es richtig sehe, dass Sie Stadtkämmerer waren und derzeit Oberbürgermeister der Stadt Kiel sind. Und vielleicht demnächst, das könnte ja auch sein, in einer anderen Funktion im Land die Verantwortung zu tragen haben. Das heißt, sie müssten aus den Gesamtblick des Politikers hier Stellung nehmen können.

Gleichzeitig freue ich mich, dass ich jemanden begrüßen kann, der auch schon gestern hier wirklich mit großem Interesse gelauscht hat. Ich begrüße den Ministerialdirigenten *Bernd Häusler* als Leiter der Kommunalabteilung im Niedersächsischen Innenministerium. Man mag sich fragen, warum jemand aus der Kommunalabteilung und nicht aus dem Finanzministerium hier ist? Der Hintergrund liegt im Folgenden begründet: In Niedersachsen hat man, was ich wirklich ganz großartig finde, den Test gemacht, dass man einen Reformvorschlag nach den tatsächlichen Verhältnissen, so wie wir sie derzeit vorfinden, gerechnet, durchgespielt hat. Herr *Feld* hat das gestern ja schon einmal angedeutet in seinem Vortrag. Das finde ich eine ganz wichtige Sache. Wir sprechen ja von der Wissenschaft gern in einer gewissen Abstraktionshöhe über bestimmte Fragen. Die konkreten Auswirkungen, die müssen die nämlich nachher ausbaden, wenn sie es umsetzten wollen.

Insoweit bin ich sehr gespannt, Herr *Häusler*, was Sie uns gleich als Erfahrungsbericht präsentieren werden.

Ich möchte wie folgt vorgehen: Ich habe kein festes Fragenprogramm oder Ähnliches vorbereitet, sondern ich meine, und so habe ich Herrn *Wieland* auch schon verstehen können, dass *Joachim Lang* eine Bestandsaufnahme der Reformkonzepte bereits in einer ganz kurzen prägnanten Art dargestellt hat, die uns den Fahrplan vorgibt. Das heißt also, an diesem Fahrplan möchte ich mich orientieren und beginne mit dem Ist-Zustand. Ich möchte beginnen mit einer Frage an Herrn *Albig*. Herr *Albig*, den Ist-Zustand im Bereich der Kommunalbesteuerung vor allem mit dem Fokus auf die derzeitige Gewerbesteuer, wie würden Sie ihn als Oberbürgermeister einer großen Stadt in Ihrem Land Schleswig-Holstein beurteilen? Wie sehen Sie das?

Torsten Albig

Lieber Herr Prof. *Seer*, gestatten Sie mir zu Beginn die Bemerkung, zum Staatssekretär hat es dann doch nicht ganz gereicht, ich war nur Abteilungsleiter.

In der Tat, die Schritte habe ich alle gemacht, aber mitnichten habe ich eine Gesamtsicht in aller Abgewogenheit aller Ebenen, auch wenn ich für Bund, Land und Kommunen gearbeitet habe. Ich bin hier als dezidierter Verfechter einer kommunalen Realität. Sie haben entschieden, dass Sie so einen ganz nüchternen, faktischen, einfachen und schlichten Oberbürgermeister einladen, der – sehen Sie es mir nach – an tief intellektuellen Diskussionen über die perfekte Ausgestaltung des Hinzurechnungsprinzips nur begrenzt Interesse hat. Ich habe Interesse daran, dass ich so viel Geld bekomme, wie ich brauche, um die Aufgaben, die die Gesellschaft meiner Stadt aufgibt, zu finanzieren. Und das ist im Augenblick mitnichten gegeben. Wir haben in dem Vortrag von Prof. *Lang* den Schlüsselbegriff unserer Not gehört. Wir haben in Deutschland einen Sozialstaat organisiert, den wir insbesondere den Oberzentren überantwortet, ohne aber die Oberzentren mit entsprechenden Finanzmitteln auszustatten. Sie erleben in ganz vielen dieser Oberzentren ein nicht mehr nur schleichendes, sondern explosionsartig spürbares Auseinanderbrechen einer Gesellschaft. Ich habe in meiner Stadt, die die größte in Schleswig-Holstein ist, Postleitzahlen, die dazu führen, dass Ihre Bewerbung, wenn Sie unter diesen Postleitzahlen abgegeben wird, möglicherweise schon allein deshalb nicht berücksichtigt wird. In meiner Stadt bricht etwas auseinander, im Verhältnis meiner Stadt zum Umland bricht etwas auseinander.

Ich, als Institution Oberbürgermeister, bin, genau wie meine Vorgänger im Amt seit mindestens 20 Jahren, an den Haushaltskonsolidierungskonzepten in jährlich sich wiederholenden Debatten auch mit der Öffentlichkeit beteilgt. Das, was wir an Einnahmen haben, reicht nicht aus, um unsere fixen Ausgaben zu finanzieren. Bei den Menschen in meiner Stadt kommt das als Signal an, da sitzt ein Haufen Unfähiger, der es auf Dauer nicht hinbekommt, die Stadt vernünftig auszustatten. Und dass dieses bei den Menschen meiner Stadt negativ ankommt, entnehmen Sie der Wahlbeteiligung an Kommunalwahlen und dies nicht nur bei mir, sondern auch in anderen Kommunen. Ich bin ganz sicher, dass das einen unmittelbaren Bezug hat. Da ist die Frage: „Ist meine Stadt dazu in der Lage, ihre Aufgaben vernünftig zu organisieren und Einnahmen und Ausgaben, wie wir das in jeder Familie tun müssten, sicherzustellen?" Und da steht die Feststellung: „Die können das nicht!" Das ist die Realität, die ich bemerke.

Sie hat natürlich etwas mit einer sehr volatilen Gewerbesteuer zu tun. In einer Krisenzeit bricht mir diese leicht von einem Mittel von 100 Mio. Euro auf 70 Mio. Euro weg. Selbst in einem Jahr wie diesem pendeln die wöchentlichen Veränderungsmeldungen bei der Gewerbesteuer um mal bis zu 10 Mio. Euro plus und mal bis zu 15 Mio. Euro minus. Und das Aufkommen ist nicht nur volatil, sondern auch noch sehr, nennen wir es zugespitzt „verteilt" in meiner Stadt. Kiel hat 23.000 Betriebe. Davon tragen 32 65 % meiner Einnahmen. 84 zahlen etwas über 18 %. Umgekehrt zahlen über 19.000 Betriebe von den 23.000 gar keine Gewerbesteuer.

Nochmal spitz formuliert ist die Gewerbesteuer in Kiel also das „Problem" von rund 100 Unternehmen. Die haben diese 100 Mio. Gesamtaufkommen irgendwie zu stemmen. Und wenn ein Unternehmen, wie kürzlich geschehen, seine Gewerbesteuer auf einen Schlag um insgesamt rund 25 Mio. Euro nach unten korrigiert, dann macht das meine Abhängigkeit besonders deutlich: Sie können nicht mehr planen! Wenn Sie Bewegungen haben von 20, 25, 30 Mio., die jeden Tag eintreten können, dann ist es jedenfalls verdammt schwer, dagegen mit Steuerungsinstrumenten einer Finanzwirtschaft kommunaler Stärke zu antworten. Denn die Struktur meiner Stadt bei einem Haushaltsvolumen von rund 700 Mio. Euro lässt, wie in vielen anderen Städten auch, wenig Spielräume im Haushalt.

In meinem Haushalt sind rund 200 Mio. Euro Personalkosten, etwas mehr als 200 Mio. Euro entfallen auf Transferkosten und der Rest ist alles andere. Personalkosten bauen Sie im Rahmen des Möglichen im Verhältnis ihrer Fluktuation ab und freuen sich, wenn es Ihnen so irgendwie gelingt, wenigstens die Tarifsteigerungen aufzufangen. Das heißt, Sie bleiben eigentlich immer im Status quo von rund 200 Mio. Euro. Wir haben also höchstens relativ kleine Veränderungsaggregate bei den Personalausgaben.

Und auf der Sozialausgabenseite, Herr Prof. *Lang* hat das sehr nachdrücklich und zutreffend geschildert, erleben wir zum Beispiel, dass unsere Gesellschaft feststellt, dass wir im Bereich der Unter-Dreijährigen-Versorgung im europäischen unteren Tabellendrittel liegen, weil wir die faktisch nicht hatten. Und das muss in der Tat behoben werden. Das heißt für meine Stadt aber rund 10.000 Euro nicht gegenfinanziertes also zusätzliches Defizit je Platz. Das so entstandene Defizit landet dann irgendwann bei der Beurteilung meiner Investitionskredite durch die Kommunalaufsicht. Und die fragt mich: „Bist Du eigentlich hinreichend ausgestattet, um das, was Du an Krediten für die Investitionen in Deine Stadt aufnehmen willst, jemals zurückzuzahlen?" Und ich kann die Kommunalaufsicht ganz gut verstehen, wenn sie für mich antwortet: „Nein, so richtig bist Du das eigentlich nicht. Wir deckeln Dein zulässiges Kreditvolumen deshalb bei 30 Mio. Euro. Das ist das, was Du vielleicht gerade noch bezahlen kannst." So bleibt für eine Großstadt, die daraus auch noch ihre Kanalsanierung zu bezahlen hat, nicht mehr viel, um sich als Stadt zu entwickeln.

Ich stelle also schlicht fest, dass Kommunen in Deutschland erkennbar strukturell unterfinanziert sind.

Jetzt können wir uns dem Problem nähern, so wie wir das typischerweise tun, indem Sie im bestehenden System versuchen zu justieren. Wir könnten jetzt aber auch jenseits aller dogmatischen Forderungen fragen: „Was genau braucht eigentlich eine Stadt, die Oberzentrum ist, eine Mittelstadt, eine Kleinstadt oder ein Kreis? Was brauchen die alles je Einwohner im gewogenen mittleren Deutschland, um ihre von uns gewollten Aufgaben zu erfüllen?" Das können sie einigermaßen präzise runterbrechen, wenn Sie das normale Portfolio an Dienstleistungen, die Sie alle in Ihren Städten erwarten, betrachten. Also ihre Büchereien, ihre Schwimmbäder, ihre Theater, ihre Kindergärten. Einrichtungen, die Sie oder Ihre Familien vielleicht selbst in Anspruch nehmen. Was das kostet, das können wir relativ präzise berechnen, da gibt es einen Ausreißer nach oben und nach unten, aber es gibt einen Mittelwert.

Lassen Sie uns in einer ersten Stufe von Finanzierung aus dem Gesamtkuchen staatlicher Einnahmen sicherstellen, dass Städte nicht permanent gezwungen sind, Ihren Bürgern ein Finanzverteilungssystem zu erklären.

Dass wir Defizite haben, liegt nicht daran (Ausnahmen gibt es natürlich und die bestätigen die Regel), dass wir unsere Bürgersteige in Gold pflastern. Sondern es liegt daran, dass wir alle als Bürgerinnen und Bürger dieses Landes gesellschaftliche Standards formulieren, ohne zu erklären, wie diese finanziert werden sollen. Und es ist völlig richtig: Dieses sind häufig Standards, die auf einer Einkommensteuerebene finanziert werden müssten, jedenfalls da, wo sie Kindergartenstandards sind oder Sozialleistungsstandards.

Was ist eigentlich, wenn bei mir in einzelnen Quartieren überproportionale Arbeitslosigkeit vorherrscht? Ich habe Stadtteile mit Vollbeschäftigung, 3 % Arbeitslosigkeit, ich habe auch welche mit 24 % Arbeitslosigkeit. Es wird verdammt schwierig sein, dies zu drehen. Ich nehme den Umlandkreisen soziale Lasten ab. Das sind immer ganz erfreuliche Gespräche im Bürgermeisterkreis, wenn jemand aus einer 5.000 Einwohner großen Nachbargemeinde zu mir kommt und meint, mir erklären zu müssen, wie solide er denn haushalte. „Na ja", sag ich dann, „kein Wunder, dass Sie solide haushalten, Ihre Leute gehen bei mir schwimmen, Ihre Leute gehen in meine Bücherei, Ihre Leute gehen in mein Fußballstadion und viele Arbeitslosen leben bei mir. Wenn wir uns das mal ein bisschen aufteilen und über Schlüsselzuweisungen reden würden, dann wäre es für Sie vielleicht nicht mehr ganz so einfach."

Lassen Sie uns die Debatte einmal ganz nüchtern führen, egal wie ein Steuerbegriff ist, ob wir ein Äquivalenzprinzip oder ein Nutzenprinzip nehmen. Was braucht eigentlich die kommunale Welt, um durchfinanziert zu sein, und das stellen wir dann sicher! Dann ist es mir, ehrlich gesagt, herzlich egal, wie Sie das nennen, Hauptsache, wir stellen das sicher! Und dies jedes Jahr und eben nicht einmal ja und einmal nein oder einmal groß und einmal klein. Das ist ein sehr schlichter – sehen Sie es mir nach – aber für uns bald überlebensnotwendiger Tatbestand, dass wir dies in den Griff bekommen. Denn wenn das nicht geschieht und wenn diese Kleinteiligkeit von Debatten in Deutschland uns weiter bewegt, werden Sie erleben, dass sich die Menschen insbesondere von ihren Städten in Deutschland abwenden werden. Da nützt uns keine Gemeindefinanzreformdebatte in ihrer höchsten Eloquenz. Sie werden uns den Rücken zukehren und sie werden bei Wahlen nicht mehr dabei sein. Diejenigen, die versuchen, als Kämmerer oder als Bürgermeister das irgendwie noch in den Griff zu bekommen, werden das Vertrauen der Menschen in ihre Städte verlieren. Die kommunale Familie vermisst wirklich händeringend, dass man die Aufgabe einer Gemeindefinanzreform nicht nur als ein steuerintellektuelles Problem begreift, sondern als eine Überlebensfrage der Kommunen.

Die beiden großen Städte in Schleswig-Holstein Lübeck und Kiel haben aufgelaufene Altschulden von weit über einer Mrd. Euro. Kiel liegt aktuell bei über 400 Mio. Euro ohne unsere Beteiligungen. Glaubt irgendeiner in diesem Saal, Sie leben ja alle in Ihren Städten, dass Städte, wie sie Sie kennen, jemals Überschüsse erzielen werden, um etwa in Essen oder in Duisburg oder in Wanne-Eickel oder in Hessen irgendwo, jemals eine Mrd. Euro Altschulden zu tilgen? Was meinen Sie passiert, wenn wir das noch 10, 15, 20 Jahre so weiter geschehen lassen? Glaubt irgendeiner, es hängt ernsthaft davon ab, ob da mal ein SPD-Bürgermeister oder ein CDU-Bürgermeister oder irgendeiner von den Piraten die Haushaltsrede hält? Es hängt von der Struktur der Finanzierung dieser Kommunen ab.

Prof. Dr. *Roman Seer*

Ich habe Sie bewusst jetzt nicht vorher unterbrochen, weil es wichtig und spannend ist, irgendwann muss ich Sie aber unterbrechen. Sie haben einen wichtigen Einstieg geliefert: Wie ist die Sicht des kommunalen Praktikers, was ist seine Not, worin besteht sie? Sie wird wahrscheinlich durch eine pure Kommunalsteuerreform nicht allein gelöst werden können, das ist ganz deutlich geworden. Ich verstehe Ihren Ansatz als rein pragmatisch, undogmatisch: Gebt mir Geld. So habe ich es verstanden, ohne dass ich das jetzt irgendwie werte, das finde ich in Ordnung. Sie verlangen eine nicht volatile, möglichst kalkulierbare Finanzierung. Herr *Häusler*, wie würden Sie das aus dem Modell der Stiftung Marktwirtschaft, wie Herr *Lang* es eben auch vorgestellt hat, abgeleitete modifizierte niedersächsische, sogenannte niedersächsische Modell, einschätzen? Würde es das Problem von Herrn *Albig* wenigstens mildern?

Bernd Häusler

Herr Prof. *Seer*, meine Damen und Herren, zunächst noch einen Satz über die Betrachtung einer einzelnen Kommune in Kiel hinaus, weil ich als Kommunalabteilungsleiter im Innenministerium für die gesamte kommunale Landschaft in Niedersachsen zuständig bin, Ich kann vom Grundansatz auch für Niedersachsen bestätigen, was Herr *Albig* für seine Stadt vorgetragen hat. Das ist mit Sicherheit auch in vielen anderen Bundesländern ähnlich. Ich will es aber auch zugleich ein wenig relativieren. Wenn man den Blick über das gesamte Land Niedersachsen schweifen lässt, dann stellt man fest, dass etwas mehr als 50 % unserer Kommunen einen nicht ausgeglichenen Haushalt fahren müssen, und das, wie Sie zu Recht auch sagen, leider schon seit vielen Jahren und in vielen Fällen. Aber es sind dann immerhin noch gut 40 % der Kommunen, die in der Regel einen ausgeglichenen Haushalt aufstellen können. Oder anders ausgedrückt: Wir hatten gestern und heute Vormittag gelegentlich das Stichwort Kassenkredite oder Liquiditätskredite. Wenn Sie die Beurteilung dieser Frage an diesem Terminus festmachen und Niedersachsen mit momentan rd. 5 Mrd. Euro Kassenkrediten bei unseren Kommunen in den Blick nehmen, dann stellen Sie fest, dass sich rd. 40 % dieses Kassenkreditvolumens, also rd. zwei Mrd. Euro konzentrieren auf nur zehn Kommunen im Land. Wenn Sie sich dann die Größenordnung und auch die wirtschaftliche Leistungsfähigkeit dieser Kommunen anschauen, dann stellen Sie fest: Darunter sind durchaus auch leistungsfähige Kommunen, die unter anderem auch deshalb in diese exorbitant hohe Größenordnung von Kassenkrediten hineingerutscht sind, weil die letzte Wirtschaftskrise ihre Auswirkungen unter anderem bei dem Gewerbesteueraufkommen hat. Das einfach nur noch einmal als Ergänzung zur Betrachtung in Niedersachsen. Nebenbei bemerkt: Die beiden am höchsten verschuldeten Kommunen im Land Niedersachsen sind nicht etwa Großstädte, sondern zwei Inselgemeinden.

Zum sogenannten Niedersachsen-Modell oder zur Fortschreibung des Modells der Stiftung Marktwirtschaft, das wir für Niedersachsen haben rechnen lassen: Lassen Sie mich zunächst zum Hintergrund Folgendes sagen: Wir haben als Innenressort in der Gemeindefinanzkommission genau aus der Notwendigkeit, die Herr *Albig* beschrieben hat, mitgewirkt, um auch als Kommunalministerium, das nicht zunächst, liebe Kollegen aus dem Steuerfach, steuerrechtliche Überlegungen in den Vordergrund stellt, die ganz spezifische Fragestellung mit in den Blick zu nehmen, wie wir die notwendige angemessene Finanzierung unserer Kommunen künftig sicherstellen können. Wir hatten dann nach relativ kurzer Zeit der Mitwirkung in der Kommission den Eindruck, dass bei den drei zur Diskussion stehenden Modellen, das des BMF, das der kommunalen Spitzenverbände und das der Stiftung Marktwirtschaft, Letzteres ein wenig drohte in den Hintergrund zu geraten. Und deshalb haben wir uns intensiver mit diesem Modell beschäftigt und dann gesagt, wir nehmen etwas Geld in die Hand und bitten das Bundesamt für Statistik, das doch einmal bezogen auf Niedersachsen zu rechnen, und zwar gemeindescharf. Denn der gegen dieses Modell schon sehr frühzeitig deutlich gewordene Widerstand vor allem der kommunalen Spitzenverbände ist für mich ja durchaus nachvollziehbar. Der Kämmerer einer Gemeinde kennt natürlich genau das Gewerbesteueraufkommen der letzten Jahre. Und er kennt auch die Planzahlen für das laufende und die nächsten Jahre. Wenn dann deutliche Systemmodifizierungen diskutiert werden, ohne dass erkennbar wird, welche konkreten Auswirkungen solche Veränderungen auf die einzelnen Kommunen haben können, hält man im Zweifel zunächst einmal am bekannten und kalkulierbaren System fest. Deshalb sollten die in Auftrag gegebenen Berechnungen zunächst einmal unserer eigenen Erkenntnis und dann der Diskussion in der Gemeindefinanzkommission sowie der Rückkopplung mit den kommunalen Spitzenverbänden in unserem Land und mit unseren Kommunen dienen. Ich kann und will hier jetzt nicht die Berechnungsergebnisse in ihrer ganzen Breite vortragen und werde mich auf einige Stichworte beschränken. Wer mehr wissen möchte, sei auf die Homepage des niedersächsischen Innenministeriums und die dort eingestellten Informationen verwiesen.

Zum Modell selbst ist vorgetragen worden, dazu will ich hier nichts weiter erwähnen. Einige Ergebnisse der Berechnungen:

Die Gesamtauswirkungen auf die kommunalen Steuereinnahmen stellen sich auf der Grundlage der Modellannahmen wie folgt dar: Anstelle der im Berechnungsbezugsjahr 2006 erzielten Steuereinnahmen der niedersächsischen Kommunen in Höhe von rd. 5,6 Mrd. Euro nach geltendem Recht wären nach dem Niedersachsen-Modell rd. 6 Mrd. Euro angefallen. Eine Umstellung der kommunalen Finanzierung auf das niedersächsische Modell hätte demnach zu Mehreinnahmen der Kommunen in Höhe von rd. 400 Mio. Euro geführt. Dem stünden allerdings Mindereinnahmen des Landes in Höhe von rd. 180 Mio. Euro und des Bundes in Höhe von rd. 310 Mio. Euro gegenüber. Unter dem Strich würden sich die Mindereinnahmen auf rd. 90 Mio. Euro belaufen. Wenn man die Einnahmeverluste des Bundes aus Niedersachsen auf die Bundesebene hochrechnet und dabei von einem niedersächsischen Anteil von rd. 10 v. H. ausgeht, entstünden bundesweit Mindereinnahmen in Höhe von rd. 3 Mrd. Euro. Nimmt man nun die ab 2014 zu erwartenden Bundesleistungen zur Sozialkostenentlastung in Höhe von rd. 4 Mrd. Euro in den Blick, so wird eine interessante Möglichkeit zum Ausgleich dieser Mindereinnahmen sichtbar.

Nach dem Niedersächsischen Modell hätten die Kommunen künftig vier bedeutende Einnahmequelle: den Gemeindeanteil an der Einkommensteuer mit einem Anteil von rd. 32 % an den gesamten Steuereinnahmen, die kommunale Unternehmensteuer mit rd. 17 %, die Beteiligung an der Lohnsteuer mit rd. 27 % und die Grundsteuer mit rd. 18 %. Der wirtschaftsbezogene Anteil der kommunalen Steuereinnahmen würde gegenüber dem geltenden Recht geringfügig von 42,9 % auf 43,6 % steigen. Das derzeit für die Grundsteuer und die Gewerbesteuer geltende Hebesatzrecht der Kommunen mit einem Anteil von 62,5 % der Steuereinnahmen würde auf 67,5 % ausgeweitet und künftig die kommunale Unternehmensteuer, den Gemeindeanteil an der Einkommensteuer sowie weiterhin die Grundsteuer umfassen. Damit würde der in unserer gestrigen Diskussion angeklungene Aspekt der Steigerung der Autonomie der Kommunen aufgegriffen.

Ein weiteres interessantes Ergebnis der Berechnungen ist die interkommunale Verteilungswirkung. Nach geltendem Recht erhalten die niedersächsischen Kommunen durchschnittlich 690 Euro je Einwohner Steuereinnahmen, wobei sonstige Steuern und steuerähnliche Einnahmen unberücksichtigt bleiben. Durch das Niedersächsische Modell würden sich die Einnahmen um rund 7 % erhöhen auf durchschnittlich 741 Euro je Einwohner. Dabei sind die größten Steigerungsraten bei den nach geltendem Recht unterdurchschnittlich ausgestatteten kleinen und mittleren Gemeinden zu beobachten. So hätten die 126 Gemeinden mit 5.000 bis 10.000 Einwohnern einen Steuerzuwachs von rund 12 % oder 68 Euro je Einwohner. Unterdurchschnittlich profitierten demgegenüber die 12 Gemeinden mit 50.000 bis 100.000 Einwohnern. Auf sie entfielen nur rund 2,9 % bzw. 23 Euro Zuwachs. Gerade die Kommunen in dieser Einwohnergrößenklasse sind in Niedersachsen allerdings tendenziell überdurchschnittlich gut finanziell ausgestattet. Wenn man das Ganze nach Steuerkraftgruppen betrachtet, ist festzustellen, dass die steuerschwachen und die durchschnittlich steuerstarken Kommunen größere Einnahmenverbesserungen erzielen würden, während die steuerstarken Kommunen einen Rückgang der Steuereinnahmen erleiden würden. Die steuerschwachen und durchschnittlich starken Kommunen hätten eine Zunahme der Steuereinnahmen je Einwohner um 15,8 % bzw. um 13,0 % aufzuweisen. Der Rückgang der Steuereinnahmen bei den steuerstarken Kommunen beliefe sich auf rd. 7,5 %. Wir konnten auch feststellen, dass die immer wieder befürchtete Verschlechterung der Umlandgemeinden im Vergleich zu den Kernstädten nach unseren Berechnungen nicht zu erwarten ist. Dazu die folgenden Zahlen: Die Umlandgemeinden wachsen in ihrem Steueraufkommen um 7,8 %, die Gemeinden im ländlichen Raum um 8,4 %, während das Steueraufkommen der Kernstädte um durchschnittlich 6 % zunimmt. Wir können unter dem Strich feststellen, dass von 1.024 Gemeinden in Niedersachsen, die wir im Jahr der Berechnungen hatten, 854 oder rund 84 % mit Verbesserungen oder jedenfalls nicht mit Verschlechterungen gegenüber dem Status quo zu rechnen hätten. Darunter befinden sich 9 Kernstädte, 179 Umlandgemeinden und 646 Gemeinden im ländlichen Raum. Die bessergestellten Gemeinden könnten ihre Steuereinnahmen um rd. 17,7 % steigern, wobei die höchsten Steigerungsraten von den Städten und den Kommunen im ländlichen Raum mit rd. 19,6 % bzw. 19,0 % erzielt werden. Demgegenüber liegen die Zuwächse der bessergestellten Umlandgemeinden mit rd. 14,6 % etwas niedriger. Bei den 170 Gemeinden – das entspricht rd. 17 % aller niedersächsischen Gemeinden –, die in ihrer Finanzausstattung schlechtergestellt werden würden, handelt es sich um 3 Städte, 36 Umlandgemeinden und 131 Gemeinden im ländlichen Raum. Deren Steuereinnahmen würden sich um durchschnittlich 12,8 % vermindern, wobei der Rückgang bei den Städten mit rd. 8,5 % am geringsten und bei den Gemeinden im ländlichen Raum mit rd. 18,2 % am höchsten ist, während die Umlandgemeinden rd. 13,9 % weniger Steuereinnahmen hätten. Mit Blick auf diese 17 % aller niedersächsischen Gemeinden wäre zu überlegen, ob über befristete Anpassungsregelungen hinaus dauerhafte Kompensationen angezeigt wären. Zu denken wäre hier nicht zuletzt auch an den kommunalen Finanzausgleich.

Ich glaube, damit lasse ich es erst einmal gut sein, sonst werden es einfach zu viele Zahlen.

Prof. Dr. *Roman Seer*

Vielen Dank Herr *Häusler*. Ich möchte an Herrn *Feld* die Frage richten, ich kann mir nicht vorstellen, dass nicht wenige hier im Saal ein bisschen irritiert sind. Sie werden deshalb irritiert sein, weil Sie gestern wirklich sehr schöne Folien aufgelegt haben, wo eine doch nur moderate Verschuldung der Kommunen zum Ausdruck gelangte. Als wir dann gestern den Empfang hier in Speyer im wunderbaren Ratssaal hatten, klagte der Oberbürgermeister der Stadt Speyer, ähnlich wie Sie Herr *Albig*, über seine finanziellen Sorgen. Und wir hören sie jetzt auch aus Kiel wieder. Jetzt frage ich mich, wer hat denn eigentlich Recht? Natürlich Sie, Herr *Feld*, aber können Sie uns diese Diskrepanz erklären?

Prof. Dr. *Lars P. Feld*

Ich habe das gestern schon in meinem Vortrag versucht klarzumachen. Hinter der gesamthaften Darstellung für alle Kommunen versteckt sich natürlich eine hohe Varianz, also eine starke Streuung über die unterschiedlichen Kommunen, die wir in Deutschland haben. Das Problem der Tragfähigkeit gibt es in der Tat für die Gesamtheit der Kommunen nicht. Das sieht man ganz deutlich. Wir haben im Zeitablauf, während der Bund und die Gesamtheit der Länder die Verschuldung weiter befeuert haben und im Grunde seit 1970 kaum längere Phasen der Konsolidierung fertigbrachten, auf der kommunalen Ebene eine relativ stabile Entwicklung. Man könnte sogar einen leicht rückläufigen Trend in der kommunalen Verschuldung in % des Bruttoinlandsprodukts auf der kommunalen Ebene erkennen. Da verbergen sich gleichwohl Städte dahinter, die sich nahe an der Insolvenz befinden. Wir haben andere Kommunen, die relativ gut dastehen. Trotzdem hören wir zumeist in den konjunkturell schwächeren Phasen auch von den Kommunen, die etwas besser dastehen, immer wieder ein gewisses Gejammer. Das hat einfach damit zu tun, dass einmal die strukturelle Entwicklung und dann die konjunkturelle Entwicklung nicht auseinandergehalten werden. Wie gesagt, strukturell stimmt die Unterfinanzierung für diese Kommunen sicherlich nicht, konjunkturell tritt das Problem der Gewerbesteuer auf. Also haben wir hier einmal die Frage zu stellen: Was ist nun im Hinblick auf die Strukturkomponenten problematisch für die Kommunen, die schlechter dastehen? Und was ist im Hinblick auf die konjunkturelle Entwicklung problematisch?

Die konjunkturelle Reagibilität der Gewerbesteuer ist wesentlich höher als die konjunkturelle Reagibilität der Lohn- und Einkommensteuer, selbst der Körperschaftsteuer, einfach weil die Bemessungsgrundlage sehr schmal ist. Herr *Albig* hat für Kiel sehr eindrücklich dargestellt, welcher Teil der Betriebe überhaupt noch die Gewerbesteuer in dieser Stadt zahlt. Dies gilt bundesweit. Auf dieses Problem der Konjunkturreagibilität versucht das Modell der Stiftung Marktwirtschaft zu antworten. Das Strukturproblem, das wir in den stark verschuldeten Städten haben, in denen, die unterfinanziert sind, ergibt sich aufgrund hoher Ausgaben im Sozialbereich. Jetzt kann man sich entweder auf den Standpunkt stellen, den der Bundesfinanzminister einnimmt und sagt, na ja, wir haben jetzt Hartz IV, mit der Übernahme der Kosten für Unterbringung und Heizung in der Zukunft werden nun Weichen gestellt in Form einer Entlastung von vier Mrd., die dazu führen, dass dieses Problem zukünftig etwas entschärft wird. Man kann zudem die Forderung stellen, dass man einen Schritt weiter geht und sich fragt, inwiefern das, was noch an Soziallasten verbleibt bei den Kommunen, von der kommunalen Ebene auf eine übergeordnete Ebene gehoben werden müsste. An der Stelle will ich mich nicht festlegen, aber es ist schon so, dass man sicherlich in der Vergangenheit insbesondere in den 80er Jahren die

Belastungen durch die Langzeitarbeitslosigkeit auf eine ungerechtfertigte Art und Weise der kommunalen Ebene überlassen hat. Natürlich ist das Problem der Langzeitarbeitslosigkeit damals durch eine falsche Arbeitsmarktpolitik verursacht worden, der wir mittlerweile entgegensteuern. Vielleicht löst sich Problem dann in der langen Frist auf. Aber vielleicht können manche Kommunen nicht mehr so lange warten.

Ich möchte gern noch einen Punkt aufgreifen, der relativ wichtig ist, wenn Sie mir den erlauben. Was man natürlich in dieser Diskussion immer wieder hört, das gilt sowohl für die Kommunalfinanzen als auch für die Föderalismusdiskussion. Das ist mir auch ein Anliegen gerade auf einer Konferenz, auf der eine Reihe namhafter Juristen anwesend sind. Man merkt so richtig, dass in dieser Fragestellung der fiskalische Zweck einer Steuer immer aus der Perspektive notwendiger Ausgaben abgeleitet wird. Aus ökonomischer Sicht gibt es notwendige Ausgaben nicht, weder für die eine noch für die andere Ebene. Mit diesem verfassungsrechtlichen Begriff habe ich Riesenprobleme als Ökonom, denn Ausgabenentscheidungen sind, sofern die Autonomie der jeweiligen Ebene oder der jeweiligen Gebietskörperschaft gesichert ist, immer politische Entscheidungen, die zu treffen sind. Das heißt, man muss sich eigentlich fragen, inwiefern sind denn die Ausgaben auf der kommunalen Ebene und auf der Landesebene vorgeprägt durch den Gesetzgeber auf einer anderen Ebene. Das ist die entscheidende Frage. Dann müssen die Kommunen natürlich auch selbstständig beantworten, welche Ausgaben sie noch vorhalten können und welche nicht. Es gibt sicherlich die eine oder andere Kommune, die schon im Bereich der freiwilligen Ausgaben so weit ist, dass sie nicht mehr korrigieren kann, aber die Mehrzahl der Kommunen hat dahin gehend genügend Spielräume. Ob das, was die Bürger erwarten, auch erfüllt werden kann, das ist eine andere Frage. Es kann bei Gemeindefinanzreformen nicht immer nur darum gehen, die Einnahmenseite zu verbessern, sondern es muss auch darum gehen, eigenständig auf der Ausgabenseite Korrekturen vorzunehmen.

Prof. Dr. *Roman Seer*

Vielen Dank, Herr *Feld*, für diese Klarstellung. Vielleicht kann man es im Moment so zusammenfassen: Wir haben ein Problemfeld, das auch zum Teil aus der Vergangenheit herrührt. Das sind fremdbestimmte Aufgaben, die Kosten verursachen, für die die Kommunen, wenn man so will, nichts können, sie gar nicht selbstbestimmt sind. Die machen vor allem im Bereich von Soziallasten einen wachsenden Anteil aus. Hier besteht offenbar, so verstehe ich Sie alle Drei, ein Konsens, eine gewisse Pflicht derjenigen, die diese Aufgaben bestellt haben, dafür auch finanziell einzustehen. Dann sind wir in dem anderen Bereich, wodurch das kommunale Steuersystem eigentlich finanziert wird. Habe ich das richtig verstanden? Da bin ich jetzt bei der Frage an Sie, Herr *Bier*, aus Sicht der Wirtschaft. Wir haben eben gehört, dass die Gewerbesteuer der heutigen Zeit in einer Stadt Kiel, ich habe mit großem Interesse natürlich auch von Ihnen gehört, von 23.000 potentiellen Gewerbetreibenden, wenn man an eine revitalisierte Gewerbewirtschaftsteuer denkt, würde man ja noch deutlich mehr hinein nehmen, letztlich überhaupt nur 100 Unternehmen tatsächlich nennbare und zählbare Gewerbesteuerzahler sind. Nun sind Sie der Head of Tax eines Weltkonzerns. Ihr Unternehmen gehört eben zu dieser kleinen Gruppe der Gewerbesteuerzahler. Sie werden wahrscheinlich dafür sein, das zu verändern, davon gehe ich aus. Ich möchte aber diese Frage, die ich an Sie habe, noch ein bisschen modifizieren. Das gibt natürlich andererseits solchen großen Unternehmen, wie Sie es sind, eine erhebliche Macht gegenüber den einzelnen Städten, ohne jetzt etwas genauer werden zu wollen. Ein anderer Head of Tax, also nicht Sie, berichtete mir von seinen Verhandlungen mit einer Kommune, die sich im Notkuratel befindet, über die Ansiedlung einer Betriebstätte. Gerade mit dieser Kommune würde man den adäquaten Hebesatz aushandeln. Das heißt also, dass letztlich im Wege eines Bargaining-Prozesses diese Unternehmensmacht tatsächlich in die Finanzautonomie der Kommune hineinwirkt. Wie sehen Sie das?

Bernd-Peter Bier

Ich denke erst einmal, was sehr deutlich geworden ist aus den Ausführungen meiner beiden Vorredner, dass eigentlich die Gemeinden kein Einnahmenproblem haben. Die haben ein Ausgabenproblem. Das Ausgabenproblem ist eben vor allem dadurch veranlasst, dass zu viele Leistungen den Gemeinden übertragen wurden, die letztendlich gar nicht mit deren lokalen wirtschaftlichen Thematiken zusammenhängen. Es kommt dann zu diesen strukturellen Unterfinanzierungen, und wenn eine solche strukturelle Unterfinanzierung eintritt und es zudem eben zu einer entsprechenden konjunkturellen Delle kommt, das hat der Herr Prof. *Feld* sehr schön gesagt, dann wird immer nach der Gewerbesteuer gerufen. Als Unternehmen müssen wir immer wieder hören, dass – so ohne Weiteres – Gewinne ins Ausland verlagert würden. Auch Herr Prof. *Lang* behauptete dies ja gerade eben. Das ist natürlich ein Allgemeinplatz, der so nicht geteilt werden kann. Letztendlich werden die Erträge dort versteuert, wo die Wertschöpfung generiert wird. Tatsache ist vor allem aber auch, und das wurde ja auch gesagt, dass die Unternehmen eigentlich überproportional an der Gemeindefinanzierung teilhaben und damit auch überproportional an den sozialen Verpflichtungen, die die Gemeinden haben. Das können die Unternehmen natürlich nur bis zu einem gewissen Grad auch leisten und gut leisten. Ich habe eine andere Statistik, die eben auch sagt, dass 90 % der Gewerbesteuer letztendlich von 5 % der Unternehmen getragen wird. Das deckt sich damit, was Herr *Albig* gesagt hat, und ist eine ganz wichtige Erkenntnis, die offensichtlich auch aufseiten der Kommunen und Wissenschaft besteht. Die jetzige Art und Weise, wie die Gemeinden sich finanzieren, ist nicht tragfähig und es muss hier zu Veränderungen kommen. Dies vor allem, weil letztlich im Rahmen der Selbstbestimmung der Kommunen ein gewisser Freiraum bleiben muss, der dann u. a. auch der Wirtschaft zugute kommen kann und damit wiederum Arbeitsplätze schafft, die, wie wir ja auch gehört haben, der beste Indikator dafür sind, dass es einer Gemeinde wirtschaftlich gut geht. Weil dort, wo die Arbeitsplätze sind, der Gemeinde nicht nur ein ggf. entsprechend höherer Zerlegungsanteil zusteht und damit mehr Gewerbesteuer zufließt, sondern vor allem deshalb, weil weniger Sozialausgaben in diesen Gemeinden zu leisten sein werden. In diesen Gemeinden wird man damit auch in Zukunft eher in der Lage sein, ökonomisch zu wirtschaften. Insofern finde ich dies eine wichtige Erkenntnis aus der Diskussion und bin froh, das auch hier von verschiedenen Seiten bestätigt zu bekommen.

Zu Ihrer Frage, Herr Prof. *Seer*, Macht der Konzerne: Die Konzerne und nicht nur die Konzerne, sondern auch viele mittelständische Unternehmen, stehen in einem relativ heftigen Wettbewerb. Das muss man einfach einmal so anerkennen in Deutschland. Das wird häufig gerne beiseitegeschoben und so getan, als seien viele Unternehmen allein deutschlandzentriert. Wir – der Bayer-Konzern – machen heute noch 12 % unseres Außenumsatzes in Deutschland, zahlen aber weit über 40 % unserer Steuern hier. Dass wir, um wettbewerbsfähig zu sein, natürlich auch versuchen müssen, hier die Belastungen auf ein Maß zu bringen, was uns mit unseren Wettbewerbern vergleichbar hält, das ist einfach eine Notwendigkeit. Wenn Sie sich einmal die sogenannte effective tax rates oder Konzernsteuerquoten ausländischer Konzerne anschauen, dann werden Sie auch sehr schnell feststellen, dass die deutlich geringer sind als das, was Sie in Deutschland bei den Konzernen wiederfinden. Insofern auch ein weiteres Indiz dafür, dass es gar nicht so schlecht um die Steuertreue der deutschen Konzerne bestellt ist. Dass es gegebenenfalls in Investitions- oder Standortentscheidungen auch mal dazu kommen kann, dass ein Unternehmen ein direktes Gespräch mit einer Kommune sucht, weil es natürlich auch Planungssicherheit braucht für seine Entscheidung und seine Investition, das halte ich persönlich auch für legitim. Wie weit dies dabei im Einzelfall geht, kann ich nicht sagen. Ich denke, wir überfrachten die Gewerbesteuer mit vielen Aufgaben und es ist wichtig, dass wir die Gewerbesteuer an der Stelle auch mehr als eine Möglichkeit zum Steuerwettbewerb begreifen. Vielleicht ist es für die multinationalen Unternehmen nicht ganz so ungewöhnlich, weil es zahlreiche andere Länder gibt, die das schon lange so verstanden haben. Wenn wir es schaffen, die Gemeinden so zu finanzieren, dass letztendlich die Leistungen, die sie zu erbringen haben, die nicht im Bereich der Infrastruktur für Unternehmen liegen, so finanziert werden, dass sie nicht nur über die Gewerbesteuer zu tragen sind, dann werden wir hier zu einem Gewerbesteuerwettbewerb kommen, der letztendlich, und das habe ich auch in meinem Vortrag gesagt, volkswirtschaftlich positiv sein wird. Weil nämlich dann die Gemeinden attraktive Leistungen den Unternehmen anbieten und dadurch auch letztendlich wiederum Arbeitsplätze an diesen Standorten geschaffen werden, die dann wieder im letzten Schluss zu mehr Steueraufkommen und weniger Sozialausgaben führen. Das ist meine Sichtweise. Ich glaube, Wettbewerb ist eine gute Sache. Was den Wettbewerb einfach im Moment in Deutschland verzerrt, ist zum einen, dass eben aus der Gewerbesteuer Leistungen erbracht werden, die da – aus Sicht des Äquivalenzprinzips – nicht hingehören, und zum Zweiten diese Umlageverfahren, wie sie auf Kreis- und Landesebene stattfinden, natürlich auch die Wettbewerbsfähigkeit verzerren.

Prof. Dr. *Roman Seer*

Vielen Dank, Herr *Bier*. Ich habe jetzt eine Frage an *Joachim Lang*. Es geht mir um Folgendes: Wir, glaube ich, sind hier auf einem guten Weg zu einem Konsens im Sinne der Bestandsaufnahme, dass offenbar die Gewerbesteuer zu volatil, zu schmal, nur als eine Großbetriebsgewerbesteuer derzeit greift, unabhängig von der weiteren Frage, ob sie eine Objektsteuer oder Subjektsteuer ist, wie wir über sie heute Morgen diskutiert haben. Also allein schon dieser Befund macht deutlich, dass ein Bedürfnis nach einer Reform besteht. Jetzt haben wir allerdings auch festgestellt, über kaum eine Steuer wird so lange schon im Sinne eines Reformbedürfnisses diskutiert. Gestern waren wir schon einmal bei der Frage: Gibt es eigentlich eine Theorie der Steuerreform? Das heißt, was sind die guten Bedingungen für eine funktionsfähige Steuerreform, die auf einen gewissen politischen Konsens treffen kann? Dabei kamen wir zu einem Punkt, den wir bisher immer unterbelichtet haben, nämlich die Frage des Übergangs. Das heißt also, wenn ich es richtig beobachte, dann ist die Widerstand bei den Kommunen oder im Städtetag und bei Ihren Kollegen, Herr *Albig*, vielleicht auch dadurch zu erklären: Man weiß, was man hat, auch wenn es schlecht oder imperfekt ist, und man weiß nicht, was man bekommt. Deswegen hält man lieber an dem fest, was man hat, und verteidigt das mit Zähnen und Klauen. Was können wir dagegen tun?

Prof. Dr. *Joachim Lang*

Das ist in der Tat das große Problem. Bei den Verhandlungen mit Vertretern der Kommunen über das Vier-Säulen-Modell der Stiftung Marktwirtschaft wurden nur Vorschläge akzeptiert, die das Steueraufkommen steigerten, zum Beispiel die Revitalisierung der Gewerbesteuer durch den Ausbau der ertragsunabhängigen Elemente. Gleichwohl meinten wir, dass es Aufgabe der Politik ist, ein überzeugendes Konzept durchzusetzen, wenn es die Gemeinden insgesamt nicht schlechterstellt, sondern im Gegenteil die

Steuereinnahmen verstetigt, was bei der Gewerbesteuer nicht der Fall ist. Es gibt ja nicht nur den reformunwilligen Städtetag, sondern eine Vielzahl von Kommunen, die einer Strukturreform durchaus positiv gegenüberstehen.

Die Feststellung von Herrn *Albig*, dass in Kiel nur 100 Unternehmen Gewerbesteuer zahlen, verdeutlicht das Problem der Großbetriebsteuer. Das Vier-Säulen-Modell der Stiftung Marktwirtschaft löst das Problem mit einer streng ertragsabhängigen kommunalen Unternehmensteuer, die im Prinzip alle Unternehmen zahlen, auch der freiberufliche Betrieb und der Kleinbetrieb. Die Gewerbesteuer zahlen relativ wenige Betriebe. Deshalb ist die Gewerbesteuerlast so hoch, dass sie von Kleinbetrieben nicht getragen werden kann. Bei einer kommunalen Unternehmensteuer ist die Steuerlast auf so viele Schultern verteilt, dass ein niedriger Steuersatz möglich wird, den auch Kleinbetriebe verkraften können. Die kommunale Unternehmensteuer hat schließlich einen starken Verstetigungseffekt. Der nichtgewerbliche Dienstleistungsbereich ist nicht so konjunkturabhängig wie die gewerbliche Produktionswirtschaft. Besonders der Steuerberatungssektor hat angesichts des komplexen Steuerrechts keine Konjunktureinbrüche.

Das Problem der Soziallasten löst das Modell der Stiftung Marktwirtschaft nicht. Herr *Feld*, Sie haben gesagt, notwendige Ausgaben gäbe es aus ökonomischer Sicht nicht. Da haben Sie recht, denn es handelt sich hier um ein juristisches Problem. Die Sozialstandards sind bundesgesetzlich geregelt und folglich haben die Gemeinden notwendige Ausgaben, die gesetzlich vorgeschrieben sind, d. h. Ausgaben, die sie nicht selbst bestimmen können. Der Bund bürdet den Kommunen etwas auf, was sie nicht leisten können. Die Kommunen sind überproportional an den Soziallasten beteiligt. Dieses Problem kann nur durch eine adäquate Beteiligung der Kommunen an den Gemeinschaftsteuern sachgerecht gelöst werden, wie ich in meinem Vortrag dargelegt habe. Die Alternative, den Gemeinden die Regelung von Sozialstandards zu überlassen, würde zu ganz unterschiedlichen Sozialstandards führen, was die bundeseinheitliche Verwirklichung des Sozialstaats unterlaufen würde. Natürlich gibt es einen Spielraum für die ökonomisch effiziente Verwaltung bundesgesetzlich geregelter Sozialabgaben. Das ist dann ein Thema der Ökonomie.

Noch eine kurze Anmerkung zum Stadt-Umland-Problem, das wir in der Stiftung Marktwirtschaft eingehend diskutiert haben. Im schönen Taunus wohnen die Millionäre und Milliardäre. Sie nutzen die kulturellen Einrichtungen Frankfurts, eine Großstadt mit sozialen Brennpunkten. Gleichwohl sorgt Frankfurt für ein reichhaltiges Kulturangebot: Oper, Theater, Konzertsäle etc. Streng genommen müssten von den Bewohnern des sog. Speckgürtels höhere Preise für Eintrittskarten genommen werden. Da dies nicht möglich ist, sollte das Speckgürtelproblem durch ein Umlageverfahren gelöst werden.

Prof. Dr. *Roman Seer*

Vielen Dank, *Joachim Lang*. Ich möchte gleich noch bei meiner Frage ein bisschen bleiben. Vielleicht noch eine Zwischenbemerkung: Ich glaube, hier zeigt sich bei dem Beispiel sehr gut das, was Herr *Feld* angemahnt oder angesprochen hat. Das Vorhalten des Theaters ist zum Beispiel eine Ausgabe, die ich jetzt gerade für nicht naturgegeben halte. Ich halte es auch nicht für naturgegeben, da wäre ich übrigens bei Ihnen, Herr *Wieland*, was wir gestern besprochen haben, dass das durch den Steuerstaat gewährleistet sein muss. Dies kann meines Erachtens auch sehr gut als durch den Dienstleistungsstaat im Sinne eines gebühren- oder eben verwaltungsprivatrechtlichen Entgeltstaats zur Verfügung gestellt werden. Dann ist auch der Umländer zu dem wahren Preis heranzuziehen, wie allerdings auch der Städter. Das heißt also, dieses ist meines Erachtens auch eine Frage. Wir haben uns an vieles gewöhnt, dass man in ein staatliches Theater (Erfüllung der Kulturaufgabe) gehen kann. Ich denke jetzt zum Beispiel an die Diskussion, die wir in Bochum im Moment haben, ob noch ein weiteres Konzerthaus gebaut werden muss und Ähnliches. Da kann man natürlich sehr unterschiedlicher Auffassung sein, ob das jetzt unbedingt zur Gewährleistung einer Kulturstadt und eines Kulturstaates notwendig ist, ob man sich das leistet. Jetzt nur vielleicht noch eines, das war nur eine Zwischenbemerkung, ich möchte jetzt dazu nicht die Diskussion eröffnen, sondern nur zu der Übergangsgerechtigkeit kommen. Ich möchte gerne wissen, vielleicht sowohl von Ihnen, Herr *Albig*, als auch von Ihnen, Herr *Häusler*: Was würden Sie denn als Bedingung formulieren für solch einen Systemwechsel, einen Paradigmenwechsel, der ja scheinbar doch attraktiv ist, damit er aus Sicht der Kommunen Akzeptanz finden kann? Also ich denke an Übergangsbedingungen oder an Einstiegsbedingungen. Können Sie dazu etwas sagen?

Torsten Albig

Zuvor ganz kurz zu Ihrer Theaterkarte, Sie sind sich aber schon bewusst, dass Ihre Karte mit einer 3 anfangen sollte, und das wäre der Hunderter Ihrer Karte. Ein dreistelliger Preis, der im Bereich mehrerer Hundert Euro liegen könnte für Ihren Theaterbesuch.

Prof. Dr. *Roman Seer*

Aber es täte vielleicht auch der Bevölkerung gut, dass ihr das mal bewusst würde.

Torsten Albig

Dann würde ihr das eine Sekunde lang bewusst werden und danach hätten Sie kein Theater mehr ...

Prof. Dr. *Roman Seer*

Ich darf dann vielleicht doch einmal etwas sagen. Dann wäre auch im nächsten Moment doch die Frage, ob man nicht Synergien schafft, die ja gerade in dem Umfeld bestehen, ob die Stadt nicht in dem Moment sagen würde, ja ok, wir unterhalten dieses Theater nur dann, wenn ihr aus den Umlandgemeinden euch beteiligt. Ich sage einmal, das sind Dinge, an die wir uns so gewöhnt haben. Das sehe ich so, wie Herr *Feld* es vorhin formuliert hat, das ist etwas, was uns bewusst werden muss, etwas, was wir bewusst tun. Nicht als notwendig von Gott gegeben hinnehmen, sondern dass wir dieses auch an der Stelle mit vollem Bewusstsein tun. Deshalb wäre es gut, wenn die Leute wüssten, dass eine Theaterkarte 300 Euro kostet.

Torsten Albig

Die Diskussion ist ja eine mutige, die können wir auch gerne führen zur Bewusstseinserweiterung. Wir kofinanzieren übrigens im Rahmen vom kommunalen Finanzausgleichsystem und oberzentralen Schlüsselzuweisungen. Auch ein Land beteiligt sich an den Kosten. Aber so ein zu 88 % ausgelastetes Theater wie das Kieler hat 25 Mio. Euro Zuschussbedarf im Jahr, fifty Kommune, fifty Land. Am Ende kommt auf den „normalen Eintritt" von sagen wir rund 60 Euro, die der Besucher selbst zahlt, nochmal ein hoher Euro-Zuschussbetrag drauf.

85 % der Aufgaben sind gesetzlich vorgegeben. 15 %, und dazu gehört das Theater, sind freiwillig. Dummerweise sind bei den freiwilligen Aufgaben all die dabei, die die Leute gerade als relevant erachten, wenn sie fragen, ob ihre Stadt eine ist, in der sie gern leben wollen. Was wir gesetzlich machen, interessiert die Leute nicht übermäßig. Das Freiwillige, das sind der Sportplatz für ihre Kinder in der E-Jugend genauso wie unsere Blumenbeete und sonstige Dinge. All dies finden sie in den freiwilligen Leistungen. In den 85 % steckt der Rest, und dieser „Rest" ist im Wesentlichen personalintensiv. Das ist übrigens ähnlich wie in Hochschulen, die sind ja auch nicht ganz so volatil in ihren Kostenveränderungen und schwer bewegbar.

Was wäre Voraussetzung für jede Debatte? Sie haben völlig recht: Warum tut sich die kommunale Familie so schwer? Weil jede Operation eine am offenen Herzen ist. Wir nehmen wahr, ich höre das mit hohem Interesse, dass all die Debatten, die im Augenblick geführt wurden, wundersamerweise am Ende Steuerausfälle von 4, 5, 6 Mrd. Euro zur Folge hätten. Das erhöht die Diskussionsbereitschaft der kommunalen Familie nur sehr homöopathisch. Wir gehen in ein System, wo am Ende weniger Geld frei wird.

Wo wir gerade begonnen haben mit der Diskussion. Wir müssen dazu kommen, dass wir, wie auch immer, die Lasten, die diese Gesellschaft auf die

Kommunen abgewälzt hat, zurücknehmen. Das kann durch eine vorgelagerte ganz neue Verteilung von Sozialausgaben geschehen. Wenn also von meinen Transferkosten in der Stadt 50 bis 70 Mio. anders finanziert würden. Wenn mir das von der Hand genommen würde, dann wäre selbst eine Stadt wie Kiel in normalen Jahren vermutlich nahezu im Plus und könnte anfangen, ihre über 400 Mio. Euro Schulden abzuzahlen. Dieses Verständnis müsste am Anfang jeder Debatte stehen.

Wir reden über die reale Finanzsituation deutscher Kommunen und wir wollen sie verbessern. An der Verbesserung müssen alle gleichzeitig partizipieren. Es darf keine Debatte werden, und diesen Eindruck hat man bei einigen Gesprächspartnern, es wäre so, als suchten wir einen Weg, Steuersenkungen in Real umzusetzen. In der Hoffnung, dass die Bürgermeisterinnen und Bürgermeister oder die Stadträte sich nicht trauen, die über Hebesatzrechte auf sie verlagerten Möglichkeiten umzusetzen, weil sie das im Wettbewerb nicht aushalten.

Ziel einer Gemeindefinanzreform muss die Verbesserung der Lage der Kommunen sein, und dies von allen daran Beteiligten glaubhaft vorgetragen. Dazu gehört dann auch, dass man sagt, was muss eigentlich das Minimum sein dessen, was an Finanzen für Kommunen organisiert wird. Wir wollen erreichen, dass es eine nachhaltige, eine stabile, eine belastbare Finanzierungsgrundlage für deutsche Kommunen gibt. Wir wollen die Volatilität rausnehmen. Dann wird man sich Schritt für Schritt, wenn dies das Grundverständnis wäre, bewegen können in den Diskussionen. Die eminent große Sorge in der kommunalen Familie ist, dass die Flucht ins Fremdkapital steigt und Unternehmen abziehen. Ich habe Sorge davor, dass im Wettbewerb miteinander mehr und mehr Menschen in meine Nachbargemeinden ziehen. Wir müssen das Thema einbauen, dass Städte, insbesondere Städte, eine stabile und planbare und nicht gestaltbare Finanzierungsgrundlage erhalten. Wenn dies das Ziel aller ist, dann bin ich mir sicher, kann auch die kommunale Familie in eine nächste globaler anzugehende Finanzreformdebatte gehen, die nicht nur eine Reformdebatte der Technik von Gewerbesteuer sein darf, sondern der Grundlogik von Gemeindefinanzierung. Das ist das Entscheidende. Haben die Teilnehmer solcher Debatten verstanden, worum es eigentlich geht? Es geht nicht um systemische Diskussionen, die sind auch schön, aber die helfen uns nicht viel. Es geht um die Grundlogik. Haben wir begriffen, dass wir Kommunen helfen müssen?

Prof. Dr. *Roman Seer*

Herr *Häusler*, nun haben wir ja so ein System, das können wir Herrn *Albig* anbieten.

Bernd Häusler
Dieses System kann man anbieten mit Blick auf das Thema Einnahmeverluste. Ich habe dargestellt, dass das niedersächsische Modell insgesamt zu Steuermindereinnahmen von rd. 90 Mio. Euro führen würde, bezogen auf die niedersächsischen Gemeinden, das Land Niedersachsen und den auf die niedersächsischen Steuerpflichtigen entfallenden Anteil an den Steuereinnahmen des Bundes. Dem liegen naturgemäß die Modellannahmen zugrunde. Ich kann mir gut vorstellen, dass wir diese Mindereinnahmen bei einer nur leicht veränderten Modellkulisse ganz schnell ausgleichen könnten und insoweit zu einem Nullsummenspiel kämen. Wichtig erschien mir in diesem Zusammenhang aber der Hinweis, dass nach unseren Berechnungen neben dem Land eben auch der Bund seinen Beitrag leisten müsste und dass dieser auf der Basis niedersächsischer Zahlen bundesweit hochgerechnete Beitrag im Bereich dessen liegen dürfte, was der Bund den Ländern ab 2014 an Entlastung für kommunale Sozialleistungen zukommen lassen will.

Zu dem Vorschlag, einen einheitlichen Mindestaufgabenbestand für Kommunen zu entwickeln und dessen Finanzierung zu gewährleisten: Ich tue mich da ein bisschen schwer. Wenn das so durchgehalten würde, vielleicht auch bei ganz unvolatilen Steuereinnahmen, dann wäre das in Ordnung. Ich frage mich bloß, wer das machen soll. Die Kommunen können das schlecht selbst machen. Das kann jede einzelne Kommune nicht, das kann die kommunale Familie natürlich nicht und das können Land und Bund auch nicht, weil wir sonst ein Problem mit der kommunalen Selbstverwaltung bekommen würden.

Natürlich ist das ein Problem, mit dem wir uns aber auseinandersetzen müssen. Wir sind im Übrigen im niedersächsischen kommunalen Finanzausgleich dabei, so etwas abstrakt zu versuchen, indem wir die sogenannte Einwohnerveredelung praktizieren. Das heißt, je mehr Einwohner eine Gemeinde hat, desto größer fällt der angenommene Leistungskatalog aus und entsprechend größer werden dann auch die Finanzzuweisungen ausfallen. Sie können sich vorstellen, dass diese Diskussion, je nachdem, mit wem sie geführt wird, durchaus unterschiedliche Richtungen einschlagen kann. Natürlich wird hinterfragt, warum eine Gemeinde mit 20.000 Einwohnern 110 % der Bemessungsgrundlage erhält, während Gemeinden mit 50.000 Einwohnern 125 % und Städte mit mehr als 500.000 Einwohnern gar 180 % erhalten. Man kann und muss das natürlich begründen und das tun wir auch, schon um mit diesem System auch verfassungsrechtlich bestehen zu können.

Ich bin der Auffassung, dass diese auch jetzt in der Diskussion am Beispiel des Theaters wieder aufgetauchte Frage nach verstärkter kommunaler Zusammenarbeit in der Sache letztlich nicht zielführend ist. Wenn wir uns die Praxis ansehen, das werden Sie bestätigen können, Herr *Albig*, dann werden wir feststellen, dass es kommunale Zusammenarbeit bereits in ganz erheblichem Maße gibt. Es gibt Theaterverbünde, es gibt Zweckverbände in allen nur möglichen Aufgabenbereichen, nicht nur da, wo sie früher üblich waren wie in der Abwasserbeseitigung oder der Wasserversorgung, sondern auch bei kommunalen Datenzentralen und in ähnlichen Bereichen. Diese Zusammenarbeit gibt es in allen Ländern, in den unterschiedlichsten Formen und in ganz vielen Aufgabenbereichen. Da passiert also schon eine ganze Menge. Eben aus der Notwendigkeit heraus, die kommunalen Aufgaben so sparsam und wirtschaftlich wie möglich erledigen zu müssen. Dass das noch weiter intensiviert werden kann, dass das noch verbessert werden kann, dass im Einzelfall auch noch Rationalisierungspotentiale gegeben sein mögen, da wäre ich der Letzte, der das bestreitet. Nur müssen wir aufpassen, dass nicht immer wieder Forderungen erhoben werden, die in der Praxis längst schon Realität sind.

Aber ich will Ihrer eigentlichen Frage nicht ausweichen. Für diejenigen, die von einer solchen Neuregelung, wie sie im Detail dann auch immer aussehen würde, profitieren oder auch nur im Plus-Minus-Null-Bereich mitschwimmen, für die sehe ich keine Notwendigkeit, einen besonderen Anreiz zu liefern. Für alle Kommunen wäre der Anreiz erst einmal dadurch gegeben, dass wir die Volatilität der Steuereinnahmen doch ziemlich deutlich reduzieren würden. Für diejenigen, die weniger Einnahmen hätten, als das bisher der Fall gewesen ist, hatte ich als Beispiel bereits das Stichwort kommunaler Finanzausgleich angesprochen, der natürlich ohnehin einer solchen neuen Struktur bei den kommunalen Steuereinnahmen angepasst werden müsste. Da gibt es dann auch, wir haben es eben schon einmal erwähnt, die Einwohnerveredelung, bei der man über moderate Anpassung nachdenken könnte, etwa in dem man z.B. im Einwohnerklassenbereich zwischen 20.000 und 50.000 Einwohnern als Basis nicht 110%, sondern 112,5% der Bemessungsgrundlage ansetzt. Das muss natürlich alles systemgerecht und ausgewogen ausgestaltet werden. Aber machbar wäre da schon einiges, und ich glaube, das wäre dann insgesamt gesehen auch eher ein kleineres Problem im Zusammenhang mit einer solchen Gesamtreform. Entscheidender dürfte sein, dass wir erst einmal die Bereitschaft wecken, über solche veränderten Einnahmebeschaffungsmöglichkeiten ergebnisoffen zu diskutieren und nicht von vornherein, wie das in der Vergangenheit leider immer wieder passiert ist, zu postulieren, alles was diskutiert wird außer dem K-Modell, das schade den Kommunen, da setze man sich gar nicht mit auseinander. Ich sage noch einmal, ich kann die dahinterstehenden Ängste durchaus nachvollziehen, nur muss man sich über solche Optionen zumindest unterhalten können. Und solchen Diskussionen sollen unsere Berechnungen dienen, wenn die Gespräche wieder in Gang kommen, die nach meiner Einschätzung jetzt erst einmal zu Ende sein dürften, weil die Kommission ihre Arbeit schließlich schon beendet hat. Dann haben wir hier eine Berechnungsgrundlage für die Kommunen eines

Bundeslandes, und dankenswerterweise ist eine Berechnung dieses Modells auf Bundesebene nach den gleichen Parametern in Auftrag gegeben worden, die wir quasi täglich mit großem Interesse erwarten. Letzter Satz: Die Soziallastenproblematik ist dadurch natürlich nicht geklärt; Sie haben dazu einen ganz spannender Vorschlag gemacht, Herr Prof. *Lang*. Ich bin aber der Überzeugung, dass dahinter auch noch eine weitergehende Problematik steckt. Wir müssen uns eben auch Gedanken über das Thema Aufgabenkritik machen. Wir müssen uns ganz grundsätzlich fragen, welche Aufgaben wir künftig noch wahrnehmen wollen und in welcher Intensität dies geschehen soll. Ich persönlich bin auch der Auffassung, dass wir möglicherweise stärker als bisher Schwankungen im Grad der Aufgabenerfüllung innerhalb eines Landes, innerhalb der Bundesrepublik, hinnehmen müssen, als wir das vielleicht aus der Vergangenheit heraus gewohnt sind. Ich halte das auch grundsätzlich für nicht sonderlich problematisch. Es wäre vielmehr eine Folge der kommunalen Selbstverwaltung, in der Räte und Kreistage, aus welcher Situation auch heraus auch immer, sich für oder auch gegen etwas entscheiden. Dass dabei ein gewisses Mindestniveau nicht unterschritten werden darf, das versteht sich dann auch wieder von selbst.

Prof. Dr. *Roman Seer*

Danke für diese klare Stellungnahme dazu. Ich würde von Herrn *Feld* gerne hören, wie ein Ökonom die Umsetzungsmöglichkeiten und die Bedingungen für eine gelungene Reform einschätzt.

Prof. Dr. *Lars P. Feld*

Es gibt relativ viele empirische Analysen zu der Frage: Was sind die Voraussetzungen für die Durchführung von Reformen? In der Regel natürlich, wenn Ökonomen diese Fragen stellen wirtschaftspolitische Reformen. Die wesentlichen Punkte sind folgende: Zunächst einmal muss eine Krise wirklich vorliegen. Ohne eine echte Krise keine Reform. Das versteht sich zwar von selbst, denn ohne echte Krise hat man vermutlich auch keinen Reformbedarf. Aber man kann mit Sicherheit sagen, dass die Krise auch hinreichend stark erkannt werden muss, der Problemdruck muss hoch genug sein, damit die Reform stattfindet. Das ist die wichtigste Voraussetzung für Reformen. Das heißt also, immer dann, wenn man sehr lange über eine Reform der Kommunalfinanzen diskutiert und die Konjunktur sich erholt, dann nimmt der Reformdruck ab. Das ist ein großer Nachteil für Reformen in diesem Bereich.

Das zweite: Alle Beteiligten, die von irgendwelchen Verteilungseffekten bei Reformen bedroht sind, sollten etwas mehr Sicherheit dahin gehend bekommen, was sie erwartet. Vollständige Sicherheit kann es zwar nicht geben, weil der Status quo immer bekannt ist und bei einer größeren Reform der zukünftige Zustand unsicher bleibt. Hinsichtlich der Berechnungen, die wir jetzt für Niedersachsen vorliegen haben, sind ja Verhaltensanpassungen nicht berücksichtigt, sondern es sind statische Rechnungen. Wir sehen nicht, wie die Unternehmen, wie die Einkommensteuerzahler auf die gesetzten Anreize reagieren. Das können wir zwar vermutlich auch mit rechenbarem Gleichgewichtsmodell modellieren, aber die haben wiederum andere Nachteile. Also wir werden die Unsicherheit nicht ganz wegnehmen können. Im Hinblick auf eine Reform in Richtung des Modells der Stiftung Marktwirtschaft würde ich empfehlen, über Niedersachsen hinaus in den schwierigen Bundesländern die Berechnungen nachzuvollziehen. Die schwierigen Bundesländer sind vor allen Dingen bei den Oberbürgermeistern der großen Städte zu suchen, die sich am vehementesten dagegen wehren. Also müsste man für Bayern und Hessen eine solche Rechnung durchführen. Dort ist das Stadt-Umland-Problem, wenn Sie Frankfurt, Kronberg, Königstein usw. in Hessen, oder München, Starnberg in Bayern sehen, sehr virulent. Ich würde zudem Nordrhein-Westfalen hinzunehmen, weil dort das Problem der Sozialausgaben besonders gravierend ist und weil wir dort eine hohe Konzentration von Kommunen haben, die große finanzielle Schwierigkeiten haben. Noch stärker als in den anderen Bundesländern, die sehr stark mit Kassenkrediten finanzieren, wie zum Beispiel das Saarland oder Sachsen-Anhalt. Das ist also die zweite Voraussetzung.

Dann ist die dritte Voraussetzung, um Reformen durchführen zu können, dass man die Verlierer und Gewinner identifizieren kann und bei großen Reformschritten die Verlierer wenigstens in einer Übergangsphase kompensiert. Ich hatte das Glück, relativ lange in dieser Zeit in der Schweiz tätig zu sein, in der die Reform des dortigen Finanzausgleichsystems angegangen worden ist, einmal, indem man das System von vertikalen Zuweisungen auf ein Mischsystem mit horizontalen und vertikalen Zuweisungen abgeändert hat, indem man von zweckgebundenen zu allgemeinen Zuweisungen überging, und zugleich eine Aufgabenentflechtung vorgenommen hat. Zudem wurden die Verlierer kompensiert.

Jetzt sollten wir am Schluss der kommunalen Problematik nicht vergessen, dass das Ganze auch nicht ausarten darf zu einem Spiel, bei dem Land und Kommunen versuchen, sich zulasten des Bundes zu einigen. Es müssten eigentlich alle drei gebietskörperschaftlichen Ebenen zusammenkommen und zusammenspannen. Wir können die Problematik der Kommunalfinanzen am Schluss nicht unabhängig von der Föderalismusproblematik sehen.

Dann noch eine ganz kleine Bemerkung, die ich mir nicht verkneifen kann: Ich finde es bemerkenswert, dass die Zahl, 85 % der Ausgaben seien vorgeprägt, immer wieder auftaucht. Die höre ich von allen Kommunalvertretern, die höre ich von allen Landesvertretern. Irgendwie ist das so eine magische Zahl. Auf Landesebene ist diese Ziffer mal etwas erodiert worden durch Berechnungen meines Kollegen *Helmut Seitz*. Wenn man die Zeitdimension hinzunimmt, fünf bis zehn Jahre im Voraus rechnet, dann nimmt diese Vorprägung der kommunalen Ausgaben der Landesaufgaben einfach deswegen ab, weil die Personalkomponente weniger problematisch ist. Von Jahr zu Jahr ist das bestimmt ein Problem, aber in der mittleren und langen Frist nimmt das Problem deutlich ab. Dann werden auch die von oben vorgeprägten Ausgaben weniger. Das gehört so ein bisschen auch zur Aufgabenkritik hinzu. Irgendwo ist das eine der letzten Bastionen, bei denen es heißt, jeder nach seinen Bedürfnissen. Das kann es nicht sein.

Prof. Dr. *Roman Seer*

Vielen Dank. Ich glaube, wir sind um 15 Uhr an einem Punkt, wo ich finde, alles, was ich jetzt noch fragen will, fast kleinteilig wirkt. Ich hätte noch etwas zur Grundsteuer gefragt, aber das finde ich so kleinteilig, dass mir das jetzt gar keinen Spaß macht. Deshalb würde ich jetzt hier an der Stelle die Diskussion beenden, es sei denn, Sie wollen Fragen zur Grundsteuer hören? Ja? Als Grundsteuerfrage hatte ich die folgende an *Joachim Lang*: Er hat ja hier ein abgewandeltes Modell vorgestellt, was in den Nord-Süd-Modellen so gar nicht drin war. Ein Modell der Flächennutzungsteuer, wenn man so will, mit einer Umweltkomponente, d. h. also eher eine Grundsteuer umgewandelt zu einer Umweltlenkungsteuer. Das war also keine Stellungnahme für eine der derzeitig auf den Verwaltungsebenen diskutierten Modelle. Könntest Du da noch einmal das Ergebnis von früheren Arbeiten, die Du mit Herrn *Bizer* zusammen gemacht hast, erläutern? Worin siehst Du den Vorteil gegenüber dem zurzeit in der Diskussion auf Verwaltungsebene als so genanntes Süd-Modell, wenn ich das richtig mitbekommen habe, diskutierten Modell?

Prof. Dr. *Joachim Lang*

Wie ich in meinem Vortrag dargelegt habe, empfehlen sowohl das Süd-Modell als auch das Thüringer Modell eine Bemessungsgrundlage mit Flächenbezugselementen. In dem für das Umweltbundesamt verfassten Gutachten haben der Finanzwissenschaftler *Kilian Bizer* und ich eine Umweltschutz-Grundsteuer entwickelt, die sich ausschließlich nach der Flächennutzung bemisst. Derartige ökologische Flächennutzungsteuern werden seit Längerem in der finanzwissenschaftlichen Literatur diskutiert. Aus juristischer Sicht bietet die ökologisch gerechtfertigte Flächennutzungssteuer drei fundamentale Vorteile:

Erstens bin ich der Überzeugung, dass eine periodische, realitätsgerechte Grundstücksbewertung unmöglich ist, wie das Beispiel der Bewertung von sog. Wolkenkratzern in den USA eindrucksvoll belegt. Früher oder später wird die Bewertungsfrage wieder vor dem BVerfG landen.

Zweitens verletzt die Besteuerung eines Sollertrages das Leistungsfähigkeitsprinzip. Folglich sollte man die Grundsteuer auf die Grundlage einer anderen Rechtfertigung stellen und als Umweltgrundsteuer ausgestalten, deren Bemessung an die Versiegelung von Flächen anknüpft.

Drittens ist eine Flächennutzungssteuer sehr viel einfacher zu verwalten als eine wertorientierte Grundsteuer. Es kann nämlich nicht nur die Bewertung als solche entfallen, sondern die gesamte Verwaltung der Grundlagenbescheide für die Bewertung einschließlich Rechtsbehelfsverfahren gestrichen werden. Die für das ökologisch ausgerichtete Bauleitplanungsrecht zuständige Gemeinde ist am besten geeignet, die Bemessungsgrundlage für die Umweltgrundsteuer selbst zu ermitteln.

Prof. Dr. *Roman Seer*

Vielen Dank. Wie wird das auf dem Podium gesehen, eine Abkehr von einer wertorientierten, nicht nach dem Maßstab wirtschaftlicher Leistungsfähigkeit durch einen Vermögenswert (Grundstückswert usw.) abgeleitete Bemessungsgrundlage, wie sehen Sie das unter dem Gesichtspunkt der Stetigkeit der Grundsteuer, vielleicht Sie, Herr *Albig*. Aber der davon Betroffene, der jetzt nun nach der Fläche besteuert werden soll, kann der nicht Gerechtigkeitsüberlegungen einwenden? Wer möchte dazu etwas sagen?

Prof. Dr. *Lars P. Feld*

Ich sehe die Wertorientierung der Grundsteuer nicht als von der Leistungsfähigkeit her begründet, sondern als äquivalenztheoretisch begründet, weil wir in den unterschiedlichen Kommunen unterschiedliche öffentliche Leistungen haben, die den Bürgern angeboten werden. Die Unterschiede in diesen Leistungen werden eben auch in den Grundstückswerten widergespiegelt und kapitalisieren sich in den Immobilienwerten und in den Mieten. Um diese Kapitalisierung zu berücksichtigen, haben wir schon seitens des Wissenschaftlichen Beirats beim BMF eine wertorientierte Grundsteuer favorisiert und uns damit relativ eindeutig auf die Seite des Nord-Modells geschlagen und gegen eine Flächensteuer ausgesprochen.

Prof. Dr. *Roman Seer*

Eine Nachfrage, Herr *Feld*. Wie sehen Sie denn die Vollzugsfähigkeit eines wertorientierten Grundsteuermodells?

Prof. Dr. *Lars P. Feld*

Die Vollzugsfähigkeit ist das Problem dabei, das ist mir klar. Wir haben vorgeschlagen, dort, wo keine Verkehrswerte zur Verfügung stehen, auf eine Mietorientierung zu gehen. Nun werden manche Wohnungen nicht vermietet, aber wir haben dann zumindest die Vergleichswerte, die über den Mietspiegel erhältlich sind. Dann können wir auch den Wert einer Immobilie diskontiert über die Mieten errechnen. Man müsste das schon mit gewissen Abschlägen versehen, um eine Sicherheitsmarge zu haben, um keine Überbewertung hervorzurufen. Aber im Großen und Ganzen ist das wohl die richtige Orientierung. Bei selbst genutztem Wohneigentum oder bei lange leerstehenden Wohnungen ist auch der Mietspiegel nicht hilfreich, so dass man Schätzungen vornehmen müsste. Dies betrifft aber nur noch einen kleinen Teil der Immobilien.

Bernd-Peter Bier

Das zielt ja eigentlich auch in meine Richtung, wenn ich die Frage der Vollzugsfähigkeit einer wertorientierten Grundsteuer höre. Auch, Herr Prof. *Feld*, wenn Sie sagen, das ist nur ein kleiner Teil, der da übrig bleibt. Dieser kleine Teil kann nachher über entsprechende Rechtsbehelfe etc. doch sehr viel an Verwaltungseffizienz wieder nehmen. Deshalb bin ich grundsätzlich eigentlich der effizienteren Lösung einer flächenorientierten Grundsteuer gegenüber aufgeschlossen. Aus Unternehmenssicht ist es natürlich wichtig, dass es nicht zu erheblichen Belastungsverzerrungen und zu Verschiebungen dadurch kommt. Dass sich, z.B. bei einem Industriebetrieb, in einer solchen Flächenbewertung auch zumindest in einem gewissen Umfang das Alter der Gebäude etc. wiederfinden muss, sollte klar sein. Insofern wäre es sicherlich auch interessant, um da eine abschließende Meinung dazu zu haben, dass etwas Ähnliches für den Bereich der Grundsteuer durchgeführt wird, wie dies zur Gewerbesteuer mit dem Modell der Stiftung Marktwirtschaft erfolgt ist.

Bernd Häusler

Als Kommunalverantwortlicher ist für mich erst einmal die Antwort auf die Frage nach dem Aufkommen entscheidend. Ich formuliere es ähnlich, wie ich es eingangs getan habe. Es darf vor allen Dingen nicht die Stetigkeit, die wir im Augenblick bei dieser Einnahmeart haben, verloren gehen. Die steuertheoretischen, steuersystematischen Fragen, die sind beachtlich, die sind auch zu diskutieren. Ich würde allerdings mit dieser Diskussion noch warten wollen, bis ich nähere Erkenntnisse über die steuerpraktischen Fragen habe. Das sage ich auch deshalb, weil nach meinem Kenntnisstand derzeit genau diese Fragen wie z.B. die nach der Erhebungspraktikabilität näher untersucht werden. Wenn dabei festgestellt werden sollte, dass z.B. der Verwaltungsaufwand bei einer bestimmten Methode ein exorbitanter ist, wäre dies natürlich bei der weiteren Diskussion ebenfalls zu berücksichtigen.

Prof. Dr. Roman Seer

Vielen Dank, Herr *Häusler*. Ich möchte jedem nochmal die Gelegenheit geben, ein Schlusswort zu sprechen. Herr *Albig*, ich würde Sie bitten zu beginnen.

Torsten Albig

Wir haben, glaube ich, festgestellt, dass, wenn man sich dem Thema aus kommunal-pragmatischer Sicht nähert, es viele Berührungspunkte zu fast allen Modellen gibt. Wir haben bemerkt, was die Sorge der kommunalen Familie ist. Wir sind getrieben aus der Finanzierungsnotwendigkeit und Realität und wir scheuen jede Debatte, wo wir fürchten müssen, auf unserem Rücken sollen Steuersenkungsmodelle umgesetzt werden. Wenn Diskussionen in einer der nächsten (und ich teile Ihre Ansicht, Sie werden wiederkommen) Gemeindefinanzreformdebatten sich konzentrieren auf die Frage, wie sichern wir kommunales Leben in Deutschland, dann mag das auch fruchtbarer sein als die Diskussionen in der Vergangenheit waren. Nochmal der Appell, und dies gar nicht flapsig gemeint: Wer übersieht, welche Wirkung auch in der demokratischen Legitimation in diesem Land, die Leistungsfähigkeit von Kommunen in Deutschland hat, wer das übersieht, wird Folgekosten an ganz vielen Stellen, die wir heute noch gar nicht erahnen können, als Gesamtstaat zu leisten haben. Wir sind nicht einfach ein Ort der letzten Abrechnungsebene der Gebietskörperschaften. Wir sind der zentrale Ort des Lebens der Menschen in diesem Land! Und dies muss am Ende des Tages auch ein Steuersystem abbilden. Mit diesem Verständnis würden wir aus der kommunalen Familie uns sicherlich keiner Debatte verweigern, sei es zur Grundsteuer oder sei es zu anderen Bestandteilen. Diese Grundsteuerdiskussion, das würde ich in der Tat wie Herr *Häusler* sehen, muss man mit Entspannung angehen. Natürlich geht eine moderne Stadtentwicklung, die immer was mit Flächen, mit Flächenverbrauch zu tun hat, also eine Flächenentwicklung in die richtige Richtung. Da könnte ein anderer Ansatz auch Stadtentwicklungen helfen, sich klüger aufzustellen, aber das ist dann eine zusätzliche Dimension dieser Debatte.

Prof. Dr. *Lars P. Feld*

Ich versuche, es relativ kurz zu machen. Wir haben im Bereich der öffentlichen Finanzen in Deutschland eine ganze Reihe von Baustellen, davon sind die Kommunalfinanzen eine wichtige. Die Probleme, die wir dort haben, ergeben sich einmal auf der Ausgabenseite durch diesen Sozialbereich und andererseits auf der Einnahmenseite durch die sehr hohe Volatilität der Gewerbesteuern. Das ist das Hauptproblem, das wir versuchen müssen zu lösen. Das Modell der Stiftung Marktwirtschaft erscheint mir vor dem Hintergrund zweier Aspekte das tragfähigste zu sein. Einmal wenn man die Verzerrungen, die sich im Moment durch die Ausgestaltung der Kommunalfinanzen ergeben, versucht zu reduzieren, wenn man andererseits mit einer etwas pragmatischen Sicht herangeht und Kompensationsmöglichkeiten schafft, dann enthält dieses Modell eine ganze Reihe von diesen Komponenten. Es sieht eine Verbreiterung der Bemessungsgrundlage in vielen Dimensionen vor. Die Vorstellung, dass man äquivalenztheoretisch näher an den Bürger als Einwohner herangeht, wird dabei verwirklicht. Durch den Lohnsteueranteil hat man den Kompensationsmechanismus, die Stellschraube sozusagen, die es erlaubt, die Verlierer in der Zahl möglichst gering zu halten. Vielleicht muss man dann noch einmal überlegen, ob von irgendeiner Ebene, entweder der Landesebene oder dem Bund, für die dann noch verbleibenden gewichtigen Verlierer in irgendeiner Form eine weitere Kompensation, etwa im Finanzausgleichsmechanismus oder durch einen gesonderten Fonds geschaffen wird.

Bernd Häusler

Wir haben mit dem sog. Niedersachsen-Modell eine gemeindescharf durchgerechnete Alternative zum Status Quo vorgelegt, mit der eine Verstetigung der kommunalen Steuereinnahmen und eine Verringerung der Steuerkraftunterschiede zwischen steuerstarken und steuerschwachen Kommunen gleicher Größenordnung erreicht werden würde. Die damit verbundene Ausdehnung des kommunalen Hebesatzrechts auf drei Steuerarten würde zugleich die unmittelbaren Einflussmöglichkeiten der Kommunen auf ihre Steuereinnahmen erhöhen und damit die kommunale Selbstverwaltung stärken. Schließlich würde mit diesem Modell die Steuereinnahmesituation von rd. 85 % aller niedersächsischen Gemeinden verbessert oder gewahrt. Besonders negative Auswirkungen auf die Einnahmen einzelner Kommunen müssten durch gesonderte Maßnahmen kompensiert werden. Insgesamt bin ich mir sicher, dass dieses Modell in künftigen Diskussionen zur Kommunalfinanzierung seine Bedeutung haben wird.

Bernd Peter Bier

Was ich heute auf dem Podium gehört habe von den Vertretern insbesondere der Kommunen und der Politik, fand ich sehr positiv. Denn wenn man die öffentliche Diskussion verfolgt, dann hat man häufig den Eindruck, die Finanzprobleme der Gemeinden hätten ihre Ursache in der Gewerbesteuer und in der mangelnden Bereitschaft oder Fähigkeit der Unternehmen, diese ausreichend zu zahlen. Was man hier aber heute – aus meiner Sicht quasi im Konsens – festgestellt hat, ist, dass es nicht die Einnahmenseite, sondern eben die Ausgabenseite ist, die die Gemeinden in diese Situation bringt, und dass – ob es jetzt 85 % oder wie viel auch immer sind – ein Großteil der Ausgaben nicht selbst bestimmt oder nicht Ausgaben sind, die in irgendeiner Form beeinflussbar sind, und dies auch nicht über eine Finanzierung der Gemeinden durch die Unternehmen aufgefangen werden kann. Ich würde es befürworten, wenn man das in der weiteren Diskussion, insbesondere auf Basis der Ausarbeitung des Landes Niedersachsen, für eine weitere Gemeindefinanzreform verwenden würde.

Prof. Dr. *Joachim Lang*

Nach meinem Eindruck haben wir heute im Konsens festgestellt, dass die kommunalen Finanzprobleme hauptsächlich auf der Ausgabenseite entstanden sind. Ein Großteil der Ausgaben sind bundesgesetzlich vorgegebene, von der Gemeinde nur sehr eingeschränkt bestimmbare Sozialausgaben. Zwei Probleme müssen unbedingt gelöst werden.

Erstens sind die Gemeinden durch die Sozialausgaben in Relation zu ihrer Beteiligung an Gemeinschaftsteuern zu stark belastet. Daher muss die Beteiligung an den Gemeinschaftsteuern, die letztlich für die Finanzierung des Sozialstaats zuständig sind, erhöht werden. Eine sachgerechte Lösung wäre die in meinem Vortrag dargelegte Einrichtung eines Sozialfonds als der für die Kosten des Sozialstaats benötigte Teil des Aufkommens aus den Gemeinschaftsteuern.

Zweitens muss die unternehmenssteuerliche Last auf mehr Schultern verteilt werden. Konzerne können relativ leicht Gewinne in das Ausland verlagern. Damit Deutschland Unternehmen wettbewerbsfähige Steuersätze bieten kann, muss die Zahl der Steuerschuldner erhöht werden, was durch den Umbau der Gewerbesteuer in eine kommunale Unternehmensteuer geschehen würde.

Strukturelle Steuerreformen lassen sich nicht allein juristisch bewerkstelligen. Wir müssen interdisziplinär zusammenarbeiten. Wir benötigen vor allem ökonomische Kompetenz, um die Wirkungen von Reformplänen bestimmen zu können.

Im Jahre 2013 wird unsere Gesellschaft ihre Jahrestagung den Steuerreformen widmen. Ich hoffe sehr, dass auf dieser Jahrestagung eine gute interdisziplinäre Diskussion zustande kommt. Natürlich werden die Entscheidungen nicht in der Wissenschaft, sondern in der Politik getroffen. Gleichwohl lohnt es sich, auf eine strukturelle Steuerreform hinzuarbeiten, nicht das Steuerrecht neu zu erfinden, sondern das vorhandene Steuerrecht zu sanieren und an den aktuellen Erkenntnisstand anzupassen. Die Steuerwissenschaften sollten für eine strukturelle Steuerreform auch dann gerüstet sein, wenn sie unerwartet schnell auf die politische Agenda gesetzt wird.

Die deutsche Geschichte hat gezeigt, dass es im Wesentlichen starke Finanzminister, *Johannes von Miquel* und *Matthias Erzberger* waren, die alle politischen Kräfte gebündelt und erfolgreich verwirklichte Fundamentalreformen auf den Weg gebracht haben. In den USA waren es zwei Abgeordnete, der Republikaner *Packwood* und der Demokrat *Rostenkowsi*, die das Tor für die Reagansche „Steuerrevolution" von 1986 öffneten. Angesichts der nachhaltigen Unzufriedenheit mit dem Zustand der Steuergesetze bleibe ich zuversichtlich, dass es auch in Deutschland wieder einmal eine Strukturreform geben wird. Ob ich sie noch erleben werde, steht auf einem anderen Blatt. Jedenfalls freue ich mich, dass hier doch eine sehr fruchtbare Diskussion stattgefunden hat. Hierfür vielen Dank.

Kommunale Steuern und kommunale Finanznot
Resümee

Prof. Dr. *Joachim Wieland*, LL.M. (Cantab)
Deutsche Universität für Verwaltungswissenschaften Speyer

Inhaltsübersicht

I. Zum Thema der Tagung
II. Das kommunale Finanzsystem
III. Kommunale Finanzsysteme im Rechtsvergleich
IV. Steuerautonomie

V. Kommunale Gegenleistungsabgaben
VI. Gewerbesteuer
VII. Grundsteuer
VIII. Kommunalsteuerreform
IX. Schlussbetrachtung

I. Zum Thema der Tagung

Die deutschen Kommunen sind mit langfristigen Krediten in Höhe von 80 Mrd. Euro und kurzfristigen Kassenkrediten von deutlich über 40 Mrd. Euro verschuldet. Diese erschreckenden Zahlen verdeutlichen das Ausmaß der kommunalen Finanzmisere. Sie beruht vor allem auf dramatisch steigenden Ausgaben der Kommunen für Sozialleistungen. Gleichzeitig beklagen Steuerpflichtige den Erfindungsreichtum der Kommunen bei der Erhebung von Steuern und Abgaben. Abhilfe sollte die Gemeindefinanzkommission schaffen, deren Beratungen jedoch ergebnislos geblieben sind. In dieser Situation hat die Deutsche Steuerjuristische Gesellschaft die Kommunalsteuern und -abgaben einer kritischen Prüfung unterzogen. In seiner Einführung betont *Roman Seer* als Vorsitzender der Gesellschaft, dass neben der Gewerbesteuer die Anteile der Kommunen am Aufkommen der Einkommen- und Umsatzsteuer sowie der kommunale Finanzausgleich in den Blick zu nehmen seien.

II. Das kommunale Finanzsystem

Christian Waldhoff entfaltet in seinem einführenden Referat das kommunale Finanzsystem aus juristischer und rechtspolitischer Sicht. Den Ausgangspunkt bilden die örtlichen Verbrauch- und Aufwandsteuern (Art. 105 Abs. 2a GG). Die Kommunen können sie nach Maßgabe der Kommunalabgabengesetze ebenso selbst gestalten wie Gebühren und Beiträge. Hinzu kommt die Beteiligung der Kommunen am Aufkommen der Einkommen- und Umsatzsteuer (Art. 106 Abs. 5 und 5a GG), die von beachtlicher Ertragsrelevanz ist. Über ihre Spitzenverbände nehmen die Kommunen Einfluss auf die Steuergesetzgebung. Sie sind aber auch selbst mit ihren Wirtschaftsunternehmen steuerpflichtig und machen Gebrauch von den Vorteilen des steuerlichen Querverbunds, der die Verlustverrechnung zwischen verschiedenen kommunalen Unternehmen erlaubt. Entsprechend der staatsorganisatorischen Zuordnung der Kommunen zu den Ländern ist auch die Finanzverfassung grundsätzlich zweistufig aufgebaut (Art. 106 Abs. 9 GG). Das BVerfG hat jedoch nicht ohne Grund bereits 1999 eine Tendenz zur finanzverfassungsrechtlichen Verselbständigung der Kommunen festgestellt. *Waldhoff* hält das traditionelle Verständnis der kommunalen Finanzautonomie im Sinne einer autonomiegerechten Finanzausstattung für überholt und legt stattdessen die Betonung auf die Kopplung und Rechtfertigung von Sach- und Finanzentscheidungen. Er identifiziert sieben grundsätzliche Zielkonflikte des kommunalen Finanzsystems: kommunale Finanzautonomie versus Finanzierungssicherheit und Nivellierungen durch den kommunalen Finanzausgleich, kommunale Gestaltungsmöglichkeiten versus Steuervereinfachung, finanz-demokratische Transparenz versus Misch- und Kooperationselemente im kommunalen Finanzaussystem, kommunaler Abgabenwettbewerb versus Gleichheitserwartungen in der Fläche, staatliche Aufgabenzuweisung versus finanzielle Mindestausstattung der Kommunen, Finanzautonomie versus Kommunalaufsicht und Steuern versus Vorzugslasten. In seinem abschließenden Ausblick betont *Waldhoff*, dass das Problem der Kommunalsteuern und -abgaben nicht allein aus steuerrechtlicher Sicht behandelt werden könne, sondern auch die Kompetenz- und Legitimationsfragen der kommunalen Selbstverwaltung miteinbezogen werden müsse. Inhaltlicher Bestimmungsgrund könne nur eine legitimatorisch verstandene Finanzautonomie als Kernelement der kommunalen Selbstverwaltung sein. Die fiskalische Äquivalenz als ökonomisches Postulat könne juristisch als Finanzverantwortung reformuliert werden. Manche steuerpolitischen Postulate wie die Steuervereinfachung erführen im kommunalen Kontext eine Akzentverschiebung. Leider sei aber der politische Wille zur Autonomie eher begrenzt.

In seinem Referat über das Finanzsystem der Kommunen aus ökonomischer Sicht weist *Lars P. Feld* einleitend darauf hin, dass ein erheblicher Teil der Ausgaben der deutschen Kommunen durch Landes- und Bundesgesetze vorgeprägt ist. Diese Ausgaben können die Kommunen nicht an ihre finanzielle Situation anpassen. Deshalb weichen viele Gemeinden und Kreise in die Verschuldung aus. Während die Kreditmarktschulden nicht bedrohlich seien, sei der rasante Anstieg der Kassenkredite vor allem in den alten Bundesländern dramatisch. Wegen ihrer kurzfristigen Struktur und hohen Kosten seien die Kassenkredite nicht als dauerhaftes Verschuldungsinstrument geeignet. Ihr Gefahrenpotential für die Tragfähigkeit der Schulden sei beträchtlich.

Feld weist darauf hin, dass die Gewerbe- und die Grundsteuer als die von den Gemeinden originär verwalteten Steuerquellen deutlich mehr als die Hälfte der kommunalen Einnahmen erbringen. Der kommunale Anteil an der Lohn- und Einkommensteuer sowie an der Umsatzsteuer mache ebenfalls einen erheblichen Teil der Kommunaleinnahmen aus. Dagegen sei das Aufkommen der Kommunalsteuern von nur marginaler Bedeutung. Bei der Gewerbesteuer falle die hohe Volatilität der Einnahmen auf. Die Grundsteuer sei demgegenüber deutlich weniger volatil. Allerdings sei eine Reform der Grundsteuer dringend erforderlich, weil in Westdeutschland Grundlage der Besteuerung die Einheitswerte von 1964 und in Ostdeutschland die Werte von 1935 seien.

Als Kriterien für eine gute Gemeindesteuer nennt *Feld* die fiskalische Ergiebigkeit sowie das Prinzip der fiskalischen Äquivalenz, das durch den Grundsatz des Interessenausgleichs modifiziert werden müsse. Wegen des in Art. 72 Abs. 2 GG formulierten Postulats der Herstellung gleichwertiger Lebensverhältnisse im Bundesgebiet sei ein weiteres Merkmal einer guten Gemeindesteuer eine möglichst geringe interkommunale Streuung. Demgegenüber hält *Feld* einen Umverteilungsmechanismus wie den kommunalen Finanzausgleich aus finanzwissenschaftlicher Sicht eher für eine zweitbeste Lösung. Außerdem setzt er sich für ein höchstmögliches Maß an Neutralität der Kommunalbesteuerung ein, sodass die Entscheidungen der Haushalte und Unternehmen nicht verzehrt werden. Schließlich müsse eine Substanzbesteuerung vermieden werden. Gemessen an diesen Kriterien verdienen nach seiner Auffassung weder die Gewerbe- noch die Grundsteuer das Gütesiegel einer guten Gemeindesteuer.

Feld bedauert, dass die Gemeindefinanzkommission nicht die Abschaffung der Gewerbesteuer vorgeschlagen habe, und stellt als Alternative eine allgemeine Betriebsteuer vor, wie sie dem Konzept des Kronberger Kreises entspricht. Deren Objekt ist die in einer Gemeinde erwirtschaftete Wertschöpfung. Sie wird als Gegenleistung für kommunale Leistungen erhoben, deren Nutzer nicht eindeutig identifizierbar sind. Ihre Höhe ist von jeder Gemeinde autonom, aber für alle Steuerpflichtigen gleich festzulegen. Neben die Betriebsteuer tritt nach der Vorstellung des Kronberger Kreises eine allgemeine Bürgersteuer, welche die kommunale Beteiligung am Aufkommen der Einkommensteuer ersetzen soll. Sie besteuert die Summe aller Einkünfte, die den Bürgern nach Abzug der Werbungskosten und Betriebsausgaben zufließen.

Demgegenüber lehnt die Stiftung Marktwirtschaft eine Wertschöpfungsteuer aus europarechtlichen Gründen sowie wegen der Gefahr einer Substanzbesteuerung ab. Sie schlägt stattdessen als Ersatz für die wegfallende Gewerbesteuer eine kommunale Unternehmensteuer mit lokalem Hebesatzrecht und eine Beteiligung der Kommunen am Lohnsteueraufkommen vor. Der Anteil der Gemeinden an der Einkommensteuer soll nach dem

Modell durch eine Bürgersteuer mit Hebesatzrecht der Kommunen ersetzt werden. *Feld* spricht sich gegen die Einführung einer Wertschöpfungssteuer aus und gibt einem Zuschlagsystem, das auf einem bereits existierenden System aufbaut, die besseren Chancen. Eine Quantifizierung des Modells des Konzeptes der Stiftung Marktwirtschaft zeigt, dass die Einnahmen der Gemeinden im Durchschnitt um 7,3 v.H. steigen. Vor allem die Gemeinden mit einer schwachen und mittleren Steuerkraft gewinnen hinzu, während die Einnahmen der Kommunen mit starker Steuerkraft um 7,5 v.H. sinken.

Mit Blick auf die Grundsteuer weist *Feld* darauf hin, dass bei der Besteuerung von Grund und Boden entweder die Flächen oder der einer Immobilie innewohnende ökonomische Wert besteuert werden kann. Da die korrekte Erfassung des Werts eines Grundstücks als Bemessungsgrundlage schwierig ist, stellt er auch alternative Reformvorschläge vor. Er spricht sich dafür aus, dass der Grundsteuer im Rahmen der kommunalen Besteuerung langfristig eine höhere Gewichtung zukommen soll.

III. Kommunale Finanzsysteme im Rechtsvergleich

Markus Achatz weist in seinem Referat „Das Finanzsystem der Kommunen im Rechtsvergleich" auf die Bedeutung der Rechtsvergleichung für die Identifizierung der sinnvollen Ausgestaltung kommunaler Finanzsysteme hin. Nach seiner Einschätzung spielen für die Charakterisierung kommunaler Finanzsysteme die Finanzautonomie der Kommunen und die Mechanismen zum Ausgleich zwischen Finanzkraft und Finanzbedarf eine zentrale Rolle. Allerdings besteht kein rechtsverbindlicher Minimalkonsens darüber, ob und gegebenenfalls welche finanzverfassungsrechtlichen Vorgaben zur finanziellen Absicherung der Gemeindeautonomie unabdingbar sind. Deshalb kann das Ziel der Rechtsvergleichung kommunaler Finanzsysteme nicht die Prüfung anhand eines überstaatlich vorgegebenen Standards sein. Vielmehr muss die Rechtsvergleichung sich darauf beschränken, Strukturelemente kommunaler Finanzsysteme im Sinne einer Best Practice zu analysieren.

Achatz fordert aus steuerwissenschaftlicher Sicht eine starke Ausgestaltung der Finanzautonomie. Je stärker die Korrelation zwischen den kommunalen Ausgaben und der kommunal induzierten Steuerbelastung für Gemeindebürger spürbar sei, desto größer werde die Verantwortung des politischen Repräsentanten gegenüber seinem Wähler. In Österreich wird die Verteilung der Besteuerungsrechte zwischen Bund, Ländern und Gemeinden nicht durch die Verfassung vorgegeben, sondern in einem befristeten Finanzausgleichsgesetz geregelt. Dementsprechend bestehen für den Bund bei der Verteilung der Besteuerungsrechte kaum Schranken. In der politischen Praxis wird eine Übereinkunft zwischen Bund, Ländern und Kommunen erzielt, die dann in eine gesetzliche Regelung umgesetzt wird. Sie hat nach der Rechtsprechung des Verfassungsgerichtshofs die Vermutung der Richtigkeitsgewähr für sich. Die wichtigste Einnahmequelle aus den ausschließlichen Gemeindeabgaben ist die Kommunalsteuer, die auf die örtlich gezahlten Arbeitslöhne erhoben wird. Hinzu treten die Grundsteuer und die Benutzungsgebühren.

Anders als in Österreich sind in der Schweiz die Bundessteuern in der Bundesverfassung nach dem System der Einzelermächtigung ausdrücklich festgelegt. Den Kantonen kommt das Recht zu, alle Steuern zu erheben, welche die Bundesverfassung nicht dem Bund zur ausschließlichen Erhebung zuordnet. Die Steuererhebungskompetenz der Gemeinden ist dann von den Kantonen abgeleitet. Auf dieser Grundlage erheben die Gemeinden allgemeine Einkommenssteuern und Vermögensteuern in Form eines Zuschlags auf die kantonalen Steuern. Das hat zu einem Steuerwettbewerb zwischen den Kantonen und zwischen den Kommunen geführt, als dessen Ergebnis eine vergleichsweise niedrige Abgabenquote in der Schweiz festzustellen ist. In Frankreich spielen vor allem die Grundsteuern für bebaute und unbebaute Grundstücke, die Wohnungsabgabe und die Gewerbesteuer eine zentrale Rolle für die Finanzautonomie der Gemeinden. Alle vier Abgaben sind allerdings staatlich geregelt.

Achatz weist darauf hin, dass in allen Ländern die Finanzautonomie der Kommunen nicht hinreichend dynamisch ausgestaltet ist, um mit den wachsenden Aufgaben und Kostenbelastungen Schritt zu halten. Die schwindende Finanzautonomie der Gemeinden sei vor allem Folge einer zunehmenden Überwälzung von Aufgaben auf die Kommunen durch Bund und Länder. Besondere Bedeutung kommt deshalb dem kommunalen Finanzausgleich zu. Seine Aufgabe ist es, den konkreten Finanzbedarf der Kommunen zu decken. Er ist in Österreich aber nicht ausreichend aufgabenorientiert. Der Gemeindefinanzausgleich der Schweiz hingegen unterscheidet etwa im Kanton Zürich zwischen einem Ressourcenausgleich, der die Steuerkraftunterschiede zwischen den Gemeinden abmildern soll, und einem Sonderlastenausgleich für besondere Aufwendungen.

IV. Steuerautonomie

Rainer Wernsmann und *Hans-Günter Hennecke* gehen in Ihren Referaten den Möglichkeiten und Grenzen der gemeindlichen Steuerautonomie nach. Dabei beschäftigen sie sich insbesondere mit den Steuererfindungsrechten der Kommunen sowie örtlichen Aufwand- und Verbrauchsteuern.

Wernsmann schließt sich der Auffassung an, dass eine Steuer von vornherein verfassungswidrig sei, deren Aufkommensverteilung im Grundgesetz nicht geregelt sei. Diese Frage ist im Schrifttum umstritten. Einigkeit besteht aber darüber, dass die Gemeinden und Gemeindeverbände nach Maßgabe der Landesgesetzgebung örtliche Verbrauch- und Aufwandsteuern erheben dürfen (Art. 106 Abs. 6 Satz 1 GG). Bei Verbrauchsteuern handelt es sich um Warensteuern auf den Verbrauch vertretbarer Güter, die zwar regelmäßig bei dem das Verbrauchsgut anbietenden Unternehmer erhoben werden, jedoch auf Überwälzung auf den Verbraucher ausgerichtet sind. Demgegenüber belasten Aufwandsteuern, die in der Einkommensverwendung für den persönlichen Lebensbedarf zum Ausdruck kommende wirtschaftliche Leistungsfähigkeit. Verbrauch- und Aufwandsteuern sind örtlich, wenn sie an örtliche Gegebenheiten wie die Belegenheit einer Sache oder einen Vorgang im Gebiet der Steuer erhebenden Gemeinde anknüpfen und wegen der Begrenzung ihrer unmittelbaren Wirkungen auf das Gemeindegebiet nicht zu einem die Wirtschaftseinheit berührenden Gefälle führen können. *Wernsmann* referiert in seinem Referat die Rechtsprechung des BVerfG zu dem Problem des verfassungsrechtlichen Verbots der Gleichartigkeit örtlicher Verbrauch- und Aufwandsteuern mit bundesgesetzlichen Steuern sowie zur Widerspruchsfreiheit der Rechtsordnung. Er verweist auf den weiten Spielraum, den der allgemeine Gleichheitssatz dem Satzungsgeber bei der Wahl des Steuergegenstandes lässt. Sodann legt er dar, welche Begrenzungen das Leistungsfähigkeitsprinzip dem kommunalen Satzungsgeber nach der Rechtsprechung des BVerfG zieht.

Hennecke weist zunächst darauf hin, dass der Ertrag der kommunalen Aufwand- und Verbrauchsteuern mit 6,5 Mio. Euro im Jahr 2008 nur 1,1 % des Gesamtaufkommens der Verbrauch- und Aufwandsteuern ausgemacht hat. Sodann wirft er einen Blick auf die Bedeutung der Kreisumlage im Kommunalfinanzierungssystem und skizziert die Entwicklung kommunaler Ausgaben. Er analysiert die verfassungsrechtliche Selbstverwaltungsgarantie für Gemeinden und Kreise, die seit Längerem in Art. 28 Abs. 2 GG eine finanzverfassungsrechtliche Flankierung erfahren hat. Erwähnt werden auch die den Kommunen in Art. 106 GG zur Gestaltung überlassenen Ertragskompetenzen und die Steuergesetzgebungskompetenzen der Kommunen aus Art. 105 Abs. 2, 2a Satz 1 GG. *Hennecke* begrüßt die Entscheidung des BVerfG aus dem Jahr 2010, durch die geklärt worden ist, dass die Wahrung der Rechts- und Wirtschaftseinheit im gesamtstaatlichen Interesse eine bundesgesetzliche Regelung der Mindesthebesätze für die Gewerbesteuer erfordern kann. Nach seiner Einschätzung sind aber Beanstandungen der gemeindlichen Hebesatzfestsetzung durch die Kommunalaufsicht weitaus brisanter. Auch *Hennecke* spricht sich für eine restriktive Interpretation des Gleichartigkeitsverbots in Art. 105 Abs. 2a Satz 1 GG aus. Abschließend gibt er einen Überblick über neuere Entwicklungen bei einzelnen Verbrauch- und Aufwandsteuern. Er beschäftigt sich in diesem Zusammenhang mit der Hundesteuer, mit der Vergnügungsteuer, der Zweitwohnungsteuer sowie der Besteuerung von Übernachtungen. Sein Ergebnis fällt ambivalent aus. Die Einführung neuer örtlicher Verbrauch- und Aufwandsteuern vermöge zwar kommunalen Einnahme-, Lenkungs- sowie Gestaltungszwecken zu dienen, ohne bundesweit ein Steuerchaos zu verursachen. Unter dem Gesichtspunkt des Verhältnisses von Aufwand und Ertrag erscheint *Hennecke* jedoch ein kommunales Hebesatzrecht auf den gemeindlichen Einkommensteueranteil unabweisbar.

V. Kommunale Gegenleistungsabgaben

Der Verfasser weist in seinem Beitrag zu Gebühren, Beiträgen und Sonderabgaben im System der Kommunalfinanzierung darauf hin, dass die Krise der Kommunalfinanzen den Kommunen Anlass gibt, neben den kommunalen Steuern auch die nichtsteuerlichen Kommunalabgaben als Ertragsquelle verstärkt in Betracht zu ziehen. Die Kompetenz der Kommunen zur Ergebung von Gegenleistungsabgaben wird durch das Äquivalenzprinzip, das sich aus dem allgemeinen Gleichheitssatz des Art. 3 Abs. 1 GG ergibt, begründet und zugleich beschränkt. Gegenleistungsabgaben wie Gebühren und Beiträge sollen die Ungleichbehandlung ausgleichen, die sich daraus ergibt, dass manche Menschen eine kommunale Leistung erhalten, andere aber nicht. Das Kostendeckungsprinzip gilt demgegenüber nur, wenn es gesetzlich vorgeschrieben wird.

Die Kommunen dürfen mit der Erhebung von Gegenleistungsabgaben auch Lenkungszwecke verfolgen. Die Höhe der Abgaben dürfen sie nach der Leistungsfähigkeit der Abgabepflichtigen staffeln. Wegen der neueren Rechtsprechung des BGH zu Wasserpreisen erweitert die Erhebung privatrechtlicher Entgelte anstatt hoheitlicher Abgaben die Gestaltungsspielräume der Kommunen nicht. Umgekehrt eröffnet auch die Flucht in das öffentliche Abgabenrecht den Kommunen keine Möglichkeit, den Anforderungen der Zivilrechtsprechung zu entgehen. Auch kommunale Ausgleichsabgaben wie Stellplatzabgaben sind Gegenleistungsabgaben und als solche am Äquivalenzprinzip als Ausformung von Art. 3 Abs. 1 GG zu messen.

VI. Gewerbesteuer

Frank Roser erbringt eine kritische Bestandsaufnahme der Gewerbesteuer. Ihre Entwicklung sei wenig systematisch gewesen. Die Neutralisierung des Belastungseffektes der Gewerbesteuer bei der Festsetzung der Einkommensteuer gem. § 35 EStG sei in systematischer Hinsicht äußerst fragwürdig, weil kaum noch davon gesprochen werden könne, dass die Steuererhebung der Erzielung von Einnahmen diene. *Roser* hält es auch für erstaunlich, dass das BVerfG 2008 die Differenzierung zwischen Freiberuflern und Gewerbetreibenden mit der weitgehenden Neutralisierung der Belastungswirkung im Einkommensteuerrecht gerechtfertigt habe. Er bezweifelt, ob ein widerspruchsfreies System einer „objektivierten Ertragsteuer" überhaupt denkbar sei, weil eine Ertragsteuer sich an der subjektiven Leistungsfähigkeit zu orientieren habe, während Objektsteuerelemente mit dem Leistungsfähigkeitsgedanken grundsätzlich nicht vereinbar seien. Die Vielzahl der Einzelregelungen sei nicht geeignet, ein Gewerbesteuer-System zu begründen. Die Abgrenzung des Steuerobjekts sei in höchst komplexer Weise systemwidrig entgegen dem Objektsteuerprinzip mit Merkmalen des Steuersubjekts verwoben. *Roser* kritisiert, dass das BVerfG 2008 die Abgrenzung des Kreises der Gewerbesteuerpflichtigen gebilligt habe. Auch müssten Beginn und Ende der Gewerbesteuerpflicht dringend gesetzlich geregelt werden, weil beide nicht mehr aus einer eigenen Systematik des Gesetzes abgeleitet werden könnten. Auch sei das Territorialprinzip an vielen Stellen punktuell durchbrochen oder nur unzureichend umgesetzt. Aus dem systemimmanenten Grundwiderspruch der gewerbesteuerlichen Bemessungsgrundlage zwischen Eigenständigkeit und Abhängigkeit ergeben sich nach seiner Analyse vielfältige Abgrenzungsprobleme. Zwar sei die Gewerbesteuer bei Hebesätzen bis 495 % eine der wichtigsten Unternehmensteuern geworden. In ihrer systematischen Ausgestaltung werde sie dieser Bedeutung aber nicht gerecht. Vielmehr führten die unsystematischen Erweiterungen des Kreises der Steuerpflichtigen und der Bemessungsgrundlage durch den Gesetzgeber zur Aushöhlung des Objektsteuerprinzips, zu Verstößen gegen das Leistungsfähigkeitsprinzip und an die Grenzen der Verfassungsmäßigkeit.

In seinem Referat über die Gewerbesteuer aus Sicht der Unternehmen schließt sich *Bernd-Peter Bier* der Einschätzung von *Johanna Hey* an, dass sich die Einordnung der Gewerbesteuer als Objektsteuer zunehmend als Lebenslüge erweise. Aus dieser Sicht habe sich die Gewerbesteuer zu einer „normalen" Ertragsteuer entwickelt. Folglich seien vor allem die Regelungen des Gewerbesteuergesetzes kritikwürdig, die sich nicht mit dem Prinzip der Besteuerung nach der Leistungsfähigkeit und dem objektiven Nettoprinzip rechtfertigen ließen. Aus Sicht der Unternehmen könne das Äquivalenzprinzip nicht mehr als Rechtfertigung für die Gewerbesteuer dienen. Da mehr als 90 % des Gewerbesteueraufkommens von knapp 5 % der Unternehmen bestritten werde, sei das Prinzip, dass alle im Gemeindegebiet ansässigen Unternehmen belastet werden müssten, durchbrochen. *Bier* erläutert sodann die finanzwirtschaftliche Bedeutung der Gewerbesteuer für die Kommunen, für die Unternehmen und insbesondere für kapitalmarktorientierte Unternehmen. Er hebt hervor, dass im Vergleich innerhalb der Europäischen Union Ertragsteuern, deren Ausgestaltung der Gewerbesteuer ähnlich sei, kaum erhoben würden. Nur in Luxemburg, Italien, Ungarn und Portugal könnten die Gemeinden die gewinnbezogene Steuerbelastung von Unternehmen beeinflussen. *Bier* kritisiert, dass das deutsche Ertragsteuerrecht generell nicht rechtsformneutral ausgestaltet ist. Er geht in diesem Zusammenhang auf die gewerbesteuerrechtliche Behandlung von Aufwendungen im Zusammenhang mit der Vorbereitung einer gewerblichen Tätigkeit, auf Organschaft und Gewerbesteuerkapslung bei nachgeschalteten Personengesellschaften, Gewerbesteuereffekte bei Desinvestitionen und Gewerbesteuerverluste bei Gesellschafterwechsel ein. Nach *Biers* Auffassung führen die Hinzurechnungen gem. § 8 Nr. 1 GewStG zur Besteuerung von Aufwand und verstoßen damit gegen das objektive Nettoprinzip. Mit *Hey* zieht *Bier* daraus die Konsequenz, dass die Hinzurechnungstatbestände verfassungswidrig seien. *Bier* sieht auch rechtliche Probleme bei der Ausgestaltung der gewerbesteuerlichen Schachtelprivilegien. Auch hält er aufgrund des nach seiner Einschätzung faktischen Charakters der Gewerbesteuer als ertragsabhängige Personensteuer die Schaffung einer Anrechnungsmöglichkeit auf die Gewerbesteuer für geboten, soweit ausländische Einkünfte der Gewerbesteuer unterliegen. Die Hinzurechnungsbesteuerung nach dem Außensteuergesetz sei hinsichtlich der Wechselwirkung mit der Gewerbesteuer unzureichend ausgestaltet. Dagegen erscheint ihm die Berücksichtigung von finalen Verlusten aus im Unionsausland gelegenen Betriebsstätten als Folge der Entscheidung des EuGH in der Rechtssache Marks & Spencer vor dem Hintergrund des faktischen Ertragsteuercharakters der Gewerbesteuer konsequent. Widersprüchlich sei die Berücksichtigung der Verluste nur, wenn man am Objektsteuercharakter der Gewerbesteuer festhalte. Für die Gewerbesteuerzerlegung sollte trotz in Einzelfällen auftretender Schwierigkeiten aus Unternehmenssicht generell an den Lohnsummen als Aufteilungsmaßstab festgehalten werden, weil es sich dabei um eine einfach nachvollziehbare und wenig gestaltungsanfällige Größe handele. Mit Blick auf den Steuerwettbewerb im Inland stellt *Bier* fest, dass durch den interkommunalen Wettbewerb bei den Gewerbesteuerhebesätzen mittels der Wahl des Standortes bei Neuinvestitionen oder der Neugestaltung betrieblicher Funktionen signifikante Gewerbesteuereinsparungen erzielt werden können. Abschließend vertritt *Bier* die Auffassung, dass die im Rahmen der Gemeinsamen Konsolidierten Körperschaftsteuerbemessungsgrundlage vorgesehene Optionsmöglichkeit bei einem Festhalten an der Gewerbesteuer faktisch ins Leere laufen würde, weil es für die Unternehmen einen nicht mehr vertretbaren Verwaltungsaufwand darstelle, zwei steuerliche Gewinnermittlungen vornehmen zu müssen.

VII. Grundsteuer

Arndt Schmehl beginnt seine kritische Bestandsaufnahme der Grundsteuer mit dem Hinweis, dass das Aufkommen der vermögensbezogenen Steuern in Deutschland in Relation zur Wirtschaftskraft deutlich unterdurchschnittlich ist. Steuern auf Immobilien, d. h. vor allem die Grundsteuer erbringen in Deutschland nur knapp über 1 % des Gesamtsteueraufkommens, während der Durchschnitt in der OECD sich auf 3 % beläuft. Der Gesetzgeber habe die Erosion der vermögensbezogenen Steuern sehenden Auges geschehen lassen, indem er die abzusehenden rechtlichen Schwierigkeiten der gleichheitsgerechten Bewertung von Vermögen über lange Zeit nicht befriedigend gelöst habe. *Schmehl* setzt insoweit auf eine stärker unmittelbar autoritativ zu treffende Wertfeststellung. *Er* hält die auf den Grundstückswert bezogene Grundsteuer grundsätzlich zur kommunalen Leistungsfinanzierung für geeignet. Eine Grundsteuer in örtlicher Hoheit ist nach seiner Auffassung auch im Rahmen eines rationalen Steuersystems kein Fremdkörper, sondern kann ein stimmiges Verteilungs- und Belastungskonzept bilden. Im System der Einnahmenerzielung ist die Grundsteuer nicht völlig unbedeutend, weil die Grundsteuereinnahmen 2010 mit gut 11 Mrd. Euro einen Anteil von etwas über 2 % des gesamten Steueraufkommens von Bund, Ländern und Gemeinden ausmachen. Der gegenwärtig der Bewertung im Grundsteuerrecht zugrundeliegende „Dualismus" von Verkehrs- und Ertragswert sei Ausdruck der Annahme, dass bei bebauten Grundstücken die gegebene Nutzung eher im Mittelpunkt des Gebrauchswerts stehe. Demgegenüber dominiere der Tauschwert uneingeschränkt nur noch bei unbebauten Grundstücken. Kritisch beurteilt *Schmehl* die Einheitswertfeststellung. Im Ergebnis qualifiziert *Schmehl* das deutsche Grundsteuergesetz als Grundlage für eine gut geeignete Kommunalsteuer, die am Äquivalenzprinzip orientiert ist und verfassungskonform erhoben werden kann. Im Gegensatz zu manchen Äußerungen in der Literatur hält *Schmehl* die Grundsteuer mit dem BVerfG wegen ihrer Erwähnung in Art. 106 Abs. 6 GG für verfassungskonform ausgestaltbar. Berechtigt erscheint ihm allerdings die Forderung nach der Gewährleistung realitätsgerechter Bewertungsgrundlagen. Die rechtsvergleichende Untersuchung zeigt ihm, dass sowohl in den Vereinigten Staaten von Amerika als auch in Großbritannien, Frankreich und in Osteuropa das Grundeigentum mit Kombinationen aus wert- und nutzungsbezogenen Faktoren besteuert wird. In der Frage der Wertermittlung finden sich alle Lösungswege von der mehr oder weniger individuellen über die typisierende Massenschätzung bis zum Verzicht auf eine Wertermittlung.

Eine neue oder jedenfalls erneuerte Grundsteuer sollte nach *Schmehls* Auffassung als Kommunalsteuer angelegt bleiben und sich auf den Wert von Boden und Bebauung beziehen. *Schmehl* sieht im Hebesatzrecht ein fiskalisch-politisches Äquivalenzinstrument. Er stellt die Reformmodelle einer Grundsteuer mit statistikbasierter Verkehrswertschätzung oder einer Grundsteuer ohne Wertermittlung einander gegenüber und setzt sich auch mit Kombinationsmodellen aus Flächen- und Wertbezug auseinander. Denkbar erscheint ihm auch die Einbeziehung besonderer Anreizwirkungen wie des Grundwasser- und Klimaschutzes auf die Steueradressaten. Erörtert wird zudem das Modell einer Bodenwertzuwachssteuer als Grundsteuer. Aus verfassungsrechtlicher Sicht verweist *Schmehl* auf den weiten Gestaltungsspielraum, den der Gesetzgeber bei der Festlegung des Besteuerungsgrundes nutzen kann. Belastungsgrund könne statt des Leistungsfähigkeitsprinzips auch das Äquivalenzprinzip sein. Auch eine bewertungsunabhängige Grundsteuer hält sich nach *Schmehls* Analyse im Rahmen der Verfassung. Sein Ergebnis lautet, dass die Grundsteuer zwar dringend reformbedürftig, aber auch reformwürdig und reformfähig ist.

VIII. Kommunalsteuerreform

Zu Beginn seiner Bestandsaufnahme der kommunalsteuerlichen Reformmodelle hebt *Joachim Lang* hervor, die Finanznot der Kommunen sei wesentlich darauf zurückzuführen, dass sie an den Soziallasten überproportional beteiligt seien. Auch seien die kommunalen Steuerlasten nicht nutzengerecht verteilt, sondern die Gewerbetreibenden würden gleichheitswidrig diskriminiert. Schließlich leidet das kommunale Steuersystem unter einer Nichtbeachtung des Leistungsfähigkeitsprinzips. Da sich eine kommunale Wertschöpfungsteuer politisch nicht durchsetzen lasse, nimmt *Lang* das Konzept einer kommunalen Unternehmensteuer in den Blick. Sie müsse auf der Grundlage des Leistungsfähigkeitsprinzips alle Unternehmen erfassen und auch die Vermögensverwaltung in den Unternehmensbegriff einbeziehen. Die kommunale Unternehmensteuer müsse streng ertragsabhängig sein. Eine flächenorientierte Grundsteuer lasse sich verfassungsrechtlich überzeugender rechtfertigen als eine Grundsteuer, die nach tendenziell falschen Werten bemessen werde. Eine Bewertungsgleichheit lässt sich nach *Langs* Auffassung bei der Grundsteuer nicht herstellen, zumal die Grundstückswerte periodisch angepasst werden müssten.

In seiner Diskussion der verschiedenen Modelle einer umfassenden Reform des Kommunalsteuerrechts nimmt *Lang* als Ausgangspunkt die Forderung nach einem Ersatz der Gewerbesteuer. Da die Einkommensteuer als das Herzstück sozialstaatlicher Umverteilung besonders angemessen für die Finanzierung von Sozialleistungen sei, müssten die kommunalen Sozialleistungen in den Zuteilungsmaßstab des Art. 106 Abs. 5 GG aufgenommen werden. Es bestehe ein grundsätzliches Bedürfnis, die Kosten des Sozialstaats im finanzverfassungsrechtlichen Verteilungssystem des Art. 106 GG zu berücksichtigen. *Lang* hält es für eine sachgerechte Lösung, einen Sozialfond einzurichten, der die für die Kosten des Sozialstaats benötigten Anteile des Aufkommens aus den Gemeinschaftssteuern an Bund, Länder und Gemeinden vorab für die Finanzierung ihrer sozialstaatlichen Aufwendungen verteilt. Hinzukommen sollten nach seiner Auffassung ertragssteuerliche Zuschläge und Hebesätze. Abschließend stellt *Lang* noch das Vier-Säulen-Modell der Stiftung Marktwirtschaft vor, das die Grundsteuer, eine Flächennutzungsteuer und eine Bürgersteuer einschließt. Hinzu soll eine ertragsabhängige Unternehmensteuer kommen.

IX. Schlussbetrachtung

Die Jahrestagung der Deutschen Steuerjuristischen Gesellschaft hat erfolgreich das Spannungsfeld zwischen dem zu deckenden Finanzbedarf der Kommunen und einer gerechten, die Steuerpflichtigen nicht überlastenden Steuererhebung in seiner gesamten Breite abgeschritten. Unbestritten war auf der Seite des Finanzbedarfs der Kommunen deren Überlastung durch den ständigen Anstieg der Sozialleistungen. Auf der Seite der steuerlichen Finanzierung überwog die Kritik an der Gewerbesteuer. Dagegen wird die Grundsteuer mehrheitlich als ausbaufähig und zukunftsträchtig angesehen. An vielen Stellen haben rechtsvergleichende Überlegungen die Diskussionen befruchtet und Alternativen zu den bislang in Deutschland beschrittenen Lösungswegen aufgezeigt. Die Diskussion der großen Zahl von Reformvorschlägen und Reformmodellen zeigt die Vielfalt der Handlungsmöglichkeiten auf, zwischen denen der Gesetzgeber entscheiden muss. Dabei darf er allerdings die Vorgaben der Verfassung nicht außer Acht lassen, die jedoch sowohl in der Rechtsprechung als auch in der Literatur keinesfalls immer einheitlich gesehen werden. Damit bleiben vielfältige Themen für die zukünftigen Tagungen der Gesellschaft.

Laudatio
aus Anlass der Verleihung des Albert-Hensel-Preises 2011 an Dr. Christoph Moes

Prof. Dr. *Rainer Hüttemann*
Rheinische Friedrich-Wilhelms-Universität Bonn

Der Jury für den Albert-Hensel-Preis haben im Berichtszeitraum 2011 insgesamt sieben Dissertationen vorgelegen. Bemerkenswert war die Vielfalt der bearbeiteten Themen. Sie reichte von klassischen steuerrechtlichen Problemstellungen über die Finanzrechtsgeschichte bis hin zu Fragen des Finanzprozesses. Die Entscheidung fiel in diesem Jahr dennoch relativ leicht. Denn aus dem Bewerberfeld ragte nach einhelliger Ansicht der Jury – dies sind wie in den Vorjahren neben mir die Kollegen *Markus Achatz* und *Peter Fischer* – eine Untersuchung besonders hervor. Der Albert-Hensel-Preis 2011 geht an Herrn Notar Dr. *Christoph Moes* für seine Dissertation „Die Steuerfreiheit des Existenzminimums vor dem Bundesverfassungsgericht"[1]. Herr *Moes* ist mit dieser Arbeit im Sommersemester 2010 am Fachbereich Rechtswissenschaften der Johann Wolfgang Goethe Universität Frankfurt promoviert worden. Sie wurde von Frau Kollegin *Osterloh* betreut, in deren Dezernat am BVerfG der Preisträger in den Jahren 2006 bis 2008 als wissenschaftlicher Mitarbeiter tätig war.

Was sind die Gründe, die die Jury zur Auszeichnung gerade dieser Arbeit bewogen haben? Zunächst einmal beweist der Autor Mut, denn er stellt eine unter Steuerrechtlern ganz herrschende Meinung radikal in Frage. Seine Untersuchung ist nichts weniger als eine Fundamentalkritik am sog. subjektiven Nettoprinzip, das in der neueren Steuerrechtswissenschaft – so *Moes* in der Einleitung[2] – bisweilen „wie ein Glaubenssatz behandelt" werde. Die Arbeit versteht sich nicht nur als Streitschrift, sie ist auch so geschrieben. Es zählen nur Argumente, aber keine Autoritäten. Deshalb bleiben auch die Verfassungsrichter nicht verschont, deren Judikatur zum subjektiven Nettoprinzip und zum Umfang des sog. indisponiblen Einkommens einer recht deutlichen Kritik unterzogen wird. Nun ist Mut allein allenfalls ein notwendiges, aber noch kein hinreichendes Kriterium für den Albert-Hensel-Preis. Mindestens ebenso entscheidend ist deshalb die Ge-

---

1 *Moes*, Die Steuerfreiheit des Existenzminimums vor dem Bundesverfassungsgericht – eine ökonomische, steuersystematische und grundrechtsdogmatische Kritik des subjektiven Nettoprinzips, Steuerwissenschaftliche Schriften Bd. 25, Baden-Baden 2011.
2 *Moes* (Fn. 1), S. 16.

nauigkeit und Sorgfalt, mit der *Moes* seine Kritik am subjektiven Nettoprinzip entwickelt und begründet. Und schließlich kommt noch ein Weiteres hinzu, was diese Arbeit gegenüber den anderen eingereichten Schriften nach Ansicht der Jury besonders ausgezeichnet hat. Es ist das ernsthafte Bemühen, steuerökonomische Einsichten für den steuerrechtswissenschaftlichen und steuerverfassungsrechtlichen Diskurs fruchtbar zu machen. Ein solcher Dialog tut Not, denn bekanntlich liegen Steuerökonomen und Steuerjuristen gerade in der Behandlung des Existenzminimums seit über 20 Jahren im Streit. *Moes* verwendet sehr viel Mühe darauf, insbesondere den juristischen Lesern die Grundlagen der steuerökonomischen Kritik verständlich zu machen.

Lassen Sie mich nach diesen allgemeinen Bemerkungen noch etwas auf den Gang der Untersuchung und die wesentlichen Ergebnisse eingehen: Die Arbeit hat einen noch gut lesbaren Umfang von 254 Textseiten und gliedert sich in vier Teile. Im ersten Teil werden die steuerökonomischen Grundlagen dargestellt, die – wie *Moes* feststellt – für die „verfassungsrechtliche Durchdringung des subjektiven Nettoprinzips bzw. des Prinzips der Steuerfreiheit des Existenzminimums unabdingbar sind"[3]. Dieser Teil bringt dem ökonomisch geschulten Leser naturgemäß keine neuen Erkenntnisse, vermittelt aber dem reinen Steuerjuristen einen sehr prägnanten Einblick in die Steuerökonomik. Eine zentrale Einsicht ist, dass die verschiedenen Methoden zur Steuerfreistellung des Existenzminimums – Abzug von der Bemessungsgrundlage, tariflicher Grundfreibetrag, Abzug von der Steuerschuld, „Verbleib nach Steuern"[4] – in der real existierenden Steuerwelt mit einem progressiven Einkommensteuertarif ganz verschiedene Verteilungseffekte haben. Ferner legt *Moes* dar, dass der Grundsatz der Steuerfreistellung des Existenzminimums auch unter den Ökonomen allgemein anerkannt ist. Er wird nur anders begründet: Die von Juristen auch heute noch gerne bemühte Formel vom „indisponiblen Einkommen", wie sie *Adolph Wagner* 1890 in seinem Lehrbuch der Finanzwissenschaft[5] verwendet hat, ist in der modernen Steuerökonomie längst überwunden, weil sie die für das Einkommensteuerrecht prägende Unterscheidung zwischen Einkommenserzielung und Einkommensverwendung missachtet. Richtigerweise folgt das Gebot der Steuerfreiheit des Existenzminimums schon aus dem Subsidiaritätsprinzip: Der Steuerstaat darf nicht mit der rechten Hand nehmen, was der Sozialstaat mit der linken Hand zurückgeben müsste.

Der zweite Teil der Untersuchung leistet eine steuersystematische Kritik des subjektiven Nettoprinzips. Nach einer sorgfältigen Bestandsaufnahme der Besteuerungsprinzipien in der Rechtsprechung des BVerfG folgt eine Fundamentalkritik des allgemeinen subjektiven Nettoprinzips und der

---

3 *Moes* (Fn. 1), S. 17.
4 Dazu *Moes* (Fn. 1), S. 67 f.
5 *Wagner*, Finanzwissenschaft, Bd. 2, 2. Aufl. 1890, S. 444.

Lehre vom indisponiblen Einkommen. Durch die Gleichstellung bestimmter privater Einkommensverwendungen mit erwerbsbedingten Aufwendungen werde – so die Kritik von *Moes*[6] – der Belastungsgrund der Einkommensteuer umgedeutet, ohne dass dies steuersystematisch bzw. steuerarttypologisch begründbar wäre. Ferner werde durch die Lehre vom indisponiblen Einkommen der Einkommensbegriff so vorstrukturiert, dass die unterschiedlichen Verteilungseffekte verschiedener Freistellungsmethoden einfach ausgeblendet würden. Die Untauglichkeit der Lehre vom subjektiven Nettoprinzip bzw. indisponiblen Einkommen zeige sich schließlich auch bei der Frage, welche Aufwendungen denn nun dem Grunde und der Höhe nach so „zwangsläufig" seien, dass der Gesetzgeber sie zum Abzug von der Bemessungsgrundlage zulassen muss. Müsse – so fragt *Moes* zugespitzt[7] – der Gesetzgeber auch Opernkarten im Lichte von Art. 5 Abs. 3 GG und Anfahrtskosten zur Antiglobalisierungsdemo im Lichte von Art. 8 GG bei der Einkommensteuerveranlagung differenzierend würdigen? Selbst das BVerfG habe sich – anders als vom 57. Deutschen Juristentag vorgeschlagen[8] – im Bereich der Unterhaltsleistungen geweigert, dem Gesetzgeber einen Abzug in Höhe der gesamten, nach bürgerlichem Recht geschuldeten Unterhaltsleistungen vorzuschreiben, wie es das Merkmal der „Zwangsläufigkeit" eigentlich gebieten würde. Zu welchen Missverständnissen die Lehre vom indisponiblen Einkommen führt, zeigt übrigens auch ein aktueller Beschluss des X. Senats des BFH, in dem ein Beschwerdeführer darüber belehrt werden musste, dass sich aus Art. 6 Abs. 1 und Art. 7 Abs. 4 GG (natürlich) kein verfassungsrechtlicher Anspruch auf unbegrenzten Abzug von Privatschulaufwendungen ableiten lässt[9].

Für *Moes* steht am Ende des zweiten Teils fest, dass sich die angebliche verfassungsrechtliche Qualität des subjektiven Nettoprinzips steuersystematisch nicht halten lasse. Vielmehr lasse sich das Gebot der Steuerfreiheit des Existenzminimums in schlüssiger Weise nur aus dem Subsidiaritätsprinzip ableiten, was zugleich auch die in der bisherigen Rechtsprechung des BVerfG praktizierte Ankopplung an das Sozialhilfeniveau bei der Bemessung des Existenzminimums erkläre und bestätige. Aus der Ableitung aus dem Subsidiaritätsprinzip folgt allerdings auch, dass steuersystematisch eben nur eine „Steuerfreistellung", aber keineswegs auch ein Abzug von der Bemessungsgrundlage geboten ist. Nach Ansicht von *Moes* ist es dem Gesetzgeber daher nicht verwehrt, sich aus verteilungspolitischen Gründen auch für andere technische Methoden der Freistellung des Existenzminimums – wie z. B. einen Abzug von der Steuerschuld – zu entscheiden. Diese Überlegungen werden im dritten Teil der Untersuchung aus grundrechtsdogmatischer Sicht eingehend sowohl in gleichheitsrechtlicher als auch in

---

6 *Moes* (Fn. 1), S. 155 ff.
7 Moes (Fn. 1), S. 158.
8 DJT 1988, S. N 214–216.
9 BFH v. 8.6.2011 – X B 176/10, BFH/NV 2011, 1679.

freiheitsrechtlicher Perspektive überprüft und bestätigt. Der vierte Teil ergänzt die Analyse schließlich um kritische Ausführungen zu zwei praktisch sehr wichtigen Fragestellungen – das Problem der typisierten Erfassung des Sozialhilfeniveaus und das Verhältnis der Steuerfreiheit des Existenzminimums zur Periodizität der Einkommensbesteuerung.

Meine Damen und Herren, jeder fruchtbare wissenschaftliche Diskurs lebt vom begründeten Widerspruch gegen tradierte Ansichten und vorherrschende Meinungen. Die Untersuchung von *Christoph Moes* wird diesem Anspruch in besonderem Maße gerecht. Darüber hinaus leistet die Schrift einen weiterführenden Beitrag zum interdisziplinären Dialog von Ökonomen und Juristen. Wie sinnvoll ein solcher Austausch ist, hat auch *Albert Hensel* betont. In der Einführung zu seinem Lehrbuch schreibt er dazu[10]:

„Steuerrecht ohne finanzwissenschaftliche Befruchtung bleibt technisches Handwerk, Finanzwissenschaft ohne Kontrolle durch das positive Recht kommt über abstrakte Spekulation nicht hinaus."

Herr Dr. *Moes*, ich gratuliere Ihnen sehr herzlich zum Albert-Hensel-Preis 2011.

---

10 *Hensel*, Steuerrecht, 3. Aufl. 1933, S. 3.

Deutsche Steuerjuristische Gesellschaft e.V.[1]

Satzung (Auszug)

§ 2 Vereinszweck

Der Verein verfolgt ausschließlich und unmittelbar gemeinnützige Zwecke im Sinne des Abschnitts „Steuerbegünstigte Zwecke" der Abgabenordnung. Der Verein hat den Zweck,

a) die steuerliche Forschung und Lehre und die Umsetzung steuerrechtswissenschaftlicher Erkenntnisse in der Praxis zu fördern;

b) auf eine angemessene Berücksichtigung des Steuerrechts im Hochschulunterricht und in staatlichen und akademischen Prüfungen hinzuwirken;

c) Ausbildungsrichtlinien und Berufsbilder für die juristische Tätigkeit im Bereich des Steuerwesens zu entwickeln;

d) in wichtigen Fällen zu Fragen des Steuerrechts, insbesondere zu Gesetzgebungsvorhaben, öffentlich oder durch Eingaben Stellung zu nehmen;

e) das Gespräch zwischen den in der Gesetzgebung, in der Verwaltung, in der Gerichtsbarkeit, im freien Beruf und in der Forschung und Lehre tätigen Steuerjuristen zu fördern;

f) die Zusammenarbeit mit allen im Steuerwesen tätigen Personen und Institutionen zu pflegen.

§ 3 Mitgliedschaft

(1) Mitglied kann jeder Jurist werden, der sich in Forschung, Lehre oder Praxis mit dem Steuerrecht befaßt.

(2) Andere Personen, Vereinigungen und Körperschaften können fördernde Mitglieder werden. Sie haben kein Stimm- und Wahlrecht.

(3) Die Mitgliedschaft wird dadurch erworben, daß der Beitritt zur Gesellschaft schriftlich erklärt wird und der Vorstand die Aufnahme als Mitglied bestätigt.

---

[1] Sitz der Gesellschaft ist Köln (§ 1 Abs. 2 der Satzung). Geschäftsstelle: Gustav-Heinemann-Ufer 58, 50968 Köln.

Vorstand und Wissenschaftlicher Beirat der Deutschen Steuerjuristischen Gesellschaft e.V.

Vorstand

Präsident des Bundesfinanzhofs Prof. Dr. h. c. *Rudolf Mellinghoff* (Vorsitzender); Prof. Dr. *Roman Seer* (Stellv. Vorsitzender); Prof. Dr. *Michael Lang*; Ministerialdirektor Dr. *Albert Peters*; Verleger Prof. Dr. *Felix Hey* (Schatzmeister und Leiter der Geschäftsstelle); Rechtsanwalt Dr. *Jens Schönfeld* (Schriftführer).

Wissenschaftlicher Beirat

Prof. Dr. *Johanna Hey* (Vorsitzende); Wirtschaftsprüfer und Steuerberater Prof. Dr. *Markus Achatz*; Lt. Ministerialrat *Hermann B. Brandenberg*; Richter am Bundesfinanzhof *Peter Brandis*; Prof. Dr. *Klaus-Dieter Drüen*; Prof. Dr. *Joachim Englisch*; Vorsitzender Richter am Bundesfinanzhof a. D. Prof. Dr. *Peter Fischer*; Prof. *Gisela Frick*, MdB a. D.; Dr. *Wolfgang Haas*; Verleger Prof. Dr. *Felix Hey*; Prof. Dr. *Rainer Hüttemann*; Richterin am Bundesfinanzhof Prof. Dr. *Monika Jachmann*; Richter des Bundesverfassungsgerichts a. D. Prof. Dr. Dres. h. c. *Paul Kirchhof*; Prof. Dr. *Hanno Kube*, LL. M.; Präsident des FG Brandenburg Prof. Dr. *Claus Lambrecht*, LL. M.; Prof. Dr. *Joachim Lang*; Prof. Dr. *Michael Lang*; Prof. Dr. *Moris Lehner*; Prof. Dr. *René Matteotti*, M. A., LL. M.; Präsident des Bundesfinanzhofs Prof. Dr. h. c. *Rudolf Mellinghoff*; Ministerialdirigent Dr. *Hans-Ulrich Misera*; Rechtsanwalt, Fachanwalt für Steuerrecht und Steuerberater Dr. *Jürgen Pelka*; Ministerialdirektor Dr. *Albert Peters*; Vors. Richter am Bundesfinanzhof Prof. Dr. *Heinz-Jürgen Pezzer*; Rechtsanwalt, Fachanwalt für Steuerrecht Prof. Dr. *Detlev J. Piltz*; Rechtsanwalt und Steuerberater Dr. *Dirk Pohl*; Prof. Dr. *Ekkehart Reimer*; Ministerialdirigent *Eckehard Schmidt*; Prof. Dr. Dr. h. c. *Wolfgang Schön*; Rechtsanwalt Dr. *Jens Schönfeld*; Prof. Dr. *Roman Seer*; Prof. Dr. *Madeleine Simonek*; Präsident des Bundesfinanzhofs a. D. Dr. h. c. *Wolfgang Spindler*; Prof. Dr. *Ottmar Thömmes;* Vors. Richter am BFH *Michael Wendt*; Rechtsanwalt Dr. h. c. *Karl-Peter Winters*.

Ehrenmitglieder

Heinrich Wilhelm Kruse, Dr., Universitätsprofessor (em.), Bochum
Klaus Tipke, Dr., Universitätsprofessor (em.), Köln

Teilnehmerverzeichnis

Achatz, Markus, Dr., Professor, Universität, Linz
Adamy, Pedro, Heidelberg
Albers, Jürgen, Senatsdirektor, Senator für Finanzen, Bremen
Albig, Torsten, Oberbürgermeister, Kiel
Anzinger, Heribert M., Dr., Jun.-Professor, TU, Darmstadt

Bahlau, Petra, Dr., Richterin am Finanzgericht, Münster
Bartone, Roberto, Dr., Richter am Finanzgericht, Neunkirchen
Bier, Bernd-Peter, Steuerberater, Bayer AG, Leverkusen
Birk, Dieter, Dr., Professor, Universität, Münster
Birkhan, Hermann Josef, Regierungsdirektor, Königswinter
Bödecker, Carsten, Dr., Rechtsanwalt, Steuerberater, Bödecker Ernst & Partner, Düsseldorf
Bombita, Ralf, Steuerberater, Poing
Borggräfe, Joachim, Dr., Rechtsanwalt, Graf Kanitz, Schüppen & Partner, Frankfurt am Main
Bowitz, Hans-Hermann, Dr., Ltd. Regierungsdirektor, Finanzamt, Ludwigshafen
Braunschweig, Rolf, Richter am Finanzgericht a.D., ABE Steuerberater, Freiburg
Breinersdorfer, Stefan, Dr., Ltd. Ministerialrat, Mainz
Burret, Gianna, Dr., Rechtsanwältin, Bender Harrer Krevet, Freiburg
Burret, Mario, Dr., Wirtschaftsprüfer, Ludwigshafen

Columbus, Helmut, Steuerberater, Handorf

Damerow, Max-Dieter, Rechtsanwalt und Notar, Steuerberater, Hannover
Desens, Marc, Dr., Professor, Universität, Leipzig
Domain, Ulrich, Bundesministerium der Finanzen, Berlin
Dommnick, Ralf, Düren
Dorenkamp, Christian, Dr., LL.M., Dipl.-Verwaltungswirt, Rechtsanwalt, Köln
Droege, Michael, Dr., Professor, Universität, Osnabrück
Drüen, Klaus-Dieter, Dr., Professor, Universität, Düsseldorf
Dumler, Georg, Dr., Professor, Marburg
Dürrschmidt, Daniel, Dr., LL.M., Rechtsanwalt, Steuerberater, München

Eckhoff, Rolf, Dr., Professor, Schlangenbad-Georgenborn
Eichberger, Michael, Dr., Professor, Richter des Bundesverfassungsgerichts, Karlsruhe
El-Tounsy, Usama, Rechtsanwalt, Berlin
Englisch, Joachim, Dr., Professor, Universität, Münster

Faber, Gerd, Rechtsanwalt, WTS Group AG, München

Feld, Lars P., Dr., Professor, Walter Eucken Institut, Freiburg
Fischer, Clemens, Dr., Heidelberg
Fischer, Peter, Dr., Professor, Vors. Richter am Bundesfinanzhof a.D., Düsseldorf
Fischer, Thomas, Verlag Dr. Otto Schmidt KG, Köln
Frank, Jana, Steuerberaterin, Connex GmbH, Weinböhla
Frantzen, Josef-Rainer, Ltd. Stadtverwaltungsdirektor, Kassen- und Steueramt, Köln

Gauß, Hermann, Rechtsanwalt, Ernst & Young GmbH, Berlin
Geserich, Stephan, Dr., Richter am Bundesfinanzhof, Karlsruhe
Geuenich, Marco, Dr., Rechtsanwalt, Deloitte & Touche GmbH Wirtschaftsprüfungsgesellschaft, Düsseldorf
Gill, Juliette, LL.M., Osnabrück
Glaser, Andreas, Dr., Heidelberg
Grimme, Andreas C., Rechtsanwalt, Offenburg
Groll, von, Rüdiger, Professor, Richter am Bundesfinanzhof a.D., Rechtsanwalt, München
Gruber, Lucia, Dipl.-Verwaltungswirt, Stadtverwaltung Kämmerei, Bingen

Hagemann, Tobias, Berlin
Hahn, Hans-Heinrich, Ministerialrat a.D., Hannover
Häusler, Bernd, Ministerialdirigent, Niedersächsisches Ministerium für Inneres und Sport, Hannover
Hecht, Bettina, Rechtsanwältin, Steuerberaterin, Deloitte Belastingadviseurs B.V., Rotterdam
Heintzen, Markus, Dr., Professor, Berlin
Henneke, Hans-Günter, Dr., Professor, Deutscher Landkreistag, Berlin
Hetfleisch, Andreas, Dr., LL.M, Finanzministerium Mecklenburg-Vorpommern, Schwerin
Hey, Felix C., Dr., Professor, Verlag Dr. Otto Schmidt KG, Köln
Hey, Johanna, Dr., Professor, Köln
Hintze, Hans-Rüdiger, Dr., Rechtsanwalt und Notar, Bremen
Hintze, Robert, Dr., Rechtsanwalt, Büsing, Müffelmann & Theye Rechtsanwälte in Partnerschaft und Notare, Bremen
Hofmann, Gerda, Regierungsdirektorin, Berlin
Hofmann, Ruth, Dr., Vors. Richterin am Bundesfinanzhof a.D., Berlin
Hofstede, Manfred, Rechtsanwalt, Steuerberater Verband e.V., Köln
Hoppe, Jürgen F., Dr., Rechtsanwalt, Hoppe und Knüppel, Hannover
Hummel, David, Dr., Leipzig
Hummel, Lars, Dr., Hamburg
Hüttemann, Rainer, Dr., Professor, Bonn
Hüttenberger, Michael, Rechtsanwalt, Kaiserslautern

Jachmann, Monika, Dr., Professor, Richterin am Bundesfinanzhof, Garmisch-Partenkirchen

Jochum, Heike, Dr., Professor, Institut für Steuerrecht, Osnabrück

Karla, Benedikt, LL.M., Rechtsreferendar, Bonn
Karrenbrock, Lukas, Dipl.-Wirtschaftsjurist, Dr. Dienst & Partner GmbH & Co. KG, Koblenz
Katz, Alfred, Dr., Professor, Schneider Geiwitz & Partner, Neu-Ulm
Kempny, Simon, Dr., LL.M., Rechtsreferendar, Münster
Kensbock, Karsten, Dr., Rechtsanwalt, Kronenbitter, Magnussen und Benz, Esslingen am Neckar
Keß, Thomas, Dr., Richter, Hannover
Ketel, Marika, Dr., ROSER GmbH, Hamburg
Kirchhof, Ferdinand, Dr., Professor, Vizepräsident des Bundesverfassungsgerichts, Karlsruhe
Kirchhof, Paul, Dr. Dr. h.c., Professor, Richter des Bundesverfassungsgerichts a.D., Heidelberg
Klem, Iris, Rechtsanwältin, Offenburg
Klesen, Diana, Essen
Klieve, Lars Martin, Stadtkämmerer, Essen
Knäbe, Dirk, Ltd. Regierungsdirektor, Finanzamt, Stralsund
Korfmacher, Michael, Rechtsanwalt, Steuerberater, BPG Beratungs- und Prüfungsgesellschaft mbH, Rostock
Koth, Adalbert, Dr., Notar, Gänserndorf
Krumm, Marcel, Dr., Rechtsanwalt, Steuerberater, Mülheim an der Ruhr
Kube, Hanno, Dr., Professor, LL.M., Eltville
Kühn, Hans-Joachim, Kassen- und Steueramt, Frankfurt am Main

Lambrecht, Claus, Dr., Professor, LL.M., Präsident des Finanzgerichts, Berlin-Brandenburg, Cottbus
Lammers, Lutz, Dr., Berlin
Lampert, Steffen, Dr., Professor, Saarbrücken
Lamprecht, Philipp, Dr., PD, Oberregierungsrat, Berlin
Lang, Joachim, Dr., Professor, Bergisch Gladbach
Lechleitner, Marc, Innenministerium Brandenburg, Potsdam
Leiber, Kurt, Dr., Ltd. Ministerialrat a.D., Rechtsanwalt, Krefeld
Leist, Matthias, Dr., Richter am Finanzgericht, Thüringen, Erfurt
Lingemann, Wolfgang, Dr., Verlag Dr. Otto Schmidt KG, Köln
Lishaut, van, Ingo, Dr., Ltd. Ministerialrat, Krefeld
Loose, Matthias, Dr., Richter am Finanzgericht, Bochum
Loscher, Tobias, Passau
Lotzgeselle, Helmut, Vors. Richter am Finanzgericht, Hessen, Kassel

Mann, Alexander, Dr., Friedrichsdorf
Mann, Martin, Dipl.-Betriebswirt, Steuerberater, Hemmingen
Matzinger, Anton, Dr. MMag., Bundesministerium für Finanzen, Wien
Meffert, Horst, Mainz

Mellinghoff, Rudolf, Dr. h.c., Professor, Richter des Bundesverfassungsgerichts, Karlsruhe
Meyer, André, Dr., Universität, Bonn
Michalek-Riehl, Dietmar, Richter am Finanzgericht, Rheinland Pfalz, Neustadt
Moes, Christoph, Dr., LL.M., Notar, Augsburg
Mönius, Thomas, Rechtsanwalt, Mönius & Partner, Forchheim
Müller, Andrea, Dr., Dipl.-Finanzwirtin, Rechtsanwältin, LTS Rechtsanwälte, Wirtschaftsprüfer, Steuerberater, Herford
Müller, Christian J., Dr., Bundesministerium der Finanzen, Berlin
Müller, Walter, Dr., Ministerialrat, Gau-Odenheim
Müller-Franken, Sebastian, Dr., Professor, Universität, Marburg
Müller-Machens, Gerhard, Ministerialrat, Berlin
Musil, Andreas, Dr., Professor, Universität, Potsdam
Myßen, Michael, Dr., Regierungsdirektor, Bernau b. Berlin

Oliver, Michael, Mag., Wien
Orth, Rüdiger, Präsident des Finanzgerichts, Neustadt a.d. Weinstr.
Ott, Siegfried, Dr., Ministerialrat a.D., Bundesministerium für Finanzen, Wien

Pahlke, Armin, Dr., Richter am Bundesfinanzhof, Gehrden
Palm, Ulrich, Dr., Heidelberg
Peetz, Carsten, Rechtsanwalt, Steuerberater, Berlin
Pelka, Jürgen, Dr., Rechtsanwalt, Steuerberater, PNHR Pelka Niemann Hollerbaum Rohde, Köln
Peters, Alexander, Hochheim
Pezzer, Heinz-Jürgen, Dr., Professor, Vors. Richter am Bundesfinanzhof a.D., München
Pilz, Frank, Stadtkämmerer, Reutlingen
Plöckes, Iris, Regierungsdirektorin, Ministerium der Finanzen Rheinland-Pfalz, Mainz
Pollmann, Erika, Dr., Regierungsdirektorin, Mülheim an der Ruhr
Prinz, Ulrich, Dr., Professor, Wirtschaftsprüfer, Steuerberater, St. Augustin
Prokisch, Rainer, Dr., Professor, Köln

Raupach, Arndt, Dr., Professor, Rechtsanwalt, München
Reimer, Ekkehart, Dr., Professor, Universität, Heidelberg
Reuter, Marlies, München
Rodenhäuser, Veronika, Ober-Ramstadt
Rolfs, Christoph, Rechtsanwalt, Stolle & Rolfs, Schwerin
Roser, Frank, Dr., Rechtsanwalt, Wirtschaftsprüfer, ROSER GmbH, Hamburg

Sarrazin, Victor, Ministerialdirigent, Alfter
Sauer, Christian-Helmut, Dr., Fulda

Schäfers, Dirk, Bochum
Scharpenberg, Benno, Präsident des Finanzgerichts, Köln
Scharrer, Jörg, Nürnberg
Schätzlein, Adolf, Wirtschaftsprüfer, Steuerberater, Neuss
Scheffler, Wolfram, Dr., Professor, Dipl.-Kaufmann, Universität, Erlangen-Nürnberg
Schellmann, Gottfried, Mag., Steuerberater, Müller & Schellmann Steuerberatungsgesellschaft m.b.H., Wien
Schenke, Ralf P., Dr., Professor, Universität, Würzburg
Schleiter, Isabelle, TU, Darmstadt
Schmehl, Arndt, Dr., Professor, Universität, Hamburg
Schmidt, Eckehard, Ministerialdirigent, München
Schmidt, Sonja, Richterin am Finanzgericht, Kassel
Schneidenbach, Robert, Heidelberg
Schneider, Hans-Peter, Steuerberater, Lüneburg
Schneider, Zacharias-Alexis, Hannover
Schön, Wolfgang, Dr. Dr. h.c., Professor, Direktor, Max-Planck-Institut für Steuerrecht und Öffentliche Finanzen, München
Schönfeld, Jens, Dr., Rechtsanwalt, Flick Gocke Schaumburg, Bonn
Schönwandt, Jens-Carsten, Vors. Richter am Finanzgericht a.D., Freiburg
Schrecker, Tilman, Dr., Rechtsanwalt, Frankfurt am Main
Schulte, Bernd, Meschede
Schulze, Erhard-Veit, Dr., Steuerberater, Rentenberater, Offenbach am Main
Schulze zur Wiesche, Dieter, Dr., Professor, Rechtsanwalt, Nordkirchen
Schulze-Osterloh, Joachim, Dr., Professor, Cottbus
Schwarzer, Manfred, Rechtsanwalt, Steuerberater, Wirtschaftsprüfer, MSC Schwarzer Albus GmbH, Erfurt
Schwieger, Dirk, Dr., Oberregierungsrat, Bremen
Seer, Roman, Dr., Professor, Universität, Bochum
Seidel, Gerhard, Dr., Rechtsanwalt, Wien
Seiler, Christian, Dr., Professor, Universität, Tübingen
Sieber, Roland, Dipl.-Kaufmann, Steuerberater, Wirtschaftsprüfer, Korntal-Münchingen
Sieker, Susanne, Dr., Professor, Universität, Halle (Saale)
Sobanski, Sven, Dipl.-Jurist, Dipl.-Finanzwirt, Wedemark
Söhn, Hartmut, Dr., Professor, Passau
Spengler, Stefan, Regierungsrat, Frankfurt am Main
Spilker, Bettina, Dr., Universität, Münster
Stahl, Christian, Rechtsanwalt, Walldürn
Stapelfeld, Ait, Dr., Ltd. Regierungsdirektor, Finanzministerium Mecklenburg-Vorpommern, Rostock
Stenmans, Jens, Universität, Münster
Sties, Saskia, Dr., Verwaltungsrätin, Stadtkämmerei, München

Stolterfoht, Joachim N., Dr., Professor, Rechtsanwalt, Steuerberater, Bender Harrer Krevet, Freiburg

Taucher, Otto, Dr., Professor, Steuerberater, Graz
Thiemann, Christian, Dr., Universität, Passau
Tuchan, Gerhild, Richterin am Finanzgericht, Kassel

Urtz, Christoph, Dr., Professor, Universität, Salzburg

Viskorf, Hermann-Ulrich, Vizepräsident des Bundesfinanzhofs, München

Waldhoff, Christian, Dr., Professor, Universität, Berlin
Weckerle, Thomas, Dr., LL.M., Rechtsanwalt, Steuerberater, Wirtschaftsprüfer, WRT Revision und Treuhand GmbH, Hagen
Weichel, Meike, Rechtsanwältin, Steuerberaterin, BBH Becker Büttner Held, München
Weimar, Tanja, Reichelsheim
Wendt, Michael, Vors. Richter am Bundesfinanzhof a.D., München
Wernsmann, Rainer, Dr., Professor, Universität, Passau
Widmann, Werner, Ministerialdirigent, Mainz-Kastel
Wieland, Joachim, Dr., Professor, LL.M., Universität, Speyer
Winter, Stefan, Dresden
Winters, Karl-Peter, Dr. h.c., Rechtsanwalt, Köln
Wolff, Johanna, Dr., Universität, Speyer
Wölke, Jens, Rechtsanwalt, Engemann & Wölke, Osnabrück

Yoshimura, Norihisa, Dr., Professor, Universität, Köln

Zimmermann, Thomas, Dipl.-Betriebswirt, Steuerberater, Balmes, Pelka & Zimmermann Steuerberatungsgesellschaft mbH, Koblenz
Zitzl, Alexander, Münster

Stichwortverzeichnis

Bearbeiterin: Rechtsanwältin Dr. *Brigitte Hilgers-Klautzsch*

Abfallgesetze 169
Abgaben, kommunale 160 ff.
– Abgabenpflichtiger, Leistungsfähigkeit 169 f.
– ausgewählte 171
– Ermäßigungen, Rentner u. a. 169
– Gegenleistungs- 162 ff.
– Konzessions- 118, 170 f., 222
– Lenkungs- 168
– Satzungsvorbehalt 165
– Sonder- 159
– Spielplatz- 172
– Stellplatz- 171 f.
– s. auch „Entgelte"
Änderungsgesetz, Bewertung 263
Äquivalenzprinzip 6, 68 ff., 166, 195, 310, 361, 364
Abschaffung, Gewerbeertragsteuer 189, 246, 292, 297, 357
Abzugsverbot (§ 4 Abs. 5b EStG) 220, 237
Allphasen-Nettoumsatzsteuer 104
Arbeitsgruppe „Grundsteuer auf Basis von Verkehrswerten" 82, 209 f., 238, 302
Arbeitsgruppe „Grundsteuerreform" 80, 82, 250, 282
Arbeitsgruppe „Kommunalsteuern" 1, 9, 62, 70, 136
AStG 240 ff.
– s. auch „Hinzurechnungsbesteuerung"
Asymmetrischer Föderalismus 23 ff.
Aufgabenangemessene Finanzausstattung 126, 133, 254
Aufwandsteuern, örtliche 99 ff., 117 ff., 144 ff.
– Ein-Phasen- 152
– Einwohnersteuer 113, 186, 256
– Hotelübernachtungen s. dort
– Hundesteuer s. dort
– juristische Person 114
– Kfz-Steuer 101, 186 f.

– Vergnügungsteuer s. dort
– Zweitwohnungsteuer s. dort
– s. auch „Verbrauch- und Aufwandsteuern"
Ausländische Unternehmen, Gewerbesteuer 224 ff.
Auslandsverluste, finale 208 f., 242 ff., 363
Azoren 23

Bagatellsteuern 4, 25, 95, 140, 178
– s. auch „Aufwandsteuern, örtliche", „Verbrauch- und Aufwandsteuern, örtliche"
Baden-Württemberg 80, 124, 144
– Reformvorschlag Grundsteuer 250, 283 ff., 317
Baskenland 23
Bayern 30, 142, 144, 179
– Reformvorschlag Grundsteuer 80 f., 283, 317, 346
Beherbergungsdienstleistungen 104 f.
– s. auch „Bettensteuer", „Hotelübernachtungen"
Beihilfenrecht, europäisches 22 ff.
Beiträge, Gemeinde 159 ff., 164 f., 361
Benutzungsgebühren 43 ff., 118, 164, 183, 359
Berlin, Reformvorschlag Grundsteuer 257 f., 282 f., 316
Beteiligung der Kommunen
– an der Einkommensteuer 9, 73, 355
– am Lohnsteueraufkommen 9, 73, 357
– an Steuern anderer Ebenen 14, 339
– an der Umsatzsteuer 9, 22
Betriebsausgabenabzug 222 f.
Betriebsaufspaltung 203
Betriebskostenverordnung 266
Betriebsstättenvorbehalt 208
Betriebsstättenverluste 242 f.
Betriebsteuer 76, 312 f., 323, 339
Betriebsvermögen 207 f., 230, 240

Bettensteuer 5, 12, 30, 104, 120, 142, 156, 178 f., 188, 308
Bewertungsgesetz 261 f.
Bewertungsmethoden, Grundsteuer 260, 269
Bewertungswahlrechte 214
BFH
– ausländische Betriebsstättenverluste 243
– Bewertung Grundvermögen 271
– Grundsteuer, Bewertungsgrundlagen 250
– Hinzurechnungsbesteuerung 213
– Leerstand 264
– Organschaft 229
– Schachtelprivileg 237
– Spielgerätesteuer 102, 148
– Treuhandschaft 298
– Zweitwohnung 109
BGH, Wasserpreise 171, 361
Bilanzierungswahlrechte 212
Billigkeitsentscheidungen 215
Blindenhund 111 f., 185, 187
Billigkeitserlass, § 33 GrStG 264
Binnenmarkt, Steuersubventionen 23
BMF, Wissenschaftlicher Beirat
– Reformvorschlag Gemeindesteuern 68 f., 309 ff.
– Reformvorschlag Grundsteuer 82, 84, 250, 256, 282, 318, 348
– Wertschöpfungsteuer 311
Bodenschutz, Berücksichtigung 286 ff.
Bodenwert 80 ff., 273, 281, 283
Bodenwertsteuer 62, 79 ff.
Boden- und Gebäudesteuer 9, 79
– s. auch „Grundsteuer"
Bodenrichtwert 81, 286, 317
Bodenwertzuwachssteuer 288
Bremen, Reformvorschlag Grundsteuer 257 f., 282 f., 316
Bürgersteuer 8, 73 ff., 319, 322 f., 357 f., 365
Bürgersteuerumlage 323
Bundesregierung
– Gemeindewirtschaftsteuer 8, 315
– Prüfmodell Gewerbesteuer 61, 69 ff., 307

BVerwG
– Grundsteuer 16
– Gebühren 167 ff.
– Hundesteuer 145, 156, 188
– Kommunalaufsicht 30, 133 f.
– Spielgeräte 146 f.
BVerfG
– Erbschaft-/Schenkungsteuer 289 f., 300
– Finanzausgleich 19
– Freiberufler-GmbH 205
– Gebühren 167 ff., 185
– Gewerbesteuer 6, 196, 297, 299, 311
– -freiheit von Selbständigen/Landwirten 6, 194, 196, 361 f.
– -pflicht kraft Rechtsform 205
– Mindesthebesatz 28, 91, 130 f., 192
– Kasseler Verpackungsteuer 105, 169
– Kulturförderabgaben 153
– Objektsteuern 224, 269
– Spielgerätesteuer 146 ff.
– Verbrauch-/Aufwandsteuern, örtliche 102, 109 ff., 148 ff., 182, 185 f.
– Zweitwohnungsteuer 4, 102, 109, 114, 149, 152, 179
Bund-Länder-Finanzausgleich 2 f.

Daseinsvorsorge 5
DBA 210, 236 ff., 294
– -Freistellung 242
– Gewerbesteuer 90, 92, 208, 210
Demokratische Legitimation 22, 126
– kommunale Selbstverwaltung 19 ff., 125 ff., 255, 350, 356
– Verbrauch-/Aufwandsteuern, örtliche 140, 255
Demokratieprinzip 21
Desinvestitionen 230 f., 363
Diensthund 109, 112, 145 f., 156, 179, 187 f.
Direkte Steuern, Aufwandsteuern 101, 108, 110 ff., 140
Dividendenbesteuerung 208
Doppelbesteuerungsabkommen
s. „DBA"
Durchgriff, unzulässiger Bundes- auf Kommunen 12, 19, 29, 161

Stichwortverzeichnis 381

Effective Tax Rate 224 f., 273, 337
Ehe, Schutz der – 111, 149
Eigenbetriebe, kommunale, Verlust-
  verrechnung 15, 356
Eigenverantwortlichkeit der Aufgaben-
  erledigung 124, 125 f., 290, 301
„Eigenverantwortlichkeit", Freiberufler
  203, 205, 301, 306
Eigenheim, Grundsteuer 66
Einbringung 206
Einfamilienhäuser 266
Eingliederungshilfe 122, 161
Einheitswerte, Grundsteuer 43, 46, 80,
  262 ff., 322, 357
Einkommensverwendung, persönlicher
  Lebensbedarf 101, 109 ff., 139 ff.,
  181, 360, 368 f.
Einkommensteuer
– Anrechnung Gewerbesteuer (§ 35
  EStG) 7, 193, 222 f., 228, 293 f., 361
– Beteiligung Gemeinden 8, 14, 70 ff.,
  89 f.
– kommunale s. „Bürgersteuer"
– kommunaler Zuschlag 8, 62, 70 ff.,
  89 f., 294, 309, 320
  – Abschaffung, Kronberger Modell
    72, 74, 77
Einnahmen, Erzielen von 193
Einnahmen, Kommunen
– Aufwand-/Verbrauchsteuer s. dort
– Ertragsbeteiligung Einkommen-
  steuer/Umsatzsteuer 8, 14, 62, 70 ff.,
  89 f., 294, 309, 320
– Gebühren und Beiträge 159 ff.
– Gewerbesteuer 69 ff., 189 ff., 219 ff.,
  311
– Grundsteuer 78 ff., 249 ff., 315 ff.
– Tabellen 63 f., 222
Einwegverpackungen, Steuer 102
Einwohnersteuer 113, 186, 256
Energiesteuer 114, 228
Entgelte 32, 63, 118, 170 ff., 303, 361
– Schulden 233 f.
Erdrosselung, Steuer 100, 175
Ergebnisverrechnung 210 ff., 229
Ertragshoheit 20, 22, 27, 45, 97, 128,
  191, 195, 215, 256, 279
Ertragsteuern 15, 224 f., 256

Ertragswert, Grundbesitz 66, 261 ff.,
  305, 364
Erwerbszweitwohnung 149
EU-Betriebsstättenverluste 3, 208,
  243, 246
EU-Recht, Finanzautonomie 22 ff.
Europäische Charta der kommunalen
  Selbstverwaltung 37 f.
EU-Vergleich, Gewerbesteuer 225 ff.
EU-Zins- und Lizenzrichtlinie 213
Existenzminimum 108, 113, 183 f.,
  254, 367 ff.
– Steuerfreiheit, Dissertation Moes
  367 ff.

FAG s. „Finanzausgleichsgesetz"
Fiktiver Hebesatz 24, 135, 193, 258
Finale Auslandsverluste 208, 242 f.,
  363
Finanzausgleich
– Bund-Länder 2 f., 258
– kommunaler 2, 12, 24 f., 120, 133 ff.,
  258, 285, 333, 356
  – Bedarfsmesszahl 3
  – Schlüsselzuweisungen 3, 118, 122,
    329, 341
  – Schweiz 21 f., 55, 359
  – Steuerkraftmesszahl 3, 134
– übergemeindlicher 2
Finanzausgleichsgesetz
– Länder 121, 134 f., 258
– Österreich, FAG 2008 40 ff.
Finanzausstattung, Kommunen 2, 20,
  29 f., 126 ff., 356
Finanzautonomie, Kommunen 20 ff.,
  39 ff., 95 ff.
– Frankreich 49 ff.
– Konflikte 24 ff.
  – Abgabenwettbewerb 28 f.
  – Finanzierungssicherheit
  – Kommunalaufsicht 29 f.
  – Steuervereinfachung 25 f.
  – Transparenz 27
  – Vorzugslasten 31 f.
– Österreich 40 ff.
– Rechtsvergleich 36 f.
– Schweiz 46 ff.
– traditionelles Konzept 20 f.

– Unionsrecht 22 f.
– s. auch „Steuerautonomie"
Finanzhoheit, Kommunen 30, 32, 121 f., 134
Finanznot, Kommunen 1, 160, 307 f., 320 ff., 355 ff.
Finanzreformgesetz 103
Finanzsystem, kommunales 11 ff.
Finanzverfassung, bundesrechtliche
– numerus clausus 97
– Steuerfindungsrechte 96 ff.
– Zweistufigkeit 19, 126, 128
Finanzzuweisungen 24, 27, 53, 118 f., 126, 162, 343
Fiscal anti-drag 80, 84
Fiskalfunktion 2
Flächenländer 124, 141 f., 257 f.
Flächensteuer, Grundsteuerreform 80 f., 278, 284, 288 f., 348
– Gebäude- 81 f., 283, 289, 317
Föderalismus, Finanzen 28
Föderalismusreform 29, 55, 161
Formenmissbrauch 100
Frankreich, Kommunalsteuern 49 ff., 88, 277 ff., 359, 364
– Grundsteuern 49 f., 277
– Katastermietwert 277, 278
– lokale Abgaben 49
– taxe d'habitation 49, 277 f.
– taxe foncière 49, 277 f.
– verfassungsrechtliche Grundlagen 49
Freiberufler 6, 91 f., 194, 200 f., 203, 300, 361
– GmbH 205
Fremdenverkehrsabgabe 4, 119, 151, 154
Fremdfinanzierungshinzurechnung 7
Funktionsverlagerungstatbestände 246

Garagen, Abgabe 171
Garantie kommunaler Selbstverwaltung
Gaststättensteuer 144
Gebäudeflächensteuer 81
Gebäudesteuer, wertunabhängige Besteuerung 9
– gewerbliche, nicht-gewerbliche Nutzung 81
Gebühren, Gemeinde 159, 163 ff.

– Benutzungs- s. dort
– Ermäßigungen, Rentner u. a. 169
– Verleihungs- 164
– Verwaltungs- 163
Gegenleistungsabgaben, nichtsteuerliche 163
– Beiträge 164
– Gebühren 163 ff.
– Sonderabgaben 159 ff., 165, 361
Gemeindefinanzausgleich s. „Finanzausgleich – kommunaler"
Gemeindefinanzierungsgesetz 128
Gemeindefinanzkommission 1, 61, 69 ff., 85, 136, 307 f., 331, 355, 357
Gemeinden
– Besteuerung 15 ff.
– Daseinsvorsorge 5
– Einnahmen
  – Grund- und Gewerbesteuer s. dort
  – Tabelle 67, 222
– Ertragsbeteiligung Einkommensteuer/Umsatzsteuer 8, 14, 70 ff., 89 f.
– Finanznot 1, 160, 307 f., 320 ff., 355 ff.
– s. auch „Kommunen"
Gemeindefinanzreform s. „Reform, Gemeindefinanzen"
Gemeindefinanzsystem 11 ff.
Gemeindesteuern s. „Kommunalsteuern"
Gemeindewirtschaftsteuer 8, 315
Gemeindliche Steuerautonomie s. „Finanzautonomie"
Gemeindliche Einkommensteuerbeteiligung 8, 14, 70 ff., 89 f.
Gemeingebrauch 170
Gemeinschaftsteuern, kommunale Beteiligung 2, 14, 199, 309, 321, 324
Gesellschafterwechsel, Gewerbesteuerverluste 206, 231 f., 363
Gewerbebetrieb, Begriff 196, 201, 202 f.
Gewerbeertrag 209 f.
Gewerbekapitalsteuer, Abschaffung 7, 22, 43, 65, 190 f., 220, 232
Gewerbesteuer
– Abschaffung 83, 189, 193, 246, 292, 297, 357

Stichwortverzeichnis 383

- Anrechnung auf Einkommensteuer 7, 193, 222 f., 228, 293 f., 361
- Anrechnungsfaktor 222 f.
- Aufkommen, Tabelle 64, 222
- Aufkommensneutralität 70
- ausländische Steuer, Nichtanrechenbarkeit 239 ff.
  - ausländische Verluste 242 f.
- Bedeutung, aktuell 189 f.
- Beibehaltung 9
- Bemessungsgrundlage 209 f.
  - Verbreiterung 70, 77, 233, 351
- Besteuerungsgegenstand 201 f.
- Betriebsvermögen 207 f.
- Bundesregierung, Prüfmodell 69 ff., 307
- BVerfG, Rechtfertigung 6, 196, 297, 299, 311
- DBA 210, 236 ff., 294
- Einkommensteuer, Anteil der Gemeinden 8, 14, 70 ff., 89 f.
- Ergebnisverrechnung 210 f.
- Ersatz 319 f.
- EU-Vergleich 225 ff.
- finanzwirtschaftliche Bedeutung 221, 362
- freie Berufe, Ausgrenzung 204
- Gesellschafterwechsel 206, 231 f., 363
- grenzüberschreitende Sachverhalte 208 f., 217
- Hebesatz 117, 127 ff., 321
  - Senkung 30, 32, 133, 135
  - Tabelle, Volatilität 66
- Hebesatzrecht s. dort
- Hinzurechnungen 212 ff., 232 ff., 293, 363
- Historie 190 f.
- Inlandsprinzip 208
- Körperschaftsteuer, Verhältnis 191
- kritische Bestandsaufnahme 189 ff.
- Kürzungsvorschrift § 9 Nr. 3 GewStG 208, 238, 242
- Land- und Forstwirte, Ausgrenzung 204
- Lizenzen 213 f., 235, 301
- Mietaufwendungen 231
- Mindesthebesatz 28, 91, 129 ff., 191 f., 244 f., 360

- Normalbetrieb 201, 205 ff.
- Objektsteuer 224, 269
- Organschaft 209 ff., 235 f., 299 f., 363
- Reformvorschläge, alternative 71 ff.
  - wertschöpfungsorientierte Gemeindesteuer 61, 71, 72 f., 296
  - Kronberger Kreis 62, 71, 72 ff., 312, 321 f., 346, 357
  - Niedersächsisches Modell 77 f.
  - Prüfmodell Bundesregierung 69 ff., 307
  - Vier-Säulen-Modell 315, 319, 321 ff.
  - Zuschlag auf Einkommensteuer und Körperschaftsteuer 8, 62, 70 ff., 89 f., 294, 309, 320
- Standortentscheidungen 245 ff., 295, 303, 337 f., 363
- Stadt-Umland-Problematik 76 f., 322, 326 f., 333, 339 ff.
- Steuerwettbewerb 244
- Steuerpflichtiger 202 f.
- stille Reserven 207 f.
- Territorialitätsprinzip 198, 239, 241
- Treuhandmodell 211 f.
- Unternehmen 219 ff.
- Verfahrensrecht 214 ff.
- verfassungsrechtliche Grundlagen 191 ff.
- Verhältnis Grundsteuer 82 f.
- Verluste 210, 231, 242
- Zinsen 70, 213, 233 ff., 301 f., 312, 315

Gewerbesteueränderungsgesetz 2004 244
Gewerbesteuer-Bilanz 214 f.
Gewerbesteuergesetz 70, 190, 222, 294, 296 f., 362
Gewerbesteuerkapselung 230, 299
Gewerbesteuermesszahl 222 f.
Gewerbesteuerpflichtiger 202 f.
- BVerfG 204 f.
Gewerbesteuerumlage, entfallene 2, 27, 70, 77, 132, 190, 222
Gewerbesteuerverluste, Gesellschafterwechsel 231, 363
Gewerbesteuerzerlegung 243 f., 363

Gewerbetreibende, Begriff 204, 311, 361
Gibraltar, unionale Beihilfen 23
Gleichartigkeitsverbot 137 ff., 151 f., 178 f., 360
Gleichheitssatz 28, 42, 86, 105 f., 147 f., 151 f., 166, 361
– Gewerbesteuer 199, 204
Großbritannien 25
– Council Tax 276 f.
– Grundsteuern 276 ff., 364
– Poll Tax 276
Grundbesitz s. „Grundsteuer"
Grundsatz
– Äquivalenz 6, 68 ff., 166, 195, 310, 361
– Gleichheit 197, 199, 204 f.
– Kostendeckung 167 f., 176, 186, 361
– Leistungsfähigkeit 31, 107 f., 169 f., 200
– Normenwahrheit 100, 151, 153
Grundsicherung, Alter, Arbeitssuchende und Erwerbsminderung 1, 122, 161 f.
Grundsteuer 78 ff., 249 ff., 315 ff., 363
– A 8, 63, 66 f., 257
– Streichung 80 f., 259 f.
– Arten 78 ff.
– Aufkommen 95
– ausländische Steuerordnungen 49 ff., 272 ff.
– Frankreich 49 ff., 88, 277 ff., 359, 364
– Großbritannien 25
– Osteuropa 278, 364
– USA 273 ff., 348
– B (Reformvorschlag) 80, 133, 257 ff.
– Bestandsaufnahme, kritische 249 ff.
– Bewertungsmethoden 260, 269
– Bodenschutz, Berücksichtigung 286 ff.
– Bodenwert 80 ff., 273, 281, 283
– Bodenwertsteuer 62, 79 ff.
– Bodenwertzuwachssteuer 288
– BVerfG 7
– Eigenheim 66
– Einheitsbewertung 7, 46, 252, 270, 272, 280
– Einheitswerte 43, 46, 80, 262 ff., 322, 357
– Einnahmen 257 f.
– Ertragskrise 264 f.
– Ertragswertbesteuerung 261
– Flächennutzungsteuer 80, 318 f., 322, 347, 365
– Flächensteuer 81, 278, 284 ff., 288 ff., 348
– Gebäudewert 80 ff., 265, 281, 286, 288
– Gebrauchswert 261, 266, 364
– Grundstück 67, 78 ff., 255, 259, 261 ff., 274 f., 283 ff., 317
– Grundwasser- und Klimaschutz 286 ff.
– Hebesätze s. dort
– Infrastrukturkosten s. „Infrastrukturleistungen"
– Jahresrohmiete 261
– Land- und Forstwirtschaft, Betriebe 66, 257 ff.
– Leerstand 264 f.
– Miete 70, 82, 301, 312, 348 f.
– Neubewertung BFH 8, 271
– ökonomische Analyse 254 ff.
– Ost-/Westdeutschland, Ungleichheit 67, 357
– Rechtsvergleich 272 ff.
– Rechtswirklichkeit 259 ff.
– Reform(vorschläge) 9, 80 ff., 279 ff.
– bewertungsunabhängige Flächensteuer 288 ff.
– Boden- und Gebäudesteuer 9, 265
– Kombinationsmodell 285 f., 317
– Kommission „Steuergesetzbuch" 81
– Kronberger Kreis 80 f.
– Verkehrswerte, auf Basis von 82
– Verkehrswertschätzung 274, 282 f., 364
– Vorschlag „Nordschiene" (VKM) 282 f.
– Vorschlag „Südschiene" (WUM) 283 f., 288 ff., 304, 317 ff., 347
– Vorschlag Thüringen (KOM) 285 f., 317

Stichwortverzeichnis 385

– wertunabhängiges Modell 283 f., 288 ff., 304, 317 ff., 347
– Sollertragsteuer und Realsteuer 7 f., 190, 192, 196, 257, 317
– Stadt-Umland-Problem 76, 322, 339, 346
– Stellung im System der Einnahmenerzielung 257 ff.
– Steuergegenstand 259 ff.
– Steuerbefreiungen 265
– Steuersatz 266
– Steuersubjekt 265 f.
– Steuerträger 265 f.
– Teil-Vermögensteuer 7, 47, 178, 262, 265 ff., 281, 289
– Umlage, Wohnraummiete 266
– Umweltschutz- 318 f., 322, 347
– Verfassungsrecht 268 f.
– Verhältnis Gewerbesteuer 82 f.
Grundsteuergesetz 261, 264, 267, 282, 364
Grundsteuerumlage 266
Grundstück, Bewertung 260 ff.

Hand-Änderungsteuer, Schweiz 48
Hebesatz
– Differenzen 244 f.
– Durchschnitts- 258
– fiktiver s. dort
– Höchst- 131
– Mindest- 28, 91, 129 ff., 191 f., 244 f., 360
– Reformvorschlag, Stiftung Marktwirtschaft 73 f.
– Senkung 30, 32, 133, 135
– Steuervereinfachung 26 f., 356
– Tabelle, Gewerbesteueraufkommen und – 64
– s. auch „Gewerbesteuer", „Grundsteuer"
Hebesatzfestsetzung, Kommunalaufsicht 132, 360
Hebesatzkorridor 136, 157
Hebesatzrecht 14 ff., 117 ff.
– Ausdehnung 78, 351
  – Zuschlag auf Körperschaftsteuer und Einkommensteuer 8, 62, 70 ff., 89 f., 294, 309, 320

– gemeindlicher Anteil an der Einkommensteuer 135 ff.
– Gewerbesteuer 129 ff.
– Reformvorschlag, Stiftung Marktwirtschaft 73 f.
Herkömmliche Verbrauch- und Aufwandsteuern 103, 119, 137 f., 141, 182
Hessen, Reformvorschlag Grundsteuer 80, 317, 346
Hinzurechnungen, Gewerbesteuer 212 ff., 232 ff., 293, 363
Höchsthebesatz 131
Homburg, Stefan 315
Homogenitätsklausel 19
Hotelgewerbe, ermäßigte Umsatzsteuer 30, 104 f., 182, 307
Hotelübernachtungen 5, 30, 101 f., 150, 155, 181 f., 186
Hundertsatz 2
Hundesteuer 26, 48, 95, 101, 106 ff., 144 f., 188, 308, 360
– Blindenhund 111 f., 185, 187
– Diensthund 109, 112, 145 f., 156, 179, 187 f.
– Kampfhund 100, 113, 145
– Schweiz 48

IAS 224
IFRS 224
Immobilien
– Bewertung 260 ff.
– s. auch „Grundsteuer"
Immobilienpreisindex 263
Indirekte Steuern 101, 112 ff., 140
Infrastrukturleistungen 6 f., 44, 72 ff., 196, 204 f., 244, 255, 280, 290, 295, 316, 323, 337
– Grundstück 274
Inlandsprinzip, Gewerbesteuer 208 f., 239
Interessenausgleich, Grundsatz 67 ff., 309 f., 357
Interessentenbeiträge 44
Italien, Gewerbesteuer 225 f., 362

Jagdsteuer 99, 102, 106, 114, 139, 144, 187

Jahresrohmiete 261
Juristische Person, Aufwandsteuern 113 f.

KAG s. „Kommunalabgabengesetze"
Kampfhund 100, 113, 145
Kantone, Finanzausgleich Schweiz 21 f.
Kapitalgesellschaften, Gewerbesteuer 219 ff.
– Auslandsverluste 208 f., 242 ff., 363
– Gesamtertragsteuerbelastung 245
– Standortentscheidungen 130, 132, 222, 245 f., 295, 303, 337 f., 363
Karl-Bräuer-Institut 319
Kaskadeneffekte 235 f.
Kasseler Verpackungsteuer 105, 169, 180
Kassenkredite 1, 63, 160, 330, 346
Kfz-Steuer 101, 186 f.
Kindertagesbetreuung 161
Kinderzimmerfälle 4, 150
Kirchhof, Paul 174 ff., 316, 320 ff.
Köln, Bettensteuer 12, 308
Körperschaftsteuer
– Gewerbesteuer, Verhältnis 191
– Unternehmen 223 f., 230, 240
– Zuschlag auf –, kommunaler 8, 62, 70 ff., 89 f., 294, 309, 320
Körperschaftsteuersatz 70, 191, 224, 245
Kommanditgesellschaft auf Aktien 206, 301
KOM, sog. Kombinationsmodell, Thüringen 285 f., 317, 364
Kommission
– zur Reform der Kommunalfinanzen s. „Gemeindefinanzkommission"
– „Steuergesetzbuch" 8, 62, 74, 76, 83
– s. auch „Stiftung Marktwirtschaft"
Kommunalabgaben 11 ff.
– nichtsteuerliche 159 ff.
– Satzungsvorbehalt 165
– s. auch „Beiträge", „Gebühren"
Kommunalabgabengesetze 5, 105 f., 112, 120, 142 ff., 154 f., 179
Kommunalaufsicht 29 ff., 132 ff., 179, 328, 356, 364

Kommunale(r/s)
– Abgaben s. dort sowie „Kommunalabgaben"
– Eigenbetrieb 15
– Eigenverantwortlichkeit 124, 125 f., 290, 301
– Finanzausgleich s. dort
– Finanzausstattung s. dort
– Finanzsystem 11 ff.
– Hebesteuern 73 f.
– Gemeindewirtschaftsteuer 8, 315
– Selbstverwaltung s. dort
– Steuerertragskompetenzen 100, 105, 128 f., 360
– Steuern s. „Kommunalsteuern"
– Unternehmensteuer 8, 73, 77 f., 299, 312 f.
– Verbrauch- und Aufwandsteuern s. dort
– Vorzugslasten s. dort
– Wertschöpfungsteuer 8, 311 f., 315
– Zuschlag auf Einkommensteuer und Körperschaftsteuer 8, 62, 70 ff., 89 f., 294, 309, 320
Kommunalfinanzreform 69 ff., 279 ff., 307 ff., 365
– s. auch „Reform, Gemeindefinanzen"
Kommunen
– Abgaben s. dort sowie „Kommunalabgaben"
– aufgabenangemessene Finanzausstattung 126, 133, 254
– Aufgabengarantie 124 f.
– Aufwand- und Verbrauchsteuern s. dort
– Beiträge s. dort
– demokratische Legitimation 22, 126
– Einkommensteuerbeteiligung s. dort
– Einnahmen s. dort
– Entgelte 32, 63, 118, 170 ff., 303, 361
– Finanzausgleich s. dort
– Finanzsystem 11 ff.
– ökonomische Sicht 61 ff.
– Rechtsvergleich 35 ff.
– Gebühren s. dort, 159 ff.
– Gewerbesteuer s. dort
– Grundlagen, finanzielle Eigenverantwortung 22, 221

Stichwortverzeichnis 387

– Grundsicherung, Alter und Erwerbsminderung 1, 122, 161 f.
– Grundsteuer s. dort
– Kulturförderabgaben 5, 150
– Länderzuweisungen s. dort
– Selbstverwaltungsgarantie s. dort
– Soziallasten s. „Sozialleistungen"
– Sonderabgaben 159 ff., 165, 361
– Stellung im Staatsaufbau 17 ff.
– Steuern s. „Kommunalsteuern"
– Steuerautonomie s. dort
– Steuerfindungsrecht s. dort
– Trinkwasser 170, 171, 287
– Wegehoheit 170 f.
– Wohlstandsgefälle, interkommunales 3
Kommunalsteuern
– Abgaben s. dort sowie „Kommunalabgaben"
– Aufwand- und Verbrauchsteuern s. dort
– Bettensteuer s. dort
– Einwegverpackungen 102
– Erhebung, Maßstäbe der – 166 f.
– Fenstersteuer 5
– Fischereisteuer 96, 119
– Frankreich 49 ff., 88, 277 ff., 359, 364
– Getränkesteuer 53, 119, 139, 144
– Gewerbesteuer s. dort
– Grundsteuer s. dort
– Hebesatzrechte s. dort
– Hotelübernachtungen 150 ff.
– Hundesteuer s. dort
– Jagdsteuer s. dort
– Katzen 308
– Kriterien für gute – 67 f.
– Kulturförderabgaben 5, 150
– Mobilfunkmastensteuer 156, 178
– Österreich 40 ff.
– Pferde 12, 156, 308
– Reformmodelle s. „Reform, Gemeindefinanzen"
– Schankerlaubnissteuer 96, 119, 144
– Schweiz 46 ff.
– Sendemasten 312
– Sexsteuer 120
– Solariensteuer 115, 120, 156, 182
– Speiseeissteuer 144

– Spielgerätesteuer 26, 141, 146, 148, 185
– Steuerautonomie s. dort
– Steuerfindungsrecht s. dort
– Studentenwohnung 4, 149, 169, 183
– Tierfuttersteuer 156, 308
– Übernachtungsteuer 150 ff.
– Vergnügungsteuer s. dort
– Waffenbesitz 308
– Windkraftanlagen 156, 308
– Zweitwohnungsteuer s. dort
Kommunalsteuerreform s. „Reform, Gemeindefinanzen"
Konsumsteuer 251
Konzessionsabgaben 118, 162, 170 f., 226
Kopfsteuer 256 f.
Kostendeckungsprinzip 167 ff., 361
Kreise
– Aufgabengarantie 124
– demokratische Legitimation 125
– Selbstverwaltungsgarantie 29, 98, 124 ff., 133 f., 360
Kreisumlage 121 f., 193, 360
Kronberger Kreis, Reformvorschläge Gewerbesteuer 62, 71, 72 ff., 312, 321 f., 346, 357
Kürzungen, Gewerbesteuer 208, 238, 242
Kulturförderabgabe 150 ff.
Kurbeiträge 151, 155

Länderarbeitsgruppen, Reform Grundsteuer 9
Länderzuweisungen
– allgemeine 346
– Schlüsselzuweisungen 3, 118, 122, 329, 341
– zweckgebundene 3, 222, 346
Landessteuern 2, 155
Landesverfassungen 2, 29 f., 98, 121, 124 ff., 141 f., 161, 178, 255
Landesverfassungsrechtliche kommunale Finanzgarantien 98
Land- und Forstwirtschaft, Grundsteuer 66, 257 ff.
Landwirte, keine Gewerbesteuerpflicht 6, 202, 312, 314

Laufender Betrieb 205
Lebensbedarf, persönlicher 101, 109 ff., 141, 150, 360
Leerstand, Grundsteuer 264 f.
Leistungsfähigkeit, Prinzip der – 107 f., 169 f., 200, 256, 365
Lenkungsabgaben 168 f., 290
Lenkungssteuern 26, 107, 174 f., 198, 347
Lenkungszwecke 26, 104 ff., 139 f., 153, 181 f., 197, 361
Lizenzen, Gewerbesteuer 213 f., 235, 301
Lohnsteueraufkommen, Beteiligung am örtlichen – 9, 73, 319, 323, 357
Lohnsumme, Gewerbesteuer 43, 74 f., 244, 363
Lohnsummensteuer 3, 43, 53, 65, 190, 232, 306, 323
Luxemburg, Gewerbesteuer 225, 362
Luxussteuer 4, 116

Marktwirtschaft, Stiftung-, Reformvorschlag 8, 62, 74, 76, 83
Mieten
– Aufwendungen 213
– Gewerbesteuer 70, 82, 301, 312, 348 f.
Mietspiegel 263, 349
Mietwohngrundstücke 264
Mindesthebesatz, Gewerbesteuer 28, 91, 129 ff., 191 f., 244 f., 360
Mindestbeteiligungserfordernisse, Schachtelprivileg 236, 238 f.
Mitunternehmerschaft 201, 205 f., 211, 213, 230 f.
Mobilfunkmastensteuer 156, 178
Mobilitätssteuer 5
– s. auch „Zweitwohnungsteuer"
Mountainbikes 174

Naturschutz, Ausgleichsabgabe 172
Nettoprinzip
– objektives 26, 45, 95, 101, 112, 119, 139 ff., 146 ff., 181, 212, 220, 233 f., 308, 314, 360, 362 f., 367
– subjektives 367 ff.
Neutralitätsgebot 15, 69, 75, 357

Niedersächsisches Modell, Gewerbesteuer 9, 77 f., 84, 325, 330 ff., 343, 351
Niederlande, Vergleichswertverfahren Grundsteuer 82
Niedrigbesteuerungsgrenze (§ 8 Abs. 3 AStG) 239, 246
Nießbraucher, Grundsteuer 266
Nord-Modell, Grundsteuer 316 f., 347, 348
Nordrhein-Westfalen 11 f., 30, 63, 124 f., 144, 161, 171, 257, 346
Normalbetrieb 201, 205 ff.
Numerus clausus, Steuerarten 97
Nutzflächen, wertunabhängige Besteuerung 9, 80

Objektives Nettoprinzip s. „Nettoprinzip"
Objektsteuer s. „Gewerbesteuer", „Grundsteuer"
Objektsteuerprinzip 195, 196 ff., 235, 362, 366
OECD 240
– vermögensbezogene Steuern 251 f.
– Hinweise, Grundsteuer 255, 363
Örtliche Kaufkraft 263
Örtliche Verbrauch- und Aufwandsteuern s. dort und „Kommunalsteuern"
Österreich, Kommunalsteuern 40 ff.
– einzelne Abgaben 42 f.
– Benützungsgebühren 43 ff.
– Grundsteuer 43
– Interessentenbeiträge 44
– Kommunalsteuer 43
– Lustbarkeitsabgaben 45
– Parkgebühren 45
– Tierhaltung 45
– Zweitwohnsitz 45
– Gemeindekopfquotenausgleich 19
– primärer, sekundärer und tertiärer Finanzausgleich 18
– verfassungsrechtlicher Rahmen 40
Organschaft, gewerbesteuerliche 209 ff., 235 f., 299 f., 363
Osteuropa, Grundsteuern 278, 364

Stichwortverzeichnis 389

Pachten, Gewerbesteuer 70, 82, 301, 312, 315
Parkgebühren 45, 172, 180
Personalausgaben 62 f., 88, 160, 327
Personengesellschaften, Gewerbesteuer 65, 194, 200 ff., 220 ff., 292, 299, 303, 363
- nachgeschaltete 229 f.
Pferdesteuer 12, 156, 308
Portugal, Gewerbesteuer 23, 25
Private Versorgungsunternehmen 170
Produktionsmittel, Verbrauchsteuer 114, 186, 204, 311
Property taxes 273 ff.
Prostitution 12, 308
Prüfmodell der Bundesregierung, Gewerbesteuer 61, 69 ff., 307

Querverbund, kommunaler steuerlicher 15, 28, 356

Real property tax 273 ff.
Realsteuer s. „Gewerbesteuer", „Grundsteuer"
Realsteuerprinzip 196
Realsteuerkraft 258 f.
Rechtsform
- gem. EStG und GewStG 202 f.
- Unternehmen, Gewerbesteuer 226 ff.
Rechtsformabhängigkeit 205
Rechtsformdifferenzierung 200
Rechtsformneutrale Unternehmensteuer, Reformvorschlag 199 ff., 312 ff.
Rechtsformneutralität, keine – bei Gewerbesteuer 200, 210, 226, 232
Rechtsvergleich
- ausländische Grundsteuern 272 ff.
- ausländische kommunale Finanzsysteme 35 ff.
Reform, Gemeindefinanzen 69 ff., 279 ff., 307 ff., 365
- Bürgersteuer 8, 73 ff., 319, 322 f., 357 f., 365
- Gemeindewirtschaftsteuer 8, 315
- Gewerbesteuer 72 ff.
 - Kronberger Kreis 62, 71, 72 ff., 312, 321 f., 346, 357

- Niedersächsisches Modell s. dort
- Prüfmodell Bundesregierung s. dort
- Reformvorschläge, alternative 71 ff.
- Stiftung Marktwirtschaft 8, 62, 74, 76, 83
- Vier-Säulen-Modell s. dort
- wertschöpfungsorientierte Gemeindesteuer 8, 72 f., 311 f.
- Grundsteuer 9, 80 ff., 279 ff.
- Verkehrswertschätzung (VKM) 274, 282 f., 364
- Vorschlag „Nordostschiene", Verkehrswertmodell 282 f.
- Vorschlag „Südschiene", Flächensteuer (WUM) 283 f., 288 ff., 304, 317 ff., 347
- Vorschlag Thüringen, Kombinationsmodell (KOM) 285 f., 317
- wertunabhängiges Modell s. „Süd-Modell"
- Steuergesetzbuch 8, 62, 74, 76, 83
- Unternehmensteuer, kommunale 8, 73, 77 f., 299, 312 f.
- rechtsformunabhängige 8, 227, 313
- redistributive Funktion 3

Saarland 142, 144, 346
Sachinvestitionsausgaben 160
Sachwertverfahren 261 ff.
Schachtelprivileg
- Auslandsbeteiligungen 210, 236 ff.
- Mindestbeteiligungserfordernisse 238 ff.
Schankerlaubnissteuer 119, 144
Schleswig-Holstein 329
- Reformvorschlag Grundsteuer 124, 133, 144, 258, 326
Schweiz, Kommunalsteuern 46 ff.
- einzelne Abgaben 47 ff.
- Grundstücksgewinnsteuer 47
- Hand-Änderungsteuer 48
- Hundesteuer 48
- kommunale Einkommensteuer und Vermögensteuer 48
- Personalsteuer 48

- Finanzausgleich, kantonaler 47 f., 56 ff., 92, 359
  - verfassungsrechtlicher Rahmen 46 f.
  - Zürich 47 f., 56 f., 359
Schwestergesellschaft 203
Sechsjahresabstand, § 21 Abs. 1 BewG 262
Selbstverwaltung, funktionale 15 ff.
Selbstverwaltung, kommunale
  - Europäische Charta 37 f.
Selbstverwaltungsgarantie, kommunale 29, 98, 124 ff., 133 f., 360
SEStG 227
Sexuelle Handlungen, Besteuerung 12, 26, 120, 308
Solariensteuer 115, 120, 156, 182, 308
Solidaritätszuschlag 223 f.
Sollertragsteuer 7 f., 317
Sonderabgaben 159 ff., 165, 361
Sondernutzungserlaubnis 163
Soziallasten s. „Sozialleistungen"
Sozialfond 365
Sozialleistungen 307, 320 ff., 334 f., 339, 365
Spanien 23, 25
Speckgürtelproblem 322, 339
Speiseeissteuer 144
Spielgerätesteuer 26, 102, 141, 146, 148, 185
Spielplatzabgaben 172
Staatsaufbau, Zweieinhalbstufigkeit 128
Standortentscheidungen 130, 132, 222, 245 f., 295, 303, 337 f., 363
Statistisches Bundesamt, Reformvorschlag Gewerbesteuer 77
Statistik, Lohn-, Einkommen- und Gewerbesteuer 77, 336
Statistikbasierte Verkehrswertschätzung (VKM) 274, 282 f., 364
Stellplatzabgabe 171 f., 361
Steuer-Ausgaben-Mechanismus 21, 33
Steuerautonomie 96 ff.
  - s. auch „Finanzautonomie"
Steuerbefreiungen 179, 212, 265, 314
  - Grundsteuer 265
Steuereinnahmen, Kommunen 4, 120, 162, 257 f., 322, 332 f., 364

Steuerertragskompetenzen, kommunale 100, 105, 128 f., 360
Steuerfindungsrechte 95 ff., 117 ff.
  - Delegation 97, 99, 105, 142
Steuergegenstand
  - Gewerbesteuer 209 f.
  - Grundsteuer 259 ff.
  - Wahl, Aufwand-/Verbrauchsteuer 105
Steuergesetzbuch, Reformvorschlag 8, 62, 74, 76, 83
Steuergesetzgebungskompetenz 127, 129 f., 137, 140, 360
Steuerhoheit 6, 39, 126, 193
Steuerklauseln 216
Steuern
  - Begriff 99 ff.
  - Gestaltungsspielraum 30, 151, 186, 197, 199, 364
  - Kommunen s. „Kommunalsteuern"
  - numerus clausus 97
Steuerquelle, wirtschaftsbezogene 22, 48, 98, 106, 127 f., 221
Steuersubjekt/-träger
  - Gewerbesteuer 202 f.
  - Grundsteuer 265 f.
Steuersubventionen, Binnenmarkt 23
Steuertarif 26, 70, 91, 106, 280, 368
  - Körperschaftsteuer 7
Steuervereinfachung 25 ff., 295, 356
Stille Reserven 207 f.
Stiftung Marktwirtschaft, Reformvorschläge Gewerbesteuer 8, 62, 74, 76, 83
Streubesitzdividenden 213, 237, 239, 297
Stückzahlmaßstab, Spielgeräte 146 f.
Studentenwohnung 4, 149, 169, 183
Subjektives Nettoprinzip 367 ff.
Subsidiaritätsprinzip 5, 368 f.
Subventionen, Binnenmarkt 23
Substanzbesteuerung, Gewerbesteuer 69 f., 191, 213, 234, 268, 357
Süd-Modell, wertunabhängiges, Grundsteuer 283 f., 288 ff., 304, 317 ff., 347
Switch-Over (§ 20 Abs. 2 AStG) 242

Stichwortverzeichnis 391

Tarifermäßigung, § 35 EStG 193 f.
Tax Compliance 27
Teileinkünfteverfahren 210
Territorialitätsprinzip, Gewerbesteuer 138, 239
Thüringen, Reformvorschlag Grundsteuer 285 f., 317
Tierfuttersteuer 156
Transparenz, Finanzautonomie 27 f.
Trennungsprinzip 198 ff.
Treuhandmodell 211 f.
Trinkwasserpreise 171, 173, 361

U3-Betreuung, Kosten 161
Übergemeindlicher Finanzausgleich 2
Überlingen, Zweitwohnungsteuer 111
Übernachtungsteuer s. „Hotelübernachtungen"
Umsatzsteuerbeteiligung, Kommunen 2, 9, 14, 22, 70 f., 103, 320 f.
Umwandlung 206, 209, 215, 227
Umwandlungssteuergesetz/-erlass 230, 236
Umweltschutz-Grundsteuer 318 f., 347
Ungarn, Gewerbesteuer 226, 362
Unionsrecht
– Grundfreiheiten 170
– Hinzurechnungsbesteuerung 213
– Steuervergünstigungen 22 ff., 36
Unternehmen
– Gewerbesteuer 219 ff.
– kapitalmarktorientierte 224 f.
Unternehmenbesteuerung, Neugestaltung 8, 73, 77 f., 299, 312 f.
Unternehmensteuerfortentwicklungsgesetz 2001 241
Unternehmensteuer, kommunale, Reformvorschlag 8, 73, 77 f., 299, 312 f.
– rechtsformunabhängige 8, 227, 312 f.
– s. auch „Gewerbesteuer"
Unternehmensteuerreformgesetz 2008 7, 233, 313
Unternehmer- und Unternehmens-Prinzip 201 ff.
USA, Grundsteuern 273 ff., 348
– Ausnahmen 275
– Ermäßigungen 275

– Kritik 275
– Nutzungsklassen 274
– property tax 273 ff.
– Steuergegenstand/-pflichtige 273
– Steuersätze 274
– Wertermittlung durch Schätzung 273

Verbrauch- und Aufwandsteuern, örtliche 99 ff.
– „Aufwand" 100 ff.
– Energiesteuer 114, 228
– Gesetzgebungskompetenz 97, 99
– Gleichartigkeitsverbot 103 f., 137 ff., 151 f., 178 f., 360
– Grenzen, Ausgestaltung Steuernorm 99, 107
– herkömmliche 103, 119, 137 f., 141, 146, 182
– neue 138 f., 179
– s. auch „Gleichartigkeitsverbot"
– örtliche 102
– „Steuer" 99
– Steuergegenstand 105 ff.
– Solarien 115, 120, 156, 182, 308
– Stromsteuer 20, 115
– „Verbrauch" 100 ff.
– verfassungsrechtliche Grenzen 105 f.
– Vergnügungsteuer s. dort
– Widerspruchsfreiheit 105
Verfassung
– Finanz- s. dort
– Grundsteuer 268 f.
– Selbstverwaltungsgarantie, kommunale 29, 98, 124 ff., 133 f., 360
Vergleichswertverfahren, Niederlande 82
Vergnügungsteuer 26, 45, 95, 101, 112, 119, 139 ff., 146 ff., 308, 360
– Köln 12, 308
– Österreich 45
– Saarland 142
Verkehrswert
– Grundsteuer auf Basis von –en 9, 62, 82, 84, 250, 252, 261 f.
Verkehrswertmodell (VKM) 282 f., 300, 304, 317, 348
Verkehrswertschätzung 282 f., 364

Verleihungsgebühren 164
Verlustabzug 211 f., 232
Verlustausgleich
– Ergebnisverrechnung 210 f.
– überperiodischer 211
Verluste, ausländische 242 f.
Verlustverrechnung, Querverbund 15, 356
Verlustvortrag 214 ff., 232, 297, 302
Vermietung, Grundsteuer 264 f., 277
Vermietungsüberangebot 264
Vermögensteuer, Grundsteuer als Teil- 7, 47, 178, 262, 265 ff., 281, 289
Vermögensverwaltung 202, 314 f., 365
Verpackungsteuer 169, 179 f., 182
– Kasseler 105, 169, 180
Verrichtungssteuer 12, 26
Versorgungsunternehmen, private 170
Verwaltungsgebühren 118, 163
Vier-Säulen-Modell, Reformvorschlag 315, 319, 321 ff., 330 ff., 365
VKM, statistikbasierte Verkehrswertschätzung 282 f.
Vorsteuerabzug 104, 153, 181
Vorzugslasten, kommunale 5 f., 31 ff., 91, 159, 163, 166, 356

Wachstumsbeschleunigungsgesetz 150, 153 ff., 179, 307
Wahlrechte, Bilanz 212, 214
Wasserkraftwerk 228, 295
Wasserpreise 171, 173
Wasserversorgung, öffentliche 164 ff., 344
Weimarer Reichsverfassung 17, 107, 150
Wertermittlungsmethoden, Grundbesitz 254, 262
Wertschöpfungsorientierte Gemeindesteuern 61, 71, 72 f., 296
Wertschöpfungsteuer 8, 311 f.

Widerspruchsfreiheit, Rechtsordnung 105 ff., 151 ff., 179, 185, 197, 216, 360
Windkraftanlagenbesteuerung 156, 308
Wirtschaftsbezogene Steuerquelle 22, 48, 98, 106, 127 f., 221
Wissenschaftlicher Beirat beim BMF, Reformvorschläge
– Gemeindesteuern 68 f., 309 ff.
– Grundsteuer 82, 84, 250, 256, 282, 318, 348
– Wertschöpfungsteuer 311
Wohnen, Infrastrukturkosten 323
Wohnung s. „Zweitwohnungsteuer"
Wohngebäude 8, 80, 261, 276, 283, 288
– s. auch „Grundsteuer"
WUM, sog. wertunabhängiges Modell/ Süd-Modell 283 f., 288 ff., 304, 317 ff.

Zinsen, Gewerbesteuer 70, 213, 233 ff., 301 f., 312, 315
Zinsschranke 7, 234
Zuschlag, Körperschaftsteuer und Einkommensteuer, Reformvorschlag 8, 62, 70 ff., 89 f. 294, 309, 320
Zuschlagsteuer, kommunale 9, 320 ff.
Zürich, Gemeindefinanzausgleich 47 f., 56 f., 359
Zweieinhalbstufigkeit, Staatsaufbau 128
Zweifamilienhäuser 8, 81, 262, 266
Zweitwohnungsteuer 15, 25, 96 ff., 139, 144 ff., 178 ff., 360
– Erwerbszweitwohnung 149
– Kinderzimmerfälle 8, 154
– Studentenwohnung 4, 149, 169, 183
– Überlingen 111
– Zweitwohnung 4, 101, 104, 109, 111, 149 f., 183, 188
Zwischengesellschaft 241 f.
Zwischen-/Endmieter 234